Frank Neubacher und Nicole Bögelein (Hrsg.)

Krise – Kriminalität – Kriminologie

Neue Kriminologische Schriftenreihe
der Kriminologischen Gesellschaft e.V. **Band 116**

Herausgeber:
Kriminologische Gesellschaft (KrimG, vormals NKG)
Wissenschaftliche Vereinigung deutscher, österreichischer und schweizerischer Kriminologen e.V.

Krise – Kriminalität – Kriminologie

Herausgegeben von
Frank Neubacher und Nicole Bögelein

mit Beiträgen von:

Beatrice Amting, Mario Bachmann, Dirk Baier, Britta Bannenberg, Tillmann Bartsch, Volker Bieschke, Alois Birklbauer, Nicole Bögelein, Matthias Braasch, Anne Bräuchle, Stephan Christoph, Axel Dessecker, Dieter Dölling, Arne Dreißigacker, Kirstin Drenkhahn, Harald Dreßing, Frauke Dünckel, André Ernst, Jan Fährmann, Ursula Gernbeck, Maria Gerth, Charlotte Gisler, Volker Grundies, Maximilian Haffner, John Hagan, Anna Hanson, Rita Haverkamp, Meike Hecker, Wilhelm Heitmeyer, Deborah F. Hellmann, Dieter Hermann, Judith von der Heyde, Sigrid Hiller, Katrin Höffler, Sabine Hohmann-Fricke, Frank Höpfel, Barbara Horten, Ueli Hostettler, Anna Isenhardt, Sarah J. Jahn, Jörg-Martin Jehle, Joshua Kaiser, Johannes Kaspar, Hans-Jürgen Kerner, Jörg Kinzig, Susanne Knickmeier, Ralf Kölbel, Maria-Magdalena Koscinski, Clemens Kroneberg, Andreas Kruse, Thomas Kutschaty, Ruth Linssen, Tim Lukas, Heiko Maas, Bernd-Dieter Meier, Jana Meier, Maike Meyer, Stephanie Moldenhauer, Christine Morgenstern, Frank Neubacher, Roman Pauli, Ineke Pruin, Matthias Rau, Martin Rettenberger, Hans Joachim Salize, Bernadette Schaffer, Hendrik Scherer, Eric Schmitt, Patrick Ernst Sensburg, Klaus Sessar, Jan Starcke, Christian Thiel, Daniela Trunk, Christian Walburg, Melanie Wegel, Gina Rosa Wollinger

Forum Verlag Godesberg GmbH
Mönchengladbach 2016

Bibliografische Information der Deutschen Nationalbibliothek

Die Deutsche Nationalbibliothek verzeichnet diese Publikation in der Deutschen Nationalbibliografie; detaillierte bibliografische Daten sind im Internet über **http://dnb.d-nb.de** abrufbar.

© 2016 Forum Verlag Godesberg GmbH, Mönchengladbach
Herstellung: BoD - Books on Demand, Norderstedt
Printed in Germany

ISSN: 2509-5056
ISBN: 978-3-942865-65-4 (Printausgabe)
ISBN: 978-3-942865-66-1 (Online-Ausgabe/PDF-Dokument)

Vorwort

„While criminology slept ..." – so lautete der Titel des Eröffnungsvortrags von *John Hagan*, der sich mit Staatskriminalität und Kriegsverbrechen befasste. „Während die Kriminologie schlief" könnte auch die Klammer sein für verschiedene Themenschwerpunkte dieser Tagung. Denn wo sind in der deutschsprachigen Kriminologie die Arbeiten zu Themen wie „Staatskriminalität", „internationale Strafjustiz" und „organisierte Kriminalität"? Und haben wir Terrorismus, die massenhafte Überwachung des Datenverkehrs und Exzesse auf den internationalen Finanzmärkten wirklich auf unserer wissenschaftlichen Agenda? Es standen also einige neue Blickwinkel im Vordergrund dieser Tagung; zu ihnen zählte nicht zuletzt die entwicklungspolitische Perspektive und die Frage, welche Folgen Klimawandel, Probleme der Welternährung, Migration und sog. „failed states" auf Kriminalität und ihre Kontrolle haben[1] – anderenorts wie hierzulande. Aktualität und Dringlichkeit dieser Fragen sind in diesen Tagen, in denen Menschen millionenfach auf der Flucht sind vor Krieg, Hunger und Gewalt, evident.

Wo also steht die deutschsprachige Kriminologie? Wo will sie hin? Und droht sie etwa den Anschluss an die internationale Diskussion zu verlieren? Das waren einige der Fragen, mit denen sich die rund 300 Teilnehmerinnen und Teilnehmer der 14. Jahrestagung der Kriminologischen Gesellschaft vom 24. bis 26. September 2015 in Köln selbstkritisch beschäftigt haben. Der Blick in den Hauptvorträgen richtete sich schwerpunktmäßig auf makrosoziale und internationale Krisen- und Kriminalitätserscheinungen. Vor allem die fast 80 Panelvorträge sowie die ausgestellten Poster boten Raum für traditionelle Fragestellungen. Besonders erfreulich war die rege Beteiligung junger Kriminologinnen und Kriminologen aus Wissenschaft und Praxis. Eine Besonderheit der Tagung stellte die Zusammenarbeit mit *Michael Kubink* dar, dem Justizvollzugsbeauftragten des Landes Nordrhein-Westfalen, in dessen Panel sich Vortragende aus Wissenschaft und Justizpraxis mit dem

---

1 Hierzu referierte *Dirk Messner*, Direktor des Deutschen Instituts für Entwicklungspolitik (DIE) in Bonn. Inhalte seines Vortrags, der hier leider nicht abgedruckt werden kann, findet die interessierte Leserschaft an folgender Stelle: *Bauer, S./Messner, D.* (2014): Klimapolitik ist Weltpolitik: zur Bedeutung des Klimawandels für Sicherheit und Zusammenarbeit in der Weltgesellschaft. In: *Schneckener, U./Scheliha A. von/Lienkamp, A./ Klagge, B.* (Hg.): Wettstreit um Ressourcen: Konflikte um Klima, Wasser und Boden. München: Oekom Verlag, S. 75-93. Siehe außerdem *Robert Agnew* (2012): Dire Forecast: A theoretical model of the impact of climate change on crime. Theoretical Criminology 16, S. 21-42.

„Umgang mit Lebensälteren in der Strafrechtspflege" befassten. Aus Platzgründen konnten diese Vorträge nicht im Tagungsband dokumentiert werden. Die hier versammelten Beiträge spiegeln dennoch die große thematische Vielfalt der Tagung wider.

Es war eine schöne Tagung![2] Ohne die Unterstützung von sehr vielen wäre sie so nicht möglich gewesen. Unser herzlicher Dank für finanzielle Zuwendungen geht an das Bundesministerium der Justiz und für Verbraucherschutz, die Deutsche Forschungsgemeinschaft, die Universität zu Köln sowie die Fachverlage C.H. Beck, Duncker & Humblot sowie Nomos. Herausragendes hat das Kölner Lehrstuhlteam geleistet bei der organisatorischen Bewältigung der Tagung. Namentlich möchten wir uns bei *Karin Kötting* aus dem Sekretariat sowie bei folgenden Studierenden bedanken, die, zum Teil ehrenamtlich, aus Interesse und Verbundenheit, geholfen haben: *Carina Bliß, Esra Cetin, Carina Diesel, Michi Fuji, Ferdinand Goeck, Vanessa Görtz, Mzia Gogoladze, Melanie Fey, Kerstin Hartwig, Janine Horstmann, Hannah Mohr, Ana Nasrashvili, Kendra Meier, Johannes Reuschen, Christian Roy-Pogodzik, Hatice Usta, Isabelle Vogt, Rebecca Weber* und *Stefanie Winkel*.

Wir danken ferner *Ulrike Kersting, Martina Markus, Jan Swoboda* und *Adam Polczyk* aus der Abteilung Kommunikation und Marketing der Universität zu Köln, den Mitarbeiterinnen des Studierendenwerks, den Mitarbeitern der Technik sowie *Carl Werner Wendland* vom Forum Verlag Godesberg. Nicht zuletzt danken wir allen Vortragenden, Moderatorinnen und Moderatoren. *Esther Bäumler* und *Ana Nasrashvili* haben bei der Erstellung der Druckvorlage wertvolle Unterstützung geleistet, darüber hinaus hat *Esther Bäumler* teilweise die Kommunikation mit den Autorinnen und Autoren übernommen.

Köln, im Juni 2016

Frank Neubacher & Nicole Bögelein

---

2 Vgl. die Tagungsberichte von *Peter Wetzels* (2015). In: Rechtspsychologie 1, S. 218 ff. sowie *Mario Bachmann* (2016): Krise – Kriminalität – Kriminologie – 14. Tagung der Kriminologischen Gesellschaft in Köln vom 24.-26. September 2015. In: Rechtswissenschaft 7, Heft 1, S. 90-99.

Inhalt

Vorwort V

Grußwort des Bundesministers der Justiz und für Verbraucherschutz
Heiko Maas 1

Grußwort des Justizministers des Landes Nordrhein-Westfalen
Thomas Kutschaty 3

I. Plenarreferate

A Separate Peace: Explaining War, Crime, Violence, and
Security During and After the Surge in Iraq
John Hagan, Joshua Kaiser and Anna Hanson 11

Anspruch und Realität internationaler Strafgerichte – Einschätzungen
eines ehemaligen Richters am UN-Strafgerichtshof für das
ehemalige Jugoslawien
Frank Höpfel 37

Migration und Kriminalität – Kontinuitäten und neue Perspektiven
Christian Walburg 53

Der NSA-Untersuchungsausschuss und die Grenzen
geheimdienstlicher Überwachung
Patrick Ernst Sensburg 67

II. Panelreferate

Von der Täterkriminalität zu einer Systemkriminalität,
von der Täterkriminologie zur Systemkriminologie – Ein Anstoß
Klaus Sessar 89

Was sind eigentlich „wirksame, verhältnismäßige und
abschreckende" Strafen? Einige Überlegungen zur
europäischen Kriminalpolitik und zur Rolle der Kriminologie
Christine Morgenstern 103

Staatliche Opferentschädigung für Betroffene von „gewaltfreiem"
Stalking?
Tillmann Bartsch und Deborah F. Hellmann 117

Fußballfans in der Krise – die Implizität einer sozialen Welt
*Judith von der Heyde, Beatrice Amting, Hendrik Scherer
und Stephanie Moldenhauer* 131

Die Lebensphase Alter und die Prävention von Kriminalität –
Das Wuppertaler Modell der Seniorensicherheitsberater
Tim Lukas, Jan Starcke und Frauke Dünckel 145

Gewaltresilienz im Jugendstrafvollzug – Potenziale eines
Perspektivwechsels
Roman Pauli 157

Soziales Training im (Warnschuss-)Arrest – Evaluation
eines Modellprojekts
Katrin Höffler und Ursula Gernbeck 169

Die Entlassung aus dem Strafvollzug: deutsche Reformen und
europäische Anregungen
Ineke Pruin 181

Die elektronische Fußfessel bei entlassenen Straftätern
Anne Bräuchle und Jörg Kinzig 197

Der Publication Bias in der Abschreckungsforschung –
Eine Krise der Kriminologie und Ökonomie?
Dieter Hermann 207

Von Bergen und Propheten – Forschungszugänge
bei heiklen kriminologischen Fragestellungen am Beispiel
polizeilicher Korruption
Ruth Linssen und Maike Meyer 221

Risikofaktoren der Onlinekriminalität
Bernd-Dieter Meier 231

Illegale Drogenmärkte in Justizvollzugsanstalten –
Erkenntnisse von Experten in Bezug auf Cannabis
Jana Meier und Nicole Bögelein 245

Telefonieren im geschlossenen Strafvollzug
Jan Fährmann 257

Religiöse Vielfalt als Handlungsfeld im Strafvollzug
Sarah J. Jahn 267

Ehemalige Jugendstrafgefangene mit Migrationshintergrund
zwischen Inklusion und erneuter Exklusion –
kriminologische und netzwerkanalytische Perspektiven
Matthias Rau 281

Übergangsmanagement in der Schweiz
Melanie Wegel 293

Why do people engage in state crime? – Some thoughts about
criminological theory
Kirstin Drenkhahn 303

(Begrenzte) Unternehmerische Anpassung an Regulierungsverläufe
Ralf Kölbel 317

Politische Korruption in Deutschland: Phänomenologie,
Strafbarkeit, Prävention
Matthias Braasch 327

Risikomanagement der Korruption (RiKo) – Erste Ergebnisse der
Befragung in KMU und bei Polizeien
Daniela Trunk und Sigrid Hiller 339

Das Projekt „Freundschaft und Gewalt im Jugendalter"
Clemens Kroneberg, André Ernst und Maria Gerth 353

Begleitende Evaluation der Sozialtherapeutischen Abteilung
in der Jugendanstalt Neustrelitz
Volker Bieschke 365

Yoga im Strafvollzug – Ein Überblick über den Forschungsstand
Maria-Magdalena Koscinski 379

Phänomen Wohnungseinbruch: Ergebnisse einer Studie in fünf
Großstädten
Gina Rosa Wollinger, Arne Dreißigacker und Dirk Baier 393

Lokale Prävention von Wohnungseinbruch am Beispiel der
Städte Stuttgart und Wuppertal
Rita Haverkamp und Meike Hecker 405

Die Praxis der Täuschung – Ein analytisches Modell von
Betrugsmaschen
Christian Thiel 417

Der Zigarettenschmuggel, das Recht und die Moral
Susanne Knickmeier 429

Mehrebenen-Ansatz für internationale Kriminalitätsvergleiche
am Beispiel des European Sourcebook
Jörg-Martin Jehle 441

Legalbewährung nach strafrechtlichen Sanktionen –
Bestandsaufnahme und Sonderauswertungen
Sabine Hohmann-Fricke 457

Die produktive Krise der Sicherungsverwahrung und ihre
Folgen aus empirischer Sicht
Axel Dessecker 473

Die „Kronzeugenregelung" in der Rechtswirklichkeit – erste
empirische Erkenntnisse aus einem Forschungsprojekt zur
Aufklärungs- und Präventionshilfe gemäß § 46b StGB
Johannes Kaspar und Stephan Christoph 487

Der Freispruch als eine Unbekannte des Kriminaljustizsystems –
erste empirische Ergebnisse
Maximilian Haffner und Bernadette Schaffer 501

Gleiches Recht für alle? – Eine empirische Analyse lokaler
Unterschiede in der Sanktionspraxis in der Bundesrepublik
Deutschland
Volker Grundies 511

Der Sinn von Strafe – Aushandlungsprozesse zwischen
Rechtspflegern und Sozialarbeitern aus professionssoziologischer
Sicht
Nicole Bögelein 527

Opioid-Erhaltungstherapie („Drogensubstitution") im Strafvollzug
zwischen Therapie und zusätzlicher Strafe – Unterschiedliche
Zugänge in Österreich, Deutschland und der Schweiz
Alois Birklbauer 539

Das „schärfste Schwert" des Jugendstrafvollzuges:
verfassungswidrig?
Mario Bachmann und André Ernst 551

Arten und Anordnungshäufigkeit von Disziplinarsanktionen
im Schweizer Straf- und Massnahmenvollzug
Anna Isenhardt, Charlotte Gisler und Ueli Hostettler 561

Zur Erforschung des sexuellen Missbrauchs an Minderjährigen
im Rahmen der katholischen Kirche
Dieter Dölling, Dieter Hermann, Barbara Horten,
Britta Bannenberg, Harald Dreßing, Andreas Kruse,
Hans Joachim Salize und Eric Schmitt 575

Vom Krisenthema zum kriminologischen Erfolgsmodell? – Aktuelle
empirische Erkenntnisse zur Rückfälligkeit von Sexualstraftätern
Martin Rettenberger 589

III. Laudationes

Verleihung der Beccaria-Medaille an
Professor em. Dr. Klaus Sessar, M. A., Hamburg
Hans-Jürgen Kerner 603

Eulogy for Professor John Hagan, Ph.D.
Wilhelm Heitmeyer 617

Verzeichnis der Autorinnen und Autoren 621

Grußwort des Bundesministers der Justiz und für Verbraucherschutz

Heiko Maas

Sicherheit ist ein menschliches Grundbedürfnis; dazu zählt soziale Sicherheit ebenso wie die Gewissheit, vor Gewalt und anderen Formen der Kriminalität geschützt zu sein. Aber zum Menschen gehören auch das abweichende Verhalten, das Austesten und das gezielte Übertreten von Regeln. Die Kriminologie hilft Politik und Gesellschaft, Kriminalität und ihre Ursachen besser zu verstehen und sie gibt wertvolle Ratschläge für eine kluge Kriminalpolitik, die für Schutz sorgt und Prävention fördert. Die Kriminologie ist auch deshalb so wichtig, weil Teile von Politik und Öffentlichkeit immer wieder einmal in kriminalpolitische Hysterie verfallen, sich im Ruf nach härteren Gesetzen überbieten und die Illusion totaler Sicherheit wecken. In solchen Situationen brauchen wir Wissenschaftlerinnen und Wissenschaftler, die ihre Stimme erheben und eine rationale, evidenzbasierte Kriminalpolitik einfordern und fördern. Mein ganz herzlicher Gruß gilt daher allen, die zu dieser Tagung nach Köln gekommen sind.

Die Tagungen der Kriminologischen Gesellschaft sind eine bedeutende Plattform für die Vorstellung aktueller Forschungsergebnisse. Sie sind zugleich Forum für den wichtigen Austausch zwischen Theorie und Praxis. Viele Themen dieser Tagung berühren die Arbeit des Bundesjustizministeriums und ich will nur drei Beispiele nennen:

- Unter meiner Amtsvorgängerin wurde der sogenannte Warnschussarrest im Jugendstrafrecht eingeführt. In der Wissenschaft ist er sehr kritisch aufgenommen worden; um die Meinungen und Erfahrungen der Praxis zu sammeln, hat mein Ministerium eine gründliche Evaluierung in Auftrag gegeben. Erste Ergebnisse werden bei dieser Tagung präsentiert.

- Ein anderes wichtiges Thema ist „hate crime". Um die Motive solcher Taten bei der Strafzumessung, aber auch schon bei der Strafverfolgung noch besser zu berücksichtigen, haben wir die Grundsätze der

Strafzumessung ergänzt. Am 1. August ist die Änderung des Strafgesetzbuches in Kraft getreten, wonach rassistische, fremdenfeindliche oder sonstige menschenverachtende Motive eines Täters ausdrücklich zu berücksichtigen sind.

– Ein drittes wichtiges Thema ist die Wirtschaftskriminalität und die Korruption im Gesundheitswesen. Hier stehen nicht nur immense gesellschaftliche Schäden im Raum, sondern auch eine Gerechtigkeitslücke, wenn bestimmte Berufsgruppen bei korruptem Verhalten straflos ausgehen. Das wollen wir ändern und deshalb hat die Bundesregierung im Sommer einen entsprechenden Gesetzentwurf beschlossen.

Ich begrüße sehr, dass diese Tagung einen Schwerpunkt auf internationale Themen legt. Im Zeitalter der Globalisierung und der digitalen Vernetzung können wir uns nicht mehr darauf beschränken, die Kriminalitätsentwicklungen im deutschsprachigen Raum zu betrachten, wenn wir den Ursachen der Kriminalität entgegenwirken wollen. Kriege und Genozide, die internationaler Strafgerichtsbarkeit, organisierte Kriminalität und Klimawandel, Welternährung und Migration – all dies sind nicht nur Themen von aktuellem Interesse, sondern auch Faktoren, die Zustand und Entwicklung auch unserer Gesellschaft immer stärker beeinflussen.

Ich danke den Organisatoren dieser Tagung, dass sie ein so vielfältiges, internationales und interdisziplinäres Programm zusammengestellt haben. Ich bin sicher, dass von dieser Tagung auch für die Kriminalpolitik wertvolle Impulse ausgehen. Ich wünsche ihr einen guten und ertragreichen Verlauf und bin auf die Ergebnisse sehr gespannt.

Grußwort des Justizministers des Landes Nordrhein-Westfalen

Thomas Kutschaty

("Anrede")

ich freue mich, Sie als Teilnehmerin und Teilnehmer der 14. Wissenschaftlichen Fachtagung der Kriminologischen Gesellschaft in diesem Jahr in Nordrhein-Westfalen begrüßen zu können.

„Krise, Kriminalität, Kriminologie." Dieses Motto wird für die Zeit Ihrer Tagung den gewohnten Kölner Dreiklang „Kölsch, Kirche, Klüngel" ersetzen. Das ist spannend und vielfältig, denn Ihr Thema deuten Sie in Ihrem Programm auf zweierlei Weise. Zum einen fragen Sie nach der „Kriminologie der Krise", zum anderen aber auch nach einer möglichen „Krise der Kriminologie".

Eine solche Krise hat vor drei Jahren das Max Planck Institut mit dem „Freiburger Memorandum zur Lage der Kriminologie in Deutschland" beschrieben. Die Diskussionen in der Fachwelt sind seither lebhaft. Und das wird sich bestimmt auch auf dieser Fachtagung fortsetzen. Denn wenn man sich Ihr ambitioniertes Programm ansieht, das Sie für Ihre Tagung vorgelegt haben, hat man den Eindruck, dass die Kriminologie so lebendig wie selten zuvor ist. Es sind gerade die drängendsten Fragen der Gegenwart, mit denen Sie sich befassen werden: Krieg, Staatskriminalität, Umweltdelikte, Finanzkrise, demografischer Wandel.

Das Ganze erfolgt international vernetzt und mit einem klaren Praxisbezug. Da müssen wir Justizminister sehr aufmerksam sein. Denn Ihr empirisches Wissen und kriminologisches Fundament trägt maßgeblich dazu bei, eine moderne Kriminal- und Sozialpolitik zu gestalten.

Ein altes deutsches Sprichwort sagt „Not kennt kein Gebot!". In Zeiten der Krise erwartet man also geradezu eine steigende Kriminalität. Als Reaktion folgt darauf oft der Ruf nach strengeren Strafen. Wir wissen aus Untersuchungen im internationalen Vergleich, dass die Gefangenenraten – wichtige Indikatoren für die Punitivität einer Gesellschaft – durch externe Faktoren wie soziale Umbrüche, Veränderungen in den wirtschaftlichen Rahmenbedingungen aber auch den demographischen Wandel und durch die Reflexion dieser Faktoren in den Massenmedien beeinflusst werden. Dabei berufen sich die Befürworter härterer Strafen manchmal auf eine nur geschätzte oder gefühlte Bedrohung durch Kriminalität. Die durch eine Krise verursachte Unsicherheit weckt ein unspezifisches Sicherheitsbedürfnis. Dieses drückt sich im Gewand von überzogenen Kriminalitätseinschätzungen und Strafbedürfnissen aus und führt in einen Teufelskreis, weil Strafen die Sicherheitslage objektiv nicht verbessern.

Erst recht ist die Wirkung von Strafandrohungen nicht die, die die Befürworter der ewigen Diskussion von Strafrahmenverschärfungen annehmen. Ich verweise an dieser Stelle nur auf eine Vielzahl von Studien, die aus Ihrem Kreis stammen. Mehr muss ich dazu wohl nicht sagen. Denn ich will keine Eulen nach Athen tragen. Gleichwohl erleben Sie bestimmt, genau wie ich, dass diese Diskussion immer wieder aufschlägt.

Das ist derzeit in den sozialen Netzwerken wieder einmal gut zu beobachten, wo aus Unwissenheit und Dummheit völlig absurde Ängste vor „Überfremdung" und massenhaften Straftaten durch Flüchtlinge geschürt werden. Deswegen begrüße ich die von Herrn Bundesminister Maas angestoßene Debatte über die Löschungspflichten sogenannter Hasskommentare bei Facebook und Co ausdrücklich. Das ist der erste Schritt in die Richtung des Schutzes der digitalen Persönlichkeit. Diese Frage wird überwiegend unter der Überschrift „Digitaler Neustart" diskutiert. Tatsächlich geht die Reichweite dieses Projekts weit über das Zivilrecht hinaus. Hierzu ist Nordrhein-Westfalen auf der letzten Justizministerkonferenz im Sommer dieses Jahres beauftragt worden, eine bundesweite Arbeitsgruppe zu leiten, die sich mit der Frage der Auswirkungen der Digitalisierung auf unser Rechtssystem beschäftigt. Dabei wird zweifellos der Kriminologie eine bedeutende Rolle zukommen. Wir werden Ihre Expertise auch an dieser Stelle brauchen!

Denn es ist das Verdienst und die Aufgabe der Kriminologie, Mechanismen offenzulegen, sie zu beschreiben und auf rationale, empirisch abgesicherte Lösungen für die Probleme zu drängen. Deshalb ist die Kriminologie als Wissenschaft wichtiger denn je.

Schaffen Krisen mehr Kriminalität? Diese Frage, die Sie zumindest indirekt durch die Wahl Ihres Mottos stellen, ist keinesfalls so sicher zu beantworten, wie man zunächst denken könnte. Für bestimmte Straftaten ist der Zusammenhang evident. Dass die Flüchtlingskrise beispielsweise organisierte Schleuserkriminalität produziert, ist eine Binsenweisheit. Aktuell sind in Deutschland anderseits Insolvenzstraftaten rückläufig. Das wird sich sicher ändern, falls die Konjunktur sich wieder verschlechtert. Lässt sich aber generell sagen, dass Wirtschaftskrisen auch Wirtschaftskriminalität hervorbringen?

Hier ist Vorsicht geboten. Denn ganz aktuell erleben wir bei einem großen deutschen Automobilkonzern, dass offensichtlich gerade eine Phase der wirtschaftlichen Blüte dazu beflügeln kann, noch weiter aufsteigen zu wollen. Und ohne in irgendeiner Form einen Sachverhalt bewerten zu wollen, der derzeit alles andere als gesichert ist, stehen hier Handlungen im Raum, die ohne Zweifel als schwere Form der Kriminalität bezeichnet werden könnten.

Ein Einzelfall? Eine bedauerliche Verkettung unglücklicher Umstände?

Ich weiß es nicht. Aber die Wirtschaftsprüfungsgesellschaft KPMG hat in ihrer Studie zur Wirtschaftskriminalität aus Dezember vergangenen Jahres einen Gesamtschaden durch Wirtschaftsstraftaten von 80 Milliarden Euro in Deutschland ermittelt. Das spricht gegen die Annahme eines Einzelfalls. Wir scheinen an dieser Stelle sogar ein echtes Problem zu haben.

Und dieses Problem kann man auch sehr gut rechtspolitisch verorten. Denn wir haben in Deutschland kein effektives System zur Ahndung kriminellen Unrechts, das aus einem Unternehmen begangen wurde.

Es fehlt schlichtweg an einem Unternehmensstrafrecht.

Und wie sich das äußert, kann sogar jeder Nicht-Kriminologe derzeit beobachten, wenn wir uns das Krisenmanagement des bereits erwähnten großen deutschen Automobilkonzerns anschauen:

In den USA kooperiert der Konzern mit den Behörden, verspricht den Kunden Schadensersatz und will die Autos nachbessern. In Deutschland erleben wir davon sehr wenig. Neben einer wortkargen Entschuldigung finden wir nichts. Dabei habe ich soeben auf der Fahrt hierher vernommen, dass europäische Autos von der in Rede stehenden Manipulation genauso betroffen sind wie amerikanische. Die deutschen Kunden sind nur nicht so gut geschützt. Und das ist sehr schade.

Deutschland nimmt hier mit seinem keinesfalls ausreichenden Rechtsschutz im europäischen Ranking mit Griechenland den letzten Platz ein. Ich bin sehr gerne mit Griechenland solidarisch. Aber ich verbessere mich auch gerne.

Die Diskussion um ein Unternehmensstrafrecht wird oftmals ideologisch geführt. Unternehmen würden so unter Generalverdacht gestellt. Die Kriminalität sei auch nicht sonderlich gravierend, sagen die Gegner. – Und ignorieren dabei sämtliche Fakten!

Und wer ist der Geschädigte? Zumeist sind das Geschäftspartner oder konkurrierende Unternehmen, daneben natürlich die Kunden.

Unternehmen sind heutzutage komplexe wirtschaftliche und soziale Verbände und die entscheidende Frage bei der Bekämpfung der „Kriminalität der weißen Kragen" ist, ob und wie man Prozesse in einem Verband durch staatliche Intervention anstoßen und steuern kann. Hier gibt es einen globalen Trend zu Absprachen unter Auflage. Weil das so ist, kann es nicht verwundern, dass weltweit – auch in Deutschland, Österreich und der Schweiz – intensiv über die Möglichkeiten diskutiert wird, die ein Unternehmensstrafrecht dazu bietet.

Die Schweiz hat sich für eine subsidiäre Haftung von Unternehmen entschieden. Ich höre, dass darüber inzwischen kritisch diskutiert wird. Österreich diskutiert über eine Anhebung der Sanktionen. Deutschland diskutiert darüber, ein Unternehmensstrafrecht überhaupt erst einmal einzuführen.

Es liegt aus meiner Sicht auf der Hand, dass das Recht der Ordnungswidrigkeiten in Deutschland nicht geeignet ist, Compliance-Auflagen für Unternehmen festzusetzen und vor allem deren Umsetzung zu überwachen. Die Einstellung gegen Auflage ist in § 47 OWiG aus gutem Grund verboten. Wir haben dazu in unserem Gesetzentwurf zur Einführung der strafrechtlichen Verantwortlichkeit von Verbänden vorgeschlagen, mit Zustimmung des Unternehmens – wie bei einer Therapieauflage – einen Compliance-Plan zu erstellen, der überwacht wird und im Falle der Umsetzung binnen einer angemessenen Frist das Absehen von Strafe zur Folge hat. Wir öffnen dazu auch den Weg ins Strafbefehlsverfahren.

Ich bin davon überzeugt, dass hier die Zukunft liegt und dass Deutschland nicht gut daran tut, den globalen Trend zu verschlafen. Hier tut sich ein sehr weites Feld für kriminologische Forschung auf. Denn das richtige Maß zu finden zwischen Disziplinierung und Freiheit ist die wahre Kunst bei der

Gestaltung eines modernen Sanktionsrechts, nicht nur im Wirtschaftsstrafrecht.

Ich freue mich, dass Sie uns bei dieser rechtspolitischen Aufgabe unterstützen, und wünsche Ihnen für Ihre ambitionierte Tagung viel Erfolg.

Herzlichen Dank!

I. Plenarreferate

A Separate Peace: Explaining War, Crime, Violence, and Security During and After the Surge in Iraq

John Hagan, Joshua Kaiser and Anna Hanson

Table of Contents
1. Introduction
2. The Surge and Counter-Insurgency Doctrine
3. Partitioning Iraq
4. An Endogenous Conflict Perspective
5. Endogenous Conflict Hypotheses
6. Surveying Iraq During and After the Surge
7. Modeling War Violence and Perceived Security in Iraq
8. Hierarchical Linear Models of War Violence and Perceived Security
9. Discussion and Conclusions

1. Introduction

In 2007, Iraq entered a brief period of relative peace and security. How this happened is not clear. Some have argued that a 2007 Surge in U.S. forces and/or a Sunni Awakening movement led to this short-lived peace. Others suggested that a partition of Iraq's sectarian or ethnic groups alone[1] could have delivered such a result, even temporarily. We use an endogenous conflict perspective to explain how the transitory peace emerged.

Much has been written about Iraq, (e.g. *Packer* 2006; *Ricks* 2006/2009; *Chandrasekaran* 2006; *Gordon/Trainor* 2012; *Filkins* 2008), but these accounts are highly anecdotal and view the Iraq conflict largely through the American lens framed by domestic politics. These debates reached their peak in 2006 over the decision to Surge additional American troops in Iraq.

---

1 We refer to ethnic and sectarian groups interchangeably in this paper and intend the use of both concepts to refer to ascribed divisions associated with religion or sect in Iraq (cf. *Horowitz* 1985).

We argue that the resulting Surge/partition debate neither revealed nor stimulated understanding of sectarian separation in Iraq. Building on the work of *Kalyvas* (2006/2008); *Kalyvas* and *Kocher* (2007), we note that opposing American arguments in favor of both the troop Surge and partition positions had roots in a reductionist and essentialized ethnic war theory, which gives single-minded attention to presumed and unvarying sectarian divisions. This conflict based approach addresses contradictory aspects of the counter-insurgency doctrine underwriting the Surge policy and deficiencies in an ethnic war theory that has driven key aspects of the Surge and partition perspectives.[2] However, before we present this perspective and an empirical examination of its predictions, we first review proposals for the Surge, the Awakening program, and the partitioning of Iraq.

2. The Surge and Counter-Insurgency Doctrine

Wars often evoke taken for granted assumptions and related lay theories (*Brubaker/Laitin* 1998). A counter-insurgency doctrine [called COIN] emerged and was applied previously by the United States in Vietnam. A popular journalistic account of COIN by *Fred Kaplan* (2013; see also *Kagan* 2009) argues that General *David Petraeus* revived this "doctrine" as the intellectual foundation of a "plot to change the American way of war." *Petraeus* earned a doctorate at Princeton University, where he wrote a thesis about counterinsurgency efforts in Vietnam. He also taught courses on COIN at West Point, drawing on the work of the French military analyst *David Galula* (1964; and also *Nagl* 2005).

Petraeus recruited followers for a renewal of the COIN doctrine with an emphasis on "winning hearts and minds" and cultural sensitivity to local populations. However, we argue COIN simplified and underestimated the importance of community level processes of sectarian separation. When he was appointed commander of the Coalition forces in Iraq, *Patraeus* became commander of an occupying military force with little knowledge of the community-level sectarian separation that was already well advanced across the country.

---

2 *Kalyvas* (2008, p. 352) notes that there is a constructivist aspect of the counter-inSurgency doctrine which contradicts ethnic war theory by assuming sectarian identities could easily be manipulated, for example, with payments to Sunni inSurgents.

Patraeus promised increased civilian protection and security in Iraq. He (e.g. 1986) produced a new counterinsurgency manual for the military (see *Review Symposium* 2008) designed to reverse the prior military strategy of General *George Casey*. In 2006, *Casey* had adopted a "leave-to-win strategy" that removed American soldiers from population centers. In early 2007, President *Bush* replaced Defense Secretary *Rumsfeld* with *Robert Gates* and announced *Petraeus* as the new U.S. commander to replace General *Casey* in Iraq.

In Baghdad, a high level advisor (*Sky* 2008, p. 31) explained that "population protection became the driving mantra of the command environment." However, the new strategy also called for the Surge of an additional 30,000 troops, and the repositioning of forces in neighborhoods and villages. The goal was to separate insurgents from civilians, secure and protecting local environments, earn public trust, and gradually recommit the citizenry to the newly installed Iraq government.

Attached to the Surge was a program known originally as the Anbar or Sunni Awakening and later as the Sons of Iraq. This program involved hiring Sunni militiamen and former soldiers who were to patrol neighborhoods and villages and join the fight against insurgents. U.S. funds were used to pay the Awakening forces with the expectation that the Iraq government would later assume the costs and integrate these forces into its army – an expectation that proved problematic.

Petraeus and other architects of the Surge incorporated important contradictions within its new counter-insurgency strategy, increasing use of force and coercion and raising military and civilian casualties. The coercive aspect of the Surge was expressed in a 2006 memo drafted by former Senator *Charles Robb*, who wrote, "It's time to let our military to do what they're trained to do on offense – without being overly constrained by a zero casualties or controlled collateral damage approach" (quoted in *Gordon/Trainor* 2012, p. 276). This attitude toward collateral damage, reminiscent of the U.S. involvement in the Vietnam War, raised the prospect of unnecessary attacks on civilians – which constitute war crimes[3] – and contradicted the trust-building, protection, and security mantra of COIN.

---

3 Attacking civilians is a serious war crime and human rights violation. Targeting civilians violates the most fundamental requirement of international humanitarian law to distinguish combatants from non-combatant civilians and to treat the latter as immune from direct attacks (see *Dormann* 2003).

Underlying this aggressive posture was the view that "some of these insurgents – maybe a lot of them – were irreconcilable" (*Kaplan* 2013, p. 219). This "assumption of irreconcilability" is a key premise of ethnic war theory that sectarian conflicts have deep historical – if not primordial and essentialist – roots (*Kalyvas* 2006).

Ethnic war theory is so widely taken for granted in popular policy circles that it is usually invoked without reference to its academic origins (for example, see *Kaufman* 1996). An influential Surge advocate graphically illustrated the power of this theory's premise of irreconcilable difference when he recalled that during the Anbar Awakening his unit had "killed a particularly nasty insurgent, tied the corpse to the front of a tank, drove it around town for everyone to see, then phoned the dead man's mother to come pick up the body" (*Kaplan* 2013, p. 221). Treating enemy dead in this manner, of course, is also a war crime (see *Dormann* 2003).

The COIN strategy also assumed a legitimate established government for which counterinsurgency forces would fight. The Shia-dominated Iraq government of Prime Minister *Nuri Maliki* was known for allowing if not supporting secret prisons for suspected Sunni insurgents who were subjected to torture and squalid living conditions, and for knowingly allowing and protecting Shia militia that harassed, threatened, and displaced Sunni residents from their homes and neighborhoods (*Tripp* 2007, Chapter 7). These realities undermined the prospects for creating an enduring trust between the Shia dominated government and Sunni communities – especially during and beyond the relatively short period of the U.S.-led Surge.

A COIN doctrine which incorporated unnecessarily aggressive tactics of military engagement and which endorsed and defended a less than legitimate government, increased barriers between sectarian groups, inviting the predictions of an endogenous conflict perspective considered below.

3. Partitioning Iraq

In the fall of 2006, [then] Senator *Joe Biden* joined with the President of the Council of Foreign Relations, *Leslie Gelb*, to advocate the formal partition of Iraq – including a division of Baghdad. This alternative strategy called for a decentralized federal system of Kurdish, Sunni, and Shia regions. Like the argument for a troop Surge, this policy drew prominently from ethnic war theory, particularly the versions reflected in *Robert Kaplan's* (1993) influential depiction of *Balkan Ghosts* in Bosnia and related writings about civil wars (*Kaufman* 1996; *Biddle* 2006). *Kaplan* argued that the ghosts of ethno-sectarian animosities were deeply entrenched in the history of the Balkans and created an insatiable appetite for violence.

The *Biden-Gelb* model assumed that a formal and officially sanctioned separation of such enemies could stop their fighting. The *Biden-Gelb* plan implicitly called for a decentralized federalism as the alternative to a centralized and coercive authoritarianism entrenched during most of Iraq's recent history (see also *Galbraith* 2006). *Biden* and *Gelb* (2006) launched their plan with a *New York Times* op-ed that advocated "Unity Through Autonomy in Iraq." They insisted that in Baghdad and the rest of Iraq, "things are already heading toward partition." They argued that Iraqis were growing too fearful of one another to avert a further country-wide sectarian separation.

While the *Biden-Gelb* plan shared some ethnic war premises with the Surge policy, it was also different in notable ways. In contrast to the proposed Surge of 30,000 troops beyond the approximately 130,000 already in Iraq, *Biden-Gelb* instead proposed a reduction to 20-30,000 troops by the end of 2007. *Biden* and *Gelb* were looking for an alternative to both a combative reliance on increased U.S. troop strength and a continuing compromised reliance on a Shia dominated *Maliki* government. However, President *Bush* announced and implemented the Surge in early 2007 and the prospect of partition largely dropped from view – except in Iraq where the separation of the Sunni and the Shia groups mattered most – and where the "un-mixing" of groups was well underway.

The approximate year and a half long Surge ended during the 2008 U.S. election campaign. Presidential candidate *John McCain* insisted that the Surge had succeeded in reducing Iraq violence, while candidate *Obama* gave primary credit to the Awakening movement for reducing violence before the Surge began. Missing in both accounts was an acknowledgement that a continuing American military occupation and its efforts at elite statemaking were as much or more a part of the conflict as the sectarian forces that both candidates implicitly blamed for an ethnic war. There was also no consideration of how extensive the separation of groups had already become in Iraq.

4. An Endogenous Conflict Perspective

Kalyvas and *Kocher* (2007; *Kalyvas* 2006) do not question that in Iraq most violence is between ethnic groups. Yet they draw an important distinction between exogenous and endogenous sources of the sectarian cleavages that underwrite this ethnic conflict. The exogenous cleavage thesis of ethnic war theory sees civil wars flowing directly from preexisting and entrenched ethnic hostilities. The endogenous cleavage thesis adds crucial contingencies, including both intervening state actors and domestic political leadership and social movements based in the ethno-sectarian communities they must deal with. Thus the existence of violence between groups will not necessarily or even usually in itself explain what is being observed as "group violence" without taking into account state and non-state actors and their changing relationships with local ethnic communities.

Kalyvas and *Kocher* (2007, p. 185) indicate that in Iraq "a key reason why the sectarian conflict has emerged with such force and violence is to be found in the handling of this country's occupation by the United States." This handling includes implementation of the Surge and the Awakening and the U.S. military collaboration with the Iraq government led by *Nuri Maliki*. *Dodge* (2013) refers to the post-invasion relationship of the U.S. with Prime Minister *Maliki* as an "exclusive elite bargain." This bargain was built on the imposed foundation of the post-invasion destruction of Iraq's last national and ethnically inclusive institutions: the central government's ministries, the army, and the Baath Party. The exclusion of Sunni and Sadrists from the new central government triggered recruitment from among these groups into local sectarian militias, which in turn stoked the fires of civil war.

Thus the post-invasion American Coalition Provisional Authority initiated and swiftly consolidated a new network of privilege, exclusion, and power around the Shia majority who were repressed under *Saddam*. *Nuri Maliki* was the most successful player in this emergent network. *Maliki* became Prime Minister in 2006 after the peak in sectarian violence that followed the Al Qaeda attack on the Samarra Shrine and that forced his predecessor, *Ibrahim al-Jaafari*, from office. The United States dominated the *Maliki* succession, but without enthusiasm about its choice. In 2008, *Maliki* set a timeline for the departure of U.S. troops, and by the end of 2011 the last U.S. combat troops had left Iraq.

An endogenous conflict perspective acknowledges the likelihood that domestic political elites such as *Nuri Maliki* will often if not usually be better prepared and positioned to manage local conflicts than external state actors who know less about national and local community based political relationships. While *Maliki* and his Dawa Party were explicitly Shia, he also developed a capacity to strategically signal a national secular sensibility that resonated beyond his Shia base. He expanded his political base among Arab Sunni voters in 2007 and 2008 by challenging his rival and fellow Shia, *Muqtada Al-Sadr*. *Al-Sadr's* Mahdi Army and his Sadrist followers alternated between being an asset and a threat to *Maliki*. As explained further below, *Maliki* intermittently gained support from the Sunni community by joining the Iraq Army with the U.S. forces in attacking the Mahdi Army. By 2009, *Maliki* was benefiting from this strategy and peaking in public popularity, although this ascent would also prove transient.

The coalition formed by *Maliki* failed to gain the largest number of parliamentary seats in Iraq's 2010 federal elections. His leading opponent, *Ayad Allawi*, a more secular Shia, secured more seats yet could not form a successful coalition government. It took nine months, again with ambivalent U.S. assistance and a dubious court decision, for *Maliki* to receive parliamentary approval for a second term as Prime Minister.[4] However, *Maliki* subsequently refused to grant the concessions demanded by the U.S. to maintain a residual military force in Iraq, and he instigated criminal charges and more violent measures in moves against leading Sunni members of his governing coalition.

Continuing repercussions of a sectarian realignment of *Maliki's* tactics included Iraq Army attacks on Sunni militias, assassinations of Sunni leaders, and corresponding civilian protests against Iraq's central government in Sunni controlled Anbar province and the north, the heartland of the restive Sunni minority. Of course, *Maliki's* shifting tactics were hardly unprecedented and violent authoritarian politics have been a core part of Iraq's history. *Tripp* (2007) argues that the continuing collective violence of local militias and insurgents represented desperate efforts to counteract the *Maliki* regime's centralized assertion of a familiar type of authoritarian military control in Iraq. He laments that "Western allies often failed to recognize

---

[4] *Al-Maliki* was selected as Prime Minister on April 22, 2006; his predecessor, *Al-Jaafari*, had been selected as Prime Minister following the contentious elections of January 2005.

how much they were part of this same history and thus ran the risk of once more of succumbing to its baneful logic" (p. 317).

The overlapping accounts of endogenous cleavage by *Kaylvas* and *Kocher*, an elite bargain perspective of *Dodge*, and a new authoritarianism by *Tripp*, anticipated that the invasion, occupation, and civil war in Iraq were the leading edges of a new regime that notwithstanding effective campaign gestures of conciliation and inclusion were committed to elite domination and control. This endogenous conflict perspective suggests several hypotheses that about the observed unfolding empirics of post-invasion Iraq.

5. Endogenous Conflict Hypotheses

The first set of hypotheses involves predictable consequences of the 2007 U.S. Surge of forces in Iraq. Despite the focus on protection and security and "winning hearts and minds" in COIN doctrine, *Dodge* (2013, p. 84) insists that "the major change in U.S. policy towards Iraq, launched in 2007, was dominated by military campaigns to the exclusion of all else." Two operations, Phantom Thunder and Phantom Strike, characterized the onset of the Surge during the summer of 2007 (*Gordon/Trainor* 2012). U.S. and Iraq casualties, both military and civilian, peaked during this period, along with insurgent attacks (see *csis.org/files/publication/100217_iraq_security_study.pdf*).

As noted, *Maliki's* government was Shia dominated and during the Surge it facilitated attacks by the U.S./Coalition forces on Sunni insurgent groups in and surrounding Baghdad. *Maliki* also forbid the expansion of the Surge linked Awakening movement into the Shia south, and this movement never penetrated eastern Baghdad or Shia parts of western Baghdad (*Hagan/Kaiser/Hanson* 2013).

Operation Phantom Thunder also expanded the largely classified role of the Joint Special Operations Command [JSOC] led by Major General *Stan McChrystal*. JSOC operated much like a CIA unit within the Department of Defense, gathering intelligence and conducting largely unreported raids and killings of targeted insurgent leaders. The raids and killings organized by JSOC, especially when they were based on faulty intelligence and resulted in civilian casualties, led to violent neighborhood and government clashes about unnecessary U.S. violence against civilians. During one week alone in

A Separate Peace

August 2007, JSOC strike forces launched 87 missions in Sunni areas of northern Iraq that killed 59 persons and detained 200 suspected enemy fighters (*Gordon/Trainor* 2012, p. 419).

An endogenous conflict theory thus predicts that Sunni civilians and communities in Baghdad and elsewhere in Iraq will have experienced the greatest impact of the U.S. offensive actions and associated violence during and after the Surge. Our overarching premise is that attacks in and on Sunni communities during the U.S. Surge and afterwards had notably distinguishable impacts on the lives of individuals within them. In particular, during the Surge:

H1: Individual Sunni and predominately Sunni communities will most often have reported unnecessary attacks on civilians by U.S. forces.

Because of increased sensitivity to this use of offensive military tactics associated with the Surge of U.S./Coalition troops:

H2: Unnecessary attacks on civilians by U.S./Coalition forces will have played a salient role compared to other sources of war violence in lowering perceptions of improved security resulting from the U.S. Surge operations.

These hypotheses can explain why the Surge was not popular in Iraq and how a foundation was set during the Surge for "a separate peace" that marginalized and disadvantaged Arab Sunni groups in Iraq, setting the foundation for the later advances of the Sunni based Islamic State in Sunni dominated western and northern Iraq.

An endogenous conflict theory suggests that these results were set in motion in Iraq with the elite bargain that emerged from the invasion and during the occupation, and the endogenous form of this theory further suggests that the momentum of these effects would continue to increase and intensify.

6. Surveying Iraq During and After the Surge

A consortium composed of ABC News, USA Today, the BBC and ARD German TV contracted with D3 Systems of Vienna, Virginia and KA Research Ltd. of Istanbul to conduct four cross-sectional population surveys in Iraq from 2007 through 2009 – a period lasting from the beginning of the

Surge to seven months after its completion. The survey used a cluster design with sampling points in neighborhoods and villages distributed proportionate to population in all 102 districts of all 18 provinces.[5]

Interviewers surveyed an average of five individuals within each sampling point from households selected at random intervals, with members picked using the "next-birthday" method and replacement for inaccessible households. Interviewers were able to administer a survey to an individual in 62 percent of contacted households, in person and in Arabic or Kurdish, with supervisors back-checking more than half of the interviews. The two surveys analyzed in greatest detail below respectively include 2186 and 2213 individual respondents within 452 and 443 sampling points that are nationally representative of Iraq.

Figure 1 displays the timing of all four Iraq surveys (including nearly 9000 interviews) from the beginning of the Surge of U.S. forces in February 2007, through the drawdown of the Surge forces beginning in August 2007, to the completion of the drawdown in July 2008, and with the final survey completed seven months later in February 2009. The horizontal lines on Figure 1 chart levels of five key variables reported by the individual respondents in the four surveys: war violence, approval of U.S. forces and Prime Minister *Nuri Maliki*, community separation of Sunni and Shia groups, and perceived security. There is little variation in these five variables in the first two surveys, which is why after reviewing Figure 1, we focus in the remainder of our analysis on the last two surveys below. Descriptive statistics for the latter surveys are presented in Table 1.

We initially see in Figure 1 that in the first pair of surveys, about half (55,3 % to 58,7 %) of the communities were designated by the sampled individuals within them as being either completely Shia or completely Sunni. Individual reports of war violence remained at about 2.5 (2.49 to 2.57) on an eight point scale that included binary reports of nearby bombing, sniping, sectarian attacks, kidnappings, and unnecessary attacks on civilians by U.S./Coalition forces, Iraq Army, Iraq police, or local militia (alpha=.61). And perceived security remained just over five (5.55 to 5.14) on a 13 point scale. This scale included: a four point ranking of neighborhood security "conditions" from very bad to very good, a three point ranking of neighbor-

---

5 The sampling was based on 2005 Iraq Ministry of Planning data. Supervisors selected sampling points using satellite images and maps or grids with starting places picked randomly within locations among Iraq's nearly 11,000 villages and neighborhoods.

hood "safety" from very safe to not safe, a four point ranking of "your family's protection from crime" from very good to very bad, and a two point ranking of the neighborhood security "situation" from good, neither good nor bad, to bad (alpha=.87). Finally, approval of U.S./Coalition forces declined by about five percent (from 23,4 % to 18,9 %), while approval of Prime Minister *Maliki* was higher but decreased by about 10 percent (42,9 % to 32,7 %).

So during the buildup and soon after the Surge peak in Figure 1, these reports of community composition, war violence, perceived security, and approval of U.S forces and *Maliki* stayed relatively constant or declined. Recall that the Surge began just months after the escalation of war violence and the community displacement associated with the February 2006 Samara Shrine attack. As noted above, in 2006 and the first half of 2007, Shia and Sunni militia across Iraq purged and separated communities, with *Muqtada Al-Sadr's* Shia Mahdi Army seizing control of the majority of neighborhood communities in Baghdad. The initial 2007 survey results in Figure 1 showing about half the communities in Iraq as being either predominately Sunni or Shia are consistent with the view that the buildup and peaking of the Surge coincided with a consolidation rather than a reduction or reversal of the sectarian separation of Sunni and Shia. *Al-Sadr* finally declared a unilateral ceasefire at the end of August 2007 and a drawdown in Surge troops began the following month.

In contrast, reports of perceived security notably changed in the next two Iraq surveys conducted *after* the drawdown from the Surge began. About six months after *Al-Sadr* declared his ceasefire, in the February 2008 Iraq survey, the average score on the 13 point perceived security scale increased from about five to seven (5.14 to 6.96). On the other hand, reported war violence actually increased (from 2.57 to 2.96), and community separation remained about the same, with about half of the respondents still reporting their areas being completely Shia or Sunni (from 58,7 % to 53,6 %).

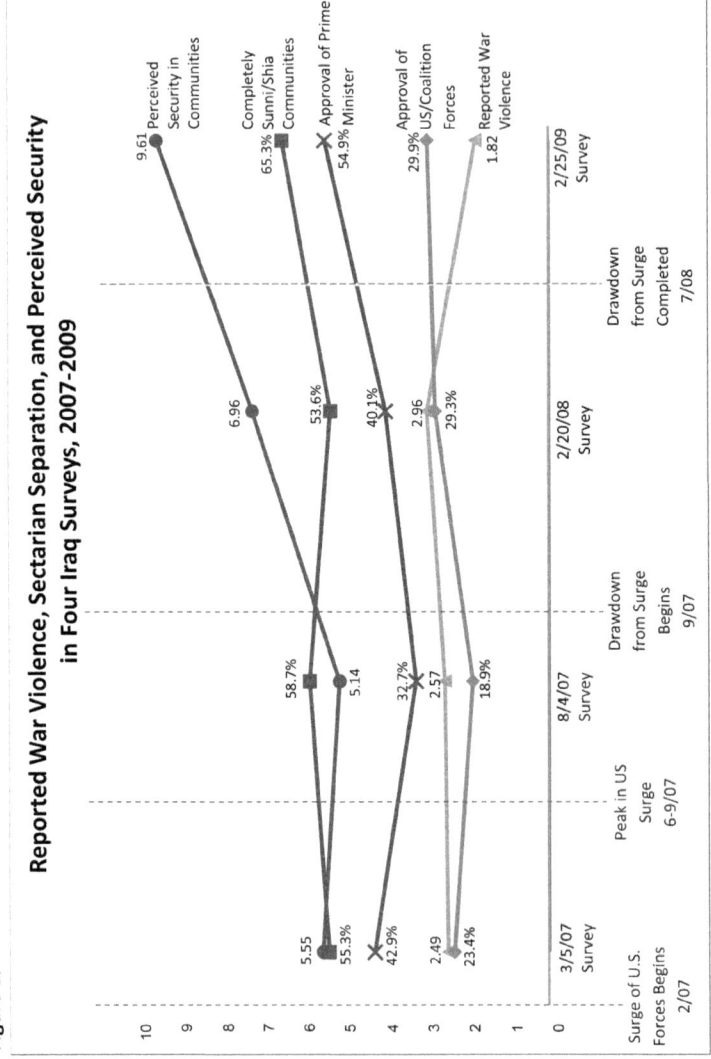

Figure 1. Reported War Violence, Sectarian Separation, and Perceived Security in Four Iraq Surveys, 2007-2009

Table 1: Individual and Community Descriptive Statistics: Surge Era Iraq Surveys, 2008-9

Surge Era Surveys	During Surge		After Surge	
Individual Level Characteristics	$\bar{x}$	SD (n=2186)	$\bar{x}$	SD (n=2213)
War Violence and Security				
Reported War Violence (0-8)(α =.61)	2.78	1.88	1.82	1.51
Iraq Army (0/1)	.22	.41	.20	.40
Iraq Police (0/1)	.22	.41	.17	.38
Local Militia (0/1)	.36	.48	.20	.40
Bombing (0/1)	.40	.49	.26	.44
Sniping and Crossfire (0/1)	.35	.48	.22	.41
Sectarian Attacks (0/1)	.35	.48	.17	.38
Kidnapping (0/1)	.45	.50	.33	.47
Unnecessary US Attacks on Civilians (0/1)	.44	.50	.27	.45
Perceived Security from Surge (0-6) (α =.75)	2.28	2.21	--	--
Perceived Security from Awakening (0-2)	1.36	.74	--	--
Perceived Security (0-13)(α =.87)	7.19	3.89	9.61	3.11
Support for US Forces and Prime Minister				
Approval for US/Coalition Forces (0/1)	.29	.45	.29	.45
Approval for *Maliki* (0/1)	.38	.49	.54	.50
Background Characteristics				
Kurd (0/1)	.15	.36	.16	.37
Sunni (0/1)	.30	.46	.29	.46
Shia (0/1)	.51	.50	.51	.50
Other Sectarian Identity (0/1)	.04	.19	.04	.19
Male (0/1)	.50	.50	.49	.50
Age (18-83)	35.91	12.78	35.90	12.62
Education (1-5)	3.27	1.24	3.13	1.24
Married (0/1)	.69	.46	.67	.47
Employed (0/1)	.37	.48	.38	.49
Location				
Sadr City (0/1)	.05	.21	.05	.22
Rest of Baghdad (0/1)	.16	.37	.16	.37
Anbar (0/1)	.05	.22	.05	.2
Basara (0/1)	.08	.25	.07	.25

Surge Era Surveys	During Surge		After Surge	
Individual Level Characteristics	$\bar{x}$	SD (n=2186)	$\bar{x}$	SD (n=2213)
Kirkuk (0/1)	.03	.16	.02	.15
Mosul (0/1)	.04	.20	.05	.21
Other (0/1)	.60	.49	.60	.49
Community Level Characteristics	(n =452)		(n =443)	
Predominately Shia Community (0-1)	.45	.38	.47	.43
Aggregate Reported War Violence (0-1)	.34	.19	.23	.15

In the fourth February 2009 Iraq survey, the clearest signs of change emerged. Reported war violence dropped from about three to two (2.96 to 1.88), the proportion of completely Sunni and completely Shia communities jumped from about half to nearly two thirds (53,6 % to 65,3 %), and perceived security continued its increase from about seven to over nine and a half (6.96 to 9.59) on the 13 point scale. The score on this security scale had now nearly doubled (from 5.14). While approval of the U.S./Coalition forces remained constant (29,3 % and 29,9 %), approval of *Maliki* jumped (from 40,1 % to 54,9 %). So the third and especially the fourth survey revealed change, and the remainder of our analysis therefore models outcomes in these two surveys.

7. Modeling War Violence and Perceived Security in Iraq

Our hypotheses include predictions about ethno-sectarian differences in reports of war violence and perceived security at individual and community levels in Iraq. We use hierarchical linear models [HLM] (*Raudenbush/Bryk* 2004) to estimate variation in outcomes within and between communities, with adjustments for non-independence resulting from the clustering within these sampling points. For example, our final within community models of perceived security regress individual-level reports of perceived security on individual level reports of sectarian group membership, war violence and other independent variables:

$y_{ij} = \beta_{0j} + \beta_{1j}$ (male)$_{ij}$ + β_{2j} (ethnicity)$_{ij}$ + β_{3j} (age)$_{ij}$ + β_{4j} (education)$_{ij}$ + β_{5j} (married)$_{ij}$ + β_{6j} (employed)$_{ij}$ + β_{7j} (perpetrator)$_{ij}$ + β_{8j} (forms of victimization)$_{ij}$ + β_{9j} (unnecessary U.S. attacks on civilians)$_{ij}$ + β_{10j} (location)$_{ij}$ + β_{11j} (improved security from Awakening)$_{ij}$ + r_{ij}

Our between community models regress perceived security in the more than 440 sampling points – after the individual-level variables are taken into account – on the predominance at the community level of Shia respondents and the aggregate level of reported war violence in these settings:

$$\beta_{0j} = \gamma_{00} + \gamma_{01} \text{(predominately Shia)}_{ij} + u_{0j}$$

As suggested above, our measure of ethno-sectarian community predominance is coded in the direction of Shia prevalence, as indicated by the mode within each sampling point of respondent reports of his/her community being completely Shia (1), mostly Shia (.6), mixed (.5), mostly Sunni (.4), or completely Sunni (0). A positive and significant coefficient for this variable thus indicates an effect of Shia community predominance, while a negative and significant coefficient indicates an effect of Sunni community predominance, and a non-significant coefficient indicates no directional effect of ethno-sectarian community predominance.

Our further aggregated community war violence measure is the simple average on the individual eight point scale of war violence scores described above within each sampling point. In the first part of our analysis reported below, we extract the binary measure of unnecessary violence against civilians by U.S./Coalition forces for use as a dependent variable. Almost half (46 %) of respondents reported unnecessary U.S. violence against civilians during the latter part of the Surge, while only about a quarter (26 %) reported this after withdrawal of the Surge troops. This disparity is evidence of the offensive aspect of the Surge, and we have hypothesized that the unnecessary violence against civilians by U.S./Coalition forces is most likely to have resulted from U.S. targeting of Sunni insurgents and allied Al Qaeda in Sunni neighborhoods, while this targeting is also likely to explain negative Iraqi perceptions of the Surge.

Thus our additional individual level variables include a scale measure of the perceived security resulting from the Surge of U.S. forces and the formation of Awakening Councils. A zero to six point Surge scale (alpha=.75) was formed from respondents' rankings of the perceived impact of the increase in U.S. forces as making perceived security worse (0), having no effect (1), or better (2) in the combined nearby area, elsewhere in Iraq, and overall. A similar single item ranking of the impact of the creation of the Awakening Councils was scored from zero (i.e., worse) to two (i.e., better). The Surge and Awakening measures were not available in the final survey, since the Surge by then had ended.

Most Iraqi respondents did not view the effects of the increase in U.S./Coalition forces during the Surge as favorably affecting their security. In areas where Surge forces were sent, over half (53,1 %) thought that security was worsened; in other areas, nearly half (48,7 %) thought security was worsened; and overall, more than sixty (61,2 %) thought the troop presence made security worse. Respondents were only asked to indicate the effect of the Awakening Councils for the areas where they were created, with about half the respondents thinking their effect was to make security better (50,3 %), versus about half concluding no effect (30,9 %) or that security was worsened (16,1 %). So the Awakening Councils were better received than the Surge forces, but neither was viewed particularly positively.

Individual level binary variables further indicated Kurdish, Sunni, and Shia self-identification, as well as being male, married, and employed. Individual educational levels were ranked from one to five and age was coded in years.

The item indicating individuals' evaluations of Prime Minister *Maliki* was coded as approval (1) and non-approval (0). As noted, this approval was still peaking at the time of the February 2008 survey, foreshadowing the response to his ultimately successful involvement in the March 2008 Battle for Basra. By the 2008 survey, *Maliki* had gained control of Iraq's military and security services and was bringing lower tier Sunni figures into his government while eliminating rivals (*Parker/Salman* 2013).

The geographic location of respondents in several distinct conflict zones of Iraq was indicated by binary variables representing Sadr City, the rest of Baghdad, Anbar province, Basra, Kirkuk, and Mosul. A variable representing the semi-autonomous region of Kurdistan was not included because of its colinearity with the Kurdish self-identification variable introduced above.

From the resulting joined analyses of the individual and community level models, we learn not only about individual level sources of variation in perceived security in Iraq, but also with these variables controlled, about the influence of differences following from the separation of respondents into predominately ethno-sectarian communities, about the aggregate level impact of war violence in these settings, and about the impact of respondents' evaluations of the U.S./Coalition forces, the Surge, and Prime Minister *Maliki*.

8. Hierarchical Linear Models of War Violence and Perceived Security

We focus first in Table 2 on models of unnecessary U.S./Coalition attacks on civilians reported during the latter part of the Surge, in March 2008. As noted above, unnecessary attacks are classified as war crimes and nearly half of Iraqi respondents reported in early 2008 that such attacks occurred in their nearby neighborhoods. This indicates that these unnecessary U.S. attacks on civilians were perceived to occur across a wide swath of Iraq. Similar proportions of respondents reported nearby bombings (43 %), kidnappings (49 %), Iraqi militia attacks (39 %), sectarian attacks (38 %), and sniping and crossfire (37 %), while somewhat fewer reported unnecessary attacks by Iraqi police (22 %) and Army (22 %).

Because respondents reported in binary form whether or not unnecessary U.S./Coalition attacks occurred nearby, we present *Bernoulli* regressions of these reports on individual and community level characteristics in the columns of Table 2. The first column analyzes these attacks in terms of other sources of war violence and individual and neighborhood level characteristics, but without taking into account the specific locations where they were reported. The second column adds these locations into the analysis.

We see across the columns of Table 2 that reports of bombings significantly increased reports of unnecessary U.S./Coalition attacks, which may be a result of many of the bombs being directed at U.S./Coalition troops. Reports of unnecessary Iraq Army and Police attacks also were associated with unnecessary U.S./Coalition attacks and may have occurred alongside them. Kurds were significantly less likely to report unnecessary U.S./Coalition attacks. As predicted in Hypothesis 1, individual Sunni respondents were more likely to report these attacks. However, individual Shia also more often reported these attacks. If respondents evaluated the Awakening Councils as improving security, they were significantly less likely to report unnecessary U.S./Coalition attacks.

Table 2: HLM Bernoulli Regression Models of Unnecessary US/Coalition Attacks on Civilians Reported During Surge, Iraq, 2008

Individual Level Characteristics	Unnecessary US Attacks on Civilians b(SE)	b(SE)
War Violence		
Iraq Army	.08(.12)	.08(.13)
Iraq Police	.32(.12)**	.38(.12)**
Local Militia	.24(.11)*	.29(.11)**
Bombing	.47(.11)***	.40(.12)***
Sniping and Crossfire	.06(.11)	.41(.11)
Sectarian Attacks	.17(.11)	.11(.11)
Kidnapping	.22(.10)*	.29(.11)**
Background Characteristics		
Kurd	-1.08(.36)**	-1.06(.36)**
Sunni	1.22(.27)***	1.08(.27)***
Shia	1.11(.26)***	1.07(.26)***
Male	.02(.11)	.05(.11)
Age	-.01(.01)	-.01(.01)
Education	-.05(.05)	-.07(.05)
Married	.15(.10)	.12(.11)
Employed	-.14(.12)	-.16(.12)
Location		
Sadr City	--	1.29(.18)***
Rest of Baghdad	--	.63(.15)***
Anbar	--	.19(.22)
Basara	--	-.24(.25)
Kirkuk	--	.51(.33)
Mosul	--	.07(.33)
Security from Awakening Councils		
Improved Security	-.25(.07)***	-.21(.07)**
Community Level Characteristics		
Predominately Shia Community	-.58(.25)*	-.75(.28)**
Intercept	-.38	-.38

At the community level, as also predicted in Hypothesis 1, the negative effect in column one indicates that unnecessary U.S./Coalition attacks were significantly more likely to occur in predominately Sunni than predominately Shia areas. So even though individual Shia as well as Sunni respondents more often reported these sources of violence, overall, these effects were reported more often in predominately Sunni than predominately Shia settings. As indicated, this supports our first hypothesis of greater impact of U.S./Coalition attacks on the Sunni than on the Shia during the Surge, and this is consistent with the endogenous conflict expectation that individual Sunni civilians and civilians living in predominately Sunni neighborhoods were more vulnerable to the targeting of unnecessary attacks associated with the U.S./Coalition Surge.

As indicated in the second column of Table 2, the specific community locations of respondents in several areas of high conflict in Iraq mattered. Respondents in Sadr City reported significantly more unnecessary U.S. attacks on civilians. Sadr City is virtually completely Shia and in the later stages was targeted by U.S. Surge forces. These attacks notably suppressed the net effect (which increased by more than 25 percent) of being in a predominately Sunni neighborhood on these unnecessary U.S. attacks. Civilians living elsewhere in Baghdad also but to a lesser degree reported unnecessary attacks by U.S./Coalition forces.

Before turning to our more fully specified models of perceived security, we next model in Table 3 the impact of the eight sources of nearby war violence on feelings of security perceived as specifically resulting from the U.S. Surge in troops. The first column of results in Table 3 introduces the eight sources of war violence, while the second column adds individual and community level characteristics. As predicted in Hypothesis 2, both columns of results in Table 3 indicate that reports of nearby unnecessary attacks of U.S. forces on civilians – more than any other measured source of war violence – reduced the perceived level of security associated with the U.S. Surge. Unnecessary U.S./Coalition attacks decreased scores by an average of three quarters of a point on the six point Surge security scale. The next most influential source of violence in decreasing perceived security was sectarian attacks. Unnecessary attacks by the Iraq Army, bombing, and sniping and crossfire also significantly decreased scores on the Surge security scale.

Table 3: HLM Regression Models of Perceived Increase in Security Resulting from Surge, Iraq, 2008

	Perceived Increase in Security	
Individual Level Characteristics	b(SE)	b(SE)
War violence		
Iraq Army	-.32(.09)***	-.18(.09)*
Iraq Police	.09(.11)	.19(.11)
Local Militia	.05(.09)	.11(.08)
Bombing	-.39(.09)***	-.27(.09)**
Sniping and Crossfire	-.36(.08)***	-.24(.07)***
Sectarian Attacks	-.41(.09)***	-.28(.08)***
Kidnapping	-.06(.08)	-.03(.08)
Unnecessary US Attacks on Civilians	-.76(.09)	-.49(.08)***
Background Characteristics		
Kurd	--	.90(.33)**
Sunni	--	-1.17(.35)***
Shia	--	-.39(.34)
Male	--	-.05(.08)
Age	--	-.00(.00)
Education	--	-.07(.04)
Married	--	.06(.08)
Employed	--	.12(.09)
Location		
Sadr City	--	-2.31(.12)***
Rest of Baghdad	--	-1.63(.15)***
Anbar	--	-1.18(.19)***
Basara	--	.94(.17)***
Kirkuk	--	.24(.37)
Mosul	--	.62(.31)*
Security from Awakening Councils		
	Perceived Increase in Security	
Individual Level Characteristics	b(SE)	b(SE)
Improved Security	--	.43(.05)***
Community Level Characteristics		
Predominately Shia Community	.22(.19)	.26(.25)
Intercept	2.28	2.28

The effect of U.S./Coalition forces' unnecessary attacks on civilians on perceptions of increased security resulting from the Surge is reduced by about one third in the second column of Table 3. Several factors introduced in the second column of Table 3 largely mediate the negative effect of U.S. attacks on civilians on the effectiveness of the Surge in increasing perceived security. These factors include the targeting predicted in Hypothesis 1 of the Sunni in unnecessary U.S./Coalition attacks on civilians and the impact of respondents' locations in Sadr City, elsewhere in Baghdad, and in Anbar province.

9. Discussion and Conclusions

From the Balkans, through Sudan and Darfur, to Iraq, a dominant view in U.S. policy circles has been that unchanging and irreconcilable differences between ethnic groups can sufficiently explain sectarian violence in conflict zones (cf., *Scheffer* 2012). The assumption of unchanging and irreconcilable differences has motivated aspects of policy proposals as different as the military Surge and the national partition of Iraq.

We have argued that the Surge policy ultimately adopted in Iraq influenced and changed the form and scale of sectarian conflict, as did also the realignment of the elite political leadership of this country. At the very least, following *Kalyvas*, we have argued that the static and simplistic assumptions of an exogenously driven ethnic war theory must be modified and expanded to take into account the contingencies of endogenous change that have dynamically influenced sectarian conflict in Iraq, and by implication, elsewhere. Conflicts are not simply caused by enduring ethnic differences.

In place of an ethnic war theory, we have proposed and tested hypotheses from an endogenous conflict perspective using survey data collected from 2007 to 2009 in Iraq – a period which included the Surge and the subsequent withdrawal of Surge troops. We began with the overarching premise that disproportionate attacks in and on Sunni communities have had important impacts on the lives of individuals within them. We have found that unnecessary attacks by U.S./Coalition troops on civilians were disproportionately reported by both Sunni and Shia individuals, but that they were most often reported in predominately Sunni communities. We have further found that these unnecessary attacks played a uniquely salient role in lowering perceptions of security resulting from U.S. Surge operations. These findings are consistent with the endogenous focus of a conflict perspective on the effects of interventions by outside states, and they further help to explain why the Surge was relatively unpopular in Iraq. These findings also begin to explain how the U.S. Surge marginalized and disadvantaged Arab Sunni groups relative to Shia and Kurdish groups in Iraq, setting the foundation for what we have called a separate peace – an unstable peace that is proving to be precariously violent.

However, an endogenous conflict perspective does not simply focus on external state intervention. It also is concerned with domestic political leadership, and in the case of Iraq, with a leadership that was selectively installed by the U.S. led Coalition and that favored formerly exiled and elite Shia opposition figures. *Nuri Maliki* emerged out of this U.S. led process as a two term prime minister. In this role, he proved to be another source of endogenous influence on the unfolding sectarian conflict in Iraq. *Maliki* channeled and facilitated the U.S. concentration of offensive operations against Sunni based opponents, but he also deflected blame for these operations by creating a newly named State of Law coalition with Sunni and Kurdish representation. He strategically mounted electoral campaigns designed to mitigate the political opposition emanating from the reversal of fortune suffered by the Sunni following the defeat of *Saddam Hussein's* Sunni dominated Baathist regime.

In *Kalyvas* and *Kocher's* (2007, p. 184) terms, *Maliki* was projecting the goals of a unified state and attempting to counteract the effects of state fragmentation in Iraq. At the time of the 2008-2009 surveys we have analyzed, *Maliki* proved himself perhaps surprisingly adept in these efforts. Perceptions of security continued to improve among both the Sunni and Shia during 2008 and 2009, and favorable outcomes were particularly evident for the Shia in the immediate years after the departure of the Surge troops.

We have used an endogenous conflict perspective to predict a separate peace that in 2008-2009 brought improvements for both Sunni and Shia, but greater benefits for the Shia. The nationally representative Iraq data we have analyzed from 2007 through 2009 are consistent with these predictions. Approval of the *Maliki* government grew notably between 2008 and 2009, and may have peaked in 2009; yet even then there remained substantial differences, with Sunni living in predominately Sunni communities still least likely to approve of *Maliki's* governance. The disparities predicted by an endogenous conflict perspective and the findings we have reported therefore anticipated continued instability in the separate peace we observed. After the invasion and during the subsequent occupation, the U.S. led Coalition Provisional Authority disbanded the military and purged the Baathists from government agencies. A replacement army and bureaucracy was enlisted and trained under the supervision of the U.S. military. It was perhaps predictable going forward, then, that the new Iraq Army might be used to suppress the residual Sunni militias and insurgents that continue to protest and challenge disparities and imbalances between the Shia and Sunni. When Sunni protesters mobilized peaceful demonstrations at the end of 2012, they were met with a military and police crack-down rather than negotiations or reforms. The result was a resurgence of Sunni militants and Al Qaeda in Iraq attacks that reignited the nascent sectarian conflict.

The *Maliki* led and Shia dominated Iraq government increasingly concentrated the use of force by its security forces against Sunni dissent (*Dodge* 2013). The Shia and Sunni communities increasingly occupied separate and unequal places in Iraq society that formed the mirror image of the era of *Saddam Hussein*, with the Shia increasingly advantaged and secure and the Sunni less advantaged and more insecure. The disadvantaged and insecure place of the Sunni in predominately Sunni parts of Iraq – such as Falujah and Mosel – would soon form fertile settings for advances by the Islamic State from Syria into Iraq.

Bibliography

Allawi, A. (2007): The Occupation of Iraq: Winning the War, Losing the Peace. New Haven: Yale University Press.
Al-Wardi, A. (2008): Understanding Iraq: Society, Culture and Personality. New York: EdeinMellen Press.
Amos, D. (2010): Eclipse of the Sunnis. New York: Public Affairs.
Biden, J./Gelb, L. (2006): "Unity Through Autonomy in Iraq." New York Times, May 1, 2006.
Biddle, S. (2006): "Seeing Baghdad, Thinking Saigon." Foreign Affairs 85, pp. 2-14.
Biddle, S./Friedman, J./Shapiro, J. (2012): "Testing the Surge: Why Did Violence Decline in Iraq in 2007?" International Security 37, pp. 7-40.
Brubaker, R./Laitin, D. (1998): "Ethnic and Nationalist Violence." Annual Review of Sociology 24, p. 426.
Chandrasekaran, R. (2006): Imperial Lives in the Emerald City: Inside Iraq's Green Zone. New York: Random House.
Chehab, Z. (2005): Iraq Ablaze: Inside the Insurgency. New York: I.B. Tauris & Co.
Cockburn, P. (2008): Muqtada Al-Sadr and the Battle for the Future of Iraq. New York: Scribner.
Cole, J. (2003): "The United States and Shi'ite Religious Factions in Post-Ba'thist Iraq." Middle East Journal 57, pp. 533-566.
Dodge, T. (2012): Iraq: From War to a New Authoritarianism. New York: Routledge.

Dodge, T. (2013): "State and Society in Iraq Ten Years after Regime Change: The Rise of a new Authoritarianism." International Affairs 89, pp. 241-257.

Dormann, K. (2003): Elements of War Crimes under the Rome Statute of the International Criminal Court: Sources and Commentary. New York: Cambridge University Press.

Fearon, J./Laitin, D. (2000): "Violence and the Social Construction of Ethnic Identity." International Organization 54, p. 860.

Fearon, J./Laitin, D. (2003): "Ethnicity, Insurgency, and Civil War." American Political Science Review 97, pp. 75-86.

Filkins, D. (2008): The Forever War. New York: Vintage Books.

Gagnon, V.-P. (2004): The Myth of Ethnic War: Serbia and Croatia in the 1990s. Ithaca, New York: Cornell University Press.

Galbraith, P. (2006): The End of Iraq: How American Incompetence Created a War Without End. New York: Simon & Schuster.

Galula, D. (1964): Counterinsurgency Warfare: Theory and Practice. Westport, Connecticut: Praeger.

Gordon, M./Trainor, B. (2012): The Endgame. New York: Pantheon.

Green, P./Ward, T. (2009). "The Transformation of Violence in Iraq." British Journal of Criminology 49(5), p. 609.

Haddad, F. (2011): Sectarianism in Iraq: Antagonistic Visions of Unity. New York: Columbia University Press.

Hagan, J./Kaiser, J./Hanson, A. (2013): "Assessing the Synergy Thesis in Iraq" International Security 37, pp. 173-198.

Hagan, J./Kaiser, J./Hanson, A. (2015): Iraq and the Crimes of Aggressive War: The Legal Cynicism of Criminal Militarism. New York: Cambridge University Press.

Hagan, J./Kaiser, J./Rothenberg, D. (2012). "Atrocity Crimes and the Costs of Economic Conflict Crimes in the Battle for Baghdad and Iraq." European Journal of Criminology 9, pp. 481-499.

Hashim, A.-S. (2006): Insurgency and Counter-Insurgency in Iraq. Ithaca: Cornell UniversityPress.

Herring, E./Rangwala, G. (2006): Iraq in Fragments: The Occupation and Its Legacy. Ithaca: Cornell University Press.

Holbrooke, R. (1995): To End a War. New York: Random House.

Horowitz, D. (1985): Ethnic Groups in Conflict. Berkeley: University of California Press.

International Crisis Group (2007): "Shiite Politics in Iraq." November.

Kagan, F.-W. (2007): Choosing Victory: A Plan for Success in Iraq. Washington, D.C.: American Enterprise Institute.

Kagan, K. (2009): The Surge: A Military History. New York: Encounter Books.

Kalyvas, S. (2006): The Logic of Violence in Civil War. New York: Cambridge University Press.

Kalyvas, S. (2008): 'Review Symposium on "The New U.S. Army/Marine Corps Counterinsurgency Field Manual as Political Science and Political Praxis."' Political Perspectives June: pp. 351-353.

Kalyvas, S./Kocher, M. (2007): "Ethnic Cleavages and Irregular War: Iraq and Vietnam." Politics & Society 35, pp. 183-223.

Kaplan, F. (2013): The Insurgents: David Patraeus and the Plot to Change the American Way of War. New York: Simon & Schuster.

Kaplan, R. (1993): Balkan Ghosts: A Journey Through History. New York: St. Martin's Press.

Kaufman, C. (1996): "Possible and Impossible Solutions to Ethnic Civil Wars." International Security 20, pp. 136-175.

Nagl, J. (2005): Learning to Eat Soup with a Knife. Chicago: University of Chicago Press.

Nasr, V. (2006): The Shia Revival: How Conflicts within Islam Will Shape the Future. New York: W.W. Norton & Co.

New York Times (2010): "Assessing the 'Surge': A Survey of Baghdad Neighborhoods." New York Times December 15, 2010.

Packer, G. (2006): The Assassin's Gate: America in Iraq. New York: Farrar, Straus, and Giroux.

Parenti, C. (2004): The Freedom Shadows and Hallucinations in Occupied Iraq. New York: New Press.

Parker, N./Salman, R. (2013): "Notes from the Underground: The Rise of Nouri al-Maliki", p. 30.

Patraeus, D. (1986): "Learning Counterinsurgency: Observations from Soldiering in Iraq." Military Review January-February.

Raudenbush, S./Bryk, A. (2004): HLM 6: Hierarchical Linear and Non- Linear Modeling. Lincolnwood, IL: Scientific Software International, Inc.

Review Symposium (2008): "The New U.S. Army/Marine Corps Counterinsurgency Field Manual as Political Science and Political Praxis." Political Perspectives June, pp. 351-353.

Ricks, T. (2006): Fiasco: The American Military Adventure in Iraq. New York: Penguin Books.

Ricks, T. (2009): The Gamble: General Patraeus and the American Military Adventure in Iraq. New York: Penguin Books.

Rosen, N. (2010): Aftermath: Following the Bloodshed of America's Wars in the Muslim World. New York: Nations Books.

Sampson, R. (2012): Great American City: Chicago and the Enduring Neighborhood Effect. Chicago: University of Chicago Press.

Scheffer, D. (2012): All the Missing Souls: A Personal History of the War Crimes Tribunals. Princeton: Princeton University Press.

Shadid, A. (2005): Night Draws Near: Iraq's People in the Shadow of America's War. New York: Henry Holt.

Sky, E. (2008): "Iraq 2007 – Moving Beyond Counter-Insurgency Doctrine." RUIS 153, pp. 30-34.

Tilly, C. (1985): "War Making and State Making as Organized Crime." In: Evans, P./Rueschemeyer, D./Skocpol, T. (eds.): Bringing the State Back In. Cambridge: Cambridge University Press, pp. 169-91.

Tilly, C. (2003): The Politics of Collective Violence. Cambridge: Cambridge University Press.

Tripp, C. (2010): A History of Iraq. Cambridge: Cambridge University Press.

Anspruch und Realität internationaler Strafgerichte – Einschätzungen eines ehemaligen Richters am UN-Strafgerichtshof für das ehemalige Jugoslawien

Frank Höpfel

Gliederung
1. Einleitung
2. Inhaltliche Einführung
3. General- und Spezialprävention
4. Der Anspruch eines menschenrechtskonformen Verfahrens
5. Opferperspektive
6. Weitere Ausstrahlung
7. Zur Effizienz der Gerichte

1. Einleitung

Unser Thema fällt in die sog. „Transitional Justice". Der Begriff spricht die verschiedenen Wege an, einem Konfliktland aus seiner Krise zu helfen, also insb. auch mit Wahrheitskommissionen[1]. Wir konzentrieren uns aber auf das Bemühen, zu diesem Ziel justizförmig, durch die Klärung individueller strafrechtlicher Verantwortung für schwerwiegende Menschenrechtsverletzungen beizutragen. Konkret behandelt der Vortrag das Jugoslawien-Tribunal der UNO (engl. Abk. „ICTY"), die weiteren internationalen Strafgerichte, insb. den Internationalen Strafgerichtshof (ICC), und die Ausgangssituationen, aus denen sich die Gerichte entwickelt haben. In weiterer Folge wird der Verfahrensablauf beim ICTY thematisiert sowie der Frage nachgegangen, welche Ansprüche sich mit den internationalen Gerichten verbinden, und am Beispiel des ICTY gezeigt, welche Auswirkungen die Tätigkeit des Gerichts auf die Opfer und auf die betroffene Region hat.

---

1 Vgl. dazu *Neubacher* (2005a), S. 125.

2. Inhaltliche Einführung

Zur Erinnerung: Wie kam es zum Jugoslawientribunal? Anfang der 1990er Jahre hatte der UNO-Sicherheitsrat sich wiederholt mit den Spannungen im zerfallenden Jugoslawien auseinandergesetzt. Um seinen bisherigen Resolutionen höhere Wirksamkeit zu verleihen, hat er am 25. Mai 1993 mit der Resolution 827 dieses Ad-hoc-Tribunal – dem ich 2005 bis 2008 als „Ad-litem-Richter" angehören durfte – eingesetzt, u. zw. wegen ausgedehnter Verletzungen des humanitären Völkerrechts.[2] Die Einrichtung des Tribunals war eine Maßnahme nach Kap. VII der Satzung der Vereinten Nationen. Dieses Kapitel der Satzung bezieht sich auf Maßnahmen zur Wiederherstellung und Wahrung des Friedens. Eine explizite Kompetenz zur Errichtung von Strafgerichten ist darin nicht enthalten.

Die Entscheidung ein solches Gericht einzusetzen war damals unter Völkerrechtlern nicht unumstritten.[3] Sie wurde aber bekräftigt, als ein Jahr später für Ruanda, nach dem Völkermord im Frühjahr 1994, ein ganz ähnliches Gericht eingesetzt wurde, das ICTR in Arusha, mit einer gemeinsamen Berufungskammer für ICTY und ICTR.[4] Diese Tribunale sind mittlerweile mit der 2010 beschlossenen[5] Überleitung in einen *Residualmechanismus* in ihre Endphase eingetreten. Dieser Mechanismus widmet sich den noch übrigen Aufgaben von der Erledigung der offenen Verfahren und aller Rechtsfragen wie der Öffnung geheimer Aktenteile und der Vollzugsfragen offener Stra-

---

2 S/RES/827 (1993) mit Statut des „International Tribunal for the Prosecution of Persons Responsible for Serious Violations of International Humanitarian Law Committed in the Territory of the Former Yugoslavia since 1991", zuletzt geändert mit S/RES/1877 (2009), enthalten im Anhang zum beigefügten Bericht des Generalsekretärs S/25704. Nicht bloß als Floskel, sondern sehr treffend der erste Erwägungsgrund der Res.: „Reaffirming its resolution 713 (1991) of 25 September 1991 and all subsequent relevant resolutions…".
3 *Krisch* (2012).
4 S/RES/955 (1994) vom 8. November 1994 (samt "Statute of the International Criminal Tribunal for the Prosecution of Persons Responsible for Genocide and Other Serious Violations of International Humanitarian Law Committed in the Territory of Rwanda and Rwandan Citizens Responsible for Genocide and Other Such Violations Committed in the Territory of Neighbouring States, between 1 January 1994 and 31 December 1994)", zuletzt geändert mit S/RES/1431 (2002).
5 S/RES 1966 (2010). Der Mechanismus hat zwei Standorte, einen für das ICTR in Arusha, Tansania, und den anderen für das ICTY in Den Haag, Niederlande. Vgl Website http://www.unmict.org/ (14.10.2015), wo u. a. auf die wesentlichen Rechtsgrundlagen wie die Verfahrensregeln (Rules of Procedure an Evidence, 8. Mai 2012) verwiesen wird. Für das ICTR wurde zuletzt eine eigene Datenbank eingerichtet, http://jrad.unmict.org/ (4.12.2015).

fen, ist aber generell mit der Bewahrung des Vermächtnisses („legacy") einschließlich der Verwaltung sämtlicher Akten betraut.

Die Ausstrahlung der beiden Gerichte hat wesentlich dazu beigetragen, dass es im Juli 1998 zum Römischen Statut über den ICC kam, dem völkerrechtlichen Vertrag über den nunmehr permanenten Internationalen Strafgerichtshof. Nach der Ratifikation dieses Vertrags durch 60 Staaten ist das Statut 2002 in Kraft getreten. Inzwischen sind es, unabhängig vom Ratifikationsprozess in Bezug auf die 2010 in Kampala beschlossene Ergänzung um das Verbrechen der Aggression, 123 Mitglieder; weitere haben schon unterzeichnet, ihr tatsächlicher Beitritt steht aber noch aus. Die bisher letzte Erweiterung war im Januar 2015 Palästina. Noch fehlen allerdings die großen Staaten USA, Russland, China, oder Indien.

Nur für einzelne Krisen ist es vorerst gelungen, einen Konsens für weitere Ad-hoc-Tribunale, gem. dem jeweils betroffenen Land, einzurichten. Man spricht von internationalisierten oder sog. Hybrid-Gerichten. Der Bogen der aufzuarbeitenden Konflikte reicht vom Bürgerkrieg in Sierra Leone über die bereits Jahrzehnte zurückliegende Schreckensherrschaft der Khmer Rouge in Kambodscha bis hin zu einzelnen Ereignissen wie dem Hariri-Attentat im Libanon.[6] Zwei Entwicklungen, über die man im September 2015 erfahren konnte, beleuchten den unterschiedlichen Bedarf nach internationalen oder zumindest hybriden Strafgerichten: Während die UNO ein solches Gericht mit internationaler Beteiligung für die Aufarbeitung des jahrelangen Bürgerkrieges in Sri Lanka vorschlägt,[7] steht ein Vierteljahrhundert nach seiner Schreckensherrschaft der Ex-Diktator des Tschad, Hissène Habré, in Senegal vor Gericht; somit also auf nationaler Ebene, aber mit einer vom Territorialitätsprinzip abgelösten rechtlichen Grundlage.[8] Bei der Schaffung des ICTY war man davon ausgegangen, dass im Krisengebiet selbst Kriegsverbrechen nicht verfolgt werden können. Das ist die Begründung für jede internationale Strafgerichtsbarkeit und ist daher auch für ein Einschreiten des

---

6 Vgl. dazu *Ambach* (2009); *Höpfel* (2011).
7 Laut einem Bericht des Uno-Hochkommissariats für Menschenrechte sind in dem 2009 beendeten Konflikte „sehr wahrscheinlich" Kriegsverbrechen und Verbrechen gegen die Menschlichkeit begangen worden. Nicht nur von der UNO, sondern auch von der Regierung Sri Lankas wird die Einsetzung eines Hybridgerichtes befürwortet, da – so die Aussage des Außenministers – „die eigenen Gerichte ... nicht gerüstet (seien), faire Prozesse zu führen" („Sondergericht soll Kriegsverbrechen aufarbeiten", Neue Zürcher Zeitung 17.9.2015).
8 Vgl. *Signer* (2015).

ICC stets Voraussetzung:⁹ die Unfähigkeit oder mangelnde Bereitschaft eines Konfliktlandes, gegen schwerwiegende Menschenrechtsverletzungen mit strafrechtlichen Mitteln vorzugehen.

Wir kennen diese Situation vom Ende des II. WK, als die strafrechtliche Aufarbeitung der Verbrechen der Nationalsozialisten von den Alliierten angestoßen wurde.¹⁰ Bekanntlich haben damals die Siegermächte die Hauptverantwortlichen durch das Nürnberger Internationale Militärtribunal auf Basis der London Charter vom August 1945 abgeurteilt.¹¹ Dieses Vier-Mächte-Abkommen, dem später noch zahlreiche weitere Staaten beigetreten sind, wird immer wieder als ein Wendepunkt in der Entwicklung der Menschenrechtsbewegung angesehen.¹² Zentraler Gedanke, der in den Nürnberger Prozessen deutlich herausgearbeitet wurde, ist die individuelle Verantwortung für Kriegsverbrechen, ohne dass damit ein Staat oder sein Volk im Ganzen belastet wird.¹³

Nach Überwindung des Kalten Krieges hat sich die internationale Staatengemeinschaft also vor über 20 Jahren darauf geeinigt, an die Tradition von Nürnberg anzuknüpfen und – im Sinne der inzwischen erstarkten Menschenrechtsbewegung und tatsächlich als Krönung derselben¹⁴ – so genanntes „Völkerstrafrecht" festzulegen und anzuwenden. Der erste solche Schritt betraf mit Ex-Jugoslawien bemerkenswerter Weise wieder ein europäisches Krisengebiet. Es war damit zwar nicht direkt der Anspruch verbunden, dass die Errichtung des ICTY unmittelbar zur Befriedung führen sollte. Es kann aber von einer die eigentlichen Friedensbemühungen unterstützenden Maßnahme gesprochen werden. Und nach dem Friedensabkommen von Dayton

---

9 Art. 17 Römisches Statut.
10 Die Strafbestimmungen im VII. Teil des Friedensvertrages von Versailles 1919 wurden hingegen nicht praktisch. Vgl. die Hinweise bei *Neubacher* (2005b), S. 306 ff.
11 Agreement for the Prosecution and Punishment of the Major War Criminals of the European Axis, and Charter of the International Military Tribunal (London, 8. August 1945). Nach dem Vorbild von Nürnberg wurde im April 1946 mit Executive Order des Oberbefehlshabers der Alliierten Truppen in Japan, General Douglas MacArthur, das International Military Tribunal for the Far East (IMTFE) eingerichtet („Tokyo Trial").
12 *Ryan* (2007), S. 55: "the most significant development in human rights law in the twentieth century".
13 Vgl. das bekannte Statement aus dem Urteil des IMT (Trial of the Major War Criminals before the International Military Tribunal Nuremberg 14 November 1945 -1 October 1946 [Judgment ab S. 171], Nuremberg 1947, S. 223): „Crimes against international law are committed by men, not by abstract entities, and only by punishing individuals who commit such crimes can the provisions of international law be enforced."
14 Vgl. die Überlegungen zu den „Menschenrechte(n) als Fundament einer internationalen Strafrechtsordnung" bei *Neubacher* (2005b), S. 42 ff.

Ende 1995 war die Aufgabe des Gerichts, auch im Sinne der Satzung der VN, zur Erhaltung des Friedens beizutragen. Die weitere Entwicklung, insb. die Kosovo-Krise 1999, zeigte jedenfalls, dass dieser hohe Anspruch nicht vollständig erfüllt werden konnte. Ob ein Gericht überhaupt dazu beiträgt, Eskalationen in den Griff zu bekommen, kann an sich nicht bewiesen werden.

3. General- und Spezialprävention

Dies bringt uns zu den Strafzwecken des ICTY und eines jeden internationalen Gerichts. Die Annahme einer generalpräventiven Eignung scheint nicht von vornherein unbegründet. Man verspricht sich eine Signalwirkung: Potentielle Täter sollen nicht mehr mit Straflosigkeit, der sog. Impunität rechnen können.

Die vom ICTY regelmäßig mit ins Spiel gebrachte Idee der *Vergeltung* ist nur als Aspekt *relativer* Strafbegründung aufzufassen: Die zumeist erheblichen Strafen von mehreren Jahrzehnten[15] werden mit dem Argument der Verhältnismäßigkeit begründet, damit sichtbar werde, in welchem Ausmaß der internationale Rechtsfrieden gestört wurde und es daher einer Normenstabilisierung bedürfe[16]. Damit ist also nicht die Vergeltung als absoluter Strafzweck gemeint, sondern immer noch die (positive) Generalprävention.[17]

Ein theoretisches Problem ergibt sich daraus, dass die Regeln für eine *vorzeitige Entlassung* (Art. 28 des Statuts, Art. 125 der Rules of Procedure and Evidence des ICTY; siehe nun Art. 151 Verfahrensregeln des IMCT[18]) durchgehend auf die Tatschwere (gravity) Bezug nehmen und damit eine Doppelverwertung anzuordnen scheinen. In der Praxis wird vom zuständi-

---

15 Von der lebenslangen Freiheitsstrafe wird nur zurückhaltend Gebrauch gemacht. Eine Obergrenze für die zeitigen Strafen ist nicht vorgesehen (vgl. unten nach Anm. 18).
16 So hat das Tribunal z. B. im Urteil gegen Stakić, IT-97-24, 31.07.2003, para. 900 ff, ausdrücklich dazu Stellung genommen, dass der Zweck der Vergeltung auf die Missbilligung der in die Jurisdiktion des Tribunals fallenden Verbrechen durch die internationale Gemeinschaft abziele („Individual and general deterrence…a paramount function and serves as an important goal of sentencing. An equally important goal is retribution, not to fulfil a desire for revenge but to express the outrage of the international community at heinous crimes like those before this Tribunal.") Dabei ist sogar unter Bezugnahme auf das Bundesverfassungsgericht vom deutschen Begriff Integrationsprävention die Rede.
17 Vgl. *Neubacher* (2005b), S. 423 ff.
18 Vgl Anm. 3 sowie *Kelder/Holá/Wijk* (2014).

gen Gerichtspräsidenten üblicherweise eine Zweidrittelregel eingehalten oder zumindest zum Ausgangspunkt weiterer Überlegungen gemacht.[19] Für die lebenslange Freiheitsstrafe – der der Umstand gegenübersteht, dass es nicht nur 20jährige, sondern in Ermangelung von Strafrahmen auch bedeutend längere zeitliche Strafen gibt – hat man wegen der hier unpassenden, im konkreten Fall aber zu berücksichtigenden deutschen Regelung des § 57 a StGB eine Kompromisslösung versucht[20].

Hinzu tritt der spezialpräventive Aspekt, dass verantwortliche Befehlshaber durch ausgedehnte U-Haften und in der Regel lange Freiheitsstrafen aus dem Verkehr gezogen sind und an einer Rückkehr in ihre Funktionen gehindert werden.

Während die U-Haft in dem Den Haager Vorort Scheveningen in der Haftanstalt der UNO stattfindet, ist man für den Strafvollzug angewiesen auf Länder, mit denen man sich vertraglich auf die Übernahme von Vollzügen einigen konnte. Dies sind zum Teil geographisch nahe gelegene Orte wie Graz im Süden Österreichs, das für Besuchskontakte noch relativ leicht zu erreichen ist; liegt das Gefängnis aber in Schweden oder Großbritannien, ist die Resozialisierung wegen der Entfernung zur Heimatregion erschwert.

Es gibt aber heute noch einen entscheidenden dritten Blickwinkel, das ist jener der *Opfer*, auf den ich gleich noch eingehen werde. Für alle diese Zwecke gleichermaßen entscheidend ist die Aufgabe, möglichst die historische Wahrheit aufzuzeigen. Das führt zum Ausgangsgedanken zurück. Denn die Feststellung der Wahrheit im Einzelfall ist i. S. des Kapitels VII der UN-Satzung wesentliche Voraussetzung für die Friedenssicherung.[21]

---

19 Siehe z. B. Fall Zelenović vom 30.11.2012, IT-96-23/2-ES, para. 14. Vgl. Practice Direction on the Procedure for the Determination of Applications for Pardon, Commutation of Sentence and Early Release of Person Convicted by the International Tribunal, IT/146/Rev. 3, 16.9.2010. Für den Mechanismus (vgl. Anm. 3) siehe die folgende Anm.

20 Siehe die Begründung der vorerst ablehnenden E des Mechanismus vom 15.6.2015 im Fall Galic, MJCT-14-83-ES; vgl. Presseerklärung, http://www.icty.org/sid/11660 (15.10.2015), und die Practice Direction des nunmehrigen Mechanismus (Anm. 3) für ICTR, ICTY und den Mechanismus, MICT/3, vom 12.7.2012; vgl zum Fall schon *Hoffmann* (2011), S. 838 ff.

21 Vgl. nochmals Urteil gegen Stakić, oben Anm. 14, para. 901: „the search for the truth is an inalienable pre-requisite for peace".

4. Der Anspruch eines menschenrechtskonformen Verfahrens

War 1945 im Beispiel Nürnberg bereits der Entschluss wesentlich, überhaupt zu einem elaborierten Verfahren und nicht einem „kurzen Prozess", also dem Standrecht, zu greifen, so ist die konkrete Ausformung nicht stehen geblieben. Die Gestaltung des Verfahrens selbst ist heute, neben dem grundsätzlichen Ziel der Einrichtung, dem Frieden zu dienen, mit einem weiteren Anspruch verbunden: Das strafrechtliche Vorgehen, mit dem Grenzen eines Verhaltens im Konflikt aufgezeigt werden sollen, muss gleichzeitig selbst im Einklang mit den Menschenrechten stehen. Man will dies für alle Verfahrensbeteiligten sichtbar machen, aber auch der betroffenen Region vorführen, der ja die vielen weiteren Fälle überlassen bleiben.

Gegenüber Nürnberg und Tokio fällt beim ICTY als erstes auf, dass es keine *Todesstrafe* mehr gibt. Gleiches gilt für das ein Jahr später, 1994, für Ruanda eingerichtete Tribunal der UNO (und konnte im nationalen ruandesischen Strafrecht immerhin im Jahr 2007 zur Abschaffung der Todesstrafe führen). Das Verbot der Todesstrafe erscheint heute zumindest für internationale Gerichte selbstverständlich. Daher ist es ernüchternd, wenn etwa im Zuge der krisenhaften Entwicklung in Libyen vor kurzem der Gaddafi-Sohn Saif zum Tod verurteilt worden ist. Bisher vergebens war der ICC bemüht, ihn selbst vor Gericht zu stellen. Obwohl gewöhnlich – auch gegenüber Drittstaaten – das Prinzip besteht, den ICC nur hilfsweise zum Zug kommen zu lassen (Prinzip der Komplementarität), ist hier das Interesse des ICC angesichts der fragilen Lage in Libyen begründet. Ausdrücklich schreibt das Römische Statut in Art. 17 Abs. 2 vor, dass Rücksicht zu nehmen ist auf die "principles of due process recognized by international law".

Auch assoziiert man in diesem Zusammenhang, wie in einem irakischen Sondertribunal, das nach der Gefangennahme von Saddam Hussein eingerichtet worden ist (*Supreme Iraqi Criminal Tribunal*[22]), ohne echte internationale Gerichtsstruktur über diesen die Todesstrafe verhängt wurde.

Was die Verfahren am ICTY betrifft, so stehen diese bei der gegebenen Dimension der Fälle von vornherein vor dem Problem, wie sie menschenrechtskonform ablaufen sollen. Unter dem Blickwinkel der Verfahrens-

---

22 Statut der Iraqi Transitional National Assembly vom Oktober 2005, vom Irakischen Regierungsrat im Dezember 2003 noch als Iraqi Special Tribunal eingerichtet; vgl. *Ambach* (2009), S. 95 ff.

Fairness ergeben sich z. B. Probleme durch die Länge der Verfahren und damit verbunden der U-Haft. Das faire Verfahren ist ein Ziel, das im anglo-amerikanischen Rechtsdenken stärker ausgeprägt ist als in der kontinentaleuropäischen Tradition. Das wesentliche Merkmal des anglo-amerikanischen Strafprozesses ist der Aufbau als Wettstreit zwischen zwei Fällen, dem der Anklage und jenem der Verteidigung. Wegen der Größe der Fälle kann die Fallpräsentation des Anklägers bis zu einem halben Jahr oder mehr in Anspruch nehmen. Die Vernehmung der einzelnen Zeugen samt Kreuzverhör durch die Gegenseite und den ergänzenden Fragen des Gerichts dauert oft eine oder mehrere Wochen. Verhandelt wird gewöhnlich wochentags im Ausmaß von ca. fünf Stunden täglich.

Wie im ICTY-Statut im Zusammenhang mit der Wahl der Richter ausdrücklich gesagt ist, sollen die Richter aus den wichtigsten Rechtssystemen stammen („taking due account of the adequate representation of the principal legal systems of the world")[23], d. s. im Wesentlichen die Rechtskreise des anglo-amerikanischen „Common Law" und der Länder der kontinentaleuropäischen Tradition. So traf ich in meinem ersten Fall mit einem Vorsitzenden aus Südafrika und einer zweiten Beisitzerin aus Jamaika zusammen. Trotz der verschiedenen Rechtssysteme, aus denen die Richter stammten, waren Auffassungsunterschiede über die Art und Weise der Befragung selten. Es fällt aber auf, dass Auseinandersetzungen über die Zulässigkeit verschiedener Fragen der Parteien für Repräsentanten des Common Law – sind diese doch durch eine Fülle an Beweisregeln geprägt – stärker ins Gewicht fallen.[24] Dazu gehörte auch das unterschiedliche Ausmaß von Fragen seitens der Richter.

In einem zentralen Punkt, dem der Verteidigung, hat sich am ICTY die anglo-amerikanische Sichtweise völlig durchgesetzt: In dem Recht auf „Selbst-Verteidigung", das dem Angeklagten erlaubt, sich auch bereits während des ersten Teils eines solchen Prozesses, wo die Anklage ihren Fall samt allen Beweisen vorbringt, zu artikulieren. Sobald er einen Verteidiger hat, kann er sich nämlich persönlich nur im zweiten Teil äußern, in dem er der Anklage als Zeuge in eigener Sache erwidert.

Das Interesse einzelner Angeklagter an einer solchen „self-representation" ist mitunter geradezu vehement. Als das Tribunal im Verfahren gegen Šešelj

---

23 Art. 13bis Abs. 1 lit. c (Wahl der permanenten Richter) bzw. Art. 13ter Abs. 1 lit. c (Wahl und Ernennung der Ad-litem-Richter).
24 Vgl. etwa *Wald* (2001), S. 91: "…The lack of a common legal culture tends to produce frequent, small irritations and tensions throughout the trials.".

diesem wegen obstruktiven Verhaltens doch einen Verteidiger beigab, hat sich der Angeklagte sogar zu einem Hungerstreik entschlossen und hat in zweiter Instanz Recht bekommen.

Die beim ICTY verwendeten Sprachen sind Englisch und Französisch. Das Recht des Angeklagten auf Verständigung in einer ihm geläufigen Sprache und das Erfordernis, dass das Gericht die Zeugen versteht, sind durch das Simultandolmetsch-System gewährleistet, das in systematischer Form erstmals in den Nürnberger Prozessen eingesetzt wurde.

Diese anspruchsvolle Tätigkeit der Dolmetscherinnen und Dolmetscher führt mitunter zu Auseinandersetzungen, die durch nationalistische Vorurteile genährt sind. Dabei hatte ich stets den Eindruck einer äußerst professionellen Vorgangsweise, sowohl bei simultaner als auch bei zeitversetzter Übersetzung. Letztere betrifft vor allem die Unterlagen, die dem Angeklagten vollständig zu seiner Vorbereitung zur Verfügung stehen müssen.

5. Opferperspektive

Das Ziel eines fairen Verfahrens betrifft offensichtlich den Angeklagten, verlangt aber heute ebenso die Berücksichtigung der Opferperspektive. Den Opfern soll das Urteil gerecht werden. Aber bevor es zu einem solchen kommt, sind sie, soweit sie überlebt haben, als Zeugen wesentliche Beweismittel – allerdings mit eigenen Bedürfnissen.

Die Opfer sind – wie es *Neubacher*[25] mit dem Schlagwort „Solidarisierung mit dem Opfer" angesprochen hat – auf mehreren Ebenen zu berücksichtigen. Im Völkerstrafrecht ist ihre zentrale Rolle schon für die Verbrechenstatbestände augenfällig. Und die Rechtsprechung des ICTY hat den Opfern auch im Bereich der Strafzumessung wachsende Aufmerksamkeit geschenkt. Hier gibt es nach dem Statut zwei Fragestellungen: Die Betroffenheit der Opfer spielt sowohl bei der Beurteilung der grundsätzlichen Tatschwere als auch für die strafschärfenden und -mildernden Gesichtspunkte eine Rolle.

Dies betrifft aber erst das Ergebnis des Verfahrens; der Weg dorthin ist wesentlich auf die Mitwirkung der Zeugen angewiesen. Diese erleben das Verfahren sowohl als Belastung als auch als Chance das erfahrene Unrecht zur Sprache zu bringen. Sie sollen das auch über das Ausmaß hinaus tun kön-

---

25 *Neubacher* (2005b), S. 425 ff.

nen, das für die Entscheidung relevant erscheinen mag. Dadurch kann einerseits ihre Erinnerung geschärft, ihnen aber andererseits auch das Gefühl vermittelt werden, als Person – und nicht nur als Beweismittel – wahrgenommen zu werden. Man ist darauf schrittweise schon in den KZ-Prozessen der 60er Jahre in Deutschland aufmerksam geworden.[26]

Die Aufgabe, Rücksicht zu nehmen auf gefährdete oder traumatisierte Zeugen, gehört zu den stärksten Eindrücken, die ich vom ICTY mitgenommen habe. Da das Verfahrenssystem des ICTY sehr vom englischen Rechtsdenken geprägt ist, ist die dominierende Rolle der Parteien mit dem mitunter scharfen Kreuzverhör zu bedenken. Aufgrund dieser belastenden Situation für die Opfer ist zum Schutz der Opferrechte eine Kontrolle der Parteien besonders wichtig und stößt gleichzeitig an ihre Grenzen. Die Balance wird oft durch die Besetzung der Richterbank beeinflusst, wobei – wie bereits erwähnt – das Rechtsdenken des Herkunftslandes der Richter von Bedeutung zu sein scheint.

Um eine umfassende Opfer- und Zeugenbetreuung vor und nach dem Auftritt im Verfahren zu gewährleisten, wurde eine eigene „Victims & Witnesses Section" eingerichtet. Diese Abteilung hat im Lauf der Jahre tausende Zeugen betreut. Ihre Rolle ist aus dem Gerichtsbetrieb nicht wegzudenken. Der Opfer- und Zeugenschutz soll einerseits gewährleisten, dass die Verfahren überhaupt durchgeführt werden können; andererseits gilt es aus menschenrechtlichen Gründen Belastungen für diese Personen in Grenzen zu halten. Konnte schon mit einem Geständnis des Angeklagten allein ein Schuldspruch begründet werden, so ist dies auch mit Blick auf die verminderte Zeugenbelastung ein wesentlicher Milderungsgrund.

Denken wir an ein Folteropfer, oder auch den Zeugen, der als Kind eine Erschießungsszene miterlebt hat. Diese leiden oft in variierender Form auch nach langer Zeit unter einem Belastungssyndrom. Sollen sie der Anklagebehörde im Prozess in einer verwertbaren Form zur Verfügung stehen, müssen sie nach Den Haag gebracht und hier betreut oder – wenn dies nicht möglich ist – in einer Videokonferenz befragt werden.

Die Durchführung kann durchaus schwierig sein, z. B. ist es manchmal vorgekommen, dass der Zeuge zwar unter einem Pseudonym und auch geschützt durch Stimm- und Bildverzerrung aufgetreten ist, ihm aber erst beim Betreten des Gerichtssaales klar wurde, dass dieser Schutz nur gegenüber

---

26 *Ambach* (2011), S. 307 ff.

der Allgemeinheit – insbes. auch für die Übertragung im Internet – gilt, dass aber der Angeklagte schon seit Monaten über seine Identität informiert war. Dies ist nach dem hier maßgebenden anglo-amerikanischen Rechtsverständnis für die Vorbereitung der Verteidigung unabdingbar, man hat das dem Zeugen aber weder bei der vorbereitenden Ermittlung in der Region noch nach seiner Ankunft in Den Haag ausreichend erklärt. Besonders in kleinräumigen Regionen wie dem Kosovo, ist oft bereits das Ankommen des Ermittlers der Anklagebehörde nicht verborgen geblieben. So hat uns ein Zeuge, der offiziell unter Pseudonym auftrat, erklärt, sein ganzes Dorf wisse, dass er heute als Zeuge hier sei, und er verzichte auf den Zeugenschutz, wolle aber nicht mehr aussagen.

Er wurde damals wegen Missachtung des Gerichts (sog. "Contempt of Tribunal") angeklagt und inzwischen zu einer kurzen Haftstrafe verurteilt. Diese formalistisch-harte Linie – zu der vorgelagert auch die Verhängung von Zwangsstrafen („*subpoenas*") gehört – erschien mir schon damals nicht ganz unproblematisch, weil sie den Grund der Aussageverweigerung nicht zu berücksichtigen erlaubt. Die Weigerung des Zeugen war verständlich, bestand doch offenbar in seiner Heimat ein Klima beträchtlicher Angst. Ein solches Klima kann besonders in derartigen ländlichen Regionen geradezu einen Zeugenschwund auslösen. Das Gericht kann einen solchen Zeugenschwund zwar ausdrücklich im Urteil festhalten, wird aber einen Freispruch aus Mangel an Beweisen nicht vermeiden können (z. B. Fall Haradinaj et al.).

Die Regelungen und Einrichtungen zur Opfer- und Zeugenbetreuung sind am ICC („Victims & Witnesses Unit") sogar ausgebaut. Hier tritt insb. noch die Aufgabe der Wiedergutmachung hinzu, für die ein eigener, gut ausgestatteter Treuhandfonds eingerichtet ist. Andererseits ist auch ein gewisser Zuwachs der Verfahrens-Fairness für den Angeklagten festzustellen, da die Anklagebehörde beim ICC, im Vergleich zum ICTY, in größerem Ausmaß zur Objektivität verpflichtet ist[27].

6. Weitere Ausstrahlung

Die Rechtsprechung des ICTY kann für andere internationale Strafgerichte, besonders auch den ICC, mannigfache Orientierung bieten. Das betrifft die

---

27 Betont schon in Art. 54 Abs. 1 lit. a Römisches Statut, wonach der Ankläger dazu verpflichtet ist, „gleichermaßen die belastenden wie die entlastenden Umstände" zu erforschen.

Auslegung der Verbrechenstatbestände und ihrer Begehungsformen sowie des Prozessrechts, aber auch darüber hinausgehende völkerrechtliche Perspektiven. So ist eine Annäherung der kriegsrechtlichen Regelungen, also über zulässige Methoden und Mittel der Kriegsführung, zwischen nationalen und internationalen Konflikten erreicht worden. Was in internationalen Konflikten unmenschlich und daher verboten ist, muss auch im Bürgerkrieg verboten sein.[28]

Weitere Klarstellungen haben etwa verbotene Waffen betroffen (z. B. den Einsatz von Streumunition im Fall „Martić"[29]). Der Begriff der Folter wurde über die Folter-Konvention hinausgehend weiterentwickelt und in einer Reihe von Fällen ausdrücklich auf sexuelle Gewalt erstreckt[30].

Um ein Beispiel aus einem anderen Gericht zu geben, weise ich auf die Problematik der Immunität von Staatsoberhäuptern und Regierungsmitgliedern hin. Diese Immunität entfällt vor internationalen Strafgerichten. Dass dies auch schon für hybride Gerichte gilt, wurde vom Spezialgericht für Sierra Leone gegenüber dem Ex-Diktator von Liberia Charles Taylor entschieden[31].

7. Zur Effizienz der Gerichte

Während im Ruanda-Tribunal von 93 Angeklagten noch 9 flüchtig sind[32], konnten alle 161 Angeklagten des ICTY nach Den Haag gebracht werden. Das ist sicher ein Erfolg.

Der ICC steckt gewissermaßen noch immer in seinen Kinderschuhen. Durch die äußerst detaillierte Vorgangsweise wirkt seine Arbeit vergleichsweise schleppend. Vor allem die fehlende internationale Unterstützung, des sudanesischen Präsidenten Al-Bashir habhaft zu werden, nährte zudem den Eindruck der Zahnlosigkeit. Bisher liegen zwei Verurteilungen und ein Freispruch vor. Das historische erste Urteil vom 14. März 2012 gegen Lubanga

---

28 Vgl. *Breitegger* (2010), S. 712 ff.; *Werle* (2012), Rz. 1061.
29 Urteil vom 12.06.2007, IT-95-11-T. Vgl. die 2008 abgeschlossene „Convention on Cluster Munitions".
30 Klarstellen, u.zw. als Kriegsverbrechen sowie als Verbrechen gegen die Menschlichkeit, insb. das Berufungsurteil im Fall Kunarac et al., 12.6.2002, IT-96-23 & IT-96-23/1-A.
31 E. v. 31.5.2004, Prosecutor ./. Charles Ghankay Taylor, SCSL-2003-01-I.
32 Von diesen wurde am 10.12.2015 die Festnahme von Ladislas Ntaganzwa bekannt (http://www.bbc.com/news/world-africa-35062919, 11.12.2015).

wegen des Einsatzes von Kindersoldaten hatte, ohne Strafzumessung und Wiedergutmachungs-Entscheidung, einen Umfang von über 600 Seiten! In der vier Monate später erfolgten Strafbemessungsentscheidung wurde Lubanga zu 14 Jahren Freiheitsstrafe verurteilt. Die Bestätigung durch die Berufungskammer in Bezug auf Schuldspruch und Strafe dauerte bis zum 1. Dez. 2014, eine Präzisierung des Urteils über die Berechnung der Reparationsleistungen bis 3. März 2015. Dies veranschaulicht sehr gut die detailreiche Arbeitsweise des ICC.

Sowohl die Knappheit der Ressourcen als auch die Frage der Akzeptanz spricht für eine „Reduktion von Komplexität". Diese ureigenste Aufgabe des Rechts i. S. *Luhmanns* sollte auch in diesen Fällen von Makrokriminalität stärker beachtet werden.[33]

Ein Mindestmaß an Qualität und Feststellungen sollte im Urteil jedenfalls gegeben sein, denn der Urteilsspruch hat gleichzeitig die Aufgabe, das Interesse der Opfergruppen an einer adäquaten Abbildung der Wirklichkeit zu befriedigen. Dafür kommt es nicht notwendig auf eine Verurteilung oder auf eine bestimmte Strafhöhe an. Allein die Möglichkeit der Zeugen, ihre Wahrnehmung und ihr Erleben öffentlich zu schildern, ist schon wesentlich. Die auf dem Beweismaterial fußenden historischen Feststellungen sind unabhängig von der Beweisbarkeit einer konkreten Verantwortung des Angeklagten ein Beitrag des Gerichts. Für dessen Nutzung ist es von entscheidender Bedeutung, dass die Unterlagen einschließlich der umfangreichen Protokolle nach und nach in die Landessprachen übersetzt werden. Ob nämlich die Tätigkeit des Gerichts der betroffenen Region in ihrer anhaltenden Krise weiterhilft, hängt von der Verbreitung der zumeist reichlich vorhandenen Informationen ab. Dies – und das führt mich zu einer Schlussbetrachtung – in zweierlei Hinsicht:

Erstens hat das Gericht auf juristischer Ebene die Aufgabe, auch den lokalen Behörden einen Weg zu weisen, selbst mit der Masse an Fällen, die sie nun zu bearbeiten haben, möglichst rechtsstaatlich umzugehen. Es geht nicht nur allgemein um die Beispielswirkung, sondern auch um den Wissenstransfer, welcher seit Jahren unter dem Titel „capacity building" läuft. Ohne diesen könnte etwa die War Crimes Chamber in Sarajewo nicht operieren. Diese Kammer wurde am State Court im Rahmen der „Completion Strategy" ein-

---

33 Vgl auch *Lindenmann* (2015), S. 529 ff.

gerichtet, um das ICTY von weniger hochrangigen Fällen zu entlasten.[34] Der Einfluss auf das lokale Rechtsleben ist beträchtlich, der Beitrag, den diese Kammer zur nationalen Versöhnung leistet, wird nicht nur von internationalen Organisationen wie der OSZE, sondern auch von NGOs wie „BIRN"[35] oder „TRIAL"[36] aufmerksamt verfolgt.

Neben der juristischen Ebene ist zweitens auch die gesellschaftliche Rezeption der Entscheidungen wesentlich. Sowohl der ICC[37] als auch besonders das ICTY widmen sich durch viele sog. „Outreach"-Initiativen ihrer eigenen Wirkung auf die unmittelbar betroffene Krisenregion. Ziel ist, dieser die Gerichtstätigkeit näherzubringen, etwa der Jugend in allen Teilen Ex-Jugoslawiens. Die Bemühungen dieser Outreach-Programme, neben Medien, die sich dessen annehmen, Informationen über das Gericht zu verbreiten, ist gerade für Schüler wichtig. Erst dann kann die Region einmal auf so etwas wie ein „Vermächtnis" (es ist die Rede von einer sog. „Legacy"[38]) zurückgreifen. Ergänzend zu zahlreichen lokalen Aktivitäten stellt das Gericht digital z. B. Schuldbekenntnisse („statements of guilt") aus verschiedenen Tätergruppen ins Netz.[39]

Allgemeingültiges Ziel einer „transitional justice" und der jeweils begleitenden „Outreach"-Bemühungen sollte es sein, alte Vorurteile zu überwinden und ein breites Bewusstsein zu schaffen, dass die Gräueltaten, die mit gewaltsamen Auseinandersetzungen regelmäßig verbunden sind, nie gerechtfertigt werden können, gleichgültig gegen wen oder welche Gruppe sie gerichtet waren.

Es sei der Kriminologie aufgegeben, sich daran zu beteiligen und mit zu verdeutlichen, dass sich Gerichtsentscheidungen im Völkerstrafrecht auf die Verantwortung Einzelner beziehen. Durch das Prinzip der *individuellen Ver-*

---

34 Siehe die im Einvernehmen mit dem Tribunal verabschiedeten Resolutionen S/RES 1503 (2003) und 1534 (2004); vgl. *Schwendiman* (2011), S. 186 ff.
35 http://birn.eu.com; dazu der „Justice Report"; http://www.justice-report.com/en/page/home (zuletzt eingesehen 6.10.2015).
36 Für „Track Impunity Always"; vgl. http://www.trial-ch.org (zuletzt eingesehen 06.10.2015).
37 Hier ist die Informationstätigkeit der "Coalition for the ICC" hervorzuheben; vgl. http://www.iccnow.org/ (14.12.2015); insb. zum Thema „Making Justice Visible".
38 Nicht ohne Berechtigung wird der Begriff „legacy" auch für die einleitend genannte Hervorbringung des permanenten ICC benutzt; s. z. B. *Sadat* (2003), S. 1073 ff.
39 http://www.icty.org/sections/Outreach/StatementsofGuilt (6.10.2015).

antwortung soll vermieden werden, dass – ich darf mit *Neubacher*[40] schließen – Kollektivschuldzuweisungen entstehen und dadurch die Phänomenologie des individuellen Fehlverhaltens verdeckt wird.

Literatur

Ambach, D. (2011): Die Rolle der ZeugInnen im Düsseldorfer Majdanek-Prozess: Anmerkungen aus der Sicht des Staatsanwalts. In: Kuretsidis-Haider, C./Nöbauer, I./Garscha, W.-R./Sanwald, S./Selerowicz, A. (Hg.): Das KZ Lublin-Majdanek und die Justiz, S. 307 ff.
Ambach, Ph. (2009): Eine Rahmenkonvention für die Errichtung hybrider internationaler Strafgerichte. Hamburg: Verlag Dr. Kovac.
Breitegger, A. (2010): Aktuelle Beiträge der internationalen Strafjustiz zur Entwicklung des humanitären Völkerrechts. Zeitschrift für Internationale Strafrechtsdogmatik, S. 712 ff.
Höpfel, F. (2011): Zum Stellenwert internationalisierter („hybrider") Strafgerichte. In: Verschraegen (Hg.): Interdisziplinäre Studien zur Komparatistik und zum Kollisionsrecht (Bd. II), S. 93 ff.
Hoffmann, K. (2011): Some Remarks on the Enforcement of International Sentences in Light of the Galić case at the ICTY. Zeitschrift für Internationale Strafrechtsdogmatik, S. 838 ff.
Kelder J.-M./Holá, B./Wijk, J. van (2014): Rehabilitation and Early Release of Perpetrators of International Crimes: A Case Study of the ICTY and ICTR. International Criminal Law Review 14, S. 1177–1203.
Krisch, N. (2012): Art. 41, Rn. 26. In: Simma, B./Khan. D. E./Nolte, G./Paulus, A. (Hg.): The Charter of the United Nations, 3rd ed. Oxford: Oxford University Press.
Lindenmann, J. (2015): Stärkung der Effizienz der Verfahren vor dem Internationalen Strafgerichtshof. Zeitschrift für Internationale Strafrechtsdogmatik, S. 529 ff.
Neubacher, F. (2005a): Der Internationale Strafgerichtshof in Den Haag – Ein Plädoyer für kriminologische Einmischung. Neue Kriminalpolitik, S. 122 ff.
Neubacher, F. (2005b): Kriminologische Grundlagen einer internationalen Strafgerichtsbarkeit: Politische Ideen- und Dogmengeschichte, kriminalwissenschaftliche Legitimation, strafrechtliche Perspektiven. Tübingen: Mohr Siebeck.
Neubacher, F. (2015): Kriminologie und Völkerstrafrecht, Diskussionsstand, Forschungsperspektiven, Erklärungsansätze. Zeitschrift für Internationale Strafrechtsdogmatik, S. 485 ff.
Ryan, A.-A. (2007): Nuremberg's Contribution to International Law. Boston College International and Comparative Law Review 30, S. 55-89.
Sadat, L.-N. (2003): The Legacy of the ICTY: the International Criminal Court. New England Law Review 37, S. 1073 ff.
Schwendiman, D. (2011): Capacity Building: The Institutional War Crimes Legacy of the ICTY and the International Donor Community in Bosnia and Hercegovina. In: Steinberg, R.-H. (Hg.): Assessing the Legacy of the ICTY, S. 186 ff.
Signer, D. (2015): Der Tyrann aus der Wüste. Neue Zürcher Zeitung vom 14.09.2015.

---

40 *Neubacher* (2005a), S. 124. Das erspart nicht den Blick auf das „gesellschaftliche Klima", also die Makroebene des Politischen; vgl. zuletzt *Neubacher* (2015), S. 486, 491.

Wald, P.-M. (2001): The International Criminal Tribunal for the Former Yugoslavia Comes of Age: Some Observations on Day-To-Day Dilemmas of an International Court. Journal of Law & Policy 5, S. 87 ff.

Werle, G. (2012): Völkerstrafrecht, 3. Aufl., Tübingen: Mohr Siebeck.

Migration und Kriminalität – Kontinuitäten und neue Perspektiven

Christian Walburg

Gliederung
1. Einleitung
2. „Die Migranten", „die Kriminalität"?
3. Die „zweite Generation"
4. Bildungsteilhabe als wesentlicher Schlüssel
5. Fazit: Integration und Delinquenz

1. Einleitung

Nach einer Periode vergleichsweise geringer Zuwanderung mit einem kurzfristig sogar negativen Wanderungssaldo[1] hat sich die Migrationsdynamik in Deutschland in den letzten fünf Jahren wieder deutlich erhöht. Durch den verstärkten Zuzug von Menschen etwa aus Südosteuropa sowie insbesondere mit der gegenwärtig außergewöhnlich hohen Zuwanderung von Flüchtlingen aus Kriegs- und Krisenländern hat Migration eine ganz neue gesellschaftliche Aktualität erlangt und ist spätestens seit dem Sommer 2015 zum alles beherrschenden Thema geworden. Auch in den auf „Krisen" bezugnehmenden Titel der diesjährigen Tagung der Kriminologischen Gesellschaft fügt es sich zwanglos ein, jedenfalls dann, wenn der Blick auf die Situation der Geflüchteten in den Herkunftsländern und auf den Fluchtrouten[2] sowie das weltweite System des Flüchtlingsschutzes gerichtet wird. Aber auch die hergebrachten Grundlagen der deutschen und europäischen Flucht- und Migrationssteuerung (bzw. -abwehr) sind offenkundig an ihre faktischen wie moralischen Grenzen gestoßen.

---

1 In den Jahren 2008 und 2009 gab es mehr Fort- als Zuzüge. Siehe zum Ganzen *Statistisches Bundesamt* (2015), S. 12.
2 So sind im Laufe des Jahres 2014 nach Angaben der Internationalen Organisation für Migration 3.224 Menschen bei der Überfahrt über das Mittelmeer gestorben oder werden vermisst. 2015 ist die Zahl auf 3.771 gestiegen und hat damit einen neuen Höchststand erreicht (http://missingmigrants.iom.int/, zuletzt aufgerufen am 6. Januar 2016).

Zugleich haben gegen die Flüchtlingsaufnahme gerichtete Bewegungen an Boden gewonnen, und die stark gestiegene Zahl der Übergriffe auf Flüchtlingsunterkünfte[3] erinnert an die Situation in der ersten Hälfte der 1990er Jahre. Wie schon in früheren Phasen intensiver Zuwanderung ist auch gegenwärtig die Frage möglicher damit einhergehender (das heißt von Zuwanderern ausgehender) Kriminalitätsprobleme zum Gegenstand öffentlicher Debatten geworden. Während auf flüchtlingsfeindlichen Kundgebungen und im Internet zum Teil wildeste Gerüchte über durch Asylsuchende verübte Straftaten verbreitet werden und damit gezielt Stimmung gemacht wird, hat die Bundesregierung im November 2015 das Ergebnis eines „ersten Lagebildes im Kontext von Zuwanderung" bekanntgegeben, wonach die Zahl der registrierten Straftaten durch den Zuzug der Flüchtlinge nicht überproportional angestiegen sei.[4] Häufig gehe es dabei um leichtere Diebstahls- und Vermögensdelikte, überdies hat danach die Zahl der Konflikte in Erstaufnahmeeinrichtungen zugenommen. Eine von einer solchen ersten Lageeinschätzung zu unterscheidende und wohl auch wichtigere Frage ist die der mittel- und langfristigen Entwicklung. Hier lohnt eine Betrachtung der bisherigen Forschung zum Thema Migration und Kriminalität, über die mit diesem Beitrag ein Überblick gegeben werden soll.

2. „Die Migranten", „die Kriminalität"?

Einen allesübergreifenden, einfachen Zusammenhang zwischen Migration und Kriminalität gibt es nicht. Migration und Kriminalität sind beides zu vielgestaltige soziale Phänomene – zunehmend gilt, es gibt nicht „die Migranten", wie es noch nie „die Kriminalität" (oder die eindimensionale gesellschaftliche Reaktion darauf) gab. In den Niederlanden konstatierte man dementsprechend vor einigen Jahren eine *„Fragmentierung von Migration und Kriminalität"*.[5] Nicht nur die Herkunftsländer und Migrationsmotive ändern (und diversifizieren) sich, auch andere Merkmale wie beispielsweise der Ausbildungsstand. So sind speziell seit Beginn der Finanz- und Wirtschaftskrise viele Menschen mit überdurchschnittlich hoher schulischer oder beruflicher Qualifikation nach Deutschland gekommen; zugleich gibt es aber

---

3 Eine laufend aktualisierte, von der Amadeu Antonio Stiftung und PRO ASYL betriebene Dokumentation der Vorfälle findet sich unter https://mut-gegen-rechte-gewalt.de/service/chronik-vorfaelle.

4 http://www.bmi.bund.de/SharedDocs/Pressemitteilungen/DE/2015/11/lagebild1-im-kontext-zuwanderung-2015.html.

5 *Engbersen et al.* (2007).

Migration und Kriminalität 55

auch weiter anhaltende innereuropäische Wanderungsprozesse von Menschen mit jedenfalls kurzfristig geringe(re)n Perspektiven auf eine Inklusion in den regulären Arbeitsmarkt.

Es muss also genauer hingesehen werden: Auf die verschiedenen Zuwanderergruppen, ihre Gruppengröße, Migrationsumstände, Ressourcen, kulturelle Orientierungen, Lebensbedingungen und ihren Aufenthaltsstatus; auf spezifische Kriminalisierungsrisiken; auf Unterschiede zwischen erster Generation und Migrantennachkommen; auf geschlechtsspezifische Aspekte; auf verschiedene nationale und lokale Aufnahmekontexte und das jeweilige politisch-gesellschaftliche Aufnahmeklima.

In der *ätiologischen* Perspektive, die hier im Vordergrund stehen soll, besteht eine grundlegende und bereits als klassisch zu bezeichnende Unterscheidung darin, innerhalb einzelner Migrantengruppen nach Migrantengenerationen zu differenzieren. Im Großen und Ganzen hat sich hier über verschiedene Zeiträume, Regionen und Migrantengruppen hinweg das aus den Vereinigten Staaten nach 1900 gewonnene Bild verfestigt, dass die jeweils erste Migrantengeneration, das heißt *erwachsene* Einwanderer, eher keine (wesentlich) erhöhten Kriminalitätsraten aufweisen.[6] Betrachtet man ihre soziale Lage, werden sie zum Teil auch als besonders angepasst beurteilt.[7] In Deutschland ließ sich dies zuletzt bei erwachsenen (Spät-)Aussiedlern zeigen,[8] in den Vereinigten Staaten deuten die Inhaftierungsraten von lateinamerikanischen Einwanderern der ersten Generation derzeit auf Ähnliches.[9] Häufig angeführte Erklärungen hierfür rekurrieren auf Abschreckungserwägungen (Konformitätsdruck eines zunächst weniger sicheren Aufenthaltsstatus), auf Selektionseffekte (etwa weil Migration eine hohe Selbstkontrolle erfordere oder, anomietheoretisch gewendet, mit der Bereitschaft zu Gratifikationsaufschub verbunden sei) oder das weniger kriminalitätsanfällige Lebensalter. In den Vereinigten Staaten wird überdies auch die häufig stärkere Einbettung der ersten Generation in „*ethnische Nischen*" als delinquenzhemmend (weil soziale Bindungen und Kontrollen fördernd) diskutiert.[10]

---

6 *Berardi/Bucerius* (2014).
7 *Geißler* (2003).
8 *Pfeiffer et al.* (2005).
9 *Rumbaut et al.* (2006).
10 *Melossi* (2015), S. 38, m. w. N. Hierzulande steht diesbezüglich hingegen im öffentlichen Diskurs recht pauschal die Sorge um eine Herausbildung „gefährlicher Parallelgesellschaften" im Vordergrund.

Tabelle 1: *Entwicklung der absoluten Zahl erwachsener nichtdeutscher Tatverdächtiger (über 21 Jahre) 2008 bis 2014 für ausgewählte Delikte.*[11]

Deliktsart	Entwicklung 2008 bis 2014
Alle Delikte ohne ausländerrechtl. Verstöße	+27 %
Ladendiebstahl	+64 %
Wohnungseinbruchsdiebstahl	+102 %
Leistungserschleichung	+109 %
Taschendiebstahl	+134 %

In den letzten Jahren hat indes die Zahl der *erwachsenen* ausländischen Tatverdächtigen[12] in manchen Deliktsbereichen deutlich zugenommen (Tab. 1) – und zwar teilweise wesentlich stärker als die entsprechende Bevölkerungszahl.[13] Bei weitergehender Betrachtung der Merkmale der Staatsangehörigkeit, des Wohnsitzes und des Aufenthaltsstatus der Tatverdächtigen ergibt sich der Eindruck, dass in manchen (Neu-)Zuwanderergruppen (bzw. kleineren Teilgruppen, zum Teil ohne regulären Aufenthaltsstatus und Arbeitsmarktzugang) zuletzt Armuts- und Subsistenzkriminalität (das heißt primär Eigentumsdelikte zur Bestreitung des Lebensunterhalts) zugenommen hat[14]; zum Teil geht es wohl auch um verfestigtere und teilweise grenzüberschreitende Kriminalitätsstrukturen.[15] Wenn das von der Statistik gezeichnete Bild so stimmt, dürften sich hierin mangelhafte staatliche Strukturen, das eher noch größer werdende Wohlstandsgefälle und fehlende Perspektiven für Menschen (bzw. einzelne Bevölkerungsgruppen) etwa auf dem Westbalkan, in Rumänien, Bulgarien oder dem Maghreb niederschlagen.

---

11 Quelle: *Bundeskriminalamt*, Polizeiliche Kriminalstatistik, Tab. 50.
12 Umfassende Dunkelfelddaten (Täterbefragungen) stehen für diese Altersgruppe nicht zur Verfügung.
13 Die Entwicklung der Zahl der in Deutschland gemeldeten erwachsenen Ausländer ist für diesen Zeitraum nicht genau zu beziffern, da die Daten seit 2011 auf dem Zensus 2011 basieren und deshalb nicht mehr direkt mit den Zahlen aus den Vorjahren zu vergleichen sind. Insbesondere die zuvor fortgeschriebene Größe der ausländischen Wohnbevölkerung hatte sich als zu hoch erwiesen. Zwischen Ende 2011 und Ende 2013 hat die ausländische Bevölkerung über 21 Jahren um 11,5 % zugenommen.
14 S. auch *Engbersen et al.* (2007) zur Situation in den Niederlanden.
15 Zu ost- und zentraleuropäischen „mobilen Tätergruppen" s. die Studie von *Siegel* (2013); methodische und inhaltliche Kritik an dieser Studie sowie auf Stigmatisierungsrisiken hinweisend *van Baar* (2014).

3. Die „zweite Generation"

Ebenfalls klassisch ist die Vermutung, dass sich im Laufe des intergenerationalen Integrationsprozesses erhöhte Kriminalitätsrisiken eher bei den *Nachkommen* der erwachsenen Migranten bemerkbar machen. Jedenfalls für Westeuropa dürfte dies momentan im Großen und Ganzen zutreffen (nicht aber unbedingt für Nordamerika)[16], hat man es hier doch regelmäßig mit im Vergleich zu Menschen ohne Migrationshintergrund erhöhten Inhaftierten-, Gewalt- und Mehrfachtäteranteilen zu tun. Täterbefragungen[17] unter jungen Menschen deuten darauf hin, dass dies kein reines Artefakt der Kriminalstatistik ist, also nicht allein auf grundsätzlich durchaus zu beobachtende erhöhte Anzeigehäufigkeiten[18] und andere selektive Mechanismen (einer möglicherweise erhöhten polizeilichen Aufmerksamkeit und einer nachweisbar härteren Bestrafung von Ausländern[19]) zurückzuführen ist.

Bei näherer Betrachtung sind die Höherbelastungen nicht auf bestimmte Herkunfts- oder gar Religionsgruppen beschränkt,[20] und das Bild kann für dieselben Gruppen international und regional durchaus unterschiedlich ausfallen. Was regionale Unterschiede betrifft, so stehen gegenwärtig in manchen deutschen Großstädten, namentlich in Berlin, jedenfalls nach offiziellen Statistiken Jugendliche aus arabischsprachigen Familien (speziell aus einigen in den 1980er Jahren aus dem Libanon zugewanderten Flüchtlingsfamilien) mit häufig weiterhin prekärem Aufenthaltsstatus im Vordergrund.[21] In anderen Regionen wurden im letzten Jahrzehnt zum Beispiel vermehrt junge männliche (Spät-)Aussiedler registriert.

Vor dem Hintergrund des deutschen Forschungsstandes kamen die Befunde aus der Längsschnittstudie „Kriminalität in der modernen Stadt"[22] zur *nicht* erhöhten selbstberichteten Gewaltdelinquenz bei türkeistämmigen jungen Duisburgern – die dort rund 20 % aller Schülerinnen und Schüler ausmach-

---

16 S. im Überblick *Berardi/Bucerius* (2014); *Melossi* (2015).
17 S. zu Deutschland etwa *Baier et al.* (2009), S. 70; *Naplava* (2005); *Walburg* (2007); *Wetzels/Brettfeld* (2011), S. 133.
18 *Baier et al.* (2009), S. 45; *Köllisch* (2004).
19 *Light* (2015).
20 S. bspw. *Baier et al.* (2009), S. 70; *Bergmann/Baier* (2015), S. 63.
21 Polizeiliche Kriminalstatistik Berlin (2013), S. 121 ff.; *Ohder/Huck* (2006).
22 Das von *Klaus Boers* (Münster) und *Jost Reinecke* (Bielefeld) geleitete, von der DFG geförderte Projekt wird seit 2002 in Duisburg durchgeführt. Weitere Informationen: http://www.krimstadt.de/; ein zusammenfassender Überblick findet sich bei *Boers et al.* (2014).

ten – zunächst sehr überraschend (Abb. 1)[23], waren doch die Nachkommen der ehemaligen Arbeitsmigranten vor allem bei Gewaltdelikten sowohl im Hell- als auch im Dunkelfeld lange Zeit überrepräsentiert. Zuletzt hat sich in einigen anderen Untersuchungen ebenfalls angedeutet, dass die Unterschiede in manchen lokalen Kontexten gering ausfallen können.[24]

Die Gründe für das zum Teil etwas disparate Bild sind noch nicht hinreichend geklärt, generell steht die Forschung zur Bedeutung des Aufnahmekontextes für den Zusammenhang zwischen Migration und (Jugend-) Kriminalität erst am Anfang. Möglicherweise fällt der Migrations-/Ethnizitätseffekt in strukturschwachen Regionen geringer aus als in prosperierenden Städten, in denen größere sozioökonomische Unterschiede und Differenzen in der Bildungsteilhabe zwischen Autochthonen und Migranten(-nachkommen) bestehen.[25]

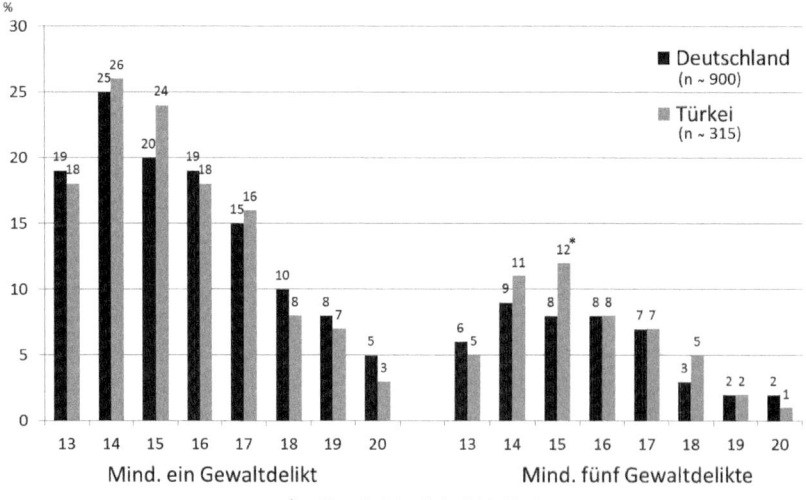

Abbildung 1: (Mehrfach-)Gewalttäteranteile nach Alter und Herkunft für männliche Duisburger Jugendliche und Heranwachsende. Kriminalität in der modernen Stadt 2002 bis 2009 (Hauptkohorte), nur autochthone und türkeistämmige Befragte.

---

23 S., auch zu nicht divergierenden Befunden in einer zwei Jahre älteren Kontrollkohorte, *Boers et al.* (2006). Vgl. im Übrigen *Boers et al.* (2014); *Walburg* (2014).
24 *Baier/Rabold* (2012), S. 96; *Schulz* (2014).
25 *Schulz/Baier* (2015); zu Münster und Duisburg im Vergleich *Walburg* (2014).

Migration und Kriminalität

All dies könnten aber auch Anzeichen einer generellen Angleichung von Delinquenzrisiken bei Jugendlichen der zweiten bzw. dritten Generation der ehemaligen Arbeitsmigranten sein. Darauf deuten nicht nur verschiedene lokale Befragungsstudien hin, sondern – bei aller hierbei gebotenen Vorsicht – auch die bundesweite Polizeiliche Kriminalstatistik (Abb. 2). Bei Jugendlichen mit deutscher Staatsangehörigkeit ist die registrierte Gewaltkriminalität innerhalb der letzten sechs Jahre in etwa um die Hälfte zurückgegangen. Bekanntermaßen ist die Aussagekraft der Kriminalstatistiken für das Thema Migration besonders begrenzt – nicht nur wegen möglichen divergierenden Kriminalisierungsrisiken und ungenaueren Angaben zur ausländischen Wohnbevölkerung, sondern auch deshalb, weil gegenwärtig beispielsweise nur noch knapp die Hälfte der türkeistämmigen Jugendlichen Ausländer sind, die andere Hälfte als Deutsche mit türkischem Migrationshintergrund jedoch nicht gesondert erfasst wird. Nichtsdestoweniger erscheint es bemerkenswert, dass die (hier anhand der Zahlen der PKS und des Ausländerzentralregisters berechnete) Tatverdächtigenbelastungszahl für Gewaltdelikte bei 14- bis 17-jährigen türkischen Staatsangehörigen seit 2007 sogar um 60 % zurückgegangen ist und sich zum Beispiel deutlich dem (ebenfalls rückläufigen) Niveau bei jungen italienischen Staatsangehörigen angenähert hat. Die Belastung bei Jugendlichen mit türkischem Pass lag zuletzt auch erstmals erheblich unter der der sonstigen ausländischen Jugendlichen. Es handelt sich jedenfalls für den Zeitraum seit 2011 auch nicht primär um einen Einbürgerungseffekt, da der Nichtdeutschenanteil unter den türkeistämmigen Jugendlichen in diesem Zeitraum nur leicht zurückgegangen ist.[26]

---

26 Der Anteil türkischer Staatsangehöriger (ohne deutschen Pass) unter allen 15- bis 19-Jährigen türkischer Herkunft lag laut Mikrozensus 2011 bei 56 % und ist bis 2014 auf 48 % gesunken. Quelle: *Statistisches Bundesamt*, Fachserie 1 Reihe 2.2, Tabelle 2; eigene Berechnungen. Die Daten werden in dieser Publikation nur nach Altersgruppen (und dabei nicht speziell für 14- bis 17-Jährige) ausgewiesen, der Trend für 14- bis 17-Jährige dürfte aber mit dem für 15- bis 19-Jährige vergleichbar sein. Da die Daten des Mikrozensus für die Jahre ab 2011 auf dem Zensus 2011 basieren und sich für den Zeitraum davor gerade die Zahlen zur ausländischen Wohnbevölkerung als zu hoch herausgestellt hatten, sind die „Deutschenanteile" bei allochthonen Jugendlichen für die Zeit vor 2011 nicht ohne Weiteres mit denen ab 2011 vergleichbar.

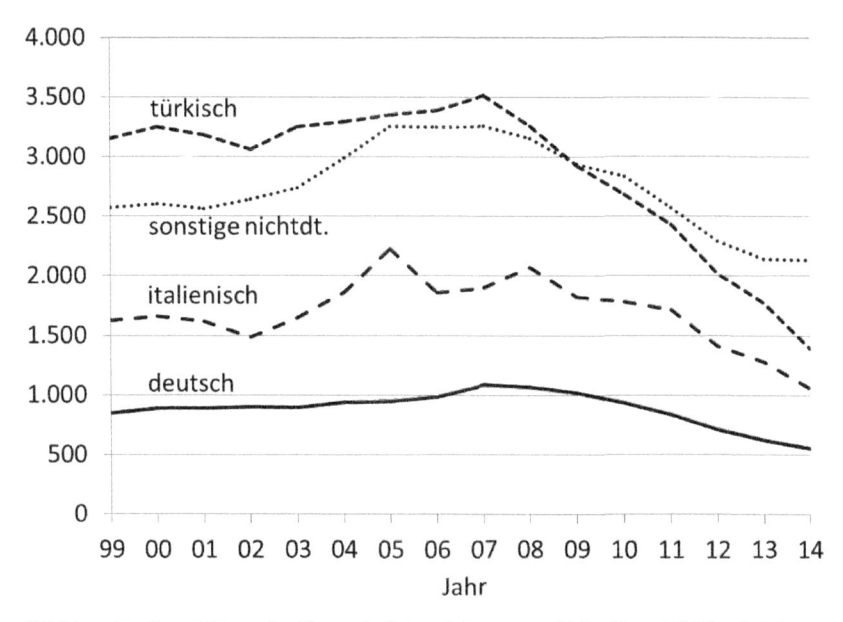

Abbildung 2: Entwicklung der Tatverdächtigenbelastungszahl für Gewaltdelikte bei Jugendlichen nach Staatsangehörigkeit 1999 bis 2014 (bundesweit).[27]

In naher Zukunft wird man Hellfeldzahlen für die „Gastarbeiter"-Nachkommen allerdings überhaupt nicht mehr sinnvoll heranziehen können: Durch die Änderung des Staatsangehörigkeitsrechts im Jahr 2000, der ius-soli-Regelung, sind die aktuell unter 14-jährigen Türkeistämmigen zu über 90 % deutsche Staatsangehörige.

---

27 Quellen: *Bundeskriminalamt*, Polizeiliche Kriminalstatistik, Tab. 40, 50, 51 und 53; *Statistisches Bundesamt*, Bevölkerungsfortschreibung (deutsche Staatsangehörige) bzw. Ausländerstatistik (Ausländerzentralregister); eigene Berechnungen. Bei dieser nach Staatsangehörigkeiten und Alter differenzierenden Betrachtung konnten die sich illegal oder als Touristen etc. in Deutschland aufhaltenden ausländischen Tatverdächtigen nicht herausgerechnet werden; allerdings betraf dies bei der hier betrachteten Delikts- und Altersgruppe im Jahr 2014 lediglich 1,5 % der ausländischen Tatverdächtigen und fiel damit kaum ins Gewicht. Die anhand des Ausländerzentralregisters (AZR) ermittelten Bevölkerungszahlen weichen etwas von denen der Bevölkerungsfortschreibung auf Basis des Zensus ab (seit 2012 lag der Wert für alle ausländischen Jugendlichen im AZR um knapp 5 % höher, in den Jahren zuvor war die Zahl im AZR hingegen etwas niedriger). Den errechneten TVBZ für ausländische Jugendliche liegen also etwas ungenauere Angaben zur Bevölkerungszahl zugrunde.

Und ein Weiteres kann festgehalten werden: Die Hellfeldzahlen zur Jugendgewalt, aber auch die diese stützenden, wenigen Dunkelfeld-Trendstudien[28] zeigen, dass, wenn der Anteil der Jugendlichen aus Einwandererfamilien (bis zuletzt vor allem die der zweiten und dritten Generation) in der Bevölkerung wie gegenwärtig zunimmt, dasselbe nicht unbedingt für das Ausmaß der Jugendgewalt gilt: Je mehr Jugendliche mit Migrationshintergrund, desto mehr Jugendgewalt – eine solche einfache Gleichung trifft jedenfalls für die letzten Jahre nicht (mehr) zu.

4. Bildungsteilhabe als wesentlicher Schlüssel

Welche Gründe konnten dafür ausgemacht werden, dass die türkeistämmigen Jugendlichen in Duisburg nach ihren Selbstberichten nicht stärker gewaltbelastet waren? Zunächst: Es lag nicht an einem exorbitant hohen Gewaltniveau der Duisburger Jugendlichen *ohne* Migrationshintergrund. Dieses fällt zwar nach Hell- und Dunkelfeldbefunden etwas höher aus als etwa in Münster, wo im Rahmen der Studie Kriminalität in der modernen Stadt teilweise zeitgleich in derselben Altersgruppe Erhebungen durchgeführt wurden[29], aber nicht höher als in vielen anderen Großstädten.

Grundsätzlich gilt: Die zentralen Bedingungsfaktoren für Delinquenz sind im interethnischen Vergleich ähnlich.[30] Und für die Belastung mit delinquenznahen Einflussfaktoren (zum Beispiel der Gewaltakzeptanz und delinquenten Freundeskreisen) konnten in Duisburg tatsächlich keine wesentlichen Unterschiede festgestellt werden. Auch soziale Hintergrundfaktoren wie soziale Bindungen etwa an die Schule und Familie fielen bei den Migrantennachkommen nicht schwächer aus. Was die Familie betrifft, gilt diese im Migrationskontext zuweilen (möglicherweise zu pauschal) als Risikofaktor, mit stärker ausgeprägten Eltern-Kind-Konflikten, geschwächter Aufsicht oder auch einer weiter verbreiteten gewaltsamen Erziehung. Tatsächlich war Letzteres auch bei den Duisburger Arbeitsmigrantennachkommen zu beobachten. Allerdings dominiert Gewalt keineswegs die Erziehung in solchen Familien, die (nicht nur nach diesen Befunden) ähnlich wie bei Einheimischen überwiegend durch Partnerschaft und Zuwendung geprägt ist.[31]

---

28 *Baier et al.* (2013).
29 *Walburg* (2014), S. 133 ff. zur Münsteraner Studie grundlegend *Boers/Reinecke* (2007).
30 *Naplava* (2005); *Schmitt-Rodermund/Silbereisen* (2008); *Walburg* (2014).
31 *Walburg* (2014), S. 212 ff.

Besonders hervorzuheben ist ein weiterer Aspekt: Die Bildungsteilhabe der Migrantennachkommen fällt in Duisburg vergleichsweise günstig aus. Und dies nicht nur vor dem Hintergrund der in vielen Fällen deutlich niedrigeren Schulabschlüsse ihrer Eltern, sondern auch im Vergleich mit jungen Autochthonen: Im Alter von 20 Jahren hatten 47 % der Befragten aus einheimischen Familien einen Fachhochschul- oder Hochschulabschluss erreicht, von den Türkeistämmigen waren dies immerhin 38 %. Trotz einer weiterhin etwas geringeren Abiturientenquote ist dies keine ganz schlechte Entwicklung in dieser Stadt, die besonders von den Folgen des Strukturwandels betroffen ist – und deren Migrantenviertel (wie etwa Marxloh) in den letzten Jahren mit neuen armutsgeprägten Zuwanderungsprozessen konfrontiert sind.

Vor dem Hintergrund einer solchermaßen auch im Städtevergleich überdurchschnittlichen Angleichung in der Bildungsteilhabe spielten „kulturelle" Aspekte keine große Rolle. Zwar bestätigte sich die intergenerationale Stabilität traditioneller Wertorientierungen und religiöser Bindungen in dieser Herkunftsgruppe, und es ließen sich wie andernorts recht starke eigenethnische Bindungen beobachten, allerdings erwies sich all dies insgesamt eher nicht als kriminogen. Bemerkenswert war mit Bezug auf Freizeit- und Lebensstilaspekte vor allem der Gewaltrisiken mindernde geringe Intensivkonsum von Alkohol.[32]

5. Fazit: Integration und Delinquenz

Was bedeutet dies für Zusammenhänge zwischen Migration, Integration und Kriminalität? Insgesamt kommt auf längere Sicht der strukturellen Integration, das heißt der Teilhabe in Schule und Beruf, nicht nur allgemein, sondern auch kriminologisch eine Schlüsselrolle zu. Das heißt nicht, dass es trotz einer allgemein überwiegend sehr zügigen strukturellen sowie auch sozialen und kulturell-identifikativen Assimiliation,[33] wie sie aktuell etwa bei der Gruppe der (Spät-)Aussiedler zu beobachten ist, nicht doch bei einem Teil der vor allem männlichen jungen Migranten (und hier gerade der „mitge-

---

32 S. zum Ganzen *Walburg* (2014).
33 Der in der Migrationsforschung deskriptiv verwendete Begriff bezieht sich, in der Terminologie von *Esser* (2001), auf individueller Ebene auf die soziale Integration von Migranten in die Aufnahmegesellschaft (durch Kenntnisse, soziale Kontakte, Teilhabe und Identifikation), und auf Gruppenebene (Systemintegration) auf die Angleichung verschiedener Gruppen in der *Verteilung* bestimmter Eigenschaften (z. B. Schulabschlüsse, Berufe, Wertorientierungen).

nommenen" Generation „1.5")³⁴ zu Delinquenzrisiken erhöhenden Akkulturationsschwierigkeiten kommen kann. Fremdheits-, Ablehnungs- und Benachteiligungserfahrungen können hier die Orientierung an einer gewaltaffinen, manchmal auch ethnisch geschlossenen und zuweilen auf gewaltlegitimierende Orientierungen im Herkunftsmilieu rekurrierenden „Straßenkultur" fördern.³⁵

Exklusionserfahrungen können auch noch bei Jugendlichen in der zweiten und dritten Generation delinquenzfördernd zum Tragen kommen.³⁶ Rückblickend lässt sich vermuten, dass dies bei den Arbeitsmigrantennachkommen dadurch bestärkt wurde, dass von Seiten der Aufnahmegesellschaft auf der strukturellen Ebene (etwa im Bildungssystem) hohe Hürden bestanden und noch fortbestehen, und dass in einer sich lange Zeit nicht als Einwanderungsland verstehenden Gesellschaft integrationsfördernde Maßnahmen wenig Beachtung fanden und ein wenig offenes Aufnahmeklima vorherrschte. Auf Seiten der Migranten dürfte, teilweise hierdurch bestärkt, eine bei manchen lange Zeit aufrechterhaltene Rückkehrorientierung Integrationsprozesse verlangsamt haben.

Im Rahmen der Studie Kriminalität in der modernen Stadt konnte für die Nachkommen der türkischen Arbeitsmigranten häufig das Muster der Akkulturation unter Aufrechterhaltung ethnischer Bindungen beobachtet werden, etwas, was man im Einklang mit der Akkulturationsforschung als multiple Integration bezeichnen kann. Die Befunde scheinen Annahmen aus den Vereinigten Staaten zu stützen, wonach die Einbindung in enge familiäre und auch ethnische Netze unter bestimmten Umständen ein stabilisierender Faktor (und eine gegenüber der „Abwärtsassimilation" in eine lokale gewaltaffine *street culture* günstigere Variante) sein kann.³⁷ Auch in der Sozialpsychologie gilt die multiple Integration als für das subjektive Wohlbefinden und die Persönlichkeitsentwicklung günstig.³⁸ Zugleich wird man – neben der Frage der Übertragbarkeit US-amerikanischer Befunde – im Auge behalten müssen, welche Ressourcen die jeweiligen Gruppen (abgesehen von einer gerade bei immigrierten Eltern häufig stark ausgeprägten Aufstiegsaspiration) für Prozesse der Aufwärtsmobilität mitbringen. Insbesondere *Esser* warnt davor, dass langfristig die strukturelle Teilhabe durch „ethnische Ressourcen" kaum gefördert werde und eine zu einseitige eigenethnische Orien-

---

34 Damit sind Menschen gemeint, die im Kindes- oder Jugendalter immigriert sind.
35 *Zdun* (2012); zum „Code of the Streets" s. *Anderson* (1999).
36 *Bucerius* (2014).
37 Zur „Segmented Assimilation Theory" s. *Morenoff/Astor* (2006), S. 40 ff.
38 *Berry et al.* (2006).

tierung zu einer „Mobilitätsfalle" werden könne, womit auf Gruppenebene die Gefahr einer ethnischen Schichtung steige.[39]

Mit Blick auf Neuankömmlinge und Autochthone gleichermaßen besteht die gesellschaftliche Herausforderung – auch vor dem Hintergrund von Verlockungen religiös-fundamentalistischer oder autoritär-nationalistischer Identitätsangebote – daher mehr denn je darin, Perspektiven sozialer Anerkennung und Teilhabe zu eröffnen. Schulen spielen hier als gesellschaftlich vergleichsweise gut zu steuernder Ansatzpunkt eine zentrale Rolle und müssen adäquat ausgestattet werden. Mit Bezug auf Geflüchtete erscheint es zudem ratsam, sozialisations- und integrationsfeindliche lange Phasen der Separierung sowie mit unsicherer Bleibeperspektive (mit Statusunsicherheit, Kettenduldungen und Ausschluss vom regulären Arbeitsmarkt) so weit wie möglich zu vermeiden.

Literatur

Anderson, E. (1999): Code of the Street: Decency, Violence, and the Moral Life of the Inner City. New York: W. W. Norton.
Van Baar, H. (2014): The Emergence of a Reasonable Anti-Gypsyism in Europe. In: *Agarin, T.* (Hg.): When Stereotype meets Prejudice: Anti-Ziganism in European Societies. Stuttgart: Ibidem Verlag, S. 27-44.
Baier, D./Pfeiffer, C./Hanslmaier, M. (2013): Rückgang der Jugendkriminalität: Ausmaß und Erklärungsansätze. Zeitschrift für Jugendkriminalrecht und Jugendhilfe 24, S. 279-288.
Baier, D./Pfeiffer, C./Simonson, J./Rabold, S. (2009): Jugendliche in Deutschland als Opfer und Täter von Gewalt. Erster Forschungsbericht zum gemeinsamen Forschungsprojekt des Bundesministeriums des Innern und des KFN. KFN-Forschungsbericht Nr. 107. Hannover: KFN.
Baier, D./Rabold, S. (2012): Kinder- und Jugenddelinquenz im Bundesland Saarland. KFN-Forschungsbericht Nr. 120. Hannover: KFN.
Berardi, L./Bucerius, S.-M. (2014): Immigrants and their Children. Evidence on Generational Differences in Crime. In: *Bucerius, S.-M./Tonry, M.* (Hg.): The Oxford Handbook of Ethnicity, Crime, and Immigration. New York: Oxford University Press, S. 551-583.
Bergmann, M.-C./Baier, D. (2015): Wir hier – Zukunft in Aachen. KFN-Forschungsbericht Nr. 126. Hannover: KFN.
Berry, J.-W./Phinney, J.-S./Sam, D.-L./Vedder, P. (2006): Immigrant Youth: Acculturation, Identity, and Adaptation. Applied Psychology: An International Review 55, S. 303 332.
Boers, K./Reinecke, J. (Hg.) (2007): Delinquenz im Jugendalter. Erkenntnisse einer Münsteraner Längsschnittstudie. Münster: Waxmann.
Boers, K./Reinecke, J./Bentrup, C./Daniel, A./Kanz, K.-M./Schulte, P./Seddig, D./Theimann, M./Verneuer, L./Walburg, C. (2014): Vom Jugend- zum frühen Erwachsenenalter. Delin-

---

39 *Esser* (2001); (2009).

quenzverläufe und Erklärungszusammenhänge in der Verlaufsstudie „Kriminalität in der modernen Stadt". MSchrKrim 97, S. 183-202.

Boers, K./Walburg, C./Reinecke, J. (2006): Jugendkriminalität – Keine Zunahme im Dunkelfeld, kaum Unterschiede zwischen Einheimischen und Migranten. Befunde aus Duisburger und Münsteraner Längsschnittstudien. MSchrKrim 89, S. 63-87.

Bucerius, S.-M. (2014): Case Study: Immigration, Social Exclusion, and Informal Economies: Muslim Immigrants in Frankfurt. In: Bucerius, S.-M./Tonry, M. (Hg.): The Oxford Handbook of Ethnicity, Crime, and Immigration. New York: Oxford University Press, S. 879-903.

Engbersen, G./van der Leun, J./de Boom, J. (2007): The Fragmentation of Migration and Crime in the Netherlands. In: Tonry, M./Bijleveld, C.-J. (Hg.): Crime & Justice. A Review of Research. Bd. 35: Special Issue on Crime and Justice in the Netherlands. Chicago: The University of Chicago Press, S. 389-452.

Esser, H. (2001): Integration und ethnische Schichtung. Arbeitspapiere - Mannheimer Zentrum für Europäische Sozialforschung, Nr. 40. Mannheim.

Esser, H. (2009): Pluralisierung oder Assimilation? Effekte der multiplen Inklusion auf die Integration von Migranten. Zeitschrift für Soziologie 38, S. 358-378.

Geißler, R. (2003): Gesetzestreue Arbeitsmigranten. Soziale Welt 54, S. 373-381.

Köllisch, T. (2004): Anzeigeverhalten und die polizeiliche Registrierung von Jugenddelinquenz. Ein theoretisches Modell und empirische Untersuchungen zu sozialen und sozialökologischen Determinanten des Opferverhaltens. Diss. Univ. Freiburg.

Light, M.-T. (2015): The Punishment Consequences of Lacking National Membership in Germany, 1998-2010. Social Forces, Published online 15. Juli 2015.

Melossi, D. (2015): Crime, Punishment and Migration. London: Sage.

Morenoff, J.-D./Astor, A. (2006): Immigrant Assimilation and Crime: Generational Differences in Youth Violence in Chicago. In: Martinez Jr., R./Valenzuela Jr., A. (Hg.): Immigration and Crime. Race, Ethnicity, and Violence. New York: New York University Press, S. 36-63.

Naplava, T. (2005): Jugenddelinquenz im interethnischen Vergleich. Erklärungsmöglichkeiten delinquenten Verhaltens einheimischer und immigrierter Jugendlicher. Diss. Univ. Bielefeld.

Ohder, C./Huck, L. (2006): „Intensivtäter" in Berlin – Hintergründe und Folgen vielfacher strafrechtlicher Auffälligkeit – Teil 1 Eine Auswertung von Akten der Abteilung 47 der Berliner Staatsanwaltschaft. In: Landeskommission Berlin gegen Gewalt (Hg.): Berliner Forum Gewaltprävention, Nr. 26. Berlin, S. 6-57.

Pfeiffer, C./Kleimann, M./Petersen, S./Schott, T. (2005): Migration und Kriminalität. Ein Gutachten für den Zuwanderungsrat der Bundesregierung. Baden-Baden: Nomos.

Rumbaut, R.-G./Gonzales, R.-G./Komaie, G./Morgan, C.-V./Tafoya-Estrada, R. (2006): Immigration and Incarceration. Patterns and Predictors of Imprisonment among First- and Second-Generation Young Adults. In: Martinez Jr., R./Valenzuela Jr., A. (Hg.): Immigration and Crime. Race, Ethnicity, and Violence. New York: New York University Press, S. 64-89.

Schmitt-Rodermund, E./Silbereisen, R. (2008): The Prediction of Delinquency among Immigrant and Non-Immigrant Youth: Unwrapping the Package of Culture. International Journal of Comparative Sociology 49, S. 87-109.

Schulz, S. (2014): Ethnizität und Gewaltkriminalität: Validität von Selbstberichten türkischstämmiger Jugendlicher. Vortrag im Rahmen der Tagung des Norddeutschen Kriminologischen Gesprächskreises, Bielefeld, 9. bis 11. Mai 2014.

Schulz, S./Baier, D. (2015): Ethnic Differences in Adolescent Violence – the Role of Regional Characteristics. Vortrag im Rahmen der Jahrestagung der European Society of Criminology, Porto, 2. bis 5. September 2015.

Siegel, D. (2013): Mobiel banditisme. Oost- en Centraal-Europese rondtrekkende criminele groepen in Nederland. Apeldoorn: Politie & Wetenschap.

Statistisches Bundesamt (2015): Bevölkerung und Erwerbstätigkeit. Vorläufige Wanderungsergebnisse 2014, S. 12.

Walburg, C. (2007): Migration und selbstberichtete Delinquenz. In: Boers, K./Reinecke, J. (Hg.): Delinquenz im Jugendalter. Erkenntnisse einer Münsteraner Längsschnittstudie. Münster: Waxmann, S 241-268.

Walburg, C. (2014): Migration und Jugenddelinquenz. Münster: Waxmann.

Wetzels, P./Brettfeld, K. (2011): Gewalt und Delinquenz junger Menschen in Bremen 2008-2010. Zweiter und abschließender Bericht über die Ergebnisse der ersten Erhebungswelle in Bremen und Bremerhaven 2008. Hamburg: Universität Hamburg.

Zdun, S. (2012): Street Culture and Norm Conflict among Young Migrants from the Former Soviet Union. Sociological Focus 45, S. 143-158.

Der NSA-Untersuchungsausschuss und die Grenzen geheimdienstlicher Überwachung

Patrick Ernst Sensburg*

Gliederung
1. Einleitung
2. Der institutionelle Rahmen der Nachrichtendienstkontrolle
3. Der rechtliche Rahmen von Untersuchungsausschüssen
4. Der NSA-Untersuchungsausschuss
4.1 Der völkerrechtliche und verfassungsrechtliche Rahmen von Nachrichtendiensten
4.2 Reichweite nachrichtendienstlicher Tätigkeit
4.3 Der Blick auf die Nachrichtendienste
5. Das Ausspähen von Daten als Geschäftsmodell
6. Schlussfolgerungen

Wie passt ein Vortrag über die nachrichtendienstliche Kontrolle auf eine kriminologische Fachtagung? Hat die Kriminologie, also die Lehre vom Verbrechen nun BND, MAD und den Verfassungsschutz ins Visier genommen?[1] Handelt es sich gar um eine Vorverurteilung der Nachrichtendienste und lassen wir dabei die wachsende Cyber-Kriminalität außer Acht?[2] Erkennt man die Diskussionen um die Arbeit der Nachrichtendienste in einer digitalen Welt jedoch als Ausgangspunkt für eine Vielzahl von Überlegungen zur Optimierung strafrechtlicher und gesellschaftlicher Kriminalprävention wird die Beziehung zur Kriminologie schnell deutlich.[3] Und wenn man den Horizont erweitert um sonstige Straftaten durch das Ausspähen von Daten, so beleuchtet man die Erscheinungsformen und Ursachen von Cyber-Kriminalität, geht auf Täter und Opferbeziehungen ein und hinterfragt die Wirkung von Strafen in der digitalen Welt.[4] Das Thema erscheint mir somit klug gewählt für diese Tagung.

---

* Der Artikel referiert die Lage zum Zeitpunkt der Tagung (26.09.2015).
1 Zur strafrechtlichen Relevanz nachrichtendienstlicher Betätigung vgl. *Lampe* (2015), S. 361 ff.
2 Vgl. *Rieckmann/Kraus* (2015), S. 295 ff. So auch bereits *Sensburg* (2007), S. 607 ff.
3 Vgl. *Ziercke* (2009), S. 799 ff.
4 Vgl. zur Definition *Pientka/Wolf* (2015), S. 5.

1. Einleitung

Vielleicht zuvor einige Worte zur Einleitung. Die Sicherheit unserer Daten bis hin zu intimsten Informationen über uns interessiert heute mehr als denn je.[5] Wir alle bewegen uns 24 Stunden und 7 Tage die Woche in einer immer digitaleren Welt und hinterlassen Spuren – gewollt oder nicht gewollt. Wir öffnen unsere Privatsphäre bewusst oder unbewusst und gehen eine Vielzahl von neuen Beziehungen ein – rechtlich, ökonomisch und soziologisch.[6] Die Masse an Daten, die wir alle tagtäglich produzieren, ist interessant für Unternehmen wie Google, Amazon oder Facebook, die ihre Firmenphilosophie geradezu auf die Herrschaft über Daten und Informationen gründen.[7] Im digitalen Zeitalter gilt „Wissen ist Macht" uneingeschränkt und vielleicht noch augenscheinlicher als jemals.[8] Daten sind das neue Gold oder Öl des 21. Jahrhunderts. Je mächtiger die Akteure sind, desto mehr versuchen sie ihren Einfluss auf den digitalen Steinbruch, der täglich wächst, auszubauen.[9]

Ist das Verhältnis von Privatheit und Freiheit gegenüber digitaler Öffentlichkeit und staatlicher Sicherheitsgewährung ins Ungleichgewicht geraten? Scheinbar „ja", glaubt man den Enthüllungen von *Edward Snowden* und seinen vielen Äußerungen der letzten Monate.[10] Scheinbar nein, glaubt man z. B. *Christian Heller* von der „Post-Privacy-Bewegung", der die Überzeugung vertritt, dass wir alle in Zukunft ohnehin nur noch völlig transparent leben werden und es somit keine Privatsphäre mehr geben wird, weil wir alles preis geben, was uns durch kluge Algorithmen gläsern werden lässt.[11] Würde sich dies bewahrheiten, wäre der völlige Verlust der Privatsphäre die Folge, denn sie ergibt sich aus dem Kreis der Geheimnisse, die wir um uns herum aufbauen. Nach *Georg Simmel* ist dieser Raum z. B. unter Familienmitgliedern oder engen Geschäftspartnern anders bemessen, als z. B. bei entfernten Verwandten oder geschäftlichen Konkurrenten.[12] Soziale Nähe und Vertrauen kann u. a. auch anhand der Vielzahl von Geheimnissen, die Personen miteinander teilen, gemessen werden. Geheimnisse sind somit Ausdruck eines gestuften oder gestaffelten Interagierens und schon alleine

---

5 Vgl. *Kipker/Voskamp* (2014), S. 84 ff.
6 Vgl. *Sensburg* (2015b), S. 35 ff.
7 Vgl. *Kaumanns/Siegenheim* (2012), S. 9.
8 Vgl. *Sensburg* (2015c), S. 369 f.
9 Vgl. *Rosenbach/Stark* (2014), S. 120 ff. und *Sensburg* (2015a), S. 448.
10 Vgl. *Greenwald* (2014), S. 243 ff. Siehe auch *Sensburg* (2015a), S. 448
11 Grundlegend hierzu *Heller* (2011).
12 Vgl. *Simmel* (1980), S. 289.

zur Bewahrung eines bindungsermöglichenden Grundvertrauens unabdingbar.[13] Die einfache Schlussfolgerung daraus ist: Wir dürfen nicht nur Geheimnisse haben, wir brauchen sie sogar zwingend und müssen sie daher schützen. Dies ist zuerst Aufgabe jedes einzelnen Akteurs im Bezug auf seine Geheimnisse. Es ist aber auch Aufgabe des Staates, in einer digitalen Welt.

Vor diesem Hintergrund einer „Zerrüttung" des Verhältnisses von Privatsphäre und Transparenz wurde der NSA-Untersuchungsausschuss im Jahr 2014 vom Deutschen Bundestag eingesetzt, um den Grad des Bruchs der Privatsphäre durch Nachrichtendienste zu untersuchen. Er arbeitet somit bereits rund eineinhalb Jahre und das viel effektiver, als viele gedacht haben.[14]

2. Der institutionelle Rahmen der Nachrichtendienstkontrolle

In der aktuellen Diskussion über die Kontrolle der Nachrichtendienste kommt aus meiner Sicht zu kurz, dass wir zuerst zwischen exekutiver und parlamentarischer Kontrolle unterscheiden müssen.[15] Parlamentarische Kontrolle wird nie die operative Arbeit kontrollieren können. Wer dieser Überzeugung ist, wird enttäuscht werden und feststellen, dass am Ende so gut wie gar keine Kontrolle stattfindet. Die exekutive Kontrolle unserer Dienste liegt im Rahmen der Dienst- und Fachaufsicht zum einen bei den Ministerien und, soweit der BND betroffen ist, beim Kanzleramt.[16] Eine darüber hinaus gehende institutionalisierte Kontrolle gibt es in Deutschland nicht. In den USA finden wir demgegenüber den Foreign Intelligence Surveillance Act Court (FISC) und die von Präsident Obama eingesetzte Review Group on Intelligence and Communications Technologies.[17] Besonders interessant wird sein, ob der NSA-Untersuchungsausschuss auch für die exekutive Kon-

---

13 Vgl. *Simmel* (1980), S. 257.
14 Hierzu *Sensburg* (2015b), S. 36 ff.
15 Darüber hinaus ließe sich natürlich auch noch separat über die „Kontrolle" der Nachrichtendienste durch die Judikative in zahlreichen Entscheidungen bis hin zur Verfassungsgerichtsrechtsprechung diskutieren.
16 Vgl. *Cremer* (2014), § 278, Rn. 18.
17 Vgl. *Clarke/Morell/Stone/Sunstein/Swire* (2014); *Schaar* (2014), S. 101. Siehe auch: *Deiseroth* (2015), S. 197 ff.

trolle Empfehlungen abgeben wird. Diese könnten z. B. in einem Exekutivgremium zur unabhängigen Beratung der Dienst- und Fachaufsicht liegen. Dieses Gremium könnte z. B. bei der Bundesbeauftragten für den Datenschutz und die Informationsfreiheit (BfDI) angesiedelt sein. Daneben stellt sich die Frage, ob man den amerikanischen Gedanken des FISC nicht für die G10-Kommission weiterentwickelt und so für Maßnahmen, die auch über klassische G10-Anordnungen hinausgehen, eine gerichtliche Vorprüfung etabliert. Diese Fragen können aber hier nicht abschließend diskutiert werden, da die parlamentarische Kontrolle im Vordergrund stehen soll, die ein elementarer Bestandteil demokratischer Systeme ist. Die parlamentarische Kontrolle der Geheimdienste erfolgt im Schwerpunkt durch das parlamentarische Kontrollgremium (PKGr), die G10-Kommission und gegebenenfalls durch Untersuchungsausschüsse.

Den rechtlichen Rahmen für die Arbeit des parlamentarischen Kontrollgremiums findet man im Gesetz über die parlamentarische Kontrolle nachrichtendienstlicher Tätigkeit des Bundes (Kontrollgremiumgesetz – PKGrG). Die Bundesregierung ist hiernach dazu verpflichtet, das PKGr umfassend über die allgemeinen Tätigkeiten der Nachrichtendienste und über Vorgänge von besonderer Bedeutung zu unterrichten.[18] Das PKGr kann verlangen, dass ihm von der Bundesregierung und deren Behörden, Akten oder andere in amtlicher Verwahrung befindliche Schriftstücke, gegebenenfalls auch im Original, herausgegeben und in Dateien gespeicherte Daten übermittelt werden sowie Zutritt zu sämtlichen Dienststellen der Behörden gestattet wird. Das PKGr tritt mindestens einmal im Vierteljahr zusammen. Trotz dieser grundsätzlich weiten Formulierung besteht teilweise der Eindruck, dass das PKGr oftmals nur nachträglich unterrichtet wird, wenn besondere Vorkommnisse passiert sind und an die Presse zu gelangen drohen. Von der Aufdeckung von Missständen innerhalb der Geheimdienste durch das PKGr ist bisher nichts bekannt. Trotzdem ist es wichtig, dass sich die Nachrichtendienste kontinuierlich vor dem PKGr „rechtfertigen" müssen.[19] Die Frage ist, ob das PKGr personell und strukturell in der Lage ist, diese Aufgabe wahrzunehmen.

Das zweite parlamentarische Gremium zur Überwachung der Nachrichtendienste ist die G10-Kommission. Sie besteht aus dem Vorsitzenden, der die Befähigung zum Richteramt besitzen muss, und drei Beisitzern sowie vier

---

18 Vgl. u. a. *Wetzling* (2014), S. 57-62 und *Dietrich* (2014), S. 205 ff. m. w. Nw.
19 Vgl. *Cremer* (2014), § 278, Rn. 20.

stellvertretenden Mitgliedern, die an den Sitzungen mit Rede- und Fragerecht teilnehmen können.[20] Die rechtliche Grundlage findet sich im Gesetz zur Beschränkung des Brief-, Post- und Fernmeldegeheimnisses (G10-Gesetz). Die Mitglieder der G10-Kommission sind in ihrer Amtsführung unabhängig und Weisungen nicht unterworfen. Die Beratungen der G10-Kommission sind gem. § 15 Abs. 2 G10-Gesetz geheim. Die Kontrollbefugnis der Kommission erstreckt sich auf die gesamte Erhebung, Verarbeitung und Nutzung der nach diesem Gesetz erlangten personenbezogenen Daten durch Nachrichtendienste des Bundes einschließlich der Entscheidung über die Mitteilung an Betroffene. Zwingend ist aber in jedem Fall, dass der Anwendungsbereich von Art. 10 GG eröffnet ist, da sonst alleine die datenschutzrechtlichen Regelungen greifen und damit lediglich die Kontrolle durch Datenschutzbeauftragte, sei es den behördlichen Datenschutzbeauftragten oder der Bundesbeauftragten für den Datenschutz und die Informationsfreiheit.[21] Die G10-Kommission kann der Bundesbeauftragten für den Datenschutz und die Informationsfreiheit allerdings gem. § 15 Abs. 5 G10-Gesetz Gelegenheit zur Stellungnahme in Fragen des Datenschutzes geben. Gem. § 15 Abs. 6 G10-Gesetz unterrichtet das zuständige Bundesministerium die G10-Kommission monatlich über die von ihm angeordneten Beschränkungsmaßnahmen vor deren Vollzug. Bei Gefahr im Verzuge kann es den Vollzug der Beschränkungsmaßnahmen auch bereits vor der Unterrichtung der G10-Kommission anordnen. Anordnungen, die die Kommission für unzulässig oder nicht notwendig erklärt, hat das zuständige Bundesministerium unverzüglich aufzuheben. Im Jahr 2013 genehmigte die G10-Kommission im ersten Halbjahr 97 und im zweiten Halbjahr 115 Beschränkungsmaßnahmen nach § 3 G10-Gesetz. Diese betrafen im ersten Halbjahr 342 Hauptbetroffene und 354 Hauptbetroffene im zweiten Halbjahr. Die Zahl der Nebenbetroffenen lag etwas darüber.[22] Fraglich ist, ob dies mit hinreichend intensiver Kontrolle erfolgt.[23] Auch hierüber sollte sich der Ausschuss Gedanken machen und zumindest in seinem Abschlussbericht einen Prüfauftrag formulieren, wie eine Prüfung entsprechend effektiv erfolgen kann.

Im Rahmen der Arbeit des NSA-Untersuchungsausschusses gab es bereits an zahlreichen Stellen den Eindruck, dass das parlamentarische Kontroll-

---

20 Vgl. im historischen Zusammenhang *Arndt* (1993), S. 621, 626.
21 Hierzu bereits *Arndt* (1993), S. 623.
22 Dies ergibt sich aus der Unterrichtung durch das Parlamentarische Kontrollgremium, BT-Drucks. 18/3709 vom 08.01.2015, S. 5.
23 Kritisch hierzu *Huber* (2014), S. 46f.

gremium immer dann unterrichtet wird, wenn Sachverhalte ohnehin demnächst an die Öffentlichkeit dringen und die G10-Kommission über den Hintergrund zumindest bei einzelnen Maßnahmen nicht vollumfänglich informiert wurde.[24] Gerade dann, wenn wie durch die Snowden-Veröffentlichungen der Eindruck entsteht, die Exekutive entziehe sich der parlamentarischen Kontrolle, ist das Instrument des Untersuchungsausschusses das richtige.

3. Der rechtliche Rahmen von Untersuchungsausschüssen

Ein spezifisches Instrument parlamentarischer Kontrolle ist die Möglichkeit der Einsetzung von Untersuchungsausschüssen. Mit der Verankerung in Art. 44 GG wird deutlich, welcher hohe Stellenwert Untersuchungsausschüssen verfassungsrechtlich beigemessen wird.[25] Der Untersuchungsausschuss ist im Kern ein Instrument der Informationsgewinnung. Er wird vielfach als „schärfstes Schwert" der parlamentarischen Kontrolle – insbesondere durch die Opposition bezeichnet.[26] Allen Untersuchungsausschüssen ist dabei gleich, dass sie hohe Erwartungen wecken und großes mediales Interesse hervorrufen.[27] Zwar regelt Art. 44 GG die Einsetzung des Untersuchungsausschusses, jedoch enthält die Norm keine näheren Regelungen zum Gegenstand der Untersuchung, zum Verfahren und zur Beweiserhebung. Im Jahr 2001 wurde daher das „Gesetz zur Regelung des Rechts der Untersuchungsausschüsse des Deutschen Bundestages" (PUAG) verabschiedet.

Das Gesetz enthält einfachgesetzliche Regelungen zu allen wesentlichen Verfahrensfragen. So regelt es neben der Einberufung der Sitzungen und den Zugang der Öffentlichkeit außerdem die Möglichkeit Beweise zu erheben und Zeugen zu laden. Bei letzterem sind die Vorschriften der StPO anwendbar. Der Untersuchungsausschuss arbeitet dabei wie ein Gericht.[28] So hat er neben den Möglichkeiten der Beweiserhebung durch Zeugen und Dokumente auch die Möglichkeit, Zwangsmittel einzusetzen.

---

24 *Denkler* (2015a), S. 4.
25 *Brocker* (2011), Einleitung Rn. 6.
26 Vgl. z. B. *Glauben* (2003), S. 161 ff. oder *Engels* (1989), S. 9.
27 *Teubner* (2009), S. 32.
28 Vgl. *Brocker* (2011), § 13, Rn. 3.

Am Ende der Untersuchung wird das Ergebnis in einem Abschlussbericht zusammengefasst. Die Minderheit hat dabei die Möglichkeit, im Falle eines Dissens, ihre Darstellung mit Hilfe eines Sondervotums in den Bericht aufnehmen zu lassen. Der Abschlussbericht hat keine sanktionierende Wirkung und Gerichte sind auch nicht an das Ermittlungsergebnis gebunden.[29] Jedoch können in einem Empfehlungsteil sehr nachdrücklich Empfehlungen an Regierung und das Parlament in Gänze als Gesetzgeber formuliert werden. Dies sollte auch das Ziel des NSA-Untersuchungsausschusses sein. Genau nach diesen Vorgaben, die hier leider nur so kursorisch angerissen werden können, arbeitet der NSA-Untersuchungsausschuss nun seit rund eineinhalb Jahren.

4. Der NSA-Untersuchungsausschuss

Nach einer anfänglichen Geschäftsführungsdebatte über die Reichweite und den genauen Auftrag, hat der Deutsche Bundestag am 20. März 2014 den NSA-Untersuchungsausschuss eingesetzt.[30] Seine Aufgabe laut Einsetzungsbeschluss ist es:

(1) Ausmaß und Hintergründe der Ausspähungen durch die Dienste der sog. Five-Eyes-Staaten in Deutschland aufzuklären.

(2) Zu ermitteln, inwieweit die deutschen Dienste hieran beteiligt waren und ob gesetzliche Regelungen dabei durch sie verletzt wurden.

(3) In einem dritten Komplex soll der Untersuchungsausschuss Empfehlungen abgeben, wie die Telekommunikation von Bürgerinnen und Bürgern, von Unternehmen und von staatlichen Stellen besser geschützt werden kann. Aus den Erkenntnissen werden sehr wahrscheinlich Vorschläge zu gesetzlichen Änderungen folgen.

Der Untersuchungsausschuss ist an den Untersuchungsauftrag gebunden und darf diesen nicht selbständig verändern oder erweitern.[31] Hierfür bedarf es eines erneuten Beschlusses des Bundestages, was sich letztendlich deklaratorisch aus § 2 Abs. 2 PUAG ergibt.

---

29 Vgl. *Brocker* (2011), § 26, Rn. 4.
30 BT-Drucks. 18/843 vom 18.03.2014.
31 Vgl. *Glauben* (2011), § 3, Rn. 2.

4.1 Der völkerrechtliche und verfassungsrechtliche Rahmen von Nachrichtendiensten

Wenn man es einmal einfach formulieren wollte, könnte man nachrichtendienstliche Aktivitäten von „Geheimagenten" wie folgt definieren: Wenn der Agent in einem Land, in dem er spioniert, erwischt wird, wird er verhaftet und ihm drohen hohe Strafen. Schafft er es allerdings bis ins Pensionsalter unentdeckt zu bleiben, bekommt er von seinem Heimatland einen Orden. Dies wird jeder, der schon einmal einen James Bond Film gesehen hat, bestätigen.

Im digitalen Zeitalter haben sich die Methoden und Vorgehensweisen aber geändert. „Bond" muss nicht mehr mit einer Kamera in der Kontaktlinse Militäranlagen fotografieren, sondern sitzt in einem fernen Land und bewegt Parabolantennen oder zapft Glasfaserkabel an. Mit den gewonnenen Metadaten steuert er tausende Kilometer entfernt Drohnen zielsicher zum Angriff oder verkauft technische Daten von Forschungseinrichtungen der Hochschulen an Interessenten weltweit. Die Spuren der Täter sind meistens nur digital.[32]

Um hier Empfehlungen geben zu können, wie Daten geschützt werden können, hat der Untersuchungsausschuss seit April 2014 elf Sachverständige zu juristischen und technischen Hintergründen gehört.

Zur rechtlichen Lage in Deutschland haben u. a. die ehemaligen Verfassungsrichter *Hans-Jürgen Papier* und *Wolfgang Hoffmann-Riem* aufgezeigt, wo sie Lücken in den rechtlichen Handlungsgrundlagen des BND sehen und an welchen Stellen der Gesetzgeber nachsteuern müsse. In seinen Ausführungen stellte *Papier* u. a. fest, dass auch die Nachrichtendienste an Art. 10 GG gebunden sind, wenn sie die grenzüberschreitende Telekommunikation überwachen.[33] *Papier* leitete aus seiner Argumentation weiterhin ab, dass den Staat eine Verpflichtung treffe, die Kommunikationsstruktur im Lande so auszugestalten, dass diese insbesondere auch den grundrechtlichen Schutz aus Art. 10 GG gewehrleiste.[34] Sowohl *Papier*, *Hoffmann-Riem* und auch der dritte Sachverständige *Matthias Bäcker* waren darüber hinaus der Ansicht, dass ausländische Nachrichtendienste zur heutigen Zeit kein Recht hätten, in Deutschland Kommunikationsdaten abzufangen. Spannend ergibt

---

32 Vgl. zur grundrechtlichen Relevanz: *Hoffmann/Luch/Schulz/Borchers* (2015).
33 Näher dazu *Papier* (2014), S. 7.
34 So wohl auch *Lüders* (2014), S. 17 ff.

sich hieraus die Diskussion, ob den Staat nach dieser Einschätzung eine Pflicht zur Gewährleistung sicherer Kommunikation trifft. Dies konnte aber bisher im Ausschuss nicht ausdiskutiert werden.

Durch *Stefan Talmon* wurde das Handeln des BND völkerrechtlich als legitimes Mittel zur Erlangung von Erkenntnissen für die Lagebeurteilung und die Entscheidungsfindung im politischen Bereich angesehen.[35] Er wies darauf hin, dass es keine entsprechende Regelung im Völkergewohnheitsrecht oder Rechtsüberzeugung für ein völkerrechtliches Verbot von Spionage gäbe. *Talmon* wies außerdem auf die Rechtsprechung des Bundesgerichtshofs hin, die Spionage als „ein völkerrechtlich zulässiges – weil nicht verbotenes – amtliches Handeln von Amtsträgern" eines anderen Staates erklärt.[36] Einem völkerrechtlichen Verbot stehen zum einen die Rechtsüberzeugung der Staaten (opinio juris) eines völkergewohnheitsrechtlichen Erlaubnistatbestandes und zum anderen der sog. „Lotus-Grundsatz" entgegen.[37] Letzterer beruhe auf der Annahme, dass jegliches staatliches Handeln völkerrechtlich erlaubt sei, sofern es nicht ausdrücklich verboten ist. Begründet wird dies in der staatlichen Souveränität und der daraus resultierenden Handlungsfreiheit der Staaten.[38] Im ausspionierten Staat bleibt die Handlung aber selbstverständlich einfachgesetzlich mit Strafe bedroht.

Hält man an dieser völkerrechtlichen Einordnung fest, wird der deutsche Gesetzgeber zu klären haben, ob Ausländer bei der Auslandsüberwachung über die Menschenwürde, die Verhältnismäßigkeit und das Willkürverbot hinaus grundrechtlichen Schutz genießen. Dies würde nach dem Grundsatz des Vorbehalts des Gesetzes dann auch entsprechende Eingriffsgrundlagen z. B. im BND-Gesetz erfordern – anders, als dies derzeit der Fall ist.

4.2 Reichweite nachrichtendienstlicher Tätigkeit

In einem zweiten Anhörungsblock sollte geklärt werden, ob die Dokumente von *Edward Snowden* nach Ansicht von Sachverständigen authentisch sind. Durch die Anhörung konnte der Untersuchungsausschuss auch ein Gefühl dafür gewinnen, was heutzutage technisch alles realisierbar ist. Die Sachverständigen bewerteten die Enthüllungen von *Snowden* durchaus als plausibel.

---

35 Vgl. *Talmon* (2014), S. 17.
36 *BGHSt* 37, 305 (308) = NJW 1991, 929 (930).
37 Zum sog. Lotus-Grundsatz näher: *Bogandy/Rau* (2012), S. 946 ff.
38 Vgl. *Talmon* (2014), S. 17 ff.

Besonders empfahlen sowohl *Michael Waidner*, Leiter des Fraunhofer-Instituts für Sichere Informationstechnologie, der Sicherheitsforscher *Sandro Gaycken* und *Frank Rieger*, Sprecher des Chaos Computer Clubs, einen allgemein höheren Grad an Verschlüsselung. Würden alle Nutzer ihre Nachrichten mit dem aktuell besten Stand der Verschlüsselung verschlüsseln, dann könnte man die NSA „totrüsten", so *Frank Rieger* in der Anhörung.[39] Eine entsprechende Ende-zu-Ende-Verschlüsselung würde den Preis der Überwachung so hoch treiben, dass eine flächendeckende Spionage nicht mehr betrieben werden könnte.[40] Im Zusammenhang mit der Sicherheitsüberprüfung von IT-Produkten empfahlen die Sachverständigen neben einer effektiven Ende-zu-Ende-Verschlüsselung verschiedene Maßnahmen. Besonders hervorzuheben scheinen folgende Maßnahmen zu sein:

Der Aufbau und der Betrieb einer europäischen Prüfeinrichtung für IT-Sicherheit und Sichtbarmachung ihrer Prüfergebnisse in der Öffentlichkeit.

Die Forschung und Entwicklung von effektiven und effizienten Prüfmethoden für IT-Sicherheit, die von der Prüfeinrichtung (und anderen) angewendet werden.

Die europaweite Verpflichtung für staatliche Einrichtungen, nur solche informations- und kommunikationstechnischen Produkte einzusetzen, die positiv überprüft wurden.[41]

In der ersten Phase der Zeugenvernehmungen beleuchtete der Untersuchungsausschuss die Nachrichtendienste, wobei man eigentlich die „deutschen Nachrichtendienste" sagen müsste, denn in den ersten eineinhalb Jahren waren BND, Verfassungsschutz und MAD in Vordergrund. Dies auch schon aufgrund der Tatsache, dass der Untersuchungsausschuss von der Bundesregierung Aktenmaterial einfordern kann, von auswärtigen Staaten aber nicht. Der Ausschuss hat daher umfangreiches Aktenmaterial der Nachrichtendienste verlangt und kann so, aufgrund der Kooperationen mit NSA und GCHQ, auf die Aktivitäten der five-eyes-Staaten Rückschlüsse ziehen.

---

39 So auch *Dix* (2014), S. 71: „Wir brauchen crypto for grandma".
40 Vgl. *Caspari* (2014).
41 *Waidner* (2014), S. 50.

4.3 Der Blick auf die Nachrichtendienste

Seit September 2014 widmet sich der Untersuchungsausschuss der Aufklärung, ob deutsche Dienste daran beteiligt waren mit Diensten der five-eyes-Staaten massenhaft Daten auszuspähen. In zum Teil öffentlichen Sitzungen werden dabei konkrete Operationen wie Eikonal[42] oder Instrumente wie XKeyscore[43] des BND und insbesondere der NSA und dem GCHQ beleuchtet und untersucht. Die Arbeit konzentriert sich zum einen auf die Auswertung umfangreichen Aktenmaterials von über 2.289 Aktenordnern des BND und anderer Behörden, von denen rund 502 Aktenordner als vertraulich oder höher eingestuft sind. Zum anderen werden Zeugen, insbesondere des BND oder beispielsweise der Deutschen Telekom AG oder der Verizon Deutschland GmbH geladen. Hierbei ist beachtlich, dass in den bisher 32 Zeugensitzungen 61 Zeugen unter anderem des BND in öffentlicher Sitzung aussagen, die unterhalb der Abteilungsleiter-Ebene sind. Das gleiche gilt für die Zeugen der Privatwirtschaft. Nur wenige Beobachter hatten sich wohl vor dem Untersuchungsausschuss vorstellen können, dass Mitarbeiter des BND über konkrete Projekte und Vorgehensweisen der Nachrichtendienste in öffentlicher Sitzung detailliert berichten.

Ohne abschließend auf einzelne Erkenntnisse eingehen oder sie bewerten zu können, konnten bereits Fehler in der Arbeit des BND aufgezeigt werden. Insbesondere die behördliche Datenschutzbeauftragte des BND – *Frau Dr. F.* – machte dies deutlich. Hier hatte es Verstöße gegen den Datenschutz gegeben, insbesondere fehlten für beim BND geführte Datenbänke die nötigen Dateianordnungen. Auch das grundsätzliche Verhältnis von Datenschutz und G10-Themen erscheint Bereiche zu bilden, die aus beiden Kontrollrahmen herausfallen und damit reformbedürftig sind. Hierzu wird der Ausschuss Empfehlungen abgeben.

Belege für ein massenhaftes Ausspähen von Inhaltsdaten durch den BND konnten bisher aber nicht gefunden werden.[44] Dies betonte auch der frühere Bundesbeauftragte für den Datenschutz und die Informationsfreiheit (BfDI) *Peter Schaar* in seiner Zeugenvernehmung.[45] Der BND hat jedoch seit An-

---

42 *Mascolo/Leyendecker* (2014), S. 6.
43 *Sulzbacher* (2014), S. 12.
44 Es muss allerdings festgestellt werden, dass die Medien seit den Veröffentlichungen von Edward Snowden viel kritischer in ihrer Berichterstattung geworden sind. Vgl. nur *Schreyer* (2014), S. 157 ff. Digitale Themen werden dabei aber leider aufgrund ihrer Komplexität oft besorgniserregend dargestellt.
45 *Denkler* (2015b), S. 1.

fang der 2000er Jahre insbesondere mit Hilfe der Amerikaner und Briten intensiv an seinen Fähigkeiten zu Signalauswertung gearbeitet. Aus diesem Zeitraum stammen die ersten Kooperationen des BND mit der NSA und dem GCHQ. Ungeklärt ist derzeit noch, ob jedoch Metadaten in großem Umfang durch den BND erhoben wurden und ob diese dann an die NSA weitergeleitet oder getauscht wurden.

Ebenso offen ist die Frage, ob die NSA über Jahre versucht hat Ziele in Europa aufzuklären und dafür auch den BND mit Suchbegriffen – so genannten Selektoren – versorgt hat. Zwar hat der BND über die ganze Zeit deutsche Selektoren herausgefiltert, soweit dies möglich war, Suchbegriffe in Europa wurden jedoch eingesetzt und Ergebnisse auch an die Amerikaner weitergeleitet. Vertrauen unter Partnern schafft dies nicht, aber vielleicht wird dadurch auch nur offensichtlich, dass Nachrichtendienste sich nicht untereinander vertrauen, sondern ohnehin mit allen Mitteln im Ausland Nachrichten gewinnen. Eine unmittelbare Wirtschaftsspionage kann man hierin sicher nicht erkennen, aber natürlich lassen sich Erkenntnisse aus Politik und Wirtschaft in Europa für politische Weichenstellungen in den USA nutzen. Aber nicht nur in den USA. Wir müssen uns sicher sein, dass die Geheimdienste anderer Staaten wie China, Russland oder Frankreich genauso bei uns spionieren.[46] Der größte Teil des Ausspähens von Daten erfolgt aber vermutlich durch Strukturen der organisierten Kriminalität im Rahmen von Industriespionage.

5. Das Ausspähen von Daten als Geschäftsmodell

Nicht nur Nachrichtendienste wollen sich aber unserer Daten bedienen, sondern auch die Organisierte Kriminalität und auch private Unternehmen. Der nordrhein-westfälische Verfassungsschutz geht davon aus, dass in Nordrhein-Westfalen bereits jedes zweite Unternehmen Ziel von Ausspähattacken geworden ist.[47] Der Bund schätzt den jährlichen Schaden für die deutsche Wirtschaft durch Spionage auf 50 Mrd. Euro. Die Wirtschaft hält diese Schätzung für untertrieben und geht von rund 100 Mrd. Euro Schaden jährlich aus.[48] Seit den Veröffentlichungen von *Edward Snowden* und die damit

---

46 Vgl. *Spitzer* (2011), S. 177.
47 Vgl. *Ministerium für Inneres und kommunales des Landes Nordrhein-Westfalen* (2014), S. 323 ff.
48 Zur Ermittlung der Schäden s. *Bachmann/Shahd/Grimm* (2015), S. 17.

zusammenhängende Diskussion gibt es in der Wirtschaft eine intensive Diskussion um die Sicherheit der eigenen Daten. Wenn Forschung und Innovation die entscheidenden Erfolgsfaktoren unserer Wirtschaft sind, dann müssen wir auch die digitale Kommunikation sicherer machen. Das Mailen einer 3D-Zeichnung mit allen technischen Daten eines Produktes zur Erstellung eines Prototyps darf nicht unverschlüsselt erfolgen, war aber bis vor kurzem normal. Im Rahmen der großen Unternehmen ist man bei diesem Thema schon weiter. So wollen vier Dax-Konzerne (Allianz, Bayer, BASF und Volkswagen) gemeinsam gegen Cyberkriminelle vorgehen und die Deutschen Cyber-Sicherheitsorganisation (DCSO) gründen. Im laufenden Jahr werden die Umsätze für Sicherheitshard- und -software voraussichtlich um 6,5 Prozent auf 3,7 Milliarden Euro steigen.[49] Für mittelständische Unternehmen handelt es sich dabei teilweise um Investitionen, die nicht leicht zu schultern sind. Das Bundesamt für Sicherheit in der Informationstechnik (BSI) bietet auch hier zahlreiche Möglichkeiten der Unterstützung an und diese werden auch immer stärker in Anspruch genommen. Den ständig wachsenden Attacken aus dem Internet lässt sich vermutlich nur durch verbesserten Datenschutz und mehr Datensicherheit entgegnen. So ist fast jede moderne Maschine in der deutschen Industrie heutzutage online und liefert Steuerungsdaten. Diese können aber nicht nur zum Wohle des Ablaufes eingesetzt werden, sondern durch Attacken auch die Produktion stilllegen, verbunden mit großen Schäden. Das BSI geht davon aus, dass allein in Deutschland mehr als 1 Million Internetrechner Teil eines gigantischen Botnetzes sind und damit jederzeit z. B. für Denial-of-Service-Attacken missbrauchbar werden können, ohne dass es ihr Betreiber bemerkt. Über 250 Millionen Varianten von Schadprogrammen sind nach Angaben des BSI derzeit im Umlauf und täglich kommen mehr als 300 000 neue Varianten hinzu.[50] Auch dies zeigt, wie umfänglich die Herausforderungen für Unternehmen sind, was sich in vielen Statistiken aktuell noch gar nicht widerspiegelt. Unternehmen scheuen nämlich den Schritt in die Öffentlichkeit, wenn sie Opfer einer Cyber-Attacke geworden sind. Hier setzt auch das IT-Sicherheitsgesetz ein.

Das IT-Sicherheitsgesetz ist ein wichtiger Baustein zur Umsetzung der Digitalen Agenda.[51] In dem Gesetz werden Anforderungen an die IT-Sicherheit von Betreibern sogenannter „kritischer Infrastrukturen", die für das Funkti-

---

49 *Germis/Heeg* (2015), S. 17.
50 *Bundesamt für Sicherheit in der Informationstechnik* (2014), S. 16.
51 Vgl. *Knop* (2015), S. 22.

onieren des Gemeinwesens von zentraler Bedeutung sind, aufgestellt. Das sind die Teile der Netze, die für das Gemeinwesen von zentraler Bedeutung sind, wie die Energie-, Wasser- und Geldversorgung, der Verkehr, die Gesundheitsversorgung und viele andere Bereiche. Sicherheit bedeutet hier, dass diese Netze verfügbar sind und ohne Störungen betrieben werden können.[52] Deshalb werden die Betreiber solcher kritischen Infrastrukturen verpflichtet werden, Mindeststandards an IT-Sicherheit einzuhalten und erhebliche IT-Sicherheitsvorfälle an das Bundesamt für Sicherheit in der Informationstechnik zu melden. Diese Informationen werden ausgewertet und anschließend anderen Betreibern kritischer Infrastrukturen zur Verfügung gestellt, damit diese Abwehrmaßnahmen treffen können.

Zum anderen werden Maßnahmen getroffen, damit auch andere IT-Systeme sicherer werden. So verpflichten die Betreiber von Webseiten etwa von Onlineshops ihre IT-Systeme durch wirksame und zeitgemäße Vorkehrungen vor dem unerlaubten Zugriff zu schützen. So wird verhindert, dass über unzureichend geschützte Webserver Viren, Trojaner und andere Schadprogramme verbreitet werden. Telekommunikationsunternehmen werden verpflichtet, ihre Kunden zu warnen, wenn sie bemerken, dass deren Anschluss für Angriffe missbraucht wird.

Diese sollen künftig Sicherheitsvorfälle an das Bundesamt für Sicherheit in der Informationstechnik (BSI) melden, das die Einrichtungen im Gegenzug nach Auswertung der Daten bei der Verbesserung des Schutzes ihrer Infrastrukturen unterstützt. Ebenfalls sollen Telekommunikationsanbieter verpflichtet werden, entsprechende Sicherheitsvorkehrungen zu gewährleisten, Sicherheitsvorfälle an das BSI zu melden und betroffene Nutzer zu informieren. Darüber hinaus soll das Bundeskriminalamt im Bereich Cyberkriminalität angesichts der zunehmenden Zahl von IT-Angriffen gegen Bundeseinrichtungen und gegen bundesweite kritische Infrastrukturen in seinen Rechten gestärkt werden. Dies wird aber nur ein erster Schritt sein, den der Gesetzgeber in Zukunft beschreiten wird.

Aus kriminologischer Sicht ist festzustellen, dass die Verletzung der Privatsphäre im Netz heute gravierende Auswirkungen hat.[53] Die Veröffentlichung von privaten Fotos oder von wertvollen Firmengeheimnissen ist in

---

52 BT-Drucks. 18/4096 vom 25.02.2015.
53 Vgl. *Dannecker* (1996), S. 1287, oder *Klar* (2013), S. 103.

der Regel nie wieder rückgängig zu machen.[54] Die Schädigung findet andauernd mit gravierenden Folgeschäden weiter statt. Die klassischen Ermittlungsansätze des Straf- und Strafprozessrecht, die traditionell auf die Erfassung von Täter-Opfer-Beziehungen gerichtete sind, greifen im Netz ohne weiteres nicht mehr.[55] Von daher braucht es hier dringend neue kriminologische Ansätze und mehr Forschung. Ganz unabhängig, von wem Cyber-Angriffe ausgehen, muss sich die Kriminologie mit den Ursachen, Zusammenhängen und Präventionsmöglichkeiten von Straftaten, die im virtuellen Raum verübt werden beschäftigen. Dabei geht es nicht nur um klassische Computerforensik, also die Sicherung von digitalen Spuren auf Computersystemen, sondern um das Erkennen von Zusammenhängen zur Verbesserung des Schutzes unserer Daten. Die Empfehlungen und Schlussfolgerungen des NSA-Untersuchungsausschusses können so auch zur Anreicherung der Diskussionen in der Kriminologie beitragen und sollten dies auch.

6. Schlussfolgerungen

Die Arbeit des Untersuchungsausschusses ist komplex und wird voraussichtlich noch bis Ende 2016 oder Anfang 2017 dauern. Zum Schluss wird ein Abschlussbericht erstellt, der die Ergebnisse der Untersuchungsausschussarbeit formuliert und Handlungsempfehlungen ausspricht, wie mehr Datensicherheit erreicht werden kann. Diese Empfehlungen werden sich größtenteils an den Gesetzgeber wenden, aber auch an Bürgerinnen und Bürger und die deutsche Wirtschaft. Mit den gewonnenen Erkenntnissen soll die Gesellschaft zukünftig sicherer gestaltet werden ohne dabei die Freiheit des Menschen einzuschränken. Dies alles muss der NSA-Untersuchungsausschuss in einem Umfeld ermitteln, das keinen abgeschlossenen Untersuchungskomplex darstellt, wie bei anderen Untersuchungsausschüssen. Die Arbeit der Nachrichtendienste findet täglich weiter statt und vor dem Hintergrund der aktuellen Bedrohungslagen wird ihre Kontrolle nicht einfacher. Auch wenn man davon ausgeht, dass nachrichtendienstliche Zusammenarbeit notwendig ist und dies auch die digitale Kommunikation einschließen muss, dann muss sie gleichwohl demokratisch legitimiert und kontrolliert sein. Sie muss in gesetzlichen Rahmen erfolgen und die Verhältnismäßigkeit von geschützten Rechtgütern und der Intensität der Ein-

---

54 Zum Recht auf Vergessen vgl. *Leutheusser-Schnarrenberger* (2015), S. 586 ff.; *Nolte* (2011), S. 236 ff.; *Sofiotis* (2015), S. 48 ff.
55 Vgl. *Brodowski/Freiling* (2011), S. 63 ff.

griffe wahren. Nach den Entscheidungen des Bundesverfassungsgerichts[56] und des Europäischen Gerichtshofs[57] zur Vorratsdatenspeicherung wird auch der NSA-Untersuchungsausschuss diese Fragestellungen mit Blick auf nachrichtendienstliche Tätigkeit zu beantworten haben. Insbesondere die Entscheidung des EuGH zum Save-Harbor-Abkommen vom 06. Oktober 2015 geht Hand in Hand mit Prüfungen des Untersuchungsausschusses und wird weitere Prüfungen nach sich ziehen.[58]

Schon nach rund einem Jahr der Arbeit des NSA-Untersuchungsausschusses gab es zu einzelnen Bereichen der nachrichtendienstlichen Kontrolle Reformvorschläge. So hat die SPD-Fraktion im Deutschen Bundestag im Juni 2015 Vorschläge für eine BND-Reform gemacht. Hierzu gehören:

– Gesetzliche Grenzen bei der Fernmeldeaufklärung durch den BND
– Schließung gesetzlichen Regelungslücken
– Verbesserung der Kontrolle durch die G10-Kommission
– Gesetzliches Verbot von Wirtschaftsspionage durch Nachrichtendienste, besonderer Schutz von EU-Bürgern und das Verbot eines systematischen „Ringtauschs" nachrichtendienstlicher Erkenntnisse
– Sicherstellung, dass auch bei der Überwachung ausländischer Telekommunikation deutsches Recht und deutsche Interessen nicht verletzt werden

Auch der Deutsche Anwaltsverein hat in seiner Stellungnahme auf verschiedene Punkt hingewiesen, die aus seiner Sicht reformbedürftig sind:[59]

– Sicherheitsrechliche Eingriffsgesetze sollen insgesamt zeitlich befristen
– Das G-10 Gesetz solle sich auch auf Ausland-Ausland Kommunikation erstrecken
– Auch in nachrichtendienstlichen Gesetzen soll es keine Generalklauseln mehr geben, sondern Standardmaßnahmen, wie im Polizeirecht

---

56 *BVerfGE* 125, 260 ff.
57 *EuGH*, 08.04.2014, Az. C – 293 / 12, C – 594 / 12.
58 *EuGH*, 06.10.2015 – C-362/14.
59 Stellungnahme des Deutschen Anwaltvereins Nr. 47/15 zum Reformbedarf bei den deutschen Nachrichtendiensten vom 16. September 2015.

- Mehr Personal für G10-Kommission und Parlamentarisches Kontrollgremium
- Die informellen Formen nachrichtendienstlicher Zusammenarbeit (GTAZ, GAR, GETZ) sollen gesetzliche Grundlagen erhalten.
- Schaffung eines „Anwaltes der Betroffenen" als unabhängige Behörde
- Das Anwaltsgeheimnis gem. §3 b G 10 sei zu reformieren

Zurzeit wird parallel zu den Sitzungen schon zwischen den Fraktionen CDU/CSU und SPD an Vorschlägen zur Überarbeitung des BND-Gesetzes gearbeitet. Der Entwurf eines neuen Verfassungsschutzgesetzes wird derzeit im Bundestag debattiert. Der NSA-Untersuchungsausschuss führt damit zum einen zu einer grundsätzlichen gesellschaftlichen Debatte über den Umgang mit Daten. Zum anderen hinterfragt er das Verhältnis von Schutz und Privatheit auf der einen Seite zu notwendigen Eingriffen durch den Staat oder andere Dritte auf der anderen Seite. Der Abschlussbericht wird zeigen, ob seine Vorschläge hierzu einen wesentlichen Beitrag leisten. Die Kriminologie sollte diesen Prozess aktiv begleiten und die nötigen Ableitungen daraus ziehen.

Literatur

Arndt, C. (1993): 25 Jahre Post- und Telefonkontrolle. Die G10-Kommission des Deutschen Bundestages. *ZParl 24* (4), S. 621–634.
Bachmann, M./Shahd, M./Grimm, F. (2015): Aufgetretene Schäden. Studienbericht, Bitkom, Berlin.
Bogandy, A. von/Rau, M. (2012): The Lotus. In: Wolfrum, R. (Hg.): Max Planck Encyclopedia of Public International Law (MPEPIL). Bd. 6.Oxford: Oxford University Press, S. 946 – 950.
Brodowski, D./Freiling, F. (2011): Cyberkriminalität, Computerstrafrecht und die digitale Schattenwirtschaft. Schriftenreihe Sicherheit Nr. 4, Freie Universität Berlin.
Bundesamt für Sicherheit in der Informationstechnik (2014): Die Lage der IT-Sicherheit in Deutschland. Berlin.
Brocker, L. (2011): Einleitung. In: Glauben, P./Brocker, L. (Hg.): PUAG. Kommentar zum Gesetz zur Regelung des Rechts der Untersuchungsausschüsse des Deutschen Bundestages. Köln: Carl Heymanns Verlag, S. 1–11.
Caspari,L. (2014): Überwachung. Wir können die NSA „totrüsten". Zeit Online vom 26. Juni 2014.
Clarke, R./Morell, M./Stone, G./Sunstein, C./Swire, P (2014): The NSA Report. Liberty and Security in a changing World. Princeton: Princeton University Press.

Cremer, W. (2014): § 278 Organisationen zum Schutz von Staat und Verfassung. In: Isensee, J./Kirchhof, P (Hg.): Handbuch des Staatsrechts der Bundesrepublik Deutschland. Bd. 12. Heidelberg: C. F. Müller, S. 879–905.
Dannecker, G. (1996): Neuere Entwicklungen im Bereich der Computerkriminalität: Aktuelle Erscheinungsformen und Anforderungen an eine effektive Bekämpfung. *BB 51* (25), S. 1285–1294.
Deiseroth, D. (2015): Alles legal? Zu den rechtlichen Befugnissen und Grenzen der US-Nachrichtendienste in Deutschland. *DVBl 130* (4), 197–204.
Denkler, T. (2015a): G10-Kommission bremst BND aus. Süddeutsche Zeitung vom 04. Juni 2015, S. 4 ff.
Denkler, T. (2015b): Schaar nimmt BND-Rechtsauffassung auseinander. Süddeutsche Zeitung vom 16. Januar 2015, S. 1.
Dietrich, J.-H. (2014): Reform der parlamentarischen Kontrolle der Nachrichtendienste als rechtsstaatliches Gebot und sicherheitspolitische Notwendigkeit. *ZRP 47* (7), S. 205–208.
Dix, A. (2014): Rechtspolitische und technische Maßnahmen für einen effektiven Datenschutz. vorgänge, 206/207 (2), S.66–72.
Engels, D. (1989): Parlamentarische Untersuchungsausschüsse: Grundlagen und Praxis im Deutschen Bundestag. Heidelberg: D&M.
Germis, C./Heeg, T. (2015): Industrie macht IT-Sicherheit zum Topthema, F.A.Z. vom 18. September 2015, S. 17.
Glauben, P. (2003): Parlamentarisches Untersuchungsrecht als „schärfstes Schwert". *DRIZ*, S. 161–163.
Görgen, T./Schneider, H./Stock, J. (2009): Festschrift für Arthur Kreuzer zum 70. Geburtstag. Frankfurt: Verlag für Polizeiwissenschaften.
Greenwald, G. (2014): Die globale Überwachung. Der Fall Snowden, die amerikanischen Geheimdienste und die Folgen. München: Droemer.
Heller, C. (2011): Post-Privacy: Prima leben ohne Privatsphäre. München: C. H.Beck Verlag.
Hoffmann, C./Luch, A./Schulz, S./Borchers, K. (2015): Die digitale Dimension der Grundrechte. Baden-Baden: Nomos.
Huber, B. (2014): Die Fernmeldeaufklärung des Bundesnachrichtendienstes – Rechtsgrundlagen und bestehende Regelungsdefizite, vorgänge 53 (2/3), 42–50.
Kaumanns, R./Siegenheim, V. (2012): Appel. Google. Facebook. Amazon. Strategien und Geschäftsmodelle einfach auf den Punkt gebracht. Landesanstalt für Medien Nordrhein-Westfalen, Düsseldorf.
Kipker, D-K./Voskamp, F. (2014): PRISM und staatliche Schutzpflichten – ein politisches Märchen? *RDV 30* (2), S. 84–87.
Klar, M. (2013): Privatsphäre und Datenschutz in Zeiten technischen und legislativen Umbruchs. DÖV 66 (3), S. 103–113.
Knop, C. (2015): Die Digitale Agenda kommt nur langsam voran. F.A.Z. vom 21.08.2015, S. 22.
Lampe, J. (2015): Die Schwierigkeiten mit der Rechtfertigung nachrichtendienstlicher Tätigkeit. NStZ 35 (7), S. 361–372.
Leutheusser-Schnarrenberger, S. (2015): Vom Vergessen und Erinnern: ein Jahr nach der Entscheidung des Gerichtshofs der Europäischen Union (EuGH). *DuD 39* (9), S. 586–588.

Lüders, S. (2014): Deutsche Rechtspositionen zur Überwachungsaffäre, *vorgänge 53* (2/3) S. 7–22.
Mascolo, G./Leyendecker, H. (2014): Codewort Eikonal. Süddeutsche Zeitung vom 04. Oktober 2014, S. 6.
Ministerium für Inneres und kommunales des Landes Nordrhein-Westfalen (2014): Verfassungsschutzbericht des Landes Nordrhein-Westfalen über das Jahr 2013. Düsseldorf.
Nolte, N. (2011): Zum Recht auf Vergessen im Internet. ZRP, S. 236–240.
Papier, H.-J. (2014): Gutachtliche Stellungnahme Beweisbeschluss SV-2 des ersten Untersuchungsausschusses des Deutschen Bundestages der 18. Wahlperiode. München.
Pientka, M./Wolf, N. (2015): Kriminalwissenschaften I, 2. Aufl. München: C.H. Beck.
Rieckmann, J./Kraus, M. (2015): Tatort Internet: Kriminalität verursacht Bürgern Schäden in Milliardenhöhen. DIW Wochenbericht vom 23. März 2015, 12, S. 295–301.
Rosenbach, M./Stark, H. (2014): Der NSA Komplex. Edward Snowden und der Weg in die totale Überwachung. München: DVA.
Schaar, P. (2014): Überwachung total: Wie wir in Zukunft unsere Daten schützen. Berlin: Aufbau Verlag.
Schreyer, P. (2014): Snowden und der Wandel in den deutschen Medien. In: Deiseroth, D./Falter,A. (Hg.): Whistleblower in der Sicherheitspolitik – Whistleblowers in Security Politics. Berlin: Berliner Wissenschafts-Verlag, S. 157–161.
Sensburg, P. (2015a): Geheimdienste – Grund zur Sorge oder notwendig für den Rechtsstaat? Hirschberg 68 (7), S. 448–451.
Sensburg, P. (2015b): Die Kontrolle der Geheimdienste. In: Arnim, H.-H. von (Hg.): Transparenz contra Geheimhaltung in Staat, Verwaltung und Wirtschaft. Berlin: Duncker & Humblot, S. 35–43.
Sensburg, P. (2015c): Europäische Union versus Google: Welche Chancen bietet das Verfahren? EuZW, S. 369–408.
Sensburg, P. (2007): Der Schutz vor Angriffen auf Informationssysteme als weiterer Schritt zum europäischen Strafrecht. Kriminalistik 61 (10), S. 607–609.
Simmel, G. (1980): Soziologie. Untersuchungen über die Formen der Vergesellschaftung. Berlin: Nexx Verlag.
Sofiotis, I. (2015): Das Recht auf Vergessen im Spannungsfeld von Datenschutz und Informationsfreiheit. VR, S. 48–89.
Spitzer, P. (2011): Die Nachrichtendienste Deutschlands und die Geheimdienste Russlands im Vergleich. Berlin: Lit Verlag.
Deutscher Anwaltverein (2015): Stellungnahme des Deutschen Anwaltvereins durch die Taskforce „Reformbedarf Nachrichtendienste" zur Reform der Nachrichtendienste. Berlin.
Sulzbacher, M. (2014): Hinweise auf NSA-Aktivitäten in österreichischen Netzen. Der Standard vom 17. September 2014, S. 12.
Talmon, S. (2014): Sachverständigengutachten gemäß Beweisbeschluss SV-4 des 1. Untersuchungsausschusses des Deutschen Bundestages der 18. Wahlperiode. Universität Bonn, Bonn.
Teubner, P. (2009): Untersuchungs- und Eingriffsrechte privatgerichteter Untersuchungsausschüsse. Zum Verhältnis von Strafprozess und PUAG. Berlin: De Gruyter Recht.
Waidner, M. (2014): Stellungnahme zur Anhörung des NSA-Untersuchungsausschusses am 26. Juni 2014. Technische Universität Darmstadt, Darmstadt.

Wetzling, T. (2014): Das Geheimnis der Geheimdienstkontrolle. Blätter für deutsche und internationale Politik 59 (2), S. 57–62.

Ziercke, J. (2009): Tatort Internet: Auf dem Weg zu einer Kriminalität der digitalen Welt. In: Görgen, T./Hoffmann-Holland, K./Stock, J. (Hg.): Interdisziplinäre Kriminologie, Festschrift für Arthur Kreuzer zum 70. Geburtstag. Frankfurt a.M.: Verlag für Polizeiwissenschaft.

II. Panelreferate

Von der Täterkriminalität zur Systemkriminalität, von der Täterkriminologie zur Systemkriminologie – Ein Anstoß

Klaus Sessar

Gliederung

1. Vorbemerkung
2. Verbrechen und Konformität: Zur Entdeckung des Gegenteils
3. Täterkriminalität und Täterkriminologie
4. Systemkriminalität und Systemkriminologie
5. Conventionalization
6. Die Banalität des Bösen
7. Situation, Kontext, System
8. Vorläufiges Resümee

1. Vorbemerkung

Im Zusammenhang mit der „Systemkriminalität" im Thema wird der *Genozid* im Mittelpunkt stehen. Freilich soll es nicht darum gehen, ihn (endlich) kriminologietauglich zu machen, vielmehr soll zunächst über einen Aspekt hieraus nachgedacht werden, wie es dazu kommt, dass ganz gewöhnliche, wenn man so will: brave Bürger dazu gebracht werden können, sich aktiv an einem Völkermord zu beteiligen und danach ihr gewohntes Leben weiterzuführen. Möglicherweise wird durch Erkenntnisse hierüber die traditionelle Täterkriminologie in Teilen infrage gestellt, wenn nicht auf den Kopf gestellt werden.

Der Begriff „Systemkriminalität" knüpft an den Gesellschaftsentwurf des französischen Soziologen *Emile Durkheim* an, der ganz unabhängig von der Verbrechernatur eines Individuums die Gesellschaft als ein „umgrenztes System" ansah, „das sein eigenes Leben hat";[1] das Verbrechen sah er als ihren integrierenden Bestandteil an, das „unwiderleglicher alle Symptome der Normalität aufweise"[2].

---

1 *Durkheim* (1992), S. 128-129.
2 *Durkheim* (1984), S. 157-159.

Normalität bedeutet dann, dass das Verbrechen zu den negativen Bedingungen gehört, die komplementär zu den positiven Bedingungen eine Gesellschaft zusammenhalten und voranbringen helfen. Das Verbrechen ist dann stets präsent, freilich ruft es auch die Gegenkräfte auf den Plan, um es letztlich, mehr schlecht als recht, zu kontrollieren.

2. Verbrechen und Konformität: Zur Entdeckung des Gegenteils[3]

Das Verbrechen entsteht durch soziale Entscheidungen politischer, rechtlicher oder wissenschaftlicher Art. Ein Verbrechen als solches gibt es nicht, außer in der Religion, dort heißt es Sünde (sogar Erbsünde). Daher kann man von ihm nur sprechen, wenn, und sei es latent, mitentschieden wird, was das Verbrechen *nicht* ist. Durch diese Konstruktion werden Verbrechen und Nichtverbrechen in einen analytisch nutzbaren Zusammenhang gebracht: sie stehen untereinander in einer Weise in Verbindung, dass sie die Plätze tauschen können. Dies hat der französische Philosoph *Blaise Pascal* wie folgt auf den Punkt gebracht: „Diebstahl, Blutschande, Kinder- und Vatermord, alles hat schon zu den tugendhaften Handlungen gehört".[4]

Die Belegung einer Handlung, eines Zustandes oder einer gesellschaftlichen Entwicklung bspw. mit einem Negativwert (böse, unmoralisch, ungerecht) hat hiernach einen positiven Gegenwert (gut, moralisch, gerecht), wodurch der eine Wert dem anderen erst seinen Inhalt gibt. *Niklas Luhmann* spricht hier von einer Form, „die als Beobachtungsschema nur verwendet werden kann, …, wenn man sie als zwei Seiten praktiziert". Offenbar ist außerhalb des Bereichs ewiger Wahrheiten (die nicht beobachtet werden können) nichts davon ausgenommen, denn „auf jede Lebenssituation kann die Unterscheidung von gut und böse angewandt werden".[5] Daher können wir selbst nicht unbedingt damit rechnen, uns stets auf der Seite des Guten wiederzufinden, wie umgekehrt ja auch der Psychopath nicht durch und durch böse ist: einige seiner wesentlichen ihm nachgesagten Eigenschaften taugen *im Gegenteil* dazu, aus ihm einen guten Chirurgen oder Anwalt (oder, wer weiß, Professor) zu machen.[6]

---

3 Hierzu auch *Sessar* (2012), S. 21-26.
4 *Pascal* (1997), S. 256.
5 *Luhmann* (2008), S. 184-185.
6 *Dutton* (2013), S. 230-231.

Freilich lässt sich nicht immer umgehen, eine Sprache zu verwenden, die uns das Verbrechen und seine Erscheinungen als vordefinierte Realitäten vorgaukelt (oder wie *Friedrich Nietzsche* einmal formulierte: ein langes und hartnäckiges Scheinen führt irgendwann zum Sein).

3. Täterkriminalität und Täterkriminologie

Ungeachtet der, wie man heute vielleicht formulieren würde, kriminalsoziologischen Ansätze *Durkheims* entstand eine alles beherrschende Kriminalbiologie und Kriminalpsychologie. Den kriminologisch relevantesten Anstoß gab bekanntlich *Cesare Lombroso* mit seiner phantasiereichen Beschreibung des *uomo delinquente*, der von der Natur zum Verbrechen bestimmt sei, was man ihm buchstäblich ansehen könne (eine frühe Form von Gesichtserkennung, die inzwischen verfeinert und als bildgebende Verfahren nach innen verlegt wurde). Sehr schnell setzte ein Run ein auf den realen oder potentiellen oder vermeintlichen gefährlichen Täter, dissozialen Täter, Gewohnheitstäter, chronic offender, Unverbesserlichen, Psychopathen. Zweifellos hat er inzwischen das meiste von seinen Schrecken verloren, zumal smarte Banker und Manager dazugekommen sind. Aber nicht nur in der öffentlichen Meinung und den Medien, sondern auch in der Kriminologie ist er der andere, von uns Unterschiedene geblieben, den man mit großem forscherischen Aufwand einkreist, um herauszufinden, was ihn anders macht.

Also irrt er (seltener sie) bis heute in Wolken von Kriminalitätstheorien umher, die ihn bezeichnen, erklären und manchmal aussondern wollen; irgendwann werden die allermeisten aber dann doch in unsere bürgerlichen Welten entlassen, weil sie geheiratet, einen Arbeitsplatz gefunden oder das Milieu gewechselt haben oder inzwischen alt geworden sind. Demgegenüber erlaubt *Kriminalität* mit ihren unscharfen Aufnahmekriterien (man denke nur an die Dunkelfeldkriminalität), individuelle Besonderheiten zu vernachlässigen; dadurch können immer mehr - vielleicht, vielleicht auch nicht - straffällig gewordene Individuen mit ihren ganz gewöhnlichen Eigenschaften und Erfahrungen aufgenommen werden. Über jährlich 2 Millionen polizeilich registrierte Tatverdächtige, von den unbekannt bleibenden möglichen Tätern ganz zu schweigen, und rund 750.000 Verurteilte (2013) haben keinen solchen schlechten Charakter, der sie von den Gesetzestreuen (uns) unterscheidet; oder die Gesetzestreuen (wir) haben einen ebensolchen schlechten Charakter. Dadurch löst sich der Begriff aber auf, und das soll er auch.

Täterkriminologie befasst sich ganz überwiegend mit jungen Menschen. Empirisch fundierte Studien zu erwachsenen Straftätern gibt es, aber nur selten. Die bekanntlich bedeutsamste, schon früh herausgearbeitete und unverändert gültige Erkenntnis lautet, dass die meisten Jugendlichen Allerweltsdelikte begehen, selten erwischt werden und oft von allein, das heißt, ohne strafrechtliche Interventionen, wieder aufhören (oder aber, werden sie erwischt, wegen solcher Interventionen manchmal nicht aufhören); einige von ihnen zählen zu dem verbleibenden kleinen Kreis von Mehrfachauffälligen, die manchmal auch in harter Sprache *Karrieretäter* genannt werden und mit zunehmendem Alter ins Erwachsenenfach überwechseln dürften. Diese Befunde haben mich in den 80er Jahren dazu veranlasst, die These von der „Trias aus Ubiquität, Nichtregistrierung und Spontanbewährung" aufzustellen, die inzwischen von *Klaus Boers* zur „Trias aus Ubiquität, Spontanbewährung und Intensität" verbessert wurde.[7] Die geeignetste Methode, hinter solche Zusammenhänge und Entwicklungen zu kommen, ist die Untersuchung der gleichen Probanden im Längsschnitt. Ganz im *Durkheim*'schen Sinne ist eine solcherart ermittelte Jugenddelinquenz oder Jugendkriminalität *normal*, also (schmerzlich) dazugehörend.

Der nächste Schritt ist, und er betrifft das gewählte Thema, kriminellen Strukturen (in) einer Gesellschaft selbst nachzugehen.

4. Systemkriminalität und Systemkriminologie

Es geht um solche Verbrechen, die typischerweise, nicht notwendigerweise, von *sozialen Systemen* und ihren Organisationen ausgehen und sich in konkreten Situationen und Kontexten aktualisieren. Beispiele sind historisch die Verfolgung von Ungläubigen durch das System *Religion*, Menschenversuche durch die *Medizin*, Ausbeutung und Korruption durch die *Ökonomie*, Doping durch den *Sport*, Verhaltenssteuerung durch die *Wissenschaft*, Massaker durch das *Militär*, Völkermord durch den *Staat*. Sicher sind Verbrechen dieser Art ohne eine Elite von Macht(in)habern nicht denkbar, sie sind aber auch ohne Mittäter, im Fall des Genozids ohne ein Heer von Mittätern, nicht denkbar.

Nur dieses letzte Beispiel soll herausgegriffen werden. Mit ihm soll demonstriert werden, wie Individuen, die kaum einer Fliege etwas zuleide tun könnten, in spezifischen Kontexten nach längerer Zeit der Indoktrinierung und

---

7 *Sessar* (1984); *Boers* (2009), S. 41.

kurzer Zeit der Einübung schwerste Verbrechen begehen können, und dies mit wachsender Routine.

Hierin liegt nun die Grundunterscheidung zur traditionellen Täterkriminologie. Sie lebt vom Anderssein des Anderen. Wenn nun aber der Andere man selbst ist, wenn, und das hat das Gleichnis vom schlechten Charakter ja sagen wollen, fast jeder zum Täter werden kann, dann liegt es nahe, nach Bedingungen zu suchen, die mit ihm persönlich nichts zu tun haben. Zu denken ist an eine *Kriminologie kriminogener Situationen und Kontexte*,[8] und nun auch *Systeme*, freilich nicht schon wieder in Verbindung mit individuellen Merkmalen wie fehlender Selbstkontrolle, kriminellen Neigungen oder unrechten Moralvorstellungen wie bspw. in der *Situational Action Theory*,[9] sondern als selbstständiger Entwurf.

Unser Thema ist *Systemgewalt*. Wir bekommen es mit einem *Diskrepanzproblem* zu tun, mit der Diskrepanz zwischen dem Untersuchungsobjekt und dem darauf bezogenen Theorieaufwand. Wir versuchen, täglich passierende Gewaltdelikte (Tötungen, Vergewaltigungen, Raub, Überfälle, usw.) mit unseren Kriminalitätstheorien und Forschungen zu verstehen und mit unseren Kontrolltheorien und Präventionsprogrammen zu binden; wir übersehen dabei die relativ geringe Bedeutung und Reichweite solcher Delikte, jedenfalls gemessen an staatlich inszenierten Großverbrechen an eigenen oder an anderen Bevölkerungsgruppen, das sind vor allem Massaker und Völkermord. Man spricht in diesem Zusammenhang auch von *Staatsverbrechen*, ein unscharfer Begriff, (der auch, siehe Guantanamo, die staatlich angeordnete Folter einschließt), auf den hier verzichtet werden soll.

Hauptakteure derartiger Großverbrechen sind am Anfang oft einige wenige Figuren, die durch eine Revolution, einen Aufstand oder Militärputsch oder ganz legal durch Wahlen an die Macht gekommen sind. Oft getrieben von der Vision einer besseren, perfekten Welt,[10] wozu gehört, zuvor die alten Welten und ihre Träger beseitigen zu müssen, errichten sie, was *Hannah Arendt* als totalitäre Herrschaft untersuchte, die sich in dem zeige, „was man gemeinhin als die Verbrechen dieser Systeme bezeichnet".[11] Deren Elemente sind neben Versklavung und Vertreibung typischerweise die Vernichtung, mit dem besonderen Merkmal der *Ausrottung* aus politischen, ethnischen,

---

8 *Sessar* (1997), S. 5.
9 *Wikström* (2015), S. 180. Insofern weiterführend die Priorisierung situativer, systemischer und sozialstruktureller Variablen durch *Fabricius* (2015), S. 132.
10 *Bauman* (1994), S. 106.
11 *Arendt* (1958), S. 255.

ökonomischen oder religiösen Gründen: Man erschießt, erschlägt, hängt, vergast, köpft, lässt verhungern und erfrieren, schickt auf Todesmärsche, wirft aus Flugzeugen, lässt zu Tode arbeiten. Oft ist der Massenmord garniert von Folter, Verstümmelung und Vergewaltigung. All dies ist Material für eine Kriminologie auf der Makro-Ebene.

5. Conventionalization

Aus der Geschichte der Strafe wissen wir, dass Delikte wie Betrug oder illegale Geschäftspraktiken aus der allgemeinen Gerichtsbarkeit herausgenommen werden konnten und dann eine eigene Rechtsprechung mit weniger belastenden Sanktionen (Abfindungen, Geldstrafen) bekamen.[12] Wiederkehrende Beispiele betreffen die Umdefinition strafbarer Handlungen zu konstruktiven Handlungen, so dass es dann heißen kann, sie hätten dem Gemeinwohl (z. B. seiner Sicherheit) gedient; oder es hätte die Ehre des Militärs auf dem Spiel gestanden; oder es hätte sich um Diplomatie gehandelt, die dem strafrechtlichen Zugriff zu entziehen war. Oder es wird so getan, als ob ein Verbrechen, das nach dem Völkerstrafrecht eines ist, keines ist (in diesem Zusammenhang wird auch die Bombardierung von Hamburg, Dresden und Tokyo genannt). Für solche Umkehrungen wurde der Begriff der „conventionalization" geprägt,[13] der zunächst beibehalten werden soll.

Deren schärfste Formen sind in totalitären Regimes oder fundamentalistischen Bewegungen zu beobachten. Abwägungen, eine Reformulierung von Standpunkten, Kompromisse oder die Umkehrung der Umkehrung gibt es nicht. Die Form mit zwei Seiten, von der die Rede war, wird durch die Verabsolutierung *eines* Wertes ersetzt, der nunmehr als der „einzig wahre" der Bekämpfung aller anderen Optionen und Alternativen dient und geradezu metaphysische Züge annehmen kann. Etwa wurde eine traditionelle Institution wie das Recht vom Nationalsozialismus völkisch begründet: „*das Recht*" wurde als „*unser Recht*" apostrophiert,[14] das keine allgemeinen Garantien und keine Stabilität mehr bieten durfte, da es jede Form politischen Handelns als rechtlich legitimiertes Handeln ermöglichen sollte.

---

12 *Foucault* (1976), S. 111.
13 *Brannigan* (2013), S. 31-35.
14 *Rosenberg* (1934), S. 572.

Die Konsequenz ist, dass das, was üblicherweise Verbrechen genannt wird, zum Produkt einer neuen Form von Konformität[15] werden kann. Es ist daher zu beobachten, dass die Machthaber im Hinblick auf die von ihnen verübten Verbrechen einem positiven Selbstbild folgen, das sie selbst entworfen haben. Denn *systemimmanent* liegen keine Verbrechen oder verbrecherischen Motive vor, da zu den Systemeigenschaften die Deutungshoheit über das eigene Tun gehört. So formulierte *Heinrich Himmler* im Oktober 1943 vor SS-Offizieren in Posen: „... wenn 100 Leichen beisammen liegen, wenn 500 daliegen oder wenn 1000 daliegen. Dies durchgehalten zu haben, und dabei ... anständig geblieben zu sein, das hat uns hart gemacht.". Eine solche Vereinbarkeit von Verbrechen und eigenständiger Moral zeigte sich auch im Umgang mit dem Eigentum der ermordeten Juden; deren „Reichtümer (wurden) selbstverständlich restlos an das Reich abgeführt. Wir haben uns nichts davon genommen. ... Wer sich auch nur eine Mark davon nimmt, der ist des Todes".[16] Hier wurde nicht, wie *Hermann Lübbe* annimmt, „praktische Urteilskraft ... durch hochgradigen Wirklichkeitsverlust korrumpiert", und es wurde auch nicht zynisch die „bürgerliche Verhaltenstugend des Anstands" in Anspruch genommen;[17] vielmehr wurden Wirklichkeit und Anstand mit neuen Inhalten ausgestattet.

6. Die Banalität des Bösen

Der Ausdruck „Banalität des Bösen" wurde von *Hannah Arendt* geprägt, die den Angeklagten *Adolf Eichmann* in dem gegen ihn gerichteten Prozess in Jerusalem beobachtete.[18] Allerdings bedeutete der in der englischen Originalfassung verwendete Begriff „banality" eher „Alltäglichkeit" und meinte damit unauffällige Menschen, welche die Vernichtung der Juden ohne innere Beteiligung auf bürokratische Weise betrieben. Daher passt der Begriff eher auf die Masse der Täter, nicht auf *Eichmann*, wie wir inzwischen wissen.

Das gigantische Ausrottungsprojekt der Nationalsozialisten, das sich gegen die jüdische Bevölkerung, Sinti und Roma, Kommunisten, Homosexuelle, sowjetische Kriegsgefangene, Behinderte u. a. richtete, verlangte einen entsprechend großen Personalaufwand, der schon auf Hunderttausende von Per-

---

15 *Drumbl* (2007), S. 8.
16 *Himmler*, Rede auf der SS-Gruppenführertagung in Posen am 4. Oktober 1943 (Zugriff unter: www.1000dokumente.de/pdf/doc_0008_pos_de.pdf).
17 *Lübbe* (1987), S. 18.
18 *Arendt* (2011).

sonen geschätzt wurde (allein in den Konzentrationslagern wurden zwischen März 1942 und April 1945 zusammengerechnet 45.000 Angehörige der Waffen-SS gezählt[19]). Unter ihnen gab es natürlich auch Menschen mit sadistischen Neigungen und bar jeder Tötungshemmung, die zumal in Einsatzgruppen und Konzentrationslagern willkommene Betätigungsfelder vorfanden. Das bedeutete nun nicht, dass das System seine Rekrutierungen gezielt auf diese Gruppe richtete; ganz im Gegenteil. Solche Personen konnten die feste Organisation des Tötens durch ihre Exzesse (Plünderungen, Folterungen, Tötungsorgien) empfindlich stören und wurden deswegen ggf. disziplinarisch belangt.[20]

Benötigt wurde der ganz gewöhnliche und angepasste Mensch; nur er garantierte die Reibungslosigkeit der Vernichtung. Da es kein auf massenhafte Tötungen abgerichtetes Personal gab, musste jeder damit rechnen, in irgendeiner Form an der Endlösung beteiligt zu werden. Das heißt, „die Vernichtungsmaschinerie (stellte) einen bemerkenswerten Querschnitt der deutschen Bevölkerung dar. Jeder Berufsstand, jeder Ausbildungsgrad und jeder soziale Status war vertreten".[21]

„Ganz normale Männer" heißt dann auch die Untersuchung von *Christopher R. Browning* über ein aus 500 Angehörigen der Ordnungspolizei bestehendes Hamburger Reservebataillon. Dieses bekam den Auftrag, im polnischen Ort Józefów alle Juden (außer arbeitsfähigen Männern) zu erschießen (ca.1.500 Personen). Das Besondere war, dass der Befehlshaber den vor allem älteren Männern die Möglichkeit gab, sich von den Erschießungen fernzuhalten. Davon machten 12 Männer Gebrauch, weitere geschätzte 20 % baten erfolgreich um Entbindung von den Exekutionen entweder kurz vor deren Beginn oder nach den ersten Erschießungen. Niemand von ihnen wurde bestraft. Wenig später hatten sich die Männer an die Erschießungen von Juden gewöhnt und taten, wie ihnen befohlen; insgesamt wurden rund 38.000 Menschen durch dieses eine Bataillon umgebracht.[22]

Hierher gehört dann auch eine weitere Beobachtung. Menschen unterschiedlicher Ethnien oder Religionen leben als Freunde oder Nachbarn miteinander, bis es aus unterschiedlichen Gründen zum Massenmord der einen Volksgruppe an einer anderen Volksgruppe kommt (z. B. 1994 in Ruanda der zahlenmäßig überlegenen und sich überlegen fühlenden Hutu gegenüber

---

19 *Hilberg* (1999), Bd. 2, S. 966.
20 *Hilberg* (1999), Bd. 3, S. 1076-1077.
21 *Hilberg* (1999), Bd. 3, S. 1080.
22 *Browning* (2013), S. 86-104, S. 293.

der Minderheit der Tutsi mit bis zu 1 Mio. Tötungen innerhalb weniger Wochen). Ein Hutu: „Für mich war das Schlimmste an dem Massaker, meinen Nachbarn zu töten; wir haben oft zusammen getrunken, seine Kühe grasten auf meinem Land. Er war wie ein Verwandter für mich".[23]

7. Situation, Kontext, System

Wir mögen allmählich verstanden haben, dass Straftaten von zu vielen Menschen begangen werden, als dass man bei ihnen allen die Eigenschaften unterstellen kann, die zum wissenschaftlichen Arsenal devianter Merkmale gehören. Dennoch: die Beteiligung an einem Völkermord durch den Mann von der Straße oder aus dem Büro fällt dann doch aus unseren gewohnten Vorstellungen von kriminellem Verhalten heraus. Dann aber gilt es, den, wie *Philip Zimbardo*, der Leiter des Stanford Prison Experiments, es formuliert, „rigiden fundamentalen Attributionsfehler" infrage zu stellen, „der die inneren Qualitäten eines Menschen als wichtigste Ursache seines Verhaltens identifiziert".[24] Einen solchen Fehler mag man vermeiden, indem man den Schlüssel für die Begehung solcher Taten außerhalb der Täter sucht, also auch außerhalb der üblichen Anlage-Umwelt-Schemata.

Der Schlüssel liegt vermutlich in den wiederholt zitierten Kontexten. Nochmals *Zimbardo*. Kontexte sind „in einen größeren, makrokosmischen Rahmen eingebettet, häufig in ein bestimmtes Machtsystem, das darauf angelegt ist, sich selbst zu versorgen und zu erhalten. Die üblichen traditionellen Analysen ... rücken den Handelnden als alleinigen kausalen Faktor in den Mittelpunkt; so vernachlässigen oder missachten sie den Einfluss situativer Variablen und systemischer Determinanten, die die Ergebnisse von Verhalten prägen und die Akteure verändern".[25] Daher gehört hierher auch das viel diskutierte *Milgram-Experiment*.[26]

---

23 *Zimbardo* (2008), S. 11.
24 *Zimbardo* (2008), S. 412.
25 *Zimbardo* (2008), S. 412.
26 Dessen thematische Einarbeitung würde den Rahmen des Beitrages sprengen. Kurz gesagt, ging es um die Überprüfung von Gehorsamsbereitschaft durch ein fiktiv arrangiertes Lernexperiment, in dem die Probanden einem (vermeintlichen) Schüler im Falle fortgesetzten Lernversagens mit Hilfe eines Schockgenerators bis zu 450 Volt verabreichen sollten; real gab es diese Stromstöße nicht, was die Probanden aber nicht wussten. Die meisten von ihnen gingen bis zu 450 Volt, und dies allein, „weil das Experiment es verlangt", so insistierend der Versuchsleiter (*Milgram* 2013). Hier also ist der Kontext das wissenschaftliche Umfeld.

In unserem Hauptbeispiel zielen Prägung und Veränderung nicht nur auf das persönliche Verhalten, sondern auf den ganzen Menschen. Mit seinen Allerweltseigenschaften wurde er durch ein alles beherrschendes System in bestimmte Kontexte gestellt, in der er sich an der Endlösung beteiligen sollte und dies dann auch tat. *Das System hatte sich über ihm geschlossen.* Das bedeutet, dass die meisten Individuen ohne das System nie zu den schweren Verbrechen fähig gewesen wären, schließlich haben sie nach dessen Untergang ihr früheres normales Leben weiter geführt.

Die Verwandlung des Citoyen in einen willfährigen Täter verlangte gleichwohl gewisse sozialpsychologische Vorarbeiten. Er musste erst entsprechend zugerichtet werden. Hier müssen ganz wenige und noch sehr unscharfe Überlegungen genügen. Die Massen für die eigenen Ziele willfährig zu machen, aus denen dann die für das Vernichtungsprogramm benötigten Teilmengen zu rekrutieren waren, verlangte ihre Einschwörung auf oder Hingabe an eine charismatische Führerfigur, in unserem Beispiel an *den* Führer („Führer befiehl, wir folgen dir", hieß es damals). Der Leim, mit dem *Hitler* die Massen an sich gebunden hatte, und dem die Massen entsprechend auf den Leim gegangen waren, war die Propagierung eines Wertegefälles zwischen einer hochwertigen arischen Rasse (das sollten wir sein) und den minderwertigen Bevölkerungsgruppen, allen voran den Juden. Ideelle Vorlage waren bestimmte historische Muster, denen zufolge Herrschaft und hoher sozialer Status mit moralischer Überlegenheit gleichgesetzt wurden, die dann wiederum Herrschaft und Status legitimierte - ein sich selbst regelnder und jede Form von Gewalt ermöglichender Kreislauf.

Soweit klingt vieles davon normal, schon weil es nie anders war. Eine besondere Note kam im 19./20. Jahrhundert mit der Eugenik, der Rassenhygiene und der Sozialhygiene hinzu,[27] mit denen die Unterscheidung zwischen der Höher- und der Minderwertigkeit der Menschen biologisch begründet sein sollte. Dem gesellte sich allmählich der Aspekt der Rasse als Weltanschauung hinzu, womit man, sollte dies überhaupt eine Rolle gespielt haben, einer wissenschaftlichen Begründungspflicht aus dem Wege ging. Ob man zwischen Rassenlehre als Naturwissenschaft und Rassenlehre als purer Ideologie (später verbrämt als „Recht auf Differenz"[28]) unterschied,[29] war für die Indoktrination der Massen vielleicht weniger wichtig, wenn sie nur an die Verheißungen der politischen Führung glaubten. Und die waren eben nur zu

---

27 *Kappeler* (2000), S. 133-150, S. 310-325.
28 *Claussen* (1994), S. 18-21.
29 *Weingart/Kroll/Bayertz* (1996), S. 376-377.

haben, wenn man sich der als minderwertig markierten Bevölkerungsgruppen zuvor entledigt hatte. Eine Kriminologie, so verstanden, würde danach die Methoden der Tätergenerierung im Rahmen der autopoietischen Operationen einbeziehen, welche die Vollendung der Systemziele und damit des Systems bewirken sollen.

8. Vorläufiges Resümee

Wendet man derartige Vorstellungen hochmodifizierend auf andere Konstellationen an, von denen einige beispielhaft erwähnt wurden, dann gälte das Interesse weniger dem korrumpierenden Manager, dem gesundheitsschädigenden Wissenschaftler oder dem sich dopenden Radrennfahrer, denn das alles ist so erstaunlich nicht. Kriminologisch interessanter werden stattdessen die jeweils dahinter stehenden Systeme, die dafür sorgen, dass es so weit kommt. Erst der Verzicht auf die individuelle Motivationsebene macht den Weg frei für die Beobachtung der Etablierung und dann Stabilisierung und Fortentwicklung gesellschaftlich relevanter Systeme, im vorliegenden Zusammenhang mit Gewalt- und Vernichtungszielen, die sich im Wege selbstreferentieller Prozesse gegenüber ihrer Umwelt schließen, eine selbstbezügliche Identität (manchmal Weltanschauung) aufbauen, eine eigene Begriffswelt entwickeln und einer Moral folgen, die sie aus ihren Funktionen abgeleitet hatten.[30]

Bringt dies die Kriminologie aus dem Tritt? Verliert sie ihren angestammten Platz in einer Welt, in der sich alles um Täter dreht, um die Probleme, die sie mit sich haben und deshalb anderen bescheren, und um die auf sie angesetzten je nachdem problemverstärkenden oder -mindernden staatlichen Kontrollpraktiken? Genau dies, nämlich die überwiegende Fokussierung auf Personen mit ihrer traditionellen Kriminalität erlebt nun eine Herausforderung durch Personen, die, unabhängig von genetischen Dispositionen, Elternhaus, Peer Groups und Lebensstilen, nämlich unter persönlichkeitsfremden Bedingungen schwerste Verbrechen begehen können. Daher die Vermutung von *Barbara Hudson*: „Understanding crime as part of the routine of ‚normal' persons ... „takes criminology beyond its normal disciplinary boundaries".[31] Demgegenüber *Bruce Hoffman* mit "... expanding the boundaries of criminology to encompass genocide";[32] dem dient dieser Anstoß.

---

30 Dies auf systemtheoretischer Ebene weiterführend *Boers* (2012), S. 260-261.
31 *Hudson* (2007), S. 165.
32 *Hoffman* (2009), S. 19-20.

Doch bleibt eine Gruppe übrig. Es sind diejenigen, die sich besagten Systemanforderungen entziehen oder sich trotz aller Zwänge gegen sie stemmen; lassen wir es beispielhaft 20 % sein. Es sind die neuen Abweicher, weil Abweichler, Widerständler und Rettungswiderständler. Das gewohnte Forschungsinteresse mag sich in sein Gegenteil wenden und zur Frage führen: Welches sind die Merkmale, Motive und Hintergründe einer Person, die sie davon *abhalten*, wie die Tätermehrheit zu handeln und sich ggf. deswegen Ächtung einfangen, wenn nicht Schlimmeres? Moralisches Verhalten statt unmoralischem Verhalten als weiterer Gegenstand der Kriminologie?

Literatur

Arendt, H. (1958): Elemente totalitärer Herrschaft. Frankfurt/Main: Europäische Verlagsanstalt.
Arendt, H. (2011 [1964]): Eichmann in Jerusalem. Ein Bericht von der Banalität des Bösen. München: Piper.
Bauman, Z. (1994): Dialektik der Ordnung. Die Moderne und der Holocaust. 2. Aufl. Hamburg: Europäische Verlagsanstalt.
Boers, K. (2009): Kontinuität und Abbruch persistenter Delinquenz. In: Bindel-Kögel, G./Karliczek, K.-M. (Hg.): Jugendliche Mehrfach- und „Intensivtäter". Entwicklungen, Strategien, Konzepte. Berliner Kriminologische Studien, 8. LIT-Verlag, Berlin, S. 41-86.
Boers, K. (2012): Kriminologische Forschung und Systemtheorie. In: Boers, K. (Hg.): Kriminologische Perspektiven. Wissenschaftliches Symposium zum 70. Geburtstag von Klaus Sessar. Münster : Waxmann, S. 251-285.
Brannigan, A. (2013): Beyond the Banality of Evil. Criminology and Genocide. Oxford: Oxford University Press.
Browning, Ch. (2013 [1998]): Ganz normale Männer. Das Reserve-Polizeibataillon 101 und die „Endlösung" in Polen. Reinbek bei Hamburg: Rowohlt.
Claussen, D. (1994): Was heißt Rassismus? Darmstadt: Wissenschaftliche Buchgesellschaft.
Drumbl, M.-A. (2007): Atrocity, Punishment, and International Law. Cambridge: Cambridge University Press.
Durkheim, E. (1984 [1895]): Die Regeln der soziologischen Methode. Frankfurt/Main: Suhrkamp.
Durkheim, E. (1992 [1893]): Über soziale Arbeitsteilung. Studie über die Organisation höherer Gesellschaften. Frankfurt/Main: Suhrkamp.
Dutton, K. (2013): Psychopathen. Was man von Heiligen, Anwälten und Serienmördern lernen kann. München: Deutscher Taschenbuchverlag.
Fabricius, D. (2015): Allgemeine Theorie des Verbrechens? Monatsschrift für Kriminologie und Strafrechtsreform, 98 (2), S. 116-133.
Foucault, M. (1976): Überwachen und Strafen. Die Geburt des Gefängnisses. Frankfurt/Main: Suhrkamp.
Hilberg, R. (1999 [1961]): Die Vernichtung der europäischen Juden. 3 Bde. Frankfurt/Main: Fischer Taschenbuchverlag.
Hoffman, B. (2009): Mobilizing criminology. The boundaries of criminological science and the politics of genocide. Theoretical Criminology, 13 (4), S. 481-485.

Hudson, B. (2007): Diversity, Crime, and Criminal Justice. In: Maguire, M./Morgan, R./Reiner, R. (Hg.): The Oxford Handbook of Criminology. 4. Aufl. Oxford: Oxford University Press, S. 158-175.
Kappeler, M. (2000): Der schreckliche Traum vom vollkommenen Menschen. Rassenhygiene und Eugenik in der Sozialen Arbeit. Marburg: Schüren.
Lübbe, H. (1987): Politischer Moralismus. Der Triumph der Gesinnung über die Urteilskraft. Berlin: Wolf Jobst Siedler Verlag.
Luhmann, N. (2008): Die Moral der Gesellschaft. Frankfurt/Main: Suhrkamp.
Milgram, S. (2013 [1974]): Das Milgram-Experiment. Zur Gehorsamsbereitschaft gegenüber Autorität. 18. Aufl. Reinbek bei Hamburg: Rowohlt.
Pascal, B. (1997 [1656-1662]): Gedanken. In: Pascal, ausgewählt und vorgestellt von Eduard Zwierlein. München: Diederichs.
Rosenberg, A. (1934): Der Mythos des 20. Jahrhunderts. Eine Wertung der seelisch-geistigen Gestaltenkämpfe unserer Zeit. 32. Aufl. München: Hoheneichen-Verlag.
Sessar, K. (1984): Jugendstrafrechtliche Konsequenzen aus jugendkriminologischer Forschung: Zur Trias von Ubiquität, Nichtregistrierung und Spontanbewährung im Bereich der Jugendkriminalität. In: Walter, M./Koop, G. (Hg.): Die Einstellung des Strafverfahrens im Jugendrecht. Kriminalpädagogische Praxis (5). Vechta, S. 26-50.
Sessar, K. (1997): Zu einer Kriminologie ohne Täter. Oder auch die kriminogene Tat. Monatsschrift für Kriminologie und Strafrechtsreform, 80 (1), S. 1-24.
Sessar, K. (2012): Die Verwissenschaftlichung der Kriminologie. Und welche Folgen dies für das Strafrecht und andere gesellschaftliche Funktionssysteme - und für die Kriminologie selbst – hat. In: Boers, K. (Hg.): Kriminologische Perspektiven. Wissenschaftliches Symposium zum 70. Geburtstag von Klaus Sessar. Münster: Waxmann, S. 11-32.
Weingart, P./Kroll, J./Bayertz, K. (1996): Rasse, Blut und Gene. Geschichte der Eugenik und Rassenhygiene in Deutschland. Frankfurt/Main: Suhrkamp.
Wikström, P.-O. (2015): Situational Action Theory. In: Hirtenlehner, H./Reinecke, J. (Hg.): Situational Action Theory. Forschungsergebnisse aus den deutschsprachigen und angrenzenden Ländern. Monatsschrift für Kriminologie und Strafrechtsreform, 98 (3), S. 177-186.
Zimbardo, Ph. (2008): Der Luzifer-Effekt. Die Macht der Umstände und die Psychologie des Bösen. Berlin, Heidelberg: Springer-Verlag.

Was sind eigentlich „wirksame, verhältnismäßige und abschreckende" Strafen? Einige Überlegungen zur europäischen Kriminalpolitik und zur Rolle der Kriminologie

Christine Morgenstern

Gliederung

1. Überblick
2. Beispiele kriminologisch relevanter Fragestellungen in der Kriminalpolitik der EU
2.1 Die Trias: Wirksamkeit, Verhältnismäßigkeit und Abschreckung
2.1.1 Vorkommen
2.1.2 Herkunft
2.1.3 Interpretation und Implementation
2.1.4 Kriminologische Aspekte
2.2 Strafverfolgung unter dem Prinzip der gegenseitigen Anerkennung
2.2.1 Der Raum der Freiheit, der Sicherheit und des Rechts
2.2.2 Beispiel: Resozialisierungschancen
3. Zur Forschungslandschaft
4. Ausblick

1. Überblick

Was sind „wirksame, verhältnismäßige und abschreckende" Strafen? Dieser Beitrag wird sich damit befassen, dass es inzwischen eine Reihe von europarechtlichen Normen gibt, die von nationalen Gesetzgebern verlangen, solche Sanktionen vorzuhalten, ohne dass der Normgeber – die *Europäische Union* – die Eingangsfrage wirklich beantworten könnte. Ziel des Beitrags ist es, Charakteristika der Kriminalpolitik und Rechtsanwendung der Europäischen Union im Bereich der strafrechtlichen Sanktionen herauszuarbeiten und zu untersuchen, wie (und ob) sich die kriminologische Forschungslandschaft in diesen und anderen kriminalpolitisch relevanten Fragestellungen entwickelt hat.

2. Beispiele kriminologisch relevanter Fragestellungen in der Kriminalpolitik der EU

2.1 Die Trias: Wirksamkeit, Verhältnismäßigkeit und Abschreckung

2.1.1 Vorkommen

In verschiedenen Rechtsakten der Europäischen Union wird verlangt, dass rechtswidrige Handlungen mit „abschreckenden und effektiven" *Maßnahmen* bekämpft werden. In anderen, z. B. im Rahmenbeschluss (RB) zur Bekämpfung des Drogenhandels, wird gefordert,[1] dass die Mitgliedstaaten *Strafen* vorsehen müssen und dass diese „wirksam, verhältnismäßig und abschreckend" sein und Freiheitsstrafen einschließen müssen. Ähnliche Formulierungen finden sich z. B. für die Schleuserkriminalität, rassistische und fremdenfeindliche Kriminalität und Bestechung im privaten Sektor.[2] Diese Rechtsinstrumente – Richtlinien (RL) oder Rahmenbeschlüsse – müssen von den Mitgliedstaaten in nationales Recht umgesetzt werden. Den Vorgaben gemäß muss ggf. (aber selten) ein neuer Straftatbestand geschaffen werden, häufiger müssen die Strafrahmen angepasst werden. Das geschieht mit einer Regelungstechnik, die Mindesthöhen für die Strafrahmenobergrenze vorschreibt – für bestimmte Formen der Schleuserkriminalität muss der Strafrahmen z. B. bis mindestens acht Jahre Freiheitsstrafe reichen. Echte Mindeststrafenvorgaben gibt es damit nicht.[3]

In den Begründungen für die genannten Instrumente wird die Konformität des Strafrechts mit den Vorgaben der Trias unterstellt und ihr Vorrang gegenüber nichtstrafrechtlichen Regelungen nicht weiter problematisiert. Allenfalls in Anklängen wird auf die Schwere der Rechtsgutsverletzung Bezug genommen (RB Schleuserkriminalität) oder die ins Auge gefassten Tätergruppen werden als „besonders ansprechbar für abschreckende Effekte" bezeichnet (RB zur Bekämpfung von Rassismus und Fremdenfeindlichkeit). Der RB zur Bekämpfung der Betäubungsmittelkriminalität geht ebenfalls davon aus, dass höhere Strafen für wirksameres Recht sorgen; eine Auseinandersetzung mit dem tatsächlichen Strafniveau erfolgt erst viel später in einem Implementationsbericht der Kommission. Auch hier wird aber nicht

---

1 RB 2004/757/JI. Alle Rechtsinstrumente sind unter http://eur-lex.europa.eu/ homepage.html zu finden. Eine wegen ihrer Systematik hilfreiche Seite ist auch http://db.eurocrim.org/db/.
2 RL 2002/90/EG und RB 2002/946/JI; RB 2008/913/JI; 2003/568/JI.
3 *Miklau* (2013).

die Eignung bestimmter Strafen für die Prävention bzw. Abschreckung diskutiert, sondern die tolerante Haltung der Niederländer als reduzierte Verfolgungswahrscheinlichkeit problematisiert.[4]

Für andere Bereiche, z. B. bei Verstößen im Bereich des Wettbewerbsrechts, bleibt es aber bei der Forderung nach „wirksamen, verhältnismäßigen und abschreckenden *Sanktionen*", ohne dass eine spezifisch strafrechtliche Sanktionierung vorgegeben wird – hier scheint die steuernde Funktion auch im nicht-strafrechtlichen Bereich möglich zu sein.[5] Festzuhalten ist aber, dass inzwischen weitaus mehr Kriminalitätsbereiche abgedeckt sind als das Wirtschaftsstrafrecht oder gar nur die Finanzstraftaten zu Lasten der EU selbst. Außerdem ermöglicht es Art. 83 des Vertrags über die Arbeitsweise der Europäischen Union (AEUV), weitere Bereiche der Kriminalität zu erfassen, wenn die Delikte schwer sind und einen grenzüberschreitenden Bezug aufweisen. Entkriminalisierende „Alleingänge" z. B. im Bereich der Betäubungsmittelkriminalität sind jedenfalls nicht mehr möglich.

2.1.2 Herkunft

Lässt nun die explizite Aufnahme der Abschreckungswirkung eine Präferenz für bestimmte kriminalitätsätiologische Vorstellungen erkennen? Betrachtet man die Herkunftsgeschichte der Mindesttrias, wird klar, dass solche Überlegungen keinen Raum hatten, jedenfalls nicht bewusst. Das Kriterium der abschreckenden Wirkung stammt ursprünglich aus dem europäischen Zivilrecht und wird durch eine Beziehung zwischen erlittenem Schaden und Entschädigung erklärt, zur wirksamen Prävention von weiteren Verstößen dürfe der erlittene Schaden nur die Untergrenze des Schadensersatzanspruchs sein. Beispiele stammen aus Rechtsprechung zum Diskriminierungsverbot[6] oder dem Steuerrecht.[7] Schon früh wurde auch die Verknüpfung zwischen wirksamen Kontrollen und wirksamer Prävention verbotener wirtschaftlicher Betätigung betont.[8] In den ersten Entscheidungen mit Bezug zum *Strafrecht* ging es um den Schutz der finanziellen Interessen der Union z. B. vor Subventionsbetrug. Die Leitentscheidung des EuGH[9] beruht auf dem Unvermögen des griechischen Gesetzgebers, Abgabenhinterziehung im grenzüber-

---

4 KOM(2009)669, S. 5.
5 Z. B. für das Fischereirecht Generalanwalt (GA) *Geelhoed,* Schlussantr. v. 05.12.2002 – C304/02, Slg. 2005, I-6263, Rn. 10.
6 EuGH Urt. v. 10.04.1984 – C-14/1983 (von Colson und Kamann), Rn. 24.
7 EuGH Urt. v. 27.11.2003 – C-185/00 (Kommission/Finnland), Rn. 102 ff.
8 Nachweise bei *Micklitz/Rott* (2013), Rn. 719 ff.
9 EuGH Urt. vom 21.09.1989 - C-68/88; vgl. grundlegend z. B. *Hecker* (2012), S. 226 ff.

schreitenden Warenverkehr wirksam zu verfolgen, letztlich also auf fehlenden *Normdurchsetzungsmechanismen*. Hier leitete der EuGH aus dem Loyalitätsprinzip (Art. 4 (3) EUV) aber auch ab, dass Mitgliedstaaten verpflichtet sein können, das *nationale Strafrecht* für die effektive Durchsetzung gemeinschaftsrechtlicher Interessen zu nutzen.

Dabei gibt es für einige der hier genannten Kriminalitätsbereiche durchaus politische Gesamtstrategien, als Beispiel soll nur der aktuelle Aktionsplan der EU gegen Schleuserkriminalität dienen. Hier wird postuliert, dass sie durch die Schaffung sicherer Fluchtwege und schnelle Zurückschiebung[10] an Boden verlieren würde. Letztlich wird aber doch wieder über eine Anhebung der bestehenden Strafrahmenvorgaben nachgedacht. Das Strafrecht erscheint daher zur Absicherung nicht weniger Politikbereiche weiterhin als der Königsweg, d. h. die Mitgliedstaaten können kraft Unionsrecht zur Verhängung bestimmter strafrechtlicher Sanktionen verpflichtet sein, wenn das zur Durchsetzung des Gemeinschaftsrechts erforderlich ist.

2.1.3 Interpretation und Implementation

Die Strafrechtswissenschaft streitet darüber, was eine *Sanktion* von einer *Kriminalstrafe* unterscheidet; umschrieben wird letztere als eine Übelszufügung verbunden mit einem sozialethischen Unwerturteil. *Wann* es erforderlich ist, die Schwelle vom Administrativsanktionen zu Kriminalsanktionen zu überschreiten, d. h. die Frage nach dem „Ob" der Strafe, ist damit aber ebenso wenig beantwortet wie die Frage nach dem „Wie" bzw. der Höhe der Strafen. Intrainstitutionell kann eine Antwort in der Rechtsprechung des Europäischen Gerichtshofs (EuGH) gesucht werden, der zuständig ist, wenn Mitgliedstaaten gegen ihre unionsrechtlichen Verpflichtungen verstoßen. Viele einschlägige Fälle gibt es nicht. In einem Verfahren gegen Italien ging es um die Herabstufung eines Verbrechens der Bilanzfälschung zu einem Vergehen (u. a. mit der Folge kürzerer Verjährungsfristen) und die Frage, ob die geänderte italienische Regelung im *Codice Penale* nun noch ausreichend abschreckend sei. Der Schlussantrag der Generalanwältin gilt als Leitaussage zur Abschreckungswirkung: Sie sei gegeben, „wenn sie den Einzelnen davon abhält, gegen die gemeinschaftlich vorgegebenen Ziele und Regelungen zu verstoßen". Und: „Wer einen Verstoß begeht, muss befürchten, auch tatsächlich mit der Sanktion belegt zu werden."[11]

---

10 EU-Aktionsplan gegen die Schleusung von Migranten (2015-2020) COM(2015) 285 final, S. 2 f.
11 GA Kokott Schlussantr. v. 14.10.2004 – C-387/02, C-391/02, C-403/02, Slg. 2005, I-3565 – *Berlusconi* u. a, Rn. 89.

Damit ist natürlich noch nicht viel gewonnen. Dass dies ein gravierendes Defizit in der Konzeptualisierung eines europäischen Kriminalstrafrechts darstellt, ist inzwischen mehrfach anerkannt worden,[12] nicht zuletzt durch die Kommission selbst. Hier könnte die Kriminologie helfen. Tatsächlich ist eine Expertengruppe zur Sanktionenfrage und weitergehend zur Beratung über ein „kohärenteres Strafrechtskonzept" eingesetzt worden, in der aber die empirischen Wissenschaften fehlen.[13]

2.1.4 Kriminologische Aspekte

Naheliegend ist zunächst sowohl angesichts der Herkunft der Trias als auch der Grundverfasstheit der EU, dass dort durchgehend ein ökonomisches Verständnis auch für das Verständnis von Kriminalität, Sanktionierung und Prävention vorherrscht. Damit könnten es vor allem die ökonomischen Kriminalitätstheorien sein, aus deren Fundus sich ein theoretischer Unterbau für das europäische Kriminalstrafrecht zimmern ließe. Zieht man die Aussagen im Fall *Berlusconi* heran, ist nur die Feststellung, dass die Entdeckungswahrscheinlichkeit eine Rolle spiele, überhaupt von Nutzen für ein solches Unterfangen. In älteren und neueren Strategiepapieren zur Kriminalpolitik wird ebenfalls deutlich, dass stets von einem rational handelnden, letztlich allein auf wirtschaftliche Vorteile bedachten Straftäter ausgegangen wird: So sind z. B. Schleuser solche, die „Migranten wie Drogen, Feuerwaffen und sonstige Waren, die sie auf denselben Wegen schmuggeln...." behandeln.[14] Allgemein bestehe für Straftäter der Anreiz „sich den Mitgliedstaat mit den mildesten Sanktionen in bestimmten Bereichen der Kriminalität auszusuchen" und auf diese Weise „sichere Häfen" zu nutzen,[15] weil die Strafrahmen so unterschiedlich seien – hierzu gibt es bissige Kommentare, dass mit der Beurteilung dieser Frage selbst ausgewiesene Experten der Strafrechtsvergleichung und der vergleichenden Kriminologie ihre Probleme haben.[16]

In jüngerer Zeit wird für die Begründung von gemeinsamen bzw. harmonisierten strafrechtlichen Vorschriften jedoch auch ins Feld geführt, dass es in manchen Fällen allein das Strafrecht ist, dass die entschiedene Missbilligung

---

12 Vgl. hierzu auch *Elholm* (2009); *Klip* (2012); *Baker* (2015).
13 KOM(2011) 573: 13 sowie PM der Kommission http://europa.eu/rapid/press-release_IP-12-621_de.htm?locale=en. Von ihrer Arbeit ist nicht viel bekannt.
14 EU-Aktionsplan gegen die Schleusung von Migranten (2015-2020) COM(2015) 285, S. 2.
15 Die "safe havens", die es abzuschaffen gilt, finden sich leitmotivisch seit Jahren in der EU-Kriminalpolitik, z. B. *Kommission* (2011), KOM(2011) 573: 5, 13.
16 Z. B. *Klip* (2012).

rechtswidriger Handlungen verdeutlicht – hier findet sich der Gedanke der positiven Generalprävention. Außerdem soll der Schwere und dem Charakter des Normbruchs zunehmend Beachtung geschenkt werden[17] – das verträgt sich mit dem neu erwachten kriminologischen Forschungsinteresse an den „harms of crime".[18] Es scheint dennoch, dass sich in der Kriminalpolitik der EU, soweit es um Sanktionen geht, vor allem die Vorstellung von rational handelnden Tätern wiederfinden lassen, und eher handlungs- als systemtheoretische oder situativ geprägte Vorstellungen prägend sind: Danach soll die Wahrscheinlichkeit von Sanktionen (*certainty*) relevant sein, potentielle Täter sollen sich auch von der Schwere (*severity*) beeindrucken lassen.[19] Deliktsbereiche wie der Terrorismus und rassistische/fremdenfeindliche Delikte sind Fremdkörper in dieser Denkweise und die Materialien zu den entsprechenden Rechtsinstrumenten haben daher auch besonders wenig zu sagen, wie und warum höhere Strafen (um die es bei der Angleichung zumeist geht) wirken sollen.

Jedenfalls ist die Abschreckungswirkung von Strafen bekanntlich umstritten und empirisch allenfalls teilweise abgesichert. Befragungsstudien ebenso wie Meta-Analysen vorhandener Studien ergeben Abschreckungswirkungen in Abhängigkeit von der Einschätzung der Entdeckungswahrscheinlichkeit und auch dort nur für bestimmte Deliktsbereiche – nicht z. B. für Gewaltkriminalität und Drogenkriminalität.[20] Relativ übereinstimmend wird außerdem davon ausgegangen, dass die Anhebung der Strafschwere zur Abschreckungswirkung nicht beiträgt.[21]

Geht man davon aus, dass die EU ihr kriminalpolitisches Kerngeschäft im Bereich der Wirtschaftskriminalität sieht, kann man noch bei der *Wirtschaftskriminologie* zur Klärung der Fragen nachsuchen. Tragen denn hier die kriminologischen Erkenntnisse die vorherrschende kriminalpolitische Ausrichtung? Abgesehen von der häufigen und naheliegenden Nutzung der *rational choice theory*[22] ist dies eher nicht der Fall – moralische Filter spielen eine erhebliche Rolle, bevor potentielle Täter bei der Wahrnehmung einer Tatgelegenheit tatsächlich in eine Kosten-Nutzen-Analyse eintreten; es

---

17 Beides KOM(2011) 573: 12 m. w. N.
18 Z. B. *Paoli* (2014), v. a. zur OK-Gesetzgebung der EU.
19 Hier wird zu Recht darauf hingewiesen, dass man diese Beurteilungen nicht nur Europol bzw. kriminalistischen Herangehensweisen überlassen sollte, *Paoli* (2014), S. 8 f.
20 *Dölling u. a.* (2009) mit weiteren Nachweisen zum internationalen Forschungsstand.
21 Nachweise bei *Entorf* (2014).
22 Jeweils kritisch *Boers* (2001) und (2012); *Laue* (2010).

können aber auch persönliche Krisen sein.²³ Andere wichtige Überlegungen zur Wirtschaftskriminologie heben die Wichtigkeit von *Neutralisierungstechniken*²⁴ und sogar die Bedeutung des *Psychopathy-Konstrukts* hervor.²⁵ Schließlich werden sozialstrukturelle bzw. systemtheoretische Vorstellungen fruchtbar gemacht, weil in der Wirtschaftskriminalität in der Regel nicht individuell, sondern korporativ vorgegangen werde.²⁶

So komplexe Überlegungen werden in der EU-Kriminalpolitik nicht angestellt. *Strukturelle Gegebenheiten* finden immerhin Berücksichtigung, wenn problematisiert wird, inwieweit juristische Personen (Unternehmen) gerade von strafrechtlichen Sanktionen beeindruckbar wären.²⁷ Umgekehrt wird dort, wo noch offen ist, ob das Unionsrecht zukünftig eine Kriminalisierungspflicht statuieren will (z. B. Art. 325 AEUV), gefragt, ob der individuelle potentielle Täter nicht ebenso Verwaltungssanktionen zugänglich sein würde, solange sie nur schwer genug sind.²⁸ Für beide Fragen ist kriminologische Forschung relevant.²⁹

An die Befunde zur Kriminalitätsverursachung und der korrespondierenden Erfolgsaussichten von Strafe schließt sich eine weitere Frage an, bei der die *Kriminologie im Bereich der Instanzenforschung* Antworten geben könnte: Brauchen wir das Strafrecht, weil es mehr *Vertrauen* genießt als andere Reaktionsformen bzw. weil es „sicherer" in der Rechtsanwendung ist? Für die Wirtschaftskriminologie in Deutschland ist diese Frage im Zusammenhang mit der Untersuchung zur Wirtschaftskriminalität bei der Privatisierung der DDR-Betriebe insoweit beantwortet worden, als die notwendige *Unabhängigkeit*, die gerade für die Effektivität im Sinne der Entdeckungs- und Ermittlungswahrscheinlichkeit verantwortlich sei, (noch) am besten bei der Staatsanwaltschaft aufgehoben sei. Auch hier findet sich eine korrespondierende Überlegungen der EU-Kommission zur zukünftigen Strafrechtspolitik, weil angeführt wird, dass das Strafrecht gegenüber dem Verwaltungsrecht das mit Blick auf die Beschuldigtenrechte „sicherere" Recht sei.³⁰ Diese Einschätzungen zur Unabhängigkeit und Wahrung der Beschuldigtenrechte

---

23 *Schneider* (2007); *Schneider/John* (2010).
24 Z. B. *Coleman* (1987); *Hefendehl* (2005).
25 *Mensch/Rettenberger* (2015).
26 *Boers* (2001); *Huisman* (2014).
27 KOM (2011) 573: 9.
28 Oder ob es eine explizite „Beschämung" braucht, vgl. auch *Vogel* (2012), S. 2.
29 Zu erwarten z. B. aus dem interdisziplinären Projekt zum Verbandsstrafrecht der Universität Köln, www.verbandsstrafrecht.jura.uni-koeln.de/9120.html (01.12.2015).
30 KOM (2011) 573: 9 f.

erscheinen einleuchtend, müssten aber in der Praxis für die verschiedenen Staaten durchaus nochmals überprüft werden.

2.2 Strafverfolgung unter dem Prinzip der gegenseitigen Anerkennung

2.2.1 Der Raum der Freiheit, der Sicherheit und des Rechts

Die EU postuliert eine einheitliche *Area of Freedom, Security and Justice* (Art. 67 AEUV). Nicht nur Waren, sondern auch Justizentscheidungen sollen frei zirkulieren – auch hier ist ein wirtschaftsrechtliches Konzept in den Bereich des Strafrechts übertragen worden. Dieses Prinzip der „gegenseitigen Anerkennung gerichtlicher Urteile und Entscheidungen" soll gewährleisten, dass die Entscheidung einer Justizbehörde eines Mitgliedstaates von einer Justizbehörde eines anderen Mitgliedstaates ohne weitere Formalitäten und Prüfungen vollstreckt werden kann. Ziele sind gesteigerte Effizienz und der Ausgleich für die durch den Wegfall der Grenzkontrollen erschwerte Arbeit der Strafverfolgungsbehörden; ausdrücklich hieß es bei der Einführung: „Straftäter dürfen keine Möglichkeiten finden, die Unterschiede in den Justizsystemen der Mitgliedstaaten auszunutzen."[31] Die existierenden Rechtsinstrumente erfassen die grenzüberschreitende Vollstreckung von Freiheitsstrafen und ambulanten Sanktionen oder, am prominentesten, die EU-Variante der vereinfachten Auslieferung, den *Europäischen Haftbefehl*.

Aus strafrechtlicher Sicht sind Bibliotheken zur gegenseitigen Anerkennung geschrieben worden. Sie weisen auf unterschiedliche rechtliche Rahmenbedingungen hin, aber auch darauf, dass zu einer tatsächlich erfolgreichen Nutzung dieses Prinzips auch Erkenntnisse der vergleichenden Kriminologie notwendig sind: Durchgesetzt hat sich die Erkenntnis, dass der Widerstand gegen das Prinzip, der gerade auch bei Praktikern und Politikern der Mitgliedstaaten spürbar ist, auf Misstrauen und fehlenden Kenntnissen über die Praxis *der anderen* beruht.[32] Wenn es z. B. um die Überstellung von Strafgefangenen geht, müssen sie über den Vergleich der rechtlichen Grundlagen etwa von Strafrestaussetzungsmechanismen hinausgehen und empirische Fragen der Straftäterbehandlung mit Blick auf risk management, Prognoserfordernisse oder unterschiedliche (kriminalpolitische) Sicherheitsbedürfnisse beinhalten.[33]

---

31 Schlussfolgerungen des Vorsitzes, Europäischer Rat (Tampere) 15. und 16. Oktober 1999.
32 Z. B. *Albers u.a.* (2013).
33 *Morgenstern* (2013), S. 596 ff.

2.2.2 Beispiel: Resozialisierungschancen

Hier ist also viel Raum für eine kriminologische Einmischung. Als konkretes Beispiel soll noch das in verschiedenen der Instrumente der gegenseitigen Anerkennung vorkommende Konzept der *Resozialisierung* genannt werden. Umstritten ist, was sich hinter diesem Konzept verbirgt[34] – das kann aber für den Betroffenen sehr wichtig werden, weil z. B. die Auslieferung zur Strafvollstreckung nach dem Europäischen Haftbefehl auch davon abhängt, in welchem Land seine Resozialsierungschancen *besser* sind.

Der EuGH, dem wiederum eine Leitentscheidung zu „verdanken" ist, ist dabei sehr viel weniger sensibel für kriminologische Erkenntnisse als etwa das Bundesverfassungsgericht oder der Europäische Gerichtshof für Menschenrechte. Wegen der in Anspruch genommenen europäischen Definitionsmacht sollte sie nicht unwidersprochen bleiben: In der Entscheidung *Kozłowski* wollte der Betroffene seine (teils deutsche, teils polnische) Strafe in einem deutschen Gefängnis verbüßen; er habe keine sozialen Bezüge in seinem Heimatland. Sehr knapp beschied der EuGH, entscheidend für die Resozialisierungschancen sei die Stärke der Verbindungen zum sozialen Umfeld, fehle es an diesem sowohl im Heimat- als auch im Aufenthaltsland sei letztlich die Herkunft entscheidend. Das mag im konkreten Fall zu einem richtigen Ergebnis geführt haben; die Resozialisierungs-und *Desistance*-Forschung hat jedoch ergänzend zu den sozialen Bezügen (im EuGH-Urteil allein repräsentiert durch Wohnadresse, Herkunft und familiäre Bindungen) eine Reihe von Faktoren anzubieten, die die Resozialisierungschancen beeinflussen.[35]

3. Zur Forschungslandschaft

Bislang dominiert zu diesen Themen europastrafrechtliche Forschung, die sich mit den normativen Vorgaben beschäftigt – das trifft vor allem aus deutscher Sicht zu. Kriminologische Erkenntnisinteressen sind dennoch vielfältig und können, bei Überschneidung mit kriminalpolitikwissenschaftlichen Interessen,[36] grob in drei Bereiche eingeteilt werden:

Zunächst geht es um den institutionellen Rahmen, in dem Kriminalpolitik in der EU betrieben wird, und um die programmatischen Aussagen (*polity* und

---

34 Das gilt natürlich nicht nur für EU-Recht, vgl. aus deutscher Sicht nur *Cornel* (2009).
35 EuGH C 66/08 v. 17.07.2008 Rn. 43 ff., *Morgenstern* (2013), S. 593 ff.; *Morgenstern/Larrauri* (2013).
36 *Vogel* (2014).

policy). Meine geschilderten Überlegungen zur ökonomischen Grundorientierung und ihrem Einfluss auf konzeptionelle Größen der Strafpolitik gehören in diesen Bereich. Ein besser ausgearbeitetes Beispiel ist ein Beitrag, der das Konzept des *Governing through crime* von *Simon*[37] auf die EU-Kriminalpolitik überträgt.[38] In jedem Fall ist besonderes Augenmerk auf die verschiedenen Akteure zu legen (*politics*): Zu den verschiedenen EU-eigenen Institutionen mit jeweils eigenen Agenden kommt der Einfluss verschiedener Lobbygruppen – Menschenrechtsgruppen, Strafverteidigerverbände oder die Sicherheitsbranche sind in Brüssel aktiv und bestimmen das Geschehen mit; teilweise auch, indem sie Forschung finanzieren oder selbst betreiben. Auch der *policy transfer* berührt kriminologische Fragestellungen: Gerade die Staaten der Beitrittswellen von 2004 und 2007 wurden mit vielen Projekten zur Verbesserung der Straftäterbehandlung oder des *risk assessment* beglückt, die sich im lokalen Umfeld dann kontraproduktiv entwickelten.[39] Übrigens beschränkt sich diese Art der Betrachtung nicht auf die EU, sondern kann sich in Europa auch auf den *Europarat*, etwas das Wirken des Europäischen Gerichtshofs für Menschenrechte oder des Anti-Folter-Komitees beziehen – oder eben die Beziehungen *zwischen* den europäischen Institutionen.

Einen zweiten – vertikalen – Ansatz verfolgen Machbarkeits- und Evaluationsstudien zu geplanten oder existierenden Rechtsinstrumenten der EU, z. B. zum Europäischen Haftbefehl.[40] In diesem Bereich der *Kriminologie in der EU* sind aber auch Projekte einzureihen, die sich mit der vergleichenden und vergleichbaren Erfassung statistischer Grundlagen befassen. Sie sind aber bislang eher im Bereich des Europarats zu finden (z. B. das Projekt des *European Sourcebook of Crime and Criminal Justice Statistics*).[41]

Schließlich wird auch die klassische *vergleichende Kriminologie* gebraucht, die horizontale Vergleiche anstellt: Solche Projekte sind zur Suche nach guten Lösungsstrategien unerlässlich; zur Frage, wo Vertrauen in bestimmte

---

37 *Simon* (2007).
38 *Baker* (2010).
39 *Sakalauskas* (2015); allgemein *Canton* (2014).
40 Z. B. *Albers u.a.* (2015); *Carrera/Guild/Hernanz* (2013).
41 Beim statistischen Amt der Europäischen Union Eurostat fanden sich zum Thema „Kriminalität und Strafverfolgung" lange nur wenig brauchbare Daten, dieser Zustand bessert sich erst langsam (vgl. z. B. http://ec.europa.eu/eurostat/statistics-explained/index.php/Crime_statistics/de) (11.11.2015). Gerade zu Strafverfolgungs- und Vollzugsdaten bietet der Europarat erheblich mehr Vergleichsdaten und ist maßgeblich am Sourcebook beteiligt. Inzwischen gehört aber auch die EU-Kommission zu den Geldgebern des Projekts (vgl. näher http://wp.unil.ch/europeansourcebook/) (11.11.2015).

Rechtsordnungen existiert (und angebracht ist), welche Risiken entstehen, wenn Systeme vermischt werden etc. Beispiele sind hier Studien zu den Bewährungshilfesystemen[42] der EU-Mitgliedstaaten (mit Blick auf verstärkte Zusammenarbeit in diesem Feld bei grenzüberschreitenden Fällen) oder zur Untersuchungshaft.[43]

Natürlich umfasst die Forschung zur europäischen Kriminalpolitik viel mehr als hier genannt. Der Beitrag der Kriminologie und gerade der deutschsprachigen Kriminologie scheint jedoch in der Breite ausbaufähig. Unbestritten ist die Wichtigkeit des Max-Planck-Instituts in Freiburg, das mit seiner „Zweispurigkeit" strafrechtlicher und kriminologischer Forschung wichtige Akzente in der europäischen Kriminologie setzt, z. B. mit dem Schwerpunkt Terrorismus oder Projekten zu neuartigen Kriminalitätserscheinungen und dem Vertrauen in die Justiz.[44] Damit ist aber auch schon ein Schlaglicht auf die Tatsache geworfen, dass europaweite kriminologische Forschung vor allem von größeren Forschungseinrichtungen geleistet wird. Hinzu kommt, dass zunehmend *think tanks*[45] und auch kommerzielle Forschungseinrichtungen als Mitbieter auf dem Forschungsmarkt erscheinen. Der Mitwirkung deutscher Universitätskriminologen, die über das Erstellen von Länderberichten hinausgeht, steht aber auch im Wege, was im *Freiburger Memorandum zur Lage der Kriminologie in Deutschland* von 2012[46] beschrieben wird – die Kriminologie als interdisziplinär angelegte Wissenschaft hat es im derzeitigen Universitätsleben schwer.

4. Ausblick

Die Kriminalpolitik der EU gewinnt an Einfluss auf nationale Politik und Praxis, muss daher auf der kriminologischen Forschungsagenda einen festen Platz einnehmen – die sich bietenden Themen sind zahlreich. Eine „Europäische Kriminologie" (die auch kriminalpolitische Aktivitäten des Europarats einschließen muss) ist im Entstehen begriffen; sie geht über die bisher betriebene vergleichende Kriminologie in Europa insofern hinaus, als sie sich

---

42 Z. B. *McNeill/Beyens* (2013); *Robinson/McNeill* (2015).
43 *Kalmthout/Knapen/Morgenstern* (2009); *Morgenstern* (2014).
44 www.fiduciaproject.eu/partners (01.12.2015).
45 Z. B. das Centre for European Policy Studies, www.ceps.eu/content/about-ceps, das zu allen „europäischen" Themen forscht, oft im Auftrag der EU. Vom CEPS stammt eine der genannten Studien zum EuHB.
46 www.mpicc.de/files/pdf1/freiburger_memorandum_kriminologie_de_123.pdf (01.01.2015).

in einem Mehrebenensystem orientieren muss. Dies sollte als Chance auch der deutschen Kriminologie wahrgenommen werden – sie kann mit ihrem traditionell interdisziplinären Ansatz bzw. dem ganzheitlichen Ansatz der gesamten Strafrechtswissenschaft sinnvoll beitragen.

Literatur

Albers, P./Beauvais, P./Bohnert, J.-F./Böse, M./Langbroek, P./Renier, A./Wahl T. (Hg.): Towards a common evaluation framework to assess mutual trust in the field of EU judicial cooperation in criminal matters. Den Haag: Informatie Rijksoverheid.

Baker, E. (2010): Governing through crime - the case of the European Union. European Journal of Criminology 7, S. 187-213.

Baker, E. (2015): The Court of Justice of the EU and the New Lisbon Treaty Environment Five Years On. European Journal of Crime, Criminal Law and Criminal Policy, 23, S. 1-15.

Canton, R. (2014): International Policy Transfer. In: Bruinsma, G./Weisburd, D. (Hg.): Encyclopedia of Criminology and Criminal Justice. Heidelberg u. a.: Springer, S. 2623-2632.

Carrera, S./Guild, E./Hernanz, N. (2013): Europe's most wanted? Recalibrating Trust in the European Arrest Warrant System. CEPS Papers in Liberty and Security in Europe, 55, S. 1-42.

Coleman, J.-W. (1987): Toward an integrated theory of white-collar crime. American Journal of Sociology, 93, S. 406–439.

Cornel, H. (2009): Zum Begriff der Resozialisierung. In: Cornel, H./Kawamura-Reindl, G./Maelicke, B./Donnen, B.-R. (Hg.): Handbuch Resozialisierung, 3. Aufl. Baden-Baden: Nomos, S. 27-60.

Dölling, D./Entorf, H./Hermann, D./Rupp, T. (2009): Is Deterrence Effective? Results of a Meta-Analysis of Punishment. In: European Journal of Criminal Policy and Research, 15, S. 201-224.

Elholm, T. (2009): Does EU-Cooperation necessarily mean Increased Repression? European Journal of Crime, Criminal Law and Criminal Policy, 17, S. 191-226.

Entorf, H. (2014): Certainty, Severity and Their Deterrent Effects. In: Bruinsma, G./Weisburd, D. (Hg.): Encyclopedia of Criminology and Criminal Justice. Heidelberg u. a.: Springer, S. 319-327.

Hefendehl, R. (2010): Neutralisationstechniken bis in die Unternehmensspitze. Eine Fallstudie am Beispiel Ackermann. MschrKrim, 88, S. 444–458.

Huisman W. (2014): Compliance and Corporate Crime Control. In: Bruinsma, G./Weisburd, D. (Hg.): Encyclopedia of Criminology and Criminal Justice. Heidelberg u. a.: Springer, S. 488-496.

Klip, A. (2012): European Criminal Policy. European Journal of Crime, Criminal Law and Criminal Policy, 20, S. 3-12.

Laue, C. (2010): Die konventionelle Theorie als Grundlage der Wirtschaftskriminologie und des Wirtschaftsstrafrechts. In: Bannenberg, B./Jehle, J.-M. (Hg.): Wirtschaftskriminalität. Möchengladbach: Forum, S. 117-133.

McNeill, F./Beyens, K. (Hg.) (2013): Offender Supervision in Europe. Basingstoke: Palgrave McMillan.

Mensch, M./Rettenberger, M. (2015): Die Bedeutung des Psychopathy-Konstrukts für die kriminologische und psychologische Erforschung von Wirtschaftskriminalität und abweichendem Verhalten im Arbeitskontext. MschrKrim, 98, S. 16-34.

Miklau, R. (2013): Approximation of Sanctions within the European Union. In: Daems, T./Snacken, S./van Zyl Smit, D. (Hg.): European Penology? Oxford: Hart, S. 113-121.

Micklitz, H.-W./Rott, P. (2013): Verbraucherschutz. In: Dauses, M. (Hg.): *EU-Wirtschaftsrecht.* München: Beck (H V.).

Morgenstern, C. (2013): Vollstreckungshilfe (§ 15). In: Böse, M. (Hg.): *Europäisches Strafrecht.* Baden-Baden: Nomos, S. 573-610.

Morgenstern, C. (2013 a): Remand Detention in Europe: Comparative and Pan-European Aspects as Elements of a Wider European Penology. In: Daems, T./Snacken, S./van Zyl Smit, D. (Hg.): European Penology? Oxford: Hart, S. 185-207.

Morgenstern, C./Larrauri, E. (2014): European Norms, Policy and Practice. In: McNeill, F./Beyens, K. (Hg.): Offender Supervision in Europe. Basingstoke: Palgrave McMillan, S. 125-154.

Paoli, L. (2014): How to Tackle (Organized) Crime in Europe? The EU Policy Cycle on Serious and Organized Crime and the New Emphasis on Harm. *European Journal of Crime, Criminal Law and Criminal justice,* S. 1-12.

Robinson, G./McNeill, F. (2015): Community Punishment. European Perspectives. London: Routledge.

Sakalauskas, G. (2015): Strafvollzug in Litauen: Blick zurück oder nach vorne? Neue Kriminalpolitik, 27, S. 190-201.

Schneider, H. (2007): Das Leipziger Verlaufsmodell wirtschaftskriminellen Handelns. Ein integrativer Ansatz zur Erklärung von Kriminalität bei sonstiger sozialer Unauffälligkeit. NStZ, 27, S. 555-562.

Schneider, H./John, D. (2010): Der Wirtschaftsstraftäter in seinen sozialen Bezügen. Empirische Befunde und Konsequenzen für die Unternehmenspraxis. In: Bannenberg, B./Jehle, J.-M. (Hg.) Wirtschaftskriminalität. Mönchengladbach: Forum, S. 159-171.

Simon, J. (2007): Governing Through Crime. Oxford: OUP.

Van Kalmthout, A./Knapen, M./Morgenstern, C. (2009): Pre-trial Detention in Europe. Nijmegen: Wolf.

Vogel, J. (2012): No body to kick, no soul to damn? Unternehmensstrafrecht revisited. *JA,* 45, S. 1-2.

Vogel, J. (2014): Kriminalpolitikwissenschaft und Europäische Kriminalpolitik. In: Heger, M./Kelker,B./Schramm, E. (Hg.): Festschrift für Kristian Kühl zum 70. Geburtstag. München: Beck, S. 635-652.

Staatliche Opferentschädigung für Betroffene von „gewaltfreiem" Stalking?

Tillmann Bartsch und Deborah F. Hellmann

Gliederung

1. Einleitung
1.1 Das Opferentschädigungsgesetz
1.2 Stalking in Wissenschaft und Praxis
2. Betroffenenbefragung
3. Ergebnisse
4. Zusammenfassung und Implikationen der Ergebnisse

1. Einleitung

Dieser Beitrag hat die staatliche Opferentschädigung nach dem Opferentschädigungsgesetz (OEG) zum Gegenstand. Konkret befassen wir uns mit der aktuell diskutierten Frage, ob Opfer von gewaltlos verübtem Stalking in den Anwendungsbereich des OEG einbezogen werden sollten.[1] Im Zentrum stehen dabei Erkenntnisse aus einer aktuellen Studie zu den Folgen des Stalking für die Betroffenen. Nach einem kurzen Überblick zum Recht der staatlichen Opferentschädigung werden Methode und Material der Untersuchung beschrieben sowie die gewonnenen Ergebnisse präsentiert. Diese werden abschließend in Hinblick auf die Frage diskutiert, inwiefern sie die von verschiedener Seite erhobene Forderung nach einer Reform des OEG bestärken.

1.1 Das Opferentschädigungsgesetz

Das Gesetz über die Entschädigung für Opfer von Gewalttaten – kurz: Opferentschädigungsgesetz (OEG) – trat im Mai 1976 in Kraft[2] und ist Teil des sozialen Entschädigungsrechts.[3]

---

1 Der Ausdruck „gewaltlos" ist in diesem Zusammenhang als die Abwesenheit physischer Gewalt zu verstehen.
2 BGBl. I 1976, S. 1181.

Entschädigungsberechtigt sind nach dem OEG nur Opfer bestimmter Straftaten. Konkret hat der Gesetzgeber den Anwendungsbereich des OEG weitestgehend auf Personen beschränkt, die Opfer einer Gewalttat geworden sind und infolgedessen einen Gesundheitsschaden erlitten haben: Anspruchsberechtigt ist nach der zentralen Anspruchsnorm des § 1 Abs. 1 S. 1 OEG, *„wer infolge eines vorsätzlichen, rechtswidrigen tätlichen*[4] *Angriffs gegen seine oder eine andere Person oder durch dessen rechtmäßige Abwehr eine gesundheitliche Schädigung erlitten hat".*[5] Dabei versteht man unter einem tätlichen Angriff nach ständiger Rechtsprechung des Bundessozialgerichts grundsätzlich eine in feindseliger Willensrichtung unmittelbar auf den Körper eines anderen zielende gewaltsame Einwirkung.[6] Der Begriff gesundheitliche Schädigung umfasst sowohl körperliche Schäden als auch seelische Schäden mit Krankheitswert.[7] Von einigen durch Gesetz[8] und Rechtsprechung[9] begründeten Ausnahmen abgesehen, können Personen mithin nur dann Opferentschädigung mit Erfolgsaussicht beantragen, wenn sie eine körperliche oder seelische Schädigung aufgrund einer Angriffshandlung erlitten haben, die den Tatbestand einer – zumindest versuchten – vorsätzlichen Straftat gegen das Leben oder die körperliche Unversehrtheit erfüllt.[10]

Begründet hat der Gesetzgeber diese weitgehende Begrenzung des Anwendungsbereichs des OEG auf Gewalttaten ausweislich der Gesetzesmaterialien unter anderem mit der besonderen Verantwortung des Staates für die Opfer von Gewaltkriminalität sowie mit der ihm obliegenden Aufgabe, die Bürgerinnen und Bürger gerade vor Gewalttaten zu schützen.[11]

Für das hier besonders interessierende Phänomen Stalking (scil.: Nachstellung i.S.d. § 238 StGB) hat die Einengung des Einsatzfeldes des OEG auf Gewalttaten nach einer Entscheidung des Bundessozialgerichts vom April

---

3 Ausführlich dazu *Bartsch/Brettel/Blauert/Hellmann* (2014); *Brettel* (2015).
4 Hervorhebung durch Verfasser.
5 Als Rechtsfolge kann nach § 1 Abs. 1 S. 1 OEG Entschädigung verlangt werden wegen der gesundheitlichen und wirtschaftlichen Folgen des tätlichen Angriffs in entsprechender Anwendung der Vorschriften des Bundesversorgungsgesetzes.
6 Siehe nur BSGE 81, S. 42-43; 81, S. 288-289.
7 BSG, Urt. v. 16.12.2014 – B 9 V1/13 R – Rn. 18 (juris).
8 Siehe dazu § 1 Abs. 2 OEG.
9 Siehe dazu den Überblick zur einschlägigen Rechtsprechung des BSG in BSG NJOZ 2011, S. 126 (127 ff.), vgl. auch *Bartsch/Brettel/Blauert/Hellmann* (2014).
10 Vgl. BSG NJW 2003, S. 164.
11 BT-Drs. 7/2506, 10.

2011[12] folgende Konsequenz: Es existiert – unter dem Gesichtspunkt der Opferentschädigung – gleichsam eine Zweiteilung in der Gruppe der Stalkingopfer:

Einerseits gibt es diejenigen, die in den Anwendungsbereich des OEG fallen. Hierzu gehören alle Betroffenen von Stalkingtaten nach § 238 StGB, bei denen zumindest eine der Nachstellungshandlungen mit einem tätlichen Angriff i.S.d. § 1 Abs. 1 S. 1 OEG verbunden war und die infolgedessen eine entschädigungsrechtlich relevante Gesundheitsschädigung erlitten haben.[13] Dazu zählt beispielsweise eine Tat nach § 238 StGB, bei der das Opfer „nicht nur" mit unerwünschten E-Mails, SMS, Anrufen und Geschenkzusendungen bombardiert, sondern auch mindestens einmal körperlich angegriffen wurde, mit der Folge, dass sich bei dem Opfer deshalb Symptome einer Posttraumatischen Belastungsstörung (PTBS) entwickelt haben.

Andererseits gibt es diejenigen Opfer von Stalkingtaten, die aus dem Anwendungsbereich des OEG ausgeschlossen sind. Hierzu zählen alle Betroffenen, bei denen keine der Nachstellungshandlungen des/r Täters/in einen tätlichen Angriff i.S.d. § 1 Abs. 1 S. 1 OEG beinhaltet. Es geht also beispielsweise um eine Tat nach § 238 StGB, bei welcher der Täter oder die Täterin dem Opfer zwar permanent mittels Zusendung unerwünschter E-Mails, SMS und Geschenke bzw. durch Anrufe nachgestellt, es aber nicht tätlich angegriffen hat. In solchen Fällen kann der/die Betroffene de lege lata auch dann keine Opferentschädigung mit Erfolgsaussicht beantragen, wenn sich bei ihr/ihm infolge der massiven Nachstellung klinisch relevante Symptome einer PTBS herausbilden.[14]

Diese Zweiteilung der Stalkingopfer unter dem Gesichtspunkt der Opferentschädigung wird von Teilen des Schrifttums[15], insbesondere aber von der Opferhilfeorganisation „Weißer Ring e.V." kritisiert. So spricht sich der „Weiße Ring" auf seiner Homepage[16] schon seit längerer Zeit für eine Reform des OEG aus, die unter anderem dazu führen soll, dass künftig sämtliche Opfer des Stalking in den Anwendungsbereich des OEG fallen.

---

12 BSG, Urt. v. 07.04.2011 – B 9 VG 2/10 R – (juris).
13 BSG, Urt. v. 07.04.2011 – B 9 VG 2/10 R – Rn. 61 f. (juris).
14 Vgl. dazu BSG, Urt. v. 07.04.2011 – B 9 VG 2/10 R – Rn. 61 f. (juris); siehe auch *Doering-Striening* (2013), S. 133.
15 Siehe etwa *Conzelmann* (2016).
16 https://www.weisser-ring.de/internet/standpunkte/sozialrechtspolitische-forderungen /index.html (20.12.2015).

Begründet wird dies damit, dass auch Opfer von Stalkingtaten, die nicht mit der Anwendung körperlicher Gewalt verbunden waren, in einer nicht unerheblichen Zahl von Fällen unter schweren seelischen Belastungen und Erkrankungen zu leiden hätten. Eine unterschiedliche opferentschädigungsrechtliche Behandlung von Stalkingopfern sei daher nicht gerechtfertigt.

An dieses Petitum des „Weißen Ring" knüpfen die nachfolgenden Ausführungen an. Wir haben in unserer Studie unterschiedliche Folgen des Stalking für die Betroffenen untersucht. Dabei wurde unter anderem überprüft, ob und inwieweit sich die Folgen für Opfer von Nachstellungshandlungen mit *vs.* ohne physische Gewalt unterscheiden, um besser beurteilen zu können, ob die Forderung der Opferhilfeeinrichtung nach einer Einbeziehung sämtlicher Stalkingopfer in den Anwendungsbereich des OEG berechtigt ist.

1.2 Stalking in Wissenschaft und Praxis

Weder in der Wissenschaft noch in der internationalen Gesetzgebung herrscht Einigkeit darüber, was genau unter „Stalking" zu verstehen ist.[17] In Deutschland trat das „Gesetz zur Strafbarkeit beharrlicher Nachstellungen"[18] als § 238 StGB (Nachstellung) zum 31.3.2007 in Kraft.[19] Verkürzt lässt sich Stalking aus wissenschaftlicher Perspektive definieren als obsessives Verfolgen und Belästigen eines anderen Menschen gegen dessen Willen.[20]

In der Forschung widmete man sich dem Thema Stalking zunächst mit Blick auf die Täter/innen.[21] Die Sichtweise der Betroffenen rückte erst in der zweiten Hälfte der 1990er Jahre in den Fokus des Forschungsinteresses.[22] Einige zentrale Erkenntnisse lassen sich zu dem Phänomen Stalking überblicksartig wie folgt zusammenfassen:

---

17 Siehe z. B. *Stiller/Rabe/Regler* (2016).
18 BGBl. I 2007, S. 354.
19 Einen Überblick zur Entstehung des Paragrafen geben z. B. *Bartsch/Damhuis/Schweder* (2016).
20 Siehe z. B. *Mullen/Pathé* (2002).
21 Siehe z. B. *Holmes* (1993); *Meloy/Gothard* (1995).
22 Etwa *Pathé/Mullen* (1997); *Tjaden/Thoennes* (1998); siehe auch *Hellmann/Regler/Stetten* (2016b).

(1) Frauen sind internationalen epidemiologischen Studien zufolge deutlich häufiger von Stalking betroffen als Männer.[23] Auch für Deutschland konnte dieses Muster aufgezeigt werden.[24]

(2) Stalking wird überwiegend von Männern verübt.[25] Dieses Spezifikum findet sich ebenfalls in Untersuchungen mit deutschen Stichproben. Beispielsweise berichteten *Hellmann et al.* in Abhängigkeit von der angewandten Definition von Stalking einen Anteil männlicher Täter zwischen 70 % und 86 %.[26]

(3) Den Betroffenen sind die Täter/innen mehrheitlich bekannt.[27] Teilweise konzentrieren sich Untersuchungen zu Stalking daher auch spezifisch auf den Bereich des sogenannten Ex-Partner-Stalking.[28] In einer aktuellen deutschlandweiten Repräsentativbefragung bestand den Angaben der Betroffenen zufolge ebenfalls in der Mehrheit der Fälle eine Vorbeziehung zwischen belästigter und belästigender Person.[29] Dort waren lediglich 14,2 % der Täter/innen Fremde (einschließlich solcher Fälle, in denen die Betroffenen nicht wussten, wer für die Belästigungen verantwortlich war).

(4) Die Folgen von Stalking können für die Betroffenen gravierend sein. Sie äußern sich nicht nur in psychischer und (psycho)somatischer Form, sondern typischerweise auch auf behavioraler Ebene, indem die Betroffenen beispielsweise soziale Kontakte reduzieren oder den Arbeitsplatz bzw. Wohnort wechseln.[30]

In der vorliegenden Untersuchung geht es neben den konkreten Tatumständen vor allem um deren Einfluss auf die psychischen und verhaltensrelevanten Konsequenzen des Stalking für die Betroffenen. Vor dem Hintergrund der eingangs geschilderten Einschränkungen bei der Entschädigungsberechtigung nach dem OEG sollte folgende zentrale Forschungsfrage geklärt werden: Was sind die psychischen und behavioralen Auswirkungen

---

23 Siehe z. B. *Spitzberg/Cupach* (2007).
24 Siehe z. B. *Hellmann/Kliem* (2015).
25 Siehe etwa *Tjaden/Thoennes* (1998).
26 Siehe z. B. *Hellmann/Regler/Schweder/Stetten* (2016a).
27 Siehe etwa *Dovelius/Öberg/Holmberg* (2006).
28 So etwa *Stadler* (2009).
29 Siehe z. B. *Hellmann/Kliem* (2015).
30 Siehe z. B. *Spitzberg/Cupach* (2007).

von „gewaltfreiem" Stalking und inwiefern bestehen Unterschiede zu den Auswirkungen von gewalttätigem Stalking?

2. Die Betroffenenbefragung

Um diese Frage zu klären, wurde eine Online-Studie mit Betroffenen von Stalking durchgeführt (Erhebungsstart: März 2014). Der Link zur Befragung wurde über diverse Betroffenenorganisationen und die Homepage des Kriminologischen Forschungsinstituts Niedersachsen (KFN) verbreitet. Für die vorliegenden Analysen wurden die Angaben aller Betroffenen ausgewertet, die bis zum 17.9.2015 an der Befragung teilgenommen hatten, mindestens 16 Jahre alt waren und deren Datensätze weniger als 62 fehlende Werte aufwiesen.

Die Stichprobe bestand aus N=286 Personen (83,9 % weiblich), die sich selbst als Betroffene von Stalking identifizierten und mindestens eine von 17 belästigenden Verhaltensweisen durch dieselbe Person mindestens zweimal erlebt hatten.[31] Ihr Alter variierte zwischen 16 und 75 Jahren (M=38,56, SD=11,12) und es handelte sich mehrheitlich um Deutsche ohne Migrationshintergrund (91,3 %).

Das Befragungsmaterial wurde in Anlehnung an eine Repräsentativbefragung des KFN zu Viktimisierungserfahrungen gestaltet, die in 2011 durchgeführt wurde.[32] Um die Befragungsteilnehmer/innen den oben genannten Kriterien entsprechend als Betroffene von Stalking identifizieren zu können, wurden sie gebeten, aus den vorgegebenen belästigenden Verhaltensweisen alle auszuwählen, die sie in der Vergangenheit bereits von ein und derselben Person wiederholt erlebt hatten. Hierbei handelt es sich um eine besonders weite Definition von Stalking, da unter Umständen auch solche Fälle als Stalking klassifiziert werden, die die Tatbestandsmerkmale des § 238 StGB nicht erfüllen.

Darüber hinaus wurden spezifische Angaben zu den Tatumständen erfasst. Beispielsweise wurden die Anzahl der Vorfälle insgesamt, die Dauer des Stalking und das Vorkommen physischer Gewalt erhoben. Für den vorliegenden Beitrag waren zudem die Angaben der Betroffenen zu den Auswir-

---

31 Siehe *Stetten/Hellmann* (2016).
32 Siehe *Hellmann* (2014).

kungen der Viktimisierungen von Bedeutung. Zum einen wurde diesbezüglich explizit nach zwölf unterschiedlichen Empfindungen gefragt, die das Stalking möglicherweise ausgelöst hatte (z. B. „Ich habe mich zurückgezogen.").[33] Jede dieser potenziellen Folgen war hinsichtlich ihres Auftretens anhand einer vierstufigen Skala mit den Endpunkten „nein" und „ja, sehr" zu bewerten. Zum anderen wurde die *Posttraumatic Stress Disorder Checklist* (PCL-C) eingesetzt, um das Vorliegen posttraumatischer Belastungssymptome abbilden zu können.[34] Dazu wurden die Befragten gebeten, 17 verschiedene Probleme (z. B. „Wiederkehrende und sich aufdrängende belastende Erinnerungen, Gedanken oder Bilder von den Belästigungen") anhand einer fünfstufigen Skala von „überhaupt nicht" bis „äußerst" danach zu bewerten, wie sehr sie sich dadurch während des letzten Monats gestört gefühlt hatten. Nach der sogenannten Symptomcluster-Methode muss aus der Symptomgruppe *Intrusion* mindestens ein Symptom vorliegen, während gleichzeitig aus dem Bereich *Vermeidung* drei Symptome und aus dem Bereich *Arousal* zwei Symptome gegeben sein müssen, um die Kriterien einer PTBS zu erfüllen.[35]

3. Ergebnisse

Trotz der relativ breiten Definition von Stalking handelte es sich in den vorliegenden Fällen mehrheitlich um vergleichsweise schwerwiegende Viktimisierungen (siehe Tabelle 1). Beispielsweise berichteten 43,9 % der Betroffenen, dass sie insgesamt „mehr als 50" Stalking-Vorfälle erlebt hatten, und in mehr als der Hälfte der Fälle dauerte das Stalking länger als ein Jahr an. Im Mittel widerfuhren den Betroffenen eigenen Angaben zufolge $M=7,74$ unterschiedliche Belästigungen ($SD=3,90$). Ungefähr ein Drittel von ihnen (33,9 %) berichtete von mindestens einem Vorfall physischer Gewalt in Zusammenhang mit dem Stalking. In knapp der Hälfte der Fälle (49,8 %) erfuhr die Polizei von den Viktimisierungen, 44,1 % der Betroffenen hatten das Stalking selbst bei den Strafverfolgungsbehörden angezeigt.

Nach der Symptomcluster-Methode erfüllten insgesamt 50,6 % der Betroffenen die Diagnosekriterien einer PTBS. Dabei waren erwartungsgemäß Betroffene, die in Zusammenhang mit dem Stalking mindestens einen Vor-

---

33 Siehe *Hellmann/Regler/Stetten* (2016b).
34 *Teegen* (1997).
35 Siehe z. B. *Andrykowski/Cordova/Studts/Miller* (1998).

fall physischer Gewalt erlebt hatten, signifikant stärker belastet als Betroffene von „gewaltfreiem" Stalking (siehe Tabelle 2), $\chi^2(1, N=261)$ = 20,50, $p < .001$, $\phi=.27$. Besonders relevant war in Hinblick auf die eingangs explizierte Fragestellung, dass aus der Gruppe der Betroffenen von „gewaltfreiem" Stalking 40,2 % die Diagnosekriterien einer PTBS nach der Symp-Symptomcluster-Methode erfüllten.

Tabelle 1: *Angaben der Betroffenen zu den näheren Tatumständen (N > 246)*

Anzahl Vorfälle
< 10: 24,6 %, 10-50: 31,5 %, > 50: 43,9 %

Anzahl unterschiedlicher belästigender Verhaltensweisen
1-5: 31,8 %, 6-10: 40,8 %, 11-17: 27,4 %; $M=7,74$ ($SD=3,90$)

Viktimisierungsdauer
< 1 Monat: 8,8 %, 1-12 Monate: 31,9 %, > 1 Jahr: 59,2 %

Physische Gewalt
Mind. ein Vorfall: 33,9 %

Anzeigequote
Polizeilich bekannt geworden: 49,8 % (selbst angezeigt: 44,1 %)

Tabelle 2: *Vorliegen von PTBS-Symptomen bei Betroffenen von gewalttätigem vs. „gewaltfreiem" Stalking (N=261)*

	Gewalttätiges Stalking	„Gewaltfreies" Stalking
PTBS-Symptome vorhanden	69,6 %	40,2 %
Keine PTBS-Symptome vorhanden	30,4 %	59,8 %

Die anhand von zwölf Items erfassten weiteren Auswirkungen des Stalking wurden zunächst einer Faktorenanalyse unterzogen (Varimaxrotation mit Kaiser-Normalisierung).[36] Die resultierenden drei Faktoren wurden mit „Verhaltensänderung" (aufgeklärte Varianz: 45,6 %, Faktorladungen zwi-

---

[36] Siehe auch *Hellmann/Regler* (2014).

schen .57 und .85), „Angst" (aufgeklärte Varianz: 10,4 %, Faktorladungen zwischen .47 und .88) und „Ärger" (aufgeklärte Varianz: 8,8 %, Faktorladungen zwischen .66 und .77) benannt. In einem nächsten Schritt wurden diesen Faktoren entsprechend drei Maximalwertskalen gebildet: Wenn Betroffene mindestens ein Item eines Faktors mit mindestens „ja, etwas" beantwortet hatten, wurde diese Auswirkung als vorliegend kategorisiert. Eine Gegenüberstellung der weiteren Auswirkungen von gewalttätigem vs. „gewaltfreiem" Stalking ergab, dass sich die erlebten Folgen nur teilweise voneinander unterschieden (siehe Tabelle 3).

Wenn die Betroffenen in Zusammenhang mit den Stalking-Viktimisierungen mindestens einen Vorfall physischer Gewalt erlebt hatten, berichteten sie häufiger von Angst infolge des Stalking (99,0 %) als Betroffene von „gewaltfreiem" Stalking (84,7 %), $\chi^2(1, N=286) = 13,99$, $p<.001$, $\phi=.22$. Demgegenüber unterschieden sich Betroffene von gewalttätigem vs. „gewaltfreiem" Stalking nicht hinsichtlich des Ausmaßes der berichteten Verhaltensänderungen oder des berichteten Ärgers, beide $\chi^2(1, N=286)<1$, beide $p<.407$ (siehe Tabelle 3). Folglich führten sowohl solche Nachstellungen, die mit physischer Gewalt einhergingen, als auch solche Nachstellungen, bei denen die Täter/innen keine physische Gewalt gegenüber den Betroffenen ausübten, mehrheitlich zu Ärger und Verhaltensänderungen bei den Betroffenen.

Tabelle 3: Weitere Viktimisierungsfolgen bei Betroffenen von gewalttätigem vs. „gewaltfreiem" Stalking (N=286)

	Gewalttätiges Stalking	„Gewaltfreies" Stalking
Verhaltensänderung	93,8 %	91,0 %
Angst	99,0 %	84,7 %
Ärger	100,0 %	99,5 %

In diesem Zusammenhang ist anzumerken, dass diejenigen Betroffenen, die vor Beginn der Viktimisierungen eigenen Angaben zufolge unter keinerlei psychischen oder (psycho)somatischen Beschwerden litten, genauso häufig von spezifischen Viktimisierungsfolgen berichteten wie diejenigen Betroffenen, die schon vor dem Stalking in irgendeiner Form beeinträchtigt waren (siehe Tabelle 4).[37]

Tabelle 4: *Viktimisierungsfolgen bei Betroffenen mit vs. ohne Beeinträchtigungen vor Beginn der Viktimisierungen (N=248)*

	Psychische / (psycho)somatische Beschwerden vor dem Stalking	Keinerlei Beschwerden vor dem Stalking	Teststatistik
PTBS-Symptome	46,6 %	52,6 %	$\chi^2(1, N=248) = 0{,}66, p=.417$
Verhaltensänderung	93,1 %	92,1 %	$\chi^2(1, N=248) = 0{,}06, p=.802$
Angst	86,2 %	92,1 %	$\chi^2(1, N=248) = 1{,}84, p=.175$
Ärger	100,0 %	99,5 %	$\chi^2(1, N=248) = 0{,}31, p=.580$

4. Zusammenfassung und Implikationen der Ergebnisse

Die Ergebnisse der vorliegenden Betroffenenbefragung verdeutlichen, dass auch „gewaltfreies" Stalking mit gravierenden Viktimisierungsfolgen einhergehen kann: Vier von zehn Betroffenen „gewaltfreien" Stalkings hatten derart erhebliche Belastungssymptome entwickelt, dass sie die Diagnosekriterien einer PTBS erfüllen. Weiterhin ließ sich feststellen, dass Betroffene von „gewaltfreiem" Stalking in gleichem Ausmaß Verhaltensänderungen und Ärger berichteten wie Betroffene von gewalttätigem Stalking.

Sicherlich sind diese Ergebnisse vor dem Hintergrund einiger Limitationen zu interpretieren, die für derartige Befragungen typisch sind. In Hinblick auf das Querschnittsdesign ist zu berücksichtigen, dass die gefundenen Zusammenhänge nicht kausal interpretiert werden können. Weiterhin handelt es sich hier um Selbstberichte einer selbstselektiven Betroffenenstichprobe, die nicht als repräsentatives Abbild „aller" subjektiv oder juristisch definierten

---

37 Abhängigkeiten zwischen dem Erleben von physischer Gewalt in Zusammenhang mit dem Stalking und dem Vorhandensein gesundheitlicher Beeinträchtigungen vor Beginn des Stalking ließen sich nicht nachweisen, $\chi^2(1, N = 248) < 1, p > .987$.

Betroffenen von Stalking zu verstehen ist. Darüber hinaus beinhaltet die vorliegende Betroffenenbefragung einige spezifische Limitationen. Die hier verwendete relativ breite Definition von Stalking schließt möglicherweise auch solche Fälle ein, die im juristischen Sinne nicht als Stalking nach § 238 StGB zu verstehen sind. Überdies ist die „Messung" des „tätlichen Angriffs" infrage zu stellen. Denn angesichts einer äußerst differenzierten Rechtsprechung zum „tätlichen Angriff"[38] ist es nicht möglich, die de lege lata dem Anwendungsbereich des OEG unterfallenden Stalkingopfer mittels einer Befragung punktgenau von denjenigen zu unterscheiden, die bislang nicht hiervon erfasst sind. Schließlich ist kritisch anzumerken, dass Betroffene für die Vergabe einer PTBS-Diagnose beispielsweise nach ICD-10 mit einer Situation von „außergewöhnlicher Bedrohung oder katastrophenartigem Ausmaß, die bei fast jedem eine tiefe Verzweiflung hervorrufen würde" (ICD-10-GM 2015, F43.1), konfrontiert gewesen sein müssen.[39] Daher sollte hier eher von einer „PTBS-Symptomatik" gesprochen werden, wenn die Betroffenen die übrigen Diagnosekriterien erfüllen.

Mit Blick auf die eingangs geschilderte Problematik der Zweiteilung in der Gruppe der Stalkingopfer lässt sich zunächst festhalten, dass zwar einige Unterschiede in den Viktimisierungsfolgen von „gewaltfreiem" *vs.* gewalttätigem Stalking existieren. Zugleich lässt sich jedoch konstatieren, dass es einen keineswegs zu vernachlässigenden Anteil Betroffener von „gewaltfreiem" Stalking gibt, die massiv unter den Belästigungen leiden und die Diagnosekriterien einer PTBS nach der Symptomcluster-Methode erfüllen. Insoweit vermögen die hier präsentierten Erkenntnisse das Petitum des „Weißen Ring" nach einer Einbeziehung auch der Opfer von „gewaltfreiem" Stalking in den Anwendungsbereich des OEG zu untermauern. Dabei deutet manches darauf hin, dass die Politik diese Forderung demnächst erfüllen wird. So wurde im Koalitionsvertrag zwischen CDU/CSU und SPD für die aktuelle Legislaturperiode vereinbart, das Recht der Sozialen Entschädigung und der Opferentschädigung „zukunftsfest neu zu ordnen".[40] Ein Bestandteil dieser Reform könnte nach den bislang veröffentlichten Planungen des zuständigen Bundesministeriums für Arbeit und Soziales die Einbeziehung von Opfern gewaltfreien Stalkings in den Anwendungsbereich des OEG sein.[41] Ob diese Reformpläne wirklich umgesetzt werden und wann dies gegeben-

---

38 Dazu u. a. *Brettel* (2015).
39 Siehe auch *Wondrak/Hoffmann/Voß* (2005).
40 Koalitionsvertrag zwischen CDU/CSU und SPD vom 16.12.2013, Deutschlands Zukunft gestalten, 18. Legislaturperiode, S. 53.
41 Siehe *Schmachtenberg* (2014).

enfalls geschieht, ist derzeit allerdings noch nicht abzusehen; ein Gesetzesentwurf lag im Zeitpunkt der Fertigstellung dieses Beitrags (21.12.2015) nicht vor.

Literatur

Andrykowski, M. A./Cordova, M. J./Studts J. L/Miller, T. W. (1998): Posttraumatic stress disorder after treatment for breast cancer: Prevalence of diagnosis and use of the PTSD Checklist-Civilian Version (PCL-C) as a screening instrument. Journal of Consulting and Clinical Psychology, *66*, S. 586-590.

Bartsch, T./Brettel, H./Blauert, K./Hellmann, D.F. (2014): Staatliche Opferentschädigung auf dem Prüfstand. Zeitschrift für Internationale Strafrechtsdogmatik, S. 353-363.

Bartsch, T./Damhuis, L./Schweder, K. W. (2016): Der Straftatbestand der Nachstellung – § 238 StGB. In: Hellmann, D. F. (Hg.): Stalking in Deutschland. Baden-Baden: Nomos, S. 9-32.

Brettel, H. (2015): Staatliche Opferentschädigung aus kriminologischer Sicht. In: Bannenberg, B./Brettel, H./Freund,G./Meier, B.-D.,/Remschmidt, H./Safferling, C. (Hg.): Über allem Menschlichkeit. Festschrift für Dieter Rössner. Baden-Baden: Nomos, S. 483-498.

Conzelmann, Y. (2016): Zur Notwendigkeit einer Reform nach § 238 StGB. Eine kritische Würdigung des Straftatbestandes vor dem Hintergrund der aktuellen Rechtsprechung. Diss. Tübingen (im Erscheinen).

Doering-Striening, G. (2013): Opferrechte – Handbuch des Anwalts für Opferrechte. Baden-Baden: Nomos.

Dovelius, A. M./Öberg, J./Holmberg, S. (2006): Stalking in Sweden – Prevalence and prevention. Stockholm: Edita Norstedts.

Hellmann, D. F./Kliem, S. (2015): The prevalence of stalking – Current data from a German victim survey. European Journal of Criminology, *12*, S. 700-718.

Hellmann, D. F./Regler, C. (2014): Stalking und seine Folgen: Empirische Ergebnisse zu Beeinträchtigungen infolge von Stalking. In: Niggli, M. A. & Marty, L. (Hg.): Risiken der Sicherheitsgesellschaft - Sicherheit, Risiko und Kriminalpolitik. Mönchengladbach: Forum Verlag Godesberg, S. 318-330.

Hellmann, D. F./Regler, C./Schweder, K./Stetten, L.-M. (2016a): Prävalenz und Formen von Stalking in Deutschland. In: Hellmann, D. F. (Hg.): Stalking in Deutschland. Baden-Baden: Nomos, S. 77-108.

Hellmann, D. F./Regler, C./Stetten, L.-M. (2016b): Psychische, soziale und verhaltensrelevante Konsequenzen von Stalking. In: Hellmann, D. F. (Hg.): Stalking in Deutschland. Baden-Baden: Nomos, S. 143-182.

Holmes, R. M. (1993): Stalking in America: Types and methods of criminal stalkers. Journal of Contemporary Criminal Justice, *9*, S. 317-327.

ICD-10-GM 2015 (2014): Internationale statistische Klassifikationen der Krankheiten und verwandter Gesundheitsprobleme. Köln: Deutscher Ärzte-Verlag.

Meloy, J. R./Gothard, S. (1995): Demographic and clinical comparison of obsessional followers and offenders with mental disorders. American Journal of Psychiatry, *152*, S. 258-263.

Mullen, P. E./Pathe, M. (2002): Stalking. Crime and Justice, *29*, S. 273-318.

Pathé, M./Mullen, P. E. (1997): The impact of stalkers on their victims. The British Journal of Psychiatry, *170*, S. 12-17.

Schmachtenberg, R. (2014): Das neue SER – Elemente einer grundlegenden Neugestaltung des Rechts der Sozialen Entschädigung und der Opferentschädigung. Rede anlässlich des Werkstattgesprächs zur Reform des Opferentschädigungsrechts im Bundesministerium für Arbeit und Soziales am 24.06.2014. Im Internet abrufbar (21.12.2014) unter http://www.bmas.de.

Spitzberg, B. H./Cupach, W. R. (2007): The state of the art of stalking: Taking stock of the emerging literature. Aggression and Violent Behavior, *12*, S. 64-86.

Stadler, L. (2009): Ex-Partner-Stalking im Kontext familienrechtlicher Auseinandersetzungen. Frankfurt a. M.: Verlag für Polizeiwissenschaft.

Stetten, L.-M./Hellmann, D. F. (2016): Die KFN-Befragung 2011 – Eine deutschlandweit repräsentative Dunkelfeldstudie. In: Hellmann, D. F. (Hg.): Stalking in Deutschland. Baden-Baden: Nomos, S. 63-75.

Stiller, A./Rabe, S. C./Regler, C. (2016): Aktuelle empirische Forschung im Bereich „Stalking". In: Hellmann, D. F. (Hg.): Stalking in Deutschland. Baden-Baden: Nomos, S. 33-61.

Teegen, F. (1997): Deutsche Übersetzung der Posttraumatic Stress Disorder Checklist (PCL-C) des National Center for PTSD. Hamburg: Universität Hamburg.

Tjaden, P./Thoennes, N. (1998): Stalking in America: Findings from the National Violence Against Women Survey. Washington, DC: U.S. Department of Justice, Office of Justice Programs.

Wondrak, I./Hoffmann, J./Voß, H. G. (2005): Traumatische Belastung bei Opfern von Stalking. Praxis der Rechtspsychologie, *15*, S. 222-234.

Fußballfans in der Krise – die Implizität einer sozialen Welt

Judith von der Heyde, Beatrice Amting, Hendrik Scherer und Stephanie Moldenhauer

Gliederung
1. Einleitung
2. Methode
3. Die Arena der Anreise und ihre sozialen Welten
3.1 Die Anreise zu einem Fußballspiel als Arena
3.2 Die soziale Welt der Fans als *implizite Akteurin*: Das Drama um die Sichtbarkeit
3.3 Exkurs: Lageangepasste Reduzierung der polizeilichen Präsenz bei Fußballspielen
4. Schluss: Die Fans in der Krise

1. Einleitung

Die beiden Begriffe Fußball und Krise zusammenzubringen stellt keine besondere Schwierigkeit dar. Der Fußball in Deutschland als ein moderner kommerzieller Unterhaltungsraum, und somit als Zuschauersport[1], bietet viele Möglichkeiten von Krise(n). Diese als eine „wahrgenommene Gefährdung eines institutionalisierten Handlungsmusters"[2] ist auch für das Gesellschaftsspiel[3] Fußball relevant, da viele verschiedene Akteur_innen ein Interesse an diesem haben. Dazu gehören die Profivereine, deren Ziel sportlicher und wirtschaftlicher Erfolg ist. Zu nennen sind gleichermaßen die Zuschauenden, deren Interesse darin liegt unterhalten zu werden und eine gute Zeit zu erleben[4]. Eine gute Zeit erleben will auch die Gruppe der Fans, die sowohl für das Erlebnis der Zuschauenden im Stadion von Bedeutung sind, da sie dort für die Atmosphäre sorgen, als auch als zahlende Gäste im Stadion.

---

1 Der Begriff Zuschauersport ist bewusst nicht geschlechtergerecht.
2 *Friedrichs* (2007).
3 *Brandt/Hertel/Stassek* (2012).
4 *Schmidt-Lux/Leistner* (2012).

Darüber hinaus gelten Fußballspiele als Massenveranstaltungen[5], die zur Folge haben, dass neben den Vereinen, Fans und Zuschauenden, zum einen ebenfalls die Medien und zum anderen diverse Sicherheitsakteur_innen[6] involviert sind. Es lassen sich also sehr differente Gruppen im Umfeld vom Zuschauersport Fußball ausmachen.

Seit sich der Fußball zunehmend zum kommerziellen Zuschauersport entwickelt hat, erwachte simultan dazu eine öffentliche Diskussion um das Phänomen der Zuschauergewalt[7], das in den 1980er und frühen 1990er Jahren ihren Höhepunkt erlebte.[8] Die Folge davon war wiederum ein öffentlicher Diskurs um Sicherheit im gesamten Umfeld des Fußballs, der sich bis heute nicht wesentlich abgeschwächt hat[9], im Gegenteil: die ständige Präsenz einer möglichen Gefährdung des sicheren Ablaufs bei Fußballspielen führt gleichzeitig zu einer dauerhaften Artikulation einer Bedrohungslage und somit zu einer steten Krisenpräsenz. Dabei wird das Risikopotenzial auch nicht selten durch eine Bedrohungskommunikation (insbesondere im Vorfeld der Spielbegegnungen) durch Instanzen konstruiert, denen als Expert_innen eine Kompetenz in der Einschätzung des Risikos zugesprochen wird. Vornehmlich die Polizei scheint hier als Expertin zu gelten.

Bei Fußballspielen treffen unter diesen Vorzeichen nun die verschiedenen Akteur_innen mit jeweils eigenen Interessen aufeinander. Das macht die Krise doppelt allgegenwärtig: Sowohl als Risikodiskurs rund um das Ereignis Fußball als auch spezifisch für die Handelnden. Denn die Anwesenheit diverser sozialer Welten könnend die eigenen Interessen gefährden, d. h. es gibt jeweilige Krisenmöglichkeiten.

In diesem Beitrag wollen wir die Darstellung der Inszenierungen der verschiedenen Akteur_innen und ihrer Beziehungen zueinander unter dem ihnen gemeinsamen Interesse Fußball nutzen, um herauszustellen, was die Konstruktion von möglicher Krise im Fußball für die Akteur_innen, insbe-

---

5 Zu den Spielen der 1. und 2. Bundeliga kommen jede Saison mehr als 13 Millionen Besucher_innen: URL: http://www.bundesliga.de/de/dfl/medienzentrum/
pressemitteilungen/zweithoechster-zuschauerschnitt-der-bundesliga-geschichte-pressemitteilung.jsp.
6 Sieh dazu auch *Baasch* (2009).
7 *Salewski* (1985).
8 *Pilz/Behn/Klose/Schwenzer/Steffan/Wölki* (2006).
9 Obwohl in Folge des NKSS (Nationales Konzept Sport und Sicherheit) und dessen Überlegungen zu Stadionsicherheit in Deutschland, kaum noch körperliche Auseinandersetzungen im Stadion stattfinden, hat sich die Artikulation einer Bedrohungs- und Risikolage bis heute nicht geändert.

sondere die Fans, bedeutet. Wir beleuchten dafür die Handlungsmöglichkeiten und Interessen der verschiedenen *sozialen Welten*[10], die im Fußball aufeinandertreffen. Indem der Blick auf die konkrete Situation der Anreise zu einem Fußballspiel gelegt wird, kann herausgestellt werden, wie die Akteur_innen unter der Allgegenwärtigkeit von Krise handeln und wie sie ihre soziale Welt präsentieren (können). Zunächst werden mithilfe der Situationsanalyse (2.) die Beziehungen und Aushandlungen der unterschiedlichen Akteur_innen dargestellt (3.). Dafür wird die Anreise zu einem Fußballspiel als eine soziale Arena[11] expliziert (3.1), in der diese aufeinandertreffen. Darauffolgend wird die soziale Welt der Fans in den Fokus genommen, welche sich in der Arena Anreise als bedeutsamer Indikator von Krise herausstellt (3.2). Im Anschluss daran soll mit Blick auf das Pilotprojekt des Landes NRW zur lageangepassten Reduzierung der polizeilichen Präsenz bei Fußballspielen[12] aufgezeigt werden, inwiefern die soziale Welt der Polizei und dessen Handlungspraxis die soziale Welt der Fans beeinflusst (3.3), bevor am Ende die Krise der Fußballfans abschließend beleuchtet wird (4.).

2. Methode

Um der Frage nachzugehen, wie sich das Krisenhafte im Kontext von Fußball darstellt, wurde umfangreiches Datenmaterial des Forschungsprojektes „Mehr Fußball – weniger Drama" im Rahmen einer Situationsanalyse nach *Adele Clarke*[13] analysiert. In einem ersten Schritt wurden Protokolle von teilnehmenden Beobachtungen, sowie Selbst- und Fremddarstellungen von Fußballfans und fußballrelevanten Ereignissen mit den klassischen Werkzeugen der Grounded Theory nach *Strauss* und *Corbin*[14] (offenes und axiales Kodieren, Schreiben von Memos, etc.) untersucht. Die Fülle an Kodes, Kodenotizen und Memos wurde dann in einem zweiten Schritt mittels zwei der von *Clarke* vorgeschlagenen mapping-Verfahren analysiert. Während des ersten mapping-Verfahrens wird eine relationale Analyse der Kodes mithilfe sogenannter Situationsmaps durchgeführt, welche zur Beschreibung der Situation herangezogen wird. Ziel war hier die (menschlichen wie nichtmenschlichen) Elemente und deren diskursive Konstruktionen in der (Forschungs-)Situation herauszuarbeiten und ihre Beziehungen zueinander zu

---

10 *Zifonun* (2012); *Clarke* (2012).
11 *Clarke* (2012).
12 *Ministerium für Inneres und Kommunales des Landes Nordrhein-Westfalen* (2014), S. 2.
13 *Clarke* (2012).
14 *Strauss/Corbin* (1996).

verdeutlichen. Das zweite verwendete Verfahren dient der Interpretation der Situationen durch Maps von Sozialen Welten/Arenen. Zentraler Aspekt ist die Herausarbeitung sozialer Interaktionen und Aushandlungsprozesse, in dem die herausgearbeiteten Elemente der Situation aus den Situationsmaps zu sozialen Welten bzw. Arenen zusammengefasst und in Beziehung zueinander gestellt werden.

3. Die Arena der Anreise und ihre sozialen Welten

3.1 Die Anreise zu einem Fußballspiel als Arena

Die Anreise zu einem Fußballspiel wird als eine soziale Arena gefasst, in der verschiedene Akteur_innen sich durch ihre situativen Handlungen zueinander positionieren und in ein Beziehungsgefüge eintreten. Die Arena ist ein Teil der Öffentlichkeit und somit plural verfasst. „Schauplätze und Arenen des Sozialen sind die sozialen Praktiken selbst. Sie bilden einen öffentlichen Raum, der nicht nur durch Situationen […] sondern auch deren Kontexte konstruiert ist."[15] Alle teilnehmenden sozialen Welten verfolgen hier aus ihren unterschiedlichen Intentionen heraus das Gestaltungsziel, einen möglichst reibungslosen und somit störungsfreien Ablauf (in) dieser Arena zu garantieren. Alle Akteur_innen sind über diese geteilte Aufmerksamkeit verbunden und „zugleich durch die verschiedenen Blickpunkte und perspektivischen Sichtweisen voneinander getrennt."[16]

---

15 *Schmidt* (2012), S. 248.
16 Ebd.

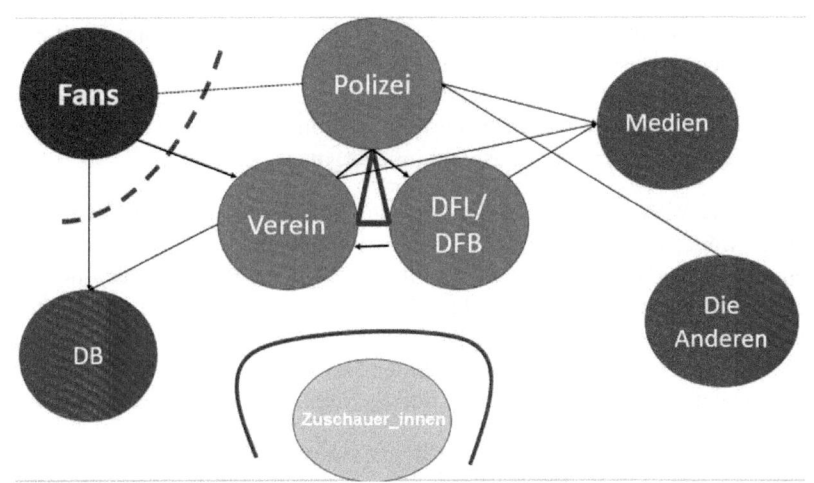

Abbildung 1: Soziale Welten in der sozialen Arena „Fußballspielanreise"

Abbildung 1 zeigt die auftretenden sozialen Welten in ihren Aushandlungspraxen. Gemeinsam bilden sie mit ihren aber sehr spezifischen Interessen die Arena der Anreise:

Für die soziale Welt der *Fußballfans* ist eine gemeinsame Sichtbarkeit der kulturellen Ausgestaltung essentiell (vgl. *Pilz et al.* 2006), die *Polizei* als Hüterin der Ordnung lenkt und kontrolliert dies. Beide sozialen Welten sind auf ihre stete Präsenz in der Arena bedacht und müssen sich deshalb dauerhaft miteinander arrangieren.

Die *Polizei*, der Deutsche Fußballbund (*DFB*) und die Vereine haben bereits im Vorfeld der Arena diverse Aushandlungen zu Terminierungen und Spieltagsverläufen getroffen. Auch zwischen dem *DFB* und den *Vereinen* kommt es zu diversen Voraushandlungen von Regularien. Die soziale Welt der Vereine und die der Polizei geben den *Medien* ihren Aufwand, ihr Material und ihren Standort für die Berichterstattung vor. Auch hier erteilt der *DFB* die Rechte.[17] Schließlich handeln die Vereine mit den öffentlichen Verkehrsmitteln[18] z. B. Sondertransporte für ihre Fans aus. Die *Fans* handeln gegebenen-

---

17 Die Vergabe der Übertragungsrechte gehört zu den zentralen operativen Aufgaben des DFB (Erstverwaltungsrecht), beziehungsweise seiner Tochtergesellschaft, der Deutschen Fußball-Liga GmbH (DFL), die die Übertragungsrechte für die Lizenzligen in Fernsehen vergibt (1. und 2. Bundesliga): http://www.dfb.de/verbandsstruktur/dfb-zentrale/geschaeftsfuehrung / ; Grundlagenvertrag DFB Abschnitt II § 4 Abs. 1 Online unter http://www.dfb.de/uploads/media/Grundlagenvertrag.pdf.
18 In Abbildung 1 als DB gekennzeichnet.

falls mit dem *Verein* die jeweiligen Transportbedingungen oder auch Kartenkontingente aus. Die Aushandlungen zwischen den sozialen Welten *Fans* und *Verein* beziehen sich auch auf das Mitbringen ihrer fankulturellen Materialien. Auch diese müssen transportiert und ins Stadion gebracht werden, sofern der Verein, der das Hausrecht innehat, diese gestattet.

Die soziale Welt der *Fans*, zu der auch das fankulturelle Material als Aktant gehört, trägt wesentlich zu dem Ereignis Fußball bei, das die *Zuschauerinnen* und Zuschauer besuchen wollen. Ihre soziale Welt ist dabei deutlich von der der *Fans* zu trennen. Während unter Zuschauer_innen die Konsument_innen eines Fußballspiels zu verstehen sind, die dem Spiel lediglich zuschauen, fassen wir unter Fans eben jene Gruppe, die längerfristig eine auf emotionaler Verbundenheit aufbauende Beziehung zu ihrem Verein haben.[19]

Als weitere soziale Welt tritt die Akteursgruppe in die Arena ein, die möglichst mit der von der Polizei kontrollierten Ordnung ihren Alltag verleben will resp. muss. Diese Welt der *Anderen* wird vom Fußball nur peripher berührt. Sie sind darauf bedacht, störungsfrei ihren Alltag zu verleben, haben aber an der Arena selber kein Interesse, sie müssen sich nur dann mit der Arena Anreise auseinandersetzen, wenn sie ihren alltäglichen Ablauf kreuzt oder ihr medial und somit diskursiv begegnen.

Damit für alle beteiligten sozialen Welten ein reibungsloser Ablauf und somit gleichermaßen ein störungsfreies Durchqueren der Arena funktioniert, ist nicht nur ein situatives Wissen von (Spiel-)Regeln und Ordnungen eine zentrale Voraussetzung,[20] auch das Selbstbewusstsein, einer Welt anzugehören und andere Welten wahrzunehmen, sind wesentliche Bestandteile für einen solchen komplikationslosen Ablauf.[21] Die jeweiligen Welten sind dabei für ihre eigenen Segmente und Akteur_innen deutlich sichtbar und für die übrigen Welten anhand von Äußerlichkeiten und Performance erkennbar.

Der DFB, die Vereine und Polizei treten in dieser Weltenkonstellation wiederholt als zentrale *Bestimmer_innen* der Arena auf: Sie setzen fest, wie eine Spielanreise ablaufen soll; Fans müssen in diesem festgelegten Rahmen

---

19 *Roose /Schäfer/Schmidt-Lux* (2010), S. 12.
20 Hier sind feldspezifische ungeschriebene Gesetze gemeint, die festlegen, was zu tun ist, wenn z. B. eine Reihe Polizist_innen einen Bahnhofsausgang blockiert.
21 Die feldspezifischen Regeln beziehen sich auf Rechte und Pflichten der einzelnen Welten. Dafür ist das feldspezifische Wissen über die eigene und die anderen sozialen Welten wichtig. *Fans*, die von der *Polizei* erkannt werden, werden bestimmte Wege verwehrt. *Anderen* hingegen nicht.

agieren, wenn sie ihrem Leitdiskurs folgend *dabei sein wollen*. Auch die übrigen Welten konstruieren ihren Fußball über die Absprache mit diesen dreien. Demzufolge stellt sich Fußball als ein ausgehandeltes Miteinander der Welten dar. Das bedarf dementsprechend auch einer Vorbereitung der hier geltenden Ordnung, bis alle ihre jeweiligen Positionen in der Arena der Anreise eingenommen haben. In dieser Phase geht es darum sich zu sammeln, insbesondere Fans und Polizei, und anhand der Wegvorgaben, entlang an Absperrungen, Polizei-Ketten, Kontrollen, Wasserwerfern, Reiterstaffeln und Shuttlebussen zum Stadion zu gelangen und von den Stadionordner_innen sortiert, schließlich ins Stadion zu gelangen. Das alles findet im öffentlichen Raum statt und wird hier durch Regulierungen und einem stetigen *Bereitsein* mit vorverhandelten Ordnungen der Arena als solche konstruiert.

3.2 Die soziale Welt der Fans als *implizite Akteurin*[22]: Das Drama um die Sichtbarkeit

Die Performance einer sozialen Welt kann eine Störung der Performance einer anderen sozialen Welt sein und in der Folge als Krise wahrgenommen werden. Die soziale Arena der Anreise zeigt sich als Ort der einstudierten tradierten Performance der beteiligten sozialen Welten. Das Auftreten der Welten in der Arena und ihre verschiedenen Interessen bergen das Potenzial für Krisen zwischen den sozialen Welten und somit auch für das Aufrechterhalten der Regularien in der Arena. Dieses drückt sich durch Störungen des Ablaufes aus. Darunter sind außerordentliche oder weltenzentrierte Aktionen zu fassen, die der Durchsetzung der eigenen Diskurse und Handlungspraktiken der jeweiligen sozialen Welten dienen, wie das Ausbrechen aus den ausgehandelten Regularien aus der sozialen Welt der Fans, ein Einschreiten der Polizei, Repressionen durch Verein und/ oder DFB oder Transportverbote seitens öffentlicher Verkehrsmittel, bis hin zu einer dramatischen medialen Zuspitzung. Diese beschneiden eine oder mehrere soziale Welten in ihrer Performance und richten sich gegen die eigentlich geltenden Regeln. Aus diesen Dynamiken der Akteur_innen kristallisieren sich Prozesse heraus, die auch das Risiko gewaltvoller Situationen im Zusammenhang mit einem Fußballspiel hervorbringen können. In deren Zentrum immer wieder die Welten der Fans und der Polizei mit ihren Performances stehen. Wir konnten feststellen, dass die im Bereich der Performance genannten Aspekte zwar stets auf Seiten der Fans als Störfaktor für das Aufrechterhalten der

---

22 Die soziale Welt als *Akteurin* bezieht sich auf alle sich in ihr befindenden Akteur_innen.

Regularien in der sozialen Arena aufgegriffen und von den übrigen Welten thematisiert werden, nicht aber auf der Seite der Welt der Polizei. Damit werden Fans als Störung für den sicheren Ablauf markiert.

In der Performance zeigt sich, dass die übrigen Welten der Arena die Welt der Fans ins Abseits drängen, wenn es darum geht, ihren Fußball zu konstruieren. Auf diese Weise wird die soziale Welt der Fans zur *impliziten Akteurin* gemacht. Die Diskurse und Darstellung der übrigen Welten lassen sich offenbar nicht störungsfrei mit der Performance der Fans in Einklang bringen. Für die soziale Welt der Fans, wird über das Ereignis Fußball von allen Beteiligten eine Darstellungs- und Daseinskrise konstruiert. Sie sind aktiv aber implizit.

3.3 Exkurs: Lageangepasste Reduzierung der polizeilichen Präsenz bei Fußballspielen

Um dieser Implizität der Fans entgegenzuwirken und sie somit in den Kreis der expliziten Akteur_innen des Fußballnetzwerkes zurückzuholen, kann das Pilotprojekt „Lageangepasste Reduzierung der polizeilichen Präsenz bei Fußballspielen" vom *Ministerium für Inneres und Kommunales des Landes Nordrhein-Westfalen* zumindest als Teillösung gesehen werden. Der Pilotzeitraum vom 01.08.2014 bis 28.09.2014 umfasste 56 Fußballspiele der ersten drei Fußballligen im Land NRW, jedoch keine Hochrisikospiele. Als Hochrisikospiel wird ein Spiel eingestuft, bei dem aus verschiedenen Gründen mit Störungen gerechnet werden muss und bei dem daher ein erhöhter Kräfteeinsatz zur Sicherung notwendig ist.[23] Im benannten Zeitraum waren mit den Partien FC Köln gegen Borussia Mönchengladbach und FC Schalke 04 gegen Borussia Dortmund zwei Hochrisikospiele angesetzt.[24]

Das Pilotprojekt wurde initiiert, weil für die Saison 2014/2015 wegen einer veränderten Ligenzusammensetzung[25] und somit einem Anstieg von 210 Spielen in der Vorsaison auf 231 Begegnungen in der Spielzeit 2014/2015 mit einem massiven Anstieg von polizeilichen Personalkosten und Arbeitsstunden zu rechnen war. Durch die Reduzierung der sichtbaren Präsenz von Polizeibeamten bei Fußballspielen und bei der Anreise zu Fußballspielen sollten Ressourcen eingespart und gleichzeitig ein Signal zur

---

23 *Bayrisches Staatsministerium des Innern, für Bau und Verkehr* (2014), S. 1.
24 *Ministerium für Inneres und Kommunales des Landes Nordrhein-Westfalen* (2014), S. 2.
25 In dieser Spielzeit waren mehr Vereine aus NRW in den drei ersten Ligen aktiv als in der vorherigen Saison.

Fußballfans in der Krise 139

Stärkung der Eigenverantwortung von Fans und Vereinen gesetzt werden. Die Entscheidung über den tatsächlichen Kräfteeinsatz lag indes weiterhin beim zuständigen Polizeiführer.[26]

Die 54 untersuchten Spielbegegnungen wurden in „nicht vergleichbare" und „vergleichbare" Partien eingeteilt. So ergaben sich im Pilotzeitraum 29 Spielpaarungen ohne Vergleichsbasis, da in den letzten drei Spielzeiten wegen verschiedener Ligenzugehörigkeit kein Spiel dieser Mannschaften stattfand oder sich die Rahmenbedingungen im Vergleich zur letzten Partie verändert haben. Beispiele hierfür sind in unterschiedlichen Spielansetzungen, wie Wochenendspiel oder Wochentagsspiel und darüber hinaus in veränderten Spieltagskonstellationen, wie etwa dem letzten Spieltag der Saison oder einem Spieltag in der Mitte der Saison, zu finden.[27] Die verbleibenden 25 Spiele fanden unter vergleichbaren Bedingungen statt.

Es kann konstatiert werden, dass bei den 25 vergleichbaren Spielen, in Komparabilität zu den herangezogenen Spielbegegnungen der jeweiligen Vereine, insgesamt 1151 Polizeikräfte (21,7 %) weniger eingesetzt wurden. Nur bei elf der insgesamt 54 ausgewerteten Spiele ereigneten sich Störungen durch Fangruppen, von diesen 11 Spielen waren jedoch lediglich fünf Spiele den vergleichbaren Spielen zugeordnet.[28]

Die *Abbildung 2*[29] zeigt die Spielbegegnungen nochmals unterteilt in 18 Spiele mit reduzierter Zahl an Einsatzkräften und 7 Spiele, bei denen die Einsatzkräfte nicht reduziert wurden. Die wenigen Störungen konnten von den Beamt_innen schnell und ohne Verstärkung behoben werden, lediglich für ein Spiel der als vergleichbar eingestuften Spiele wurde nachträgliche Verstärkung angefordert.[30]

---

26 *Ministerium für Inneres und Kommunales des Landes Nordrhein-Westfalen* (2014), S. 1.
27 *Ebd.*
28 *Ebd.*, S. 4.
29 *Diehl/Rilke* (2014), o. S.
30 *Ministerium für Inneres und Kommunales des Landes Nordrhein-Westfalen* (2014), S. 5 f.

	0	5	10	15	20

18 Spiele mit reduzierter Zahl an Einsatzkräften

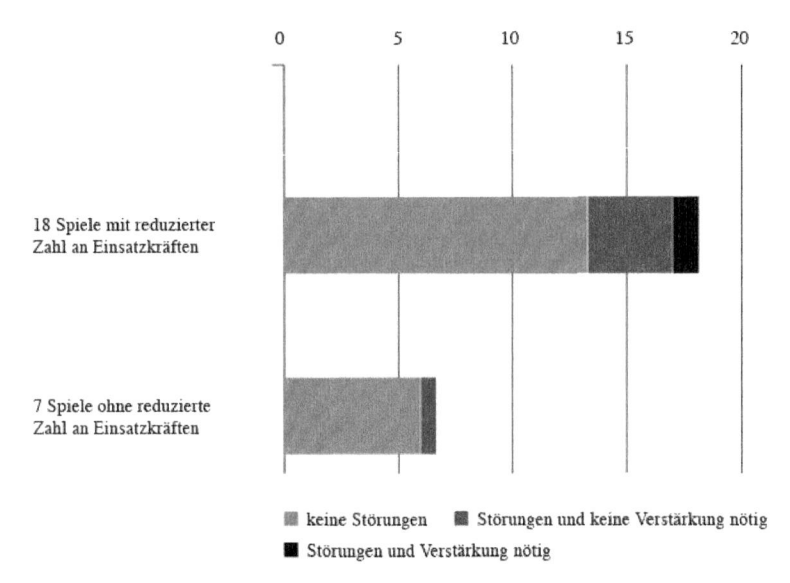

7 Spiele ohne reduzierte Zahl an Einsatzkräften

■ keine Störungen   ■ Störungen und keine Verstärkung nötig
■ Störungen und Verstärkung nötig

Abbildung 2: Störungen während des Pilotzeitraums. Eigene Darstellung nach MIK 2014

Es kann festgehalten werden, dass Fußballspiele bei reduzierter Anzahl von Polizeikräften genauso störungsfrei ablaufen wie mit nicht reduzierter Anzahl. Die Fans haben demnach augenscheinlich die ihnen zugestandene Eigenverantwortung wahrgenommen. Das Ereignis Fußball ist bei diesen hier ausgewählten Spielbegegnungen überwiegend friedlich und störungsfrei geblieben. Das Pilotprojekt des Landes NRW kann somit als ein Ansatz verstanden werden, der die soziale Welt der Fans aus ihrer Implizität zurück in die Explizität der Arenen des Fußballs zu holen vermag und insgesamt als Erfolg verbucht werden kann.

4. Schluss: Die Fans in der Krise

Das Konzept, die soziale Welt der Fans als *Implizite Akteurin* zu begreifen, ist eine Folge aus verschiedenen Interdependenzen diverser Bedingungen und Interaktionen beim Ereignis Fußball, die sich konkret in der Arena der Anreise zu einem Fußballspiel herausstellen konnte. Der Kontext, in dem die sozialen Welten in der Arena der Anreise aufeinandertreffen, ist Fußball als gesellschaftliches Ereignis zu begreifen. Dies wird besonders deutlich mit

Blick auf die Menge und Diversität der sozialen Welten, die bei einem Fußballspiel involviert sind.

Dies ist für das zentrale Phänomen der *impliziten Akteurin* genauso von Bedeutung, wie die intervenierende Bedingung[31] einer schaft[32], die nicht nur für die gesellschaftlichen Diskurse, auch rund um Fußball, bedeutsam ist, sondern gleichermaßen auch für die Handlungspraktiken der Akteur_innen. Sicherheitsgesellschaft stützt sich stark auf den Aspekt des Risikos und dessen Konstruktion. Dies wird in Bezug auf das gesellschaftliche Ereignis bedeutsam, weil die Konstruktion eines Risikos dazu führt, dass Sicherheitspolitik eher proaktiv gestaltet wird. Gleichzeitig wird ein Risikobewusstsein geschaffen, welches die Allgegenwärtigkeit von Risiken, auch hier beim Fußball, betont.

Das hat selbstverständlich Folgen für das Ereignis „Fußball" und seine sozialen Welten und ihre jeweiligen Performances in der Arena der Anreise. Auf der Seite der sozialen Welt der Fans hat das Auswirkungen auf die Ausgestaltung der Fankultur: Diese Inszenierung kann nur noch auf einer *angepassten Bühne* geschehen. Denn sie müssen ihre Performance an die Vorgaben und Bestimmungen der anderen sozialen Welten anpassen, die im Zusammenhang mit der öffentlichen Welt des Fußballs diesen proaktiv sichern müssen. Aus demselben Grund gelten ähnliche Konsequenzen für die performative Ausgestaltung der anderen sozialen Welten. Diese ist geprägt von einer Repräsentation von Sicherheitskultur und Kontrolle. Im Sinne der Risikominimierung muss ergo in der Logik einer Sicherheitsgesellschaft die Welt der Fans zur impliziten Akteurin werden, da sie einen Risikofaktor darstellen kann, denn ihre Performance ist nicht wie die der anderen auf Sicherheit, sondern auf kulturelle Ausgestaltung ausgelegt. In der Arena der Anreise sind die beiden zentralen sozialen Welten, die der Fans und die der Polizei, im Sinne ihrer spezifischen Performance auf Sichtbarkeit bedacht.

Es bleibt festzuhalten, dass sich die Situationen rund um die Anreise zu Fußballspielen besonders eignen, um den Aspekt Krise im Fußball noch einmal abschließend zu rekonstruieren. Hier zeigt sich, wie sich alle Akteur_innen in ihren sozialen Welten auf das Aufeinandertreffen unter der

---

31 Vgl. *Strauss/Corbin* (1996), S. 75 in Bezug auf das Kodierparadigma: „Die intervenierenden Bedingungen sind „die strukturellen Bedingungen, die auf die handlungs- und interaktionalen Strategien einwirken, die sich auf ein bestimmtes Phänomen beziehen. Sie erleichtern oder hemmen die verwendeten Strategien innerhalb eines spezifischen Kontexts."

32 *Singelnstein/Stolle* (2011).

Krise vorbereiten. Genau deshalb ist auch der Fußball in der Krise, weil diese medial und politisch konstruiert wird. Bereits durch die Artikulation im Diskurs wird sie real und manifestiert sich in den Handlungspraktiken der Akteur_innen. Es geht hier also um eine diskursive Dramatisierung[33] des Ereignisses Fußball, im Sinne einer Risiko- oder eben Krisenkonstruktion. Dies zeigt sich auch in den Konsequenzen der Handlungspraktiken. Krise ist hier auch die Aushandlung der sozialen Welten rund um Fußball. Für die Fans zeigt sich die Krise ganz spezifisch im Ausleben ihrer kulturellen Fanpraktiken, dessen Performance als ein Umgang mit auferlegter Implizität betrachtet werden kann. Somit zeigt sich, dass die Implizität sowohl ein Umgang mit Krise ist, als auch die Krise selbst. Die Krise vergegenständlicht sich in dem Umgang mit sich selbst. Für alle sozialen Welten und ihre Performances in der Arena bedeutet dies die Notwendigkeit eines Krisenwissens.

Es lohnt sich an dieser Stelle ein letzter Verweis auf den Modellversuch aus dem Pilotprojekt des Landes NRW. Hier scheint der Versuch gestartet worden zu sein, die Implizität der Akteur_innen Fans zu verringern. Ob in Bezug auf die intervenierenden Bedingungen, die eine Sicherheitsgesellschaft und die mit ihr einhergehenden Konstruktionsnotwendigkeiten von Störung und Risiko es überhaupt zulassen, Fans aus ihrer Implizität herauszulassen, muss weiterhin hinterfragt werden. Dass es sich aber zumindest für die Fans und ihren Pflichttermin Fußball um einen Schritt in die richtige Richtung handelt, ist unbezweifelbar.

Literatur

Baasch, S. (2009): Herstellung von Sicherheit und Produktion von Kontrollräumen im Kontext von Großevents: Die Fußball-Weltmeisterschaft 2006 in Hamburg. Verfügbar unter: http://ediss.sub.uni-hamburg.de/volltexte/2009/4023/pdf/Dissertation__Baasch.pdf [28.12.15].

Bayrisches Staatsministerium des Innern, für Bau und Verkehr (2014): Antwort auf die schriftliche Anfrage des Abgeordneten Thomas Mütze Bündnis 90/Die Grünen vom 08.08.2014. Verfügbar unter http://www.gruene-fraktionbayern.de/sites/default/files/ 17_0003172.pdf [20.08.2015].

Brandt, C./Hertel, F./Stassek, C. (Hg.). (2012): Gesellschaftsspiel Fußball: Eine sozialwissenschaftliche Annäherung. Wiesbande: Springer-Verlag.

Bundesliga.de (2015): Zweithöchster Zuschauerschnitt der Bundesliga-Geschichte. Verf. unter http://www.bundesliga.de/de/dfl/mediencenter/pressemitteilungen/zweithoechster-zuschauerschnitt-der-bundesliga-geschichte-pressemitteilung.jsp [28.12.15].

---

33 Siehe hierzu auch *Knapp* (1998).

Clarke, A. (2012): Situationsanalyse: Grounded Theory nach dem Postmodern Turn. Wiesbaden: VS Verlag für Sozialwissenschaften.
Diehl, J./Rilke, L. (2014): Weniger Einsatzkräfte beim Fußball: NRW Bericht wertet Pilotprojekt als Erfolg. Verfügbar unter unter http://www.spiegel.de/sport/fussball/bericht-zu-polizeieinsaetzen-nrw-pilotprojekt-war-erfolgreich-a-998327.html [20.08.2015].
Friedrichs, J. (2007): Gesellschaftliche Krisen. Eine soziologische Analyse. In: Scholten, H. (Hg.): Die Wahrnehmung von Krisenphänomenen. Fallbeispiele von der Antike bis in die Neuzeit. Köln: Böhlau, S. 13–26.
Knapp, G.-A. (1998): Gleichheit, Differenz, Dekonstruktion: Vom Nutzen theoretischer Ansätze der Frauen-und Geschlechterforschung für die Praxis. In: Krell, G./Ortlieb, R./Sieben, B. (Hg.): Chancengleichheit durch Personalpolitik. Wiesbaden: Gabler Verlag, S. 73-81.
Leistner, A./Schmidt-Lux, T. (2012): Konzentriertes Fallenlassen. In Emotionen, Sozialstruktur und Moderne. Wiesbaden: VS Verlag für Sozialwissenschaften, S. 317-333.
Ministerium für Inneres und Kommunales des Landes Nordrhein-Westfalen (2014): Polizeieinsatz bei Fußballspielen. Pilotversuch „Lageangepasste Reduzierung der polizeilichen Präsenz bei Fußballspielen". Zusammenfassung der Ergebnisse der Auswertung. Verfügbar unter: http://www.landtag.nrw.de/portal/WWW/dokumentenarchiv/Dokument?Id=MMV16%2F2294|1|0 [20.08.2015].
Nationales Konzept Sport und Sicherheit (2012) [1992]. Verfügbar unter http://www.lpr.sachsen.de/download/landespraeventionsrat/nkss-20111028.pdf [letzter Zugriff: 28.12.15].
Pilz, G.-A./Behn, S./Klose, A./Schwenzer, V./Steffan, W./Wölki, F. (2006): Wandlungen des Zuschauerverhaltens im Profifußball, 1. Aufl. Schriftenreihe des Bundesinstituts für Sportwissenschaft: Vol. 114. Schorndorf: Hofmann.
Roose, J./Schäfer, M.-S./Schmidt-Lux, T. (Hg.) (2010): Fans: soziologische Perspektiven, Vol. 17. Wiesbaden: Springer-Verlag.
Schmidt, R. (2012): Soziologie der Praktiken. Konzeptionelle Studien und empirische Analyse. Berlin: Suhrkamp.
Salewski, W.-D. (1985): Fußballfans und Gewalttäter. München.
Singelnstein, T./Stolle, P. (2011): Die Sicherheitsgesellschaft: soziale Kontrolle im 21. Jahrhundert. Wiesbaden: Springer-Verlag.
Strauss, A./Corbin, J. (1996): Grounded Theory: Grundlagen qualitativer Sozialforschung. Weinheim: Beltz.
Zifonun, D. (2012): Soziale Welten erkunden: Der methodologische Standpunkt der Soziologie sozialer Welten. In: Soeffner, H.-G. (Hg.): Transnationale Vergesellschaftungen. Wiesbaden: Springer Fachmedien Wiesbaden, S. 235–248.

Die Lebensphase Alter und die Prävention von Kriminalität – Das Wuppertaler Modell der Seniorensicherheitsberater

Tim Lukas, Jan Starcke und Frauke Dünckel

Gliederung

1. Einleitung
2. Entwicklung des Bevölkerungs- und Opferanteils
3. Kriminalitätsfurcht im Leben älterer Menschen
4. Strukturwandel der Lebensphase Alter
5. Das Modell der Seniorensicherheitsberatung
5.1 Praxis der Seniorensicherheitsberatung
5.2 Motivation von Sicherheitsberatern und Beratenen
6. Fazit

1. Einleitung

Der demografische Wandel wird hierzulande nicht ohne Folgen für die Kriminalitätsentwicklung bleiben. Zwar sind „allein aufgrund der demografischen Trends (…) auf allen Ebenen der strafrechtlichen Sozialkontrolle Rückgänge zu erwarten"[1], die zunehmende Alterung der Bevölkerung aber stellt die Kriminalprävention vor neue Herausforderungen. Ein wachsender Anteil lebensälterer Menschen an der Gesamtbevölkerung lässt nicht nur einen Anstieg der Alterskriminalität als wahrscheinlich erscheinen[2], größere Vulnerabilität und Kriminalitätsfurcht machen ältere Menschen darüber hinaus zu Adressaten zahlreicher kriminalpräventiver Aktivitäten. In Wuppertal bilden die sogenannten Seniorensicherheitsberater den Schwerpunkt der Präventionsarbeit für ältere Menschen. Um einen Einblick in die Hintergründe und Praxis der Beratungen zu gewinnen, wurden leitfadengestützte Interviews mit vier Seniorensicherheitsberatern und teilnehmende Beobachtungen bei zwei Beratungsveranstaltungen realisiert. Zusätzlich wurde ein Experteninterview mit der Koordinatorin der Seniorensicherheitsberater im

---

1 *Heinz* (2013), S. 302.
2 Vgl. zu diesem Themenkomplex *Kunz* (2014).

Polizeipräsidium Wuppertal durchgeführt. Die empirische Untersuchung ist Bestandteil der Wuppertaler Teilstudie zur Kriminalprävention im Rahmen des BMBF-Projektes VERSS (Aspekte einer gerechten Verteilung von Sicherheit in der Stadt), in der die Seniorensicherheit einen thematischen Schwerpunkt bildet.[3]

2. Entwicklung des Bevölkerungs- und Opferanteils

Prognosen für den demografischen Wandel deuten darauf hin, dass sich die Altersstruktur der Bevölkerung in Deutschland in den kommenden Jahrzehnten drastisch verändern wird. Nachdem bereits in den vergangenen Jahren eine zunehmende Schrumpfung und Alterung der Bevölkerung festgestellt werden konnte, gehen Vorausberechnungen des Statistischen Bundesamtes davon aus, dass der Anteil der über 65-Jährigen an der Gesamtbevölkerung im Jahr 2060 bei etwa 33 % liegen wird, während am Ende des Jahres 2014 in Deutschland nur rund 21 % der Bevölkerung 65 Jahre oder älter waren.[4] Zugleich werden die abnehmende Zahl der Geburten und das Altern der gegenwärtig stark besetzten mittleren Jahrgänge auch das Verhältnis von jüngeren zu älteren Menschen beeinflussen.

Während der Anteil der älteren Menschen in der Gesellschaft kontinuierlich ansteigt, bleibt der Anteil der über 60-Jährigen an der Gesamtzahl der registrierten Opfer vergleichsweise stabil. In den letzten zehn Jahren stellte die Altersgruppe der über 60-Jährigen jeweils einen Anteil zwischen 5,3 und 5,9 % an allen erfassten Opfern (Abbildung 1). Dabei ist anzumerken, dass der Anteil der weiblichen älteren Opfer höher ist als der der männlichen Opfer. Dies ist vor allem auf die hohe Opferbelastung älterer Frauen im Bereich des Handtaschenraubes zurückzuführen.[5]

Die in der Polizeilichen Kriminalstatistik dokumentierte geringe Wahrscheinlichkeit lebensälterer Menschen, Opfer einer Straftat zu werden, wird

---

3 Die gemeinsam mit der Stiftungsprofessur für Kriminalprävention und Risikomanagement der Universität Tübingen durchgeführte Teilstudie Kriminalprävention wird in den Untersuchungsstädten Wuppertal und Stuttgart umgesetzt. Weitere thematische Schwerpunkte sind die Einbruchs- und Jugendkriminalität. Das Gesamtprojekt unter der Leitung des Internationalen Zentrums für Ethik in den Wissenschaften der Universität Tübingen wird im Zeitraum 2014-2017 mit Mitteln des Bundesministeriums für Bildung und Forschung gefördert.
4 Vgl. *Statistisches Bundesamt* (2015), S. 17.
5 Vgl. *Ahlf* (2007), S. 327; *Bundeskriminalamt* (2015), S. 172.

Die Lebensphase Alter und die Prävention von Kriminalität 147

besonders deutlich bei der Analyse der Opfergefährdungszahlen verschiedener Altersgruppen. Eine Untersuchung des Landeskriminalamtes Nordrhein-Westfalen zeigt, dass die Gesamtbevölkerung im Vergleich zu den Senioren ein statistisch etwa vierfach höheres, ein Jugendlicher oder Heranwachsender sogar ein um das Zehnfache erhöhtes Opferrisiko trägt.[6] Dennoch zeigen Befragungen immer wieder, dass die Kriminalitätsfurcht älterer Menschen regelmäßig die der jüngeren Altersgruppen übersteigt.

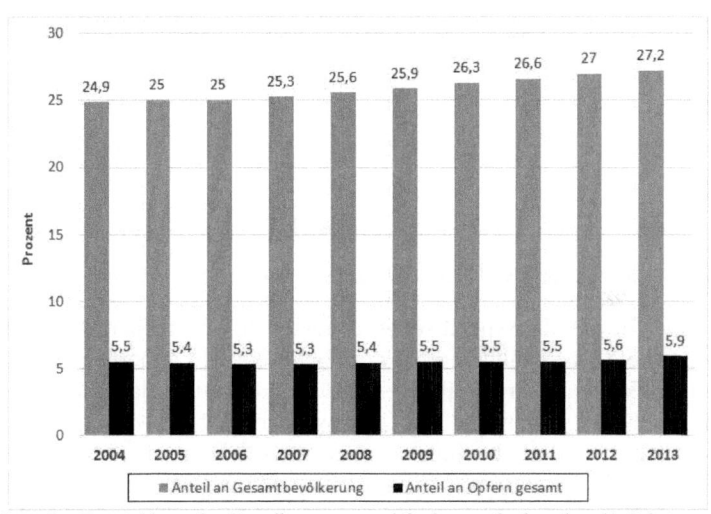

Abbildung 1: Entwicklung des Bevölkerungs- und Opferanteils der über 60-Jährigen

3. Kriminalitätsfurcht im Leben älterer Menschen

Allgemein variiert die Furcht vor Kriminalität sehr stark nach dem Lebensalter. Daten des Deutschen Viktimisierungssurvey 2012[7] zeigen für das sogenannte Standarditem, welches nach nicht konkretisierten Unsicherheitsgefühlen im Wohnumfeld fragt, einen U-förmigen Verlauf. Die Unsicherheit nachts allein außerhalb der eigenen Wohnung ist demnach bei jüngeren und älteren Menschen stärker ausgeprägt als bei Personen mittleren Alters. Besonders hoch erscheint die Kriminalitätsfurcht in der Altersgruppe der über 75-Jährigen (Abbildung 2). Der Deutsche Viktimisierungssurvey 2012 bestätigt damit den hinlänglich bekannten und paradoxen Befund, dass ältere

---

6 Vgl. *LKA NRW* (2004), S. 6 f.
7 Vgl. *Birkel* et al. (2014).

Menschen häufig eine hohe Kriminalitätsfurcht bei gleichzeitig geringem statistischem Viktimisierungsrisiko aufweisen.[8]

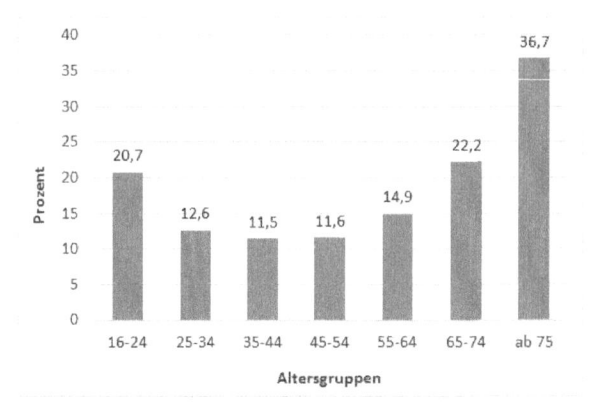

Abbildung 2: Kriminalitätsfurcht nach Alter (Standarditem: „eher/sehr unsicher")[9]

Als Grund für die altersspezifischen Unterschiede im Sicherheitsempfinden und die höhere Kriminalitätsfurcht von Senioren wird allgemein die größere körperliche Verwundbarkeit älterer Menschen diskutiert, da sie allgemein als weniger wehrhaft gelten und die Opferwerdung schwerwiegendere Konsequenzen haben kann als bei jüngeren Personen. Die Kriminalitätsfurcht älterer Menschen ist insofern nicht irrational, sondern Ausdruck einer vernunftgeleiteten Selbsteinschätzung der eigenen Coping-Fähigkeiten.[10] Generell müssen vor diesem Hintergrund vermeidungsorientierte Verhaltensweisen auch nicht durch Kriminalitätsfurcht erzwungen sein, sondern können schlicht einer größeren Vorsicht im Alter entspringen. So nimmt etwa mit zunehmendem Lebensalter die Sehkraft bei Dunkelheit ab, weshalb ältere Menschen Dunkelheit naturgemäß eher meiden. Kriminalitätsfurcht kann daher als eine Anpassungsleistung alter Menschen betrachtet werden, die „– zumindest teilweise – als eine positive Bewältigungsform des Alters und als Kennzeichen von Altersweisheit zu verstehen"[11] ist.

---

8 Jedoch haben *Greve* et al. (1996) bereits frühzeitig darauf aufmerksam gemacht, dass bei einer differenzierten Betrachtung der Kriminalitätsfurcht in ihren drei Dimensionen (affektiv, konativ, kognitiv) die Eindeutigkeit des Befundes verloren geht.
9 Vgl. *Birkel* et al. (2014), S. 69.
10 Vgl. *Herbst* (2011).
11 *Ahlf* (2007), S. 538.

4. Strukturwandel der Lebensphase Alter

Alter ist stets relativ zu betrachten und hängt von der körperlichen und geistigen Verfassung des Einzelnen ab. Über die Frage, wer als alt gilt, gibt es zwar keinen einheitlichen Konsens, jedoch wird häufig der offizielle Übergang zum Rentenalter als Schwelle zur Lebensphase Alter determiniert. Diese Einstufung ist jedoch insofern unzureichend, als „alt sein" von individuellen Faktoren wie dem psychologischen, dem biologischen und dem sozialen Alter abhängt. Unter psychologischem Alter versteht man die geistige Leistungsfähigkeit, die eng mit dem biologischen Alter, d. h. der körperlichen Gesundheit verknüpft ist. Das soziale Alter bezieht sich auf den Grad der sozialen Teilhabe in der Gesellschaft.[12]

Gemessen an den Ausprägungen der drei Altersvorunterscheidungen lässt sich Alter in die Lebensphasen der „jungen Alten" und der „alten Alten" einteilen.[13] Für die „alten Alten" trifft heute die Beobachtung zu, die früher fast generell für alte Menschen galt, „nämlich eine starke allgemeine – körperliche wie geistige – Aktivitätsreduktion in der Folge von körperlichem und geistigem Verfall."[14] Mit einem wachsenden Unvermögen zur Selbstversorgung entstehen Abhängigkeiten und es verstärkt sich die Tendenz zum Rückzug aus sozialen Kontakten. Dagegen ist das Bild der „jungen Alten" geprägt von Unabhängigkeit und Autonomie, Aktivität und Mobilität: „Sie gestalten ihre Zeit und ihr Leben selbst bestimmt, treiben Sport, bilden sich weiter, haben Hobbys, Ehrenämter, gehen auf Reisen oder in die Politik."[15] Mit den „jungen Alten" hat sich eine neue Sozialfigur formiert, die als kompetent, aktiv und produktiv gilt, und deren Potentiale von Politik und Öffentlichkeit zunehmend eingefordert werden, um die – auch finanziellen – Folgen der zunehmenden Alterung der Gesellschaft abzufedern.[16]

Sozialstrukturell herrschen jedoch sehr unterschiedliche Voraussetzungen für aktives und produktives Altern. Altersarmut zwingt ältere Menschen zunehmend dazu, mit schlecht bezahlten Mini-Jobs ihre Rente aufzubessern. Auch ehrenamtliches Engagement ist nicht immer kostenneutral. Der finanzielle Spielraum der sozialen Schichten entwickelt sich auch in der älteren Generation immer weiter auseinander. Finanzielle Mittel und die damit verbundene Möglichkeit, die Lebensphase Alter aktiv und produktiv zu gestal-

---

12 Vgl. *Schnelle* (2014), S. 26 ff.
13 Vgl. *Pichler* (2010).
14 *Thieme* (2008), S. 37.
15 *Ebd.*
16 Vgl. *van Dyk/Lessenich* (2009).

ten, haben zudem Einfluss auf das Sicherheitsgefühl: Die Einbindung in soziale Netzwerke, Gesundheit und Mobilität können sich positiv auf die wahrgenommene Sicherheit auswirken. Soziale Isolation dagegen kann Kriminalitätsfurcht verstärken.[17]

5. Das Modell der Seniorensicherheitsberatung

Um dem altersspezifischen Bedürfnis nach Sicherheit Rechnung zu tragen, wurde in Wuppertal im Jahr 2007 das Team der ehrenamtlichen Sicherheitsberater für Senioren ins Leben gerufen. Das Ziel dieser Initiative ist es, Sicherheitsgefühle älterer Menschen zu stärken und das tatsächliche Risiko der Opferwerdung durch geeignete Verhaltenshinweise zu reduzieren. Das Angebot umfasst kostenlose Hilfestellungen und Beratungsgespräche durch geschulte und ehrenamtlich tätige Bürger, die sich selbst im Seniorenalter befinden. Dass man sich dabei von Anfang an bewusst für das Konzept „Senioren für Senioren" entschied, gründet in der Hoffnung, auf diese Weise eine persönlichere Beziehung und ein größeres Vertrauen zwischen Beratern und Beratenen herstellen zu können. Lebensältere Ansprechpartner erfahren bei Senioren allgemein eine höhere Akzeptanz, da sie über ähnliche Lebenserfahrungen verfügen und die gleiche Sprache sprechen.

Polizeilichen Akteuren wird dagegen häufig weniger Vertrauen entgegengebracht, da sie oftmals als eine institutionelle Instanz wahrgenommen werden, die den Ängsten und Sorgen älterer Menschen nicht den als notwendig erachteten Ernst und ausreichende Zeit entgegenbringe. In den Stadtteilen, so der Tenor in den durchgeführten Interviews mit den Seniorensicherheitsberatern, seien zu wenig Bezirksdienstbeamte als Fußstreifen unterwegs, sodass sich kaum ein Vertrauensverhältnis aufbauen könne. Stattdessen, so der Eindruck der Interviewpartner, seien die Beamten nur mit der Kontrolle des Straßenverkehrs oder der Aufnahme von Verkehrsdelikten beschäftigt. Es sei daher umso wichtiger, dass den Beratung- und Hilfesuchenden eine Situation geboten würde, in der sie sich in vertrauensvoller Atmosphäre über Angebote der Polizei und anderer Einrichtungen informieren könnten.

Das Konzept der Seniorensicherheitsberater setzt an dieser Stelle an und versucht ein Verhältnis zu etablieren, in dem sich Berater und Beratende auf „gleicher Ebene" (Interview 31.08.2015) – von Bürger zu Bürger – begegnen können. Als zentrale Koordinierungsstelle legt auch die Polizei großen

---

17 Vgl. *Klimke* (2008), S. 128.

Wert darauf, dass das Selbstverständnis der Seniorensicherheitsberater dem eines normalen Bürgers als Anlaufstelle für Beratungs- und Hilfesuchende entspricht und das Angebot nicht unmittelbar mit polizeilichen Aktivitäten assoziiert wird:

„ [...] und ich auch gerne betone, dass wir ja keine Polizisten sind und nicht von oben herab sagen: ‚Ihr müsst das und das und das machen', sondern einfach Situationen, die ich erlebt habe schildere. [...]. Ja, das ist so eine undefinierbare höhere Stelle die Polizei und deswegen denke ich, wenn es nicht gerade der Dorfpolizist ist in dem Sinne, dann ist das so, dass die so ein bisschen Vorbehalte haben und sagen: ‚Ja, der ist jung, lass den mal reden' oder so" (Interview 31.08.2015).

Bevor die Seniorensicherheitsberater ihrer Tätigkeit nachgehen können, durchlaufen sie ein thematisch und zeitlich umfassendes Schulungsprogramm. Die Schulung dauert sechs bis sieben Wochen, wobei verschiedene Lerneinheiten bei unterschiedlichen Institutionen absolviert werden müssen. So vermittelt die Polizei Inhalte zu den Themenkomplexen Kriminalprävention, Opferschutz und Verkehrssicherheit. Bei der Feuerwehr erhalten die Berater eine Einführung in die Themen Brandschutz und Rauchentwicklung. Verschiedene Ämter der Stadt stellen Informationen zu sozialen Einrichtungen und Hilfsorganisationen in Wuppertal zur Verfügung, die im Rahmen der Beratung als Hilfe zur Selbsthilfe weitergegeben werden können. Über die genannten Schulungsinhalte hinaus erhalten die Berater von der Verbraucherzentrale und einem Fachanwalt für Verbraucherrecht einen Überblick über Fragen des Verbraucherschutzes, Vorsorgevollmachten und Patientenverfügungen, wobei die Sicherheitsberater in der Praxis bei diesen Themenschwerpunkten häufig an die zuständigen Experten verweisen. In der Regel sei es so, dass man sich auf ein oder zwei Themen spezialisiere und für weitergehende Anfragen an andere Seniorensicherheitsberater oder die entsprechenden Fachleute verweisen würde.

5.1 Praxis der Seniorensicherheitsberatung

Die Beratung findet überwiegend im Kontext öffentlicher Vorträge in bereits existierenden Seniorengruppen statt, so etwa bei der Diakonie, in Kirchengemeinden oder Alten- und Pflegeheimen. Während der Vorträge werden die im Rahmen der Schulung erworbenen Kenntnisse an die Senioren weitergegeben. Dabei handelt es sich um Verhaltenshinweise zur Prävention von Kriminalität sowie um weitere Informationen zu spezifischen Gefahrensituationen. Die Seniorensicherheitsberatung orientiert sich an einem weiten Sicherheitsbegriff, der ein breites Spektrum sicherheitsrelevanter Themen in der Beratung abdeckt. Die Frage ist dabei nicht nur „was kann ich selber tun", sondern vor allem: „Wer kann mir helfen, welche Stellen gibt es, an die ich mich wenden kann?" Die Seniorensicherheitsberater geben insbesondere beim Thema Vorsorge den Hinweis, dass sich ältere Menschen an Experten wenden sollen, die detailliert und mit juristischem Sachverstand beraten können, so etwa die Verbraucherzentrale oder entsprechende Fachanwälte.

Beratungen zur Kriminalprävention orientieren sich vor allem an den drei Themenschwerpunkten Taschendiebstahl, Wohnungseinbruchdiebstahl und Trickdiebstahl am Telefon oder an der Wohnungstür, da dies typischerweise die Felder besonderer Gefährdung im Alter sind.[18] Im Kern zielen die Beratungen darauf ab, das Publikum über Tätertypen und deren charakteristische Vorgehensweisen aufzuklären. Eng verbunden mit der Aufklärung ist das Ziel, die Senioren für potentielle Gefahrensituationen zu sensibilisieren, wie etwa für das Szenario, bei dem Fremde aus einem vorgeschobenen Grund („Ich muss nur einmal kurz telefonieren") Zugang zur Wohnung verlangen, um dann Geld oder Wertgegenstände zu entwenden. In derartigen Situationen würden insbesondere die älteren Senioren häufig allzu unbedarft erscheinen. Im Zuge der Beratung sollen sie daher dafür sensibilisiert werden, in vergleichbaren Situationen künftig vorsichtiger und voreingenommener zu sein, um auf diese Weise eine mögliche Opferwerdung zu vermeiden:

„Unser Ziel muss es sein, dass die Leute ihr Gehirn benutzen, wenn irgendetwas in dieser Art passiert. Wenn Leute an der Türe stehen im Blaumann, das müssen sie wissen, dass sie dann auch richtig reagieren. Dann kann man sich schützen" (Interview 25.08.2015).

Die Beratungsveranstaltungen werden nicht zuletzt auch auf die unterschiedlichen Sicherheitsbedürfnisse von „jungen Alten" und „alten Alten" abgestimmt. Sind im Publikum vornehmlich lebensältere Senioren vertreten, so wird der Fokus stärker auf den Aspekt der Verhaltensprävention gelegt. Insbesondere aus der oftmals geringeren Aufmerksamkeit, einer verlangsamten Reaktionsfähigkeit und größeren Unachtsamkeit der „alten Alten" ergibt sich für diese Gruppe ein hoher Bedarf an nach verhaltenspräventiven Schutzmaßnahmen. Bei den „jungen Alten" zielt die Beratung stärker auf die technische Prävention von Wohnungseinbrüchen, was vor allem darauf zurück-

---

18 Vgl. *Görgen* et al. (2012), S. 13.

Die Lebensphase Alter und die Prävention von Kriminalität 153

zuführen ist, dass „junge Alte" insgesamt mobiler sind und sie während ihrer Abwesenheit (z. B. im Urlaub) ihr Hab und Gut gesichert wissen wollen.

5.2 Motivation von Sicherheitsberatern und Beratenen

Bei der Seniorensicherheitsberatung handelt es sich um eine ehrenamtlich ausgeübte Tätigkeit. Es stellt sich daher die Frage nach der jeweiligen Motivation für das Engagement als Seniorensicherheitsberater. Diesbezüglich wurden in den Interviews vor allem drei Gründe genannt. Zunächst steht für viele der interviewten Senioren die ehrenamtliche Aufgabe als solche im Vordergrund, d. h. die Möglichkeit, mit anderen Menschen zusammen zu kommen und einer sinnvollen Tätigkeit nachzugehen, die überdies Spaß macht. Ein weiterer Grund sind empathische und altruistische Motive. Die Berater scheinen getrieben von einem Bedürfnis, anderen Menschen Beistand in Problemlagen zu bieten und ihnen eine Anlaufstelle für Hilfe und Unterstützung zu sein. Schließlich wurde es als wichtig erachtet, dass ältere Menschen eine Möglichkeit erhalten, sich über ihre Opfererfahrungen austauschen zu können:

„Ich glaube, dass doch viele Senioren Rat und Hilfe brauchen, ja. (...) Und ich merke jetzt auch, es ist sehr großer Bedarf da. Einfach auch zu warnen, damit auch teilweise, dass die auch ihre eigene Erfahrung loswerden" (Interview 28.08.2015).

Neben der Motivation der Berater stellt sich auch die Frage nach den Beweggründen, die dazu führen, das Angebot der Sicherheitsberater überhaupt in Anspruch zu nehmen. Hierzu offenbaren die Interviews deutliche Unterschiede zwischen den Gruppen der „jungen Alten" und der „alten Alten". Es wurde deutlich, dass die „jungen Alten" eher selten an den entsprechenden Beratungsangeboten teilnehmen, da sie in ihrer Freizeit oft anderweitig aktiv sind oder generell nur geringes Interesse an den dort behandelten Themen aufweisen. Oftmals besäßen sie die Haltung „mir passiert schon nichts, ich bin ja aufmerksam" oder „mir ist ja auch noch nie etwas passiert". Interesse bestehe in dieser Gruppe vor allem an den Themen Einbruch- und Brandschutz sowie an Aspekten der IT-Sicherheit, da Senioren beim Online-Shopping generell weniger sorglos seien, als dies in anderen Generationen vielleicht der Fall sei.

Insgesamt nimmt die Gruppe der „alten Alten" die Seniorensicherheitsberatung sehr viel häufiger in Anspruch als die der „jungen Alten", was allerdings weniger einem stärkeren thematischen Interesse geschuldet ist, als vielmehr der Tatsache, dass die Beratungsveranstaltungen zumeist im Rahmen von Seniorengruppen stattfinden, in denen vor allem lebensältere Senioren anzutreffen sind. Die Leiter der Seniorengruppen laden die Seniorensicherheitsberater in der Regel zu ihren Treffen ein, damit diese „auch mal bisschen Programm reinbringen" (Interview 28.08.2015). Die höhere Inanspruchnahme der Seniorensicherheitsberater durch die „alten Alten" entsteht somit zumeist nicht aus eigener Initiative, wie dies bei den „jungen Alten" der Fall ist. Wie die Interviews zeigen, werden die Veranstaltungen der Seniorensicherheitsberater dabei von den Senioren oftmals als eine Art der Freizeitbeschäftigung betrachtet, bei der man in gemütlicher Atmosphäre bei Kaffee und Kuchen unterhalten wird:

„[...] Da gibt es auch ein Tässchen Kaffee und auch auf ein Stückchen Kuchen, das ist schon mal wichtig, und untereinander ‚baba'. Und die Leiter suchen natürlich krampfhaft irgendwelche Leute, die auch mal bisschen Programm reinbringen und dann kommt es auch mal vor, dass die da sitzt und so [Geste: Schlafen] und da regte sich mal einer auf ‚denen ist ja Kaffee und Kuchen wichtiger als unsere Information'" (Interview 28.08.2015).

In dieser Haltung zeigt sich, dass auch die „alten Alten", obgleich sie grundsätzlich einen größeren Bedarf an Sicherheitsberatung hätten, nur selten deren Notwendigkeit erkennen. Stattdessen verharmlosten sie die Situation oder wählten Vermeidungsstrategien getreu dem Motto „ich setze mich solchen Situationen nicht aus, wo ich eventuell bestohlen werde" (Interview 31.08.2015). Resümierend lässt sich daher festhalten, dass die Motivation der Berater, Sicherheitsberatungen anzubieten, und die Motivation der Beratenen, diese in Anspruch zu nehmen, sehr weit auseinander fallen.

6. Fazit

Auf Grundlage der Interviews lassen sich für eine abschließende Einschätzung des Modells der Seniorensicherheitsberater positive und negative Aspekte finden. Positiv zu bewerten ist, dass die Seniorensicherheitsberatungen dazu beitragen können, ältere Menschen für Fragen der Sicherheit zu sensibilisieren. Laut Meinung der Berater gehen viele Senioren mit der Erkenntnis aus ihren Veranstaltungen, von nun an aufmerksamer für mögliche Gefahrensituationen zu sein („da muss ich jetzt aber demnächst drauf achten", Interview 28.08.2015). Bei den Beratungen werde grundsätzlich darauf geachtet, keine weitere Angst zu schüren; vielmehr gehe es darum, das Sicherheitsgefühl der Senioren zu stärken, indem man ihnen praktische Hinweise an die Hand gibt, wie sie durch eigene Verhaltensweisen das Risiko einer Opferwerdung reduzieren können. Durch die Stärkung des Sicherheitsgefühls werde dabei gleichzeitig auch die Lebensqualität der Senioren erhöht. Dass die Veranstaltungen der Seniorensicherheitsberater durchaus zu positiven Ergebnissen führen können, bestätigte sich auch durch die vor Ort durchgeführten teilnehmenden Beobachtungen. Die Mehrzahl der Senioren äußerte im Anschluss an die Veranstaltungen, dass sie „etwas mitgenommen hätten" (Beobachtungsprotokoll 19.11.2015) und nun mit einem geschärften Blick an bestimmte – potentiell risikoreiche – Situationen im Alltag herangehen würden.

Trotz der zweifellos vorhandenen positiven Auswirkungen der Beratungen, lässt sich das Konzept auch kritisch betrachten. Die Sicherheitsberater werden in der Regel durch die Leiter von Seniorengruppen eingeladen, für welche die Beratungen jedoch vor allem dazu dienen, einen neuen Programmpunkt im Rahmen ihrer Seniorentreffs zu schaffen. Häufig betrachten die Senioren die Beratungen tatsächlich auch eher als Freizeitangebot, sodass der eigentliche Sinn der Veranstaltung weitgehend verloren geht. Ein weiterer Kritikpunkt ist, dass der Fokus der Beratung auf Seniorengruppen liegt, und daher regelmäßig nur diejenigen Senioren mit den Beratungen erreicht werden, die ohnehin bereits am sozialen Leben teilnehmen (und somit über mehr Sicherheit, Informationen und Netzwerke verfügen). Ältere Menschen, die vereinsamt und von ihrem sozialen Umfeld isoliert leben, werden durch die Beratungen nicht erreicht. Zwar bieten die Seniorensicherheitsberater auch Einzelberatungen zu Hause an, diese werden jedoch kaum in Anspruch genommen. Für den Erfolg der Seniorensicherheitsberatungen liegt es letztlich somit vor allem an den Senioren selbst, welche Bedeutung sie dem Konzept beimessen und mit welcher Motivation sie an die Veranstaltungen herangehen.

Literatur

Ahlf, E.-A. (2007): Seniorenkriminalität und -viktimität: Alte Menschen als Täter und Opfer. In: H.-J. Schneider (Hg.): Internationales Handbuch der Kriminologie Bd. 1 S. 509-550. De Gruyter: Berlin.

Backes, G./Clemens, W. (2013): Lebensphase Alter: Eine Einführung in die sozialwissenschaftliche Alternsforschung. Beltz Juventa: Weinheim.

Birkel, C./Guzy, N./Hummelsheim, D./Oberwittler, D./Pritsch, J. (2014): Der Deutsche Viktimisierungssurvey 2012. Erste Ergebnisse zu Opfererfahrungen, Einstellungen gegenüber der Polizei und Kriminalitätsfurcht. Max-Planck-Institut für ausländisches und internationales Strafrecht: Freiburg i.Br.

Bundeskriminalamt (Hg.) (2015): Polizeiliche Kriminalstatistik. Bundesrepublik Deutschland. Jahrbuch 2014. Bundeskriminalamt: Wiesbaden.

Dyk, S. van/Lessenich, S. (Hg.) (2009): Die jungen Alten. Analysen einer neuen Sozialfigur. Campus: Frankfurt/M.

Görgen, T./Herbst, S./Kotlenga, S./Nägele, B./Rabold, S. (2012): Kriminalitäts- und Gewalterfahrungen im Leben älterer Menschen. Bundesministerium für Familie, Senioren, Frauen und Jugend: Berlin.

Greve, W./Hosser, D./Wetzels, P. (1996): Bedrohung durch Kriminalität im Alter. Kriminalitätsfurcht älterer Menschen als Brennpunkt einer Gerontoviktimologie. Nomos: Baden-Baden.

Heinz, W. (2013): „Wir werden weniger und die Wenigen werden immer älter". Zu den möglichen Auswirkungen des demografischen Wandels auf Kriminalität und Kriminalitätskontrolle. In: Dessecker A./Sohn W. (Hg.), Rechtspsychologie, Kriminologie und Praxis. Festschrift für Rudolf Egg zum 65. Geburtstag, KrimZ: Wiesbaden. S. 261-310.

Herbst, S. (2011): Untersuchungen zum Viktimisierungs-Furcht-Paradoxon. Ein empirischer Beitrag zur Aufklärung des „Paradoxons" anhand von Vorsicht und Vulnerabilität im Alter. Nomos: Baden-Baden.

Klimke, D. (2008): Wach- & Schließgesellschaft Deutschland. Sicherheitsmentalitäten der Spätmoderne. VS Verlag: Wiesbaden.

Kunz, F. (2014): Kriminalität älterer Menschen. Beschreibung und Erklärung auf der Basis von Selbstberichtsdaten. Duncker & Humblot: Berlin.

LKA NRW – Landeskriminalamt Nordrhein-Westfalen (Hg.) (2004): Senioren und Kriminalität. Eine Analyse unter Berücksichtigung demografischer Entwicklungen. (2. Aufl.) Landeskriminalamt Nordrhein-Westfalen: Düsseldorf.

Pichler, B. (2010): Aktuelle Altersbilder: „junge Alte" und „alte Alte". In: K. Aner/ U. Karl (Hg.), Handbuch Soziale Arbeit und Alter, : VS Verlag: Wiesbaden. S. 414-425.

Schnelle, S. R. A. (2014): Das sozial vermittelte Alter(n). In: H. Pelizäus-Hoffmeister (Hg.), Der ungewisse Lebensabend? Alter(n) und Altersbilder aus der Perspektive von (Un-) Sicherheit im historischen und kulturellen Vergleich, Springer VS: Wiesbaden. S. 25-36.

Statistisches Bundesamt (Hg.) (2015): Bevölkerung Deutschlands bis 2060. 13. koordinierte Bevölkerungsvorausberechnung. Statistisches Bundesamt: Wiesbaden.

Thieme, F. (2008): Alter(n) in der alternden Gesellschaft. Eine soziologische Einführung in die Wissenschaft vom Alter(n). VS Verlag: Wiesbaden.

Gewaltresilienz im Jugendstrafvollzug – Potenziale eines Perspektivwechsels

Roman Pauli

Gliederung

1. Einleitung
2. Erster Perspektivwechsel – Resilienz
3. Zweiter Perspektivwechsel – Sozialökologie
4. Die Perspektive der Praxis
5. Zusammenfassung und Ausblick

1. Einleitung

Die empirische Forschung hat mit Hell- und Dunkelfeldstudien mehrfach die Gewaltprävalenz in deutschen Gefängnissen thematisiert[1], angesichts derer es dem Strafvollzug im Allgemeinen, wie dem Jugendstrafvollzug im Besonderen, nur bedingt gelingt, die Gefangenen vor wechselseitigen Übergriffen zu schützen. Gewalterfahrungen sind nahezu alltäglicher Bestandteil des Hafterlebens insbesondere jugendlicher Inhaftierter. Im Sinne eines wirksamen Opferschutzes und damit im Sinne intramuraler Gewaltprävention[2] sind diese Befunde gleichermaßen problematisch.

Prominente Erklärungsansätze für die Gewalt unter Gefangenen sind einerseits individuelle Vorbedingungen, die von den Inhaftierten in die Haftanstalten hineingetragen werden[3] sowie andererseits Deprivationserfahrungen infolge institutioneller Bedingungen der Haft, die in einer Subkultur der Gefangenen gewaltsam bewältigt werden[4]. Das täterorientierte Erklärungsmodell der Importationstheorie erscheint allerdings defizitär, insofern der be-

---

1 Vgl. *Wirth* (2006), *Hinz/Hartenstein* (2010), *Bieneck/Pfeiffer* (2012), *Häufle/Schmidt/Neubacher* (2013).
2 Gewalt- und Viktimisierungserfahrungen sind als Prädiktor für Reviktimisierung und eigene Gewaltausübung empirisch gut dokumentiert (vgl. etwa *Bieneck/Pfeiffer* 2012, *Shaffer/Ruback* 2002; *Tremblay* 2000).
3 *Irwin/Cressey* (1962).
4 *Sykes* ([1958] 2007).

sondere soziale Kontext des Gewalthandels unberücksichtigt bleibt. Mit Blick auf den Subkulturbegriff der Deprivationstheorie ist hingegen fraglich, inwiefern die voluntaristisch anmutende Zugehörigkeit zu einer Gefangenensubkultur als treffende Beschreibung auch für jene Insassen trägt, die sich trotz gegensätzlicher Aspirationen nur schwer entziehen können. Wie es nämlich gelingt, sich von den gewaltinduzierenden Strukturen in Haft zu lösen, ist noch weitestgehend ungeklärt.

Ziel des vorliegenden Beitrags ist es daher, die Potenziale eines Perspektivwechsels bei der Erforschung von Gewalt im Jugendstrafvollzug zu eruieren, und zwar in zweierlei Hinsicht:

(1) Zunächst aus Perspektive der Resilienzforschung, die den Blick von der Analyse der Risiko- und Belastungsfaktoren auf die Möglichkeiten zur erfolgreichen Bewältigung eben jener widrigen Bedingungen richtet.
(2) Dies darüber hinaus aus einer sozialökologischen Perspektive, die, jenseits der häufig auf individuelle Kompetenzen fokussierenden Resilienzforschung, die Wechselwirkungen zwischen Individuum und Umwelt in den Blick nimmt.

Diese theoretischen Überlegungen werden abschließend exemplarisch mit den Einschätzungen von Sozialarbeitern, Pädagogen, Seelsorgern und Ehrenamtlern konfrontiert, die im Sommer 2015 im Rahmen einer qualitativen Vorstudie im nordrhein-westfälischen Jugendstrafvollzug erhoben wurden.

2. Erster Perspektivwechsel – Resilienz

Der Resilienzbegriff leitet sich vom lateinischen *resilire* (abprallen, zurückspringen) ab und ist beispielsweise aus dem Englischen *resilience* zu übersetzen mit „Spannkraft, Widerstandsfähigkeit, Elastizität". In den Naturwissenschaften beschreibt Resilienz eine physikalische Materialeigenschaft[5]: Ein Stahlelement ist mehr oder weniger resilient, je besser es nach äußerer Anspannung in den Ursprungszustand zurückkehrt. Ökosysteme sind resilient, sofern sie tolerant gegenüber Störungen von außen, d.h. in der Lage sind, sich beispielsweise im Anschluss an Umweltkatastrophen zu reorganisieren.[6]

---

5 *Walker/Salt* (2006).
6 *Holling* (1973).

Seit den 1980er Jahren wird der Resilienzbegriff vermehrt in der psychologischen Forschung rezipiert. Eine einheitliche Definition liegt aufgrund zum Teil recht unterschiedlicher Forschungskonzeptionen bis heute nicht vor.[7] Ganz allgemein wird der Begriff in der Psychologie als Metapher zur Beschreibung der *psychischen Widerstandsfähigkeit eines Individuums gegenüber Entwicklungsrisiken*[8] herangezogen. Die Pionierstudie von *Werner* und *Smith*[9] wird in diesem Sinne als Paradigmenwechsel von der Analyse pathogenetischer Entwicklungsrisiken hin zu einer ressourcenorientierten Suche nach Schutzfaktoren für eine positive Entwicklung interpretiert. Während dieser Längsschnittstudie stellten die Autorinnen fest, dass etwa ein Drittel der von ihnen beobachteten Studienteilnehmer trotz multipler Risikoexpositionen eine positive Entwicklung zeigte – sich zum Teil sogar besser entwickelten als einige derjenigen Teilnehmer, die ohne vergleichbare Belastungen aufwuchsen. Resilienz, so die Annahme von *Werner* und *Smith*, hat eine ganz eigene Qualität und ist damit mehr als die bloße Abwesenheit von Belastungsfaktoren.

In der psychologischen Resilienzforschung setzte sich das *Risiko- und Schutzfaktorenkonzept*[10] durch, demgemäß Individuen einer Reihe von entwicklungsgefährdenden Belastungen ausgesetzt sind, die die Wahrscheinlichkeit negativer Konsequenzen erhöhen. Dies können unter anderem kognitive Defizite, chronische Erkrankungen, Armut und/oder Arbeitslosigkeit der Eltern, ein aversives Wohnumfeld oder auch traumatische Erlebnisse sein. Diesen Risikofaktoren stehen auf der anderen Seite gewisse Schutzfaktoren gegenüber – beispielsweise gewisse Persönlichkeitseigenschaften oder Faktoren des sozialen Umfeldes – die wiederum die Wahrscheinlichkeit einer positiven Entwicklung begünstigen. Bezüglich der konkreten Auswirkungen von Risiko- und Schutzfaktoren wird davon ausgegangen, dass die Kombination und Abfolge im Auftreten sowie deren Kumulation und Interaktion die individuelle Entwicklung beeinflussen. Die genauen Wirkmechanismen von Risiko- und Schutzfaktoren sind allerdings keineswegs geklärt, sondern Gegenstand gegenwärtiger Forschung.

Diese Lesart von Resilienz wird dahingehend kritisiert, dass Umweltfaktoren lange Zeit nur unzureichend berücksichtigt wurden:

---

7 Hieraus ergeben sich zum Teil Schwierigkeiten bei der Operationalisierung des Konstrukts sowie bei der Vergleichbarkeit der erhobenen Befunde.
8 *Wustmann* (2004).
9 *Werner/Smith* (1982).
10 Zusammenfassend vgl. *Wustmann/Seiler* (2012), *Fröhlich-Gildhoff/Rönnau-Böse* (2009).

„Almost always, early studies of resilience focused on the individual as the locus of change. The environment (as family, school, institution, or community) was assessed for its influence on individual development processes but it was still the qualities of the individual, not the environment, which intrigued researchers."[11]

Damit verlagert der individuumzentrierte Blick auf Kompetenzen und Stärken die Verantwortung gewissermaßen auf die bereits Benachteiligten, die nun in der Pflicht stehen, ihre psychologische Funktionalität zu erhöhen.

In Abbildung 1 ist das Ergebnis einer *Web of Science* Datenbanksuche zum Resilienzbegriff visualisiert:

Abbildung 1: „resilience" im Titel wissenschaftlicher Artikel und Buchpublikationen gemäß Web of Science, Abruf 03.09.2015.

Ungeachtet der Kritik an der subjektfokussierten Interpretation des psychologischen Resilienzbegriffs nahm die Anzahl der Publikationen mit „resilience" im Titel wissenschaftlicher Veröffentlichungen innerhalb der letzten 14 Jahre fächerübergreifend stetig zu. Gleiches gilt für die Anzahl der Zitationen, die anzeigt, dass das Thema zudem intensiv diskutiert wird. Mit dem Resilienzkonzept scheint also ein Erkenntnisgewinn verbunden, der den Resilienzbegriff in ganz unterschiedlichen Fachdisziplinen anschlussfähig macht.

In der Kriminologie scheint die Resilienzforschung – zumindest unter diesem Label – hingegen erst allmählich Verbreitung zu finden.

---

11 *Ungar* (2012), S 13.

	KrimJ (bis 2008)	MschrKrim	Bewhi	EJC	BJC
2015	.	.	.	1	1
2014	.	1	.	.	.
2013	.	.	.	.	2
⋮	.	.	.	.	.
2009	.	.	4	.	.
⋮	.	.	.	.	.
2000	.	.	.	.	.

Abbildung 2: „resilien*" im Titel oder Abstract (sofern verfügbar) ausgewählter Fachzeitschriften, Abruf 03.09.2015.

In Abbildung 2 zeigt dies exemplarisch ein Blick in die Titel des Kriminologischen Journals, der Monatsschrift für Kriminologie und Strafrechtsreform, der Zeitschrift Bewährungshilfe sowie des European und British Journals of Criminology, die für denselben Zeitraum nach dem Stichwort durchsucht wurden.

Welches analytische Potenzial das Resilienzkonzept aus einer sozialökologischen Perspektive für die kriminologische Forschung bietet, wird im Folgenden für das Thema Gewalt im Jugendstrafvollzug erörtert.

3. Zweiter Perspektivwechsel – Sozialökologie

Individuelle Resilienz ist immer auch das Ergebnis einer positiven Entwicklung, die erst in einem bestimmten Kontext unter Bereitstellung bestimmter Ressourcen ermöglicht wurde. Um dies zu verdeutlichen, entwirft *Michael Ungar* ein sozialökologisches Modell von Resilienz, demgemäß sich die Wahrscheinlichkeit einer positiven Entwicklung trotz widriger Bedingungen dann erhöht, wenn von Familien, Gemeinden und Regierungen:

(1) Ressourcen für eine positive Entwicklung bereitgestellt werden,

(2) die für die Betroffenen kulturell bedeutsam sind und

(3) ihren Präferenzen entsprechen.[12]

Dies erscheint für Institutionen wie Strafvollzugsanstalten gleichermaßen plausibel. Bezogen auf den Jugendstrafvollzug lässt sich Gewalt in diesem

---

12 *Ungar* (2012), S. 17.

Sinne als eine (1) leicht verfügbare Ressource interpretieren, die (2) innerhalb der Subkultur der Gefangenen eine bestimmte Wertschätzung erfährt und die (3) beispielsweise durch den Vollzug erfahrene „Schmerzen der Inhaftierung"[13] kompensiert. Bis hierhin reichen Subkultur- und Deprivationstheorie. In einem sozialökologischen Verständnis von Resilienz ist darüber hinaus zu fragen, welche Ressourcen und i. d. S. Handlungsalternativen im Justizvollzug überhaupt zur Wahl stehen, inwiefern diese (sub)kulturell bedeutsam oder eben nicht bedeutsam sind und wessen Präferenzen die angebotenen Ressourcen entsprechen. Fehlen nämlich kulturell bedeutsame Ressourcen, ist eine resiliente Entwicklung entweder nicht möglich oder erfolgt in Rückgriff auf Handlungsalternativen, die als abweichend gewertet werden. Nochmals mit *Ungar* gesprochen geht es also darum, den Kontext zu erfassen, in dem Widrigkeiten erlebt werden und so Resilienz als eine Qualität der sozialen und physischen Umwelt und erst nachgelagert als eine individuelle Fähigkeit zu verstehen.[14]

In der Tradition der stadtsoziologischen Studien der Chicago School of Sociology rücken sozialökologische Forschungsarbeiten erneut die Kontexteffekte von (Gewalt-)Delinquenz in den Vordergrund. Dabei werden in jüngerer Zeit vermehrt die Möglichkeiten zur Abkehr delinquenten Verhaltens trotz aversiver Lebensumwelten thematisiert. Bezogen auf Gewaltresilienz an Schulen lässt sich beispielsweise zeigen, dass, neben der individuellen Emotionskontrolle, vor allem Kontextfaktoren die Wahrnehmung von Handlungsalternativen zu Gewalt beeinflussen: „Dort, wo Schule ein Gewaltmilieu darstellt, sind Ressourcen wie gute Beziehungen zu den Mitschülern und Lehrpersonen und ein gutes Schulklima tendenziell geringer ausgeprägt."[15] Umso wichtiger erscheint die Möglichkeit, sichere Bindungen eingehen zu können. Dies können, das zeigt das Schulbeispiel, Mitschüler und Lehrpersonen sein. *Laub* und *Sampson* konnten die Relevanz anderer Vertrauenspersonen oder einer festen Erwerbsarbeit für die Abkehr von kriminellen Karrieren nachweisen.[16] Bezogen auf den Strafvollzug beeinflussen schließlich Merkmale von Haftanstalten selbst das Gewaltverhalten der Inhaftierten: In Übereinstimmung mit dem Schulbeispiel beeinflusst ein Klima der Gewalt in Haftanstalten das Gewaltverhalten der Inhaftierten auch unabhängig von deren individueller Affinität zu Gewalt. Auf der anderen Seite wirkt die individuelle Einschätzung der Beziehungsqualität zu Bediensteten gewaltredu-

---

13 *Sykes* ([1958] 2007), S. 63 ff.
14 *Ungar* (2012), S. 27.
15 *Moldenhauer* (2014), S. 385.
16 *Laub/Sampson* (2003).

zierend, wobei nicht auszuschließen ist, dass diese Einschätzungen selbst wiederum von anstaltsbezogenen Merkmalen, wie einer bestimmten Anstaltstradition oder auch Vorgaben der Anstaltsleitung, abhängen.[17]

Deutlich werden sollte, dass in unterschiedlichen Kontexten je unterschiedliche Ressourcen zur Situationsbewältigung bereitstehen. Die Suche nach Umweltressourcen für eine resiliente Entwicklung muss daher ebenfalls stets kontextspezifisch erfolgen. Im Folgenden werden in diesem Sinne die zuvor genannten Befunde mit den Meinungen einiger Praktiker im nordrhein-westfälischen Jugendstrafvollzug konfrontiert.

4. Die Perspektive der Praxis

Im Sinne einer kontextspezifischen Suche nach Ressourcen für eine positive Entwicklung trotz belastender Kontextbedingungen wurden Anfang August 2015 insgesamt sechs Experten aus den Bereichen soziale Arbeit, pädagogischer Dienst, Seelsorge und Ehrenamt im Rahmen einer qualitativen Vorstudie im nordrhein-westfälischen Jugendstrafvollzug interviewt. Dabei stand die Expertise der Praktiker im Vordergrund und wurde nur dann mit den hier zuvor genannten Befunden konfrontiert, wenn diese von den Interviewten nicht bereits selbst thematisiert wurden.

Dass Merkmale der Anstalten selbst die Wahl bestimmter Handlungsalternativen beeinflussen, wurde von den Interviewten mehrfach thematisiert und darüber hinaus insofern weiter differenziert, als dass auch auf Ebene unterschiedlicher Hafthäuser, Abteilungen und Wohngruppen ein und derselben Anstalt große Heterogenität bezüglich der Zugänglichkeit zu handlungsrelevanten Ressourcen bestehe:

„Jeder Knast, 'tschuldigung, tickt vollkommen anders. Vollkommen anders. In vielen Bereichen und da auch. Das fängt bei den Gegenständen an, die sie auf der Zelle haben dürfen und hört beim Bildungs- und Freizeitangebot auf. [...] Also wenn ein Jugendlicher von einem Hafthaus ins andere kommt, dann sieht der sich vollkommen anderen Dingen gegenüber, manchmal. Was Alltag angeht, Umgang mit Alltagssituationen, so. Die werden in dem einen Hafthaus so geregelt und in dem anderen so. [...] Da werden sie als Gefangener irgendwann/ Ich mein die checken das natürlich, wer wie tickt und was bei wem was wie geht. Aber erzieherisch kriegen sie da keine Linie rein.

---

17 *Baier/Pfeiffer/Bergmann* (2014).

Also die fragen ja immer, wer hat denn heute Spätdienst?" (Interview Seelsorge, 31.07.2015)

In einem ähnlichen Zusammenhang zog eine Mitarbeiterin des pädagogischen Dienstes beispielhaft das Thema Drogenkonsum in unterschiedlichen Abteilungen derselben Haftanstalt heran. Dieser werde in einer suchttherapeutischen Abteilung unter Umständen als Rückfall gewertet und damit eben anders geahndet als auf anderen Stationen. Bei den Inhaftierten verbleibe jedoch die Frustrationserfahrung eines bisweilen gegen sie ausgelegten Handlungsspielraums der Bediensteten, insofern die Entscheidung für eine Sanktion in einem Fall beziehungsweise gegen eine Sanktion in einem anderen Fall aus Perspektive der Inhaftierten nicht nachvollziehbar erscheint. Dass die Bandbreite des zur Verfügung stehenden Handlungsspielraums an je bestimmte Personen geknüpft ist, verdeutlicht der letzte Absatz des oben genannten Zitats. Damit ist erneut die Relevanz der Beziehungsqualität zwischen Inhaftierten und Bediensteten als Teil eines je spezifischen Anstaltsklimas angesprochen.

In den Interviews wurde häufig das Problem defizitärer sozialer Beziehungen der Inhaftierten untereinander, zwischen Inhaftierten und Bediensteten sowie zwischen Inhaftierten und extramuralen Kontaktpersonen angesprochen. Bezüglich der Bedeutung von Vertrauens- oder Bezugspersonen sprach eine Sozialarbeiterin die Möglichkeit der freiwillig gemeinschaftlichen Unterbringung an:

„Es gibt tatsächlich Gefangene denen tut das richtig gut. Die kommen dann aus sich raus, ne, weil sie einfach auch jemanden haben, mit dem sie reden können. Grade die, die sich vielleicht sonst auch n bisschen zurückziehen würden. Wo dann auch der Spannmann auch schonmal kommt, Frau [Name] können sie nicht mal mit dem sprechen, da ist irgendwie, also jetzt ohne dass der suizidal ist, aber ne. Einfach so, das ergibt sich aus'm Gespräch." (Interview Soziale Arbeit 11.08.2015)

Für Inhaftierte, die keinen Besuch bekommen und innerhalb des Gefängnisses keine derartige Beziehung zu Mitgefangenen aufbauen können, übernimmt das Ehrenamt bisweilen die Funktion einer Vertrauensperson:

„Der [Name] hatte mal gesagt hier, können wir uns nicht da [im Besucherraum] mal treffen? Ich möchte mal, dass ich auch mal Besuch hab. Dass ich so wie richtig Besuch habe. So treuherzig und so. [...] Also mich beeindruckt auch mal schon, wie offen die auch sind. Wo die dann auch wirklich mal was

loswerden. Auch so was sie schon so, ja ich sag mal, erlebt haben. Manchmal bricht man einfach auch zusammen, ne? In ihrem Leben so, ne?" (Interview Ehrenamt 03.08.2015)

Nahezu alle Interviewpartner weisen unabhängig von ihrer eigenen Profession auf die Sonderrolle von Ehrenamt und Seelsorge hin, die jenen Statusgruppen im Gefängnis zukommt. Anders als für Psychologen, Therapeuten und Mitarbeiter des allgemeinen Vollzugdienstes besteht für Ehrenamt und Seelsorge keine Dokumentationspflicht über die Inhalte der Gespräche, die mit Inhaftierten geführt werden. In diesem geschützten Rahmen könnten die Gefangenen offener als in Gesprächen mit anderen Statusgruppen sprechen, da sie hier keine etwaigen Sanktionen durch Angestellte oder Mithäftlinge erwarten müssten.

Dass die den Inhaftierten zur Verfügung gestellten Ressourcen bedürfnisadäquat und auch subkulturell bedeutsam sein müssen, verdeutlicht eine Mitarbeiterin des pädagogischen Dienstes am Beispiel des Behandlungsprogramms für inhaftierte Gewalttäter (BiG):

„Aber wichtig bei diesem BiG Programm ist tatsächlich immer wieder fortschreiben und immer wieder gucken, wie haben sich denn auch die Lebenswelten der Jugendlichen in den letzten Jahren verändert. Es bringt nichts, wenn ich ein Rollenspiel spiele in dem steht, sie klopfen bei ihrem Nachbarn an und fragen nach Zucker. Das ist sowas von weit weg aus den Lebenswelten unserer Jugendlichen, das mach ich ja noch nicht mal. [...] Was machen unsere Jugendlichen in ihrer Freizeit? Die gehen in den Park und hauen einen auf ne Zigarette an. So, da kann ich jetzt auf verschiedene Arten und Weisen mal ausprobieren. [...] Das ist dann was, was sie auch durchaus mal nachvollziehen können." (Interview pädagogischer Dienst 11.08.0215)

5. Zusammenfassung und Ausblick

Bei der Analyse von Gewalt unter jugendlichen Inhaftierten sind individuelle Vorbedingungen und soziale Kontextfaktoren nicht wechselseitig exklusive Erklärungen, sondern stellen zwei Seiten derselben Medaille dar. Bei einseitiger Betrachtung bleibt das Bild stets unvollständig. Ein sozialökologisches Resilienzmodell zur Beforschung der Gewalt im Jugendstrafvollzug bietet das Potenzial, die Wechselwirkungen zwischen den individuellen Vorbedingungen, mit denen die Inhaftierten ihre Strafe antreten, und den Kontextressourcen, die im sozialen und institutionellen Umfeld der Haftanstalten zur Verfügung gestellt werden, in den Blick zu nehmen. Das Resilienzkonzept verspricht darüber hinaus einen Mehrwert, da sich erst mit einem besseren Verständnis derjenigen Bedingungen, unter denen der Vollzug der Freiheitsstrafe gewaltfrei abläuft, die Bandbreite möglicher Ansatzpunkte zur Gewaltprävention erfassen lässt.

Dazu bedarf es zunächst einer Art Bestandsaufnahme derjenigen Ressourcen und Handlungsalternativen, die in den Vollzugsanstalten beispielsweise in Form von Bildungs-, Behandlungs-, Sport- und Freizeitangeboten zur Verfügung gestellt werden. Auf dieser Grundlage ist dann die Frage nach der kulturellen Bedeutsamkeit und Präferenzadäquanz zu stellen. Erst so erschließt sich, warum bestimmte Ressourcen als legitimes Mittel zur Situationsbewältigung wahrgenommen und als legitime Handlungsalternative übernommen werden beziehungsweise warum dies eben nicht gelingt. Methodisch verspricht die Mehrebenenanalyse differenzierte Ergebnisse bei der Modellierung individueller und kontextueller Erklärungsfaktoren der Gewalt[18], auf deren Grundlage die weitere Gestaltung des Jugendstrafvollzugs aufbauen kann.

Literatur

Bieneck, S./Pfeiffer, C. (2012): Viktimisierungserfahrungen im Justizvollzug. KFN-Forschungsbericht Nr. 119. Hannover.
Häufle, J./Schmidt, H./Neubacher, F. (2013): Gewaltopfer im Jugendstrafvollzug – Zu Viktimisierungs- und Tätererfahrungen junger Strafgefangener. Bewährungshilfe – Soziales Strafrecht Kriminalpolitik, 60, S. 20-38.
Hinz, S./Hartenstein, S. (2010): Jugendgewalt im Strafvollzug. Eine retrospektive Untersuchung im sächsischen Jugendstrafvollzug. Zeitschrift für Jugendkriminalrecht und Jugendhilfe, 21(2), S. 176-182.
Holling, C.S. (1973): Resilience and Stability of Ecological Systems. Annual Review of Ecology and Systematics, 4, S. 1-23.
Irwin, J./Cressey, D.R. (1962): Thieves, Convicts and The Inmate Culture. Social Problems, 10, S. 142-155.
Laub, J. & Sampson, R. (1993): Turning Points in the Life Course: Why Change matters to the Study of Crime. Criminology, 31(3), S. 301-325.
Moldenhauer, S. (2013): Gewaltfrei in Gewaltmilieus? Gewalterfahrungen und Resilienz bei Jugendlichen. In: Groenemeyer, A./Hoffmann, D. [Hg.]: Jugend als soziales Problem – soziale Probleme der Jugend? Diagnosen, Diskurse und Herausforderungen. Weinheim: Beltz Juventa, S. 371-392.
Oberwittler, D. (2004): Stadtstruktur, Freundeskreise und Delinquenz: Eine Mehrebenenanalyse zu sozialökologischen Kontexteffekten auf schwere Jugenddelinquenz. In: Oberwitt-

---

18 Vgl. *Oberwittler* (2004).

ler, D./Karstedt, S. [Hg.]: Soziologie der Kriminalität (Sonderheft 43 der Kölner Zeitschrift für Soziologie und Sozialpsychologie), S. 135-170.
Shaffer, J.N./Ruback, R.B. (2002): Violent Victimization as a Risk Factor for Violent Offending among Juveniles. Juvenile Justice Bulletin. Washington, DC: U.S. Department of Justice, Office of Justice Programs, Office of Juvenile Justice and Delinquency Prevention.
Sykes, G.M. ([1958] 2007): The Society of Captives. A Study of a Maximum Security Prison. Princeton.
Tremblay, R.E. (2000): Origins of Youth Violence. Canadian Journal of Policy Research, 1(2), S 19-24.
Ungar, M. (2012): Social Ecologies and Their Contribution to Resilience. In: Ders. [Hg.]: The Social Ecology of Resilience. A Handbook of Theory and Practice. New York u.a., S. 13-31.
Walker, B./Salt, D. (2006) Resilience thinking. Washington DC: Island Press.
Werner, E./Smith, R. (1982): Vulnerable but invincible. A longitudinal Study of resilient Children and Youth. New York: McGraw-Hill.
Wirth, W. (2006): Gewalt unter Gefangenen. Kernbefunde einer empirischen Studie im Strafvollzug des Landes Nordrhein-Westfalen. Düsseldorf.

Soziales Training im (Warnschuss-)Arrest – Evaluation eines Modellprojekts

*Katrin Höffler und Ursula Gernbeck**

Gliederung

1. Einführung
2. Stationäres soziales Training im (Warnschuss)-Arrest: Überblick
3. Untersuchungsdesign
4. Erste Ergebnisse
4.1 Aktenanalyse
4.2 Befragung der Arrestanten
4.3 Befragung der Sozialarbeiter
4.4 Insbesondere: Empirische Überprüfung kriminalpolitischer Argumente für und gegen den Warnschussarrest (Auswahl)
5. Resümee

1. Einführung

Nach langer und intensiver kriminalpolitischer Diskussion wurde im Jahr 2013 der sog. Warnschussarrest eingeführt, d.h. die Kombination aus Jugendarrest und bedingter Jugendstrafe, die vor der Gesetzesänderung gemäß § 8 Abs. 2 JGG a. F. unzulässig war. Der Gesetzgeber verbindet mit der neuen Sanktionsart die Idee, dass die mit einem kurzen Freiheitsentzug zu Beginn der Bewährungszeit verbundene Abschreckungswirkung die Legalbewährung der Verurteilten verbessern soll.[1] Der Warnschussarrest soll ausweislich der Gesetzesbegründung zudem u.a. helfen, im Fall der gleichzeitigen Verurteilung mehrerer Angeklagter vermeintliche Gerechtigkeitslücken zu schließen.[2]

---

* Prof. Dr. *Katrin Höffler* ist Inhaberin eines Lehrstuhls für Strafrecht und Kriminologie an der Georg-August-Universität Göttingen. *Ursula Gernbeck* ist dort wissenschaftliche Mitarbeiterin. Die Autorinnen danken Frau Ri'inLG Dr. *Carolin Schuberth* herzlich für die Mitarbeit am Projekt und für interessante Anregungen zu diesem Vortrag.

1 BT-Drs. 17/9389, S. 12.
2 BT-Drs. 17/9389, S. 12.

Da nicht nur die Idee des Warnschussarrests vielfach kritisiert wurde[3] und wird[4], sondern auch der Jugendarrest als solcher[5], hat das Land Baden-Württemberg die Einführung des Warnschussarrests zum Anlass genommen, den Vollzug des Arrests im Wege eines Modellprojekts neu auszugestalten.[6]

Ursprünglich nur für Warnschussarrestanten gedacht, mittlerweile aber auch für sonstige geeignete Dauerarrestanten, wird im Rahmen des Arrestvollzugs ein stationäres soziales Training durchgeführt. Das soziale Training soll die Jugendlichen und Heranwachsenden befähigen, soziale Verhaltensweisen zu erlernen und ihren Alltag auf normkonforme Weise zu bewältigen. So sollen letztlich die Rückfallquoten gesenkt werden.

Die Einführung der sozialen Trainingskurse wurde von Anfang an wissenschaftlich begleitet, um die Implementation dieser Behandlungsform zu evaluieren. Ziel der Studie ist außerdem, die Auswirkungen dieser Behandlung auf die Rückfallraten zu messen.

2. Stationäres soziales Training im (Warnschuss)-Arrest: Überblick

In Baden-Württemberg gibt es zwei Jugendarrestanstalten: Göppingen und Rastatt. Diese Anstalten führen die sozialen Trainingskurse mithilfe freier Träger durch. Die Arrestdauer für jeden Arrestanten ist von Gesetzes wegen auf vier Wochen begrenzt, kann aber je nach Verurteilung auch nur ein Wochenende oder wenige Tage betragen (§ 16 Abs. 2 und 3 JGG). Die Kursteilnahme ist nicht nur Warnschussarrestanten vorbehalten, auch Urteils- und Nichtbefolgungsarrestanten werden in das Programm mit aufgenommen. Dies bringt eine erste Schwierigkeit mit sich: Schon von der gesetzgeberischen Konzeption her weisen diese Personengruppen höchst unterschiedliche Erziehungs- und Behandlungsbedürfnisse auf.[7] Während es sich bei den

---

3 *Müller-Piepenkötter/Kubink* ZRP (2008), S. 176; *Verrel/Käufl* NStZ (2008), S. 177; *Verrel* NK (2013), S. 67; *Kreuzer* ZRP (2012), S. 101; *Ostendorf* ZIS (2012), S. 608.
4 *Kinzig/Schnierle* JuS 2014; *Verrel* NK 2013, S. 67.
5 *Albrecht* (2002), S. 148; *Sonnen et. al.* DVJJ-Journal Extra (2002), S. 83; *Ostendorf* (2013), Rn. 213; *Pruin et al.* ZJJ (2013), S. 431.
6 Offizieller Beginn für das Projekt war der 7.3.2013; der Projektzeitraum im engeren Sinne erstreckte sich von 1.7.2013 bis 30.9.2014, da zwischen März und Juni 2013 noch keine sozialen Trainingskurse stattfanden.
7 Zu den Unterschieden von Urteils- und Warnschussarrestanten vgl. BT-Drs. 17/9389, S. 12.

Warnschussarrestanten um eher schwere Fälle handelt, liegt dem Nichtbefolgungsarrest in der Regel eine Tat von geringerem Gewicht zugrunde. Ob all diese Personen mit ein und derselben Maßnahme erreicht werden können, ist fraglich.

Aber auch im Hinblick auf den Inhalt der Kurse besteht ein beträchtlicher Grad an Heterogenität. Obwohl beide Arrestanstalten ihre Konzepte „Soziale Trainingskurse" nennen, gibt es große Unterschiede hinsichtlich der konkreten Ausgestaltung.

In Göppingen war Voraussetzung für die Teilnahme, dass die Arrestanten während der ganzen Dauer des Kurses, d. h. acht Tage lang, teilnahmen. Die Kurse wurden in geschlossenen Gruppen abgehalten, die den ganzen Kurs über zusammen blieben. Auch die Trainer blieben immer die gleichen. Der Kurs bestand aus Einzel- und Gruppengesprächen, die darauf abzielten, dass sich die Arrestanten mit ihren Taten auseinandersetzen und eine Zukunftsperspektive entwickeln.

In Rastatt waren die Kurse modular ausgestaltet. Die Trainer kamen für einige halbe oder ganze Tage im Monat in die Anstalt, um jeweils einen Teil der Kurse durchzuführen. Dabei gab es keine festen Gruppen, sondern der Ein- und Ausstieg aus dem Programm war jederzeit möglich (z.B. aufgrund abweichender Ladungszeiten). Genau wie in Göppingen bestanden die Kurse im Wesentlichen aus Einzel- und Gruppengesprächen. In Rastatt gab es jedoch keine Mindestteilnahmezeit. Auch die Teilnahme an einem einzigen Nachmittag wurde als Teilnahme an einem sozialen Trainingskurs qualifiziert.

Diese zwei komplett unterschiedlichen Konzeptionen führten zu einer nicht unerheblichen Schwierigkeit bei der Evaluation, denn man kann nicht von „dem" sozialen Training sprechen. Allerdings wurden beide Kurse vom Land Baden-Württemberg, das die Implementation und die Evaluation in Auftrag gegeben hat, als „Soziales Training" anerkannt, beide Konzepte wurden also so eingestuft. Dies rechtfertigt eine zusammenfassende Analyse. Allerdings müssen die Unterschiede bei der Interpretation der Ergebnisse berücksichtigt werden.

3. Untersuchungsdesign

Um herauszufinden, ob und ggf. wie die Teilnahme an den sozialen Trainingskursen das Verhalten der Arrestanten beeinflusst, wurde eine schriftliche Befragung mittels Fragebögen unter den Arrestanten und Sozialarbeitern in Göppingen und Rastatt durchgeführt. Einige Arrestanten, Jugendrichter und Sozialarbeiter sowie die beiden Anstaltsleiter wurden zudem im Rahmen von (Experten-) Interviews befragt.[8] Darüber hinaus wurden 124 Strafakten ausgewertet.[9]

4. Erste Ergebnisse

Da die Daten zur Überprüfung der Rückfallraten zum Zeitpunkt der Kölner Tagung noch nicht vorlagen, konnte über den Einfluss des sozialen Trainings auf die Legalbewährung noch keine Aussage getroffen werden. Allerdings ist – jedenfalls bei eingeschliffenen Verhaltensweisen – ein gewisser Einstellungswandel eine notwendige, wenn auch keine hinreichende Voraussetzung für eine nachhaltige Verhaltensänderung.[10] Zu der Frage, ob ein solcher Einstellungswandel stattfand, liefern bereits die Ergebnisse der Befragungen erste Erkenntnisse.

4.1 Aktenanalyse

4.1.1 Sanktionen

Insgesamt nahmen im Erhebungszeitraum (1.7.2013 bis 30.9.2014) 181 Arrestanten an den sozialen Trainingskursen teil. Knapp zwei Drittel hiervon verbüßten ihren Arrest in Rastatt (n=115; 63,5 %), ein Drittel in Göppingen (n=66; 36,5 %). Die Verteilung der Arrestarten war wie folgt: 43,6 % der Arrestanten verbüßten Urteilsarrest, 28,2 % Warnschussarrest

---

8 Insgesamt wurden sieben Jugendrichter/innen, sechs Sozialarbeiter und zwölf Warnschussarrestanten interviewt.
9 124 Strafakten von 73 Urteilsarrestanten und 51 Warnschussarrestanten; Verteilung auf die Anstalten: Rastatt: 47 Urteilsarrestanten und 32 Warnschussarrestanten, Göppingen: 26 Urteilsarrestanten und 19 Warnschussarrestanten; der Zeitraum deckt sich mit dem Projektzeitraum (s. Fn. 6).
10 *Matt* ZJJ (2013), S. 253; *Suhlig/Cottonaro* ZJJ (2005), S. 385; *Schwegler* (1999), S. 170 f.

und 28,2 % Nichtbefolgungsarrest (n=181).[11] Die Verteilung der Arrestarten in den beiden Arrestanstalten war nahezu identisch: In Göppingen (n=66) verbüßten 28 Arrestanten Urteilsarrest (42,4 %) und je 19 Arrestanten Warnschussarrest bzw. Nichtbefolgungsarrest (je 28,8 %). In Rastatt (n=115) verbüßten 51 Arrestanten Urteilsarrest (44,3 %) und je 32 Arrestanten Warnschussarrest bzw. Nichtbefolgungsarrest (27,8 %).

Der große Anteil an Nichtbefolgungsarrestanten überrascht. Denn zum Zeitpunkt der Ausarbeitung der Kurskonzepte waren sowohl Sozialarbeiter als auch Anstaltsleiter davon ausgegangen, dass diese Gruppe der Arrestanten keine große Rolle in den Arrestanstalten spielen würde. Dies war eine Fehleinschätzung.

4.1.2 Sozio-biographische Eckdaten

90,1 % der untersuchten Arrestanten waren männlich, 9,9 % weiblich (n=181). Das Durchschnittsalter der Teilnehmer bei Beginn des Arrestvollzugs lag bei 17,72 Jahren (n=170). Die Gruppe der 16-jährigen war die am stärksten Vertretene (22,4 %, n=170). Die Arrestanten, die zu einem Urteilsoder Warnschussarrest verurteilt worden waren, wiesen eine große Bandbreite an Sozialisationsdefiziten auf: Drogenkonsum war weit verbreitet (68,5 %, n=124), genauso wie strukturell unvollständige Familien (61,3 %, n=124) und Arbeitslosigkeit (42,7 %, n=124). Mehr als jeder Dritte (36,3 %) hatte in der Vergangenheit Zeit in stationären Erziehungseinrichtungen verbracht (n=124), mehr als ein Viertel (26,6 %) hatte keinen Schulabschluss (n=124).

4.2 Befragung der Arrestanten

Die Arrestanten selbst glaubten, dass sie vom Inhalt der sozialen Trainingskurse profitierten. 69,3 % berichteten, während des Trainings etwas gelernt zu haben (n=153). Der selbst berichtete Lernerfolg bezog sich auf folgende Bereiche: Kommunikation mit anderen (68,3 %), Bedeutung von Schule und Ausbildung (62,5 %), Umgang mit Aggressionen (47,5 %), Umgang mit Geld (30,0 %), Umgang mit Alkohol und Drogen (8,3 %) und Sonstiges (10,8 %; n=120; Mehrfachantworten möglich). 80,0 % (n=150) gaben zudem an, dass sie nicht glaubten, in Zukunft weitere Straftaten zu begehen.

---

11 Grundlage für diese Zahlen sind die Verfahrensakten sowie die von den Jugendarrestanstalten angelegten Arrestanten-Personalblätter.

4.3 Befragung der Sozialarbeiter

Die Sozialarbeiter, die die sozialen Trainingskurse abhielten, füllten zu jedem Arrestanten einen gesonderten Bogen aus. Diese Befragung führte hinsichtlich des Trainingserfolges zu ähnlichen Ergebnissen. Laut den Sozialarbeitern machten 71,7 % der Arrestanten motiviert beim sozialen Training mit (n=173). 79,4 % der 170 beobachteten Arrestanten konnten nach Ansicht der Sozialarbeiter durch die Angebote im sozialen Training erreicht werden. Die Sozialarbeiter bescheinigten 78,6 % einen Lernerfolg (n=168). Dieser bezog sich auf folgende Bereiche: Kommunikationsverhalten (61,4 %), Leistungsverhalten (61,4 %), Konfliktverhalten (50,8 %), Unrechtseinsicht (39,4 %) und Sonstiges (61,4 %; n=132; Mehrfachantworten möglich). Hinsichtlich der künftigen Legalbewährung waren die Sozialarbeiter weitaus skeptischer als die Arrestanten selbst. Gefragt, ob sie glauben, dass die Arrestanten nach der Entlassung erneut straffällig würden, antworteten sie zu 59,8 % der Probanden mit ja (n=169).

Diese Skepsis kann vielerlei Gründe haben. Zum einen verfügen die Sozialarbeiter über eine große Erfahrung mit jugendlichen Straftätern und deren Rückfälligkeit nach Entlassung. Im Allgemeinen sind die Rückfallraten nach Jugendarrest ziemlich hoch (zwischen 60 und 70 %[12]). Dies führt möglicherweise zu einem gewissen Zweck-Pessimismus bei den Sozialarbeitern. Auch wird der Erfahrungsschatz der Menschen eben insbesondere durch diejenigen Ereignisse und Personen geformt, die ihnen wiederholt begegnen, weshalb sich Wiederholungstäter stärker einprägen als solche Täter, „die es geschafft haben", die also nicht mehr rückfällig wurden, deren Akte der Richter nicht mehr mit einer Anklage auf den Tisch bekam, die den Sozialarbeitern nicht mehr im Arrestvollzug begegnen. Auch aus diesem Grund könnte eine solche Einschätzung zustande kommen. Zum anderen muss man sich stets bewusst sein, dass es sich bei denjenigen Jugendlichen, die im Jugendarrest landen, um eine Klientel mit vielfältigen Sozialisationsdefiziten und sozio-biografischen Lasten handelt. Sie benötigen für die Stabilisierung normkonformer Verhaltensweisen meist weitaus mehr Unterstützung als nur eine kurzfristige Trainingsmaßnahme.

---

12 *Jehle/Albrecht/Hohmann-Fricke/Tetal* (2013), S. 54.

4.4 Insbesondere: Empirische Überprüfung kriminalpolitischer Argumente für und gegen den Warnschussarrest (Auswahl)

Ein zentrales Anliegen der Studie ist die empirische Überprüfung der in der kriminalpolitischen Diskussion um den Warnschussarrest vorgebrachten Argumente. Selbstverständlich kann es sich bei dieser Überprüfung allenfalls um einen ersten, regional begrenzten Annäherungsversuch handeln. Dies zum einen, weil einige Aspekte wie z.B. eine abschreckende Wirkung des Warnschussarrests (Stichwort: Bewährungsstrafe ohne Arrest als „Freispruch zweiter Klasse"[13]) ohnehin nur sehr eingeschränkt überprüfbar sind. Zum anderen, weil der Untersuchung eine vergleichsweise kleine Anzahl an *Warnschuss*arrestanten zugrunde lag (n=51), sodass die im Folgenden dargestellten Befunde mit der gebotenen Vorsicht zu interpretieren sind.

4.4.1 Gerechte(re) Lösung von Komplizenkonstellationen

Die Einführung des Warnschussarrests wurde unter anderem mit dem sog. „Komplizen-Argument" begründet, also damit, dass die gleichzeitige Verurteilung mehrerer Angeklagter zu unterschiedlichen Sanktionen erzieherisch kontraproduktiv sein könne, wenn der stärker gefährdete Angeklagte aufgrund schädlicher Neigungen (gerade noch) zu einer Jugendstrafe auf Bewährung verurteilt werde und als „freier Mann" den Gerichtssaal verlassen könne, während der weniger gefährdete Angeklagte „nur" mit Arrest belegt werde, diesen aber tatsächlich verbüßen müsse.[14] Hiergegen soll nach der gesetzgeberischen Intention der Warnschussarrest ein wirksames Mittel sein.

Anhaltspunkte dafür, dass allein diese Erwägung den Warnschussarrest als neue Sanktionsform erforderlich macht, konnten nicht gefunden werden. Nur in 18 von 51 Fällen hatten die Warnschussarrestanten ihr(e) Tat(en) mit einem oder mehreren Mittätern begangen und wurden auch mit diesem/n gemeinschaftlich verurteilt. Und nur in vier dieser 18 Fälle lag die vom Gesetzgeber angedachte Komplizensituation (bedingte Jugendstrafe für den einen, Jugendarrest für den anderen Angeklagten) vor. In keinem dieser Urteile wurde dazu Stellung genommen, dass das Unterlassen einer Warnschussarrestverhängung zu Gerechtigkeitslücken geführt hätte.

---

13 Vgl. BT-Drs. 17/9389, S. 12.
14 BT-Drs. 17/9389, S. 12 f.; vgl. zu diesem Argument auch *Vietze* (2004), S. 160; *Hinz* ZRP (2001), S. 112; *Reichenbach* NStZ (2005), S. 138; *Müller-Piepenkötter/ Kubink* ZRP (2008), S. 178; *Verrel* NK (2013), S. 70; *Verrel/Käufl* NStZ (2008), S. 181; *Kinzig/Schnierle* JuS (2014), S. 212.

Im Rahmen der Experteninterviews hielten die befragten Jugendrichter zwar mehrheitlich eine Regelung zur Schaffung von Binnengerechtigkeit in Komplizenkonstellationen für zweckmäßig. Sie gaben aber zugleich an, selbst noch keine derartige Konstellation abgeurteilt zu haben, und zwar auch nicht vor Einführung des § 16a JGG.

4.4.2 „Herausnahme-Argument"

Auch die vom Gesetzgeber mit Schaffung des § 16a Abs. 1 Nr. 2 JGG vorgesehene Möglichkeit, jugendliche Straftäter für eine begrenzte Zeit aus einem Lebensumfeld mit schädlichen Einflüssen herauszunehmen und sie in dieser Zeit gezielt auf die Bewährung vorzubereiten, fand im Rahmen der vorliegenden Untersuchung kaum eine Entsprechung in der Praxis.

Vorauszuschicken ist dabei, dass die wenigsten untersuchten Urteile konkret Stellung dazu bezogen, welche Alternative von § 16a Abs. 1 JGG angewandt wurde, was die Überprüfbarkeit der gesetzgeberischen Motive stark einschränkt. Nur sieben von 51 analysierten Urteilen zitierten jedenfalls auch § 16a Abs. 1 Nr. 2 JGG. In fünf dieser sieben Fälle kehrten die Jugendlichen laut eigenen Angaben unmittelbar in ihr ursprüngliches Wohnumfeld zurück, zwei Befragte machten keine Angaben. Die Sozialarbeiter gaben zudem an, dass in all diesen sieben Fällen der Freundeskreis der Arrestanten jedenfalls ganz oder teilweise als delinquenzbelastet zu bezeichnen war. Es ist nicht fernliegend, dass die Arrestanten nach dem Arrest auch in diesen Freundeskreis zurückkehrten. Dies bedeutet, dass dem avisierten Herausnahme-Effekt in der Praxis jedenfalls enge Grenzen gesetzt sind.

4.4.3 Negative Auswirkungen des Warnschussarrests und Gefahr des „net widening"

Im Zusammenhang mit dem Warnschussarrest wurde und wird befürchtet, dass die bloße Existenz dieser neuen Sanktion eine Sogwirkung auf die Richter ausüben könnte. Der Arrestvollzug selbst ist zwangsläufig mit etlichen negativen Begleiterscheinungen verbunden, die Risiken sind bekannt: Zum einen besteht die Gefahr der Gewöhnung und Abstumpfung im Freiheitsentzug.[15] Dies könnte die abschreckende Wirkung des Arrests, unterstellt man, dass es eine solche überhaupt gibt, mindern.[16]

---

15 *Goerdeler* ZJJ (2003), S. 183; *Kreuzer* ZRP (2012), S. 102; *Heinz* FS (2011), S. 78; *Heinz* NK (2008), S. 56.
16 *Kreuzer* ZRP (2012), S. 102; *Kreuzer* NJW (2002), S. 2351; *Verrel/Käufl* NStZ (2008), S. 179.

Zum anderen kann die Begegnung mit anderen jungen Straftätern zu einer negativen Verstärkung krimineller Tendenzen führen.[17] Hierfür spricht beispielsweise der Befund, dass 55,6 % der befragten Warnschussarrestanten der Aussage „Die anderen Arrestanten haben im Arrest mit ihren Taten angegeben" voll oder teilweise zustimmten (n=45). Gleichzeitig gaben 68,2 % der Warnschussarrestanten an, ihre eigene(n) Tat(en) im Arrest mit den Taten der anderen verglichen zu haben (n=44). Und mehr als 97 % der Warnschussarrestanten berichteten, mit den anderen Arrestanten über die eigenen (44 von 45) und fremden (46 von 47) Taten gesprochen zu haben. Die Präsenz der begangenen Straftaten im Arrestalltag ist also nicht wegzudiskutieren. Darüber hinaus kann der Arrest Unterbrechungen des Schul- und Arbeitsalltags der Inhaftierten verursachen, was ebenfalls nachteilig für die Reintegration der jungen Straftäter in die Gesellschaft ist.[18]

Die Experteninterviews mit mehreren Jugendrichtern lassen darauf schließen, dass das Risiko eines "net widening"-Effekts durch die Einführung des stationären sozialen Trainings kein rein theoretisches Problem ist. Sobald einige der befragten Richter erfuhren, dass etwas vermutlich Hilfreiches und Sinnvolles während des Arrestvollzuges geschieht, waren sie eher bereit, einen Arrest als Sanktion zu verhängen:

Zitat Ri´in *H.*: „ich denke schon auch dass wir da jetzt noch mehr – weil das ja auch eine zusätzliche Maßnahme ist um möglicherweise eben das zu erreichen was damit gewollt ist was ja absolut in Ordnung ist eher in Betracht ziehen – jetzt auch wohlwissend was die da machen also dass die da nicht nur eingesperrt werden [...] sondern dass da einfach auch was stattfindet."

Einer der Interview-Partner folgerte außerdem, dass jeder Warnschussarrest, der weniger als zwei Wochen dauert, „nichts bringt", nachdem er erfahren hatte, dass die sozialen Trainingskurse in Göppingen acht Tage in Anspruch nehmen:

Zitat Ri´in: „alles was unter zwei Wochen Dauerarrest als Warnschussarrest verhängt wird, bringt nichts (....) Und deswegen ist eigentlich mein Ergebnis aus diesem Besuch in der Arrestanstalt (...) dass wir schon da bei zwei Wochen sind [gefragt nach der normalerweise verhängten Dauer des Warnschussarrests]."

---

17 *Kreuzer* ZRP (2012), S. 102; *Kreuzer* NJW (2002), S. 2351.
18 Davon, dass der Arrestvollzug kaum vermeidbare schädliche Nebenwirkungen mit sich bringt, ging auch der Gesetzgeber aus, vgl. BT-Drs. 17/9389, S. 19.

Dies zeigt auch, dass die Gefahr des „net-widening" nicht auf die Frage begrenzt ist, *ob* eine Sanktion verhängt wird, sondern sich auch auf die Frage bezieht, für *wie lange* jemand zu Jugendarrest verurteilt wird.

5. Resümee

Die ersten Ergebnisse aus den Arrestanten- und Sozialarbeiterbefragungen stimmen optimistisch, dass das soziale Training positive Auswirkungen auf die Einstellungen der Arrestanten hat. Die Zusammenarbeit zwischen den Arrestanten und den Sozialarbeitern während der Trainings wurde von beiden Seiten positiv bewertet. Die Arrestanten konnten durch die Inhalte der Trainings erreicht werden und die Inhalte förderten einen gewissen Lernprozess. Was den Warnschussarrest anbelangt, konnten die für seine Einführung vorgebrachten, empirisch überprüfbaren Argumente bislang nicht bestätigt werden. Die Komplizenkonstellation war praktisch nicht relevant. Für eine nachhaltige Herausnahme aus einem „Lebensumfeld mit schädlichen Einflüssen" gerade durch den Warnschussarrest konnten keine Anhaltspunkte gefunden werden. Hingegen bestehen durchaus Hinweise darauf, dass der Warnschussarrest zu einer kriminellen Ansteckung der Arrestanten untereinander führen könnte. Und auch die Gefahr des net-widening scheint nicht nur theoretischer Natur zu sein.

Der Arrest als solcher ist und bleibt eine „riskante" Sanktion. Solange er in Deutschland existiert[19], muss alles dafür getan werden, die mit dem Vollzug einhergehenden Gefahren zumindest zu minimieren. Die in der Anstalt verbrachte Zeit mit einem sozialen Trainingskurs zu füllen, ist mit Sicherheit ein erster wichtiger Schritt. Aber eine „Neu-Etikettierung" des Arrests als stationäres soziales Training darf nicht dazu führen, dass die negativen Folgen des Arrests in Vergessenheit geraten[20], oder gar, dass die Zahl der Verhängungen steigt. Die ersten Befunde aus der Evaluation des sozialen Trainings im Arrest für Baden-Württemberg sind dennoch ermutigend. Aber wenn man die vielen Schwierigkeiten bedenkt, die mit dem Arrest als Sanktion und seiner problematischen Klientel verbunden sind, ist die Suche nach alternativen Sanktionsformen ebenso bedeutend wie eine beständige Fortentwicklung seines Vollzugs.

---

19 Forderungen nach der Abschaffung des Arrestes wurden immer wieder laut, vgl. nur *Albrecht* (2002), S. 148; *Kobes/Pohlmann* ZJJ (2003), S. 372; *Pfeiffer* MschrKrim 63 (1981), S. 50; DVJJ (1996), S. 529 f. und S. 740.
20 *Schumann* ZJJ (2014), S. 150.

Literaturverzeichnis

Albrecht, H.J. (2002): Ist das deutsche Jugendstrafrecht noch zeitgemäß? Gutachten D zum 64. Deutschen Juristentag, München.
DVJJ (Hg.) (1996): Jugend im sozialen Rechtsstaat, Für ein neues Jugendgerichtsgesetz, Dokumentation des 22. Deutschen Jugendgerichtstages vom 26. bis 30. September 1992 in Regensburg, Bonn.
Goerdeler, J. (2003): Die Union und das Jugendstrafrecht. Zum Entwurf eines Gesetzes zur Verbesserung der Bekämpfung der Jugendkriminalität, ZJJ, S. 183–185.
Heinz, W. (2008): „Bei der Gewaltkriminalität junger Menschen helfen nur härtere Strafen!" Fakten und Mythen in der gegenwärtigen Jugendkriminalpolitik, NK, S. 50–59.
Heinz, W. (2011): Jugendarrest im Aufwind? Einige rechtstatsächliche Betrachtungen, FS, S. 71–78.
Hinz, W. (2001): Jugendstrafrecht auf dem Prüfstand, ZRP, S. 106–112.
Jehle, J.M./Albrecht, H.J./Hohmann-Fricke, S./Tetal, C. (2013): Legalbewährung nach strafrechtlichen Sanktionen, Eine bundesweite Rückfalluntersuchung 2007 bis 2010 und 2004 bis 2010, Berlin.
Kinzig, J./Schnierle, R. (2014): Der neue Warnschussarrest im Jugendstrafrecht auf dem Prüfstand, JuS, S. 210–215.
Kobes, A./Pohlmann, M. (2003): Jugendarrest – zeitgemäßes Zuchtmittel? ZJJ, S. 370–377.
Kreuzer, A. (2012): „Warnschussarrest": Ein kriminalpolitischer Irrweg, ZRP, S. 101–103.
Kreuzer, A. (2002): Ist das deutsche Jugendstrafrecht noch zeitgemäß? NJW, S. 2345–2351.
Matt, E. (2013): Über den Ausstieg aus Straffälligkeit im Lebenslauf – Veränderungsdynamiken im Jugendalter, ZJJ, S. 248–254.
Müller-Piepenkötter, R./Kubink, M. (2008) : „Warn(schuss)arrest" als neue Sanktion – rationale Perspektiven für eine ewige Kontroverse, ZRP, S. 176–180.
Ostendorf, H. (2013): Jugendstrafrecht, 7. Aufl. Baden-Baden.
Ostendorf, H. (2012): Warnung vor dem neuen „Warnschussarrest", ZIS, S. 608–611.
Pfeiffer, Ch. (1981): Jugendarrest – für wen eigentlich? Arrestideologie und Sanktionswirklichkeit, MschrKrim 63, S. 28–52.
Pruin, I. et. al. (2013): Dokumentation des Arbeitskreises „Anspruch, Wirklichkeit und Perspektiven des Jugendarrests: Ziele, Ausgestaltung, Wirkungen" des 29. Deutschen Jugendgerichtstages vom 14. Bis 17. September 2013, ZJJ, S. 431–432.
Reichenbach, P. (2005): Über die Zulässigkeit der Verbindung eines Schuldspruchs nach § 27 JGG mit Jugendarrest, NStZ, S. 136–141.
Schumann, K. F. (2014): Der Jugendarrest – (Zucht)Mittel zu jedem Zweck? Kommentar des Autors nach 28 Jahren, ZJJ, S. 148–151.
Schwegler, K. (1999): Dauerarrest als Erziehungsmittel für junge Straftäter, München.
Sonnen, B.R. et. al. (2002): Abschlussbericht der 2. Jugendstrafrechtsreform-Kommission, DVJJ-Journal-EXTRA Nr. 5, Hannover.
Suhling, St./Cottonaro, S. Motivation ist alles? Formen und Bedingungen von Veränderungs- und Behandlungsbereitschaft bei Inhaftierten, ZJJ (2005), S. 385–396.
Verrel, T./Käufl, M. (2008): „Warnschussarrest" – Kriminalpolitik wider besseres Wissen? NStZ, S. 177–181.
Verrel, T. (2013): „When the green flag drops, the bullshit stops", Anmerkungen zum Gesetz zur „Erweiterung der jugendgerichtlichen Handlungsmöglichkeiten", NK, S. 67–78.
Vietze, R. (2004): Der Einstiegsarrest – eine zeitgemäße Sanktion? Berlin.

Die Entlassung aus dem Strafvollzug: deutsche Reformen und europäische Anregungen

*Ineke Pruin**

Gliederung

1. Einleitung
2. Ausgangslage in Deutschland
3. Kritikpunkte
4. Reformen in den Bundesländern
5. Reformen in Europa
6. Bewertung der Reformen im Lichte des kriminologischen Kenntnisstandes
7. Ausblick

1. Einleitung

Konzepte und Strukturen für die Entlassung aus dem Strafvollzug werden aktuell europaweit diskutiert.[1] In diesem Zusammenhang hat es sowohl in Deutschland als auch in anderen europäische Ländern einige Reformen gegeben, die im vorliegenden Beitrag skizziert und anhand des kriminologischen Kenntnisstandes bewertet werden.

2. Ausgangslage in Deutschland

Die Ausgangslage der Reformen in Deutschland bilden die „klassischen" Strukturen für die Entlassungsvorbereitung und -begleitung auf der Grund-

---

* Der Beitrag ist das Zwischenergebnis des von der DFG geförderten Forschungsprojekts „Die Entlassung aus dem Strafvollzug: Strukturen für einen gelingenden Übergang in ein straffreies Leben im europäischen Vergleich" (PR 1325/1-1). Ein ausführlicherer Zwischenbericht mit einer anderen Schwerpunktsetzung findet sich bei *Pruin* (2015).

1 In den USA begann diese Diskussion schon früher als Ergebnis auf die der Politik der „mass incarceration" folgende Welle der „Massenentlassungen", vgl. *Petersilia* (2004), S. 4 ff.; *Duwe* (2012), S. 347 ff. In deutscher Sprache veröffentlichte *Matt* (2014) die erste Monografie zum Thema „Übergangsmanagement". Zur frühen deutschen Diskussion um diese Thematik vgl. *Hermann/Kerner* (1988), S. 464.

lage des StGB und des StVollzG-Bund[2] sowie der Sozialgesetzbücher. Danach ist bis zum Tag der Entlassung der Sozialdienst des Vollzugs für die Planung der Entlassungsvorbereitung maßgeblich zuständig. Durch Lockerungen und Verlegungen in den offenen Vollzug oder eine spezielle Entlassungsabteilung soll der Gefangene graduell auf seine Rückkehr in die Freiheit vorbereitet werden. Im Rahmen der begleiteten oder unbegleiteten Ausführungen bzw. Ausgänge oder während des Hafturlaubs soll der Gefangene den Kontakt zur Außenwelt festigen, um seine Zeit nach der Entlassung vorzubereiten. Der Freigang dient bei geeigneten Gefangenen in erster Linie dazu, im Hinblick auf spätere Arbeitsverhältnisse Perspektiven zu eröffnen. Nach der Entlassung ist im Falle der vorzeitigen Entlassung mit zusätzlicher Bewährungsunterstellung die Bewährungshilfe zuständig,[3] in besonderen Fällen auch die Führungsaufsicht.[4] Darüber hinaus können sich alle Haftentlassenen an die allgemeinen kommunalen Sozialdienste oder die freie Straffälligenhilfe wenden. Wenn der Gefangene Einnahmen hat, wird aus diesen ein Überbrückungsgeld gebildet, das ihm in den ersten vier Wochen nach der Entlassung den Unterhalt sichert, anderenfalls kann er eine Entlassungsbeihilfe erhalten. Nach den allgemeinen Vorschriften des SGB können Gefangene Arbeitslosengeld I erhalten und an besonderen Förderprogrammen zur Arbeitssuche teilnehmen. Andere Gefangene haben nach der Entlassung einen Anspruch auf Grundsicherung und Unterstützung durch das lokale Jobcenter bei der Arbeitssuche.

3. Kritikpunkte

Das „klassische Konzept" zur Haftentlassung war und ist weitreichender Kritik ausgesetzt. Ein großer Kritikpunkt ist das so genannte „Entlassungsloch", das durch fehlende Strukturen für die Zusammenarbeit zwischen dem Sozialdienst im Vollzug und der Bewährungshilfe in Bezug auf eine durchgängige Betreuung entstehen kann.[5] Den Institutionen und Organisationen der freien Straffälligenhilfe stehen je nach Finanzierung teilweise nur be-

---

2 Am 31.12.2015 galt das Strafvollzugsgesetz noch in Berlin, Sachsen-Anhalt und Schleswig-Holstein. Alle anderen Bundesländer haben eigene Strafvollzugsgesetze erlassen.
3 Vgl. §§ 57, 57 a i. V. m. 56 d StGB, §§ 88 i. V. m. 24 JGG.
4 Vgl. §§ 68, 68 f StGB.
5 Z. B. Maelicke (2009), S. 600; *Cornel* (2012), S. 291.

grenzte Unterstützungsmöglichkeiten zur Verfügung,[6] so dass sie Defizite der staatlichen Strukturen nicht komplett ausgleichen können.

Auch im Hinblick auf die Zusammenarbeit mit den Arbeitsmarktakteuren wird fehlende Koordination kritisiert. Ein Anspruch auf Beratung durch die Agentur für Arbeit und/oder die Jobcenter entsteht gesetzlich erst nach der Entlassung,[7] so dass es hier oftmals zu gewissen zeitlichen Lücken kommt. Zusätzlich setzen die erforderlichen Antragstellungen häufig soziale, intellektuelle und organisatorische Fähigkeiten voraus, die bei den Entlassenen in dieser Form nicht vorhanden sind.[8]

Das Hinübergleiten aus dem überstrukturierten Haftalltag in einen unstrukturierten Tagesablauf nach der Entlassung schwächt die häufig am Ende der Haftzeit bei vielen Entlassenen vorhandene Motivation zur Lebensänderung.[9] Viele gut konzipierte Haftentlassungsprojekte kämpfen zudem mit einer unsicheren Finanzierung oder mit der schwierigen Implementierung in das geschlossene System des Strafvollzugs.[10]

Zusätzlich werden konkrete und rechtzeitige Entlassungsplanungen wie die Vermittlung einer Wohnung oder eines Arbeitsplatzes in Deutschland häufig dadurch erschwert, dass der konkrete Entlassungstermin aufgrund der erforderlichen Prognoseentscheidung der Strafvollstreckungskammer[11] lange nicht feststeht.[12]

Praxisauswertungen zeigen, dass in Deutschland die gesetzlich vorgesehenen Instrumente zur Vorbereitung der Haftentlassung wie der offene Voll-

---

6 *Stelly/Thomas* (2009), S. 1 ff.
7 Vgl. § 7 Abs. 4 SGB II. Problematisch sind auch weitere schlechte Abstimmungen der Gesetze, z. B. die Wertung des Überbrückungsgeldes als Einkommen, die wiederum in erster Linie im Hinblick auf die Nichtgewährung von nicht-monetären Leistungen wie Beratungen und Förderungen zur Arbeitssuche als problematisch kritisiert werden, *Berger/Tein* (2007), S. 49 f.
8 Hierzu *Feest* (2007), S. 6 und *Matt* (2007), S. 26 (dort insbes. auch Fn. 4).
9 Als besonders rückfallgefährdet wird die Zeit unmittelbar nach der Entlassung aus dem Vollzug angesehen, da der Großteil der gemessenen Rückfälle im ersten Jahr nach der Haftentlassung geschieht. *Jehle* (2007), S. 237.
10 *Pruin* (2012), S. 147 f.
11 § 78 a GVG i. V. m. §§ 462 a, 454 StPO.
12 Dazu *Feest* (2007), S. 7; *Feest/Straube* (2011), Rn. 14-16. Die Evaluation eines Haftentlassungsprojekts im Jugendstrafvollzug ergab, dass sich der vermutete und der tatsächliche Entlassungstermin bei einem Drittel der Teilnehmer um mehr als zwei Monate voneinander unterschieden, vgl. *Pruin* (2013), S. 697 f.

zug, Hafturlaub oder Ausgänge längst nicht so stark genutzt werden, wie es dem Konzept des Strafvollzugsgesetzes entspricht.[13] Der Anteil von Gefangenen im offenen Vollzug ist in manchen Bundesländern stark gesunken. Vergleichbares gilt für die Nutzung von Hafturlaub und Vollzugslockerungen, die in vielen Fällen eine notwendige Voraussetzung dafür sind, dass der Gefangene sein Leben in der Freiheit vernünftig vorbereiten kann. Dennoch ist die Beurlaubungspraxis seit 1990, ebenfalls bei regionalen Unterschieden, erheblich restriktiver geworden.[14]

Obwohl ein positiver sozialer Empfangsraum nach den gesicherten Erkenntnissen der Evaluationsforschung zur Straftäterbehandlung für eine erfolgreiche Wiedereingliederung besonders bedeutsam ist,[15] kann die Reaktion der Gemeinschaft auf die Haftentlassung durchaus problematisch sein. Da die Kommunen erst im Moment der Wohnsitznahme gesetzlich zuständig werden, können notwendige Entlassungsvorbereitungen zum Teil erst zu spät begonnen werden. In den Fällen sehr schwerer Kriminalität kann die Angst der Bürgerinnen und Bürger um ihre Sicherheit zu extremer Ausgrenzung führen.

4. Reformen in den Bundesländern

Eine Analyse der neuen Strafvollzugsgesetze der Länder im Hinblick auf die Struktur der Entlassung und die Entlassungsvorbereitung ergibt, dass viele Gesetze im Gegensatz zum vorher geltenden Strafvollzugsgesetz die Einbindung der Bewährungshilfe in die Vollzugs- und Entlassungsvorbereitungsplanung stärker regeln. Insbesondere in den Ländern, die auf einem von zehn Bundesländern gemeinsam erarbeiteten Entwurf beruhen, ist der Vollzug nun verpflichtet, die Bewährungshilfe rechtzeitig vor der Entlassung und teilweise von Inhaftierung an zu beteiligen, z. B. an den Vollzugskonferenzen.[16] Auch andersherum wird der Vollzug durchgängiger und fördert so die Idee einer durchgängigen Betreuung. Zur Krisenintervention

---

13 § 15 StVollzG beschreibt das „traditionelle" Konzept.
14 *Dünkel/Pruin* (2015).
15 Vgl. z. B. *Maruna* (2001), S. 1 ff.; *Stelly/Thomas* (2001), S. 275 ff.; *Laub/Sampson* (2003), S. 118 ff. Die internationalen Bestimmungen zum Umgang mit Straffälligen sehen die Beteiligung der Familien ebenfalls vor, vgl. z. B. Nr. 56 und 59 der „Probation Rules".
16 Am weitgehendsten ist insofern § 14 Abs. 5 StVollzG Brandenburg. Auch in Hessen und Nordrhein-Westfalen muss der Vollzug die Bewährungshilfe beteiligen.

kann der Vollzug Haftentlassene auf freiwilliger Basis wiederaufnehmen oder auch in Freiheit betreuen, so wie es nach dem Strafvollzugsgesetz des Bundes schon bei Entlassungen aus der Sozialtherapie oder der Sicherungsverwahrung (vgl. §§ 125, 126 StVollzG-Bund) möglich war.[17]

Im Hinblick auf die graduellen Öffnungen des Vollzugs zur Entlassungsvorbereitung erweitern die Strafvollzugsgesetze der Länder den Anwendungsbereich. Zum einen hat sich in sechs Bundesländern im Vergleich zum Strafvollzugsgesetz des Bundes bei Lockerungen[18] zur Entlassungsvorbereitung der Verpflichtungsgrad geändert: Lockerungen *sollen* hier nicht nur gewährt werden, sondern *sind* zu gewähren, wenn bestimmte Voraussetzungen erfüllt sind. Und auch diese Voraussetzungen sind in neun Bundesländern niedriger als vorher: Lockerungen sollen nicht schon bei einer prognostisch tatsächlich niemals auszuschließenden Befürchtung versagt werden können, sondern nur dann, wenn ein Missbrauch mit hoher Wahrscheinlichkeit zu erwarten ist. Diese Lockerungsmaßstäbe greifen die Rechtsprechung des Bundesverfassungsgerichts auf, das den Wert einer gezielten Lockerungspraxis betont, die dem Gefangenen nicht ohne zwingende Verweigerungsgründe vorenthalten werden darf.[19]

---

17 Z. B. Art. 81 bayStVollzG; § 44 mvStVollzG; § 62 nrwStVollzG.
18 Seit dem Erlass der Ländergesetze ist die Definition für „Lockerungen" nicht mehr einheitlich. Das Strafvollzugsgesetz des Bundes definierte in § 11 die Außenbeschäftigung, den Freigang, die Ausführung und den Ausgang als Lockerungen, und regelt in § 13 gesondert den Urlaub. Die Länder, die dem Musterentwurf folgen, definieren Lockerungen als „Aufenthalte außerhalb der Anstalt ohne Aufsicht" (vgl. § 46 StVollzG Brandenburg), zu denen dann auch der Langzeitausgang als Äquivalent zum Hafturlaub zählt. Umfassend zu den vollzugsöffnenden Maßnahmen siehe *Dünkel* (2012), S. 14 ff. und *Dünkel/Pruin* (2015).
19 Das Bundesverfassungsgericht betont die Notwendigkeit von Lockerungen (vgl. BVerfGE 117, 71) und stellt fest, dass die Vollzugsbehörden Vollzugslockerungen, die regelmäßig Grundlage einer Prognoseentscheidung i. S. v. §§ 57, 57 a StGB sind, nicht ohne ausreichenden Grund verweigern dürfen. In einer Entscheidung v. 30.4.2009 (NJW 2009, 1941) ging das BVerfG sogar so weit, dass es der Strafvollstreckungskammer eine eigenständige Prüfung der Rechtmäßigkeit der Verweigerung von Lockerungen aufgibt und notfalls eine positive Prognoseentscheidung auch ohne Erprobung in Lockerungen nahelegt. Versagt werden können die Lockerungen allerdings allen Ländergesetzen zufolge dann, wenn sie nicht „erforderlich" sind; in Mecklenburg-Vorpommern müssen sie sogar zwingend erforderlich sein. Durch diesen unbestimmten Rechtsbegriff hat der Gesetzgeber den Anstalten dann doch wieder einen recht weiten Ermessensspielraum zugestanden. Nicht unproblematisch sind im Zusammenhang mit der für die Lockerungsgewährung erforderlichen Kriminalprognose im Übrigen die Prognosefehler, vgl. dazu *Dünkel* (2013), § 57 Rn. 107 ff.; *Endres* (2000), S. 68 f.

Die Bundesländer, die dem gemeinsamen Entwurf folgen,[20] sowie Hessen[21] haben zur Entlassungsvorbereitung einen besonderen Langzeitausgang eingeführt, durch den Gefangene theoretisch bis zu sechs Monate vor dem eigentlichen Entlassungstermin ihre Freiheit erproben können und dabei weiterhin in ihrer Gefangenenstellung und somit den Weisungen der Vollzugsbehörden unterstellt bleiben.

Der offene Vollzug zur Entlassungsvorbereitung wird ebenfalls in vielen Bundesländern aufgewertet und einige Bundesländer betonen die Einweisungsmöglichkeiten in besondere stationäre Übergangseinrichtungen außerhalb des Vollzugs.[22]

Insgesamt lassen sich also einige Innovationen mit Bezug auf die Entlassungsvorbereitung und die durchgängige Betreuung in den Strafvollzugsgesetzen der Länder erkennen. Auch andere Gesetze auf Länderebene haben Einfluss auf den Übergang vom Strafvollzug in die Freiheit: Das Saarland hat Anfang des Jahres 2015 ein Resozialisierungsgesetz erlassen, das Zuständigkeiten der beteiligten Institutionen verbindlich regelt.[23] Mecklenburg Vorpommern hat per Gesetz[24] ein gesondertes „Landesamt für ambulante Straffälligenarbeit" eingerichtet, das die Zusammenarbeit zwischen Vollzug und Bewährungshilfe sowie Hilfen nach der Entlassung koordiniert. Noch weiter gehen die Regelungen in § 24 und § 25 des Diskussionsentwurfes für ein Landesresozialisierungsgesetz[25], da sie auch verbindliche Entlassungshilfen für diejenigen Strafgefangenen erfassen, die nach den gesetzlichen Bestimmungen des Bundes weder Bewährungshilfe erhalten noch der Führungsaufsicht unterstehen. Mehrere Bundesländer (z. B. Baden-Württemberg und Niedersachsen) planen derzeit ebenfalls den Erlass eines Resozialisierungsgesetzes.

Erkennbar sind weiterhin Reformen auf organisatorischer Ebene: Im Rahmen der Einrichtung des Landesamtes für ambulante Straffälligenarbeit hat Mecklenburg-Vorpommern die Dienst- und Fachaufsicht über die Sozialen

---

20 Z. B. § 49 Abs. 3 rpStVollzG.
21 In Hessen kann die Überwachung dieser besonderen Freistellung aus der Haft durch den Einsatz elektronischer Überwachungssysteme unterstützt werden, vgl. § 16 hesStVollzG.
22 Vgl. *Pruin* (2015), S. 152 f.
23 Gesetz zur ambulanten Resozialisierung und Opferhilfe (AROG), Amtsblatt (2015), S. 187.
24 Gesetz zur Errichtung des Landesamtes für ambulante Straffälligenarbeit (LaStarG), GVOBl. M-V (2011), S. 175.
25 Vgl. *Cornel et al.* (2015).

Dienste der Justiz in die Zuständigkeit derjenigen Abteilung des Justizministeriums gestellt, die auch für den Justizvollzug zuständig ist. Ziel der Abkehr von der traditionellen Verankerung der Sozialen Dienste und des Vollzugs in verschiedenen Referaten und Abteilungen ist die bessere Koordination und Kommunikation der Haftentlassungshilfe. Weitere Bundesländer sind dieser Zusammenlegung der Aufgabenbereiche gefolgt.[26]

Eine Vielzahl von speziellen Programmen und Projekten zur Entlassungsvorbereitung und -begleitung werden (oder wurden) auf Bundes-, Landes- oder Anstaltsebene durchgeführt.[27] Häufig werden oder wurden diese Projekte durch EU-Programme gefördert und fokussier(t)en sich auch deshalb auf die Förderung der Beschäftigungssituation nach der Haft.

In einigen Bundesländern gibt es spezielle Vereinbarungen zwischen den für den Prozess der Haftentlassung zuständigen Ministerien, teilweise auch unter Einbeziehung der lokal zuständigen Agentur für Arbeit.[28] Auf ihrer Grundlage werden konkrete und verbindliche Ansprechpartner in den maßgeblichen Behörden und deren Verantwortlichkeiten verbindlich festgeschrieben.

In vielen Bundesländern hat die Bewährungshilfe in fachlichen Qualitätsstandards oder Handbüchern Schritte für die Zusammenarbeit mit dem Vollzug beschrieben.[29] In Hessen und im Saarland wurden Konzepte entwickelt, die eine besondere freiwillige Haftentlassenenhilfe für alle Haftentlassenen ohne eine Bewährungsunterstellung regeln; im Saarland im Wege einer staatlichen Haftentlassungshilfe, in Hessen durch Einbeziehung freier Träger.

---

26 Zuletzt (soweit ersichtlich) Baden-Württemberg mit Wirkung zum 01.03.2015.
27 Vgl. Überblicke bei *Dünkel/Drenkhahn/Morgenstern* (2008); *Roos/Weber* (2009); DBH Fachverband (2012); BewHi Heft 2/2008; Heft 2/2009; Heft 1/2010; Heft 1/2015.
28 Nordrhein-Westfalen, Schleswig-Holstein, Niedersachsen und Hessen. Als am weitgehendsten sind insofern wohl die aus der „Gemeinschaftsinitiative B5" in Nordrhein-Westfalen entstandenen Vereinbarungen zum landesweiten Übergangsmanagement anzusehen. Andere Bundesländer haben die Struktur der Haftentlassungshilfe auf dem Verordnungswege verändert (zum Beispiel die niedersächsische AV Übergangsmanagement, Nds. Rpfl. 257).
29 Siehe Überblick bei *Dölling/Hermann/Entorf* (2014): Evaluation der Bewährungs- und Gerichtshilfe sowie des Täter-Opfer-Ausgleichs in Baden-Württemberg. Abschlussbericht, S. 14 ff.

5. Reformen in Europa

Einige Entwicklungen in anderen europäischen Ländern können die deutsche Diskussion befruchten.

Keine aktuelle Reform, für die deutsche Diskussion jedoch gleichwohl anregend, ist die vorzeitige Entlassungsmöglichkeit in manchen Ländern, die nicht von einer Kriminalprognose abhängt oder ein im Vergleich zu Deutschland weitaus größeres Restrisiko zulässt.[30] Eine bessere Vorhersehbarkeit des tatsächlichen Entlassungstermins erleichtert die Planung des Übergangs erheblich.

Ebenfalls nicht unbedingt neu, aber gleichwohl aus deutscher Sicht interessant ist, dass in manchen europäischen Ländern wie z. B. Irland, England oder Schweden ein einheitlicher Justizsozialdienst sowohl vor als auch nach der Entlassung für den Gefangenen zuständig ist, wodurch naturgemäß die in Deutschland als besonders schwierig empfundenen Schnittstellen entfallen.

Im Übrigen zeigt der Blick durch Europa ganz unterschiedliche Modelle und Ansätze.[31] In den Niederlanden wurde 2005 ein Nachsorgekonzept für die Gefangenen entwickelt, die ohne Bewährungshilfe entlassen werden (aufgrund des hohen Anteils an Kurzstrafen betrifft dieses etwa 85 % der Entlassenen). Das „Project Nazorg ex-gedetineerden/gemeenteleijke contactpersonen nazorg" ist eine Kooperationsvereinbarung zwischen den Gefängnissen und den Gemeinden, die sich in erster Linie auf die durchgängige Betreuung und die dafür notwendige Übermittlung relevanter Informationen konzentriert. Alle Gemeinden haben Ansprechpartner für die Betreuung von Haftentlassenen genannt, die von den Haftanstalten frühzeitig eingebunden werden und für bestimmte Lebensbereiche (Wohnung, Arbeit, Papiere und Gesundheit) zuständig sind. Die Pflege dieses Netzwerkes und die Koordi-

---

30 Vgl. *Dünkel* (2013), Rn. 134; *Dünkel/Pruin* (2012), S. 127 ff.
31 Die Informationen über die Lage in Europa stützen sich auf zwei Tagungen zum Thema „Übergangsmanagement". Die erste vom Lehrstuhl für Kriminologie der Universität Greifswald organisierte Tagung fand im März 2015 in Greifswald unter Beteiligung von 26 Wissenschaftlerinnen und Wissenschaftlern aus 16 europäischen Ländern statt. Die zweite wurde vom „Schweizer Ausbildungszentrum für den Strafvollzug" im Dezember 2015 in Schwerin organisiert. Eingeladen waren Praktiker aus 5 europäischen Ländern, die für innovative Konzepte im Bereich des „Übergangsmanagements" bekannt sind.

Die Entlassung aus dem Strafvollzug 189

nation regelmäßiger Treffen (zweimal jährlich) der Kontaktpersonen mit den zuständigen Mitarbeitern der Haftanstalten werden aus dem Justizministerium gesteuert.

Auch Schottland hält spezielle Nachentlassungshilfen bereit, die alle Haftentlassenen freiwillig nutzen können, die im Gegensatz zu den Niederlanden jedoch nicht von den Kommunen, sondern unter der Direktion des Justizministeriums (von einem Justizsozialdienst) durchgeführt werden. Das Angebot wird von den Haftentlassenen kaum genutzt, möglicherweise aufgrund der Nähe der Dienstleistung zur Justiz, während aus den Niederlanden über eine gute Akzeptanz der kommunalen Nachentlassungshilfe berichtet wird.

In Dänemark existiert mit dem „køreplan for god losladelse"[32] eine verbindliche Kooperationsvereinbarung aller an der Haftentlassung beteiligten Institutionen. Hervorzuheben ist hier der Grundsatz, dass eine Organisation ihre Zuständigkeit und Verantwortung für den Haftentlassenen erst dann verliert, wenn die nächste zuständige Organisation die Übernahme bestätigt hat. Auch hier werden die Ansprechpartner in den Kommunen durch eine verantwortliche Person aus dem Justizministerium betreut und das Netzwerk gepflegt.

Ganz anders regelt England zurzeit die „Zwangsfürsorge" für Haftentlassene. Auf der Grundlage des „Offender Rehabilitation Act 2014" werden seit dem 1. Februar 2015 alle volljährigen Haftentlassenen mit einer Freiheitsstrafe von weniger als 2 Jahren einer besonderen „Rehabilitierungsmaßnahme" unterstellt, in deren Rahmen sie der Aufsicht des Justizsozialdienstes unterstellt sind und Weisungen erhalten. Für jeden Haftentlassenen dauert diese Maßnahme zwölf Monate an.

In einigen Ländern (z.B. Schottland oder Dänemark) werden verstärkt Mentoren für die Betreuung von Haftentlassenen eingesetzt, die speziell für diese Tätigkeit geschult und von Fachleuten betreut werden. Die Forschungslage zu Mentorenprojekten ist bisher nicht eindeutig. Überwiegend wird jedoch nach dem aktuellen internationalen Forschungsstand das „mentoring" als vielversprechend im Hinblick auf die Wiedereingliederung angesehen.[33]

Positive Erfahrungen werden vor allen Dingen aus Dänemark mit Blick auf Übergangswohnheime berichtet, in denen Haftentlassene zur Wiedereinglie-

---

32 *Scandinavian Research Council for Criminology* (2013).
33 Vgl. *UK Ministry of Justice* (2013), S. 27 f.

derung mit nicht straffälligen Menschen[34] oder sogar mit ihren Familien[35] zusammenleben. Aufgrund der limitierten Plätze in diesen Einrichtungen gelangt jedoch nur ein Bruchteil der Haftentlassenen mit diesen Konzepten in Kontakt. Auch in anderen Ländern (z. B. Schweiz) spielen Übergangseinrichtungen eine größere Rolle als in Deutschland.

In den Niederlanden, Belgien und England wird die elektronische Aufenthaltsüberwachung für bestimmte Gruppen von Haftentlassenen eingesetzt, die unter dieser Voraussetzung vorzeitig entlassen werden können. Während ein solches Konzept aus deutscher Sicht die Gefahr des „net-widening" mit sich bringen würde, wird zumindest in Belgien die elektronische Aufenthaltsüberwachung als förderlich im Hinblick auf eine vorzeitige Haftentlassung erlebt.

6. Bewertung der Reformen im Lichte des kriminologischen Kenntnisstandes

Interessant bleibt abschließend die Frage danach, wie die deutschen Reformen angesichts (internationaler) Forschungserkenntnisse und praktischer Erfahrungen zu bewerten sind.

Aussagen über die Etablierung einer landesweiten neuen Struktur der Zusammenarbeit von Bewährungshilfe und Vollzug erlauben für Deutschland die Evaluationen zur Bewährungshilfe in Baden-Württemberg[36] und zu neuen Strukturen in Niedersachsen[37]. Beide Evaluationen deuten darauf hin, dass die Umsetzung der neuen Ideen in der Praxis nicht befriedigend gelingen zu scheint: Die Evaluation der baden-württembergischen Bewährungshilfe ergab, dass der Kontakt zwischen dem Vollzug und der Bewährungshilfe weiterhin ausbaufähig ist[38] und die Evaluation der neuen Strukturen in Niedersachsen zeigte, dass diese bisher noch nicht ausreichend umgesetzt werden konnten.[39]

---

34 *Kjaer* (2011), S. 80 ff.
35 http://www.bag-s.de/aktuelles/aktuelles0/article/-03ce7bf011/.
36 *Dölling/Hermann/Entorf* (2014).
37 *Hollmann/Haas* (2002).
38 *Dölling/Hermann/Entorf* (2014), S. 138 f.
39 *Hollmann/Haas* (2012), Zusammenfassung ab S. 7.

Von den unzähligen Praxisprojekten sind die wenigsten evaluiert bzw. die Ergebnisse veröffentlicht. Dieser Umstand liegt zum großen Teil sicherlich auch in der kurzen Laufzeit der Projekte begründet. Bei den veröffentlichten Evaluationen[40] handelt es sich in der Regel um Prozessevaluationen, die zumindest nachweisen, dass die Programme erfolgreich implementiert wurden und zum Teil zu Netzwerken und Organisationsstrukturen führten, die auch nach Projektende fortdauerten. Eine Wirkungsevaluation findet sich bei *Wirth*, der nachweist, dass ein ausgearbeitetes Übergangsmanagementprogramm im Beschäftigungsbereich sich positiv auf den Rückfall auswirkt.[41]

Ob das Konzept zur graduellen Öffnung des Vollzugs zur Entlassungsvorbereitung seit Erlass der neuen Ländergesetze stärker umgesetzt wird als vorher, kann nach aktueller Datenlage noch nicht ermittelt werden. Zu vermuten ist, dass die länderspezifischen Unterschiede in den Lockerungsraten erhalten bleiben. Unveröffentlichte Praktikerbefragungen deuten darauf hin, dass Langzeitausgänge und Übergangseinrichtungen in der Praxis keine Rolle spielen.

Ein Blick auf die internationale Forschung zum Übergangsmanagement kann zumindest einen Blick auf vielversprechende Richtungen aufzeigen. Bisher existieren zwei Metaanalysen speziell zur Wirkung von Programmen zur Wiedereingliederung nach der Haftentlassung.[42] Sie zeigen, dass solche Programme die Rückfallwahrscheinlichkeit moderat reduzieren können, und größere Erfolge diejenigen Programme erzielten, die in der Haft begonnen und nach der Entlassung fortgeführt wurden.

Weiterhin gibt es Versuche dazu, die Schlussfolgerungen des RNR-Prinzips speziell auf das Übergangsmanagement zu übertragen, oder die Erkenntnisse der desistance-Forschung mit Blick auf die Übergangsmanagementstrukturen und Programme zu übersetzen.[43] Ergebnis dieser Übersetzungen sind z. B. Forderungen nach Risikoeinteilungen der Probanden und dem Einsatz kognitiv-behavioraler Methoden bei Programmen zur Haftentlassung und Nachsorge. Speziell mit Blick auf die Erkenntnisse der desistance-

---

40 *Dölling/Kerner* (2013); *Pruin* (2013); *Becker* (2015).
41 *Wirth* (2012). Selektionseffekte können allerdings nicht vollkommen ausgeschlossen werden.
42 *Seiter/Kadela* (2003); *Ndrecka* (2014).
43 *Petersilia* (2004).

Forschung[44] wird hier die Bedeutung der Motivation der Probanden und der guten sozialen Strukturen nach der Entlassung sowie die Etablierung von am Bedarf orientierten flexiblen Haftentlassungs- und Nachbetreuungshilfen betont. Die deutschen Reformen, die eine bessere Abstimmung der Entlassenenvorbereitung und -nachsorge mit dem Ziel der Eingliederung der Haftentlassenen in gute soziale Strukturen zum Ziel haben, knüpfen insofern an die Erkenntnisse der desistance-Forschung an.

7. Ausblick

Es zeigen sich einige Veränderungen auf dem Gebiet der Haftentlassung in Deutschland und Europa. Ob die Reformen letztlich zu einer Verbesserung des Übergangs führen, ist nach derzeitigem Forschungsstand noch nicht abschließend ermittelbar. Im Hinblick auf internationale Forschungsergebnisse und auf ihnen basierende internationale Vorgaben[45] sind die deutschen gesetzlichen Reformen jedenfalls dann vielversprechend, wenn sie auch in die Praxis umgesetzt werden.

Europaweit bleiben bei den Konzepten zur Haftentlassung und Nachbetreuung viele Gruppen ausgeschlossen, darunter Untersuchungshäftlinge, Ausländer und in der Regel auch die Kurzzeitgefangenen. Einerseits ist es nach den Ergebnissen des RNR-Prinzips und auch aus Verhältnismäßigkeitserwägungen zu begrüßen, dass sich die neuen Konzepte auf den Übergang der Gefangenen mit längeren Freiheitsstrafen konzentrieren. Andererseits ist aus der Sicht der desistance-Forschung zu fragen, ob nicht zumindest freiwillige Nachentlassungshilfen anzubieten sind. Gute Erfahrungen werden insoweit aus den Niederlanden berichtet mit Blick auf die landesweite kommunale Nachentlassungshilfe. Ob die in Deutschland gewachsenen Strukturen der freien Straffälligenhilfe diesen Diensten unterlegen sind, bleibt zu untersuchen. Die neuen Regelungen aus England und Wales erscheinen hingegen unverhältnismäßig und bergen die Gefahr einer Sanktionierungsspirale, wenn bei einem Verstoß gegen die erteilten Weisungen der „recall" in das Gefängnis droht.

---

44 *Alexander/Lowenkamp/Robinson* (2014); *Lewis et al.* (2007); für Deutschland: *Kerner et al.* (2011).
45 *Zyl Smit/Spencer* (2010).

Mit Blick auf Europa ist anzunehmen, dass Diskussionen über die Integration von Mentorenprogrammen und die elektronische Überwachung bei Haftentlassenen auch in Deutschland zeitnah eine Rolle spielen werden.

Literatur

Alexander, M./Lowenkamp, C. T./Robinson, C. (2014): Probation and Parole Practices. In: Bruinsma, G./Weisburd, D. (Hg.): Encyclopedia of Criminology and Criminal Justice. New York: Springer, S. 3973-3978.
Becker, T. (2015): Das ESF-Bundesprogramm „XENOS–Integration und Vielfalt": Projektförderung am Lernort Jugendstrafvollzug. Bewährungshilfe 62, S. 5-64.
Berger, T./Tein, J. (2007): Kooperation der Justizvollzugsanstalten mit den Arbeitsagenturen und ARGEN bzw. Optionskreisen. Zeitschrift für Soziale Strafrechtspflege Nr. 44, S. 49-57.
Cornel, H. (2012): Übergangsmanagement im Prozess der Resozialisierung. Bewährungshilfe 59, S. 286-308.
Cornel, H./Dünkel, F./Pruin, I./Sonnen, B.-R./Weber, J. (2015): Diskussionsentwurf für ein Landesresozialisierungsgesetz. Mönchengladbach: Forum Verlag Godesberg.
DBH-Fachverband für Soziale Arbeit, Strafrecht und Kriminalpolitik e.V. (Hg.) (2012): Übergangsmanagement für junge Menschen zwischen Strafvollzug und Nachbetreuung. Handbuch für die Praxis. DBH-Materialien Nr. 68: Köln.
Dölling, D./Hermann, D./Entorf, H. (2014): Evaluation der Bewährungs- und Gerichtshilfe sowie des Täter-Opfer-Ausgleichs in Baden-Württemberg. Abschlussbericht. Internet-Publikation http://www.uni-heidelberg.de/institute/fak2/krimi/Evaluation%20der%20BWH_GH_TOA.pdf. (letzter Abruf: 31.12.2015).
Dölling, D./Kerner, H.-J. (2013): Das baden-württembergische Nachsorgeprojekt Chance Rechtspsychologie, Kriminologie und Praxis, S. 133-145.
Dünkel, F. (2013): Kommentierung von § 57 StGB. In: Kindhäuser, U./Neumann, U./Paeffgen, H.-U. (Hg.): Nomos-Kommentar Strafgesetzbuch, 4. Aufl., Baden-Baden: Nomos Verlag.
Dünkel, F. (2012): Vollzugsöffnende Maßnahmen Wandel durch Landesgesetze im Licht internationaler Standards. Kriminalpädagogische Praxis 40, Heft 48, S. 14-27.
Dünkel, F./Drenkhahn, K./Morgenstern, C. (2008): Humanisierung des Strafvollzugs–Konzepte und Praxismodelle. Mönchengladbach: Forum Verlag Godesberg.
Dünkel, F./Lappi-Seppälä, T./Morgenstern, C./Zyl Smit, D. van (2010): Gefangenenraten und Kriminalpolitik in Europa: Zusammenfassung und Schlussfolgerungen. In: Dünkel, F./Lappi-Seppälä, T./Morgenstern, C./Zyl Smit, D. van (Hg.) (2010): Kriminalität, Kriminalpolitik, strafrechtliche Sanktionspraxis und Gefangenenraten im europäischen Vergleich. Mönchengladbach: Forum Verl. Godesberg, S. 1023-1118.
Dünkel, F./Pruin, I. (2015): Wandlungen im Strafvollzug am Beispiel vollzugsöffnender Maßnahmen–Internationale Standards, Gesetzgebung und Praxis in den Bundesländern. Kriminalpädagogische Praxis 43, Heft 50, S. 30-45.
Dünkel, F./Pruin, I. (2012): Die bedingte/vorzeitige Entlassung aus dem Strafvollzug im europäischen Vergleich. In Matt, E. (Hg.): Bedingte Entlassung, Übergangsmanagement

und die Wiedereingliederung von Ex-Strafgefangenen. Bremer Forschungen zur Kriminalpolitik. Berlin: LIT-Verlag, S. 125-146.
Duwe, G. (2012): Evaluating the Minnesota Comprehensive Offender Reentry Plan (MCORP): Results from a randomized experiment. Justice Quarterly 29, S. 347-383.
Endres, J. (2000): Die Kriminalprognose im Strafvollzug: ZfStrVo, S. 67-83.
Feest, J. (2007): Übergänge aus dem Strafvollzug in die Freiheit. Verantwortlichkeiten, Möglichkeiten und Gesetzgebung. Zeitschrift für Soziale Strafrechtspflege Nr. 44, S. 6-12.
Feest, J./Straube, I. (2011): Vor § 5. In: Feest, J./Lesting, W. (Hg.): StVollzG-Kommentar zum Strafvollzugsgesetz (AK-StVollzG). 6.Aufl., Köln: Carl Heymanns Verlag.
Hermann, D./Kerner, H.-J. (1988): Die Eigendynamik der Rückfallkriminalität. Kölner Zeitschrift für Soziologie und Sozialpsychologie 40, S. 464-484.
Hollmann, R./Haas, U. I. (2012): Neue Wege: Vernetzte Betreuung. Übergangsmanagement in Niedersachsen. Abschlussbericht. Wolfenbüttel: Ostfalia.
Jehle, J. M. (2007): Methodische Probleme einer Rückfallforschung aufgrund von Bundeszentralregisterdaten. In: Lösel, F./Bender, D./Jehle, J. M. (Hg.): Kriminologie und wissensbasierte Kriminalpolitik. Mönchengladbach: Forum Verlag Godesberg, S. 227-245.
Kerner, H.-J./Stellmacher, J./Coester, M./Wagner, U. (2011): Systematische Rückfalluntersuchung im hessischen Jugendvollzug. Abschlussbericht.
Kjaer Minke, L. (2011): The Effects of Mixing Offenders with Non-Offenders: Finding from a Danish Quasi-Experiment. In: Journal of Scandinavian Studies in Criminology and Crime Prevention 12, 1, S. 80–99.
Laub, J. H./Sampson, R. J. (2003): Shared Beginnings, Divergent Lives: Delinquent Boys to age 70. Cambridge: Harvard University Press.
Lewis, S./Maguire, M./Raynor, P./Vanstone, M./Vennard, J. (2007): What works in resettlement? In: Criminology and Criminal Justice 7, S. 33-53.
Maelicke, B. (2009): Perspektiven einer „Integrierten Resozialisierung". In: Cornel, H./Kawamura-Reindl, G./Maelicke, B./Sonnen, B.-R. (Hg.): Resozialisierung. Handbuch. 3. Aufl., Baden-Baden: Nomos, S. 598-604.
Maruna, S. (2001): Making Good: How Ex-Convicts Reform and Rebuild Their Lives. Washington, DC: American Psychological Association Books.
Matt, E. (2014): Übergangsmanagement und der Ausstieg aus Straffälligkeit. Wiedereingliederung als gemeinschaftliche Aufgabe. Herbolzheim: Centaurus Verlag.
Matt, E. (2007): Integrationsplanung und Übergangsmanagement. Forum Strafvollzug 56, S. 26-31.
Petersilia, J. (2004): What Works in Prisoner Reentry? Reviewing and Questioning the Evidence. Federal Probation 68, S. 4-8.
Pruin, I. (2015): Interdisziplinäre Erkenntnisse zur Entlassung aus dem Strafvollzug und ihre Bedeutung für die deutsche Reformdiskussion. In: Bock, S./Harrendorf, S./Ladiges, M. (Hg.): Strafrecht als interdisziplinäre Wissenschaft. Baden-Baden: Nomos, S. 139-168.
Pruin, I. (2013): Übergangsmanagement im Jugendstrafvollzug: Die Evaluation des Projekts BASIS in der JVA Adelsheim. In: Dölling, J./Jehle, J.-M.: Täter Taten Opfer, Grundfragen und aktuelle Probleme der Kriminalität und ihrer Kontrolle. Neue Kriminologische Schriftenreihe 114. Mönchengladbach: Forum Verlag Godesberg, S. 691-714.
Pruin, I. (2012): Arbeitsmarktintegration junger Strafgefangener durch Übergangsmanagement: Möglichkeiten und Herausforderungen. In: DBH-Fachverband für Soziale Arbeit, Strafrecht und Kriminalpolitik e.V.: Übergangsmanagement für junge Menschen zwi-

schen Strafvollzug und Nachbetreuung. Handbuch für die Praxis. DBH-Materialien Nr. 68: Köln, S. 139-149.

Roos, H./Weber, J. (2009): Übergangsmanagement–Die Entwicklung in den Ländern. In: Forum Strafvollzug 58, S. 62-66.

Scandinavian Research Council for Criminology (2013): Losladelse. Planlaegning og samarbejde i Danmark, Norge og Sverige. Aarhus.

Seiter R.-P./Kadela K.-R. (2003): Prisoner Reentry: What Works, What Does Not, and What Is Promising. Crime and Delinquency 49, S. 360-388.

Stelly, W./Thomas, J. (2009): Freie Straffälligenhilfe unter Veränderungsdruck–Ergebnisse einer repräsentativen Befragung. In: Forum Strafvollzug, S. 87-90.

Stelly, W./Thomas, J. (2001): Einmal Verbrecher-immer Verbrecher, Eine empirische Untersuchung von Entwicklungsmustern kriminellen Verhaltens von der Kindheit bis ins Erwachsenenalter. Wiesbaden: VS Verlag.

UK Ministry of Justice (2013): Transforming Rehabilitation: a summary of evidence on reducing reoffending. London: Ministry of Justice.

Zyl Smit, D. van/Spencer, J.-R. (2010): The European dimension to the release of sentenced prisoners. In: Padfield, N./Zyl Smit, D. van/Dünkel, F. (Hg.): Release from Prison: European Policy and Practice. Collumpton: Willan, S. 9-46.

Wirth, W. (2012): Übergangsmanagement zur Arbeitsmarktintegration: Erfahrungen und Perspektiven im nordrhein-westfälischen Strafvollzug. In. DBH Fachverband (Hg.): Übergangsmanagement für junge Menschen zwischen Strafvollzug und Nachbetreuung. DBH-Materialien Nr. 68: Köln, S. 121-138.

Die elektronische Fußfessel bei entlassenen Straftätern

Anne Bräuchle und Jörg Kinzig

Gliederung

1. Einleitung
2. Rechtliche Rahmenbedingungen der EAÜ
2.1 Der Hintergrund der Einführung der EAÜ ins Recht der Führungsaufsicht im Jahr 2011
2.2 Die EAÜ als Weisung im Rahmen der Führungsaufsicht
2.3 Der Inhalt der EAÜ-Weisung
2.4 Die Zielgruppe der EAÜ-Weisung
2.5 Fallvignette: Ein typischer EAÜ-Fall
2.6 Der Ablauf der Überwachung
3. Das Forschungsvorhaben zur Evaluation der EAÜ
3.1 Rahmenbedingungen und Fragestellungen der Studie
3.2 Methodisches Vorgehen
4. Die derzeitige Anwendung der EAÜ
4.1 Anordnungshäufigkeit
4.2 Die Betroffenen der EAÜ
4.3 Die konkrete Erteilungspraxis
5. Ausblick

1. Einleitung

Die sogenannte „elektronische Fußfessel" findet regelmäßig eine große Beachtung in den Medien. Aufsehen erregte zuletzt der Fall des Rafik Y.: Y. wurde vom OLG Stuttgart im Jahr 2008 wegen eines versuchten Attentats auf den damaligen irakischen Ministerpräsidenten Ijad Allawi verurteilt und stand seit seiner Entlassung im Jahr 2013 unter Führungsaufsicht. Y. wurde am 17. September 2015 in Berlin von einem Polizisten erschossen, nachdem er dessen Kollegin mit einem Messer angegriffen und verletzt hatte. Zuvor hatte er sich laut einer Pressemeldung seine Fußfessel abgeschnitten.[1]

Nicht nur dieser Fall gibt Anlass, der Frage nachzugehen, worum es sich genau bei dieser sogenannten „elektronischen Fußfessel" handelt, die im Rahmen der Führungsaufsicht eingesetzt werden kann. Im Folgenden werden wir daher zunächst den rechtlichen Rahmen dieses offiziell als „elektronische Aufenthaltsüberwachung" (EAÜ) bezeichneten Instruments darstellen.

---

1 Vgl. http://www.welt.de/146550295, zuletzt abgerufen am 07.12.2015.

Anschließend geben wir einen Überblick über ein mittlerweile kurz vor dem Abschluss stehendes Forschungsprojekt zur elektronischen Aufenthaltsüberwachung, das derzeit am Institut für Kriminologie der Eberhard Karls Universität Tübingen durchgeführt wird.

2. Rechtliche Rahmenbedingungen der EAÜ

2.1 Der Hintergrund der Einführung der EAÜ ins Recht der Führungsaufsicht im Jahr 2011

Die Einführung der EAÜ als Weisung nach § 68b Abs. 1 S. 1 Nr. 12 StGB im Jahr 2011 steht in direktem Zusammenhang mit der Entscheidung des Europäischen Gerichtshofs für Menschenrechte (EGMR) vom 17.12.2009 in Sachen M. gegen Deutschland. Der EGMR erklärte in diesem Urteil die nachträgliche Verlängerung der erstmaligen Anordnung der Sicherungsverwahrung über die früher geltende zehnjährige Höchstfrist hinaus für konventionswidrig.[2] Befürchtet wurde daraufhin die Entlassung von weiterhin als gefährlich erachteten Sicherungsverwahrten. Dieser (vermuteten) Gefährlichkeit sollte unter anderem durch die Einführung einer elektronischen Aufenthaltsüberwachung jener Personen als Weisung im Rahmen der Führungsaufsicht begegnet werden.[3] Im damaligen Gesetzgebungsverfahren lag allerdings der Schwerpunkt der Debatten klar auf der Neuregelung der Vorschriften über die Sicherungsverwahrung. Die EAÜ hingegen wurde lediglich als Nebenschauplatz angesehen.[4]

Um die neue bundesgesetzliche Regelung ins Werk setzen zu können, wurde mit dem Abschluss eines Staatsvertrags zwischen allen Bundesländern zur Einrichtung einer „Gemeinsamen Überwachungsstelle der Länder" (GÜL) in Bad Vilbel die Grundlage für eine bundeseinheitliche Durchführung der elektronischen Aufenthaltsüberwachung geschaffen. Die technische Überwachung über die sogenannte Fußfessel wird bundesweit von der Hessischen Zentrale für Datenverarbeitung (HZD) vorgenommen, während die GÜL die eingehenden Meldungen verarbeitet, bewertet und sie an die jeweiligen Akteure (Bewährungshilfe, Führungsaufsichtsstelle, Polizei) weitergibt.

---

2 Az. 19359/04, juris.
3 BT-Drs. 17/3403, S. 1 ff.
4 Vgl. Plenarprotokolle 17/69 und 17/78.

2.2 Die EAÜ als Weisung im Rahmen der Führungsaufsicht

Die Führungsaufsicht (§§ 68 ff. StGB) verfolgt als ambulante Maßregel der Besserung und Sicherung einen doppelten Zweck: Sie soll einerseits durch Betreuung, andererseits aber auch durch Überwachung des entlassenen Straftäters zu seiner Resozialisierung beitragen.[5] In (fast) jeder Führungsaufsicht stellen Weisungen nach § 68b StGB, die den Verurteilten zu einem Tun oder Unterlassen verpflichten, einen zentralen Bestandteil dar. Neben der EAÜ sind so in § 68b Abs. 1 StGB beispielsweise Aufenthaltsweisungen (§ 68b Abs. 1 S. 1 Nr. 1 und Nr. 2 StGB), Kontakt- (§ 68b Abs. 1 S. 1 Nr. 3 StGB) oder Alkoholkonsumverbote (§ 68b Abs. 1 S. 1 Nr. 10 StGB) für die davon betroffene Person möglich. Weisungen nach § 68b Abs. 1 StGB – also auch die Weisung der EAÜ – sind nach § 145a StGB strafbewehrt und können bei Verstößen eine Freiheitsstrafe von bis zu drei Jahren oder im Extremfall auch primäre Sicherungsverwahrung (§ 66 Abs. 1 S. 1 Nr. 1c StGB) nach sich ziehen. Daneben sind nach § 68b Abs. 2 StGB weitere (nicht strafbewehrte) Weisungen möglich; dazu gehört etwa eine Therapieweisung (§ 68b Abs. 2 S. 2 StGB).

2.3 Der Inhalt der EAÜ-Weisung

Nach § 68b Abs. 1 S. 1 Nr. 12 StGB kann das Gericht „die verurteilte Person für die Dauer der Führungsaufsicht oder für eine kürzere Zeit anweisen, […] die für eine elektronische Überwachung ihres Aufenthaltsortes erforderlichen technischen Mittel ständig in betriebsbereitem Zustand bei sich zu führen und deren Funktionsfähigkeit nicht zu beeinträchtigen." Eine elektronische Aufenthaltsüberwachung ist somit prinzipiell für eine Dauer von bis zu fünf Jahren möglich (§ 68c Abs. 1 StGB), bei Entfristung der Führungsaufsicht (§ 68c Abs. 3 StGB) in Einzelfällen auch länger. Im Gegensatz zu anderen Weisungen ist die EAÜ allerdings nach spätestens zwei Jahren zu überprüfen (§ 68d Abs. 2 StGB).

2.4 Die Zielgruppe der EAÜ-Weisung

Die Erteilung einer EAÜ-Weisung ist gem. § 68b Abs. 1 S. 3 StGB nur gegenüber einer eingeschränkten Personengruppe zulässig: Die Führungsaufsicht muss auf Grund der vollständigen Vollstreckung einer mindestens drei-

---

5 Zum Verhältnis von Besserung und Sicherung vgl. *Kinzig* NK (2015), S. 230-250.

jährigen (Gesamt-)Freiheitsstrafe oder einer erledigten Maßregel eingetreten sein. Die Freiheitsstrafe oder Unterbringung muss wegen einer oder mehrerer in § 66 Abs. 3 S. 1 StGB genannten Katalogstraftaten (insbesondere Sexual- und Gewaltdelikte, allerdings auch beispielsweise Tatbestände der Betäubungsmittelkriminalität) eingetreten sein. Zudem muss die Gefahr der Begehung weiterer Katalogstraftaten bestehen und die EAÜ geeignet erscheinen, den Verurteilten von der erneuten Begehung derartiger Straftaten abzuhalten.

Obwohl die EAÜ aufgrund der bevorstehenden Entlassung als gefährlich angesehener Sicherungsverwahrter eingeführt wurde, ist ihr Anwendungsbereich durch die Einbeziehung auch sogenannter Vollverbüßer längerer Freiheitsstrafen und anderer Maßregelerlediger erheblich weiter.

2.5 Fallvignette: Ein typischer EAÜ-Fall

Auch wenn EAÜ-Probanden keine gänzlich homogene Gruppe sind, verdeutlicht folgende Fallvignette, in welchen Fällen nicht selten eine solche Weisung erteilt wird:

Herr X wurde zu einer 8-jährigen Freiheitsstrafe wegen sexueller Nötigung und Körperverletzung verurteilt. Er hatte eine junge Frau vom Fahrrad gerissen, geschlagen, ins Auto gezerrt, mit Klebeband fixiert und sich dort sexuell an ihr vergangen. In ähnlicher Weise hatte er auch eine Elfjährige missbraucht. Seine Strafe verbüßte Herr X voll. Er war zeitweise in einer Sozialtherapeutischen Anstalt untergebracht, eine Tataufarbeitung gelang aber nur sehr begrenzt. Eine Persönlichkeitsstörung wurde diagnostiziert.

Nach Entlassung steht Herr X unter Führungsaufsicht. Er darf sich nicht an Schulen, Kindergärten u.ä. aufhalten, keinen Alkohol konsumieren und soll eine Therapie ableisten. Zusätzlich muss er eine „elektronische Fußfessel" tragen.

2.6 Der Ablauf der Überwachung

In der Praxis werden derzeit bundesweit GPS-Fußfesseln eingesetzt, die zudem über die Möglichkeit einer Funkzellenortung verfügen. Damit ist eine Ortung auch in Gebäuden möglich. Gemäß § 463a Abs. 4 StPO dürfen die von den Führungsaufsichtsprobanden erhobenen Aufenthaltsdaten nur zur Feststellung und Verfolgung von Weisungsverstößen, zur Abwehr einer erheblichen Gefahr für besonders geschützte Rechtsgüter und zur Verfolgung von Katalogstraftaten verwendet werden. Somit ist keine permanente „Live-Überwachung" der Position der Fußfesselträger zulässig.

Soll mit der EAÜ die Einhaltung von Aufenthaltsweisungen nach § 68b Abs. 1 S. 1 Nr. 1 oder Nr. 2 StGB überwacht werden, können sogenannte Gebots- bzw. Verbotszonen eingerichtet werden. Dies bedeutet, dass ein Alarm ausgelöst wird und bei der GÜL in Bad Vilbel eingeht, wenn die betreffende Person einen ihr zugewiesenen Bereich verlässt oder eine verbotene Zone betritt. Daneben kann die EAÜ jedoch auch aus rein spezialpräventiven Gründen erteilt werden: Dem liegt die Annahme zugrunde, dass die erhöhte Entdeckungswahrscheinlichkeit den Verurteilten von der Begehung weiterer Straftaten abzuhalten vermag.[6]

3. Das Forschungsvorhaben zur Evaluation der EAÜ

3.1 Rahmenbedingungen und Fragestellungen der Studie

Unsere bundesweite Studie wird seit dem 01.01.2013 im Auftrag des Bundesamtes für Justiz und des Bundesministeriums der Justiz und für Verbraucherschutz durchgeführt und steht kurz vor dem Abschluss.[7] Untersucht wurde die konkrete Anordnungspraxis der EAÜ, insbesondere Unterschiede der Anwendung zwischen den Bundesländern. Zudem wurde der Zusammenarbeit und den Strukturen der beteiligten Akteure nachgegangen. In diesem Rahmen konnte auch die Beteiligung der GÜL abgebildet werden. Die Bedeutung der EAÜ im Verlauf einer Führungsaufsicht analysierten wir insbesondere im Hinblick auf die EAÜ begleitenden weiteren Weisungen. Auch die Bewertung der EAÜ durch die beteiligten Akteure der Justiz und der Polizei sowie die mit ihr verbundenen Belastungen für die Überwachten waren Gegenstand der Untersuchung.

3.2 Methodisches Vorgehen

Im Mittelpunkt einer rechtswissenschaftlichen Analyse standen zunächst Literatur und Rechtsprechung zu § 68b Abs. 1 S. 1 Nr. 12 StGB. Bestehende

---

6 BT-Drs. 17/3403, S. 17.
7 Mit einer Veröffentlichung des Forschungsberichts ist im Laufe des Jahres 2016 zu rechnen.

Statistiken (insbesondere die von der GÜL erhobenen Fallzahlen) wurden herangezogen, um die Anordnungshäufigkeit der EAÜ zu erfassen. Im Zentrum der Evaluation stand jedoch eine umfangreiche Aktenanalyse: Sie umfasste die Führungsaufsichtsakten aller 74 Probanden, denen bis zum 31.08.2013 eine EAÜ-Weisung erteilt worden war. Zugleich wurden die Akten einer ebenso großen Vergleichsgruppe von Führungsaufsichtsprobanden erhoben, welche die formellen Voraussetzungen einer EAÜ-Weisung erfüllten, bei denen jedoch von der Erteilung einer solchen Weisung abgesehen worden war. Die beteiligten Akteure (in Strafvollstreckungskammern, der Bewährungshilfe, den Führungsaufsichtsstellen sowie Mitarbeiter polizeilicher Risikoprogramme wie KURS, HEADS usw.) äußerten sich im Rahmen einer Fragebogenerhebung. Zusätzlich wurden zwischen März 2014 und Mai 2015 Experteninterviews in allen 16 Bundesländern durchgeführt. Das Setting als Gruppeninterview bot die Möglichkeit, wechselseitige Arbeitsbeziehungen sichtbar zu machen und auch kontroverse Diskussionen zuzulassen. Probandeninterviews (n=4) erlaubten es, die Sichtweise der von der Fußfessel Betroffenen nachzuvollziehen. Vermittelt wurden diese Gespräche durch die zuständigen Bewährungshelferinnen und Bewährungshelfer.

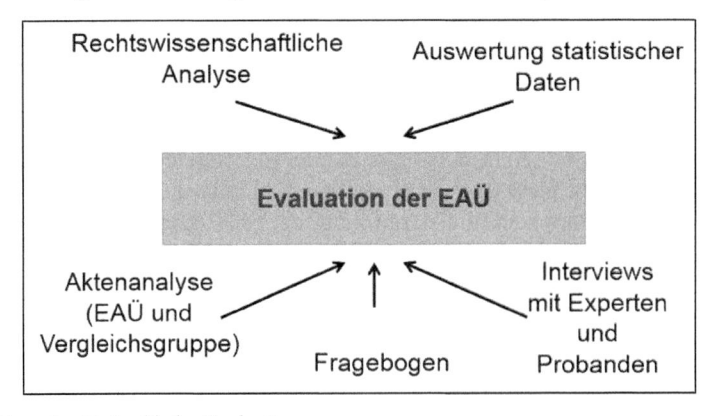

Abbildung 1: Methodik der Evaluation

4. Die derzeitige Anwendung der EAÜ

4.1 Anordnungshäufigkeit

Insgesamt wird von der elektronischen Aufenthaltsüberwachung verhältnismäßig zurückhaltend Gebrauch gemacht. Nachdem die Fallzahlen zwischen

Die elektronische Fußfessel bei entlassenen Straftätern 203

den Jahren 2012 bis 2014 zunächst kontinuierlich anstiegen, haben sie sich seither bei etwas über 70 Überwachten eingependelt (vgl. Abbildung 2).

Zwischen den Bundesländern divergiert die Anwendungshäufigkeit allerdings erheblich. In absoluten Zahlen gemessen, wird von der EAÜ besonders häufig in Bayern Gebrauch gemacht (vgl. Abbildung 3).

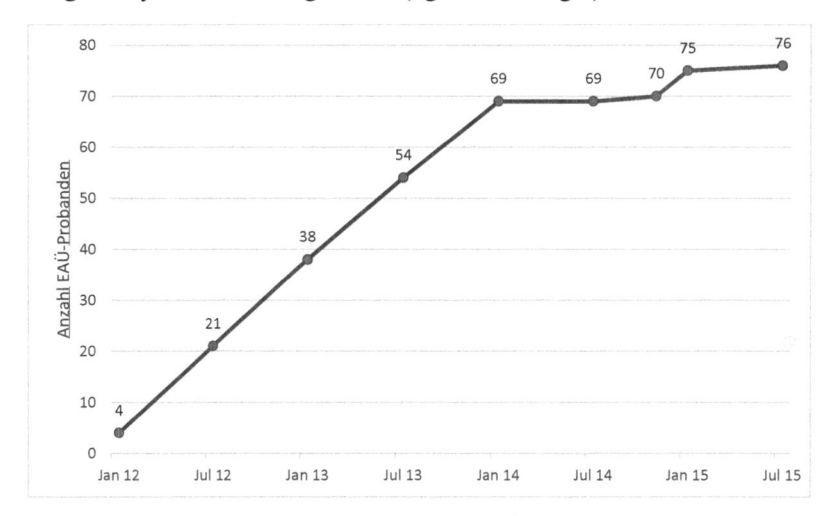

Abbildung 2: Probanden mit EAÜ-Weisung (Quelle: GÜL)

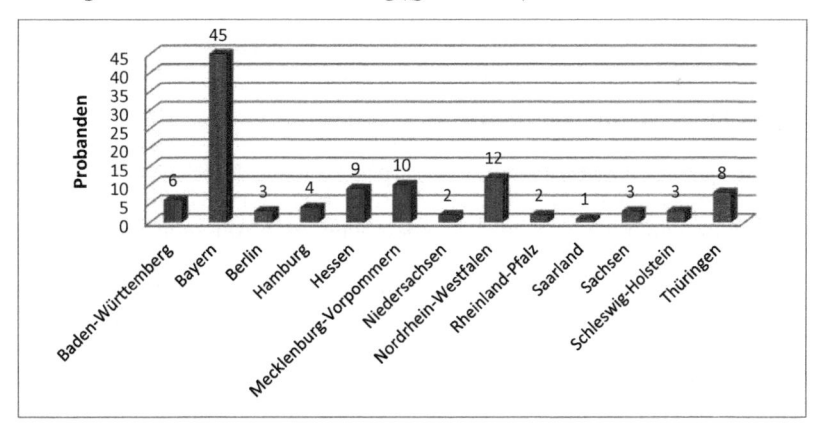

Abbildung 3: Anzahl der EAÜ-Probanden pro Bundesland von Januar 2012 bis Juli 2015 (Quelle: GÜL)

4.2 Die Betroffenen der EAÜ

Obwohl die EAÜ insbesondere für in sogenannten EGMR-Parallelfällen vor der Entlassung stehende Sicherungsverwahrte eingeführt wurde, stellt diese Klientel nicht den Hauptanwendungsbereich der EAÜ dar. Sie machen nur ein knappes Drittel aller EAÜ-Fälle (28 %) aus. Die Mehrheit der EAÜ-Probanden sind hingegen aus dem Strafvollzug entlassene sogenannte Vollverbüßer längerer Freiheitsstrafen.

Zum Zeitpunkt der Aktenerhebung (bis zum Stichtag 31.08.2013) waren sämtliche EAÜ-Probanden männlich. Presseberichten lässt sich entnehmen, dass später jedenfalls eine Frau – eine ehemalige Sicherungsverwahrte – überwacht wurde. Die Verurteilten waren zwischen 20 bis 72 Jahren alt; der Median lag bei 50 Jahren. Ein Großteil der Probanden war strafrechtlich erheblich vorbelastet: 62 % wurden schon mindestens einmal vor der Anlasstat zu einer Freiheitsstrafe ohne Bewährung verurteilt. Die Anlasstat selbst wiederum führte bei einigen Verurteilten zu lang andauernder Haft und/oder Sicherungsverwahrung: 41 % der untersuchten Personen hatte zum Zeitpunkt der Weisungserteilung zuletzt zehn Jahre oder länger in Unfreiheit verbracht. Bei sämtlichen Probanden handelte es sich um Täter von Gewalt- und/oder Sexualdelikten, wobei die meisten davon sowohl ein Gewalt-, als auch ein Sexualdelikt begangen hatten. Etwa 27 % waren hingegen reine Gewaltstraftäter. Von der Möglichkeit, die EAÜ auch bei anderen Delikten (etwa Verstößen gegen das BtMG) zu erteilen, machen die Gerichte zumindest bislang keinen Gebrauch.

4.3 Die konkrete Erteilungspraxis

In der Praxis geht der Erteilung der EAÜ-Weisung meist eine sogenannte Fallkonferenz voraus. Dort wird die Notwendigkeit und Geeignetheit dieser Weisung im konkreten Fall zwischen den beteiligten Akteuren diskutiert.

In fast drei Viertel (73 %) der erhobenen Fälle diente die EAÜ der Überwachung einer Ge- und/oder Verbotszone. In den Experteninterviews wurde deutlich, dass die Akzeptanz der Akteure beim Einsatz der Maßnahme zur Überwachung weiterer, sie begleitender Weisungen größer ist als bei ihrer Erteilung zu rein spezialpräventiven Zwecken. Dies gilt insbesondere dann, wenn ein konkret gefährdetes Opfer existiert, das durch entsprechende elektronisch überwachte Aufenthaltsweisungen geschützt werden kann.

Die Erhebung von Akten einer Vergleichsgruppe gab Aufschluss darüber, warum trotz Vorliegens der formellen Voraussetzungen von der Erteilung einer solchen Weisung abgesehen wird. Hierzu zählt in erster Linie die Verneinung einer entsprechenden hochgradigen Gefährlichkeit des Probanden. In anderen Fällen lehnten die beteiligten Akteure die Erteilung der Weisung ab, da keine sinnvollen Ge- oder Verbotszonen eingerichtet werden konnten. Dies war der Fall, wenn es keine Örtlichkeiten gab, von denen eine besondere kriminelle Gefährdung ausging, oder wenn es sich um eine solche Vielzahl von kriminogenen Plätzen handelte (beispielsweise Kindergärten, Schulen), dass diese technisch nicht als Verbotszonen umsetzbar waren. Bei anderen Probanden wurde die Weisung als unzumutbar bewertet oder ein positiver Verlauf der Führungsaufsicht konstatiert, der eine EAÜ-Weisung entbehrlich erscheinen ließ. Insbesondere wenn es sich bei der Straffälligkeit des Probanden um Beziehungstaten handelte, prognostizierten die Beteiligten keinen spezialpräventiven Effekt durch die elektronische Überwachung.

5. Ausblick

Sämtliche oben dargestellten Erhebungen sind abgeschlossen. Der Forschungsbericht wurde zwischenzeitlich fertig gestellt und dem BMJV vorgelegt. Mit einer Veröffentlichung ist voraussichtlich im Laufe des Jahres 2016 zu rechnen.

Neben einer dogmatischen Analyse der EAÜ, ihrer historischen Entwicklung, den zugrunde liegenden technischen Voraussetzungen und der Darstellung internationaler Erfahrungen mit vergleichbaren Maßnahmen stellt die empirische Analyse das Kernstück der Arbeit dar. Anhand der dargestellten Erhebungsmethoden beschreibt sie die bundesweite Rechtspraxis der EAÜ-Weisung. Dabei verdeutlichen Interviewausschnitte die Erfahrungen und Ansichten sowohl der beteiligten Akteure als auch der betroffenen Probanden. Abschließend werden nicht nur Vorschläge zur Umsetzung der EAÜ de lege lata, sondern auch zu möglichen Änderungen de lege ferenda gemacht.

Der Publication Bias in der Abschreckungsforschung – Eine Krise der Kriminologie und Ökonomie?

Dieter Hermann

Gliederung
1. Einleitung
2. Forschungsstand: Publication Bias in Abschreckungsstudien
3. Daten
4. Analysemethode
5. Ergebnisse: Publication Bias 1
6. Ergebnisse: Publication Bias 2
7. Fazit

1. Einleitung

Objektivität ist nicht nur eine Forderung im Kritischen Rationalismus[1], sondern ein Anspruch, der für alle empirischen Wissenschaften gilt.[2] Dabei wird Objektivität meist im Sinne von Intersubjektivität verstanden; dies bedeutet, dass verschiedene Forschergruppen zum gleichen Ergebnis kommen, wenn sie die gleiche Frage mit den gleichen Daten untersuchen – wissenschaftliche Ergebnisse sollen subjektunabhängig sein. Tritt ein Publication Bias fachspezifisch auf, ist dies eine Verletzung von Objektivität und Intersubjektivität. Unter dem Begriff *Publication Bias* versteht man Selektionsmechanismen im Wissenschaftsprozess.[3] Dieser kann mehrere Ursachen haben, die beim Publikationsorgan oder bei den Publizierenden liegen: (1) Beiträge mit signifikanten Ergebnissen werden mit größerer Wahrscheinlichkeit in Fachzeitschriften angenommen als andere, (2) Beiträge mit signifikanten Ergebnissen werden mit größerer Wahrscheinlichkeit eingereicht als andere, (3) theoriekonforme und erwartete Ergebnisse werden mit größerer Wahrscheinlichkeit in Fachzeitschriften angenommen als andere und (4) Beiträge mit theoriekonformen und erwarteten Ergebnissen werden mit größerer

---

1 *Popper* (1994).
2 *Calhoun* (2003), S. 51.
3 *Gerber/Malhotra* (2008) S. 5; *Niemeyer/Musch/Pietrowsky* (2013), S. 58.

Wahrscheinlichkeit eingereicht als andere. Meist beziehen sich Studien zum Publication Bias auf das Signifikanzkriterium.

Verzerrungen durch einen Publication Bias scheinen in der Wissenschaftspraxis weit verbreitet zu sein, insbesondere in den USA. Für die Veröffentlichungen im American Sociological Review, im American Journal of Sociology und im The Sociological Quarterly wurde ein Publication Bias nachgewiesen.[4] Auch für die Kölner Zeitschrift für Soziologie und Sozialpsychologie sowie für die Zeitschrift für Soziologie wurde ein solcher Bias gefunden, jedoch in schwächerem Ausmaß wie in den US-amerikanischen Zeitschriften.[5] In einer weiteren Analyse der Kölner Zeitschrift für Soziologie und Sozialpsychologie, der Zeitschrift für Soziologie und der Politischen Vierteljahresschrift konnte die Existenz eines Publication Bias nur für ein Signifikanzniveau von 10 % belegt werden.[6]

Eine Wissenschaft, die systematisch verzerrte Ergebnisse produziert, müsste sich eigentlich in einer Krise befinden, wird doch die Wissenschaftlichkeit in Frage gestellt. Solange verzerrte Resultate lediglich Teil des innerwissenschaftlichen Diskurses sind und der „Elfenbeinturm" der Wissenschaft nicht verlassen wird, richten solche Ergebnisse zumindest keinen unmittelbaren Schaden an. Kriminologische und wirtschaftswissenschaftliche Forschung kann jedoch praxisrelevant werden. Dies trifft in besonderem Maß auf die Sanktionsforschung zu, insbesondere auf Untersuchungen zur Wirksamkeit der Todesstrafe, denn letztlich wird diese Sanktion durch einschlägige empirische Untersuchungen legitimiert; sie liefern die Argumente für oder gegen Sanktionen mit intendierter Abschreckungswirkung.

In diesem Beitrag soll der Publikation Bias in Abschreckungsstudien untersucht werden. Solche Studien werden in mehreren Wissenschaften durchgeführt, die sich im Wissenschaftsverständnis, im Theorierepertoire und in der Publikationspraxis unterscheiden. Deshalb soll untersucht werden, ob:

(1) ein Publication Bias in Studien zur negativen Generalprävention existiert?

(2) sich das Ausmaß des Publication Bias in Abschreckungsstudien aus der Kriminologie, Soziologie und Ökonomie unterscheidet?

(3) der Publication Bias von der zugrunde liegenden Theorie abhängig ist?

---

4 *Gerber/Malotra* (2008).
5 *Auspurg/Hinz/Schneck* (2014).
6 *Berning/Weiß* (2015).

2. Forschungsstand: Publication Bias in Abschreckungsstudien

Metastudien und systematische Reviews sind besonders geeignet, Verzerrungen im Publikationsprozess zu untersuchen.[7] So zeigt eine Studie, dass Untersuchungen zum Abschreckungseffekt der Todesstrafe von hochsignifikanten Abschreckungseffekten bis hin zu völlig insignifikanten Ergebnissen reichen.[8] Dies ist zwar kein Test auf die Existenz eines Publication Bias, sondern ein Hinweis, dass die Variation in Ergebnissen einen Publication Bias ermöglichen würde. Der Publication Bias in Abschreckungsstudien wurde bereits untersucht: Die Analyse basiert auf den gleichen Daten wie die vorliegende Studie und kommt zu dem Ergebnis, dass es lediglich einige Hinweise auf einen Publication Bias gebe.[9]

3. Daten

Die Untersuchung basiert auf einem DFG-Projekt von *Dieter Dölling*, *Horst Entorf* und *Dieter Hermann*, einer Metaanalyse empirischer Studien zur negativen Generalprävention.[10] Das Ziel der Datenerhebung war es, alle publizierten, einschlägigen Studien einzubeziehen. Insgesamt wurden 700 Studien zur negativen Generalprävention mit 7.822 Effektschätzungen berücksichtigt. In ökonomischen Studien wird die Robustheit des berechneten Effekts oft durch eine Variation des zugrunde liegenden Modells überprüft. Dies hat zur Folge, dass die berichteten Effektschätzungen in den ökonomischen Studien häufig sehr zahlreich sind, sich jedoch oft nur geringfügig in ihren Rahmenbedingungen unterscheiden. Aus diesem Grund wurde nach dem Zufallsprinzip jeweils nur eine dieser Variationen pro Delikt ausgewählt. Bei den kriminologischen und sozialwissenschaftlichen Studien hingegen wurden alle einschlägigen Schätzungen erfasst. Um eventuelle Verzerrungen durch unterschiedliche Anzahlen von Effektschätzungen pro Studie zu vermeiden, wird in den empirischen Analysen so gewichtet, dass jede Studie – unabhängig von der jeweiligen Anzahl ihrer Effektschätzungen – mit gleichem Gewicht in die Analyse eingeht.

---

7 *Stanley* (2005).
8 *McManus* (1985).
9 *Rupp* (2008), S. 111.
10 *Dölling/Entorf/Hermann/Rupp* (2009/2011); *Dölling/Hermann* (2016); *Rupp* (2008).

Auf der Ebene der Einzelschätzungen werden in den Untersuchungen eine Vielzahl von Statistiken angegeben, beispielsweise Korrelationskoeffizienten, Prozentsatzunterschiede, Signifikanzniveaus und t-Werte. Diese statistischen Größen sind nur bedingt vergleichbar. Zur Herstellung komparabler Statistiken wurden deshalb alle Effektschätzungen in t-Werte umgerechnet; in Metaanalysen ist dies eine gängige Vorgehensweise.[11] Der t-Wert ist eine Statistik, die meist in inferenzstatistischen Analysen zur Berechnung der Irrtumswahrscheinlichkeit eingesetzt wird. Viele Statistiken lassen sich in t-Werte umrechnen. Die t-Werte sind hier so codiert, dass negative Werte eine Bestätigung der Abschreckungshypothese und positive Werte eine Falsifikation bedeuten. Die Signifikanzgrenze für theoriekonsistente Schätzungen liegt bei t = -1,96. Die t-Verteilung ist von der Anzahl der Freiheitsgrade und somit von den zu Grunde liegenden Fallzahlen abhängig. Erst ab etwa 30 Fällen ist die t-Verteilung robust. Zur Kompensation der Abhängigkeit der t-Statistik von der Fallzahl wurden die t-Werte „normalisiert". Dadurch ist eine direkte Vergleichbarkeit der t-Werte gewährleistet. Die Rechenoperationen zur Bestimmung der normalisierten t-Werte sind bei Rupp dokumentiert.[12] Die im Folgenden dargestellten Ergebnisse basieren alle auf gewichteten Analysen und normalisierten t-Werten. Aus dieser Statistik wurde der prozentuale Anteil theoriekonsistenter und signifikanter Effektschätzungen bestimmt.

Die nachfolgenden Analysen beziehen sich sowohl auf die Gesamtheit der oben beschriebenen Studien als auch auf eine Teilmenge, nämlich Untersuchungen zur Wirksamkeit der Todesstrafe. In der Metaanalyse dazu liegen 82 Studien mit 842 Effektschätzungen vor.

4. Analysemethode

Hier sollen zwei unterschiedliche Typen des Publication Bias untersucht werden, die sich in den Entstehungsbedingungen der Verzerrung unterscheiden. Eine Ursache ist die Bevorzugung signifikanter Ergebnisse, die andere die Präferenz für solche Ergebnisse, die mit der in einer Wissenschaftsdisziplin dominierenden Theorie im Einklang stehen. Der erstgenannte Typus soll als „*Publication Bias 1*" bezeichnet werden, der zweite als „*Publication Bias 2*".

---

11 *Stanley* (2001); *Antony/Entorf* (2003).
12 *Rupp* (2008), S. 78-80.

Es gibt mehrere Möglichkeiten, Verzerrungen durch einen *Publication Bias 1* zu erkennen. Ein gängiges Analyseverfahren, ein Funnel Plot, basiert auf der Überlegung, dass das empirisch ermittelte Signifikanzniveau eines statistischen Kennwerts von der Fallzahl abhängig ist, die der Schätzung zu Grunde liegt. Sinkt der Anteil signifikanter Schätzwerte mit zunehmender Fallzahl, dann spricht dies für einen Publication Bias.[13] Diese Methode ist hier nur bedingt anwendbar, denn empirische Studien zur Abschreckungsforschung basieren auf unterschiedlichen Datenniveaus: Es gibt Untersuchungen zu Fällen, Personen und Regionen. Die Fallzahlen in mikro- und makrosoziologischen Studien sind jedoch nicht vergleichbar. Diese Inhomogenität legt die Anwendung eines alternativen Verfahrens nahe. Hier wurde der *Caliper-Test* verwendet.[14] Dabei handelt es sich um ein grafisches Analyseverfahren, das die Verteilung von Schätzwerten in einem kleinen Intervall um die Signifikanzgrenzen analysiert. Der Begriff „Caliper" wird für Messinstrumente verwendet, die kleine Größen erfassen können, beispielsweise eine Schieblehre. In dem Test wird angenommen, dass die Verteilung von Schätzwerten stetig ist, also keine Sprünge aufweist. Bei einem Publication Bias, der durch die bevorzugte Publikation signifikanter Schätzwerte entsteht, müsste die Häufigkeitsverteilung an den Signifikanzgrenzen eine Diskontinuität aufweisen, die besonders deutlich für ein kleines Intervall zu erkennen ist. In Schaubild 1 sind idealtypische Häufigkeitsverteilungen von Schätzwerten aus Studien mit und ohne Publication Bias 1 dargestellt, allerdings nicht auf ein kleines Intervall um die Signifikanzgrenzen beschränkt. Die linke Grafik beschreibt Studien ohne und die rechte Grafik Studien mit dieser Verzerrung.

---

13 *Wagner/Weiß* (2004).
14 *Gerber/Malotra* (2008); *Auspurg/Hinz/Schneck* (2014); *Berning/Weiß* (2015).

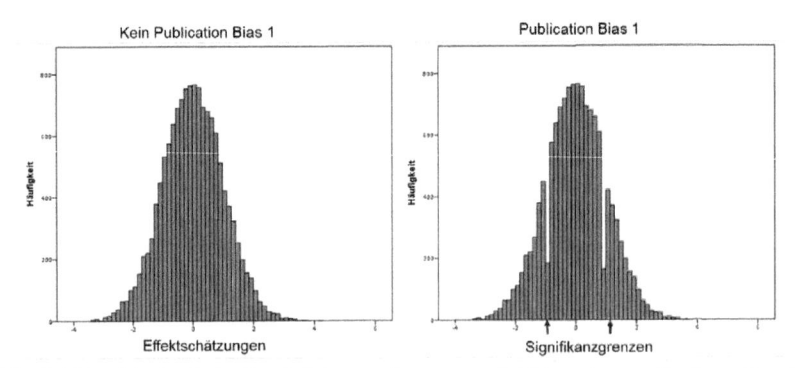

Schaubild 1: *Idealtypische Häufigkeitsverteilungen von Schätzwerten aus Studien mit und ohne Publication Bias 1*

Ein *Publication Bias 2* in der Abschreckungsforschung ist durch einen Vergleich der Schätzwerte aus Studien möglich, die sich in der theoretischen Basis unterscheiden. Insbesondere in älteren ökonomischen Texten wird häufig ein Rational-Choice Ansatz präferiert[15], während in der Kriminologie und Soziologie die Vorstellung vom rein zweckrational handelnden Menschen mit skeptischer Zurückhaltung gesehen wird.[16] Für den Homo oeconomicus ist die Kosten-Nutzen-Abwägung die einzige Entscheidungsgrundlage, und diese Abwägung ist bei Handlungen, die mit der Todesstrafe bewehrt sind, eindeutig. Die Kosten sind durch den Verlust des Lebens so hoch, dass dies nicht kompensierbar ist, egal wie hoch der Nutzen ist – vorausgesetzt, das Entdeckungsrisiko ist von Null verschieden. Bei Handlungen mit milderen Sanktionen ist die Kosten-Nutzen Abwägung nicht ganz so eindeutig; hier spielen insbesondere das perzipierte Entdeckungs- und Sanktionsrisiko eine Rolle.[17] Der Test auf die Existenz eines Publication Bias 2 dürfte deshalb in Studien zur Todesstrafe besonders ertragreich sein. Werden in Studien auf der Grundlage des Rational-Choice Ansatzes, sofern sie von Wirtschaftswissenschaftlerinnen und Wirtschaftswissenschaftlern durchgeführt wurden, vergleichsweise häufig signifikante Effektschätzungen berichtet, spricht dies für das Vorhandensein einer solchen Verzerrung.

---

15 *Manstetten* (2002); *Dietz* (2005).
16 *Weber* (1980); *Dahrendorf* (2006).
17 *Mehlkop* (2011); *Englerth* (2010).

5. Ergebnisse: Publication Bias 1

Wählt man aus den 7.822 Effektschätzungen aller berücksichtigten Studien der Metaanalyse diejenigen t-Werte aus, die kleiner als -1,55 und größer als -2,45 aus, verbleiben 1.119 Schätzwerte. Diese streuen in einem kleinen Intervall um die Signifikanzgrenze für theoriekonsistente Schätzungen. In Schaubild 2 ist die Häufigkeitsverteilung dieser Schätzwerte dargestellt. Die Intervalle auf den Balken sind 95 %-Konfidenzintervalle.

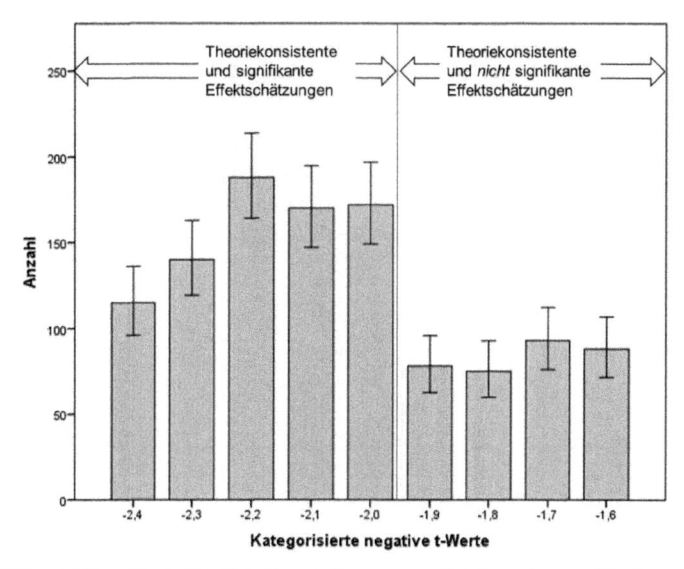

Schaubild 2: Caliper-Test: Häufigkeitsverteilungen von Schätzwerten aus Studien zur negativen Generalprävention

Es wird deutlich, dass die Anzahl publizierter Schätzwerte ab der Signifikanzgrenze sprunghaft und signifikant ansteigt: Knapp nicht signifikante Ergebnisse werden seltener publiziert als knapp signifikante. Dies spricht für die Existenz eines Publication Bias 1. Ein Intervall der gleichen Breite um die Signifikanzgrenze +1,96 umfasst 296 Schätzwerte. Die Häufigkeitsverteilung dieser Schätzwerte ist kontinuierlich – es gibt keine signifikante Veränderung an der Signifikanzgrenze. Dies bedeutet, dass für theoriefalsifizierende Schätzungen kein Publication Bias 1 vorliegt, wohl aber bei theoriebestätigenden Schätzungen.

Die zweite Frage bezieht sich auf fachspezifische Unterschiede im Publication Bias 1. Die Schaubilder 3 und 4 beschreiben die Häufigkeitsverteilungen theoriekonsistenter Schätzungen: Die Analyse zu Schaubild 3 bezieht sich auf Studien, die von Kriminologinnen und Kriminologen aus kriminologischen Einrichtungen durchgeführt wurden (189 Schätzwerte), und Schaubild 4 auf Studien, die von Ökonominnen und Ökonomen aus wirtschaftswissenschaftlichen Einrichtungen durchgeführt wurden (416 Schätzwerte). Durch diesen idealtypischen Vergleich bleiben Publikationen unberücksichtigt, die von mehreren Autoren verschiedener Fachrichtungen veröffentlicht wurden, sowie Publikationen, bei denen Profession und institutionelle Verortung differieren. Der Vergleich mit dem Caliper-Test zeigt einen deutlichen Publication Bias in Abschreckungsstudien der Kriminologie, während in den Arbeiten aus der Ökonomie keine Verzerrung erkennbar ist. In den Publikationen aus der Soziologie ist ein schwacher Effekt feststellbar. Das Ausmaß des Publication Bias variiert fachspezifisch.

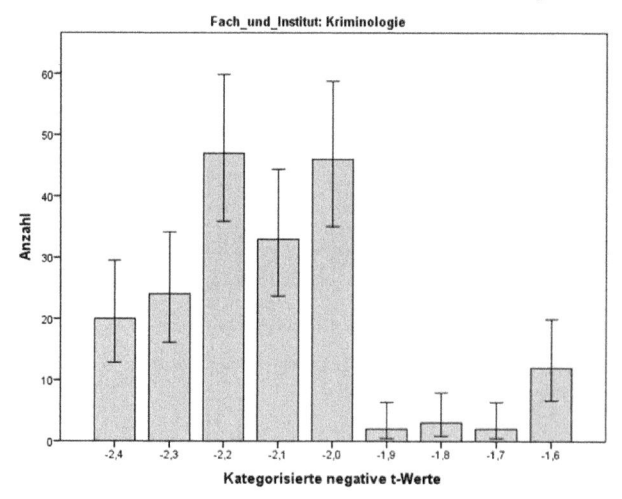

Schaubild 3: Caliper-Test: Häufigkeitsverteilung von Effektschätzungen (t-Werte) aus kriminologischen Studien

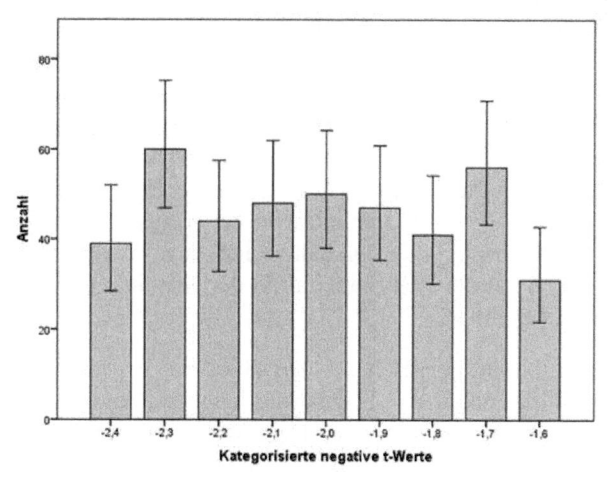

Schaubild 4: Caliper-Test: Häufigkeitsverteilung von Effektschätzungen (t-Werte) aus wirtschaftswissenschaftlichen Studien

Vergleicht man die in dieser Metaanalyse berücksichtigten Publikationen aus der Kriminologie und Ökonomie, sind Unterschiede und Gemeinsamkeiten erkennbar. In beiden Fachrichtungen wurde bevorzugt in Fachzeitschriften publiziert, die meisten Studien wurden in den USA durchgeführt, wobei renommierte Zeitschriften bevorzugt wurden, nämlich das Journal of Criminology, die Zeitschrift Criminology und das Journal of Research in Crime and Delinquency sowie The American Economic Review, Applied Economics und Journal of Law, Economics, & Organization. Unterschiede findet man im Umfang der Texte und in der Zahl der berichteten Schätzwerte. Die Texte aus der Kriminologie sind im Durchschnitt länger, aber die Arbeiten aus der Ökonomie enthalten mehr Schätzwerte. Methodische Reflexionen der Ergebnisse findet man in ökonomischen Texten wesentlich häufiger als in kriminologischen. Idealtypisch gesehen sind kriminologische Publikationen zu Abschreckungseffekten textbasiert und auf das Wesentliche beschränkt, deshalb werden nichtsignifikante Ergebnisse nicht erwähnt – und dies erzeugt einen Publication Bias. Ökonomische Veröffentlichungen hingegen sind zahlenbasiert: Die Ergebnisse werden durch Variationen in den Analysen überprüft, und dies erzeugt eine große Anzahl von Schätzwerten sowie eine Kultur, auch nichtsignifikante Ergebnisse zu berichten.

6. Ergebnisse: Publication Bias 2

Der Publikation Bias 2 entsteht durch die erhöhte Publikationswahrscheinlichkeit für Ergebnisse, die theoretisch zu erwarten sind bzw. mit der „herrschenden Meinung" in einer Wissenschaftsrichtung übereinstimmen. Ein solcher Bias müsste zumindest bei Studien zur Wirksamkeit der Todesstrafe Unterschiede in den Publikationen aus der Ökonomie, Kriminologie und Soziologie erzeugen, denn der zumindest in der Vergangenheit dominierende Rational-Choice Ansatz in der Ökonomie legt eine Wirksamkeit der Todesstrafe nahe, während die Theorievielfalt in der Kriminologie differenziertere Resultate erwarten lässt.

Die fach- und theoriespezifischen Unterschiede in Ergebnissen empirischer Studien zur Wirksamkeit der Todesstrafe kann mittels einer Kontrastgruppenanalyse überprüft werden. Das ist ein Verfahren, mit dem eine Objektmenge, hier die Effektschätzungen zur Wirksamkeit der Todesstrafe, in mehreren Stufen in disjunkte Teilmengen zerlegt werden kann. Die Kriterien zur Differenzierung der Effektschätzungen sind die theoretische Verortung von Studien und die institutionelle Zugehörigkeit der Publizierenden. Die Datengrundlage bilden 82 Studien zur Wirkung der Todesstrafe mit insgesamt 842 Effektschätzungen. Durch die Gewichtung verringert sich die rechnerische Anzahl von Effektschätzungen auf 585. Hier wurden nur solche Studien berücksichtigt, die sich auf Tötungsdelikte beziehen – das ist eine Beschränkung auf 535 Effektschätzungen. Das Ergebnis der Kontrastgruppenanalyse ist in Schaubild 5 dargestellt.

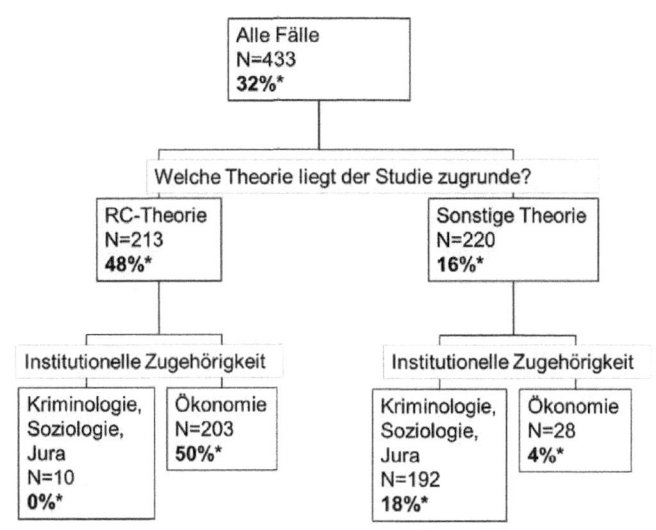

```
                    ┌─────────────────┐
                    │   Alle Fälle    │
                    │    N=433        │
                    │    32%*         │
                    └─────────────────┘
                             │
        ┌────────────────────┴────────────────────┐
        │   Welche Theorie liegt der Studie zugrunde?  │
        ├─────────────────────┬───────────────────┤
        │    RC-Theorie       │  Sonstige Theorie │
        │    N=213            │     N=220         │
        │    48%*             │     16%*          │
        └─────────────────────┴───────────────────┘
```

Schaubild 5: Kontrastgruppenanalyse zu Effektschätzungen aus Studien zur Wirksamkeit der Todesstrafe

(Teilgruppen: Institutionelle Zugehörigkeit — Kriminologie, Soziologie, Jura N=10, 0%* | Ökonomie N=203, 50%* || Kriminologie, Soziologie, Jura N=192, 18%* | Ökonomie N=28, 4%*)

*) Prozentualer Anteil theoriekonsistenter und signifikanter Effektschätzungen

32 % aller Schätzwerte aus Studien zur Wirksamkeit der Todesstrafe sind theoriekonsistent und signifikant. Etwa die Hälfte der Effektschätzungen stammt aus Studien, die auf dem Rational-Choice Ansatz basieren – von diesen Effektschätzungen sind 48 % theoriekonsistent und signifikant. Von den Effektschätzungen aus Studien, die nicht auf dem Rational-Choice Ansatz aufbauen, sind lediglich 16 % theoriekonsistent und signifikant. Von den 213 Effektschätzungen aus Beiträgen mit dem Rational-Choice Ansatz stammen fast alle (203) aus der Ökonomie und nur 10 aus anderen Fachbereichen, aber von diesen 10 Schätzwerten ist kein einziger theoriekonsistent und signifikant. Von den 220 Effektschätzungen aus Beiträgen, die *nicht* auf dem Rational-Choice Ansatz basieren, stammen fast alle (192) aus der Kriminologie, Soziologie oder Rechtswissenschaft, nur 28 Schätzwerte stammen aus der Ökonomie, und von diesen 28 Schätzwerten sind nur vier Prozent theoriekonsistent und signifikant.

Darüber hinaus ist auch noch die fachliche Verortung des Publikationsmediums relevant. Publizieren Wissenschaftlerinnen und Wissenschaftler aus der Ökonomie ihre Ergebnisse zur Abschreckungswirkung der Todesstrafe in ökonomischen Fachzeitschriften, sind 49 % der Effektschätzungen theoriekonsistent und signifikant; erfolgt die Veröffentlichung in kriminologisch, soziologisch oder rechtswissenschaftlich ausgerichteten Medien, trifft dies lediglich für 28 % zu. Von den in diesen Medien publizierten Effektschätzungen durch Wissenschaftlerinnen und Wissenschaftler aus der Kriminologie, Soziologie oder Rechtswissenschaft sind lediglich 9 % theoriekonsistent und signifikant.[18] Da die Gutachten in ökonomischen Zeitschriften in der Regel von fachinternen Personen erfolgen, dürfte dieses Ergebnis die Erwartungshaltung der Gutachterinnen und Gutachter widerspiegeln. Somit beeinflussen die theoretische Grundlage einer Studie, die institutionelle Verortung der Autorinnen und Autoren sowie Selektionsprozesse bei Zeitschriften das Ergebnis von Studien zur Abschreckungswirkung der Todesstrafe und verursachen verzerrte Ergebnisse.

7. Fazit

Unter einer Krise kann man die Wahrnehmung einer systembedrohenden Situation verstehen. Für eine Wissenschaft ist dies der Fall, wenn ihre Wissenschaftlichkeit in Frage gestellt wird – und dies ist bei einer systematischen Verzerrung empirischer Ergebnisse der Fall. Somit sind die Fragen angebracht, ob die Kriminologie und Ökonomie als empirische Wissenschaften in einer Krise sind. Die Ergebnisse der Abschreckungsforschung der Kriminologie sind durch einen Publication Bias 1 verzerrt, theoriekonsistente signifikante Ergebnisse werden mit höherer Wahrscheinlichkeit publiziert als andere; in der Ökonomie hingegen ist dieses Phänomen nicht existent. Dort ist insbesondere in Studien zur Abschreckungswirkung der Todesstrafe ein Publication Bias 2 erkennbar: theoriekonsistente und erwartete Ergebnisse werden mit höherer Wahrscheinlichkeit publiziert als andere.

Beide Typen des Publication Bias haben die gleiche Wirkung: Abschreckungseffekte werden überschätzt. Dies stellt die Legitimation einer Strafbegründung durch die negative Generalprävention in Frage, insbesondere die Rechtfertigung der Todesstrafe. Der Publication Bias 2 hat zudem eine wissenschaftsinterne Konsequenz, nämlich die Zementierung von Wissensbeständen, denn durch die Bestätigung der Abschreckungshypothese im wirtschaftswissenschaftlichen Kontext wird das dort dominierende Bild vom Homo oeconomicus fälschlicherweise gefestigt.

Insgesamt gesehen hat die Abschreckungsforschung in Kriminologie, Ökonomie und Soziologie verzerrte Ergebnisse produziert. Dies wirft die Frage

---

18 *Hermann* (2010), S. 806.

auf, ob beide Wissenschaften oder lediglich die Abschreckungsforschung in einer Krise ist. Die Kriminologie kann von der Ökonomie lernen, wie eine Publication Bias 1 verhindert werden kann, und die Ökonomie kann von der Kriminologie lernen, wie ein Publication Bias 2 abzuwenden ist. Eine Diskussion über die Professionalisierung der Wissenschaften erscheint angebracht.

Literatur

Antony, J./Entorf, H. (2003): Zur Gültigkeit der Abschreckung im Sinne der ökonomischen Theorie der Kriminalität: Grundzüge einer Meta-Studie. In: Albrecht, H.-J./Entorf, H. (Hg.): Kriminalität, Ökonomie und Europäischer Sozialstaat. Heidelberg: Physica-Verlag, S. 167-185.

Auspurg, K./Hinz, T./Schneck, A. (2014): Ausmaß und Risikofaktoren des Publication Bias in der deutschen Soziologie. Kölner Zeitschrift für Soziologie und Sozialpsychologie, 66, S. 549-573.

Berning, C./Weiß, B. (2015): Publication Bias in the German Social Sciences: An Application of the Caliper Test to Three Top-Tier German Social Science Journals. Quality & Quantity 49, S. 1-17.

Calhoun, C. (2003): Methoden der Sozialforschung. In: Joas, H. (Hg.): Lehrbuch der Soziologie, 2. Aufl. Frankfurt/Main: Campus, S. 39-61.

Dahrendorf, R. (2006): Homo Sociologicus. Ein Versuch zur Geschichte, Bedeutung und Kritik der Kategorie der sozialen Rolle, 16. Aufl., Wiesbaden: VS-Verlag.

Dietz, A. (2005): Der homo oeconomicus. Gütersloh: Gütersloher Verlagshaus.

Dölling, D./Entorf, H./Hermann, D./Rupp, T. (2009): Is Deterrence Effectiv? Results of a Meta-Analysis of Punishment. European Journal of Criminal Policy and Research, 15, S. 201-224.

Dölling, D./Entorf, H./Hermann, D./Rupp, T. (2011): Metaanalysis of empirical studies on deterrence. In: Kury, H./ Shea, E. (Hg.): Punitivity. International Developments. Vol. 3: Punitiveness and Punishment. Bochum: Brockmeyer, S. 315-378.

Dölling, D./Hermann, D. (2016): General Prevention – Does it Work? In: Kury, H./Slawomir, R./Shea, E. (Hg.): Women and Children as Victims and Offenders: Background –Prevention - Reintegration. Suggestions for Succeeding Generations (im Druck). Heidelberg u. a.: Springer.

Englerth, M. (2010): Der beschränkt rationale Verbrecher. Behavioral Economics in der Kriminologie. Berlin u. a.: LIT.

Gerber A.-S./Malhotra, N. (2008): Publication Bias in Empirical Sociological Research. Do Arbitrary Significance Levels Distort Published Results? Sociological Methods Research 37, S. 3-30.

Hermann, D. (2010): Die Abschreckungswirkung der Todesstrafe – ein Artefakt der Forschung? In: Dölling, D./Götting, B./Meier, B.-D. (Hg.): Verbrechen – Strafe – Resozialisierung. Festschrift für Heinz Schöch. Berlin, New York: DeGruyter, S. 791-808.

Manstetten, R. (2002): Das Menschenbild in der Ökonomie - Der homo oeconomicus und die Anthropologie von Adam Smith. Freiburg: Karl Alber Verlag.

McManus, W.-S. (1985): Estimates Of The Deterrent Effect Of Capital Punishment: The Importance of the Researcher's Prior Beliefs. Journal of Political Economy, 93, S. 417-425.

Mehlkop, G. (2011): Kriminalität als rationale Wahlhandlung. Eine Erweiterung des Modells der subjektiven Werterwartung und dessen empirische Überprüfung. Wiesbaden: VS Verlag.

Niemeyer, H./Musch, J./Pietrowsky, R. (2013): Publication Bias in Meta-Analyses of the Efficacy of Psychotherapeutic Interventions for Depression. Journal of Consulting and Clinical Psychology 81, S. 58-74.

Popper, K. R. (1994): Logik der Forschung, 10. Aufl., Tübingen: Mohr.

Rupp, T. (2008): Meta analysis of crime and deterrence. A comprehensive review of the literature. Dissertation: Universität Darmstadt. http://tuprints.ulb.tu-darmstadt.de/1054/2/rupp_diss.pdf (12/2015).

Stanley, T. D. (2001): From Wheat to Chaff: Meta-Analysis as Quantitative Literature Review. Journal of Economic Perspectives 15, S. 131–150.

Stanley, T. D. (2005): Beyond Publication Bias. Journal of Economic Surveys 19, S. 309-345.

Wagner, M./Weiß, B. (2004): Meta-Analyse als Methode der Sozialforschung. In: A. Diekmann (Hg.), Methoden der Sozialforschung. Kölner Zeitschrift für Soziologie und Sozialpsychologie, Sonderheft 44, S. 479-504.

Weber, M. (1980): Wirtschaft und Gesellschaft. Grundriß der Verstehenden Soziologie. 5. Aufl., Tübingen: Mohr.

Von Bergen und Propheten – Forschungszugänge bei heiklen kriminologischen Fragestellungen am Beispiel polizeilicher Korruption

Ruth Linssen und Maike Meyer

Gliederung
1. Einleitung
2. Forschungszugänge bei heiklen kriminologischen Fragestellungen
3. Studie „Korruptionsrisiken in der niedersächsischen Polizei"
4. Ergebnisse
5. Fazit

1. Einleitung

Forschung zu kriminologischen Fragestellungen ist fast immer heikel. Umso wichtiger ist es, durch kriminologische Forschung belastbare Daten zu produzieren. Deshalb muss es verwundern, dass in der Kriminologie so selten methodische Fragen des Forschungsdesigns und Feldzugangs thematisiert werden. Diese Lücke versucht folgender Beitrag ein kleines Stück weit zu schließen. Er beschreibt die verschiedenen Zugänge und deren Ertrag bei einer Studie zu Korruption in der niedersächsischen Polizei.

2. Forschungszugänge bei heiklen kriminologischen Fragestellungen

Die Kriminologie thematisiert nur allzu gerne Fragestellungen, denen eine hohe öffentliche Aufmerksamkeit und Sensibilität zukommt. Seien es Studien zu sexuellem Missbrauch oder Partnergewalt, aber auch zu Bereichen wie Steuerhinterziehung: Unliebsame Ergebnisse zu solch heiklen Bereichen werden gern in Zweifel gezogen und diese Zweifel gründen zuallererst auf dem schwierigen Zugang zu diesen Forschungsfeldern.

Der hier dargestellten Studie liegt ein – gleich in mehrfacher Hinsicht – heikles Thema zugrunde: Korruption in der Polizei. Wenn sich die Forschung zu Korruption schon schwierig gestaltet, auf dem Gebiet der Polizei zu Korruption zu forschen potenziert diese Schwierigkeiten. Umso entscheidender sind Forschungsdesign und Feldzugang für die Beantwortung entsprechender Fragen und zur Generierung zumindest hinlänglich belastbarer Daten.

Die Wahl eines tauglichen Forschungsdesigns beginnt dabei mit der Definition des Begriffs Korruption. Im strafrechtlichen Sinne sind i. d. R. die Paragrafen 299 StGB ff. und 331 StGB ff. (Bestechlichkeit, Bestechung, Vorteilsannahme, Vorteilsgewährung) gemeint. Die rechtliche Definition von Bestechung ist jedoch, wie etwa der Prozess um den ehemaligen Bundespräsidenten Wulff gezeigt hat, sehr eng und entspricht nicht unbedingt dem Alltagsverständnis des Begriffs Korruption. Auch umfasst sie nicht so genannte Begleittatbestände, die häufig mit Bestechungsdelikten verbunden sind, wie etwa Betrug, Untreue, Unterschlagung oder das so genannte „Anfüttern". Was in der öffentlichen Wahrnehmung „ein Geschmäckle" hat, ist strafrechtlich noch lange keine Korruption. Doch insbesondere beim Thema Korruption in der Polizei kann und darf die Schwelle nicht erst bei der rechtlichen Definition anfangen: die Polizei ist eine staatliche Institution, die ein hohes Vertrauen genießt. Korruption kann dieses Vertrauen nachhaltig erschüttern. Dabei wird jedoch eher ein Alltagsverständnis von Korruption zugrunde gelegt, keine rechtliche Prüfung vorgenommen. Um dieser erhöhten Aufmerksamkeit und Sensitivität, die dem Thema Korruption insbesondere in einer staatlichen Institution wie der Polizei zukommt, gerecht zu werden und dennoch eine fundierte, standardisierte Definition von Korruption im Forschungskontext zu verwenden, wurde die Definition des Bundeskriminalamtes verwendet. Demnach ist Korruption der „Missbrauch eines öffentlichen Amtes, einer Funktion in der Wirtschaft oder eines politischen Mandats zugunsten eines Anderen, auf dessen Veranlassung oder Eigeninitiative, zur Erlangung eines Vorteils für sich oder einen Dritten, mit Eintritt oder in Erwartung des Eintritts eines Schadens oder Nachteils für die Allgemeinheit (in amtlicher oder politischer Funktion) oder für ein Unternehmen (betreffend Täter als Funktionsträger in der Wirtschaft)".[1]

Auch die Methodenwahl ist besonders beim Thema Korruption bzw. Korruption in der Polizei für die Antworten und damit für die Güte der Ergebnisse entscheidend. Hellfeldstudien wie das Lagebild Korruption des Bun-

---
1 *Bundeskriminalamt* (2015), S. 5.

deskriminalamtes, welches jährlich die behördlich erfassten Fälle von Korruption ausweist oder wie die Aktenanalysen von *Bannenberg*[2] und bei *Mischkowitz und Kollegen*[3] haben zum einen das Problem, dass ihre Daten vielen Verzerrungsfaktoren unterliegen, wie etwa Schwankungen der Kontrollintensität oder des Anzeigeverhaltens. Zum anderen weist die Literatur für Korruption fast unisono ein Dunkelfeld von $\geq$ 95 % aus. Das Hellfeld bei Korruption ist also aller Wahrscheinlichkeit nach so klein, dass mittels Hellfeldanalysen kaum belastbare Aussagen zu generieren sind. Hellfeldanalysen erscheinen somit nicht als optimale Methode. Eine weitere Möglichkeit zur Erfassung von Korruption böten Experimente, wie etwa bei *Rabl*.[4] Problematisch dabei sind jedoch Verzerrungen durch sozial erwünschtes Verhalten/Antworten sowie durch die Experimentalsituation selbst. Zudem sind Studierende in aller Regel die untersuchte Gruppe. Diese dürften beim Thema Korruption wenig Erfahrung aufweisen. Sehr gängig hingegen sind Einschätzungsbefragungen von Experten. So veröffentlicht die bekannte Anti-Korruptions-Organisation Transparency International regelmäßig einen „Corruption Perception Index", auch die Untersuchung von *Vahlenkamp* und *Knauß*[5] basiert auf Experteneinschätzungen. Kritiker bemängeln jedoch, dass solche Datenerhebungen einem Blick in die Glaskugel gleichen. Ihre Zuverlässigkeit wird regelmäßig überschätzt. Neben der ausgeprägten Subjektivität der Aussagen und der mangelnden Genauigkeit ist hier jedoch das größte Problem, dass Wahrnehmungen mit Fakten gleichgesetzt werden, dies ist wissenschaftlich unzulässig. Insbesondere vor dem Hintergrund, dass so gewonnene Daten nicht verifiziert werden können, ist diese Methode manipulationsanfällig und unzuverlässig. Es bleiben Dunkelfeldstudien. Auch hierzu gibt es Beispiele, wie etwa *Svirak*[6] oder *Mischkowitz und Kollegen*[7]. Leider sind auch hier die Erfolgsaussichten vor allem beim Thema Korruption begrenzt. Zum einen ist Korruption ein opferloses Delikt, weshalb Opfer als Probanden also ausscheiden. Auch Täterbefragungen haben wenig Aussicht auf Erfolg: Warum sollte sich ein bislang unentdeckter Täter offenbaren und Risiken eingehen? Selbst die Befragung Dritter als Beobachter gestaltet sich schwierig, da Korruption ein klassisches „Heimlichkeitsdelikt" ist und selten Beobachter zulässt. Aber auch fehlendes Unrechtsbewusstsein, nicht nur bei Handelnden, sondern auch bei potenziellen Beobachtern, und eine geringe

---

2 *Bannenberg* (2002).
3 *Mischkowitz/Bruhn/Desch/Hübner/Beese* (2000).
4 *Rabl* (2009).
5 *Vahlenkamp/Knauß* (1995).
6 *Svirak* (2009).
7 *Mischkowitz/Bruhn/Desch/Hübner/Beese* (2000).

Sensibilisierung für das Thema im Allgemeinen machen einen solchen Zugang schwierig.

Insgesamt wird deutlich, dass dem Thema Korruption methodisch kaum beizukommen ist. Noch schwieriger wird es, wenn Korruption im Bereich Polizei untersucht werden soll. Dennoch haben wir versucht, uns der Problematik mit einem (hoffentlich geeigneten) Methodenmix fundiert zu nähern. Wie, das soll im Folgenden dargestellt werden.

3. Studie „Korruptionsrisiken in der niedersächsischen Polizei"

Im Landeskriminalamt Niedersachsen wurde im Jahr 2012 in Kooperation mit der Fachhochschule Münster ein Forschungsprojekt initiiert, in dem Korruptionsrisiken in der niedersächsischen Polizei untersucht wurden. Ziel der Gesamtstudie war es, Korruptionsrisiken in der Polizei aufzudecken, um mittels der Ergebnisse passgenaue Präventionskonzepte zu entwickeln, mit denen Korruption in der Polizei effektiv verhindert oder zumindest minimiert werden kann.

Im Rahmen des Forschungsprojektes wurden zunächst verschiedene Vorstudien durchgeführt, mit welchen angestrebt wurde, erste Erkenntnisse über aktuelle Korruptionsrisiken in der Polizei zu gewinnen. Im ersten Schritt wurden die Gefährdungsatlanten der acht niedersächsischen Polizeibehörden, in welchen korruptionsgefährdete Arbeitsbereiche aufgeführt werden, angefordert und analysiert. Anschließend wurde eine umfassende Hellfeldanalyse durchgeführt. Dabei wurden polizeiinterne Daten sowie Akten ausgewertet. Ergänzt wurde die Hellfeldanalyse durch zwei umfangreiche Fallstudien. Zudem wurde untersucht, wie oft niedersächsische Polizeibeamtinnen und -beamte korruptionsverdächtige Handlungen innerhalb der Organisation Polizei über das webbasierte Business Keeper Monitoring System (BKMS) des Landeskriminalamtes Niedersachsen gemeldet haben. Schließlich wurden im Rahmen der Vorstudien noch 36 Expertinnen und Experten der mittleren Hierarchieebene der niedersächsischen Polizei interviewt.

In der Hauptstudie des Forschungsprojektes wurde hieran anschließend eine qualitative Dunkelfeldbefragung mit Sachbearbeiterinnen und Sachbearbeitern der niedersächsischen Polizei durchgeführt, auf welche im Rahmen dieses Beitrags vertieft eingegangen wird.

Der Durchführung einer Dunkelfelderhebung zum Thema Korruption in der Institution Polizei lag die besondere Voraussetzung zugrunde, dass Polizeibeamtinnen und -beamte gemäß § 163 Absatz 1 StPO dem Legalitätsprinzip unterworfen sind und damit Strafverfolgungszwang besteht. Da bei der Dunkelfelderhebung nach realen, durch Polizeibeamtinnen und -beamte beobachteten oder vollzogenen Ereignisse gefragt wurde, kommt dieser Grundsatz des Strafverfolgungszwangs zum Tragen. Egal ob der berichtende Beamte die fragliche Handlung selbst ausgeführt, beobachtet oder nur mittelbar Kenntnis von ihr erlangt hat, ist er verpflichtet, diese anzuzeigen. Auf Grundlage der Erkenntnisse der Vorstudien steht jedoch zu vermuten, dass korrupte Handlungen aus verschiedensten Gründen nicht angezeigt werden. Dies ist bei den unmittelbar handelnden Personen aufgrund der Win-Win-Situation plausibel, bei unbeteiligten Dritten könnten etwaige Motive zum Beispiel Unsicherheit über die tatsächliche Rechtslage, Angst vor solch erheblichen Anschuldigungen gegen Kolleginnen und Kollegen, Gruppendynamiken in der Dienststelle vor Ort, Ohnmachtserwartung, Angst vor Repressionen gegen den Melder oder schlicht Gleichgültigkeit sein.[8] Gleich aus welchem Motiv kann ein Beamter, der Kenntnis von einer potenziell korrupten Handlung erhalten hat, sich gemäß § 258 a StGB (Strafvereitelung im Amt) selbst strafbar machen, wenn er dieser nicht als Anfangsverdacht nachgeht. Auch ein mögliches Dienstvergehen kommt bei Nichtanzeige bzw. Nichtverfolgung dieses Anfangsverdachts in Betracht. Im Einzelfall kann dies bis zur Entfernung aus dem Dienst und/oder zum Verlust von Pensionsansprüchen führen. Diese generelle Voraussetzung für die Erhebung von Korruption in der Polizei hatte weit reichende Konsequenzen für die methodische Konzeption der Dunkelfelderhebung. Von elementarer Bedeutung war es daher, die garantierte Anonymität der Befragten auch glaubhaft zu vermitteln, denn nur wenn für die Befragungspersonen sichergestellt werden konnte, keine straf- oder disziplinarrechtlichen Konsequenzen fürchten zu müssen, konnten überhaupt relevante Befragungsergebnisse erwartet werden.

Vor dem Hintergrund dieser Überlegungen standen grundsätzlich zwei Erhebungsansätze zur Wahl: eine Onlinebefragung oder eine klassische Paper-Pencil-Befragung. Um herauszufinden, welche der Optionen die ergiebigeren Ergebnisse im Sinne der Zielsetzung verspricht, wurden Pretests durchgeführt. Im Rahmen eines ersten Pretests wurde eine zufällige Auswahl von Sachbearbeiterinnen und Sachbearbeitern im Polizeidienst mit unterschiedlichen Aufgabenbereichen telefonisch dazu befragt, welche Methode

---

8 *Linssen/Pfeiffer* (2009).

sie bei einer Befragung zu Korruption in der Polizei für vertrauenerweckender bei ihren Kolleginnen und Kollegen und damit für aussichtsreicher im Bezug auf den Ertrag halten. Zehn von zehn Befragten sprachen sich ganz entschieden für die klassische Paper-Pencil-Befragung aus, mit der Begründung, dass bei Online-Vorgängen immer eine Rückverfolgung, wenn auch mit Aufwand, möglich sei und wohl die meisten ihrer Kolleginnen und Kollegen selbst bei einer Zusicherung der Anonymität, einer Funktionalität analog zum BKMS und einer Befragung durch die FH Münster dem System nicht so weit trauen würden, dass sie das Risiko einer Meldung, bei der sie sich selbst ggf. einer Straftat nach § 258 a StGB bezichtigen müssten, eingehen würden. Dies untermauert auch die im Rahmen der Vorstudien durchgeführte BKMS-Auswertung, mittels welcher untersucht wurde, wie oft niedersächsische Polizeibeamtinnen und -beamte korruptionsverdächtige Handlungen innerhalb der Organisation Polizei über das internetgestützte Erfassungssystem BKMS des Landeskriminalamtes Niedersachsen gemeldet haben. Aus diesem Meldeverhalten lassen sich Rückschüsse auf die generelle Bereitschaft zur Nutzung von elektronischen Mitteilungsmöglichkeiten ziehen. Denn auch bei einer BKMS-Meldung wird der Polizeibeamte Zeuge einer Straftat – hier korruptionsverdächtige Handlungen – und macht sich bei einer Nichtanzeige selbst zum Täter. Da insgesamt über das BKMS-System im Erhebungszeitraum keine nennenswerte Anzahl von Hinweisen eingegangen ist, die erkennbar aus dem direkten polizeilichen Umfeld, also von beamteten Kolleginnen und Kollegen stammt, erscheint die Erhebungsvariante einer Dunkelfeldbefragung mittels Online-Fragebogen wenig vielversprechend. Entsprechend dieser Überlegungen und Ergebnisse ist entschieden worden, eine klassische Paper-Pencil-Befragung durchzuführen.

Insgesamt wurden 2.000 Fragebögen an eine zufällig ausgewählte und nach Alter und Geschlecht gewichtete Stichprobe von Sachbearbeiterinnen und Sachbearbeiter der niedersächsischen Polizei versandt. In dem Fragebogen wurden zu allergrößten Teilen qualitative Fragestellungen verwirklicht. Aufhänger der Dunkelfelderhebung war das Ergebnis der Expertenbefragung der ersten Erhebungsphase, dass unter Polizeibeamtinnen und -beamten große Bewertungsunsicherheiten im Hinblick auf das Phänomen Korruption und dessen Wahrnehmungsschwelle bestehen. Entsprechend ist als thematische Eröffnung nach Korruptionsschwellen bzw. so genannten „Grauzonen" gefragt worden, also danach, ob die Befragten schon einmal Dinge erlebt oder beobachtet haben, bei denen sie sich unsicher waren, ob es sich dabei um eine korrupte oder eine legale Handlung handelt. Dies geschah als offene Freitextfrage. Der Fragebogen hat in diesem Zusammenhang Platz für mehrere Sachverhaltsschilderungen geboten. Mit den anschließenden Fragen wurden die Befragungspersonen gebeten, die beschriebenen Schilderungen zu bewerten. Mit dieser „Drittbeobachtungstechnik" wurde angestrebt, Erkenntnisse über die Art der Korruptionsfälle, die in der Polizei auftreten, zu gewinnen.

Die Fragebögen wurden postalisch versandt. Der Rückversand erfolgte über einen portofreien Antwortumschlag an die Fachhochschule Münster. Durch den Versand per Antwortumschlag ist eine Rückverfolgung der Angaben quasi unmöglich geworden. Zudem erfolgte die Rücksendung nicht an eine Polizeibehörde, sondern an die Fachhochschule Münster, um Neutralität zu gewährleisten und das Vertrauen in die garantierte Anonymität zu stärken. Die Bögen sind in Münster gesammelt und digitalisiert worden. Im Anschluss an die Digitalisierung sind die Fragebögen vernichtet worden. Die Auswertung der digitalisierten Dokumente erfolgte ausschließlich an der Fachhochschule, d. h. außerhalb des Landeskriminalamtes. Lediglich die Bewertung der Erkenntnisse erfolgte in Zusammenarbeit mit dem Landeskriminalamt. Eine Rückverfolgung konnte auf diese Weise entsprechend ausgeschlossen werden.

4. Ergebnisse

Insgesamt sind 279 Fragebögen eingegangen. Von diesen enthielten zwei Bögen den Hinweis, dass die ausgewählten Personen nicht erreicht werden konnten, weshalb sich der Rücklauf auf 277 Bögen reduziert. Dies entspricht bei 2.000 versandten Bögen einer Rücklaufquote von 13,9 Prozent. In vergleichbaren Studien konnten deutlich höhere Rücklaufquoten erzielt werden. *Mischkowitz und Kollegen* berichteten beispielsweise von einer Rücklaufquote von 85,9 Prozent bei 688 bundesweit verschickten Fragebögen.[9] Obgleich der Rücklauf relativ gering ist, handelt es sich jedoch um eine sehr große Stichprobe für eine qualitative Untersuchung, was eine rein qualitative Auswertung der Daten erschwert hat.

Von den 277 Personen, die den Fragebogen beantwortet haben, wurden von 171 Personen (61,7 Prozent) Fälle geschildert. Hierbei kann jedoch nicht entschieden werden, ob sich alle Personen auf unterschiedliche Vorkommnisse beziehen. Ein paar Schilderungen geben starken Grund zu der Annahme, dass zum Teil von denselben Beobachtungen berichtet wurde.

---

9 *Mischkowitz/Bruhn/Desch/Hübner/Beese* (2000).

97 Personen (35,0 Prozent) haben angegeben, noch keine verwerfliche Situation beobachtet oder mitbekommen zu haben, in neun Fällen (3,3 Prozent) wurde das Vorkommen von Korruption in der niedersächsischen Polizei sogar explizit verneint. Einige der Befragten haben angegeben, aufgrund der mangelnden Diensterfahrung keine Fallschilderung machen zu können. Die Personen, die Korruption verneint haben, beriefen sich demgegenüber einige Male auf ihre große Diensterfahrung. Sie haben zum Teil deutliche Empörung über die Befragung kenntlich gemacht.

Da auch mehrere Fälle geschildert werden konnten, ergibt sich eine deutlich höhere Zahl an Falldarstellungen als Personen die geantwortet haben. Insgesamt wurden 328 Falldarstellungen dokumentiert. In 26 Fällen (7,9 Prozent) handelte es sich nicht um Korruption, bei 16 Fällen (4,9 Prozent) ist die Korruptionstat nicht vollzogen worden. Die Zahl der Darstellung korrupter oder korruptionsnaher Fälle reduziert sich entsprechend auf 286 Falldarstellungen (87,2 Prozent).

Vordergründig wurde von der Annahme vergünstigter oder kostenloser Waren oder Dienstleistungen berichtet. In derartigen Fällen stellten zumeist Imbissbuden oder Schnellrestaurants die Geber von Vorteilen dar. Gegenleistungen für diese Vorteile wurden in der Regel nicht ausdrücklich gefordert, dennoch entsprechen die geschilderten Konstellationen dem „Anfüttern", wie die Vorteilsannahme in der Literatur auch benannt wird. Oftmals wurde von pauschalen Rabatten für Polizeibedienstete (vor allem in Uniform – „Rabattjacke") berichtet. In diesem Zusammenhang wurde vermehrt angegeben, dass es in den jeweiligen Dienststellen üblich ist, diese Rabatte anzunehmen. Mehrfach wurde auch geschildert, dass Waren die vor Ladenschluss nicht mehr verkauft werden konnten, vor allem auf Märkten oder in Schnellrestaurants, umsonst entgegen genommen wurden. Einige Male geschildert wurde in diesem Zusammenhang auch die Annahme kostenloser Tageszeitungen, die zum Teil gegen andere Waren veräußert wurden.

Bei den Schilderungen in der Kategorie Dienstleistungen handelte es sich zumeist um vergünstigte oder kostenlose Kfz-Reparaturen, die von polizeinahen Kfz-Werkstätten oder Abschleppunternehmen durchgeführt wurden. Zum Teil wurde in diesem Zusammenhang auch von der Forderung nach Vergabe spezifischer Aufträge an diese Institutionen als Gegenleistung berichtet. Einige der Befragten haben diesbezüglich darauf verwiesen, dass Polizeibamtinnen und -beamte öffentliche Verkehrsmittel zum Teil entgeltfrei nutzen können und dies ebenso als korruptionsnahe Handlung definiert.

Von Bergen und Propheten 229

Häufig wurde auch von der Annahme von Belohnungen und Geschenken berichtet. Bei den Belohnungen und Geschenken handelte es sich vor allem um Waren geringen materiellen Wertes von dankbaren Bürgern. Zum Teil handelte es sich jedoch auch um materiell hochwertige Geschenke von Firmen. In einigen Fällen wurde beispielsweise davon berichtet, dass ganze polizeiinterne Veranstaltungen von ortsansässigen Firmen gesponsert wurden. Oftmals wurde auch geschildert, dass Präsentkörbe von Institutionen, mit denen die Polizei direkt zusammenarbeitet, wie beispielsweise Abschleppdiensten oder Bestattungsunternehmen, angenommen wurden. Teilweise erfolgte die Vergabe der Geschenke unter direkter Forderung einer Gegenleistung.

Fälle, die auch im Hellfeld schon bekannt geworden sind, wie beispielsweise im Rahmen der Auftragsvergabe, Beschaffung oder Strafvereitelung, wurden nur selten berichtet. Ein Befragter berichtete beispielsweise davon, dass ein Kollege im Rahmen einer Todesermittlung Bargeld von dem zuständigen Bestatter angenommen hat, in anderen Fällen wurde davon berichtet, dass vermehrt Aufträge an Abschleppdienste vergeben wurden, die den Polizeibeamtinnen und -beamten im Zuge dessen privat Rabatte gewährt haben.

Neben den benannten großen Gruppen wurde jedoch beispielsweise von Fällen der Annahme von Bargeld, der Informationsweitergabe sowie von Einladungen berichtet, d. h. von Fällen, die im Hellfeld eher selten auftreten. Beispielsweise berichtete ein Befragter davon, dass ein Polizeibeamter Fotos von Unfallorten bzw. Tatorten an eine große Zeitung verkauft hat. In einem weiteren Fall wurde die Weitergabe interner Einsatzdetails an radikale Fußballfans geschildert.

5. Fazit

Im Rahmen der Studie wurden große Bemühungen unternommen, das Vertrauen in die Anonymität der Studie sowie die Antwortbereitschaft der Befragten zu erhöhen. Dennoch konnte nur ein vergleichsweise niedriger Rücklauf erzielt werden. Der hohe Anteil der Befragten, der angegeben hat bisher keine Situation beobachtet oder mitbekommen zu haben, lässt in diesem Zusammenhang darauf schließen, dass dies auch auf viele Befragte zutrifft, die sich gegen eine Teilnahme an der Befragung entschlossen haben. Daneben lassen die Angaben der Befragten jedoch auch eine Reihe anderer Gründe für den geringen Rücklauf vermuten. Dass in zwei Fällen davon berichtet wurde, dass die angeschriebene Person nicht erreicht werden konnte, weist beispielsweise auf Fehler oder Unvollständigkeiten in der Datei hin, die der Stichprobenbildung zugrunde lag. Die teilweise ausführliche Kritik an der Befragung durch diejenigen Befragten, die Korruption in der niedersächsischen Polizei verneint haben, lässt weiter auf Verweigerungen aus Empörung bzw. Ärger über die Befragung schließen. In Anbetracht der Thematik der Befragung ist weiter zu vermuten, dass teilweise aus Unsicherheit über die Anonymität der Befragung nicht geantwortet wurde. Zudem kann auch angenommen werden, dass nicht allen angeschriebenen Personen die zeitlichen Ressourcen zur Beantwortung des Fragebogens zur Verfügung standen. Schließlich kann davon ausgegangen werden, dass sich das Interesse und der Stellenwert der Thematik in engen Grenzen bewegt.

Hauptsächliches Ziel der Erhebung war es, Erkenntnisse über die Art des Auftretens polizeilicher Korruption zu gewinnen. Die angewandte Drittbeobachtungstechnik hat entsprechende Aussagen ermöglicht. Quantitative Aussagen können anhand der Erkenntnisse allerdings nicht getroffen werden.

Auf Grundlage der im Rahmen der Studie gewonnenen Erkenntnisse wurden die Korruptionsgefährdungsatlanten der Polizeibehörden mittlerweile überarbeitet. Außerdem arbeitet das Dezernat 37 des Landeskriminalamtes derzeit an einer Ergänzung des Ausbildungscurriculums für die Ausbildung der Polizeianwärterinnen und -anwärter sowie an einem Konzept für die Fortbildungsangebote für Führungskräfte der niedersächsischen Polizei.

Literatur

Bannenberg, B. (2002): Korruption in Deutschland und ihre strafrechtliche Kontrolle. Eine kriminologisch-strafrechtliche Analyse. Neuwied und Kriftel: Luchterhand.
Bundeskriminalamt (BKA) (2014): Korruption. Bundeslagebild 2013. Online: http://www.bka.de/DE/ThemenABisZ/Deliktsbereiche/Korruption/Lagebilder/lagebilder_node.html?__nnn=true.
Linssen, R./Pfeiffer, H. (2009): Strategien zur Korruptionsbekämpfung als Sicherheitsfaktor für Organisationen. In: Litzcke, S.-M./Engbers, H. (Hg.): Sicherheit in Organisationen. Frankfurt: Verlag für Polizeiwissenschaft, S. 159–182.
Mischkowitz, R./Bruhn, H./Desch, R./Hübner, G.-H./Beese, D. (2000): Einschätzungen zur Korruption in Polizei, Justiz und Zoll. Ein gemeinsames Forschungsprojekt des Bundeskriminalamtes und der Polizeiführungsakademie. Wiesbaden: Bundeskriminalamt.
Rabl, T. (2009): Der korrupte Akteur. In: Aus Politik und Zeitgeschichte. 3-4/2009.
Svirak, P. (2009): Korruptionsprävention in der Polizei. Saarbrücken: VDM-Verlag.
Vahlenkamp, W./Knauß, I. (1995): Korruption – hinnehmen oder handeln? Wiesbaden: Bundeskriminalamt.

Risikofaktoren der Onlinekriminalität

Bernd-Dieter Meier

Gliederung

1. Ausgangslage: Offene Fragen in der Kriminologie
2. Ergebnisse einer Befragung zur Online-Alltagskriminalität
2.1 Anlage der Untersuchung
2.2 Fragebogen
2.3 Ergebnisse
3. Bedeutung für die Erklärung der Onlinekriminalität

1. Ausgangslage: Offene Fragen in der Kriminologie

„Technology changes everything – crime included."[1] Es ist schon mehr als zehn Jahre her, dass der britisch-amerikanische Kriminologe und diesjährige Gewinner des Stockholm Prize in Criminology *Ronald Clarke* auf den Zusammenhang von technologischer Entwicklung, Veränderungen in der Kriminalitätsstruktur, neuen Möglichkeiten der Kriminalitätskontrolle und den sich hieraus ergebenden Herausforderungen für die Kriminologie aufmerksam machte. Besondere Herausforderungen gehen ersichtlich von der Digitalisierung aus, die weltweit die Speicherung von Informationen und die gesellschaftliche Kommunikation vereinfacht, beschleunigt und verändert hat. Neue Kriminalitätsformen sind mit der Digitalisierung entstanden, wobei hier pars pro toto nur drei neuartige Phänomene genannt seien: der „Diebstahl" von digitalen Identitäten, das gezielte Überlasten von Systemen durch systematisch geführte DDoS-Attacken und die Verbreitung von kinderpornographischem Material, mit dem nicht nur krude Bedürfnisse befriedigt, sondern vor allem auch die Allgemeinen Persönlichkeitsrechte der abgebildeten Kinder und Jugendlichen auf Dauer belastet werden. Ebenfalls entstanden sind neue Formen der Kriminalitätskontrolle, wobei auch insoweit nur drei Beispiele genannt seien: der Ausbau der Überwachung, die heute sämtliche Bereiche der internetbasierten Kommunikation erfasst, die Speicherung von Massendaten, die von staatlichen und privaten Stellen für eine

---

1 *Clarke* (2004), S. 55.

spätere Auswertung aufbewahrt werden, und die elektronische Aufenthaltsüberwachung, die sich als neue Kontrollmöglichkeit im System der strafrechtlichen Sanktionen etabliert hat. Und in der Kriminologie?

Auch in der Kriminologie hat die Digitalisierung zu Veränderungen geführt. Genannt seien etwa die deutlich verbesserten Möglichkeiten zur statistischen Auswertung von Daten, die Veränderungen bei den Methoden, wobei hier nur auf die Möglichkeit der Onlinebefragung hinzuweisen ist, sowie die schnellere und verlässlichere Distribution von Wissen in der Form von Datenbanken, Bücherbeständen und Zeitschriftenbibliotheken. Die Veränderungen in der Kriminologie indes betreffen vor allem das Handwerkszeug des Fachs, die „tools of the trade"; sie machen kriminologische Forschung effizienter und vielleicht auch effektiver. Die Veränderungen haben demgegenüber nicht – oder jedenfalls nicht in der Breite – zum Aufkommen neuer Forschungsfragen geführt, was bei einem Wandel, der wie die Digitalisierung sämtliche Bereiche der gesellschaftlichen Lebens durchzieht, überrascht. Wie und warum verändert die Digitalisierung, verändert das Internet die Bereitschaft zur Begehung von Straftaten? Inwieweit erhöht sich die Gefahr der Viktimisierung? Sind die Strukturen bei der Onlinekriminalität dieselben wie bei der Offlinekriminalität? Dominieren also auch im Internet die einfachen Delikte mit geringen Schäden? Dominieren auch im Internet die Taten der Männer, der Jugendlichen, der Gelegenheitstäter? Welche Risiko- und welche Schutzfaktoren gibt es? Sind die theoretischen Erklärungsansätze auf die Onlinekriminalität übertragbar? Oder bedarf es einer eigenen „Cyberkriminologie", die die Onlinekriminalität erklärt? Zu allen diesen Fragen gibt es nach wie vor keine befriedigenden Antworten, und wenn man die Themen Revue passieren lässt, die auf der diesjährigen Tagung der Kriminologischen Gesellschaft behandelt werden, scheint auch das Interesse der „community" an diesen Fragen nur erstaunlich gering zu sein.

Die Defizite können hier nicht aufgearbeitet werden. Im Folgenden kann aber über die Ergebnisse einer kleinen Befragung berichtet werden, die in Hannover zu den Besonderheiten der Onlinekriminalität durchgeführt wurde.

2. Ergebnisse einer Befragung zur Online-Alltagskriminalität

2.1 Anlage der Untersuchung

Ziel der Befragung war es, einen Überblick zu gewinnen über die Umstände, die die Begehung von Straftaten im Internet wahrscheinlicher machen. Im Mittelpunkt stand die Alltagskriminalität, konkret: der illegale Download, der im Nebenstrafrecht (§ 106 UrhG) mit Geldstrafe oder Freiheitsstrafe bis zu drei Jahren bedroht wird und über den in der Kriminologie nur wenig bekannt ist. Schätzungen gehen von einem erheblichen Dunkelfeld aus; die §§ 106 ff. UrhG wurden einmal als diejenigen Strafnormen bezeichnet, die in Deutschland am häufigsten verletzt werden.[2] Die Zahlen dürften indes in den letzten Jahren deutlich zurückgegangen sein, zum einen weil die Industrie inzwischen zahlreiche neue Möglichkeiten für die kostengünstige legale Nutzung entwickelt hat, zum anderen weil sich in der Rechtswissenschaft zunehmend die Ansicht durchgesetzt hat, dass die Nutzung von Streaming-Portalen anders als die Nutzung von filesharing-Systemen nicht von den §§ 106 ff. UrhG erfasst wird.[3] Das Hellfeld der Urheberrechtsdelikte ist demgegenüber klein; im Jahr 2014 wurden von der Polizei nur ca. 3.000 Fälle wegen Urheberrechtsverstößen bearbeitet.[4] Und es gibt nur wenige empirische Untersuchungen zu dem Thema, die auf den Einfluss von Selbstkontrolle, persönlicher Moral und Furcht vor Strafverfolgung hinweisen.[5] In lockerer Anlehnung an den Routine Activity Approach ging die eigene Untersuchung vor diesem Hintergrund davon aus, dass der illegale Download eine Folge von Kompetenz und fehlender Kontrolle ist: Strafbare Urheberrechtsverletzungen, so wurde vermutet, werden vor allem dann begangen, wenn bei den Tätern eine gewisse technisch-instrumentelle Kompetenz und die Bereitschaft zur Nutzung des Internet in Grenzbereichen mit schwachen Ausprägungen von Selbstkontrolle und geringer Furcht vor Strafverfolgung einhergehen.

Die Befragung wurde als Onlinebefragung von September bis Dezember 2014 durchgeführt. Der Zugang zur Befragung war nicht eingeschränkt; jeder Interessierte konnte teilnehmen. Mit unterschiedlichen Medien (Face-

---

2 *Schäufele* (2012), S. 302.
3 Vertiefend *Reinbacher* (2014), S. 61 f.
4 PKS (2014), Tab. 01 (Schlüssel 715050, 715100 und 715200).
5 *Moon/McCluskey/McCluskey* (2010); *Wingrove/Korpas/Weisz* (2011); *Aaltonen/Salmi* (2013).

book, Handzetteln mit QR-Code, Vorlesungen, Unterricht) besonders angesprochen wurden Jurastudierende im ersten Semester sowie etwa gleichaltrige Berufsschüler. Der Untersuchung liegt damit eine nicht-repräsentative Gelegenheitsstichprobe (convenience sample) zugrunde; die Ergebnisse können nicht verallgemeinert werden, sondern haben nur Indizwirkung. Insgesamt beteiligten sich an der Untersuchung mit vollständig ausgefüllten Fragebögen 583 Personen.[6]

2.2 Fragebogen

Der illegale Download wurde mit folgender Frage erfasst: „Haben Sie schon einmal ohne hierfür zu bezahlen im Internet (z. B. in Tauschbörsen) Musiktitel, Fotos, Filme oder andere urheberrechtlich geschützte Werke heruntergeladen (kein Streaming), obwohl Sie wussten, dass dies verboten war?" Die Frage ist komplex formuliert und vielleicht auch nicht für jeden sofort verständlich. Dies war indes erforderlich, um die schwierige Rechtslage angemessen abzubilden; es ging nicht um eine Untersuchung zum Freizeitverhalten, sondern zur Überschreitung rechtlicher Grenzen. In den Antwortkategorien wurde die Frage zeitlich präzisiert: Ja, aber das liegt länger zurück – ja, einmal innerhalb des letzten Monats – ja, mehrfach innerhalb des letzten Monats. Insgesamt gab mehr als die Hälfte der Befragten an (56 %), schon einmal eine Straftat nach § 106 UrhG begangen zu haben.

Breiten Raum nahmen in dem Fragebogen die Aktivitäten im Netz und die Dauer der Internetnutzung ein. Jedenfalls die Onlineaktivitäten interessierten dabei weniger, weil hierüber schon aus den ARD/ZDF-Onlinestudien viel bekannt ist;[7] die Fragen wurden lediglich deshalb aufgenommen, weil in den Werbematerialien allgemein gesagt worden war, es gehe um das „Nutzungsverhalten im Internet". Um der Heterogenität der Stichprobe Rechnung zu tragen, wurde in den entsprechenden Fragen deutlich gemacht, dass es allein um die Nutzung des Internet „für private Zwecke" gehe.

Neben der Nutzungsdauer wurde auch nach der Nutzungskompetenz gefragt. Grundsätzlich ist der illegale Download zwar kein Delikt, das dem Nutzer ein besonderes technisches Verständnis abverlangt; wenn es aber um die Frage geht, ob auf breiter gefächerte illegale Angebote zugegriffen werden kann, ob technische Schutzmaßnahmen überwunden und Maßnahmen gegen

---

6 Ausführliche Darstellung der Ergebnisse bei *Meier* (2015).
7 *Eimeren/Frees* (2014); zur Verteilung der Onlineaktivitäten in der eigenen Stichprobe genauer *Meier* (2015a), S. 105 f.

die Nachverfolgung und Rechtsdurchsetzung ergriffen werden können, ist eine gewisse technisch-instrumentelle Handlungskompetenz vonnöten. Erfasst wurden diese Kompetenzen mit Fragen nach Programmierkenntnissen und dem aktuellen oder schon einmal erprobten Einsatz von Anonymisierungssoftware oder anderen Verschleierungsformen, um die Datenspuren im Netz zu verwischen.

Von Interesse ist allerdings nicht nur die technisch-instrumentellen Nutzungskompetenz. Von Interesse ist auch, *wie* die Möglichkeiten des Netzes genutzt werden, ob sich die Nutzung also auf die rechtmäßigen und unproblematischen Bereiche des Netzes bezieht („chatten, shoppen, facebooken") oder ob die „dunkleren Seiten" mit einbezogen werden, die mit Grenzverletzungen verbunden sind. In der Literatur wird in diesem Zusammenhang gelegentlich von „Internetdissozialität" gesprochen,[8] was Assoziationen an dissoziales bzw. antisoziales Verhalten im Offline-Bereich weckt. Da das Konzept der „Internetdissozialität" aber noch nicht ausgereift erscheint und insbesondere seine Operationalisierung Schwierigkeiten bereitet, sollte in der eigenen Untersuchung eher von „Bereitschaft zur Nutzung im Grenzbereich des moralisch Anstößigen und Unerlaubten" gesprochen werden, worunter illegale Handlungen wie Mobbing, Identitätsdiebstahl und die Nutzung von Kinderpornografie, aber auch legale Handlungen wie der Besuch von Internetseiten mit links- oder rechtsextremistischer Hetzpropaganda oder der Konsum von Gräuelvideos wie der Folterung oder Hinrichtung von Menschen verstanden wurden.

Für die Erklärung der Internetkriminalität wird in der Literatur gerne auf den Routine Activity Approach verwiesen; das Internet sei ein typischer Gelegenheitsraum.[9] Mit seinen drei „almost always"-Elementen offender, target und absence of capable guardian[10] beschreibt der Routine Activity Approach, welche Situationen sich für Straftaten eignen, also eine Tatgelegenheit bieten (opportunity). *Ob* es zu einer Straftat kommt, richtet sich dabei nach der Entscheidung des (potentiellen) Täters. Damit ist allerdings noch nicht gesagt, *warum* der (potentielle) Täter die Entscheidung zur Begehung einer Straftat trifft; er kann die Tatgelegenheit ja auch ungenutzt verstreichen lassen und sich rechtstreu verhalten. Der Routine Activity Approach bietet deshalb auch im Zusammenhang mit der Internetkriminalität nur einen Erklärungs*rahmen*, noch keine vollständige Erklärung für die Begehung von

---

8 *Katzer/Fetchenhauer/Belschak* (2009), S. 36 f.
9 *Reyns* (2013).
10 *Cohen/Felson* (1979), S. 589 ff.; *Felson/Boba* (2010), S. 28.

Straftaten. Soweit es um die Erklärung des Täterhandelns geht, müssen zusätzliche Aspekte hinzutreten.

Als einer dieser erklärenden Umstände kommt nach den bislang zum illegalen Download durchgeführten Untersuchungen jedenfalls die Selbstkontrolle in Betracht, also die Fähigkeit, sein Handeln nicht an der kurzfristigen Bedürfnisbefriedigung, sondern an den langfristigen Interessen auszurichten.[11] In der Untersuchung wurde die Selbstkontrolle über ein Modul aus 12 Items erhoben, in dem sich unterschiedliche Dimensionen des Konstrukts ausdrückten. Die Fähigkeit der Befragten zur Selbstkontrolle kann danach durch einen Punktwert zwischen 1 und 4 ausgedrückt werden, wobei 1 für eine geringe und 4 für eine hohe Selbstkontrolle steht.

Allein mit der Selbstkontrolle kann indes – entgegen den Annahmen von *Gottfredson* und *Hirschi* – normabweichendes Verhalten nicht abschließend erklärt werden, denn um die Fähigkeit zur Selbstkontrolle zu aktivieren, besteht nur dann Anlass, wenn der potentielle Täter über die Folgen seines Handeln reflektiert und die kurzfristige Bedürfnisbefriedigung gegen seine langfristigen Interessen abwägt. Benötigt wird mit anderen Worten ein Impuls, auf den der potentielle Täter reagieren kann, indem er die Tat entsprechend seiner Fähigkeit zur Selbstkontrolle begeht oder unterlässt. Dabei muss sich dieser Impuls auf die Rechtswidrigkeit des möglichen Handelns beziehen, da sich Straftaten von anderen, „analogen" Formen kurzfristiger Bedürfnisbefriedigung wie Rauchen oder Alkoholgenuss[12] gerade hierin unterscheiden. Anders als in manchen Untersuchungen zur Situational Action Theory und auch in Abweichung zu dem im Zusammenhang mit der Selbstkontrolle verwendeten Messinstrument wurde das Unrechtsbewusstsein in der eigenen Untersuchung nicht mit einem Index individueller Moralität,[13] sondern mit einer weit gespreizten Skala zur Bewertung des Unrechtsgehalts der Tat gemessen: „Unabhängig davon, ob Sie so etwa schon einmal gemacht haben: Wie schwer wiegt aus Ihrer Sicht das Unrecht eines solchen Verhaltens (illegaler Download)? Ordnen Sie dem Verhalten bitte eine Zahl zwischen 0 und 100 zu (zum Vergleich: Mord = 100)." Die Skala hatte sich schon in früheren Untersuchungen bewährt.[14]

Neben dem Unrechtsbewusstsein und der Selbstkontrolle können bei der Internetkriminalität auch die Mechanismen der äußeren, externalen Kontrolle

---

11 *Moon/McCluskey/McCluskey* (2010); *Aaltonen/Salmi* (2013).
12 Beispiele von *Gottfredson/Hirschi* (1990), S. 91.
13 Vgl. etwa *Hirtenlehner* (2015), S. 264.
14 *Meier* (2010), S. 178 ff.

handlungsleitend sein. In früheren Untersuchungen zum illegalen Download hat sich gezeigt, dass die Abschreckung, definiert als Furcht vor Strafverfolgung oder persönlichen Kosten, ein wesentliches Merkmal ist,[15] und auch in der erwähnten Situational Action Theory spielt die Abschreckung eine wichtige Rolle.[16] Objektiv ist das Strafverfolgungsrisiko bei illegalem Download wie gezeigt nur gering, allerdings kommt es hierauf für die Abschreckungswirkung nicht an; abschreckend kann nur die eigene Risikoeinschätzung wirken. Erhoben wurde die Einschätzung zum Verfolgungsrisiko wiederum auf einer breit gespreizten Hunderterskala, bei der lediglich vorgegeben wurde „0 = kein Risiko" und „100 = jede Straftat wird von der Polizei entdeckt und verfolgt". Dabei wurde unterschieden zwischen dem Auftreten im Netz unter dem richtigen Namen und dem Auftreten unter einem Pseudonym.

Zusätzlich hatte sich in einer früheren finnischen Untersuchung zum illegalen Download durch Jugendliche auch ein Einfluss sozialer Kontrollmechanismen, konkret: der Kontrolle durch die Eltern gezeigt,[17] so dass dieser Gesichtspunkt auch in der eigenen Befragung berücksichtigt wurde. Da die Zielgruppe im Wesentlichen aus Jurastudierenden bestand, wurde allerdings nicht nach elterlicher Kontrolle gefragt, sondern danach, ob der Befragte allein oder mit anderen Personen zusammen wohnte, sowie danach, ob er verheiratet war oder in einer festen Beziehung stand. Damit wurde auch das landläufige Vorurteil aufgegriffen, dass Computerdelikte vor allem von sozial isoliert lebenden Sonderlingen („Nerds") begangen werden, die ein hohes Interesse an naturwissenschaftlich-technischen Fragen haben, aber beziehungsunfähig sind. – Die Ausprägungen der einzelnen Variablen und die Verteilungen sind in Tab. 1 zusammengefasst.

2.3 Ergebnisse

Betrachtet man zunächst die bivariaten Beziehungen, zeigt sich, dass mit Ausnahme der sozialen Bindungen sämtliche geprüften Variablen mit dem illegalen Download in einem statistisch nachweisbaren, wenigstens auf dem 10 % - Niveau signifikanten Zusammenhang stehen (Tab. 2). Die sozialen Bindungen wirken sich auf die Straftat nicht aus; es sind keineswegs nur die „Nerds", die das Delikt begehen. Daneben ist erwartungswidrig, dass das

---

15 *Wingrove/Korpas/Weisz* (2011).
16 *Wikström* (2015), S. 183 f.
17 *Aaltonen/Salmi* (2013).

Tab. 1: Variablen und deskriptive Statistik

Variable	Skala	Mittelwert	SD
Illegaler Download	0 = nein, 1 = ja	.56	.50
Jugendl./Heranw.	0 = nein, 1 = ja	.42	.49
Geschlecht	0 = m; 1 = w	.58	.49
Dauer Onlinenutzung	1 = ≤ 2h, 2 = > 2h	1.63	.48
Programm.-kenntnisse	0 = nein, 1 = ja	.16	.37
Verschleierung jemals	0 = nein, 1 = ja	.24	.43
Verschleierung aktuell	0 = nein, 1 = ja	.06	.23
Grenznutzung	0 = nein, 1 = ja	.40	.49
Unrechtsbewusstsein	0 ... 100	27.45	21.05
Selbstkontrolle	1 = gering, ... 4 = hoch	3.02	.42
Alleinleben	0 = allein, 1 = nicht allein	0.82	.39
Feste Beziehung	0 = nein, 1 = ja	.58	.49
Strafverfolgungsrisiko Klarname	0 ... 100	53.31	26.22
Strafverfolgungsrisiko Pseudonym	0 ... 100	33.47	24.99

SD = Standardabweichung

Delikt häufiger von Erwachsenen (59,3 %) als von Jugendlichen oder Heranwachsenden (51,3 %) begangen wird; der illegale Download ist augenscheinlich kein typisches Jugenddelikt. Da sich die angegebenen Werte auf die Lebenszeitprävalenz beziehen, ist allerdings nicht auszuschließen, dass sich in den Werten auch ausdrückt, dass es heute mehr kostengünstige und legale Nutzungsangebote gibt als in früheren Zeiten.

Die weiteren bivariaten Beziehungen entsprechen den Erwartungen. Der illegale Download wird hochsignifikant häufiger von Männern als von Frauen begangen, und er wird hochsignifikant häufiger von Personen begangen, die täglich durchschnittlich länger als 2 Stunden mit privaten Aktivitäten im Internet unterwegs sind, als von Personen, die das Netz weniger intensiv nutzen. Zusammenhänge lassen sich auch herstellen mit der Nutzungskompetenz: Unabhängig davon, ob auf Programmierkenntnisse oder den Einsatz von Verschleierungsmaßnahmen abgestellt wird, wird das Delikt häufiger von Personen mit einer hohen Fachkompetenz begangen als von Personen mit einer eher geringen Kompetenz. Die Tätergruppe hat das Internet darüber hinaus hochsignifikant häufiger schon einmal im Grenzbereich des moralisch Anstößigen und Unerlaubten genutzt als die Gruppe der Nichttäter, d. h. sie haben sich schon einmal in den „dunkleren" Bereichen des Internet bewegt und das Netz für Delikte wie Mobbing, Identitätsdiebstahl oder die Nutzung von Kinderpornografie genutzt. Die Täter sind als aktive und technisch versierte Nutzer auch in den abgründigen Bereichen des Netzes unterwegs.

Das Unrechtsbewusstsein im Hinblick auf den illegalen Download war bei allen Befragten nur gering. Im Durchschnitt vergaben die Befragten auf der Hunderterskala für den illegalen Download einen Unrechtswert von 27,45 Punkten (Tab. 1), was deutlich unterhalb der Werte für Handlungen wie Cybermobbing (55,9), den Einsatz von Schadprogrammen zum Zweck des Identitätsdiebstahls (59,3), das Betrachten von Bildern von der Hinrichtung eines Menschen (64,2) oder gar das Betrachten kinderpornografischen Materials lag (80,1). Unabhängig von dem geringen Ausgangswert zeigte sich dann aber, dass das Unrechtsbewusstsein der Tätergruppe im Hinblick auf den illegalen Download hochsignifikant geringer war als das der Nichttäter; die Tätergruppe ordnete das Unrecht als deutlich weniger gravierend ein (23,15 gegenüber 33,05 Punkten). Ebenfalls verfügten sie – ganz in Übereinstimmung mit den Thesen von *Gottfredson* und *Hirschi* – über eine hochsignifikant geringere Selbstkontrolle als die Nichttäter. Und auch das Strafverfolgungsrisiko schätzten sie signifikant geringer ein als die Nichttäter, und zwar unabhängig davon, ob sie sich im Netz mit ihrem Klarnamen oder unter einem Pseudonym bewegen. Nach den bivariaten Analysen lassen sich die Täter mithin als technisch versierte Nutzer kennzeichnen, die beim illegalen Download nur über ein geringes Unrechtsbewusstsein verfügen und sich in ihrem Handeln weder durch Selbststeuerung noch durch Furcht vor Strafverfolgung abhalten lassen.

Tab. 2: Bivariate Beziehungen (Prozentangaben bzw. Mittelwerte)

	Illegaler Download		Sign.
Jugendl./Heranw. (n/j)	59.4	51.3	†
Geschlecht (m/w)	67.2	47.8	***
Dauer Onlinenutzung (≤ / > 2 h)	45.4	62.5	***
Programmierkenntnisse (n/j)	53.4	68.2	*
Verschleierung jemals (n/j)	52.2	71.3	***
Verschleierung aktuell (n/j)	54.7	73.3	†
Grenznutzung (n/j)	47.1	69.2	***
Unrechtsbewusstsein (Mittelwerte bei illeg. Download n/j)	33.05	23.15	***
Selbstkontrolle (Mittelwerte bei illegalem Download n/j)	3.12	2.95	***
Alleinleben (allein / nicht allein)	53.9	56.5	n.s.
Feste Beziehung (n/j)	55.6	55.5	n.s.
Strafverfolgungsrisiko Klarname (Mittelwerte bei Download n/j)	56.98	49.42	**
Strafverfolgungsrisiko Pseudonym (Mittelw. Download n/j)	36.07	31.23	*

† $p < .10$; * $p < .05$; ** $p < .01$; *** $p < .001$; n.s. = nicht signifikant

Nun liegt es auf der Hand, dass die Frage nach den Risikofaktoren mit bivariaten Analysen nicht abschließend zu klären ist; erforderlich sind multivariate Analysen, bei denen der Einfluss sämtlicher geprüften Variablen gleichzeitig untersucht wird. Zu diesem Zweck wurde eine binäre logistische Regression gerechnet, in die die dargestellten Variablen mit Ausnahme der Angaben zur sozialen Kontrolle aufgenommen wurden; letztere blieben deshalb unberücksichtigt, weil sie sich in den bivariaten Analysen nicht als aussagekräftig erwiesen hatten. Die Ergebnisse der logistischen Regression sind in Tab. 3 zusammengefasst.

Danach sind es nur drei Variablen, die sich signifikant auf die Begehung der Straftat auswirken: die Dauer der Onlinenutzung, das Unrechtsbewusstsein und die Selbstkontrolle. Das Vorzeichen des Regressionskoeffizienten B signalisiert dabei, dass die Wirkungsrichtung in der Regressionsanalyse dieselbe ist wie bei den bivariaten Analysen. Von geringerer Bedeutung als die drei genannten Merkmale sind das Alter der Nutzer und die Bereitschaft zur Nutzung des Netzes im Grenzbereich; beide Merkmale sind nur auf dem 10 % - Niveau signifikant. Die übrigen Umstände erwiesen sich in der Regressionsanalyse als bedeutungslos: Weder das Geschlecht noch die technisch-instrumentelle Nutzungskompetenz noch die Furcht vor Strafverfolgung haben einen statistisch nachweisbaren Einfluss auf die Begehung von Urheberrechtsdelikten.

Tab. 3: Einflussfaktoren bei logistischer Regression

	B	SE	Exp (B)
Jugendlich / Heranwachsend	-.383†	.205	.682
Geschlecht	-.253	.229	.777
Dauer Onlinenutzung	.527*	.211	1.694
Programmierkenntnisse	.120	.295	1.127
Verschleierung jemals	.282	.291	1.325
Verschleierung aktuell	.074	.501	1.077
Grenznutzung	.421†	.219	1.523
Unrechtsbewusstsein	-.018***	.005	.982
Selbstkontrolle	-.575*	.248	.563
Strafverfolgungsrisiko Klarname	-.006	.006	.994
Strafverfolgungsrisiko Pseudonym	-.002	.006	.998
Konstante	2.064*	.923	7.877

Nagelkerke $R^2 = .182$; $N = 489$
B = Regressionskoeffizient; SE = Standardfehler; Exp (B) = Exponential-funktion von B;
$^†p < .10$; $*p < .05$; $***p < .001$

3. Bedeutung für die Erklärung der Onlinekriminalität

Die Ergebnisse machen deutlich, dass Onlinekriminalität, jedenfalls soweit es um Alltagskriminalität wie den illegalen Download geht, eine Folge der besonderen Gelegenheitsstruktur ist, die das Internet bietet. Die Bedienung der Geräte ist einfach, so dass eine besondere technisch-instrumentelle Kompetenz nicht erforderlich ist, um urheberrechtlich geschützte Werke herunterzuladen und damit in strafbarer Weise zu vervielfältigen. Furcht vor Strafverfolgung spielt keine Rolle, und zwar selbst dann nicht, wenn sich der Nutzer unter seinem Klarnamen im Internet bewegt; hierin drückt sich vermutlich nicht nur aus, dass die Institution der Polizei bei Onlineaktivitäten schon wegen der fehlenden physischen Wahrnehmung eines Gegenüber eher als „weit weg" empfunden wird; vermutlich drückt sich hierin auch die Erfahrung der Netznutzer aus, dass eine polizeiliche Verfolgung bei Urheberrechtsdelikten tatsächlich kaum stattfindet. Auch die sonst in der Kriminologie bekannten Mechanismen der informellen sozialen Kontrolle wirken nicht kriminalitätshemmend, was vielleicht damit zu tun haben mag, dass der illegale Download in der Bevölkerung so weit verbreitet ist, dass auch die potentiellen informellen Kontrollinstanzen selbst (Mitbewohner, Beziehungspartner) die strafbaren Handlungen begehen; die in der Untersuchung ermittelte hohe Prävalenz von 56 % könnte hierfür einen Hinweis bieten. Letztlich sind es nach den Untersuchungsergebnissen nur drei Umstände, die den illegalen Download begünstigen und damit als Risikofaktoren strafbarer Urheberrechtsverletzungen einzuordnen sind: eine hohe zeitliche Nutzungsintensität, die sich in einer überdurchschnittlichen Dauer der Onlineaktivitäten für private Zwecke ausdrückt, ein geringes Unrechtsbewusstsein und eine geringe Selbstkontrolle. Illegaler Download ist, mit anderen Worten, Ausdruck bestimmter Routineaktivitäten im Netz und des Versagens interner Kontrollmechanismen, oder noch etwas zugespitzter formuliert: Illegaler Download ist Alltagshandeln ohne Unrechtsbewusstsein.[18]

Bei der Einordnung und Bewertung der Ergebnisse muss indes zweierlei beachtet werden. Zum einen ist auf das geringe Maß an aufgeklärter Varianz hinzuweisen (Nagelkerke $R^2 = .182$). Der geringe Wert deutet auf das Wirken weiterer Umstände hin, die in die Untersuchung nicht oder nur unzureichend einbezogen wurden. Das gilt insbesondere für das soziale Umfeld der (Nicht-) Täter und hier insbesondere für die Peers und ihren Einflusses auf die Entscheidung des Täters zur unerlaubten Vervielfältigung urheberrechtlich geschützter Werke. Naheliegend ist die Annahme, dass illegaler

---
18 *Meier* (2015), S. 625.

Download vor allem dann begangen wird, wenn auch die Peers strafbare Urheberrechtsverletzungen als Bestandteil ihres Alltagshandelns ansehen und die Täter hierdurch in ihrer Vorstellung bestärken, beim illegalen Download handele es sich um eine gebräuchliche und in keinerlei Hinsicht problematische Form der Netznutzung. Auch in der verschiedentlich erwähnten Situational Action Theory wird die Bedeutung der Peers als Eigenschaft des Settings thematisiert, in dem der Wahrnehmungs-Entscheidungs-Prozess des Täters abläuft.[19]

Zum anderen ist darauf hinzuweisen, dass sich die hier dargestellten Befunde nur auf ein einziges Delikt beziehen, den illegalen Download, und dass sie sich auf andere Delikte aus dem Bereich der Onlinekriminalität nicht zwingend verallgemeinern lassen. Deutlich machen lässt sich dies an der Variable technisch-instrumentelle Nutzungskompetenz: Der illegale Download ist ein Delikt, das in technischer Hinsicht keine Anforderungen stellt, während andere Onlinedelikte wie etwa das Ausspähen von Daten, die Datenveränderung oder die Computersabotage ohne eine gewisse Fachkompetenz nicht durchführbar sind und in Ausnahmefällen sogar auch das Zusammenwirken mehrerer Spezialisten voraussetzen können; Cybercrime kann damit sogar Bezüge zur Organisierten Kriminalität bekommen. Anders als es die hier vorgestellte Untersuchung anzudeuten scheint, sind Internetdelikte nicht per se „Jedermanndelikte", sondern der Kreis der als Täter in Betracht kommenden Personen kann sich u. U. auf einzelne, technisch versierte Fachleute verengen.

Für sich genommen sind die hier vorgestellten Untersuchungsergebnisse deshalb eher trivial; sie bereichern das Wissen über die Onlinekriminalität nicht wirklich. Die Untersuchung mag aber Anlass geben, in der Kriminologie künftig stärker als bisher über die besonderen Bedingungen der Onlinekriminalität im Vergleich zur Offlinekriminalität zu forschen und weitere, differenziertere Untersuchungen durchzuführen. Die Kriminologie darf – und zu diesem Ergebnis kommt auch der eingangs erwähnte Beitrag von *Ronald Clarke* – den Anschluss an die technische Entwicklung und die Veränderungen in der Kriminalitätsstruktur nicht verpassen.

---

19 *Wikström* (2015), S. 179; *Gerstner/Oberwittler* (2015), S. 207.

Literatur

Aaltonen, M./Salmi, V. (2013): Versatile Delinquents or Specialized Pirates? A Comparison of Correlates of Illegal Downloading and Traditional Juvenile Crime. Journal of Scandinavian Studies in Criminology and Crime Prevention, 14, S. 188 - 195.

Clarke, R. (2004): Technology, Criminology and Crime Science. European Journal on Criminal Policy and Research, 10, S. 55 - 63.

Cohen, L./Felson, M. (1979): Social Change and Crime Rate Trends: A routine Activity Approach. American Sociological Review, 44, S. 588 - 608.

Felson, M./Boba, R. (2010): Crime and Everyday Life, 4. Aufl. Los Angeles u. a.: Sage.

Gerstner, D./Oberwittler, D. (2015): Wer kennt wen und was geht ab? Monatsschrift für Kriminologie und Strafrechtsreform, 98, S. 204 - 226.

Gottfredson, M./Hirschi, T. (1990): A General Theory of Crime. Stanford: Stanford UP.

Hirtenlehner, H. (2015): „Gelegenheit macht Diebe" oder „Wer raucht, der stiehlt". Monatsschrift für Kriminologie und Strafrechtsreform, 98, S. 257 - 279.

Katzer, C./Fetchenhauer, D./Belschak F. (2009): Cyberbullying in Internet-Chatrooms – Wer sind die Täter? Zeitschrift für Entwicklungspsychologie und Pädagogische Psychologie, 41, S. 33 - 44.

Meier, B.-D. (2010): „Hunde, die bellen, beißen nicht." Einstellungen Studierender zu Kriminalität und Strafe. In: Dölling, D./Götting, B./Meier, B.-D./Verrel, T. (Hg.): Verbrechen – Strafe – Resozialisierung. Festschrift für Heinz Schöch. Berlin: deGruyter, S. 167 - 182.

Meier, B.-D. (2015): Illegaler Download: Alltagshandeln ohne Unrechtsbewusstsein. In: Brüning, J./Rotsch, T./Schady, J. (Hg.): Festschrift für Heribert Ostendorf. Baden-Baden: Nomos, S. 615 - 629.

Meier, B.-D. (2015a): Kriminologie und Internet: ein ungeklärtes Verhältnis. In: Beck, S./Meier, B.-D./Momsen, C. (Hg.): Cybercrime und Cyberinvestigations. Baden-Baden: Nomos, S. 93 - 118).

Moon, B./McCluskey, J./McCluskey, C.-P. (2010): A General Theory of Crime and Computer Crime: An Empirical Test. Journal of Criminal Justice, 38, S. 767 - 772.

Reinbacher, T. (2014): Zur Strafbarkeit der Betreiber und Nutzer von kino.to. Neue Zeitschrift für Strafrecht, 34, S. 57 - 62.

Reyns, B. (2013): Online Routines and Identity Theft Victimization: Further Expanding Routine Activity Theory beyond Direct-Contact Offences. Journal of Research in Crime and Delinquency, 50, S. 216 - 238.

Schäufele, M. (2012): Zur Strafbarkeit des Raubkopierens im Internet. Filesharing von urheberrechtlich geschützten Werken im Internet. Münster: Lit.

Eimeren, B. van/Frees, B. (2014): 79 Prozent der Deutschen online – Zuwachs bei mobiler Internetnutzung und Bewegtbild. Media Perspektiven (7-8), S. 378 - 396.

Wikström, P.-O. (2015): Situational Action Theory. Monatsschrift für Kriminologie und Strafrechtsreform, 98, S. 177 - 186.

Wingrove, T./Korpas, A./Weisz, V. (2011): Why were millions of people not obeying the law? Motivational Influences on non-compliance with the law in the case of music piracy. Psychology, Crime & Law, 17, S. 261 - 276.

Illegale Drogenmärkte in Justizvollzugsanstalten – Erkenntnisse von Experten in Bezug auf Cannabis

Jana Meier und Nicole Bögelein

Gliederung

1. Drogenmärkte in Haft – eine Unbekannte in der Forschung
2. Stand der Forschung zu Cannabiskonsum und -handel
3. Das Forschungsprojekt
4. Studiendesign und Stichprobe
5. Experten über Drogenhandel in Haft
5.1 Das Ausmaß von Drogen in Haft
5.2 Die Organisation des Drogenhandels in Haft
5.3 Akteure und Gruppen im Drogenhandel in Haft
5.4 Unterschiede zwischen Vollzugsformen
5.5 Kontrollstrategien und Sanktionen in Haft
5.6 Folgen der Drogen für den Haftalltag
5.7 Umgang der Haftanstalten mit Drogenhandel
6. Diskussion

1. Drogenmärkte in Haft – eine Unbekannte in der Forschung

Der Strafvollzug muss laut Grundgesetz auf Resozialisierung hin ausgerichtet sein, das heißt, Gefangene sind zu befähigen, „künftig in sozialer Verantwortung ein Leben ohne Straftaten zu führen."[1] Der Vollzug soll Gefangene keinen schädlichen Wirkungen aussetzen. Zugleich gilt der Angleichungsgrundsatz: Das Leben in Haft soll dem draußen möglichst gleichgestellt sein – dennoch ist manches, das in Freiheit erlaubt ist, etwa Alkohol, in Haft verboten. Drinnen wie draußen sind viele Drogen illegal, sie weisen in Haft jedoch möglicherweise eine besondere Gefahr für die Resozialisierung auf.

Die Kontrolle illegaler Drogenmärkten erweist sich als schwierig. Nirgendwo wird das deutlicher als in Justizvollzugsanstalten (JVAen). Dort sind unerlaubte Substanzen trotz Überwachung und Kontrolle in erheblichem Um-

---

[1] Grundlegend dazu: BVerfGE 35, 202ff. – *Lebach*.

fang verfügbar, man muss davon ausgehen, dass jeder Gefangene[2] Zugang zu Drogen haben kann, obwohl in Haftanstalten besonders strenge Regeln für Drogen gelten, sogar Kleinstmengen zum Eigenkonsum sind verboten.[3] Wie der Schmuggel in die Anstalten und der dortige Handel genau organisiert und welche Akteure daran beteiligt sind, ist weitgehend unerforscht. Der vorliegende Aufsatz leistet einen ersten Beitrag zur Schließung dieser Forschungslücke.

2. Stand der Forschung zu Cannabiskonsum und -handel

Cannabiskonsum ist gesellschaftlich weit verbreitet und hat die Grenzen subkultureller Drogenszenen längst übersprungen. In Deutschland hat laut Epidemiologischem Suchtbericht in etwa jeder Vierte schon einmal Cannabis konsumiert, in den letzten zwölf Monaten immerhin 4,5 Prozent (andere illegale Drogen: 1,4 Prozent). Der Konsum ist bei jüngeren Menschen bis zu 20 Jahren am häufigsten. Der Bericht schätzt, dass etwa 0,5 Prozent der Bevölkerung zwischen 15-64 Jahren die Kriterien für Cannabismissbrauch und -abhängigkeit erfüllen.[4]

Cannabis wird nicht selten zum Zweck des gemeinsamen Konsums unentgeltlich oder zumindest ohne Gewinn an Freunde und Bekannte abgegeben (*social supply*), Verbraucher sind in den Handel involviert.[5] Das Handels- und Verbrauchermilieu unterscheiden sich von dem anderer Drogen, so gibt es z.B. keine offene Szene wie bei Heroin. Cannabis kommt vor allem über Spanien aus Nordafrika nach Europa, für den deutschen Markt gelten die Niederlande als Drehscheibe.[6]

In JVAen stellen illegale Drogen eine begehrte Handelsware dar[7] und verstärken subkulturelle Aktivitäten, die Anstalten vor erhebliche Probleme stellen.[8] Eine englische Untersuchung erkennt zwei Handelsformen in Haft: *Etablierte Unternehmen*, die auch in Freiheit operieren, beliefern die Anstalten über Mauerüberwürfe, Besucher und Bedienstete. Sie agieren arbeitstei-

---

2 Dieser Text verwendet zur besseren Lesbarkeit die maskuline Form, alle Geschlechter sind gemeint.
3 *Körner*, BtMG, § 31 a Rn. 103 ff.
4 *Die Drogenbeauftragte der Bundesregierung* (2015), S. 43.
5 *Werse* (2014).
6 *Hess* (2008).
7 *Crewe* (2009), S. 380 ff.
8 *Neubacher* in: Laubenthal/Nestler/Neubacher/Verrel, Rn. 3-4.

lig, beteiligen Insassen und verfügen über gewaltbereite Vollstrecker. Sie versorgen alle zahlungswilligen Gefangenen, wobei Zahlungen außerhalb der Anstalten abgewickelt werden. *Unabhängige Anbieter* gestalten sich durch den Gewinn aus dem Drogenverkauf das Leben in Haft angenehmer. Sie arbeiten alleine, handeln kleine Mengen, die sie von eigenen Konsumrationen absparen, und beliefern ausschließlich Bekannte.[9]

Die Anzahl von Drogengebrauchern in Haft ist hoch, etwa ein Drittel der Gefangenen weist bei Haftantritt eine akute Abhängigkeit von illegalen Drogen auf.[10] Eine dänische Studie geht von etwa 56 Prozent Drogengebrauchern aus, 14 Prozent davon konsumieren Cannabis als Bestandteil eines Poly-Drogengebrauchs.[11]

3. Das Forschungsprojekt

Das Forschungsprojekt „Illegale Drogenmärkte außer- und innerhalb von Justizvollzugsanstalten" vergleicht die Sichtweisen von Handelserfahrenen (Inhaftierte und ehemals Inhaftierte) und Experten aus Justiz und Polizei. Der vorliegende Text stellt Erkenntnisse aus Expertenbefragungen zusammen, um die Wissensbestände von Justizpraktikern und Landeskriminalämtern über den Drogenhandel in Haftanstalten zu eruieren. Das Projekt wird von November 2014 bis Oktober 2016 vom Bundesministerium für Bildung und Forschung gefördert und im Rahmen eines Verbundprojekts gemeinsam mit internationalen Partnern durchgeführt.

Über illegale Drogenmärkte in Haft bestehen erhebliche Wissensdefizite. Das vorgestellte Projekt konzentriert sich auf Cannabis, einerseits wegen seiner Verbreitung in Gesellschaft und Strafvollzug, andererseits wegen der politischen Legalisierungsdebatte.[12] Ziel ist es, Ebenen und Strukturen des Cannabishandels in Haftanstalten zu analysieren. Uns leitet die Fragestellung, wie der Handel, der eine Verbindung nach draußen erfordert, innerhalb eines vermeintlich geschlossenen Systems funktioniert, wie also Schmuggel und Handel nach und innerhalb von Anstalten organisiert sind.

---

9 *Tompkins* (2015).
10 *Wirth* (2002), S. 104.
11 *Dahl* et al. (2008).
12 *Feltes/Ruch* (2015); *Thiedmann* (2015).

4. Studiendesign und Sample

Die leitfadengestützten, teilstandardisierten Experteninterviews waren offen für Relevanzsetzungen der Gesprächspartner.[13] Nach der Transkription[14] erfolgte die Auswertung inhaltsanalytisch[15] und computergestützt.[16] Das Sample umfasst 21 Experten: fünf Richter von Land- und Amtsgerichten, sechs Staatsanwälte, acht Mitarbeiter von JVAen (Mitarbeiter des allgemeinen Vollzugsdienstes, Anstaltsleiter sowie Leiter der Abteilung Sicherheit und Ordnung (SuO)) sowie zwei Mitarbeiter von Landeskriminalämtern (LKA). Die Befragung erfolgte in verschiedenen Behörden im Bundesgebiet.

5. Experten über Drogenhandel in Haft

Die vorliegenden Ergebnisse stellen Expertensichtweisen dar und sind kein Abbild der Realität. In diesem Text wird implizites Wissen aus der Justiz wissenschaftlich zugänglich gemacht, im nächsten, hier noch nicht dargestellten, Projektschritt werden Erkenntnisse der Handelserfahrenen analysiert und vergleichend eruiert, welche Diskrepanzen vorherrschen.

5.1 Das Ausmaß von Drogen in Haft

Alle Experten problematisieren den Drogenkonsum und -handel im Strafvollzug. Sie sind sich einig, dass es keine drogenfreien Vollzugsanstalten gibt, Drogen seien allgemein verfügbar. Gelegentlichen Cannabiskonsum sehen sie weniger als gesundheitliches, sondern als soziales Problem, da durch den Handel Abhängigkeiten und Hierarchien entstehen können.

Als Gründe für den Drogenkonsum gelten zum einen die Deprivationen des Haftalltags: Viele Inhaftierte versuchen, die schwer erträgliche Situation mit Drogen zu bewältigen. Zum anderen haben viele Inhaftierte schon vor der Haft regelmäßig Drogen gebraucht:

„Wir haben hier etliche Inhaftierte einsitzen, die auch schon draußen Drogen konsumiert haben. Und entsprechend ist der, ja, der Hang oder die Idee, auch hier drin Drogen zu konsumieren genauso groß wie draußen. Das wird

---
13 *Gläser/Laudel* (2009).
14 Nach dem vereinfachten Regelsystem nach *Dresing/Pehl* (2011).
15 Nach *Mayring* (2010); *Schmidt* (2008).
16 Mittels MAXQDA (*Kuckartz* 2014).

ja hier drin nicht besser, dadurch dass sie hinter Gittern sind. Das Thema Drogen, der Verzicht auf Drogen oder die Kontrolle, ob jemand Drogen genommen hat, spielt hier drinnen eine große Rolle." Vollzugsbediensteter

Die Experten meinen, dass dies im Frauenvollzug noch stärker zutrifft.[17] Obwohl Substitutionsprogramme den Suchtdruck verringern und der Haftalltag ruhiger wird, hegen einige Inhaftierte den Wunsch, sich zu betäuben, vermutlich wegen der „Schmerzen des Freiheitsentzuges":[18]

„So ein Haftalltag, der tut weh. Also, man kann nicht mal eben hingehen, wohin man möchte. Für alles, was man haben möchte, ein Telefonat oder wie auch immer, muss man die Beamten fragen. Und das ist für die meisten Gefangenen eine elende Situation. So, und wie reagiert der Mensch, wenn er in Haft ist? Er versucht, sich dieser Situation in irgendeiner Form zu entziehen. Und unsere Leute reagieren nicht mit autogenem Training, sondern mit Sucht. Flucht in die Sucht, beziehungsweise, ich nehme mich aus der Situation raus." Vollzugsbediensteter

In Haft werden zahlreiche Rauschmitteln wie Alkohol, Cannabis, Heroin, Kokain, Amphetamine und Substitutionsmittel konsumiert. In jüngster Zeit bereiten vor allem Legal Highs Probleme. Diese sind laut Experten schwer erkennbar und die gesundheitlichen Folgen schwer abschätzbar. Über die häufigsten Drogen in Haft sind die Experten uneinig, sie vermuten, dass eher nach Verfügbarkeit als nach Präferenzen konsumiert wird.

5.2 Die Organisation des Drogenhandels in Haft

Der *Weg von Drogen in die Anstalten* ist nicht genau bekannt, die Experten nehmen aber an, dass die Strukturen denen außerhalb der Haftanstalten ähneln und dass haftinterne Hierarchien eine Rolle spielen. Drogen gelangen vermutlich vor allem über Besucher, Freigänger sowie Mauerüberwürfe in die Anstalten. Der offene Vollzug wird als Schnittstelle nach draußen angesehen, auch Langzeitbesuche stellen ein Risiko dar. Überschaubare Mengen werden außerdem über den Postweg geschmuggelt. Einige Befragte bezweifeln jedoch, dass die in Umlauf befindlichen Mengen allein aus diesen Quellen stammen können. Vor allem externe Experten vermuten, dass Anwälte und in Einzelfällen Bedienstete – zumindest passiv – involviert sein müssen. Neu seien Ersatzfreiheitsstrafenverbüßende, die als Körpercontainer fungier-

---

17 Zu solchen Befunden kommt bspw. *Stöver* (2001).
18 *Sykes* (1958).

ten indem sie vor Haftantritt Drogen schlucken und ausgelöst werden, sobald sie diese ausgeschieden haben. Als künftige Entwicklung vermuten die Experten den Einsatz von Drohnen für den Drogenschmuggel.

Der Schmuggel in die Anstalten verläuft nicht immer freiwillig. Manche Gefangene werden genötigt, Drogen von einem Ausgang mitzubringen, indem sie selbst oder Angehörige unter Druck gesetzt werden. Die *Kommunikation* zwischen drinnen und draußen funktioniert vor allem über Besuch und Handys, die im Vollzug genauso vorhanden sind wie Drogen; außerdem fungieren vermutlich einige Rechtsanwälte oder Bedienstete als Mittelsmänner.

Über die Organisation des *Handels innerhalb der Anstalten* ist wenig bekannt. Die Experten vermuten unter den Inhaftierten kollektives Wissen darüber, wie der Drogenhandel funktioniert. Neuinhaftierte informieren sich in der Freistunde, sie treffen in Haft entweder auf alte Bekannte oder erkundigen sich bei Mitinsassen, wie sie Drogen bekommen. Die Experten meinen, dass der Drogenhandel, sobald Vertrauen besteht, ganz offen abläuft. Die Geschäfte werden bei Zusammenkünften mehrerer Gefangenen abgewickelt, etwa bei Freizeitaktivitäten, in der Kirche oder über Hausarbeiter. Die Lagerung der Drogen erfolgt entweder im und am Körper oder in Haft- und Gemeinschaftsräumen. Werden Drogen gefunden, so sagen die Gefangenen nichts über deren Herkunft aus, sodass keine verlässlichen Erkenntnisse über den Handel in Haft existieren. Grundsätzlich bestimmt die Anstaltsart, ob sich Handelsstrukturen bilden können, eine hohe Gefangenenfluktuation erschwert dies. Einige Experten sprechen von Hinweisen auf organisierte Strukturen.

Die *Bezahlung der Drogen* funktioniert auf Basis eines Tauschhandels, einer *informal economy*[19], man bezahlt mit Nahrungs- und Genussmitteln aus dem haftinternen Einkauf – ein Experte beziffert den Preis für ein Gramm Haschisch mit fünf Packungen Tabak – oder in Dienstleistungen und Gefälligkeiten. Alternativ können Mittler Überweisungen außerhalb der Anstalt tätigen oder Bargeld weitergeben. Ein Auswuchs des Drogenmarkts ist weiterhin ein Handel mit Medikamenten und Substitutionsmitteln sowie mit drogenfreiem Urin. Die Experten glauben, Drogen seien in Haft teuer, bis zu etwa dem Vierfachen des Preises außerhalb der Anstalt.

---

19 *Crewe* (2009).

Die Anstalten versuchen, den Drogenkonsum, -schmuggel und -handel zu kontrollieren, können aber meist nur den Konsum nachweisen oder Kleinstmengen sicherstellen, deren Zuordnung zu einer Person oft nicht möglich ist.

5.3 Akteure und Gruppen im Drogenhandel in Haft

Die Experten vermuten in Haft einerseits *Einzelakteure*, die Kleinstmengen weitergeben, um ihren Konsum zu finanzieren. Dazu zählen meist Inhaftierte, die wegen Beschaffungskriminalität verurteilt sind und harte Drogen konsumieren. Gruppenzugehörigkeiten oder Nationalitäten lassen sich hier nicht feststellen.

Andererseits gibt es in manchen Anstalten *einen strukturierten Handel*, dahinter vermuten die Experten Personen, die in Haft strikten Hierarchien folgen und über Verbindungen nach draußen verfügen. Nach Expertenaussagen sind daran unterschiedliche ethnische Gruppen beteiligt, die teilweise konkurrieren. Während in den 80er Jahren eher deutsche Inhaftierte aus dem Zuhältermilieu den Drogenmarkt in Haft kontrollierten, scheinen den Experten aktuell in einigen Anstalten Russlanddeutsche gut organisiert. Sie agieren als „Bruderschaft" und weisen – wie Rocker – strikte Hierarchien auf. Die Existenz dieser Strukturen hängt von regionalen und zeitlichen Faktoren ab.

5.4 Unterschiede zwischen Vollzugsformen

Unterschiedliche Vollzugsformen variieren laut Befragten hinsichtlich der Drogenproblematik. Anstalten mit kurzen Verweildauern weisen kaum organisierten Handel auf, dort können sich Strukturen schlechter ausbilden. Das gleiche gilt für Abteilungen für die Vollzugsplanung, wo sich Insassen besonders positiv und regelkonform verhalten, um in eine bestimmte Anstalt oder den offenen Vollzug verlegt zu werden. Je mehr sich eine Anstalt nach innen und außen öffnet, etwa durch vollzugsöffnende Maßnahmen (Langzeitbesuche, Ausgänge), durch Außenarbeit oder Arbeitsmöglichkeiten in der Anstalt, desto größer werden Drogenprobleme. Einige Experten glauben, dass Anstaltsgröße und Standort das Ausmaß der Drogen beeinflussen: große JVAen in Großstädten seien gefährdeter.

Weiterhin unterscheiden sich der Frauen- und Männervollzug nach Expertenangaben: Im Frauenvollzug gibt es kaum organisierte Handelsstrukturen, man teilt, was vorhanden ist und es entwickeln sich (Zweck-)Freundschaften, solange Drogen verfügbar sind. Dort geht es scheinbar hauptsächlich um den Konsum, nicht um Macht und Gewinne. Der Vollzug ist zwar nach Geschlechtern getrennt, wenn aber über den Küchenbetrieb etwa Kontakte bestehen, so kann es die Weitergabe von Drogen beeinflussen, wenn Männer und Frauen sich kennen.

5.5 Kontrollstrategien und Sanktionen in Haft

Der Vollzug soll die Gefangenen vor schädlichen Folgen des Freiheitsentzugs schützen und sie zu regelkonformem Verhalten anhalten, dazu gehört die Unterbindung des Drogenmarktes. Der Konsum aller Arten von Drogen ist in Haft verboten, auch der Besitz geringer Mengen muss verfolgt werden, weil in der JVA ein besonderes öffentliches Interesse an der Strafverfolgung gilt.[20]

Folgende Maßnahmen dienen der Eindämmung des Drogenproblems: Haftraumdurchsuchungen, Urinkontrollen (regelmäßig bei Substitution, ansonsten unregelmäßigen oder bei Verdacht), Durchsuchung von Besuchern, Einsatz von Drogenhunden, Beobachtung von Kontobewegungen, Untersuchung vor Arbeitseinsätzen in Küche oder als Hausarbeiter und Essensträger sowie Kontrollen von Brief- und Paketsendungen. Außerdem wird der Freistundenhof durch Kameras überwacht, um die Weitergabe von Drogen einzudämmen. Zur Drogenprävention gehören auch das Tragen von Anstaltskleidung sowie die Reduktion von privaten Gegenständen im Haftraum.

Wird Drogenkonsum, -handel oder -schmuggel festgestellt, stehen zahlreiche Sanktionen zur Verfügung. Reiner *Konsum* wird laut Vollzugsbediensteten meist nicht angezeigt, zieht aber haftinterne Disziplinarmaßnahmen (Arrest, Einkaufsperre etc.) und Konsequenzen für den Haftverlauf nach sich. Außerdem wird der Gefangene bei Gesundheitsgefahren aufs Krankenrevier gebracht. Vollzugsöffnende Maßnahmen und Langzeitbesuche können eingestellt oder besonders überwacht werden. Einigen Experten deuten an, dass bei einmaligem Konsum keine Konsequenzen folgen.

Wenn *Drogen gefunden* und einer bestimmten Person zugeordnet werden, so erfolgt neben haftinterner Sanktion eine Anzeige bei der Staatsanwaltschaft. Die befragten Richter und Staatsanwälte bearbeiten allerdings trotz Anzeigepflicht verhältnismäßig wenige Fälle zu Betäubungsmitteln mit JVA-Bezug,

---

20 *Körner*, BtMG, § 31 a Rn. 105.

auch dem LKA sind nur wenige Fälle bekannt. Bei den bekannten Fällen handelt es sich um Kleinstmengen.

Besucher, die Drogen mitbringen, erhalten Besuchsverbot und werden angezeigt. In keiner der Anstalten, in denen befragt wurde, werden die Bediensteten kontrolliert, da man annimmt, dass durch die Kollegen eine informelle soziale Kontrolle stattfindet.

5.6 Folgen der Drogen für den Haftalltag

Einige Experten stufen Cannabiskonsum gesundheitlich als unproblematisch ein, der Haftalltag wird durch die sedierende Wirkung ruhiger und Entzugserscheinungen bei schwer Drogenabhängigen können gemildert werden. Die Haftsituation wird für die Gefangenen insgesamt angenehmer.

Allerdings ist der Handel mit sozialen Problemen verbunden. Der Konsum von Betäubungsmitteln ist illegal und die Anstalten können den Cannabiskonsum nicht dulden. Zudem bringt Drogenhandel Machtstrukturen und Hierarchien mit sich:

"Es geht aber auch so weit, dass dann auch Schlägereien stattfinden. Und das ist ja für den Vollzug schlecht, ne? Und dann stellt man sich natürlich häufig auch die Frage, wer hat hier eigentlich das Sagen. Und wir bekämpfen das bis aufs Blut, ne? Also, wir haben auch letztes Jahr die Struktur völlig zerschlagen, haben also alle Führer da verlegt." Vollzugsbediensteter

Auch einzelne Gefangene werden unterdrückt – etwa müssen wegen sexuellen Missbrauchs Verurteilte teils gegen Schutz als Drogenbunker fungieren. Weiterhin verschulden sich Personen und es kann zu Gewalt kommen, die sich bis auf Angehörige draußen erstrecken kann. Zudem machen andere Drogen als Cannabis die Gefangenen unberechenbar und bergen Gefahren für den Haftalltag sowie gesundheitliche Risiken.

5.7 Umgang der Haftanstalten mit Drogenhandel

In vielen Anstalten wird ein Großteil der heroingebrauchenden Gefangenen substituiert, was die meisten Befragten positiv bewerten. Substitution in Haft birgt aber auch Gefahren, in Einzelfällen bewahren Gefangene die Substitutionsstoffe auf, um sie als Handelsware zu nutzen. Dennoch ist der Haftalltag dadurch ruhiger geworden, harte Drogen spielen nach Expertenansicht eine geringere Rolle. Die Befragten erachten es für wichtig, den Beikonsum zu kontrollieren und ein Begleitprogramm zur Alltagsstrukturierung oder eine Suchtberatung anzubieten.

Die Experten betonten, dass das Thema Drogen in den Anstalten sehr ernst genommen wird, es ist Bestandteil in Aus- und Weiterbildung und wird anstaltsintern und -übergreifend diskutiert. Alle Funde und Sicherstellungsmengen werden von der Abteilung SuO erfasst und ggf. dem Ministerium gemeldet. Neuinhaftierte werden über Substitutionsmöglichkeiten informiert und engmaschig kontrolliert, wenn sie an dem Programm teilnehmen. Auch wenn allen Befragten klar ist, dass der Besuch ein Risiko in Bezug auf Drogenschmuggel mit sich bringt, sind sie sich darüber einig, dass aus Resozialisierungsgründen eine Kontaktmöglichkeit nach außen nötig ist.

6. Diskussion

Die vorliegenden Ergebnisse stellen das implizite Wissen von Experten vor, die durch ihre berufliche Tätigkeit Kenntnisse über Handelswege von Drogen in Haft haben. Dass es sich dabei um selektive und subjektiv gefärbte Annahmen und Deutungen handeln kann, ist der Methode des Experteninterviews inhärent.

Zusammenfassend lassen sich die Erkenntnisse der Experten wie folgt einordnen: Eine drogenfreie Anstalt entspricht – ebenso wenig wie eine drogenfreie Gesellschaft – nicht der Realität. Faktisch kann der Drogenkonsum in Haft nicht komplett unterbunden werden, wenn dabei das Resozialisierungsziel gewahrt bleiben und der Kontakt nach außen erhalten bleiben soll. Schließlich sind es vermutlich eben diese Kontaktstellen nach draußen, der regelmäßige Umgang mit Angehörigen sowie vollzugsöffnende Maßnahmen, die neben den Gefahren hinsichtlich des Einbringens von Drogen eben auch die soziale Situation der Gefangenen entscheidend verbessern und so möglicherweise auch einen Anteil an der Reduktion der subjektiv empfundenen Notwendigkeit von Konsum mit sich bringen.

Das Augenmerk des Vollzugs sollte sich weiterhin darauf richten, die Ursachen für Drogenkonsum zu reduzieren und Alternativen anzubieten, immerhin bergen illegale Drogen in Haft – wie oben ausgeführt – Risiken: Neben den gesundheitlich Gefahren zeigen sich soziale Probleme des Drogenhandels, er kann zu Spannungen unter den Gefangenen bis hin zu Gewalt und

Erpressungen führen, was das System Vollzug und seine gesetzlichen Ziele vor große Herausforderungen stellt.

Schließlich gilt es, eine wesentliche Ursache für Drogen in Haft nicht außer Acht zu lassen: Viele Gefangene sind Drogengebraucher, sie sind per se von anderen Sanktionsformen sowie vollzugöffnenden Maßnahmen ausgeschlossen. Der Strafvollzug fungiert hier als eine Art Auffangbecken für Personen, die aufgrund persönlicher und struktureller Problemlagen und Kontrollen straffällig wurden. Sie haben es sich in Freiheit angewöhnt, als Problemlöseverhalten Drogen zu konsumieren. Es wäre vermessen zu glauben, dass sie gerade in der Ausnahmesituation Haft damit aufhören könnten.

Daher wurde in den letzten Jahren das Substitutionsangebot ausgebaut und das hat sich – wie die Experten betonen – bewährt. Allerdings zeigt sich gerade hier die Komplexität des sozialen Systems Vollzug, da sich um diese Maßnahme herum ein Handel mit Substitutionsmitteln entwickelt hat.

Der vorliegende Text stellt das Ergebnis des ersten Arbeitspakets des vorgestellten Projekts dar, er eruierte den Wissensbestand sowie die Sichtweisen von Experten. Im folgenden Projektschritt werden Interviews mit Inhaftierten analysiert, um dieses Wissen ebenfalls wissenschaftlich zugänglich zu machen. Schließlich werden beide Erkenntnisbereiche miteinander verglichen.

7. Literatur

Crewe, B. (2009): The prisoner society. Power, adaptation, and social life in an English prison. Oxford, New York: Oxford University Press.
Dahl, H. V./Frank, V. A./Kolind, T. (2008): Cannabis treatment in Danish prisons: a product of new directions in national drug policy? In: D. J. Korf (Hg.): Cannabis in Europe. Dynamics in perception, policy and markets. Lengerich: Pabst Science Publ, S. 30–50.
Die Drogenbeauftragte der Bundesregierung (2015): Drogen- und Suchtbericht. Bundesministerium für Gesundheit. Berlin.
Dresing, T./Pehl, T. (2011): Praxisbuch Transkription. Regelsysteme, Software und praktische Anleitungen für qualitative ForscherInnen. Marburg: Eigenverlag.
Feltes, T./Ruch, A. (2015): Cannabis-Verbot: Es ist Zeit für eine rationale Kriminalpolitik. In: Kriminalistik (11), S. 636–641.
Gläser, J./Laudel, G. (2009): Experteninterviews und qualitative Inhaltsanalyse. Als Instrumente rekonstruierender Untersuchungen. Wiesbaden: VS Verlag für Sozialwissenschaften.
Hess, H. (2008): Der illegale Drogenhandel – ein Überblick. In: B. Werse (Hg.): Drogenmärkte. Strukturen und Szenen des Kleinhandels. Frankfurt am Main, New York: Campus, S. 17–54.

Stöver, H. (2001): Drogen, HIV und Hepatitis im Strafvollzug - Eine Bestandsaufnahme. In: J. Jacob/K. Keppler/H. Stöver (Hg.): LebHaft: Gesundheitsförderung für Drogen Gebrauchende im Strafvollzug, Bd. 42. Berlin: AIDS-FORUM DAH, S. 13–65.

Körner, H.H./Patzak, J./Volkmer, M. (Hg.) (2012): Betäubungsmittelgesetz. München: C.H. Beck.

Kuckartz, U. (2014): Qualitative Inhaltsanalyse. Methoden, Praxis, Computerunterstützung. Beltz Verlag, Weinheim.

Mayring, P. (2010): Qualitative Inhaltsanalyse. Grundlagen und Techniken. Beltz Verlag, Weinheim.

Laubenthal, K./Nestler, N./Neubacher, F./Verrel, T. (Hg.) (2015): Strafvollzugsgesetze, München: C.H. Beck.

Schmidt, C. (2008): Analyse von Leitfadeninterviews. In: U. Flick/E. von Kardoff/I. Steinke (Hg.): Qualitative Forschung. Ein Handbuch. Reinbek bei Hamburg: Rowohlt Verlag, S. 447-455.

Sykes, G. M. (1958): The Society of Captives. A Study of a Maximum Security Prison. Princeton University Press: New Jersey.

Thiedmann, E. (2015): Haschisch für alle! Wie die Grünen den Teufel mit dem Beelzebub austreiben wollen. In: Kriminalistik, S. 642–645.

Tompkins, C. N. E. (2015): "There's that many people selling it". Exploring the nature, organization and maintenance of prison drug markets in England. In: Drugs: Education, Prevention and Policy, Early Online, S. 1–10.

Werse, B. (2014): Wie kriminell sind 'Social Supplier'? Ergebnisse zum Drogenkleinsthandel aus zwei empirischen Studien. In: Wiener Zeitschrift für Suchttherapie, 3/2014, S. 98-106.

Wirth, W. (2002): Das Drogenproblem im Strafvollzug. Zahlen und Fakten. Bewährungshilfe, 49/2002, S. 104–122.

Telefonieren im geschlossenen Strafvollzug

Jan Fährmann

Gliederung
1. Einleitung
2. Empirische Untersuchung
2.1 Datenerhebung
2.2 Erste Ergebnisse
3. Fragestellungen der Arbeit

1. Einleitung

Auch nach der Föderalismusreform ist in jedem Landesstrafvollzugsgesetz nach wie vor die Zielsetzung der Resozialisierung enthalten. Jedoch ist dieses Ziel unter den Bedingungen des geschlossenen Strafvollzuges schwer zu erreichen[1] und hängt von zahlreichen Faktoren ab, unter denen dem Vorhandensein und der Qualität von Kontakt nach außen eine besondere Bedeutung zukommen.[2] Kontakt kann insbesondere über Telefonate aufgenommen werden, sodass die Möglichkeit zu telefonieren von großer Bedeutung für einen erfolgreichen Strafvollzug sein kann.[3] Mein Dissertationsvorhaben hat zum Ziel, die aktuelle Telefonpraxis empirisch zu erheben und diese in rechtlicher sowie kriminologischer Hinsicht zu bewerten. Zunächst möchte ich die empirische Untersuchung vorstellen sowie einen kurzen Überblick über einige Ergebnisse geben, wobei ich hinsichtlich der genauen Ergebnisse und deren Diskussion auf meine in Kürze abgeschlossene Dissertation verweise. Anschließend folgt ein Überblick über die Fragestellungen der Dissertation und einige Hinweise auf besondere Problemgebiete.

---

1 Vgl. *Arloth* (2011), § 2 Rn. 9.
2 *Joester/Wegner* (2012), § 23 Rn. 1; *Mills/Codd* (2007), S. 672 ff., *Hirsch* (2003), S. 102ff.; *van Zyl Smit* (2001), S. 836 f.
3 *Busch* (1977), S. 65; *Hirsch* (2003), S. 174; *Joester/Wegner* (2012), § 32 Rn 2; *Perwein* (1996), S. 16; OLG Frankfurt a. M. 15.03.2001 - 3 Ws 1308/00 StVollz, NStZ 2001, 669, 670.

2. Empirische Untersuchung

2. 1. Datenerhebung

Da eine Befragung sämtlicher Anstalten in Deutschland den Rahmen dieser Arbeit gesprengt hätte, befragte ich in den Bundesländern Berlin, Nordrhein-Westfalen, Niedersachsen und Bayern jeweils fünf Anstalten. Für diese Länder entschied ich mich, weil ich davon ausging, unterschiedliche Telefonbedingungen vorzufinden und so einen möglichst breiten Überblick über deren Ausgestaltungsmöglichkeiten geben zu können. Aus vorherigen Untersuchungen wusste ich, dass in einigen Berliner und Niedersächsischen Anstalten die Gefangenen in vergleichsweise hohem Umfang telefonieren dürfen. Insbesondere gibt es in einigen Anstalten bereits Telefone im Haftraum. Bayern hingegen ist für sehr restriktive Vollzugsbedingungen bekannt,[4] sodass mit sehr beschränkten Telefonmöglichkeiten zu rechnen war. In Nordrhein-Westfalen erschien mir das Telefonieren in den Anstalten sehr unterschiedlich geregelt zu sein. So war mir etwa bekannt, dass in einer Anstalt gar nicht telefoniert werden durfte und in einigen anderen Anstalten das Telefonieren zwar möglich ist, aber unterschiedliche Regelungen bestehen.

Um mögliche Unterschiede aus verschiedenen Sicherheitsniveaus berücksichtigen zu können, wählte ich Anstalten aus, die für unterschiedlich lange Strafen zuständig waren, weil das Sicherheitsniveau in der Regel mit der Dauer der zu vollziehenden Freiheitsstrafe steigt. Überdies befragte ich auch die mir bekannten Anstalten, in denen besondere Telefonanlagen installiert worden waren oder in denen die Gefangenen wenig oder gar keinen Zugang zu einem Telefon hatten.

Als Erhebungsinstrument diente ein leidfadengestütztes, nichtstandardisiertes ExpertInneninterview mit einer Mischung aus offenen und geschlossenen Fragen,[5] welche unter Anwendung von üblichen Interviewtechniken gestellt wurden.[6] Neben der entscheidenden Frage, ob überhaupt telefoniert werden darf, ging es um die genauen Modalitäten, also die Fragen wo, wann, wie lange und unter welchen Umständen Telefonieren möglich ist. Ferner sollte erfasst werden, in welchem Umfang das Telefon von den Gefangenen genutzt wird und ob dadurch Probleme entstehen. Außerdem wollte ich klären, welche Sicherheitsmaßnahmen ergriffen werden, ob sich das Telefonieren

---

4 *Schwind/Böhm/Jehle* (2009); *Böhm/Jehle*, § 2 Rn. 11.
5 Zu der Methodik von Experteninterviews *Gläser/Laudel* (2010), S. 112 ff.
6 Vgl. *Gläser/Laudel* (2010), S. 120 ff., 167 ff., 172 ff.

auf den illegalen Markt in der Anstalt auswirkt und ob ein Telefon bei einem Ausbruch bzw. Ausbruchsversuch bereits eine Rolle gespielt hat. Des Weiteren wollte ich untersuchen, wie oft (illegale) Mobiltelefone in die Anstalt geschmuggelt werden und ob die Anstalten dies überhaupt wirksam verhindern können. Darüber hinaus sollten die befragten Personen die Telefonpraxis in der eigenen Anstalt und andere Ausgestaltungsmöglichkeiten (ggf. Haftraumtelefon, Telefonanlage zur Suizidprävention, Internet und Mobiltelefon) im Hinblick auf Sicherheits- und Sicherungsrisiken[7] beurteilen.

Eine einheitliche Berufsgruppe ließ sich für die Befragung leider nicht bestimmen, da sich je nach Ausgestaltung der Telefonmöglichkeiten auch die für das Telefonieren zuständigen Personen unterschieden. So werden Telefonate in Anstalten, in denen nur wenig bis gar nicht telefoniert werden darf, oftmals über die Apparate von SozialarbeiterInnen geführt, wohingegen in Anstalten, die den Gefangenen Telefonate in höherem Umfang gestatten, für die Ausgestaltung eher Personen die Verantwortung tragen, die für die Sicherheit und Ordnung zuständig sind. Daher überließ ich der jeweiligen Anstalt die Auswahl der Interviewperson(en) mit der Maßgabe, dass sich diese Person(en) besonders gut mit der Gefangenentelefonie auskennt bzw. auskennen.

2.2. Erste Ergebnisse

Übereinstimmend teilten mir die interviewten Personen mit, dass eine Telefonmöglichkeit dazu dienen kann, die Beziehungen zu Bezugspersonen außerhalb des Vollzuges aufrechtzuerhalten und dass diese Kontakte einen wichtigen Beitrag zur Resozialisierung leisten können. Zudem wirkten sich Telefonate in Druck- und Notsituationen positiv auf die Stimmung in der Anstalt aus, da die Gefangenen sich ohne zeitliche Verzögerung unproblematisch Gewissheit über die Situation außerhalb der Anstalt verschaffen könnten, etwa wenn Familienangehörige krank sind oder wenn sie längere Zeit nichts mehr von ihren Bezugspersonen gehört haben. Trotz dieser ähnlichen Grundannahmen waren die Telefonmöglichkeiten sehr unterschiedlich ausgestaltet. Dies ist vermutlich darauf zurückzuführen, dass die interviewten Personen das Sicherheits- und Sicherungsrisiko, welches von Telefonaten ausgeht, sehr unterschiedlich beurteilten.

---

7 Die Sicherung umfasst den Schutz der Bevölkerung vor weiteren Straftaten, während die Sicherheit zur Abwehr von kriminalitätsunabhängigen Gefahren während des Vollzuges der Freiheitstrafe dient, vgl. *Kaiser/Schöch* (2003), S. 236 f.

Die Untersuchung zeigte, dass es Anstalten gibt, in denen Gefangene nur telefonieren dürfen, wenn es dringend erforderlich ist, d. h., wenn die Situation so eilt, dass den Gefangenen ohne die Möglichkeit ein Telefonat zu führen, erhebliche Nachteile entstehen würden. In Bayern ist dies in § 35 BayStVollzG explizit festgelegt. Daraus folgt, dass es in den entsprechenden Anstalten Gefangene gibt, die gar nicht telefonieren dürfen und Konzepte zu Gefangenentelefonie gänzlich fehlen. Es sind keine Telefone vorhanden, die ausschließlich für die Nutzung der Gefangenen vorbehalten sind. Dementsprechend können die Gefangenen nur über die Diensttelefone des Vollzugspersonals telefonieren, was einen enormen organisatorischen Aufwand bedeutet, da die Gefangenen zum Telefonieren extra geholt und anschließend wieder weggebracht werden müssen. Sofern die Gefangenen ihre TelefonpartnerInnen nicht erreichen können, waren die Bemühungen vergeblich. Der Aufwand führt dazu, dass Gespräche im Regelfall nicht länger als zehn Minuten dauern. Eine entsprechende Situation fand ich in allen Anstalten in Bayern und in zwei Anstalten in Nordrhein-Westfalen vor.

In zahlreichen Anstalten sind jedoch mittlerweile Telefonanlagen von privaten Anbietern installiert worden. Die Gefangenen können diese nutzen, sofern sie eine Genehmigung zum Telefonieren und ein individuelles Telefonkonto erhalten haben, auf dass sie mittels einer PIN zugreifen können. Die Anlagen werden den Vollzugsanstalten kostenlos zur Verfügung gestellt und ermöglichen zahlreiche Sicherheitsoptionen, deren Nutzung im Ermessen der Anstalt steht. So können beispielsweise bestimmte Nummern gesperrt sowie Gespräche mitgehört oder die Verbindungsdaten gespeichert und ausgewertet werden. Die Sicherheitsmaßnahmen können auch individuell bei jedem Gefangenen über sein Telefonkonto festgelegt werden.

Der Umstand, dass die Telefonanlage nur für die Nutzung durch die Gefangenen vorbehalten ist, ermöglicht Telefonate in einem sehr hohen Umfang, da die Bediensteten während der Telefonate keinen Aufwand mehr haben und die Sicherheitsmaßnahmen im Vorfeld festgelegt werden und nur noch auf konkrete Verdachtsmomente reagiert wird. So werden etwa die Telefonate nur noch mitgehört, wenn es konkrete Anhaltspunkte für einen Missbrauch gibt, was aber nur überaus selten vorkommt. Zudem können im Regelfall alle Gefangenen die Telefone nutzen. Nur in sehr begrenzten Ausnahmefällen erhalten die Gefangenen keine Telefongenehmigung, da überwiegend zunächst von den Beschränkungsmöglichkeiten Gebrauch gemacht wird, z. B. dass die Gefangenen bei einem Missbrauchsrisiko nur bestimmte Nummern anrufen können.

Die Anstalten können entscheiden, ob sich die Apparate auf den Gängen befinden sollen oder im Haftraum und wie viele Geräte in der Anstalt installiert werden. Entsprechende Anlagen fand ich in Berlin und Niedersachen und auch in zwei Anstalten in Nordrhein-Westfalen vor. Zum Zeitpunkt der Untersuchung gab es bereits in vier Anstalten Haftraumtelefone und in mehreren Anstalten wurde die Installation von Haftraumtelefonen geplant bzw. entsprechende Überlegungen angestellt. Gerade Haftraumtelefone schützen effektiv die Privatsphäre während der Telefonate, wobei diese auch teilweise beim Telefonieren mit dem Gemeinschaftstelefon geschützt werden kann, da es in mehreren Anstalten extra Telefonräume gibt.

Mehrere Anstalten beschränken zwar den Umfang der Telefonie, aber es gibt bereits zahlreiche Anstalten, in denen die Gefangenen so lange telefonieren können, bis sie kein Geld mehr zur Verfügung haben. Insgesamt können die Gefangenen in Anstalten mit entsprechenden Anlagen im Regelfall ca. zehn Stunden im Monat telefonieren, wobei die Telefonzeiten auch 60 Stunden im Monat überschreiten können. Dieses setzt aber beträchtliche finanzielle Möglichkeiten voraus, die Telefonate sind nämlich sehr teuer. Der am weitesten verbreitete private Anbieter richtete beispielsweise seine Preise bis vor kurzem noch nach öffentlichen Telefonzellen aus, sodass die Telefonkosten für viele Gefangene kaum zu bezahlen sind. Zwar kann auf das Telefonkonto der Gefangenen von außen Geld eingezahlt werden. Dennoch sind die Kosten trotz dieser möglichen Unterstützung noch zu hoch, da sie sich leicht bei 100 Euro und weit darüber im Monat bewegen können.[8]

In Niedersächsischen Anstalten wurde in größerem Umfang von den Kontrollmöglichkeiten Gebrauch gemacht als in Berlin. So wurde in Niedersachsen das Weißlistenverfahren angewendet, d. h. dass grundsätzlich keine Nummern freigeschaltet sind und die Bediensteten für jeden Gefangenen und für jede Gefangene die jeweils beantragten Nummern einzeln dauerhaft freischalten, wobei kontrolliert wird, ob die Nummern für den Resozialisierungsprozess förderlich sind und ob diese mit der angegebenen Person übereinstimmt. Nach dem Schwarzlistenverfahren hingegen, welches in vier Berliner Anstalten zur Anwendung kommt, sind alle Nummern freigeschaltet und es werden von der Anstaltsleitung und vom Telefonanbieter bestimmte Nummern gesperrt, etwa Behördennummern oder Rufumleitungen. D. h. dass alle privaten Nummern grundsätzlich freigestaltet sind.

---

8 Dazu umfassend *Fährmann/Oelbermann* (2014), S. 387 ff.

3. Fragestellungen der Arbeit

Zunächst nähert sich die Arbeit dem Thema mit allgemeinen theoretischen Überlegungen zu den Fragen, was unter Resozialisierung zu verstehen ist und ob und wie der Resozialisierungsprozess während des Aufenthaltes im geschlossenen Vollzug positiv beeinflusst werden kann. Dies dient dazu, ein theoretisches Fundament zu schaffen, auf dem die ganze Arbeit beruht. Hierfür werden theoretischen Überlegungen zum Ablauf des Resozialisierungsprozesses zu Grunde gelegt, das Risk Needs Responsivity Model[9] und das Good Lifes Model.[10] Anhand dieser Modelle wird anschließend die Frage beantwortet, ob Telefonate den Resozialisierungsprozess im geschlossenen Vollzug überwiegend fördern. Dazu werden noch weitere theoretische Faktoren hinzugenommen, die erklären sollen, wie sich einerseits die Inhaftierung störend auf den Resozialisierungsprozess auswirkt und andererseits welche Faktoren vorliegen müssen, damit es in Zukunft nicht mehr zu kriminellem Verhalten kommt. Diese Faktoren basieren auf den Forschungen zur Deprivation der Haft[11] sowie den Erkenntnissen, wie sich Kontakt nach außen auf den Resozialisierungsprozess auswirken kann.[12] Außerdem wird berücksichtigt, wie sich Bezugspersonen der Gefangenen nach der Entlassung als soziales Kapital[13] auf die Integration in die Gesellschaft auswirken können, insbesondere ob die Entlassenen Zugang zu den für den Abbruch einer kriminellen Karriere[14] entscheidenden Faktoren[15] erhalten. Aufgrund dieser Faktoren habe ich Bewertungskriterien erarbeitet, mit denen überprüft werden soll, ob die Telefonbedingungen in der jeweiligen Anstalt den Resozialisierungsprozess fördern.

Daran schließt sich eine rechtliche Bewertung an. Dabei geht es zunächst um die Problematik, ob sich durch die technische Entwicklung der Telekommunikation auch das Verständnis vom Begriff der Freiheitstrafe verändert hat. Insbesondere ist der Frage nachzugehen, ob der Entzug der Freiheit zur Telekommunikation vom Begriff der Freiheitsstrafe überhaupt umfasst ist.

---

9 *Andrews* (1990), S. 369 ff.; *Andrews/Bonta* (2006), S. 269 ff.
10 *Ward* (2002), S. 513 ff.; *Ward/Maruna* (2007), S. 107 ff.
11 Zu den Deprivationen grundlegend *Sykes* (1958), S. 63 ff.; zur Übersicht zur Forschung zu den Deprivationen der Haft *Liebling/Maruna* (2005), S. 1 ff.
12 Z. B. *Mills/Codd* (2007), S. 675 ff. m. w. N.
13 Dazu grundlegend *Bourdieu* (1983), S. 190 ff.; *Farrall* (2004), S. 57 ff.
14 *Sampson/Laub* (2001), S. 11.
15 Die Gründung einer stabilen Familie und das Auffinden eines stabilen Arbeitsplatzes, vgl. z. B. *Giordano et al.* (2002), S. 1056; *Laub/Sampson* (2003), S. 149; *Mischkowitz* (1993), S. 381.

Darauf aufbauend wird die Telefonpraxis auf ihre Rechtmäßigkeit überprüft. Dazu sind zunächst die Telefonnormen in den jeweils einschlägigen Strafvollzugsgesetzen auf ihre Verfassungsmäßigkeit hin zu untersuchen, wobei insbesondere die Grundrechte der Gefangenen, der verfassungsrechtliche Resozialisierungsgrundsatz,[16] der staatliche Schutzauftrag[17] sowie europäische Vorschriften zu berücksichtigen sind. Bei der rechtlichen Bewertung entstanden besondere Schwierigkeiten aus dem Umstand, dass in der strafrechtlichen und strafvollzugsrechtlichen Literatur die verfassungsrechtliche Perspektive kaum im Vordergrund steht. Dies führt zu der Situation, dass weder die verfassungsrechtliche noch die strafvollzugsrechtliche Literatur Bezug auf die jeweils andere Profession nimmt. Die Verfassungsrechtswissenschaft beschäftigt sich kaum eingehend mit der Frage, was Resozialisierung ist und wie sie funktionieren könnte oder wie die Realität im deutschen Strafvollzug überhaupt aussieht. Dies überrascht, da es aus verfassungsrechtlicher Sicht eigentlich naheliegend ist, sich intensiver mit dem Strafvollzug zu beschäftigen, weil in diesem Bereich die dauerhaftesten und schwersten Grundrechtseingriffe in unserem rechtlichen System stattfinden. In der Strafvollzugsrechtswissenschaft hingegen wird der Fokus zwar auf die Realität im Strafvollzug gelegt, jedoch fehlt es oftmals an einer verfassungsrechtlichen Perspektive und in der vorhandenen Literatur werden Verfassungsprinzipien zum Teil falsch angewandt oder gar nicht erst herangezogen. Insofern laufen die beiden Professionen nebeneinander her, ohne Bezug aufeinander zu nehmen, obwohl die Überschneidungen der Rechtsgebiete offensichtlich sind. Um die Frage der dogmatischen Herleitung umfassend beantworten zu können, führte ich in meiner Arbeit die beiden Rechtsgebiete zusammen, indem ich die kriminologischen Erkenntnisse zum Resozialisierungsprozess dem verfassungsrechtlichen Resozialisierungsprinzips und seiner Herleitung zu Grunde legte.

Anschließend wird die Telefonpraxis auf ihre Rechtmäßigkeit hin überprüft. Die Telefonvorschriften ermöglichen den Anstalten ein sehr weites Ermessen, sodass ein Schwerpunkt der Bewertung ist, den Rahmen für dieses Ermessen festzulegen. Dabei stellt sich vor Allem die Frage, ob sich die Sicherheit und Ordnung innerhalb der Anstalt sowie die Sicherung der Gesellschaft bei Gebrauch des Telefons durch die Gefangenen noch gewährleisten lässt. Es könnte sein, dass Fluchtversuche gerade mit Hilfe des Telefons geplant werden[18] und sich auch der illegale Handel in der JVA einfacher ge-

---

16 Z. B. BVerfGE 35, 202, 235 ff. (Lebach).
17 Vgl. BVerfGE 49, 24, 56 f.; BVerwGE 49, 202, 209; *Calliess* (2006), S. 965 m. w. N.
18 Dazu *Ebert* (1999), S. 114; *Joester/Wegner* (2012), § 32 Rn. 1.

stalten lässt. Andererseits könnten großzügige Möglichkeiten zu telefonieren auch positiv wirken, da Gefangene bei Sorgen und Nöten leichteren Zugang zu vertrauten Gesprächspartnern haben[19] und nicht dem quälenden Prozess des langsamen Zerfalls der Beziehung ausgesetzt sind.[20] Wenn man Sicherheitserwägungen betrachtet, geht es zudem zwangsläufig um den Konflikt zwischen Resozialisierung und Anstaltssicherheit sowie der Sicherung, da diese in der Regel gegenläufig sind.[21] Diese gegenläufigen Zielsetzungen werden in eine verhältnismäßige Beziehung zueinander gesetzt.

Überdies wird auch die Abhörpraxis in den Anstalten bewertet. Sehr problematisch ist insbesondere die Praxis in Nordrhein-Westfalen, wo in einigen Anstalten ein verdachtsloses Abhören der Gespräche möglich ist. Auch die hohen Telefonkosten sind rechtlich überaus fraglich. Neuere Gerichtsentscheidungen sind bereits zu dem Schluss gekommen, dass die Kosten in dieser Höhe rechtswidrig sind. Dies wird vor allem mit dem Angleichungsgrundsatz und dem Resozialisierungsziel begründet.[22] Leider fehlen in den gerichtlichen Entscheidungen noch Erwägungen, wie hoch die Kosten tatsächlich ausfallen sollten. Diese Frage wird einen weiteren Schwerpunkt der rechtlichen Bewertung darstellen, wobei insbesondere die Verdienstmöglichkeiten und die finanzielle Situation der Gefangenen und ihrer Familie zu berücksichtigen sind, die aufgrund der Strafverfolgung und der Inhaftierung überwiegend sehr schwierig ist.[23] Ein zusätzliches Problem stellt das Speichern und Auswerten der Verbindungsdaten dar, da es dazu an einer expliziten Ermächtigungsgrundlage fehlt.

Abschließend geht die Arbeit der Fragestellung nach, ob Mobiltelefone und Internetanwendungen im Strafvollzug grundsätzlich zulässig sind. Aufgrund der technischen und gesellschaftlichen Entwicklungen ist diese Frage besonders drängend, da die Telekommunikation zur gesellschaftlichen Teilhabe immer relevanter wird und auch eine Resozialisierung der Gefangenen ohne ausreichende Medienkompetenz zunehmend schwerer erscheint. Leider musste ich feststellen, dass sich weder die Strafvollzugspraxis noch die Strafvollzugsrechtswissenschaft, von wenigen Ausnahmen abgesehen[24], um-

---

19 *Ebert* (1999), S. 122; OLG Frankfurt a. M. 15.03.2001 - 3 Ws 1308/00 StVollz, NStZ 2001, 669, 670.
20 *Laubenthal* (2011), S. 114.
21 *Arloth* (2011), § 2 Rn. 10; *Boers/Schaerff* (2008), S. 319 ff.; *Hirsch* (2003), S. 90.
22 OLG Naumburg 26.06.2015 - 1 Ws (RB) 20/15, StraFo 2015, 426, 426 ff.; LG Stendal 30.12.2014 - 509 StVK 179/13.
23 *Kawamura-Reindl* (2009), S. 499 ff.; *Kury/Kern* (2003), S. 269 ff. m. w. N.
24 Etwa *Knauer* (2006).

fangreich mit dieser Frage beschäftigt. Zwar wird eine Einführung von entsprechenden Geräten zunehmend in der Literatur gefordert[25], aber Konzepte zur Umsetzung fehlen weitestgehend. In der Rechtsprechung werden Internetanwendungen größtenteils ohne nähere Begründung abgelehnt,[26] wobei neuere Entscheidungen darauf hindeuten, dass dieses pauschale Verbot in bestimmten Vollzugsformen nicht mehr langfristig haltbar ist.[27] In der Arbeit werden erste Überlegungen angestellt, wie den Gefangenen Zugang zu Internetanwendungen ermöglicht und dabei gleichzeitig die Sicherheit und Ordnung sowie die Sicherung gewährt werden kann.

Literaturverzeichnis

Andrews, Donald A./Bonta, J. (2006): The psychology of criminal conduct, 4. Aufl., New York.

Andrews, D./ Zinger I./ Hoge R./ Bonta J./ Gendreau P./ Cullen F. (1990): Does correctional treatment work? A clinically relevant and psychologically informed meta-analysis. In: Criminology, Volume 28 (3), S. 369–404.

Arloth, F. (2011): Strafvollzugsgesetz, 3. Aufl., München.

Boers, K./Schaerff M. (2008): Abschied vom Primat der Resozialisierung im Jugendstrafvollzug? In: ZJJ, S. 316–324.

Bourdieu, P. (1983): Ökonomisches Kapital – Kulturelles Kapital – Soziales Kapital. In: Reinhard Kreckel (Hg.): Soziale Ungleichheiten, Göttingen, S. 183–198.

Busch, M. (1977): Das Strafvollzugsgesetz in sozialpädagogischer Sicht. In: ZfStrVo, S. 63-73.

Calliess, Ch. (2006): § 44. Schutzpflichten. In: D. Merten und H.-J. Papier (Hg.): Grundrechte in Deutschland – Allgemeine Lehren. Heidelberg u.a., S. 963–992.

Calliess, R. P/Müller-Dietz, H. (2008): Strafvollzugsgesetz, 11. Aufl., München.

Ebert, K.R. (1999): Das öffentliche Telefon im geschlossenen Vollzug. Ende oder Beginn einer Entwicklung?!, Hamburg.

Fährmann, J./Oelbermann, J. (2014): Preise der Gefangenentelefonie. In: FS 63 (6), S. 387-390.

Farrall, S. (2004): Social capital and offender reintegration: making probation desistance fokused. In: S. Maruna (Hg.): After crime and punishment. Pathways to offender reintegration. Cullompton, S. 57–82.

Giordano, P. C./Cernkovich, S.A./Rudolph, J. L. (2002): Gender, Crime, and Desistance: Toward a Theory of Cognitive Transformation. In: American Journal of Sociology 107 (4), S. 990–1064.

Gläser, J./Laudel, G. (2010): Experteninterviews und qualitative Inhaltsanalyse als Instrumente rekonstruierender Untersuchungen. 4. Aufl., Wiesbaden.

---

25 Z. B. *Wawzyniak* (2012), S. 208; *Calliess/Müller-Dietz* (2008) § 32 Rn. 3.
26 Zur Übersicht über die Entscheidungen *Knauer* (2006), S. 4 f.
27 Etwa zur Zulässigkeit eines Computers im offenen Vollzug LG Halle (Saale) 07.03.2012 - 11 StVK 178/11.

Hirsch, S. M. (2003): Die Kommunikationsmöglichkeiten des Strafgefangenen mit seiner Familie, Frankfurt am Main.
Joester, E./Wegner, E.(2012): Kommentierung zu §§ 23, 32 StVollzG. In: Feest, J./Lesting, W. (Hg.): StVollzG. Kommentar zum Strafvollzugsgesetz (AK-StVollzG), 6. Aufl. Köln: Heymanns.
Kaiser, G./Schöch, H. (2003): Strafvollzug. Eine Einführung in die Grundlagen. 5. Aufl., Heidelberg.
Kawamura-Reindl, G. (2009): Hilfen für Angehörige Inhaftierter. In: H. Cornel, G. Kawamura-Reindl, B. Maelicke, B. R. Sonnen (Hg.): Resozialisierung. Handbuch, 3. Aufl., Baden-Baden, S. 499–508.
Knauer, F. (2006): Strafvollzug und Internet. Rechtsprobleme der Nutzung elektronischer Kommunikationsmedien durch Strafgefangene, Berlin.
Kury, H./Kern, J. (2003): Angehörige von Inhaftierten – zu den Nebeneffekten des Strafvollzugs. In: ZfStrVo 52, S. 269–278.
Laubenthal, K. (2011): Strafvollzug. 6. Aufl., Berlin u.a.
Laub, J. H./Sampson, R. J. (2003): Shared beginnings, divergent lives. Delinquent boys to age 70, Cambridge.
Liebling, A./Maruna, Sh. (2005): lntroduction: the effects of imprisonment revisited. In: A. Liebling und S. Maruna (Hg.): The effects of imprisonment, Cullompton, S. 1–29.
Mills, A./Codd, H.(2007): Prisoners´ families. In: Y. Jewkes (Hg.): Handbook on prisons, Cullompton, S. 672–695.
Mischkowitz, R. (1993): Kriminelle Karrieren und ihr Abbruch, Bonn, Tübingen.
Perwein, S. (1996): Erteilung, Rücknahme und Widerruf der Dauertelefongenehmigung. In: ZfStrVo 45 (1), S. 16–20.
Sampson, R.J./Laub, J.H. (2001): Understanding desistance from crime. Online verfügbar unter http://www.wjh.harvard.edu/soc/faculty/sampson/articles/2001_C&J_Laub.pdf, zuletzt geprüft am 21.02.2013.
Schwind, H.D./Böhm, A./Jehle, J.M./Laubenthal, K. (2009): Strafvollzugsgesetz, Bund und Länder, 5. Aufl.,. Berlin.
Sykes, G.M. (1958): The society of captives. A study of a maximum security prison, Princeton N.J.
van Zyl Smit, D. (2001): Imprisonment today and tomorrow. International perspectives on prisoners' rights and prison conditions, 2. Aufl. The Hague.
Ward, T. (2002): The Management of Risk and the Design of Good Lives. In: Australian Psychologist 37 (3), S. 172–179.
Ward, T./Maruna, Sh. (2007): Rehabilitation. Beyond the risk paradigm, London.
Wawzyniak, H. (2012): Ist die Verweigerung eines Internetzugangs im Strafvollzug rechtmäßig? In: Kritische Vierteljahresschrift für Gesetzgebung und Rechtsprechung 95 (2).

Religiöse Vielfalt als Handlungsfeld im Strafvollzug

Sarah J. Jahn

Gliederung
1. Einleitung
2. Religiöse Vielfalt im Strafvollzug
2.1 Angebote des religiösen Marktes
2.2 Nachfrage des religiösen Marktes
3. Strafvollzug als Handlungsfeld
3.1 Regeln der religiösen Märkte
3.2 Institutionelle Praxis
4. Zusammenfassung

1. Einleitung

Der Strafvollzug repräsentiert als öffentliche Einrichtung keinerlei Religions- oder Weltanschauung. Auch spielt Religion im Vollzugalltag und in den Vollzugsaufgaben keine vordergründige Rolle, darf sie wegen der weltanschaulichen Neutralität des Staates und der verfassungsmäßig garantierten positiven und negativen Religionsfreiheit auch nicht spielen. Durch Migration und innergesellschaftliche Prozesse religiöser Pluralisierung und Individualisierung treten aber zunehmend Fragen nach dem Umgang mit religiösen Insassen und deren Bedürfnissen im Vollzugsalltag auf. Im Rahmen einer Studie zur Rechtspraxis von positiver Religionsfreiheit im Strafvollzug bin ich der Frage nachgegangen, wie die Institution mit religiöser Vielfalt umgeht, welche Möglichkeit und welche Grenzen es gibt. Speziell ging es mir darum, zu erfahren, wo die Möglichkeiten und Grenzen in der Institution Strafvollzug sind, Art. 4 Abs. 1 und 2 GG umzusetzen. Gegenstand war es daher nicht, subjektive Einschätzungen zu Religionsfreiheit, zu Religion allgemein oder religiöser Praxis im Strafvollzug zu untersuchen. Mir ging es vielmehr darum Alltags- und Entscheidungsabläufe bezüglich individueller religiöser Praxis und korporativer religiöser Vergemeinschaftungsformen aus der Perspektive der Anstalt zu rekonstruieren. Das heißt, welche Möglichkeiten werden Insassen gegeben, ihrer religiösen Praxis nachzugehen, welche Grenzen werden ihnen gesetzt. Und, welche Möglichkeiten werden religiösen Organisationen gegeben Insassen im Strafvollzug zu betreuen sowie Veranstaltungen ihrer religiösen Tradition entsprechend anzubieten, welche Grenzen werden ihnen gesetzt.

Dafür habe ich in sechs unterschiedlichen Anstalten Fallstudien durchgeführt. Bei der Auswahl der Anstalten habe ich mich auf den Erwachsenenstrafvollzug für Männer mit Freiheitsstrafen ab drei Jahren beschränkt. Die Anstalten selbst haben sich durch ihre regionale Lage, Größe und ihrem religiösen Angebot unterschieden. Ich war in jeder Anstalt circa eine Woche vor Ort, um an den alltäglichen Abläufen und Veranstaltungen teilzunehmen sowie Experteninterviews mit verschiedenen Vertretern der Institution zu führen. Neben Insassen und verschiedenen religiösen Akteuren habe ich auch das Vollzugspersonal, die Fachdienste und Anstaltsleitung interviewt. Auf Basis von Feldforschungs- und Interviewmaterial wurden Anstaltsporträts erstellt, die Aufschluss über die empirische Manifestation religiöser Vielfalt im Strafvollzug geben. Auch konnte durch die systematische Tiefenanalyse des Materials herausgearbeitet werden wie die Anstalten mit bestimmten Bedürfnissen religiöser Insassen und religiöser Organisationen umgehen.

Die Studie ist eine sozialwissenschaftliche Arbeit mit besonderer Berücksichtigung der religionswissenschaftlichen Perspektive. In der Religionswissenschaft wird nicht von einer Religionsdefinition ausgegangen.[1] Vielmehr geht es darum die Innen- und Außenperspektiven von Religion zu untersuchen. Entsprechend gibt es für die Religionswissenschaft eine Vielzahl an Religionsdefinitionen, die allerdings Forschungsgegenstand und nicht heuristisches Postulat sind. Entsprechend kann Religion auch unterschiedliche Erscheinungsformen haben. Im Strafvollzug lassen sich unter anderem folgende Formen feststellen:[2]

- religiöse Personen (Insassen, Angestellte),
- religiöse Gruppen (Gefängnisseelsorge, diakonische Einrichtungen, ehrenamtliche Initiativen etc.),
- religiöse Gegenstände (Kreuz, Gebetsteppich, Bücher etc.),
- religiöse Räume (Kapelle, Kirche, Andachtsraum etc.),
- religiöse Veranstaltungen (Gottesdienste, Bibelkreise, religiöse Feste) oder
- religiöse Rituale (Fastenbrechen, Beten etc.).

---

1 *Sharpe* (1983), S. 46.
2 *Jahn* (2012).

In dem vorliegenden Artikel werden Ergebnisse dieser Studie vorgestellt, die ich als Doktorarbeit im Januar 2015 an der Fakultät für Geschichte, Kunst und Orientwissenschaften an der Universität Leipzig verteidigt habe.[3] Dabei konzentriere ich mich vor allem auf die Darstellung der religiösen Vielfalt und der Frage, wie die Anstalten mit religiöser Vielfalt in der Praxis umgehen. Die Anstaltspraxis wird anhand der Bedürfnisse muslimischer Insassen beispielhaft verdeutlicht. Als analytisches Instrument nutze ich das Modell des „religiösen Marktes"[4]. Der „religiöse Markt" und das damit zugrundeliegende wirtschaftswissenschaftliche Marktmodell hat sich in der Religionsforschung als eine Erklärungsstrategie etabliert, um Veränderungen und Bedingungen religiöser Vielfalt in modernen Gesellschaften wissenschaftlich beschreiben zu können.[5] *Rodney Stark* und *Roger Finke*, als prominente Vertreter dieses Ansatzes, gehen davon aus, dass Konkurrenz das Geschäft belebe, Konkurrenz aber nur entstehen kann, wenn alle Anbieter gleiche Chancen haben.[6] So haben die USA durch die strikte Trennung zwischen Staat und Religionsgemeinschaften einen größeren religiösen Pluralismus als europäische Staaten, die verschiedene Mischmodelle der Beziehung zwischen Staat und Kirchen aufweisen.[7] Die Bundesrepublik Deutschland hat in diesem Verständnis eine geringere religiöse Vitalität, da durch das „partnerschaftliche Verhältnis" zwischen Staat und Kirchen kein gleicher Wettbewerb zwischen den religiösen Organisationen herrschen kann. *Wie sieht das also im Strafvollzug aus? Gibt es einen florierenden „religiösen Markt", der sich an der Nachfrage der „Insassen" orientiert? Oder ist der Markt reglementiert, durch die traditionellen Kirchen oder rechtliche Vorschriften?* Um diese Fragen zu diskutieren, werde ich zunächst das Angebot und die Nachfrage des religiösen Marktes beschreiben, um im nächsten Schritt auf die Regeln und die institutionelle Praxis einzugehen.

2. Religiöse Vielfalt im Strafvollzug

Allgemein muss vorangestellt werden, dass Religion im Strafvollzug zwar auf verschiedenen Ebenen institutionell wie individuell vorhanden ist, im Anstaltsalltag allerdings eine untergeordnete Rolle spielt. Bei der Betrach-

---

3 *Jahn* (2015). Die Arbeit erscheint im Herbst 2016 bei Campus unter dem Titel „Götter hinter Gittern. Die Religionsfreiheit im Strafvollzug der Bundesrepublik Deutschland".
4 *Stark/Finke* (2000).
5 Unter anderem: *Joas* (2007), S. 378 und *Kehrer* (2005), S. 666–672.
6 *Stark/Finke* (2000).
7 *Finke/Stark* (1998), S. 761–766.

tung dieses kleinen Ausschnitts wird jedoch schnell deutlich, dass der religiöse Markt im Strafvollzug vielfältig ist. Die Vielfältigkeit bezieht sich dabei nicht nur auf verschiedene religiöse Formen, sondern auch darauf, dass die von mir untersuchten Anstalten auch unterschiedliche Zusammensetzungen des Marktes aufweisen.

Die Abbildung 1 stellt einen Überblick der religiösen Akteure dar, die in den untersuchten Anstalten vorgefunden wurden. Der religiöse Markt lässt sich in Angebot und Nachfrage unterteilen. Zu der Nachfrageseite gehören religiöse Insassen und Bedienstete, zu der Anbieterseite organisierte oder individuelle Akteure der Gefängnisseelsorge, religiös geprägter Wohlfahrtsverbände, Sucht- und Straffälligenhilfevereine sowie verschiedenste Formen muslimischer Organisationen.

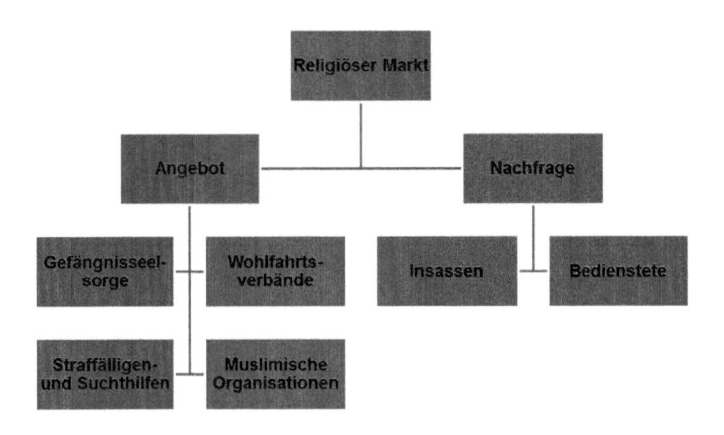

Abbildung 1: Religiöse Akteure im Strafvollzug

2.1 Angebote des religiösen Marktes

Das Angebot des religiösen Marktes unterteilt sich generell in institutionalisierte und nicht institutionalisierte Anbieter mit religiösen oder sozialen Dienstleistungen. Als institutionalisierte Anbieter gelten immer noch die Gefängnisseelsorge und religiösen Wohlfahrtsverbände (Diakonie und Caritas), auch wenn der Einfluss der nicht institutionalisierten aber etablierten christlichen Straffälligen- und Suchthilfen sowie muslimischer Organisationen stetig wächst.

Ein genauerer Blick auf die organisierten religiösen Akteure zeigt, dass bis auf die muslimischen Organisationen, die Mehrheit christlich geprägt ist. So wird die institutionell verankerte Gefängnisseelsorge, im Vergleich zu anderen europäischen Ländern, derzeit noch ausschließlich von den katholischen und evangelischen Kirchen angeboten.[8] Auch sind mit der Caritas und der Diakonie vorwiegend die konfessionell geprägten Wohlfahrtsverbände der evangelischen und katholischen Kirchen vertreten.[9] Im Bereich der Straffälligen- und Suchthilfen wird das Angebot diverser, indem hier vornehmlich Freikirchen, evangelikal und pfingstlich geprägte Gruppen aktiv sind.[10]

Allgemein kann gesagt werden, dass der religiöse Markt auf der Angebotsseite in Bewegung ist, nicht nur wegen des unterschiedlichen Umgangs mit religiösen Organisationen im Strafvollzug allgemein, sondern vor allem wegen der Etablierung unterschiedlicher religiöser Anbieter innerhalb einer Anstalt. Denn Institutionalisierung heißt nicht zwangsläufig Etablierung im Sinne einer Annahme des Angebots. So ist zum Beispiel festzustellen, dass nicht in allen Anstalten die Gefängnisseelsorge als etabliert gelten kann. Die Gefängnisseelsorge der evangelischen und katholischen Kirchen ist zwar in jeder Anstalt qua Staatskirchenvertrag vertreten, allerdings sind die Seelsorger mal im Haupt-, Neben- oder Ehrenamt tätig und je nachdem wie präsent die Gefängnisseelsorge vor Ort ist und inwiefern sie sich in die Anstalt einbringen kann, umso etablierter ist sie.[11]

Viele Insassen, die früher das Angebot der Gefängnisseelsorge wahrgenommen haben, gehen heute zu Angeboten der christlichen Straffälligen- und Suchthilfen. Darunter verstehe ich alle die religiösen Organisationen, die abseits der „traditionellen Großkirchen" in so genannten Freikirchen oder kleineren evangelikalen Gruppen und Pfingstgemeinden organisiert sind und gezielt Angebote für Straffällige, ehemalige Straffällige und Insassen mit Suchtproblematik haben.

Als vergleichsweise neues Angebot, was sich vor allem über die Nachfrage etabliert, sind die muslimischen Organisationen zu nennen.[12] Der Islam, als Sammelbegriff für unterschiedliche islamische Traditionen in Deutschland, gilt als drittgrößte religiöse Gemeinschaft in der Bundesrepublik, die konti-

---

8 *Roy/Becci* (2015).
9 *Jähnichen/Nagel/Schneiders* (2016).
10 *Jahn/Becci* (2016).
11 *Jahn* (2011/2015).
12 *Jahn* (2014).

nuierlich wächst.[13] Auch im Strafvollzug macht sich diese Entwicklung bemerkbar, indem zum Beispiel viele Anstalten muslimische Kost anbieten und Sonderregelungen zum Ramadan erlassen haben. Während die individuelle Religionspraxis in vielen Anstalten oftmals kein Problem ist, wird aktuell in einigen Bundesländern die Möglichkeit der Institutionalisierung muslimischer Seelsorge diskutiert, um hier ein kontinuierliches Angebot zu schaffen. Auch gibt es bereits einige Modellversuche und Verträge wie in Niedersachsen, Hamburg und Schleswig-Holstein.

2.2 Nachfrage des religiösen Marktes

Auf der Seite der Nachfrage ist vor allem die Religionszugehörigkeit der Insassen interessant. Die Anstalten sind allerdings nicht verpflichtet Daten darüber zu erheben und die Insassen sind nicht verpflichtet Auskunft darüber zu geben.[14] Einige Anstalten bitten die Insassen im Aufnahmegespräch, ihre Religionszugehörigkeit auf freiwilliger Basis anzugeben.

Im Rahmen meiner eigenen Erhebungen haben drei der sechs untersuchten Anstalten diese Daten erhoben. Muslimische Inhaftierte sind je nach Region der Strafvollzugsanstalt die zweit- oder drittgrößte religiöse Gruppe im Strafvollzug. Die Abbildung 2 zu der Religionszugehörigkeit der Inhaftierten basiert auf den aggregierten Zahlen der drei untersuchten Anstalten (n= 1.178). Die dort abgebildeten Prozentwerte sind wegen der angegebenen rechtlichen Gründe nicht als absolut, sondern als relativ zu verstehen. Die starke Repräsentanz katholischer und evangelischer Inhaftierter in Relation zu beispielsweise Inhaftierten ohne Religionszugehörigkeit erklärt sich durch die Meldepflicht bei der Kirchensteuer. Diese Daten liegen den Anstalten automatisch vor.

---

13 Das Bundesamt für Migration und Flüchtlinge schreibt in der Studie über „Muslimisches Leben in Deutschland", dass zwischen 3,8 und 4,3 Millionen Muslime in Deutschland wohnhaft sind. Davon haben ~ 45 % der Muslime mit Migrationshintergrund die deutsche Staatsangehörigkeit und 55 % haben eine ausländische Nationalität inne. Siehe *Haug/Müssig/Stichs* (2009).
14 BVerfG, Urteil des Ersten Senats vom 15. Dezember 1983, 1. BvR 209/83 u. a. – Volkszählung. Art. 4. Abs. 1 und 2 GG.

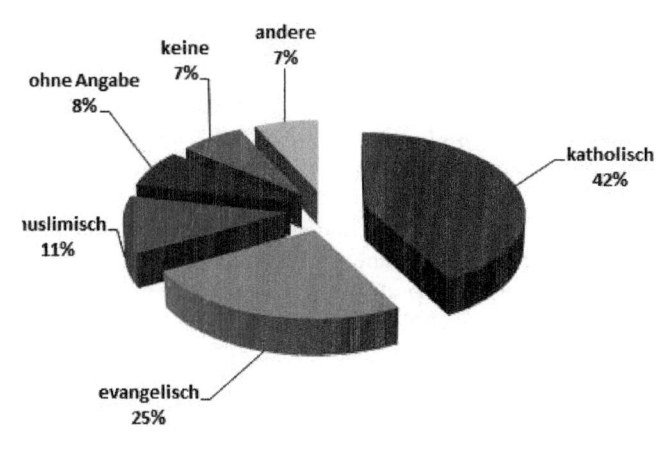

Abbildung 2: Verteilung der Religionszugehörigkeit

3. Strafvollzug als Handlungsfeld

Je nach Region gibt es unterschiedliche Anbieter. Auch ist die Verteilung der Religionszugehörigkeit in den einzelnen Anstalten unterschiedlich. Entsprechend ist nicht von einem religiösen Markt im Strafvollzug auszugehen, sondern von einer Vielfalt an religiösen Märkten. Welche Regeln für die religiösen Märkte allgemein gelten und wie diese umgesetzt werden können, wird folgend erläutert.

3.1 Regeln der religiösen Märkte

Die Regeln der religiösen Märkte im Strafvollzug werden allgemein durch den rechtlichen Rahmen und die institutionellen Besonderheiten des Strafvollzugs geprägt. Bei der konkreten Entscheidung und Ausübung ist den Anstalten jedoch ein gewisser Spielraum gelassen,[15] der sich am konkreten Einzelfall unter Berücksichtigung der Vollzugsaufgaben orientieren soll. Die letztendliche Entscheidung trifft die Anstaltsleitung (§ 156 Abs. 2 StVollzG), der Weg der Entscheidungsfindung ist jedoch variabel. Zur Entscheidungsfindung trägt die fachliche Einschätzung des konkreten Einzelfalles bei, die entweder im Sinne der monokratisch-hierarchischen

---

15 *Laubenthal* (2008), S. 19.

Struktur von der Anstaltsleitung selbstständig oder durch Delegation in entsprechende Aufgabenbereiche getroffen werden kann.[16]

Die rechtlichen Regelungen werden durch das Strafvollzugsgesetz des Bundes (StVollzG) bzw. die Strafvollzugsgesetze der Länder und die Regelungen im Religionsverfassungsrecht definiert. In Bezug auf das Strafvollzugsrecht sind vor allem die Regelungen zur Entscheidungshierarchie und Legitimation, zu den Vollzugsaufgaben und der Religionsausübung (Seelsorge und rel. Veranstaltungen) zu nennen. In Bezug auf das Religionsverfassungsrecht sind die Regelungen zu der Religionsfreiheit (Art. 4 Abs. 1 und 2 GG), den Religionsgemeinschaften (Art. 137 WRV i. V. m. Art. 140 GG) und der Seelsorge (Art. 141 WRV i. V. m. Art. 140 GG) zu nennen.

Die institutionellen Besonderheiten werden wiederum durch die Vorgaben zu den Aufgaben des Strafvollzugs (§ 2 StVollzG: Resozialisierung, Sicherheit und Ordnung) und der Gestaltung (§ 3 StVollzG: Angleichung, Gegensteuerung, Integration) geprägt.

3.2 Institutionelle Praxis

Während die Regeln allgemein und gleich für die betreffenden Einrichtungen gelten, zeigt die institutionelle Praxis, wie groß der Handlungsspielraum im Vollzugsalltag ist. Um dies zu veranschaulichen, stelle ich einen Ausschnitt meines empirisch gesammelten Materials als eine fiktive Geschichte dar. Es ist die fiktive Geschichte des Häftlings Ahmad.

Mein fiktiver Häftling Ahmad ist 25 Jahre alt und wurde in Deutschland geboren. Seine Eltern kommen aus Algerien. Ahmad ist von Geburt an Muslim, hatte sich aber nie mit dem Glauben seiner Eltern auseinandergesetzt. Zu Anfang der Haft lernt Ahmad Nadim kennen. Nadim ist schon vor seiner Haftzeit regelmäßig in die Moschee gegangen, hat gefastet und im Koran gelesen. Ahmad fühlt sich durch den älteren Nadim an seine Familie und Kindheit erinnert und beginnt sich mit den religiösen Wurzeln seiner Familie auseinanderzusetzen. Während seiner Haftzeit wird er in unterschiedlichen Strafvollzugsanstalten untergebracht:

---

16 *Laubenthal* (2008), S. 145–146.

Anstalt 1

Ahmads erste Anstalt befindet sich in einer Bischofstadt im südlichen Raum von Deutschland. In der Anstalt ist Religion kein alltägliches Thema, aber dadurch, dass viele der Angestellten und Insassen religiös sozialisiert sind, gibt es ein Grundverständnis für religiöse Bedürfnisse. Als sich Ahmad dazu entschließt sich mit dem Glauben und den unterschiedlichen Praxen auseinanderzusetzen, möchte er einen Koran in arabischer Schrift und einen Gebetsteppich bekommen sowie sich halal ernähren. Außerdem möchte er Kontakt zu einem örtlichen Imam aufnehmen, der ihn nicht nur im Strafvollzug betreuen, sondern auch im Kennenlernen seiner Religion begleiten soll.

Nadim hatte ihm die Hausordnung der Anstalt gezeigt und gesagt, dass er auf diese Sachen ein Recht habe, weil er ein Muslim ist. Die Hausordnung bezieht sich auf das Strafvollzugsgesetz des Landes, das wiederum an die Bestimmungen des Grundgesetzes gebunden ist. Entsprechend der Bestimmungen sei Ahmad die Möglichkeit zu gewähren die „Speisevorschriften [seiner] Religionsgemeinschaft zu befolgen"[17]. Auch dürfe ihm „religiöse Betreuung durch einen Seelsorger oder eine Seelsorgerin [seiner] Religionsgemeinschaft nicht versagt werden. Auf [seinen] Wunsch ist [ihm] zu helfen, mit einem Seelsorger oder einer Seelsorgerin [seiner] Religionsgemeinschaft in Verbindung zu treten"[18]. Er dürfe auch „grundlegende religiöse Schriften besitzen. Sie dürfen [ihm] nur bei grobem Missbrauch entzogen werden."[19]. Und: Ahmad „sind Gegenstände des religiösen Gebrauchs in angemessenem Umfang zu belassen"[20]. Er müsse nur, so Nadim, dem Stationsbeamten sagen, dass er Muslim sei, so dass das in seiner Gefangenenakte vermerkt werde. Für seine Anliegen müsse er Anträge an die Vollzugsabteilung stellen.

Nachdem Ahmad dies getan hat, bekommt er binnen einiger Wochen Rückmeldungen zu seinen Anträgen. Unkompliziert und schnell wurde er bei der Essensversorgung umgetragen. Das heißt Ahmad bekommt nun täglich MuKo – muslimische Kost. Wenn er allerdings zum Ramadan fasten möchte, müsse er dies noch einmal extra beantragen, da hier eine andere Stelle für die Organisation zuständig sei. Das sei aber kein Problem, denn die MuKo und die Regelungen zum Ramadan seien vom Ministerium vorgegeben, so die Anstaltsleitung. Den Koran sowie andere Bücher zum Islam kann er in der anstaltseigenen Bibliothek ausleihen. Selbst einen Koran seiner Familie

---

17 Art. 23 BayStVollzG, vom 10.12.2007.
18 Art. 55 Abs. 1 BayStVollzG, vom 10.12.2007.
19 Art. 55 Abs. 2 BayStVollzG, vom 10.12.2007.
20 Art. 55 Abs. 3 BayStVollzG, vom 10.12.2007.

dürfe er nach einer eingehenden Sicherheitsprüfung benutzen, sagt der leitende Sicherheitsbeauftragte der Anstalt. Ein Gebetsteppich könne allerdings nicht erlaubt werden, da dies im Koran nicht eindeutig vorgeschrieben sei. Hierfür habe sich der leitende Sicherheitsbeauftragte der Anstalt bei einer entsprechenden kirchlichen Stelle informiert. Als Ansprechpartner für seine religiösen Belange wird er an einen dafür zuständigen Sozialarbeiter verwiesen sowie auf die Gefängnisseelsorger der Anstalt. Es gebe zwar einen Hodscha, der einmal monatlich in die Anstalt kommt, aber dieses Angebot gelte aus organisatorischen und sicherheitsrelevanten Gründen nur für türkische Insassen. An den großen Festen dürfe er aber auch teilnehmen. Einen anderen Imam könne die Anstalt nicht anbieten, da es in der Region zu wenig Muslime gebe, die nicht türkische Wurzeln haben, erläutert ein Mitarbeiter des Sozialen Dienstes.

Anstalt 2

Da Ahmad eine Berufsausbildung machen möchte, die in seiner Anstalt nicht angeboten wird, wird er in eine Anstalt im Norden von Deutschland verschubt. Hier gibt er gleich bei dem Aufnahmegespräch an, dass er Muslim ist. Trotzdem muss er seinen Familienkoran abgeben, weil aus Sicherheitsgründen keine anstaltsfremden fremdsprachigen Bücher erlaubt sind. MuKo bekommt er nach Angaben der Anstaltsleitung ohne Probleme. Auch darf er auf eigene Kosten einen Gebetsteppich erwerben, der ihm aber im Laufe der Zeit wieder weggenommen wird, weil sich die Anstalt nicht sicher ist, ob Gebetsteppiche aus Sicherheitsgründen zulässig seien oder nicht, gibt die Anstaltsleitung an. Obwohl die Anstalt in einer der großen deutschen Städte gelegen ist, die eine große muslimische Community hat, gibt es kein religiöses Angebot für muslimische Insassen, da die Anstaltsleitung Probleme habe, ein kontinuierliches Angebot zu installieren.

Anstalt 3

Als Ahmad mit seiner Berufsausbildung fertig ist, stellt er einen Antrag auf heimatnahe Verlegung. Er kommt in eine Anstalt im östlichen Raum Deutschlands. In der Anstalt bekommt Ahmad auf Antrag vom Allgemeinen Vollzugsdienst seinen Familienkoran und seinen Gebetsteppich zurück. Auch bekommt er MuKo und darf zum Ramadan fasten wie in den vorhergehenden Anstalten auch. Aber auch in dieser Anstalt bekommt er keine seelsorgerliche Betreuung gemäß seiner Religion. Denn in der Region sei kein Imam ansässig und der Imam aus der Hauptstadt möchte eine Aufwandsentschädigung haben, die nicht gezahlt werden könne, so der Allgemeine Vollzugsdienst. Außerdem würden sich die Gefängnisseelsorger als zuständige Ansprechpartner weigern, die Besuche des Imam zu organisieren, weil sie nicht einschätzen können, für wen sie bürgen würden. Die Strukturen im Islam seien so undurchschaubar und wenn was schief ginge, würden sie verantwortlich sein, weil der Imam keinen offiziellen Status für die Arbeit in der Anstalt habe, erläutern die Gefängnisseelsorger. Ahmad könne aber selbstverständlich an anderen Veranstaltungen der Anstalt teilnehmen, wenn er es möchte. Dies betrifft zuallererst das Angebot der evangelischen und katholischen Gefängnisseelsorge. Es gebe aber auch den Alphakurs[21] einer regional ansässigen ehrenamtlichen Gruppe. Der Kurs sei zwar keine religiöse Veranstaltung, so die Anstaltsleitung, aber im Rahmen eines sozialen Trainings werden christliche Werte vermittelt, die bei der Resozialisierung helfen.

An dieser Stelle hört die fiktive Reise von Ahmad durch drei Anstalten auf. Was hier anhand der drei Anstalten exemplarisch dargestellt wurde, gilt in den Tendenzen auch für die anderen untersuchten Anstalten. Die Reise zeigt, dass das Verfahren im Umgang mit individuellen religiösen Bedürfnissen der Insassen gleich, die Entscheidungen und Begründungen in den einzelnen Anstalten aber unterschiedlich sind.

4. Zusammenfassung

Die Ausführungen zu religiöser Vielfalt als Handlungsfeld im Strafvollzug zeigen, dass auch im Strafvollzug Marktgesetze gelten. Zwei gegenläufige „Marktgesetze" sind zu beobachten:

- Einerseits wird durch das institutionalisierte oder/und etablierte religiöse Angebot die Nachfrage bestimmt, indem Insassen Bestehendes „konsumieren".
- Andererseits kann die Nachfrage auch das Angebot bestimmen, indem entweder Insassen Anträge zu religiöser Begleitung von bestimmten religiösen Organisationen stellen, die in dem begrenzten religiösen Markt der jeweiligen Strafvollzugsanstalt noch nicht vorhanden sind. Oder regional ansässige religiöse Organisationen schlagen den Anstalten konkrete Angebote vor, über deren Zulassung zu entscheiden ist.

---

21 Nähere Informationen dazu auf der Homepage des Vereins Alpha Deutschland e. V.

Die Geschichte des Häftlings Ahmad zeigt, dass je nach Anstalt das eine Gesetz stärker ausgeprägt ist als das andere. Hierzu lassen sich folgende Punkte zusammenfassen:

- Erstens wird eine Konkurrenzsituation zwischen den unterschiedlichen religiösen Anbietern deutlich. Hier ist zwischen Anbietern zu unterscheiden, die institutionalisiert sind, aber nicht etabliert sein müssen (bspw. Gefängnisseelsorge), und denen, die nicht institutionalisiert sind, aber etabliert sein können (bspw. christliche Straffälligen- und Suchthilfen). Zudem etablieren sich Angebote muslimischer Organisationen zunehmend. In einzelnen Bundesländern kann bereits von einer Institutionalisierung gesprochen werden.

- Zweitens zeigt die Darstellung der Regeln des religiösen Marktes auch, dass trotz des „partnerschaftlichen Miteinanders" zwischen dem Staat und bestimmten Religionsgemeinschaften unterschiedliche Marktgesetze gelten können, indem de jure Insassen durch Nachfrage das religiöse Angebot und religiöse Anbieter durch entsprechende Angebote die Nachfrage beeinflussen können.

- Drittens zeigen die Ausführungen zur institutionellen Praxis, dass dies de facto nicht immer gewährleistet wird. So kann die These, dass die Konkurrenz das Geschäft belebe, im Fall des Strafvollzugs nicht belegt werden, da hier nicht die konkurrierende Angebotsseite oder die Nachfrageseite das Angebot in der letzten Instanz bestimmen, sondern die Anstaltsleitung. Die Reise des Häftlings Ahmad hat gezeigt, wie unterschiedlich die Auslegung ausfallen kann.

Religiöse Vielfalt als Handlungsfeld im Strafvollzug ist somit ein marginales Thema im Anstaltsalltag, die Unterschiede zwischen Rechtstext und Rechtspraxis sowie die derzeitigen Entwicklungen im Bereich der muslimischen Seelsorge in öffentlichen Einrichtungen zeigen jedoch, dass hier neue Bedarfe für die Praxis und ein interessantes Feld für die Forschung vorliegen.[22]

Literatur

Alpha Deutschland e. V. (2015): Der Alpha Kurs. URL: http://www.alphakurs.de/.
Finke, R./Stark, R. (1998): Religious Choice and Competition. American Sociological Review 63, S. 761–766.

---

22 *Jahn/Plessentin* (2014).

Haug, S./Müssig, S./Stichs, A. (2009): Muslimisches Leben in Deutschland. Nürnberg: Bundesamt für Migration und Flüchtlinge.
Jahn, S. J./Becci, I. (2016): Seelsorge im Strafvollzug. In: Elwert, E./Radermacher, M./Schlamelcher, J. (Hg.): Handbuch Evangelikalismus. Lokal und global in Geschichte und Gegenwart (in Bearbeitung). Bielefeld: transcript.
Jahn, S. J. (2016): Götter hinter Gittern. Die Religionsfreiheit im Strafvollzug der Bundesrepublik Deutschland. Frankfurt am Main: Campus.
Jahn, S. J. (2015): Religion - Recht - Verwaltung: eine Untersuchung der Rechtspraxis von positiver Religionsfreiheit im Strafvollzug der Bundesrepublik Deutschland. Dissertation. Universität Leipzig.
Jahn, S. J. (2015): Gefängnisseelsorge – Nicht nur Hilfe für die Seele. In: Schweders, M. (Hg.): Handbuch Jugendstrafvollzug. Weinheim: Beltz, S. 326–340.
Jahn, S. J. (2014): Zur (Un-)Möglichkeit 'islamischer Seelsorge' im deutschen Justizvollzug, Cibedo-Beiträge, 1, S. 20–25.
Jahn, S. J./Plessentin, U. (2014): Bericht zum Praxisworkshop „Religiöse Vielfalt. Handlungsfelder für die öffentliche Verwaltung", Bochum: CERES.
Jahn, S. J. (2012): Religion, Forum Strafvollzug - Zeitschrift für Strafvollzug und Straffälligenhilfe, 5, Karteikarte.
Jahn, S. J. (2011): Gefängnisseelsorge in der Bundesrepublik Deutschland. In: Klöcker, M./Tworuschka, U. (Hg.): Handbuch der Religionen. Landsberg/Lech: Olzog (Ergänzungslieferung 29), S. 1–31.
Jähnichen, T./Nagel, A.-K./Schneiders, K. (Hg.) (2016): Religiöse Pluralisierung: Herausforderung für konfessionelle Wohlfahrtsverbände. Stuttgart: Kohlhammer.
Joas, H. (Hg.) (2007): Lehrbuch der Soziologie. Frankfurt am Main und New York: Campus, 3. Auflage.
Kehrer, G. (2005): Wirtschaft. In: Auffarth, C./Bernard, J./Mohr, H. (Hg.): Metzler Lexikon. Stuttgart: Metzler, Band 3, S. 666–672.
Laubenthal, K. (2008): Strafvollzug. Fünfte, neu bearbeitete Auflage. Berlin und Heidelberg: Springer.
Roy, O./Becci, I. (Hg.) (2015): Religious Diversity in European Prisons. Cham: Springer.
Sharpe, E.-J. (1983): Understanding Religion. New York: St. Martin's Press.
Stark, R./Finke, R. (2000): Acts of Faith: Explaining the Human Side of Religion, Berkeley: University of California Press.

Ehemalige Jugendstrafgefangene mit Migrationshintergrund zwischen Inklusion und erneuter Exklusion – kriminologische und netzwerkanalytische Perspektiven

Matthias Rau

Gliederung
1. Einleitung
2. Fragestellung & Studiendesign
3. Feldzugang – Methoden – Daten
3.1 Akquisition der Teilnehmer
3.2 Die Methode idealtypisch-vergleichender Einzelfallanalyse (MIVEA)
3.3 Egozentrierte Netzwerkanalyse
3.4 Erhebungsablauf & Datenbestand der Studie
4. Auswertungsschritte und Ergebnisse
4.1 Ergebnisse kriminologischer Auswertung
4.2 Ergebnisse der Netzwerkauswertung
4.3 Ergebnisse zu Netzwerkeinflüssen auf Prozesse der Exklusion und der Inklusion

1. Einleitung

Der vorliegende Beitrag gibt wesentliche Inhalte des im Rahmen der Panelsessions gehaltenen Vortrags wieder. Gegenstand waren Ergebnisse einer Studie des Mainzer Lehrstuhls für Kriminologie der Johannes Gutenberg-Universität unter der Leitung von Professor Dr. Dr. Michael Bock. Gefördert von 2006 bis 2013 aus Geldern des Landes Rheinland-Pfalz war sie Teil des rheinland-pfälzischen Forschungsclusters der Universitäten Trier und Mainz „Gesellschaftliche Abhängigkeiten und soziale Netzwerke". Einen ausführlichen Studienbericht bietet die in diesem Jahr erscheinende Dissertation des Verfassers.[1] Untersucht wurden die biografischen Verläufe junger Männer mit Migrationshintergrund nach Entlassung aus ihrer ersten Jugendstrafe.

Angehörige vieler Einwanderergruppen sind in deutschen (Jugend-)Strafanstalten, gemessen an ihrem Anteil an der Wohnbevölkerung, über-

---

1 *Rau* (2016).

repräsentiert[2], ein Befund den die Bundesrepublik mit anderen europäischen Staaten teilt.[3] Das Sichten der Literatur nach Erklärungen offenbart ein gewisses Forschungsdesiderat, die Suche nach den Ursachen der Überrepräsentation bleibt relevant.

Die vorliegende Studie greift die empirische Ausgangslage auf. Sie fragt daran anknüpfend, welche Einflüsse wie auf die kriminelle Gefährdung junger Männer mit Migrationshintergrund nach der Entlassung aus der Haft einwirken. Anschluss besteht zu den entwicklungsdynamischen kriminologischen Theorien und zur Desistance-Forschung. Seit circa 15 Jahren untersucht vor allem die angloamerikanische Kriminologie unter dem Stichwort Desistance den Ausstieg aus strafrechtlich relevanten Verhaltensweisen.[4] Der Ausstieg wird dabei als Prozess beschrieben, bei dem es durchaus noch zu weiteren Straftaten kommen kann.

2. Fragestellung & Studiendesign

Untersucht wurde, wie sich Kontakte[5] und andere Einflüsse teils kompensierend mit dem Ziel von Partizipation und Inklusion, teils aber auch eskalierend und Exklusionsprozesse besiegelnd, nach Entlassung aus der Haft auswirkten. Die zentrale Forschungsfrage lautete:

Welchen Einfluss haben soziale Kontakte von ehemaligen Jugendstrafgefangenen mit Migrationshintergrund auf Prozesse von Inklusion oder erneuter Exklusion nach der Entlassung aus einer Erstinhaftierung im Verhältnis zu weiteren Faktoren?

Mit den Begriffen Exklusion und Inklusion sind in der vorliegenden Studie eine (erneute) Inhaftierung und ein Leben ohne (erneute) Inhaftierung unterschieden. Inklusion bedeutet im Studienkontext des Weiteren eine ausbaufähige Annäherung an die Gesellschaft und eine verringerte kriminelle Ge-

---

2 *Walburg* (2014), S. 39, 43.
3 *Morgenstern* (2007), S. 139.
4 *Hofinger* (2013), S. 317.
5 Der bedeutende Einfluss von Kontakten auf die kriminelle Gefährdung ist in zahlreichen kriminologischen Theorien verankert und in Studien bestätigt worden. Stellvertretend wird auf die Theorie der altersabhängigen informellen Sozialkontrolle von Sampson und Laub und deren empirische Überprüfung anhand der Glueck-Daten verwiesen. Das Untersuchen von Netzwerken war zugleich ein zentrales Themenfeld des Forschungsclusters.

fährdung, bei der das Begehen von Straftaten tatsächlich und nicht nur im Hellfeld reduziert oder eingestellt wird.

Konzeptionell arbeitete die Studie mit einem retrospektiv ausgerichteten Vergleichsgruppendesign, das Teilnehmer mit erneuter Inhaftierung Teilnehmern ohne erneute Inhaftierung gegenüberstellte. Die retrospektive Ausrichtung zielte darauf, eine hinreichend große Anzahl erfolgreicher Verläufe nach der Entlassung sicherzustellen. Als Beobachtungszeit nach Entlassung aus der Erstinhaftierung wurden 3 Jahre gewählt. Insgesamt sollten 30 ehemalige Jugendstrafgefangene mit Migrationshintergrund gewonnen werden, jeweils 15 für jede Gruppe.

Die vorliegende Studie orientierte sich an einer engen Rückfalldefinition. Das bedeutet: die Teilnehmer der Exklusionsgruppe verübten innerhalb der 3 Jahre nach der Entlassung aus der Erstinhaftierung mindestens eine Straftat, die von den Instanzen der formellen Sozialkontrolle registriert und durch die die Teilnehmer wieder zu einer unbedingten Freiheitsstrafe verurteilt worden waren oder die einen Bewährungswiderruf nach sich zog. Die Teilnehmer der Inklusionsgruppe verübten in der Beobachtungszeit entweder keine Straftaten oder begingen Delikte, die von den Instanzen der formellen Sozialkontrolle nicht mit einer erneuten Inhaftierung geahndet worden waren.[6]

Für die Auswahl geeigneter Teilnehmer wurden folgende Zielgruppenkriterien aufgestellt:

– Männlich.

– Migrationshintergrund (Spät-)Aussiedler aus den Nachfolgestaaten der ehemaligen Sowjetunion; Türkei; Maghreb (Marokko, Tunesien, Algerien) – ausgewählt wurden also Teilnehmer aus den beiden Gruppen mit den gegenwärtig größten Bevölkerungsanteilen mit Migrationshintergrund in Deutschland und ergänzend Migranten aus den Maghrebstaaten, zu denen bisher kaum kriminologisch geforscht wurde. Personen mit marokkanischer Herkunft stellen darüber hinaus die größte Gruppe aus Afrika in Deutschland.
Aufgrund der regionalen Anbindung des Forschungsteams und der Finanzierung (s. o.) konzentrierte sich die Akquise von Teilnehmern auf

---

6 Die Studie wurde auf mögliche false positives überprüft, also Fälle, die dann zu Unrecht in die Inklusionsgruppe eingeordnet gewesen wären, ebenso auch auf false negatives.

die Bundesländer Rheinland-Pfalz und Hessen. Alle Teilnehmer verfügten über hinreichende Deutschkenntnisse.

- Jugendstrafe – die Teilnehmer verbüßten während der Erstinhaftierung eine Jugendstrafe mit einer faktischen Inhaftierungszeit von mindestens einem Jahr.
- Anlass dieser Erstinhaftierung waren Vermögensdelikte im weiteren Sinn, Gewaltdelikte und Verstöße gegen das Betäubungsmittelgesetz. Ausgewählt waren damit Straftaten, die das Gros der männlichen Jugendstrafgefangenen kennzeichnen.

3. Feldzugang – Methoden – Daten

3.1 Akquisition der Teilnehmer

Die Akquisition passender Teilnehmer war im gesamten Forschungsprozess zeitlich und personell am aufwändigsten. Auf welche Orte sich die Suche nach den 15 Teilnehmern der Exklusionsgruppe mit Hilfe der Justizministerien und Haftanstalten konzentrieren musste, lag auf der Hand. Aber wie waren die Teilnehmer für die Inklusionsgruppe zu finden? Das Forschungsteam erprobte hierzu parallel ganz unterschiedliche Suchstrategien, deren Ziel es war, Multiplikatoren[7] zu finden, die zu potenziellen Teilnehmern in engerem Kontakt stehen oder standen. Von den zahlreichen Versuchen haben sich in der Studie 4 Akquisitionsverfahren bewährt: Anfragen bei Strafverteidigern und Bewährungshelfern, bei Mitarbeitern einer betreuten Wohngruppe und eines Präventionsprojekts. Mit Hilfe dieser Multiplikatoren gelang es, den 15 der Exklusionsgruppe 14 Teilnehmer als Inklusionsgruppe gegenüberzustellen.

3.2 Die Methode idealtypisch-vergleichender Einzelfallanalyse (MIVEA)

Zur Erhebung, Datenaufbereitung, Analyse und Auswertung setzte das Forschungsteam zwei verschiedene Verfahren ein. Das Team erarbeitete die Biografien der Teilnehmer mit der Methode der idealtypisch-vergleichenden Einzelfallanalyse (MIVEA), einem erfahrungswissenschaftlich abgeleiteten qualitativen Verfahren zur Einschätzung krimineller Gefährdung im Einzel-

---

7 Zur Verbesserung der Lesbarkeit wird auf geschlechtsspezifische Personenbezeichnungen verzichtet. Die gewählte männliche Form schließt die weibliche Form gleichberechtigt ein.

fall.[8] Pro Teilnehmer erstellten in der Methode geschulte Mitglieder des Forschungsteams ein kriminologisches Gutachten.

Die MIVEA berücksichtigt die Perspektive des Interviewpartners und analysiert sein in den verschiedenen Sozialbereichen gezeigtes Verhalten. Sie arbeitet mit dem Ansatz von Idealtypen, das heißt ihre Auswertungsdimensionen entfalten sich in Möglichkeitsräumen. Die MIVEA betrachtet die Enden dieser Möglichkeitsräume als denklogische Grenzen eines kriminalitätsgefährdenden oder kriminalitätshemmenden Verhaltens. Innerhalb dieser erfahrungswissenschaftlich abgeleiteten Grenzen wird das Verhalten des Probanden verortet und sein Verhalten über den Grad der Annäherung an die idealtypischen Grenzen der Verhaltensalternativen eingeordnet. Das verortete Verhalten und der Beurteilungsmaßstab bleiben damit sichtbar, ebenso der Ableitungszusammenhang der kriminellen Gefährdung in der Biografie.

Die verwendeten idealtypischen Verhaltensbeschreibungen bringen die empirischen Aspekte hinsichtlich des kriminologischen Erkenntnisinteresses zum Sprechen. Zugleich ist die MIVEA dabei offen für neue und individuelle Zusammenhänge krimineller Gefährdung. Da die idealtypischen Referenzpunkte der MIVEA für alle Teilnehmer gleich sind, konnten die Biografien der Teilnehmer und die wirkenden Mechanismen auf mögliche Parallelen hin ausgewertet werden.

3.3 Egozentrierte Netzwerkanalyse

Für die Beobachtungszeit, also die Zeit nach Entlassung aus der Erstinhaftierung wurde der Kontaktbereich mit einem eigenen Verfahren erhoben. Zum Einsatz kam ein angepasstes partizipatives Erhebungsverfahren der egozentrierten Netzwerkanalyse in einer standardisierten Variante. Bei diesem erarbeitete jeder Teilnehmer unter Anleitung des Interviewers Schritt für Schritt seinen Kontaktbereich und stellte ihn mit Figuren auf einer Unterlage nach.[9] Die erhobenen sozialen Netzwerke hatten aufgrund der Forschungsfrage der Studie eine erklärende Rolle, denn die Analysen zur Wirkung der Beziehungen fragten nach den Auswirkungen der Beziehungen auf die kriminelle Gefährdung des Einzelnen in der Beobachtungszeit.

Während der kriminologische Zugang der MIVEA biografische Informationen und entscheidende „stories behind the ties" untersuchte, ermöglichte das

---
8 Vgl. zur MIVEA ausführlich *Bock* (2013), S. 121–261.
9 Zum Netzwerkinterview steht ein kostenfrei abrufbarer Beitrag im Internet zur Verfügung, vgl. *Rau* (2011).

Netzwerkverfahren quantitative Einschätzungen zu den Eigenschaften der Kontaktpersonen und den Beziehungen.

3.4 Erhebungsablauf & Datenbestand der Studie

Die Gespräche mit den Teilnehmern fanden als mehrstündige Interviewreihe mit bis zu 3 Terminen statt, bei denen die Interviewpartner jeweils einzeln interviewt wurden. Im ersten Gespräch erhoben 2 Interviewer des Forschungsteams die Lebensgeschichte des Interviewpartners und möglichst umfassend alle Fakten, die für eine kriminologische Beurteilung mit der MIVEA relevant sind. Die Informationen bildeten die Hintergrundfolie des zweiten Gesprächs, bei dem der Teilnehmer mit 2 Interviewern sein egozentriertes Netzwerk der Beobachtungszeit erarbeitete. Das dritte Gespräch ermöglichte es, Erhebungslücken zu schließen und Angaben zur Netzwerkdichte abzufragen. Teilnehmer mit erneuter Inhaftierung interviewten Mitglieder des Forschungsteams in aller Regel in einer Haftanstalt, Teilnehmer der Inklusionsgruppe an einem Ort ihrer Wahl. Das erste Interview fand 2009, das letzte 2012 statt.

Für die Analyse standen Informationen aus 2 Methoden (Methodentriangulation), aber auch aus verschiedenen Erhebungsquellen (Datentriangulation aus Interviews und Dokumenten wie Kopien von Urteilen oder Akten) zur Verfügung. Der Datenbestand vor Auswertungsbeginn umfasste pro Teilnehmer ein kriminologisches Gutachten – dies entspricht insgesamt mehr als 1.000 Seiten Textmaterial, einen Datensatz zu den 29 Teilnehmern mit 89 Variablen pro Teilnehmer sowie einen Datensatz zu den insgesamt 762 in den Netzwerkinterviews genannten Kontakten mit je 35 Variablen pro Kontakt.

In der Studie lag damit für jeden Teilnehmer ein aus seiner Biografie erarbeiteter individueller Ableitungszusammenhang der kriminellen Gefährdung vor. Der Verfasser verglich die individuellen Ableitungszusammenhänge und bestimmte das Verhältnis von Netzwerken zu anderen übergreifenden Mechanismen, die sich auf die kriminelle Gefährdung der Teilnehmer auswirkten.

4. Auswertungsschritte & Ergebnisse

4.1 Ergebnisse der kriminologischen Auswertung

Zu Beginn der ersten Inhaftierung bestanden zwischen den Teilnehmern der Exklusionsgruppe und der Inklusionsgruppe keine kriminologisch relevanten Unterschiede. Nur 2 Teilnehmer der Inklusionsgruppe und 1 Teilnehmer der Exklusionsgruppe hatten nach der MIVEA eine eher günstige oder zumindest nicht ungünstige Prognose, alle anderen Teilnehmer eine (eher) ungünstige Prognose. Das Ergebnis spiegelte das Ziel der Auswahlkriterien, nämlich die Aufnahme von Teilnehmern mit ähnlich hoher krimineller (Ausgangs-)Gefährdung in die Studie. Erst nach Haftbeginn zeigten sich erkennbare Veränderungen, die den Ausstiegsprozess aus strafbaren Verhaltensweisen einleiteten.

Teilnehmer der Inklusionsgruppe begannen deutlich mehr Maßnahmen als Teilnehmer der Exklusionsgruppe und schlossen die weit überwiegende Mehrheit dieser Maßnahmen auch ab. Begonnene und wieder abgebrochene, aber auch abgeschlossene Maßnahmen wirkten sich bei Teilnehmern der Exklusionsgruppe nicht erkennbar auf ihren Lebenszuschnitt oder ihr Verhalten in der Beobachtungszeit aus. Ihr Übergang von der Haft in die Freiheit erfolgte auch eher unstrukturiert – soweit überhaupt, waren einige grundlegende Dinge geklärt, etwa der Wiedereinzug bei der Herkunftsfamilie. Bei den Teilnehmern der Inklusionsgruppe erfolgte der Übergang in die Freiheit in der Tendenz strukturierter, z. T. flankiert von einem gelungenen Übergangsmanagement.

In der Tendenz waren bei Teilnehmern der Inklusionsgruppe Auswirkungen der Haft oder der dort absolvierten Maßnahmen erkennbar, die zumindest vorübergehend die kriminelle Gefährdung senkten. Nahezu alle bauten ihre in der Haft erarbeiteten Chancen und Ansätze nach Haftentlassung aus.

Teilnehmern der Inklusionsgruppe gelang es im Gegensatz zu den meisten Teilnehmern der Exklusionsgruppe tendenziell zudem, ggf. bestehende Abhängigkeitsprobleme in sozial unauffällige Bahnen zu lenken. Ihr angepasstes Konsumverhalten beeinflusste in der Beobachtungszeit weder den Leistungsbereich noch in größerem Umfang den Delinquenzbereich. Die Finanzierung von Rauscherlebnissen erfolgte nur noch mit legal erworbenem Geld. Einflussfaktoren der Verhaltensänderung waren nach den Gutachten:

- erfolgreiche suchttherapeutische und gesprächstherapeutische Angebote,
- Verhaltensverschiebung hin zu einem eigenverantwortlichen Leben,
- Angst vor Konsequenzen oder Kosten des Konsums von Rauschmitteln, etwa Gefährdung des Leistungsbereichs, negative körperliche Begleiterscheinungen, Führerscheinverlust, Bewährungswiderruf oder erneute Inhaftierung.

Ein biografischer Aktualitätscheck, bei dem der Lebensquerschnitt vor der Erstinhaftierung mit dem Lebensquerschnitt der Beobachtungszeit anhand von 26 kriminologisch relevanten Stärken und Schwächen verglichen wurde, den K- und R-Kriterien der MIVEA, bestätigte die erkennbaren Verhaltensänderungen nach der Haftentlassung für die Teilnehmer der Inklusionsgruppe.

Entscheidender empirischer Prüfstein war aber, ob sich Verhaltensveränderungen letztlich auch im Delinquenzbereich zeigen und ob Unterschiede zwischen den Gruppen vor und nach der Erstinhaftierung erkennbar sind. Bewertungsmaßstäbe für diese Fragen waren Art, Häufigkeit und Intensität der Delikte vor und nach der Haft und die Zielstrebigkeit beim Begehen von Straftaten sowie erkennbare Motive. Ergebnis: Bei nahezu allen Bewertungsmaßstäben hielten fast alle Teilnehmer der Exklusionsgruppe ihr (hohes) Ausgangsniveau, auch ihre Motive für das Begehen von Straften blieben in der Tendenz weitgehend gleich. Dagegen begingen Teilnehmer der Inklusionsgruppe deutlich seltener Straftaten, richteten vergleichsweise geringe materielle und immaterielle Schäden an und zeigten in ihren Modalitäten eine eher geringe Zielstrebigkeit.

4.2 Ergebnisse der Netzwerkauswertung

Der erste Schritt der Netzwerkauswertung bestand darin, alle in den Interviews genannten 762 Kontakte auf ihre Handlungsrelevanz zu überprüfen. Geeignete Unterscheidungsfilter waren die MIVEA, deren Systematik handlungsrelevante Kontakte in den kriminologischen Gutachten aufzeigte, und ein angepasster Strong-Tie-Index, der Kontakte anhand von Beziehungseigenschaften identifizierte. Die beiden Instrumente reduzierten die Anzahl der Kontakte um 36 % auf 486. Nach Filterung ergab sich so eine durchschnittliche Netzwerkgröße von 17 Kontakten (SD=7) eines Netzwerks in der Inklusionsgruppe und 16 Kontakten (SD=8) eines Netzwerks in der Exklusionsgruppe.

Ein weiterer Schritt der Netzwerkauswertung war ein Vergleich der Eigenschaften der Kontakte, die sich im Ergebnis allerdings kaum unterschieden. Die Netzwerke der Teilnehmer von Inklusions- und Exklusionsgruppe tendierten im Durchschnitt zu gleichen Geschlechteranteilen, auch das Durchschnittsalter der Netzwerke fiel mit 33 Jahren (SD=3 Jahre) in der Inklusionsgruppe und 32 Jahren (SD=5 Jahre) in der Exklusionsgruppe ähnlich aus.

Ebenso fanden sich bei der Anzahl und Verteilung der sozialen Rollenkategorien, gemessen an allen handlungsrelevanten Kontakten einer Gruppe, kaum Unterschiede bei den Kontakten der Herkunftsfamilie, Partnerinnen und eigenen Familie sowie Verwandten. Abweichungen gab es bei Bekannten, die bei Teilnehmern der Exklusionsgruppe fast ausschließlich dem Freizeitbereich zuzuordnen waren, während die Teilnehmer der Inklusionsgruppe mehr handlungsrelevante Kontakte im Leistungsbereich verzeichneten.

Die Analyse zur Zusammensetzung der Netzwerke nach Migrationshintergrund ergab, dass die Teilnehmer beider Gruppen eher wenige Kontaktpersonen ohne Migrationshintergrund hatten – durchschnittlich jeder dritte Kontakt in Netzwerken der Inklusionsgruppe bzw. jeder fünfte Kontakt in Netzwerken der Exklusionsgruppe. Durchschnittlich circa jeder zweite Kontakt hatte in den Netzwerken beider Gruppen denselben Migrationshintergrund wie der Teilnehmer.

Der Analyseschritt zu den Eigenschaften der Beziehungen bearbeitete u. a. Fragen nach Zeitpunkten des Kennenlernens, zur Dauer der Beziehungen, Beziehungsinhalten und zur örtlichen Verteilung. Veränderungen bei den Kontakten ergaben sich in beiden Gruppen nach Haftantritt, in aller Regel nach der Entlassung, vor allem durch neue Partnerinnen und bei der eigenen Familie. Teilnehmer der Exklusionsgruppe gewannen zudem viele neue Kontakte im Freizeitbereich, Teilnehmer der Inklusionsgruppe dagegen vor allem weitere Kontakte im Leistungsbereich und unter professionellen Helfern hinzu. Die benannten neuen Kontakte umfassten circa ein Drittel aller handlungsrelevanten Beziehungen.

Der sogenannte Multiplexitätswert informiert, über wie viele Beziehungsinhalte die Teilnehmer mit ihren Kontakten verknüpft sind. Ermittelt wurde die Multiplexität in der Studie anhand der Beziehungstypen: materielle und immaterielle Unterstützung, gemeinsam essen, gemeinsam feiern und emotionale Nähe. Das Betrachten der Multiplexitätswerte in Abhängigkeit von der sozialen Rollenkategorie ergab für beide Gruppen ähnliche Verteilungen.

Höhere Multiplexitätswerte erzielten Beziehungen zur Herkunftsfamilie, zu Partnerinnen oder zur eigenen Familie und, wenn vorhanden, zu engen Freunden sowie, etwas nachgeordnet, zu Verwandten. Niedrigere Werte wiesen Beziehungen zu Bekannten aus dem Freizeit- und Leistungsbereich auf und zu professionellen Helfern. Handlungsrelevante Kontakte sind in beiden Gruppen vor allem lokal konzentriert, überregionale Kontakte oder Auslandskontakte nur in Ausnahmefällen von Bedeutung.

4.3 Ergebnisse zu Netzwerkeinflüssen auf Prozesse der Exklusion und der Inklusion

Analysen zum Einfluss der Netzwerke auf die biografischen Verläufe nach der Haftentlassung erforderten eine inhaltliche Bestimmung, die über die o. g. Auswertungskategorien der Netzwerkanalyse hinausreichten. Zu bestimmen war, wie sich die Beziehungen auf die kriminelle Gefährdung der Teilnehmer auswirkten. Dies ermöglichte ein vom Verfasser entwickeltes Bewertungsschema für Beziehungen mit 5 Codes (Lernen am Modell, Normtreue, Unterstützung, Relevanzbezüge, Sozialkontrolle). Unter Verwendung des Schemas gelang es, die Netzwerke „zum Sprechen" zu bringen und das soziale Kapital der Netzwerke kriminologisch zu beschreiben. Jede Beziehung eines Teilnehmers zu einem handlungsrelevanten Kontakt wurde nach diesem Bewertungsschema analysiert. Mit Hilfe des Schemas bestimmte der Verfasser die Wirkungsrichtung der Beziehungen, sprich ob die Beziehungen die kriminelle Gefährdung in der Beobachtungszeit verringerten oder steigerten und ihre Wirkungsintensität.

Die Ergebnisse der Bewertungen sind in 29 aggregierte und damit anonymisierte Netzwerkkarten überführt. Die Abbildungen bündelten wesentliche Informationen zu den Eigenschaften handlungsrelevanter Kontakte und den Beziehungen sowie die Bewertungsergebnisse zur Wirkungsrichtung und Wirkungsintensität der Beziehungen. Sowohl Erhebung als auch Abbildung der Netzwerkdaten erfolgte standardisiert. Dieses Vorgehen ermöglichte die Analyse der Kontakte und Beziehungen innerhalb einer Netzwerkkarte (intrapersonell), aber auch den Vergleich der Karten verschiedener Teilnehmer (interpersonell).

Bei allen Teilnehmern beeinflusste das Netzwerk nach der Entlassung aus der Erstinhaftierung entscheidend die kriminelle Gefährdung und in der Tendenz auch die biografische Entwicklung. Beziehungen aus dem Kontaktbereich wirkten in der Beobachtungszeit stets auf die kriminelle Gefährdung der Teilnehmer zurück – entweder verstärkend oder abschwächend. Dabei ist zu bedenken, dass selbst eine hohe kriminelle Gefährdung nicht zwingend das Begehen von Straftaten bedeutet.

Die Wirkungsrichtung der Netzwerke fiel bei fast allen Teilnehmern so aus, wie es angesichts ihrer Gruppenzugehörigkeit zu erwarten war: Netzwerke von Teilnehmern der Inklusionsgruppe verringerten die kriminelle Gefährdung, Netzwerke von Teilnehmern der Exklusionsgruppe erhöhten sie. Diese Tendenz bedeutete zugleich nicht die vollständige Abwesenheit von Beziehungen mit gegenläufiger Wirkungsrichtung. In 23 von 29 Netzwerken fanden sich Beziehungen mit gegenläufiger Ausrichtung, darunter für 11 Teilnehmer der Inklusionsgruppe. In ihren Netzwerken gab es nicht nur Kontakte, deren Beziehungen zu den Teilnehmern als (potenziell) kriminalitätshemmend einzustufen waren, sondern auch Kontakte, deren Beziehungen (potenziell) kriminalitätsgefährdend wirkten. Als entscheidend erwies sich dann, ob die Teilnehmer Kontakte, die für sie kriminalitätsgefährdend waren, erkannten, und wie sie sich zu diesen Kontakten positionierten.

Die Teilnehmer der Inklusionsgruppe suchten in der Tendenz nach ihrer Haftentlassung kaum noch die Verbindung zu kriminalitätsgefährdenden Kontakten aus der Zeit vor ihrer Erstinhaftierung. Mindestens 10 der 14 Teilnehmer der Inklusionsgruppe gestalteten ihr Netzwerk aktiv oder waren bemüht, (potenziell) kriminalitätsgefährdende Beziehungen zu vermeiden. Entsprechende Bemühungen alter Kontakte blockten sie erfolgreich ab.

Die Teilnehmer der Exklusionsgruppe positionierten und verhielten sich in der Tendenz deutlich anders. 11 Teilnehmer suchten nach der Haftentlassung kriminalitätsgefährdende Kontakte oder Gelegenheiten zur Kontaktaufnahme. Zugleich bemühten sich eher wenige kriminalitätsgefährdende Kontakte aus dem Umfeld der Teilnehmer der Exklusionsgruppe um eine Kontaktaufnahme.

Weitere Befunde zu (Netzwerk-)Einflüssen und Wirkungen anderer Mechanismen auf Prozesse der Exklusion und der Inklusion und ihr Verhältnis zum Netzwerkeinfluss sind in der Dissertation des Verfassers ausgeführt. Alle Biografien wurden zudem mit den 3 Ausstiegsmodellen[10], die *LeBel* u. a. beschreiben, abgeglichen und soweit ein Ausstiegsprozess aus strafbarem Verhalten begonnen worden war, einer Phase des von *Stelly* und *Thomas* vorgelegten Ausstiegsmodells[11] zugeordnet.

---

10 *LeBel u. a.* (2008).
11 *Stelly/Thomas* (2011), S. 241–245.

Literatur

Bock, M. (2013): Kriminologie, 4. Aufl. München: Vahlen.
Hofinger, V. (2013): „Desistance from Crime" – neue Konzepte in der Rückfallforschung. Neue Kriminalpolitik, 25(4), S. 317–324.
LeBel, T.-P./Burnett, R./Maruna, S./Bushway, S. (2008): The 'Chicken and Egg' of Subjective and Social Factors in Desistance from Crime. European Journal of Criminology, 5(2), S, 131–159.
Morgenstern, C. (2007): (EU-)Ausländer in europäischen Gefängnissen. Neue Kriminalpolitik, 19(4), S. 139–141.
Rau, M. (2016): Lebenslinien und Netzwerke junger Migranten nach Jugendstrafe. Ein Beitrag zur Desistance-Forschung in Deutschland (als Dissertation eingereicht).
Rau, M. (2011): Soziale Netzwerke und ihr Beitrag zu Prozessen der Exklusion und Inklusion anhand von Biographien junger Migranten – ein Werkstattbericht. In: Bannenberg, B./Jehle, J.-M. (Hg.): Gewaltdelinquenz. Lange Freiheitsentziehung. Delinquenzverläufe. Mönchengladbach: Forum Verlag Godesberg, S. 459–468.
Stelly, W./Walter, J. (2011): Russlanddeutsche im Jugendstrafvollzug – was ist aus ihnen geworden? Neue Kriminalpolitik, 23(2), S. 50–54.
Walburg, C. (2014): Migration und Jugenddelinquenz. Eine Analyse anhand eines sozialstrukturellen Delinquenzmodells. Münster: Waxmann.

Übergangsmanagement in der Schweiz

Melanie Wegel

Gliederung
1. Einleitung
2. Strukturen des Übergangsmanagements in der Schweiz
3. Online-Studie
4. Übergangsmanagement
5. Zusammenfassung

1. Einleitung

Das Thema Übergangsmanagement vom Straf- und Massnahmenvollzug in die Freiheit ist aktuell in der Praxis der Sozialen Arbeit mit Straffälligen ein bedeutendes Thema und nimmt an Relevanz stetig zu. Das Wissen über Rückfälligkeit und Resozialisierung wird aus Studien übernommen, die primär den Straffälligen beleuchten (vorwiegend Desistance Studien, *Farrall/Bottoms/Shapland*)[1] oder aber auf aggregierten Hellfelddaten beruhen (vorwiegend Rückfallstudien). Die Rolle, die dabei den Institutionen und den professionellen Helfern zukommt, wurde wissenschaftlich kaum untersucht. So ist aus der Praxis bekannt, dass nach einer Entlassung aus dem Straf- und Massnahmenvollzug Betreuungslücken bestehen, die die Wahrscheinlichkeit eines Rückfalls in die Straffälligkeit vermutlich erhöhen können.

Die Züricher Hochschule für Angewandte Wissenschaften (ZHAW) hat zum Thema „Übergangsmanagement vom Strafvollzug in die Freiheit" eine repräsentative Studie in der Schweiz, in Österreich und in Deutschland durchgeführt, welche zum einen die Arbeitsmethoden und Zielsetzung von Sozialarbeitern im Straf- und Massnahmenvollzug, sowie Bewährungshelfern fokussiert. Eine zentrale Fragebatterie befasste sich mit dem Thema des Übergangsmanagement. Entsprechend der Leitlinien zum Übergangsmanagement des Strafvollzugskonkordats Nordwest- und Innerschweiz konnten gezielt Defizite bei der Kooperation von Akteuren innerhalb und ausserhalb des

---

1 Stellvertretend für viele: *Farrall/Bottoms/Shapland* (2010).

Straf- und Massnahmenvollzugs erhoben werden. Im Folgenden soll die Thematik weiter erläutert sowie zentrale Ergebnisse diskutiert werden.

Fragestellungen:

- Welche Arbeitshaltungen nehmen die Professionellen in der Sozialen Arbeit im Straf- und Massnahmenvollzug sowie in der Bewährungshilfe ein?
- Unterscheidet sich die Arbeitshaltung dieser beiden Gruppierungen?
- Was sind die zentralen Probleme bei der Übergabe von Klienten aus dem Straf- und Massnahmenvollzug heraus an die Bewährungshilfe?

2. Strukturen des Übergangsmanagements in der Schweiz

Mit Blick auf die Strukturen in der Schweizerischen Bewährungshilfe sind vor allem zwei Besonderheiten zu beachten. Zum einen gibt es vier Kantone, die nach dem Prinzip des Risikoorientierten Sanktionenvollzugs arbeiten, zum anderen ist die Schweiz in drei Strafvollzugskonkordate aufgeteilt, namentlich das Konkordat Ostschweiz, Nordwest- und Innerschweiz sowie Westschweiz.

Nicht zuletzt aufgrund spektakulärer einzelner Gewalttaten, bei denen vorbestrafte Gewalt- und Sexualstraftäter rückfällig wurden, was jeweils zum Tod der Opfer führte (Fall „Lucie" und Fall „Pasquale" sowie „Marie"), kam es in der Schweiz zu einem Paradigmenwechsel, wonach der Sicherheitsgedanke der Gesellschaft an erster Stelle stehen sollte. Hierauf wurde das Konzept des Risikoorientierten Sanktionenvollzugs (ROS) (*Mayer/ Treuthardt* 2014) entwickelt, welcher die Risikominimierung fokussiert. Obwohl in der Konzeption nicht explizit vorgesehen, bedeutet dies in der Vollzugspraxis, dass mit Blick auf Vollzugslockerungen oder Freilassungen der Vermeidung von Rückfällen ein besonders hoher Stellenwert zukommt. Faktisch heisst dies, dass nach einer Verurteilung eine Triagierung durchgeführt wird, in welcher diejenige Fälle identifiziert werden, bei denen eine eingehende Risiko- und Bedarfsabklärung durchgeführt wird. Zu Beginn wird seitens der Vollzugsbehörde eine Vollzugsplanung durchgeführt, in welchem alle relevanten Therapie- und Wiedereingliederungsmöglichkeiten festgehalten werden. Die Deliktarbeit steht hier im Mittelpunkt. Das Konzept ROS wurde im Rahmen eines Modellversuchs getestet und 2014 in den Kantonen Luzern, St. Gallen, Thurgau und Zürich übernommen. Durch die Einführung von

ROS sollte der fachliche Austausch zwischen Vollzugsbehörde und Vollzugseinrichtungen im Sinne der Verbesserung der Schnittstellenkommunikation intensiviert werden, die Inhalte der Vollzugsplanung der Vollzugsbehörde fanden Eingang in die Vollzugs- und Massnahmenpläne der Vollzugseinrichtungen sowie in die Therapiepläne der ambulant tätigen Therapeuten. Ergänzend hierzu konnten bei entsprechender Indikation strukturierte kognitiv-verhaltensorientierte Interventionen nach spezifischer Indikationsstellung durchgeführt werden. Im Rahmen der Begleitevaluation des Modellversuchs, wurde eine risikoorientierte Arbeitshaltung im Sinne eines fachlichen Selbstverständnisses der Mitarbeitenden der beteiligten Vollzugsbehörden und Vollzugseinrichtungen im Hinblick auf einen strukturierten, instrumentengestützten, arbeitsteiligen Vollzugsprozess mit rückfallpräventiver Zielsetzung erreicht.

Eine weitere Sichtweise auf das Datenmaterial ergibt sich vor allem mit Blick auf das Übergangsmanagement, indem man einen Vergleich nach Strafvollzugskonkordaten vornimmt. Für das Konkordat Nordwest- und Innerschweiz wurden Leitlinien für die Bewährungshilfe entwickelt, welche bei der Kooperation von Professionellen und der Übergabe von Klienten Beachtung finden sollen. Diese Leitlinien fokussieren auch explizit Kriterien, welche bei der Übergabe von Klienten aus dem Straf- und Massnahmenvollzug in die Bewährungshilfe zur Anwendung kommen sollen. Exemplarisch sind dies:

- Die Institutionen wie Straf- und Massnahmenvollzug sollen über die Angebote und auch die Ansprechpartner der Bewährungshilfe informieren.
- Die Arbeiten des Sozialdienstes im Strafvollzug sollen von der Bewährungshilfe weitergeführt werden.
- Die Vollzugseinrichtungen sollen über gefährliche Straftäter informieren.
- Die Akten sollen vollständig und rechtzeitig übergeben werden.

Insgesamt wurden in die Befragung 16 Kriterien aus diesen Leitlinien übernommen.[2] Im Konkordat der Westschweiz soll hingegen ein eigener Weg zu einer einheitlichen Arbeitsweise gefunden werden, das Konkordat der Ost-

---

[2] Die vollständigen Leitlinien finden sich in aktualisierter Form unter: http://www.prison.ch/images/stories/pdf/konkordat_nw_ch/0715/0605_Standards_Bewaehrungsdienste.pdf.

schweiz kennt einheitliche Vorgaben, aber keine dem Konkordat der Nordwest- und Innerschweiz vergleichbare Leitlinien. Zusammenfassend muss festgehalten werden, dass die Praxis der Fallübergabe beim Straf- und Massnahmenvollzug in die Freiheit schweizweit ausgesprochen heterogen gehandhabt wird.

3. Online-Studie

Die ZHAW hat mit Unterstützung des Schweizerischen Ausbildungszentrums für das Strafvollzugspersonal (SAZ) eine schweiz-, österreich- und deutschlandweite Online-Studie zum Thema Strafvollzug und Übergangsmanagement durchgeführt. Für die Schweiz gilt: Die Befragung wurde als Vollerhebung bei allen Bewährungshelfern und Sozialarbeitern im Justizwesen in der Schweiz konzipiert. Von den 26 Kantonen haben 24 an der Befragung teilgenommen. Die Befragung fand von Juni 2015 bis Ende September 2015 zugleich in sieben Bundesländern in Deutschland statt. Die aktuelle Teilnehmerzahl in Deutschland beläuft sich auf N=518 Personen. In Österreich ist der Online-Link noch aktiv, bislang haben 166 Personen teilgenommen. Bei den Teilnehmern aus Österreich handelt es sich ausschliesslich um Mitarbeitende aus den Bereichen Bewährungshilfe, Gemeinnützige Arbeit sowie dem Electronic Monitoring.

Die Rücklaufquote der Befragung in der Schweiz liegt bei rund 75 %. Insgesamt haben in der Schweiz 325 Personen an der Befragung teilgenommen. Als Grundgesamtheit gelten alle Personen, die den Link zumindest erhalten haben, was im Online Erhebungstool Unipark ersichtlich ist. Zu einzelnen Kantonen (Zürich, Bern, Basel, Schwyz) wurde die Grundgesamtheit explizit in den Ämtern für Justizvollzug erfragt, hier ergab sich eine Rücklaufquote von nahezu 100 %. Am stärksten sind die bevölkerungsmässig starken Kantone Zürich, Genf und Bern vertreten, die demzufolge auch über mehr Professionelle verfügen. Bei einer Aufteilung in die Konkordate Nordwest- und Innerschweiz, Ostschweiz und die Westschweiz kann nahezu von einer Gleichverteilung gesprochen werden.

Die Befragung beinhaltet Variablen zu den Strukturdaten der Professionellen, der Arbeitserfahrung, Einstellung zu Fort- und Weiterbildungsangeboten, Methodenausrichtung und Arbeitsweise sowie Zielsetzung und Rahmenbedingungen der Arbeit (Betreuungszahlten etc.). Ein Fragenblock fokussierte ausschliesslich die Übergabe von Klienten aus dem Straf- und

Massnahmenvollzug in die Bewährungshilfe. Die Grundlage für diesen Fragenblock bildeten Leitlinien zu Aufgaben der Bewährungshilfe und der Sozialen Arbeit im Straf- und Massnahmenvollzug. Die Leitlinien wurden im Rahmen der Konferenz der Leiterinnen und Leiter der Bewährungshilfe des Konkordats Nordwest- und Innerschweiz entwickelt und sind mehr oder weniger verbindlich. Zum Konkordat Nordwest- und Innerschweiz gehören die Kantone: Uri, Schwyz, Obwalden, Nidwalden, Luzern, Zug, Bern, Solothurn, Baselland, Baselstadt sowie Aargau. Von den Befragten, die Angaben zum Geschlecht gemacht haben, waren 49,22 % männlich und 50,78 % weiblich. 23,13 % der Befragten sind zwischen 25 und 35 Jahre alt, 30,25 % zwischen 36 und 45 Jahre, 31,32 % zwischen 46 und 55 Jahre und 15,3 % sind älter als 56 Jahre. Rund 29 % der Befragten haben zwischen einem und fünf Jahren Berufserfahrung. Rund 50 % der Befragten gaben an, zwischen 6 % und 20 % Berufserfahrung zu besitzen und können als Personen mit einer langjährigen Berufserfahrung bezeichnet werden. Immerhin knapp 9 % der Befragten sind bereits seit über 20 Jahren in diesem Arbeitsfeld tätig. Die Angaben spiegeln wider, dass es sich um eine Profession handelt, in der die Personen eher älter und zudem als sehr erfahren bezeichnet werden können. Die Geschlechter- sowie die Altersverteilung ist mit der in den in Deutschland erhobenen Daten vergleichbar.

Bezüglich der Einstellung zu Fort- und Weiterbildungen zeigt sich, dass mehr als die Hälfte der Befragten diese für wichtig erachten. Und immerhin 39,2 % noch in unregelmässigen Abständen an Weiterbildungsangeboten teilnehmen. Die Einschätzung, dass Fort- und Weiterbildungen für den Einzelnen wichtig sind, ist bei allen Befragten, differenziert nach Konkordaten, nahezu gleichverteilt. Es ergibt sich ein geringer (Cramers V=.258) Effekt, sofern man das Alter der Befragten hinzunimmt, indem vor allem jüngere Befragte eine stärkere Nachfrage nach Fort- und Weiterbildungen angeben. Jedoch wird der Zusammenhang stärker (Cramers V=.475) sofern man nach Konkordaten unterscheidet. Insbesondere in der Westschweiz ist eine grosse Nachfrage nach Fort- und Weiterbildungen feststellbar. Generell wird eine hohe Nachfrage insbesondere für die Bereiche Supervision sowie deliktorientierte Arbeit angezeigt.

4. Übergangsmanagement

Die Arbeitshaltung und die Methoden der Sozialen Arbeit im Justizwesen sind nicht Kernpunkt der vorliegenden Auswertung, jedoch sollte bezogen auf die gesamte Schweiz an dieser Stelle festgehalten werden, dass eine klare Arbeitsausrichtung in Richtung Risikoorientierung und somit auch die Arbeit am Delikt und die Rückfallvermeidung Priorität hat und eine Arbeitsweise, die auf Fähigkeiten/Fertigkeiten und die Sichtweise des Klienten vertraut, eher nicht zu den präferierten Arbeitsmethoden zählt. Im Rahmen einer Faktorenanalyse wurden alle 16 Variablen, die zum Thema Übergangsmanagement eingesetzt wurden, berücksichtigt. Zuletzt konnte zu dem Thema „Übergangsmanagement" eine Dimension gebildet werden mit einer Varianz von 67 %.

	Komponente 1
v_354 Die notwendigen Massnahmen für den Inhaftierten, wie z.B. Schuldenberatung werden bereits im Vollzug in die Wege geleitet	.764
v_357 Der Inhaftierte ist zum Zeitpunkt der Entlassung bereits ausreichend darüber informiert was die Bewährungshilfe für ihn leisten kann	.855
v_358 Der Bewährungshelfer kann an die Vorarbeit der Sozialarbeiter im Vollzug sinnvoll anknüpfen	.762
v_361 Die Vollzugsinstitutionen stellen sicher, dass alle Insassen über die Angebote der Bewährungshilfe informiert sind	.818
v_364 Die Bedürfnisse von Personen, die entlassen werden sind bereits während des Vollzugs optimal eingeleitet (Wohnung, Therapie, Ansprechpersonen Bewhi.)	.774

Extraktionsmethode: Hauptkomponentenanalyse.
a. 1 Komponenten extrahiert

Für die Praxis der Sozialarbeiter im Schweizerischen Justizwesen sind letzten Endes alle Variablen die Fallübergabe betreffend relevant. Das nachfolgende Schaubild 1 zeigt ein Ranking zur Fallübergabe über alle Befragten in der Schweiz anhand von Mittelwertsangaben. Je niedriger die Mittelwerte, umso besser wird die Leitlinie von den Professionellen beurteilt. Problembereiche der Fallübergabe stellen somit die Leitlinien mit den höheren Mittelwerten dar. Beispielsweise findet der Erstkontakt zwischen dem Bewährungshelfer und dem Klienten häufig nicht wie vorgesehen im Strafvollzug statt, oder aber die Vollzugsinstitutionen stellen nicht sicher, dass die Inhaftierten bei der Entlassung über die Angebote der Bewährungshilfe informiert sind. Ein weiteres Problem ist, dass die notwendigen Massnahmen mit Blick auf die Entlassung, wie z.B. Schuldenregulierung sowie Wohnungs- und Arbeitssuche im Vollzug, meist noch nicht in die Wege geleitet sind.

Übergangsmanagement in der Schweiz

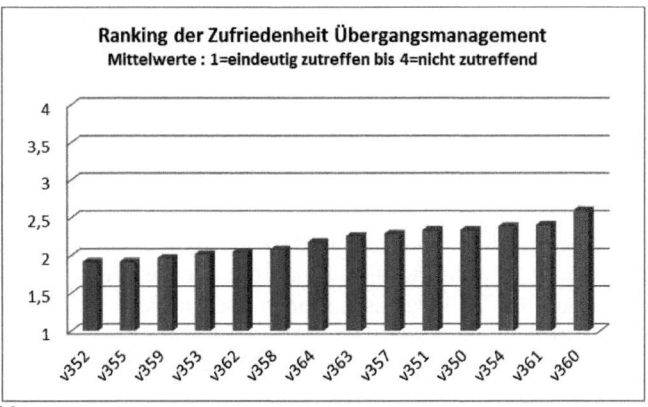

Ranking der Zufriedenheit Übergangsmanagement
Mittelwerte: 1=eindeutig zutreffen bis 4=nicht zutreffend

[Balkendiagramm mit Werten für: v352, v355, v359, v353, v362, v358, v364, v363, v357, v351, v350, v354, v361, v360]

Schaubild 1

Variablenbezeichnung:

v352 Die Bewährungshilfe wird von den Vollzugsinstitutionen auf gefährliche und psychisch auffällige Insassen aufmerksam gemacht
v355 Im Vollzug begonnene Massnahmen können direkt nach der Entlassung von der Bewährungshilfe weitergeführt werden
v359 Der Bewährungshelfer hat IMMER die Möglichkeit einen ersten persönlichen Kontakt zum Inhaftierten bereits im Vollzug
v353 Mitarbeiter der Bewährungshilfe werden RECHTZEITIG über Entlassungen informiert
v362 Die Akten der Einweisungsbehörden stehen den Sozialarbeitern immer vollständig/rechtzeitig zur Verfügung
v363 Auch Personen, die definitiv aus dem Vollzug entlassen werden, können Dienstleistungen der Bewährungshilfe in Anspruch
v358 Der Bewährungshelfer kann an die Vorarbeit der Sozialarbeiter im Vollzug sinnvoll anknüpfen
v364 Die Bedürfnisse von Personen, die entlassen werden sind bereits während des Vollzugs optimal eingeleitet (Wohnung, Therapie, etc)
v363 Auch Personen, die definitiv aus dem Vollzug entlassen werden, können Dienstleistungen der Bewährungshilfe in Anspruch
v357 Der Inhaftierte ist zum Zeitpunkt der Entlassung bereits ausreichend darüber informiert was die Bewährungshilfe für ihn leisten kann
v351 In der Zusammenarbeit mit den Einweisungsbehörden und Vollzugsinstitutionen erbringt die Bewährungshilfe in Notsituationen
v350 Bei der Entlassungsvorbereitung legen die Bewähr. und Sozialdienst GEMEINSAM fest, wer für die Entlassungsvorber. (wohnen, Arbeit, verantwortlich ist)
v354 Die notwendigen Massnahmen für den Inhaftierten, wie z.B. Schuldenberatung werden bereits im Vollzug in die Wege geleitet
v361 Die Vollzugsinstitutionen stellen sicher, dass alle Insassen über die Angebote der Bewährungshilfe informiert sind
v360 Der Erstkontakt zwischen Bewährungshelfer und Inhaftierten findet immer im Vollzug statt

Im nachfolgenden Schaubild 2 werden Mittelwertsvergleiche aufgrund der Institution, in welcher der Professionelle verortet ist, gezeigt. So finden sich in der Schweiz vor allem signifikante Unterschiede bei der Einschätzung der Professionellen, welche in den Behörden (Amt für Justizvollzug) arbeiten, und der Bewährungshilfe. Die Unterschiede zeigen sich vor allem bei der Informationspraxis, was den Zeitpunkt der Entlassung anbelangt, und auch bei den Defiziten was die Aktenführung anbelangt. Ein weiterer Punkt ist, dass die Klienten, welche vor einer Entlassung stehen, nur mangelhaft über die Leistungen der Bewährungshilfe sowie die dortigen Ansprechpartner informiert sind und die Vollzugsinstitutionen auch nicht für eine solche Vermittlung von Informationen Sorge tragen.

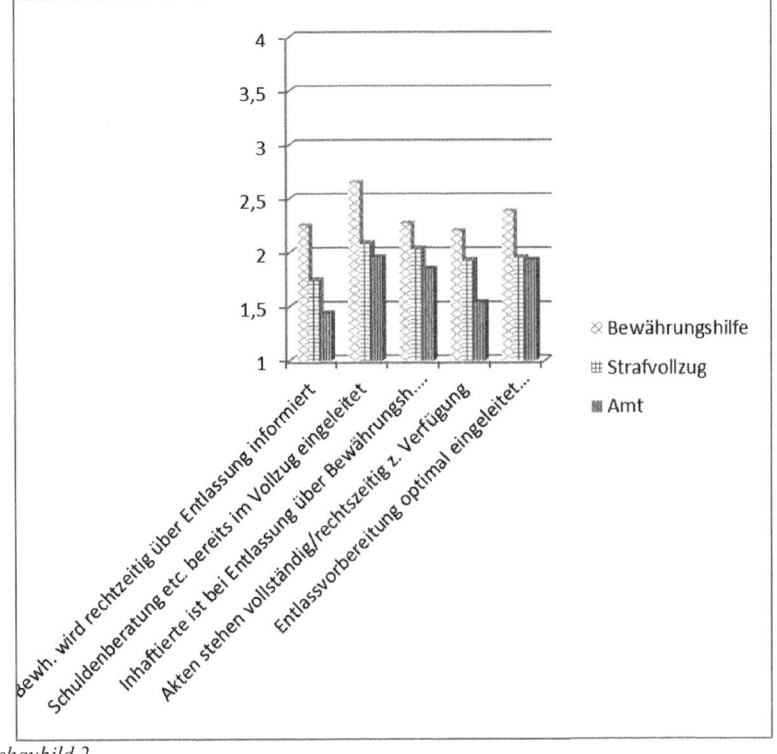

Schaubild 2

Weitere Unterschiede zeigen sich, sofern man eine regionale Unterteilung in der Schweiz vornimmt. Mit Blick auf die Einteilung der Schweiz in die Strafvollzugskonkordate zeigen sich keine signifikanten Unterschiede zwischen den beiden deutschsprachigen Konkordaten „Nordwest- und Innerschweiz" sowie „Ostschweiz". Allerdings ergeben sich jeweils Unterschiede zwischen den deutschsprachigen Regionen und der latinischen Schweiz. Die Mittelwerte reichen wieder von 1=eindeutig zutreffend bis 4=nicht zutreffend.

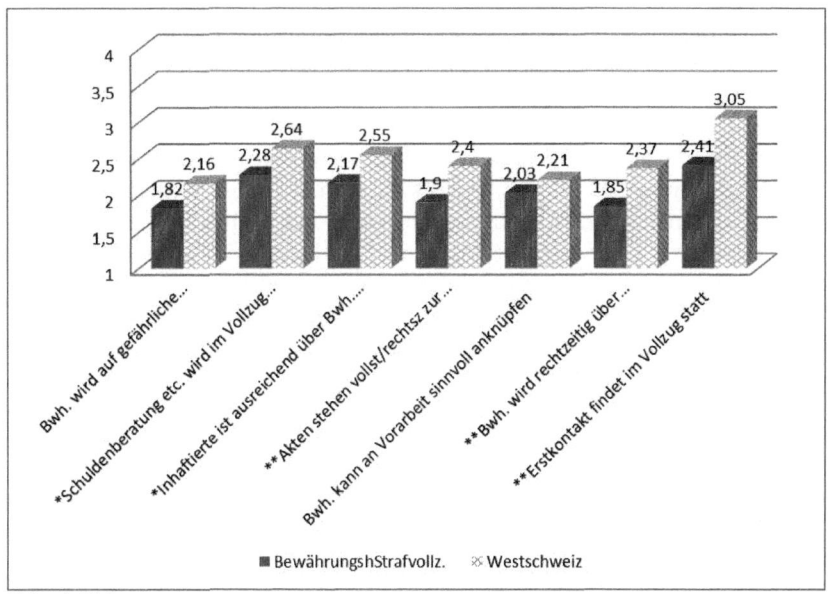

Schaubild 3

Die Professionellen in der Westschweiz beurteilen sämtliche Aussagen zum Übergangsmanagement schlechter als deren Kollegen in den beiden anderen Konkordaten, wobei zusätzliche Auswertungen zeigen, dass sich die stärksten Unterschiede zwischen der Westschweiz und der Ostschweiz ergeben. Auch hier stellt wiederum die Führung und Übergabe der Akten ein Problem dar. Ausserdem werden die defizitären Informationen über Entlassungszeitpunkte sowie die Möglichkeit, den Inhaftierten erstmals im Vollzug zu besuchen, als Probleme genannt, bei denen sich signifikante Unterschiede nach Region zeigen.

5. Zusammenfassung

Erste grobe vergleichende Befunde aus Deutschland und Österreich ergeben ein sehr ähnliches Bild. Vereinfacht ausgedrückt spielt die sogenannte „Schnittstellen-Problematik" überall eine Rolle, wenngleich die Ausprägung bei den einzelnen Leitlinien sich je nach Land leicht verändert zeigen dürfte. Sicher ist jedoch, dass diese signifikant unterschiedlich je nach Verortung oder Institution beurteilt werden. Für die Schweiz zeigt sich, dass die Behörden/Ämter, welche vereinfacht ausgedrückt als Brücke zwischen Strafvollzug und Bewährungshilfe angesehen werden können, die Übergabe von Klienten durchweg am positivsten beurteilen, wohingegen die Bewährungshilfe am kritischsten urteilt. Für die Praxis stellt sich die Frage, an welchen Punkten die vorhandenen Defizite am schnellsten und nachhaltigsten verringert werden könnten. Die Vorgabe, dass jeder Inhaftierte während der Haft oder der Massnahme von seinem nach der Entlassung zuständigen Bewährungshelfer persönlich besucht wird, gestaltet sich aus dem Grund derart schwierig, da es sich in manchen Fällen um bedingte Entlassungen handelt und/oder Entlasszeitpunkte häufig kurzfristig angesetzt werden. Inwieweit sich Entlassungstermine daran koppeln lassen, dass eine Entlassung erst dann möglich ist, wenn der Bewährungshelfer den Klienten persönlich im Vollzug aufgesucht hat, oder aber eine Entlassung erst nach einem feststehenden künftigen Wohnsitz erfolgen kann, muss vor der jeweiligen Gesetzgebung überprüft werden. Denkbar wäre jedoch, dass Problembereiche wie eine vollständige Aktenübergabe vom Strafvollzug an die Bewährungshilfe durch eine standardisierte und strukturierte Aktenführung, wie dies in den sogenannten ROS-Kantonen gehandhabt wird, optimiert werden könnte und dass im Vollzug Informationsveranstaltungen als Pflicht für jeden Inhaftierten gelten, der vor einer Entlassung steht und diese Veranstaltungen regelmässig durchgeführt werden. Die Untersuchung zeigt zumindest für alle drei Länder, dass die Schnittstellenproblematik im Übergangsmanagement vom Straf- und Massnahmenvollzug in die Bewährungshilfe ein Problem darstellt, dessen Einfluss für den einzelnen Klienten sicherlich nicht unberücksichtigt gelassen werden sollte.

Literaturverzeichnis

Farrall, S./Bottoms, A./Shapland, J. (2010): Social Structure and Desistance from Crime. In: European Journal of Criminology. Vol. 7, Nr. 6, S. 546-570.
Mayer K./Treuthardt, D. (2014): Risikoorientierung – der nächste Schritt. In: BewHi., Jg. 61, Nr. 2, S. 171-188.

Why do people engage in state crime? – Some thoughts about criminological theory

Kirstin Drenkhahn

Table of Contents
1. Introduction
2. The Integrated Theory of International Criminal Law Violations
3. Basic Assumptions of the Situational Action Theory
4. A Combination of the Integrated Theory and SAT?
5. Conclusion

1. Introduction

On the international level of criminology, there is an ongoing debate about the state of theory development and the usefulness of current theories. There seems to be a consensus that there are by far too many theories flying around today[1] – a finding that may not be obvious from the perspective of German criminology. But if one takes a closer look at the state of the field in the USA, it seems as if every day a new theory comes into the world. Why is that so? Apart from the fact that having your own theory may add to your scientific credentials, the problem with most classical theories is that they focus on some specific factors and leave out a lot of others that are presumed by other scholars to have an effect on whether or not a person commits a crime. Thus, their explanatory power is inherently limited.

Criminological theories are still mainly organised along two lines of argument – broadly speaking. On the individual level, actors are considered as either pathological/pre-destined in some way or as purely rational.[2] The other discussion is still about if it is either individual factors or those of the so-

---

[1] *Agnew* (2005), p. 1 f.; *Agnew* (2011), p. 1 ff.; *Wikström et al.* (2012), p. 3 ff. This debate is also illustrated by the fact that the 2015 annual conference of the European Society of Criminology dedicated a presidential panel to this problem in which the author participated.
[2] See e.g. *Agnew* (2011), p. 1 ff.; *Hopkins Burke* (2014), p. 9 ff.

cial environment, although there is a consensus that both levels should be considered.[3] Theories that address and even try to integrate several levels of explanation are scarce and the same is true for theories that do not consider the individual's condition in terms of exclusive categories, but rather are open to a more dimensional approach.

These problems become most obvious in the study of more complex forms of criminality such as organised and economic crime or state crime and mass atrocities. Micro level theories with their focus on the individual that make valuable contributions to the explanation of easy-to-detect everyday criminality have obvious shortcomings when it comes to explaining criminality in which social dynamics and other mechanisms on the meso and macro level are important. Especially in genocide studies, the focus is mostly on group or societal factors.[4] This is illustrated by the widespread use of the phrase of 'ordinary men in extraordinary circumstances'[5]. Although we as criminologists know that ordinary people commit a lot of crime, this notion transports the idea that ordinary people are 'innocent' and that it is not in their 'nature' to commit crime. Concentrating on meso and macro level factors allows for the emergence of group dynamics, which seem to be almost independent of the individuals who form the group in the first place.[6] Although quite convenient for the researcher – the focus on group dynamics leads away from individual responsibility, so there is no need to wonder if one would decide to engage in genocidal activities oneself – this leaves important questions unanswered, such as why some people resist social dynamics that lead to crime.

Thus, there still is a need to integrate different levels of explanation[7] and maybe also different ideas of the human nature. Therefore, I look at two theories from state crime research (Integrated Theory of International Criminal Law Violations) and developmental criminology (Situational Action Theory/SAT) respectively and check their potential for combination. Both the Integrated Theory and the SAT rely on the assumption that individuals go through a decision-making process that may or may not lead to the decision in a certain situation to commit a crime. They also both take into consideration factors of the situation in which the decision is made as well as factors that are more distant from the individual in the situation. However, while the

---

3 See e.g. *Messner/Rosenfeld* (2013), p. 45 ff.
4 See e.g. *Hagan/Rymond-Richmond* (2008); *Staub* (2014); *Welzer* (2007).
5 Based on *Browning's* (1993) 'Ordinary men'.
6 See e.g. *Welzer* (2007); *Zimbardo* (2007).
7 See also *Messner* (2012), p. 6.

Integrated Theory aims at organising all factors – even on the political level – that are relevant in the commission of a crime rather than explaining in detail the mechanisms at play between the individual and the situation when a decision is made, the SAT does exactly that. So, the two theories show some potential for combination. Overall, the paper aims at getting further along the way toward a theory for all forms of crime rather than having theories that are developed for certain types of delinquency or that only work for certain types.

2. The Integrated Theory of International Criminal Law Violations

The first of these two theories is the Integrated Theory of International Criminal Law Violations. It has been developed and is still developed further by *Dawn Rothe* and others.[8] The objective is to provide a framework for the analysis of state crime and similar actions by non-state actors such as paramilitaries and militias. Therefore, it has to be both complex and general enough to accommodate these forms of crime.

The starting point was an analytical framework for state-corporate crime by *Ron Kramer* and *Ray Michalowski* from the early 1990s.[9] State-corporate crime means collusive behaviour of state agents and private business, which leads to great – not necessarily criminalised – harm.[10] The objective was to provide an analytical scheme that organised relevant concepts from the perspective of state-corporate crime as organisational deviance. Within the analytical framework, the organisational level of explanation also 'links the internal structure of specific economic and political units with the external political-economic environment, on the one hand, and with the way in which the work-related thoughts and actions of the individuals who occupy positions in those units are conditioned by the requirements of the positions they hold and by the procedures of the organization, on the other.'[11]

So in brief, *Kramer* and *Michalowski* assume that the group processes and political-economic conditions for crime causation do not just emerge, but

---

8 See e.g. *Mullins/Rothe* (2008); *Rothe* (2009); *Rothe/Friedrichs* (2015); *Rothe/Mullins* (2009).
9 See *Michalowski/Kramer* (2006), p. 15.
10 *Michalowski/Kramer* (2006), p. 1.
11 *Kramer/Michalowski* (2006), p. 24.

that there are individuals at work who form these groups and thus influence group processes and the wider conditions. The levels of analysis are accordingly termed 'institutional environment', 'organisational' and 'interactional'. On each of these levels, *Kramer* and *Michalowski* identify elements that are related to motivation, opportunity and controls, the three 'catalysts for actions'. They propose that organisational deviance 'results from a coincidence or pressure for goal attainment, availability and perceived attractiveness of illegitimate means, and an absence of effective social control'.[12] Thus, the analytical framework is organised in a 3x3 table (see Table 1). It is important to keep in mind that the elements in this framework do not have the same importance in the explanation of each situation, but are considered to be present and relevant to a certain and varying degree.

The Integrated Theory of International Criminal Law Violations (see Table 2) comprises four catalysts for action on four explanatory levels. These catalysts are motivation, opportunity, constraints and controls with the constraints consisting of inhibitors before or during the act and the controls meaning mainly legal norms and their application after the act. The explanatory levels range from micro to international. The micro level is developed from *Kramer* and *Michalowski's* interactional level with its elements mostly borrowed from *Merton's* (1938) anomie theory (strain), learning theories, the techniques of neutralisation (*Sykes/Matza* 1957), and deterrence. The meso level relates to *Kramer* and *Michalowski's* organisational level and comprises elements from organisational theory and routine activities. The macro level is situated on the state level and developed from *Kramer* and *Michalowski's* institutional environment. The elements here are borrowed from *Foucault* (power, regimes of truth), political economy, social disorganisation and 'Realpolitik'. The international level holds elements from international political economy and system criminality. The elements are not equally important for the explanation of each and every situation, but rather have to be weighed.

---

12 *Kramer/Michalowski* (2006), p. 24.

Table 1: Integrated Theoretical Model of State-Corporate Crime

Levels of Analysis	Catalysts for Action		
	Motivation	Opportunity	Control
Institutional environment	Culture of competition Economic pressure Organisational goals Performance emphasis	Availability of legal means Obstacles and constraints Blocked goal/strain Availability of illegal means Access to resources	International reactions Political pressure Legal sanctions Media scrutiny Public opinion Social movements
Organisational	Corporate culture Operative goals Subunit goals Managerial pressure	Instrumental rationality Internal constraints Defective Standard Operating Procedures Creation of illegal means Role specialisation Task segregation Computer, telecom and networking technologies Normalisation of deviance	Culture of compliance Subcultures of resistance Codes of conduct Reward structure Safety and quality control Communication processes
Interactional	Socialisation Social meaning Individual goals Competitive individualism Material success emphasis	Definitions of situations Perceptions of availability and attractiveness of illegal means	Personal morality Rationalisations and techniques of neutralisation Diffusion of responsibility Separation from consequences Obedience to authority Groupthink

Source: Kramer/Michalowski (2006), p. 25.

Rothe and *Mullins* (2009) organised the elements of the Integrated Theory into a causal model where the catalysts for action serve as nodes around which the elements are grouped (see Graph 1). This causal model is still relatively simple. Except for individual motivation and opportunity, all elements are considered to have a combined influence on the decision to offend and an indirect or direct influence on the actual criminal act. In order to operationalise this for empirical testing, the model needs more sophistication.

Table 2: Elements of the Integrated Theory of International Law Violations

	Motivation	Opportunity	Constraints	Controls
International Level	Political interests Economic interests Resources Ideological interests	International relations Economic supremacy Military supremacy Complementary legal systems	International reaction Political pressure Public opinion Social movements NGOs and INGO Oversight/economic institutions	International law International sanctions
Macro Level	Structural transformations Economic pressure or goals Political goals Ethnogenesis Anomie	Availability of illegal means; Control of information; Propaganda Ideology/nationalism; Military capabilities	Political pressure; Media scrutiny; Public opinion; Social movements; Rebellion	Legal sanctions Domestic law
Meso Level	Organisational culture and goals; Authoritarian pressures; Reward structures	Communication structures; Means availability; Role specialisation	Internal oversight; Communication structures; Traditional authority structures	Codes of conduct
Micro Level	Strain; Socialisation; Individual goals and ideologies; Normalisation of deviance; Definition of the situation	Obedience to authority Group think Diffusion of responsibility Perceived illegal means	Personal morality Socialisation Obedience to authority Informal social controls	Legitimacy of law Perception of reality of law application

Source: Rothe 2009, 102 (permission by the author).

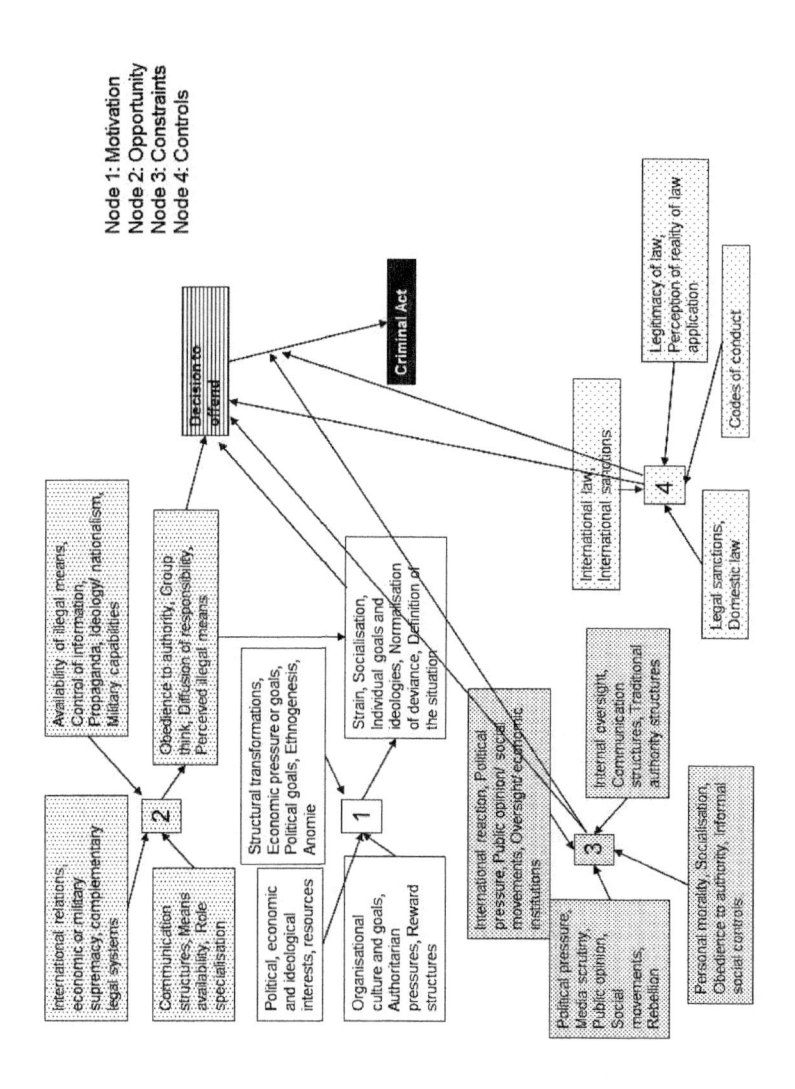

Graph 1: Causal Logic Model with Elements of the Integrated Theory
Source: Rothe 2009, 112 (permission by the author)

3. Basic Assumptions of the Situational Action Theory

This article is not the place to explain *PO Wikström's* Situational Action Theory (SAT) in full detail – a brief overview will have to suffice.[13] The basic idea is that crime is a moral action with the term 'moral' describing this action as breaking rules about what is wrong and what is right. The action (crime) is the outcome of a 'perception-choice process' that a person with a certain crime propensity undergoes when exposed to a certain setting. Both the propensity and the fact that an individual is finding her/himself in a setting are, according to the SAT, influenced by social conditions and life events which serve in this theory as 'causes of the causes'.

Immediately before the action, there is the perception-choice process that consists of the person first perceiving which action alternatives are available in the situation and then making the choice which alternative to adopt. If no criminal alternative is perceived, no criminal action will be chosen. The choice can be deliberate and conscious – usually in new situations with which the person does not have prior experience, but will very often be automatic or out of habit because the person has experienced this situation or a similar one before.

Both propensity and exposure influence the perception-choice process. The propensity relates to the individual, to a person's relevant moral rules and emotions and the ability to exercise self-control. Exposure to a setting describes the direct surroundings and a situation with a certain moral context (moral norms and level of enforcement of these norms) to which a person actually has access and finds her/himself in. Both the person's moral norms and the moral norms of the setting may or may not be congruent with rules of conduct as stated in the law. How a person will behave in a given setting also depends on three situational factors: motivation (temptation or provocation), the moral filter and controls (self-control or deterrence). The moral filter is the interaction between the person's moral norms and the norms of the setting and determines what action alternatives a person perceives as a response to a particular motivating factor. If the moral norms of the individual and the setting correspond, the person will most likely perceive action alternatives that conform with these rules (principle of moral correspondence). It is important to note that the official rules of conduct – the law – do

---

13 For details see *Wikström et al.* (2012), pp. 11-41; *Wikström/Svensson* (2010); *Wikström/Treiber* (2007); *Wikström/Treiber* (2009); *Wikström/Tseloni/Karlis* (2011); the PADS+ website; in German: *Vetter/Bachmann/Neubacher* (2013).

not play any other role in this process than to determine if an action is a crime or not. Only if individual rules and those of the setting do not correspond and the person makes a deliberate choice, controls become relevant (principle of conditional relevance of controls). Self-control as the internal control is defined as a 'process by which a person succeeds in adhering to a personal moral rule when it conflicts with the moral rules of the setting'. Deterrence as the external control is defined as a 'process by which the (perceived) enforcement of a setting's moral norms [...] succeeds in making a person adhere to the moral norms of the setting even though they conflict with his or her personal moral rules'.[14]

The individual's decision-making patterns are not considered to be static, but open to change. This change is considered to be a result of changes in the person's propensity and/or his or her exposure which would both lead to changes in the perception of action alternatives and ultimately changes in choice. Changes in propensity and exposure are interrelated with changes in exposure influencing propensity through socialisation and habituation while changes in propensity influence exposure by selection of settings.[15]

The wider social conditions and life events including socialisation, earlier experiences as well as social and societal conditions that are the focus of many criminological theories only serve as causes of the causes in the framework of the SAT. Therefore, they are not considered to have a direct causal effect on the decision to act. Still, they are very important, because what kinds of people find themselves in what kinds of settings is guided by processes of social and self-selection and what kinds of people and settings are to be found in a jurisdiction is considered as the result of historical processes of personal and social emergence.[16] Self-selection describes people's choices based on preferences 'to attend particular time and place-based activities within the constraints of the forces of social selection' with social selection meaning the 'social forces [...] that enable [...] or restrict [...] particular kinds of people from taking part in particular kinds of [...] activities'.[17] Personal emergence refers to how people acquire certain qualities such as crime propensity, social emergence to (relevant) qualities of the environment.

---

14 Quotes: *Wikström et al.* (2012), p. 26.
15 *Wikström/Treiber* (2009), p. 88.
16 *Wikström et al.* (2012), p. 30 ff.
17 Quotes: *Wikström et al.* (2012), p. 37.

The problem that this theory has in explaining more complex criminality is that it very much focusses on the individual's decision-making process and does not include group processes and dynamics as such in the same way. Still, one key argument of the theory is that 'particular combinations of kinds of people and kinds of settings will tend to create particular kinds of situations that, in turn, will tend to encourage particular kinds of action'.[18]

4. A Combination of the Integrated Theory and SAT?

So far we have two theories: one theory that tries to integrate several levels of analysis and a range of key ideas from criminology (and other fields that are relevant in the explanation of state crime) and another theory that focusses on a person's decision-making process that may lead to a criminal action and the key direct influences. While the Integrated Theory seeks to explain complex crimes that may even need years of preparation, the SAT is tested with young persons' deviant behaviour in urban areas and thus behaviour that usually lacks meticulous planning and large-scale impact. While both theories have shortcomings, because of their strengths, it is worthwhile to try to combine them. However, this will not yield a new integrated theory, but the SAT could serve as a transmission mechanism at least between the micro and the meso level of the Integrated Theory and maybe to the macro level as well. Like the catalysts for action on the macro level, those on the international level could be considered as causes of the causes in the terminology of the SAT, but they are very far away from the core of the SAT model. Therefore, they will be left out in the combination.

Even though the two theories seem to be quite different at first glance, there are also commonalities between the models. Both of them take into account the decision to take a certain path of action and both emphasise the importance of norms not only as definitions of criminal acts in written law, but also in the wider sense of social norms that people are confronted with in their everyday lives. Moreover, many of the aspects of the Integrated Theory can be found in key concepts of the SAT. Graph 2 shows which elements of the SAT can be found where in the Integrated Theory. The chart is based on the causal model of the Integrated Theory without the international level. SAT concepts are added in capitals in boxes with a thick frame. The font of SAT concepts and the respective elements of the Integrated Theory matches.

---

18 *Wikström et al.* (2012), p. 15.

Why do people engage in state crime? 313

The most obvious similarities are the decision and its outcome:

- the 'criminal act' in the Integrated Theory is the 'action' of the SAT,
- the 'decision to offend' and 'normalisation of deviance' matches the 'choice' (deliberation, habit).
- Aspects of 'perception' are to be found on the micro level of the Integrated Theory as the 'definition of the situation' (motivation) and 'perceived illegal means' (opportunity).
- As for a person's 'propensity', the Integrated Theory offers 'individual goals and ideologies' (motivation), 'obedience to authority' and 'group think' (influence the ability to exercise self-control, link the individual to the – group – setting) as well as 'diffusion of responsibility' (affects deterrence) as aspects of 'opportunity', 'personal morality' and again 'obedience' as constraints, and 'legitimacy of the law' (congruence of personal moral rules with the law) and 'perception of the reality of law application' (an aspect of deterrence) as controls.
- Aspects that describe 'exposure' would be 'organisational culture and goals', 'authoritarian pressures' and 'reward structures' (all relating to motivation); 'communication structures', 'means availability' and 'role specialisation' that provide 'opportunity'; 'informal social controls' as 'constraints' and 'codes of conducts' as 'controls' that also provide rules for the setting.
- Finally, to highlight one of the 'causes of the causes', 'socialisation' plays a role for both 'motivation' and 'constraints' in the Integrated Theory.

The Integrated Theory offers two aspects that are not explicitly used in the SAT, which help to explain the emergence of rules of the situation: 'ethnogenesis', the formation of an ethnic group identity, as a motivating factor for harmful acts and 'ideology/nationalism' as factors of opportunity. Both can serve as frames and justifications for alternative sets of rules that compete with or override the written law ('legal sanctions', 'domestic law') and traditional 'codes of conduct' for specific situations.[19]

---

19 See *Jäger* (1967/1982), p. 186 ff.; *Welzer* (2007).

314   *Kirstin Drenkhahn*

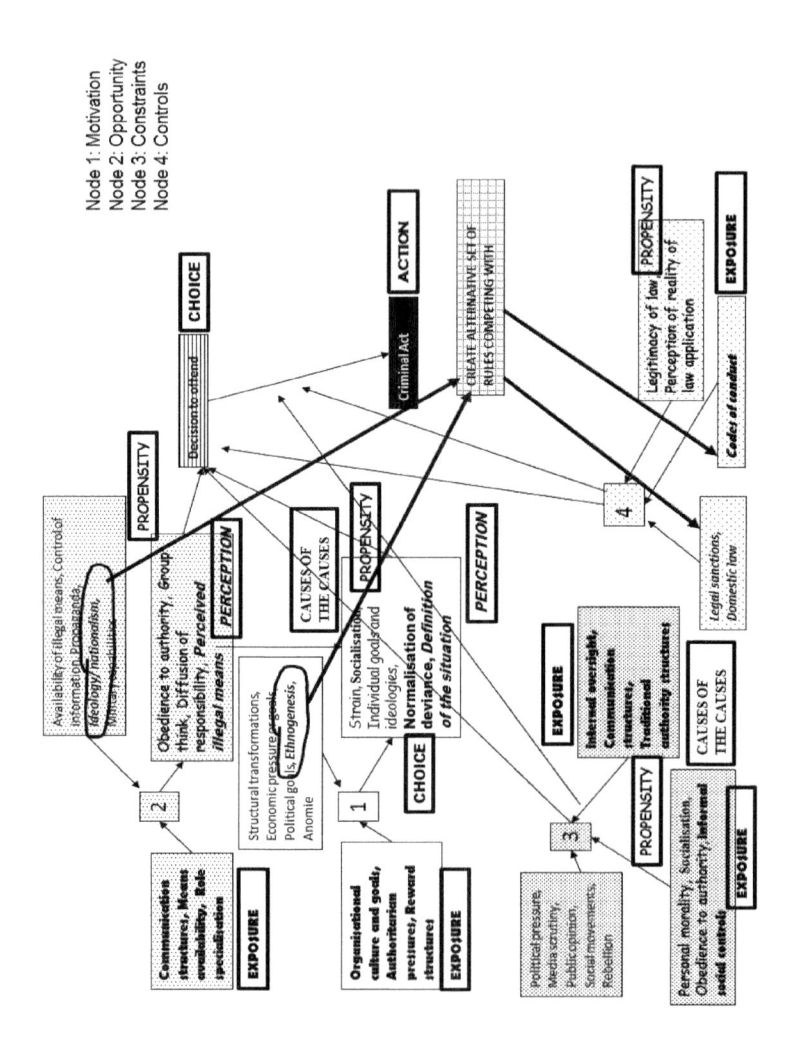

Graph 2:   Causal Logic Model of the Integrated Theory (without elements of the international level) with key aspects of the SAT

5. Conclusion

This article proposes a combination of an analytical framework from state crime criminology with a theory that explains individual everyday crime. The aim of this endeavour is to promote the development of theoretical explanations of crime that work with complex criminality as well as with simpler forms. As a first step, the article presents the Integrated Theory of International Criminal Law Violations and the Situational Action Theory with their strengths and weaknesses and then translates the aspects that the Integrated Theory proposes into the language of the SAT. This shows that the SAT seems useful for clarification of the interaction of the catalysts for action in the Integrated Theory. The combination or integration of these two theories could lead to a more sophisticated model of the explanation of crime.

Bibliography

Agnew, R. (2005): Why do criminals offend? Oxford.
Agnew, R. (2011): Toward a unified criminology. New York.
Browning, C. R. (1993): Ordinary men. London.
Hagan, J./Rymond-Richmond, W. (2008): The collective dynamics of racial dehumanization and genocidal victimization in Darfur. American Sociological Review, 73, pp. 875-902.
Hopkins Burke, R. (2014): An introduction to criminological theory. 4th ed., London.
Jäger, H. (1967/1982): Verbrechen unter totalitärer Herrschaft. Frankfurt/Main.
Kramer, R. C./Michalowski, R. J. (2006): The original formulation. In: Michalowski, R. J./Kramer, R. C. (eds): State-corporate crime. New Brunswick, pp. 18-26.
Merton, R. K. (1938): Social structure and anomie. American Sociological Review, 3, pp. 672-682.
Messner, S. F. (2012): Morality, markets and the ASC. Criminology, 50, pp. 5-25.
Messner, S. F./Rosenfeld, R. (2013): Crime and the American Dream, 5th ed. Andover.
Michalowski, R. J./Kramer, R. C. (2006): The critique of power. In: Michalowski, R. J./Kramer, R.-C. (eds): State-corporate crime. New Brunswick, pp. 1-17.
Mullins, C. W./Rothe, D. L. (2008): Blood, power and bedlam. New York.
Peterborough Adolescent and Young Adult Development Study (PADS+), Research Information, online at http://www.pads.ac.uk/pages/research/pads.html, accessed 18 January 2016.
Rothe, D. L. (2009): State Criminality. Lanham.
Rothe, D. L./Mullins, C. W. (2009): Toward a criminology of international criminal law. International Journal of Comparative and Applied Criminal Justice, 33, pp. 7-118.
Staub, E. (2014): Obeying, joining, following, resisting, and other processes in the Milgram studies, and in the Holocaust and other genocides. Journal of Social Issues, 70, pp. 501-514.
Sykes, G./Matza, D. (1957): Techniques of neutralization. American Sociological Review, 22, pp. 664-670.

Vetter, M./Bachmann, M./Neubacher, F. (2013): Die Situational Action Theory (SAT). Neue Kriminalpolitik, 25, pp. 79-92.
Welzer, H. (2007): Täter. Hamburg.
Wikström, P.-O./Oberwittler, D./Treiber, K./Hardie, B. (2012): Breaking rules. Oxford.
Wikström, P.-O., Svensson, R. (2010): When does self-control matter? European Journal of Criminology, 7, pp. 395-410.
Wikström, P.-O./Treiber, K. (2007): The role of self-control in crime causation. European Journal of Criminology, 4, pp. 237-264.
Wikström, P.-O./Treiber, K. (2009): Violence as situational action. International Journal of Conflict and Violence, 3, pp. 75-96.
Wikström, P.-O./Tseloni, A./Karlis, D. (2011): Do people comply with the law because they fear getting caught? European Journal of Criminology, 8, pp. 401-420.
Zimbardo, P. (2007). The Lucifer effect. London.

(Begrenzte) Unternehmerische Anpassung an Regulierungsverläufe

Ralf Kölbel

Gliederung
1. Einordnung
2. Fragestellung und Methode
3. Erste Beobachtungen
3.1 Formale Konformität in der Direktbeeinflussung von Ärzten
3.2 Persistenz und Zuwachs funktionaler Äquivalente
4. Zwischenbilanz

1. Einordnung

Der Gegenstand des Forschungsprojektes, über dessen Zwischenergebnisse dieser Beitrag informieren will,[1] steht in zeitlichem Zusammenhang mit der aktuellen Einführung eines „Gesetzes zur Bekämpfung von Korruption im Gesundheitswesen" (BT-Drs. 18/6446). Sachlich liegt er im Schnittpunkt von drei konvergierenden Forschungslinien: Die erste Linie ist mit der Untersuchung von Unternehmenskriminalität im Bereich der Arzneimittelindustrie befasst,[2] wobei die bisherige Befundlage hierzu vorwiegend auf gesundheitsökonomischen Analysen zu ärztlichen Interessenkonflikten durch das sog. Pharmamarketing beruht. Der Arzneimittelvertrieb schließt hiernach problematische Spielarten ein, wobei sich die Diskussion zumindest in Deutschland auf die Direktinteraktion zwischen Pharmareferenten und niedergelassenen Ärzten konzentriert. Neben der nicht unwichtigen Informationsfunktion geht es den Herstellern hier um den systematischen Aufbau eines Verpflichtungsgefühls (sei es durch Anerkennung, Aufmerksamkeit oder auch materielle Annehmlichkeiten), um darüber auf das Verschrei-

---

1 DFG-Projekt „Compliance in Practice. Unternehmerische Anpassungsprozesse an Kriminalisierungsverläufe am Beispiel des sog. Pharmamarketings".
2 Klassisch hierzu *Braithwaite* (1984); für einen kriminologischen Überblick *Kölbel* (2015) m. w. N.

bungsverhalten zugunsten der eigenen Produkte einzuwirken.[3] Da es sich dabei trotz der (bisherigen) Massenhaftigkeit nur um einen Ausschnitt eines deutlich weiteren Problemfeldes handelt (unten 3.2), wird der Pharmavertrieb vielfach als hochgradig korruptionsbelasteter Bereich eingestuft.[4]

Wegen der offensichtlichen Brisanz, die der potenziell-sachwidrigen Beeinflussung medizinischer Entscheidungen innewohnt, ist es in der Bundesrepublik nicht nur zu einer Reihe von regulatorischen Interventionen,[5] sondern nunmehr auch zu dem eingangs erwähnten, pönalisierenden Zuwendungsverbot (§§ 299a f. StGB) gekommen. Die hierfür grundlegende Erwartung, unternehmerische Marketingaktivitäten auf diese Weise effektiv eindämmen zu können,[6] unterstellt eine Abschreckungs- und Steuerungswirkung von Sanktionsnormen und zielt damit auf den zweiten hier einschlägigen Forschungsstrang. Der Bestand an insofern vorliegenden Studien weist (speziell im Wirtschaftssektor) sowohl für management- als auch unternehmensgerichtete Sanktionsdrohungen durchaus auf gewisse Abschreckungseffekte hin, dies aber lediglich als eine Tendenz.[7]

Die Regulierungsliteratur als die dritte projekteinschlägige Forschungslinie steht einer sanktionsgetragenen Unternehmenssteuerung meist skeptisch gegenüber.[8] Da sich die meisten Unternehmen weniger an simplen Entdeckungs- und Strafkosten sondern eher an komplexeren Bedingungen (Geschäftsmöglichkeiten, Regulierungslagen, Mediendiskursen, Reputationsfragen, Stakeholder-Verhalten usw.) orientieren,[9] sei es zweckmäßiger, mit „weichen" Maßnahmen auf eine selbstregulative Konformitätssicherung hinzuwirken und Sanktionen gleichsam nur für den deliktischen „Notfall" vorzuhalten.[10] Ganz in diesem Sinne ist es in den letzten Jahrzehnten – auch im

---

3 Vgl. zu Häufigkeit, Modi und Wirksamkeit der Beeinflussungstechniken im pharmazeutischen Außendienst den bei *Kölbel* (2016) und *Kölbel u. a.* (2016) (jeweils m. w. N.) aufbereiteten Forschungsstand.
4 Vgl. bspw. *Gøtzsche* (2013); *Dukes u. a.* (2014).
5 §§ 73 Abs. 5; 129 Abs. 1 SGB V (aut idem); § 128 Abs. 6 SGB V (Zuwendungsverbote); § 67 AMG (Meldepflichten bei Anwendungsbeobachtungen); § 47 Abs. 4 AMG (Beschränkungen der Arzneimittelmusterabgabe); § 7 HWG (Verbot zuwendungsgetragener Heilmittelwerbung).
6 BT-Drs. 18/6446, S. 10 ff.; *Kubiciel/Tsambikakis* (2015), S. 12; international etwa *Davis/Abraham* (2013).
7 Vgl. den Review von *Simpson u. a.* (2014) sowie aus dort noch nicht berücksichtigten neueren Arbeiten etwa *Ariel* (2012); *Simpson u. a.* (2013).
8 Für Ausnahmen vgl. m. w. N. etwa *Tombs/White* (2013).
9 *Gunningham* (2010); vgl. auch *May/Winter* (2011).
10 Grundlegend *Ayres/Braithwaite* (1992); vgl. ferner *Nielsen/Parker* (2008), S. 378 ff.

Pharmasektor – zu einem kontinuierlichen Ausbau selbstregulativer Strukturen gekommen, und zwar in organisationseigenen Varianten (Compliance-Organisation in den Unternehmen) ebenso wie in kollektiven Spielarten (Verbandsordnungen, Kodizes usw.).[11] Auch in dieser Hinsicht sind die Funktionalitätsannahmen hoch,[12] was angesichts der vorliegenden Befunde aber nicht ohne weiteres als gerechtfertigt erscheint. So führen bspw. Compliance-Maßnahmen nur bedingt zu Konformitätsgewinnen,[13] d. h. nur unter voraussetzungsreichen und so keineswegs regelhaft gegebenen Begleitbedingungen.[14]

2. Fragestellung und Methode

Nach allem bleibt es also offen, inwieweit sich die korruptionsnahen Varianten des Pharmamarketings durch die besagten außen- und binnenregulatorischen Rahmensetzungen eindämmen lassen. Zugleich ist es möglich, dass sich die Umstellungen der unternehmerischen Praxis auf ein „looking compliant behavior" beschränken[15] und / oder dass zunehmend andere, funktional äquivalente Spielarten auftreten, die allenfalls in juristischer, nicht aber in medizinischer Hinsicht akzeptabel sind. Angesichts solcher Fragen konzentriert sich das Projekt (anders als die traditionelle Compliance-Forschung) nicht auf die formale Implementierung von Korruptionsvorsorgen und deren Bewertung durch das Unternehmensmanagement; es interessiert sich stattdessen für die tatsächlichen Umstellungen in der Vertriebspraxis – seien sie durch die Unternehmensführungen initiiert und / oder durch die unteren Hierarchieebenen „on the job" und „vor Ort" produziert.[16] Eben dieses adaptierende „Gebrauchsfertigmachen" normativer Rahmenvorgaben verschließt sich allerdings einem methodischen Zugriff, der sich der ge-

---

11 Bestandsaufnahmen bspw. bei *Kuhlen* (2010); *PWC* (2013); *Schneider/Kißling* (2012); zur regulierungstheoretischen Rekonstruktion *Kölbel* (2013).
12 Stellvertretend *Bussmann* (2011), S. 67 ff.; *Bussmann/Niemeczek/Vockrodt* (2016).
13 Vgl. dazu den Review bei *Kölbel* (2014) sowie zu Kodizes der Pharmaunternehmen *Zetterquist u. a.* (2015) und speziell zur Effektivität von corporate ethics den Review von *Trevino u. a.* (2014).
14 Dazu sekundäranalytisch *Kaptein/Schwartz* (2008), S. 117 ff.; *Kölbel* (2014), S. 1439 ff.: unterstützendes Verhalten der Führungskräfte; Integration der Codes/Programme in die betriebliche Lebenswirklichkeit; Verbreitung code-konformer Werte im Unternehmen usw. (vgl. *Bussmann/Niemeczek/Vockrodt* 2016).
15 *Gray/Silbey* (2014), S. 116 ff.; vgl. auch *Krawiec* (2003), S. 510 ff.
16 Zu Übersetzungs- und Umdeutungsprozessen, ggf. auch Relativierungen und Neutralisierungen durch „frontline worker" vgl. *Gray/Silbey* (2014).

bräuchlichen standardisierten Befragungen und faktoriellen Surveys bedient. Vielmehr kann das Projekt gar nicht anders, als seinem Gegenstand mit einer Reihe von mit qualitativen Methoden nachzugehen. Im Mittelpunkt stehen dabei offene leitfadengestützte Interviews mit Personen, die in unterschiedlichen Funktionen in die Vertriebsprozesse eingebunden sind und zu ihren berufsbezogenen Alltagspraktiken und Weltsichten befragt werden.[17]

3. Erste Beobachtungen

3.1 Formale Konformität in der Direktbeeinflussung von Ärzten

Mit den früheren, korruptionsnahen Anreizen (d.h. den diversen Goodies usw.) zu operieren, kommt für Pharmareferenten heute kaum noch in Betracht. Unternehmensinterne Richtlinien und teilweise auch die Branchenkodizes werden bei ihnen tatsächlich verhaltenswirksam (nicht indes die im Feld wenig bekannten straf-/rechtlichen Regelungen).[18] Die betreffenden Vorgaben reichen oft bis in den Bereich von Kleinigkeiten hinein und werden dann bisweilen von den Mitarbeitern/innen als unsinnige oder formalistische Ärgernisse erlebt.[19] Gegenüber der normativen Grundrichtung zeigt man jedoch eine achselzuckende Haltung[20] oder gewinnt ihr durchaus Positives[21] und geradezu entlastende Seiten ab.[22] Wenn überhaupt, dann werden

---

17 Näher zur methodischen Konzeption *Kölbel* (2016) und *Kölbel u. a.* (2016).
18 „*Für, für mich ist in dem Moment natürlich unsere Compliance-Richtlinie, hmm, das Ausschlaggebende (...) Ja. So, hmm, dass es dann noch zusätzlich strafrechtliche Dinge gibt. Na, hmm, die, ich sag jetzt mal aus meinem vagen Wissen heraus etwas, ich sag jetzt mal höher angesiedelt sind, sprich dahingehend, also dann muss die Schwelle schon noch ein bisschen, hmm, hmm, hmm anders überschritten werden, hmm, das ist mir bekannt.*"
19 Anhand der Online-Compliance-Schulung: „*Wenn Sie sich innerhalb von, äh, ich glaube, es war jeweils, es war ne Stunde in der Woche vorgesehen, da 40 Folien anschauen sollen, auf denen jeweils 20 Zeilen mit Paragraphen und Absatzziffern stehen, Sie, Sie lesen sich nicht an, zumal Ihre intrinsische Motivation gleich null ist. Natürlich hat jeder Mitarbeiter die allein blitzschnell durchgeklickt, die, das Kunststück war, wer hat sich da schneller durchgeklickt (...).*"
20 „*Da gibt's ja wahrscheinlich oder gab's dann ja auch Widerstand einfach, dass der Arzt sagt, Mensch, meine Frau hat doch eigentlich immer den Douglas-Gutschein bekommen von Ihnen? – Ja, dann geht's jetzt nicht mehr. Ende. Die Regelungen sind jetzt so (...).*".
21 „*Ja, vor allem mein, mein Keller ist deutlich leerer. - IE: lacht - Was ich vorher an, an Werbematerial unten im Keller hatte.. hmm..*"
22 „*I: Hmm, finden Sie das relativ anstrengend, jetzt dass es diese ganzen Regeln gibt und ... - IE: Nee, ich find's einfacher. - I: Einfacher? - IE: Ja, weil, ich krieg genau gesagt,*

die weggefallenen Optionen durch „kreative Privatinitiativen" kompensiert (gelegentliche Blumensträuße, Essenseinladungen oder Dienste auf eigene Rechnung).[23] Insgesamt aber scheint der bestechungsartige Aspekt der Außendienst-Zuwendung im Arzt-Industrie-Kontakt vielfach weggefallen zu sein.[24] Dies ist eingebunden in einen deutlichen Rückgang der Vertretereinsätze, einem Abbau des Beraterpersonals sowie einem verbreiteten Outsourcing des Vertriebssystems. Ursächlich für all diese Umstellungen waren v. a. ökonomische Gründe - namentlich die erheblichen Kosten des bisherigen Außendienstes, dessen Wirksamkeit man zudem bei nicht wenigen Adressaten schwinden sieht.[25] Eine erhebliche Rolle spielte auch die öffentliche Skandalisierung, die nicht nur zu dieser wachsenden Skepsis der Ärzte beigetragen hat, sondern in der Branche als Belastung wahrgenommen wird. Die Umstellungen (straf-)rechtlicher Art waren für die Unternehmen dagegen allenfalls indirekt über die vorgenannten Faktoren relevant.

Zugleich behält die Industrie jene korruptionsnahen Marketingformen bei, die (im Unterschied zum Außendienst) wirtschaftlich als weiterhin vorteilhaft gelten. Mit Blick auf die normativen Rahmensetzungen werden dabei die Bereiche des Machbaren vielfach bis an die Grenzen und auch in den Grauzonen genutzt. Zum Ausdruck kommt dies in den vielfältigen Spielarten der sog. Landschaftspflege, die das ärztliche Wohlwollen sichern soll.[26] Formal sind jene Vorgehensweisen allerdings durchweg compliant, insofern

---

was, was ich darf und was ich nicht darf und wenn der Arzt irgendwas von mir haben will, kann ich ihm genau sagen: ‚Aufgrund der Gesetzeslage darf ich das nicht.' "

23 „Sie tun auch was für'n Doktor, Sie tun mal den ein oder anderen kleinen Gefallen. Also ich hab auch schon irgendwelche Computer aufgeräumt und so wat in der Praxis, wenn der Arzt's nich konnte. Ähm, die sind einem ewig dankbar, das kostet mich nix."

24 Eine ebenfalls wohl deutlich schwindende (Rest-)Relevanz haben andere Spielarten des klassischen Anreizmodells (Einbindung der adressierten Ärzte in Beteiligungsgesellschaften; Apotheker- oder Ärzte-Kickbacks; Ankauf und Verwertung von Verschreibungsdaten).

25 „Das heißt, äh, das waren so, äh, massive Sparmaßnahmen, die wir machen mussten. Diesen Sparmaßnahmen unterliegen auch sämtliche anderen großen Firmen. (...) Und das hat, äh, vielfach natürlich auch etliche Stellen im Außendienst gekostet. (...) Funktioniert heute nicht mehr so, na? Das is vielfach so, dass die Ärzte sagen, also erstmal, 30, 40 % der Ärzte empfangen überhaupt keine Außendienstler mehr. Die sagen grundsätzlich will ich keinen sehen."

26 Beispiele: „Educational visits" (d.h. Einladungen zu Betriebsbesichtigungsreisen), Kurse für das Praxispersonal, Computerschulungen, DVDs mit Kodier- und Verschlüsselungshilfen, Seminare zur betriebswirtschaftlichen Praxisführung und zur Gestaltung von Praxisseiten im Internet. Die sog. Transparenzoffensive der Industrie (http://transparency.efpia.eu/the-efpia-code-2) bezieht sich allein auf eine (bedingte) Publikation der hier verwendeten Mittel – bei Beibehaltung der Praxis selbst.

sie eine unspezifische Beziehung und keinen direkten Austausch von Zuwendung und Verschreibung herstellen, was – unabhängig von der psychologischen Wirksamkeit – die Einhaltung der (straf-)rechtlichen Regelungen und Branchenkodizes sicherstellt. Ähnlich verhält es sich beim sog. Fortbildungssponsoring. Da dieses mit einem relativ günstigen Kosten-Nutzen-Verhältnis nachweislich verschreibungsstimulierend wirkt,[27] werden ärztliche Fortbildungen zu beträchtlichen Anteilen von Arzneimittelherstellern finanziert, organisiert und inhaltlich gestaltet – und zwar regelmäßig so, dass dabei die jeweils eigenen Produkte in den Vordergrund rücken.[28] Zugleich übernehmen die Unternehmen für niedergelassene Ärzte nicht selten die Teilnahme- und Reisekosten. Doch im Regelfall ist all dies legal. Und bei der Gestaltung des äußeren Veranstaltungsrahmens (Örtlichkeit, Verpflegung u. a. Eventaspekte), entwickeln sie bzgl. der (engen) regulatorischen Vorgaben (namentlich in § 32 MBO und den Branchenkodizes) das, was *McBarnett* (2006) als „Creative Compliance" beschreibt: Sie versuchen, die bestehenden Spielräume maximal zu nutzen, die Toleranzgrenzen in einem „Legal Engineering" auszuforschen[29] und auszutesten.[30]

3.2 Persistenz und Zuwachs funktionaler Äquivalente

Daneben sind jene Marketingformen, die das ärztliche Verschreibungsverhalten „auf Umwegen" und nicht durch Direkteinwirkung beeinflussen sollen, von fortwährendem und teilweise sogar steigendem Gewicht. Die Grundlage hierfür besteht in Besonderheiten des Arzt-Patientenverhältnisses,

---

27 Zur Wirksamkeit dieses Kanals vgl. *Lieb/Scheurich* (2014).
28 Dies geschieht bisweilen auch durch Einsatz (unerlaubter) Werbung, meist aber „nur" mittels fachlicher Positiv-Präsentation durch eigenes Personal oder kooperierende Fachexperten. *"Die suchen sich die Mietmäuler, die das Ganze für sie verbreiten und liefern denen Slidesets, das is in der Medizin das übliche, Powerpoint-Präsentationen mit 20 Diagrammen. Und schlagen denen natürlich auch Redetexte vor."*
29 Nach Einführung einer regionalen Sonderregelung, die die Bedingungen der Fortbildungsveranstaltungen verschärft, nimmt die Industrie zu den hierfür Verantwortlichen Kontakt auf, um das Machbare auszuloten: *„(...) passive Teilnahme an Fortbildungen geht nicht in XXX. Und dieser eine Satz hat dann die Welle ausgelöst. Den Tsunami sozusagen. Dann wurde nämlich die Pharmaindustrie wieder aktiv (...) Ähm, und dann kam eben halt die Überlegung auf der Seite, welche, sag ich mal, Umgehungsstrategien kann man da möglicherweise fahren."*
30 Das schließt ein, es bei der Fortbildungsgestaltung auch einfach „darauf ankommen zu lassen". Dies zeigt sich sowohl in teilnehmenden Beobachtungen einer mit uns kooperierenden Ärztin als auch in unserer Analyse der nicht abreißenden Folge von Überprüfungen, die durch die Schiedsgerichte deutscher und britischer Branchenverbände in eben dieser Sache durchgeführt werden (angestoßen nicht selten übrigens durch die Wettbewerber).

(Begrenzte) Unternehmerische Anpassung 323

das einerseits seinen asymmetrisch-paternalistischen Charakter zunehmend zugunsten einer Dienstleistungs- und Kundenbeziehung verliert, in dem sich aber andererseits das diagnostisch-therapeutische Vorgehen (zumindest legitimatorisch) an wissenschaftlichen Kriterien orientiert.[31] Wegen des zweitgenannten Aspekts ist das ärztliche Entscheidungsverhalten prinzipiell durch Zurverfügungstellung fachlicher Information und Autorität ansprechbar. Folglich bemühen sich die Hersteller, im wissenschaftlichen Bereich produkt-/absatzdienliche Botschaften (Studienlage und Behandlungsleitlinien) zu evozieren – für deren Verbreitung (Vorträge, Publikationen usw.) und Herstellung man die Scientific Community einzubinden versucht (mittels Forschungssponsoring und v. a. Verpflichtung der Key Opinion Leader durch Honorarverträge, Berufung in Advisory Boards und institutionelle Förderung),[32] und zwar ungeachtet des wachsenden regulatorischen Drucks.[33]

Auf den erstgenannten Aspekt, d. h. die neue Patientenrolle reagieren die Hersteller wiederum mit dem Versuch, einen Bedarf an ihren Produkten zu generieren und durch die „mündigen Patienten" an die Ärzte herantragen zu lassen. Dabei erfährt die hierfür traditionell eingesetzte Methodik (offenes/verstecktes Direct-to-Consumer-Marketing; mediale Disease-Mongering-Kampagnen; Beeinflussung von Patientenorganisationen) momentan einen enormen Zusatzimpuls. Mit Blick auf die Informationssuche der Patienten im Internet[34] etablieren sich zahlreiche neue Wege des Product Placements – sei es durch Verbreitung vertriebsförderlich gestalteter Informationsdienstleistungen (Beratungs- und Lifestyle-Seiten mit Marketinginhalten) oder durch die Beeinflussung der nutzergenerierten Inhalte in sozialen Netzwerken, Frage-Antwort-Portalen und Gesundheitsforen (per Einsatz scheinbarer Privatuser für Einträge, Meinungen, Tipps usw.).[35]

---

31 Hierzu m. w. N. *Kölbel* (2015).
32 Auch wegen der Anfälligkeit des Wissenschaftssystems (dazu etwa *Kliche* 2011), S. 268 ff.). Vgl. für einen Überblick über die Befunde zur Wissenschaftsverstrickung, die aber zugleich eine indirekte Industrie-Arzt-Beziehung begründet, vgl. ferner *Kölbel* (2016); *Kölbel u. a.* (2016).
33 Namentlich durch Einführung von Drittmittelrichtlinien der Forschungsinstitutionen, Offenlegungspflichten bei Interessenkonflikten und Studienregistern sowie durch eine geänderte Publikationspolitik vieler Fachzeitschriften (vgl. etwa die Beiträge in *Lieb u. a.* 2011, S. 215 ff., 261 ff., 291 ff.).
34 Zur außerordentlichen Verbreitung von Gesundheitsanfragen im Netz vgl. *Baumann/Czerwinski* (2015).
35 Vgl. *Glaeske/Thürmann* (2015), S. 30 ff.; näher zum gesamten Bereich, der nicht nur ein Werbungsproblem begründet, sondern ebenfalls eines der mittelbaren Industrie-Arzt-Beziehungen, vgl. *Kölbel* (2016); *Kölbel u. a.* (2016).

4. Zwischenbilanz

Jede Form von Pharmamarketing, die den Einsatz konkreter Arzneimittel fördern soll und sich dabei nicht auf sachliche Informationen über das Produkt und dessen Eigenschaften beschränkt, zielt auf die Herstellung von Verschreibungsmotiven bzw. Nutzungsgründen, die jenseits der medizinischen Sachgerechtigkeit liegen. Es handelt sich hierbei also stets um problematische Einwirkungsformen – ganz unabhängig von ihrer in-/direkten Wirkung und ihrer formalen Il-/Legalität. Da derartige Marketingverfahren in großer Breite fortexistieren, ändert der Konformitätszuwachs im Segment des Außendienstes wenig daran, die Marketingpraxis insgesamt als eine Variante der „Institutional Corruption" untersuchen zu können.[36] Kennzeichnend für eine solche Einordnung sind (finanzielle und andere) Einflussnahmen auf Entscheidungsträger, die oft gerade keine direkten Bestechungsaktivitäten darstellen und in der Regel sogar zulässig sind. Indem sie aber auf Dauer gestellte subtile Abhängigkeiten erzeugen, unterminieren sie die Aufgabenerfüllung der Adressaten, was wiederum deren Integrität und gesellschaftliche Akzeptanz erodieren lässt (hier: durch Interessenkonflikte der Forschung, Ausbildung und Praxis im medizinischen Feld). Zugleich bilden sie einen immanenten Bestandteil der beteiligten Organisations- und Professionspraxis, der durch das alltägliche Agieren normalisiert und fortwährend reproduziert wird – und zwar deshalb, weil sich dieses Vorgehen aus strukturellen (Anreiz-)Bedingungen speist und gleichsam funktionslogisch ist.[37] Gemessen an dieser Grundproblematik ist derzeit also wenig gewonnen. Auch wirkt der aktuelle (Straf-)Rechtsdiskurs in seiner Fokussierung auf die bestechungsförmige Austauschbeziehung (sog. Unrechtsvereinbarung) aus der Warte der Korruptionsforschung merkwürdig verengt.

Literatur

Ariel, B. (2012): Deterrence and moral persuasion effects on corporate tax compliance. Criminology 50, S. 27–69.

---

36 Zu dieser Kategorie vgl. zusammenfassend *Gray* (2103), S. 536 f.; zur dahingehenden Einordnung des Pharmamarketings vgl. *Gagnon* (2013); *Sah/Fugh-Berman* (2013).

37 Hier konkret: Ärzte haben eine weitgehend kontrollfreie Entscheidungsgewalt und bestimmen dadurch über den Umsatz der Arzneimittelunternehmen wesentlich mit. Sie anzusprechen und zu gewinnen, ist für die Hersteller daher zentral. Wenn dies – auf welche Weise auch immer – gelingt, stellt sich der wirtschaftliche Erfolg allerdings auch ganz unabhängig von der jeweiligen Produktinnovation ein.

Ayres, I./Braithwaite, J. (1992): Responsive regulation, transcending the deregulation debate. New York: Oxford University Press.
Baumann, E./Czerwinski, F. (2015): Erst mal Doktor Google fragen? In: Böcken, J./Braun, B./Meierjürgen. R. (Hg.): Gesundheitsmonitor (2015). Gütersloh: Verlag Bertelsmann Stiftung, S. 57–79.
Braithwaite, J. (1984): Corporate crime in the pharmaceutical industry. London: Routledge Chapman & Hall.
Bussmann, K.-D. (2011): Sozialisation in Unternehmen durch Compliance. In: Hellmann, U./Schröder, C. (Hg.): Festschrift für Achenbach. Heidelberg u. a.: C.F. Müller, S. 57-82.
Bussmann, K.-D./Niemeczek, A./Vockrodt, M. (2016): Korruption und Unternehmenskultur – Forschungsergebnisse. In: Kubiciel, M./Hoven, E. (Hg.): Das Verbot der Auslandsbesprechung. Baden-Baden: Nomos, S. 205-224.
Davis, C./Abraham, J. (2013): Is there a cure for corporate crime in the drug industry? British Medical Journal, Vol. 346, No. 7894, 755, 06.02.2013, p. N/A.
Dukes, G./Braithwaite, J./Moloney, J. (2014): Pharmaceuticals, corporate crime and public health. Cheltenham: Edward Elgar Publishing.
Gagnon, M.-A. (2013): Corruption of pharmaceutical markets. Journal of Law, Medicine & Ethics 41, S. 571-580.
Glaeske, G./Thürmann, P. (2015): Pillenreport. Hamburg: Techniker Krankenkasse.
Gøtzsche, P. (2013): Deadly medicines and organized crime. London: Radcliffe Publishing.
Gray, G. (2013): Insider accounts of institutional corruption. British Journal of Criminology 53, S. 533–551.
Gray, G./Silbey, S. (2014): Governing inside the organization. American Journal of Sociology 120, S. 96–145.
Gunningham, N. (2010): Enforcement and compliance strategies. In: Baldwin, R./Cave, M./Lodge, M. (Hg.): Oxford handbook of regulation. New York: Oxford Universal Press, S. 120-145.
Kaptein, M./Schwartz, M. S. (2008): The effectiveness of business codes. Journal of Business Ethics 77, S. 111–127.
Kliche, T. (2011): Von Selbstvermarktung zu Korporativer Korruption. In: Kliche, T./Thiel, S. (Hg.): Korruption. Lengerich: Pabst, S. 265-305.
Kölbel, R. (2013): Criminal Compliance – ein Missverständnis des Strafrechts? Zeitschrift für die gesamte Strafrechtswissenschaft 125, S. 499–535.
Kölbel, R. (2015a): Korruption im Gesundheitswesen. In: AG Medizinrecht im DAV/IMR (Hg.): Aktuelle Entwicklungen im Medizinstrafrecht. Baden-Baden: Nomos, S. 54–74.
Kölbel, R. (2015b): Wirksamkeit und Funktionsbedingungen von Compliance aus wirtschaftskriminologischer Sicht. In: Rotsch, T. (Hg.): Handbuch Criminal Compliance, Baden-Baden: Nomos.
Kölbel, R. (2016): Strafrecht und Pharmamarketing, ZIS (i.E.).
Kölbel, R./Herold, N./Lubner, S. (2016): Institutionelle Korruption im Pharmavertrieb. In: Kubiciel, M./Hoven, E. (Hg.): Korruption im Gesundheitswesen. Baden-Baden: Nomos (i.E.).
Krawiec, K. (2003): Cosmetic compliance and the failure of negotiated governance. Washington University Law Quarterly 81, S. 487–544.
Kubiciel, M./Tsambikakis, M. (2015): Bestechlichkeit und Bestechung im Gesundheitswesen (§ 299a StGB). medstra 1, S. 11–15.
Kuhlen, L. (2010): Strafrecht und freiwillige Selbstkontrolle der Wirtschaft. In: Herzog, F./Neumann, U. (Hg.): Festschrift für Hassemer. Heidelberg: C.F. Müller, S. 875-889.

Lieb, K./Klemperer, D./Ludwig, W.-D. (Hg.) (2011): Interessenkonflikte in der Medizin. Springer: Berlin.

Lieb K./Scheurich A. (2014): Contact between Doctors and the Pharmaceutical Industry, Their Perceptions, and the Effects on Prescribing Habits. PLoS ONE 9(10): e110130. doi:10.1371/journal.pone.

May, P./Winter, S. (2011): Regulatory enforcement styles and compliance. In: Parker, C./Nielsen, V.-L. (Hg.): Explaining compliance. Cheltenham: Elgar, S. 222–244.

McBarnett, D. (2006): After Enron will „whiter than white collar crime" still wash? British Journal of Criminology 46, S. 1091-1109.

Nielsen, V./Parker, C. (2008): To what extent do third parties influence business compliance? Journal of Law and Society 35, S. 309–340.

PricewaterhouseCoopers (2013): Wirtschaftskriminalität – Pharmaindustrie. Frankfurt/M.: Eigenverlag.

Sah, S./Fugh-Berman, A. (2013): Physicians under the influence. Journal of Law, Medicine & Ethics 41, S. 665–672.

Schneider, H./Kißling, K. (2012): Compliance im Unternehmen – Wo steht die Pharmaindustrie? Arzneimittel & Recht 6, S. 261–266.

Simpson, S./Rorie, M./Alper, M./Schell-Busey, N. (2013): An empirical assessment of corporate environmental crime-control strategies. Journal of Criminal Law and Criminology 103, S. 231–278.

Simpson S./Rorie M./Alper M./Schell-Busey N. (2014): Corporate Crime Deterrence: A Systematic Review. Campbell Systematic Reviews 2014:4 DOI: 10.4073/csr.2014.

Tombs, S./Whyte, D. (2013): The myths and realities of deterrence in workplace safety regulation. British Journal of Criminology 53(5), S. 746-763.

Trevino, L./den Nieuwenboer, N./Kish-Gephart, J. (2014): (Un)Ethical behavior in organizations. Annual Review of Psychology 65, S. 635–660.

Zetterqvist A.-V./Merlo J./Mulinari S. (2015): Complaints, Complainants, and Rulings Regarding Drug Promotion in the United Kingdom and Sweden 2004–2012: A Quantitative and Qualitative Study of Pharmaceutical Industry Self-Regulation. PLoS Med 12(2): e1001785. doi:10.1371/journal.pmed.1001785.

Politische Korruption in Deutschland: Phänomenologie, Strafbarkeit, Prävention

Matthias Braasch

Gliederung

1. Einleitung
2. Politische Korruption: Strukturen und Erscheinungsformen
2.1 Lobbyismus, Nebentätigkeiten und die Rolle der Parteien
2.2 Ämterpatronage
2.3 Der „Seitenwechsel" von der Politik in die Privatwirtschaft
3. Reichweite und Grenzen der Strafbarkeit
4. Was ist zu tun? Ausblick und Forderungen

1. Einleitung

Korruption hat viele Gesichter, und es scheint kaum einen gesellschaftlichen Bereich zu geben, der nicht von dieser Deliktsform betroffen wäre. Kaum Beachtung gefunden hat in kriminologischer und strafrechtlicher Hinsicht bisher aber der Bereich der sogenannten „politischen Korruption", obwohl immer wieder schwere Vorwürfe gegen politisch Verantwortliche erhoben werden, die sich von Unternehmen, Interessenverbänden, Lobbyisten, etc. „kaufen" ließen, sich aber weitgehend im straffreien Raum bewegten. Wie auch für die Bereiche der öffentlichen Verwaltung oder die Privatwirtschaft[1] liegen empirische Erkenntnisse über die unterschiedlichen Ausprägungen korruptiver Handlungsweisen im politischen Bereich, über Strukturen oder Tätertypologien kaum vor. Der Gesetzgeber ist zwar durch die Reformierung des § 108 e StGB aktiv geworden, doch lassen zahlreiche kritische Stimmen erkennen, dass angesichts der Bedeutung des politischen Sektors für die Gesamtgesellschaft noch „Nachholbedarf" besteht. Dies gilt umso mehr für Fragen der Compliance, deren Bedeutung für das Handeln der politischen Akteure von diesen selbst bisher kaum zur Kenntnis genommen worden ist.

---

1 Eine aktuelle, kurz vor dem Abschluss stehende kriminologisch-strafrechtliche Untersuchung des Verfassers, basierend auf der Analyse von Strafakten, hat das Ziel, neue Erkenntnisse über das Hellfeld zur Korruption in der Privatwirtschaft zu gewinnen und zur Klärung der zahlreichen, auch dogmatischen, Probleme des Tatbestandes beizutragen.

2. Politische Korruption – Strukturen und Erscheinungsformen

Bei der politischen Korruption handelt es sich um einen Sammelbegriff, der wie der Terminus der „Korruption" selbst einer allgemein anerkannten, abschließenden Umschreibung nicht zugänglich ist, und unter den unterschiedlichste Handlungen gefasst werden können, die im Sinne der weiten Definition als „Missbrauch öffentlicher Macht zu privaten Nutzen" aufzufassen sind.[2]

2.1 Lobbyismus, Nebentätigkeiten und die Rolle der Parteien

Es folgt eine Auswahl von Konstellationen, die im Hinblick auf die Entstehung von Korruptionsgefahren als problematisch einzustufen sind:

- die missbräuchliche Beeinflussung von Abgeordneten durch die Gewährung von Vorteilen jeglicher Art *(„Lobbyismus im Graubereich"*[3]*)*, bei allen Schwierigkeiten, als zulässig erachtete Formen der „Beratung" von „gekauften Entscheidungen" zu unterscheiden. Lobbyismus muss jedenfalls dann als Angriff auf den Staat angesehen werden, wenn Wirtschaftsvertreter ohne politisches Mandat vorherbestimmen, was am Ende Recht und Gesetz wird. Letztlich mündet Klientelpolitik auf diese Weise in eine nicht kontrollierbare und nicht transparente Verflechtung von Staat und Privatwirtschaft, begünstigt Korruption und zerstört den Staat.[4] Für eine bessere Kontrolle und eine Erhöhung der dringend erforderlichen Transparenz werden bereits seit Jahren neben einem sogenannten Lobbyregister formelle Regeln und ergänzende, informelle „Best-Practices" hinsichtlich des Verhältnisses zwischen Wirtschaft, Lobbyisten und Politik gefordert.[5]
- die im Hinblick auf ihre auch verfassungsrechtlich gebotene Unabhängigkeit sehr problematischen und oftmals im Dunkel bleibenden *Zusatzeinkommen und Nebentätigkeiten der Abgeordneten* (vgl. § 44 a Abs. 1 S. 1, 2 AbgG).[6]

---

2 *Arnim* (1997), S. 31; siehe auch *Noack* (1985), S. 10 f., 23 ff.
3 *Adamek/Otto* (2008); *Gammelin/Hamann* (2006); *Tillack* (2009), S. 43 ff., 69 ff.
4 *Gammelin/Hamann* (2006), S. 23 f.
5 *Kubiciel* (2014), S. 49 f., der fordert, zu allen Aspekten und Gefahren politischer Korruption verbindliche Regeln von einer Kommission erarbeiten zu lassen.
6 *Tillack* (2009), S. 61 ff.

- *Parteispenden* zur „Klimaverbesserung" oder „Landschaftspflege" (häufig vor der Entscheidung über die Vergabe lukrativer öffentlicher Aufträge) bzw. „Dankeschön-Spenden" (nach einem entsprechenden Votum)[7].

- der *immense Einfluss der politischen Parteien und der „politischen Klasse"* auf die öffentliche Verwaltung und andere gesellschaftliche Bereiche und ihre noch immer weitgehend intransparente Finanzierung (z. B. Einflussnahmen durch Großspenden auf politische Entscheidungen).[8]

2.2 Ämterpatronage

Unter *parteipolitischer Ämterpatronage* ist die Bevorzugung von Bewerbern um ein Amt wegen ihrer parteipolitischen Anschauung zu verstehen.[9] Diese Praxis der Honorierung der Gesinnung, und nicht der Leistung, scheint weit verbreitet zu sein, wobei aber durchaus Unterschiede zwischen bestimmten Regionen und den verschiedenen Bereichen der öffentlichen Verwaltung bestehen sollen.[10] Als besonders anfällig für den „Postenschacher" durch die politischen Parteien zur Sicherung von Einfluss und Gefolgschaft gelten öffentliche Wirtschaftsunternehmen wie Stadt- und Elektrizitätswerke, öffentliche Sparkassen, Landesbanken oder städtische Verkehrsbetriebe, aber auch solche Instanzen, die die Politik eigentlich überwachen und ihr Grenzen setzen sollen, z. B. Gerichte höherer Instanzen, auch Verfassungsgerichte, die Verwaltungsspitzen der Rechnungshöfe, wichtige Positionen in den öffentlich-rechtlichen Rundfunk- und Fernsehanstalten, Sachverständigenkommissionen und sonstige Einrichtungen der wissenschaftlichen Politikberatung.[11] Wenn bei der Besetzung eines Amtes auf die erforderliche Qualifikation zu Gunsten der parteipolitischen Anschauung verzichtet wird, stellt dies nicht nur einen Verstoß gegen verfassungsrechtliche (Verstoß gegen das Leistungsprinzip und die Verpflichtung zur „Bestenauslese" nach Art. 33 Abs. 2, 3 und 5 sowie gegen das Diskriminierungsverbot nach Art. 3 Abs. 3 GG) und beamtenrechtliche Grundsätze (vgl. § 9 BBG zu den für zu besetzende Stellen entscheidungsrelevanten Kriterien der „Eignung, Befähigung und fachlicher Leistung" ohne Rücksicht u. a. auf „politische Anschauungen")

---

7 *Leyendecker* (2003), S. 19 ff., 75 ff., 97 ff., 207 ff.; siehe auch *Noack* (1985), S. 160 ff.
8 *Arnim* (2008), S. 26 ff., 98 ff., 114 ff., 129 ff.
9 *Arnim* (2008), S. 92 ff.; *Schmidt-Hieber* (2003), S. 84 ff.
10 *Schmidt-Hieber* (2003), S. 86 f.
11 *Arnim* (2008), S. 93 ff.

sowie unter bestimmten Voraussetzungen auch gegen strafrechtliche Verbote dar (in Form der sogenannten Haushalts- oder Amtsuntreue gemäß § 266 StGB[12]), sondern wird auf diese Weise auch der Nährboden für weitere Korruption geschaffen. Da Korruption immer auch die Vorphase weiterer Korruption darstellt, spielt sie bei der Schaffung und Aufrechterhaltung parteipolitischer Netzwerke i. S. einer „strukturellen Ämterpatronage" eine zentrale Rolle.[13]

2.3 Der „Seitenwechsel" von der Politik in die Privatwirtschaft

Die sog. *Pantouflage*, auch als „Drehtür-Effekt" bezeichnet, umfasst allgemein kritisch zu betrachtende Formen des Überwechselns von der Verwaltung oder der Politik in die Privatwirtschaft oder in die andere „Richtung", wobei die Motive für einen solchen „Seitenwechsel" in Spitzenpositionen bei Unternehmen und Verbänden ganz überwiegend finanzieller Natur sind. Als bedenklich, wenn auch nur in den seltensten Fällen strafbar[14], ist diese Praxis jedenfalls dann anzusehen, wenn schwerwiegende Interessenkollisionen dadurch entstehen, dass die Inhaber staatlicher Ämter nach ihrem Ausscheiden bei einem Unternehmen oder einem Verband tätig sind, mit dessen Belangen sie vorher dienstlich befasst waren.[15] Darüber hinaus sind aber auch solche Fälle bedeutsam, in denen ehemalige Spitzenpolitiker Lobbytätigkeiten ausüben (die nicht unmittelbar mit ihren früheren Fachgebieten verknüpft sind), da sie generell über zwei für Unternehmen sehr wertvolle „Kompetenzen" verfügen: sie bringen detaillierte Kenntnisse über interne Abläufe in politischen Prozessen mit in ihre neue Tätigkeit, sowie sogenannte „warme Kontakte" zu politischen Entscheidungsträgern. Diesen besonderen Zugang zur Politik können sich nur finanzstarke und profilierte Unternehmen und Wirtschaftsverbände offen halten, die in der Lage sind, ehemaligen Spitzenpolitikern attraktive neue Beschäftigungen zu bieten. Auf diese Weise werden bestehende Machtstrukturen verfestigt und verstärkt und Politikprozesse zu Gunsten von wenigen Einzelinteressen verzerrt.[16] Allein der Verdacht, dass in diesem Sinne bei politischen Entscheidungen der „Seiten-

---

12 *BGH* (2006), S. 307 f. (wistra).; *Fischer* (2015), § 266 Rn. 123, 165; zur Frage der strafrechtlichen Relevanz sog. Ämterpatronage *Schmidt-Hieber* (1989), S. 559 ff.
13 *Schmidt-Hieber* (2003), S. 91 f.
14 Siehe *Kubiciel* (2014), S. 48 f., der im Hinblick auf ehemalige Minister zu Recht ausführt, dass ein Wechsel in die Privatwirtschaft nur dann strafbar wäre, wenn das Stellenangebot „eine Gegenleistung für eine frühere Diensthandlung des Ministers" wäre.
15 Zu diesen Gefahren siehe *Arnim* (2008), S. 292 ff.; *Tillack* (2009), S. 69 ff.
16 *Klein/Höntzsch* (2007), S. 2.

blick auf die späteren Jobchancen" in der Privatwirtschaft zu einem bedeutenden Faktor wird, schädigt das Vertrauen in die Demokratie und die politische Willensbildung in extremem Maße.[17] Typischerweise weisen die Betroffenen keinerlei Unrechtsbewusstsein auf, sondern betonen häufig die Vorteile ihres Tätigkeitswechsels,[18] so dass zu hinterfragen ist, ob nicht die „Verquickung von Kapital, Wirtschaft und Politik" häufig zu weit geht.[19]

3. Reichweite und Grenzen der Strafbarkeit am Beispiel der Neuregelung der „Bestechlichkeit und Bestechung von Mandatsträgern"

Am 1. September 2014 trat der neue Tatbestand der „Bestechlichkeit und Bestechung von Mandatsträgern" (§ 108 e StGB) in Kraft, womit die alte Regelung zur „Abgeordnetenbestechung" mit dem Ziel einer Verschärfung der Strafbarkeit[20] abgelöst wurde.[21] Dieser Gesetzesänderung ging eine jahrelange Diskussion voraus, bei der diejenigen Stimmen deutlich überwogen, die aufgrund der Beschränkung der Strafbarkeit auf den bloßen Stimmenkauf und -verkauf bei Wahlen und Abstimmungen innerhalb der in der Norm genannten Gremien und den damit verbundenen zahlreichen Umgehungsmöglichkeiten erhebliche Kritik an der bisherigen Fassung des Tatbestandes übten.[22] Besondere Brisanz wurde der kriminalpolitischen Auseinandersetzung auch dadurch verliehen, dass die Norm in ihrer bisherigen Fassung unvereinbar war mit den Vorgaben der Konvention der Vereinten Nationen gegen Korruption vom 31. Oktober 2003 (in Kraft getreten nach Hinterlegung

---

17 *Klein/Höntzsch* (2007), S. 2 f.
18 *Klein/Höntzsch* (2007), S. 3 ff., 11, mit detaillierten Angaben zu prominenten „Seitenwechslern".
19 Durch die Neuschaffung der §§ 6a-6d des Bundesministergesetzes (BMinG) sowie einen entsprechenden Verweis auf diese Vorschriften in § 7 des Gesetzes über die Rechtsverhältnisse der Parlamentarischen Staatssekretäre (ParlStG) soll ein geregeltes Verfahren geschaffen werden, welches bestimmte Karenzzeiten (in der Regel 12, in Ausnahmefällen 18 Monate) festlegt, vor deren Ablauf ein Wechsel von Mitgliedern der Bundesregierung in die Wirtschaft ausgeschlossen ist. Das Ziel der Gesetzesreform besteht darin, zu verhindern, dass „durch den Anschein einer voreingenommenen Amtsführung im Hinblick auf spätere Karriereaussichten oder durch die private Verwertung von Amtswissen nach Beendigung des Amtsverhältnisses das Vertrauen der Allgemeinheit in die Integrität der Bundesregierung beeinträchtigt wird". Siehe BR-Drucks. 52/15, S. 4, 7 f.
20 BT-Drucks. 18/476, S. 1; siehe auch *Fischer* (2015), § 108 e Rn. 1.
21 Ausf. *Braasch* (2015).
22 BGHSt 51, 44, 59 f.; *Barton* (1994), S. 1098 ff.; *Hoven* (2013), S. 39.

der 30. Ratifizierungsurkunde am 16. September 2005)[23] sowie des Strafrechtsübereinkommens des Europarates über Korruption vom 27. Januar 1999 (in Kraft getreten am 1. Juli 2002)[24], und sie somit trotz der jeweiligen Unterzeichnung der Abkommen durch Deutschland der völkerrechtlich gebotenen Ratifikation entgegenstand.[25]

Die Neuregelung lässt einerseits eine Ausweitung der Strafbarkeit und insoweit eine gewisse Annäherung an die Vorschriften zur Amtsträgerkorruption erkennen.[26] Dies gilt im Einzelnen für die Übernahme der in §§ 331 ff. StGB verwendeten Merkmale zur Umschreibung der Tathandlungen, die Ausdehnung des Anwendungsbereiches im Rahmen der Unrechtsvereinbarung auf die Vornahme oder Unterlassung von Handlungen „bei der Wahrnehmung des Mandates" (d. h., die Aufgabe der stark kritisierten Beschränkung auf Fälle des Kaufs bzw. Verkaufs einer Stimme bei Wahlen oder Abstimmungen), sowie aufgrund der Verwendung des von den §§ 331 ff. StGB bekannten Vorteilsbegriffs für die Erfassung auch von immateriellen Leistungen und von Drittvorteilen.[27] Auf diese Weise hält § 108 e StGB n. F. insbesondere auch den Anforderungen der Konvention der Vereinten Nationen gegen Korruption stand, so dass die entsprechende Ratifizierung des Übereinkommens, wie bereits dargestellt wurde, endlich ermöglicht werden konnte.[28] Andererseits lässt der reformierte Tatbestand noch immer weitgehende Privilegierungen von Mandatsträgern erkennen, die bei einer kritischen Analyse nicht als „sachlich veranlasst"[29] anzusehen sind und zu bedenklichen Strafbarkeitslücken führen.[30]

---

23 UN-Doc. A758/422; „*United Nations Convention against Corruption" (UNCAC)* abrufbar unter: http://www.un.org/ depts/german/uebereinkommen/ar58004-oebgbl.pdf; siehe hierzu auch *Aaken* (2005), S. 409 ff.
24 „*Criminal Law Convention on Corruption*" (CLCOC, ETS No. 173), abrufbar unter: http://conventions.coe.int/ Treaty/ GER/Treaties/Html/173.htm; siehe hierzu *Hoven* (2013), S. 34.
25 *Aaken* (2005), S. 423 ff.
26 Eine Überzeichnung stellt es dar, wenn behauptet wird, die Tatbestandsmerkmale der Neuregelung lägen „nahe an den Tatbeständen der Amtsträgerbestechung". So aber *Fritz* (2014), S. 184.
27 *Francuski* (2014), S. 225 ff.
28 *Heinrich* (2014), S. 48.
29 Zur unterschiedlichen Behandlung von „Amtsträgern" und „Mandatsträgern" *Heinrich* (2014), S. 65 ff.
30 Diff. *Francuski* (2014), S. 227 ff.; ablehnend insbesondere im Hinblick auf das Merkmal „im Auftrag oder auf Weisung" *Jäckle* (2014), S. 98 ff.

Dies gilt vor allem für das Merkmal des „ungerechtfertigten Vorteils" in Abs. 1 und 2. Wenn Abs. 4 S. 1 in abstrakter Hinsicht klarstellt, dass ein solcher ungerechtfertigter Vorteil „insbesondere" dann nicht gegeben ist, wenn seine Annahme „im Einklang mit den für die Rechtsstellung des Mitglieds maßgeblichen Vorschriften steht", wird zu Recht eine mangelnde Rechtssicherheit dahingehend beklagt, dass diese allgemeine Rechtmäßigkeitsklausel offen ließe, um welche „Vorschriften" es sich dabei genau handeln solle, mit denen die Annahme des Vorteils „im Einklang" zu stehen habe.[31] Diese grundsätzliche Schwierigkeit gilt in besonderem Maße für die in der Gesetzesbegründung ausdrücklich hervorgehobene Möglichkeit, dass sich ein Tatbestandsausschluss auch aus einer Vereinbarkeit der Annahme des Vorteils mit den „parlamentarischen Gepflogenheiten" ergeben kann. Es bleibt für potentielle „Geber" und „Nehmer" weitgehend unklar, wo im Hinblick auf diesen – gemessen an Art. 103 Abs. 2 GG – unbestimmten Terminus die Grenze zwischen „noch erlaubten" Geschenken, Einladungen und Zuwendungen jeder Art und dem als strafwürdig anzusehenden Bereich verläuft.[32] In Bezug auf Abs. 4 S. 2 Nr. 1 führt die Gesetzesbegründung lediglich aus, dass hierdurch Fälle ausgeklammert werden sollen, in denen „ein Mandatsträger sich gegebenenfalls gegen die eigene Überzeugung parteiintern ‚politischen' Positionierungen unterwirft, um sich die Aufstellung als Kandidat oder die Wahl oder Ernennung in bestimmte politische Funktionen oder Ämter zu sichern."[33] Von der Strafbarkeit ausgenommen sind somit Konstellationen, in denen z. B. ein Mandatsträger sich mit einem Dritten darauf einigt, er werde auf dessen Weisung oder in dessen Auftrag für oder gegen ein bestimmtes Projekt oder Gesetz stimmen, wenn er dafür einen sicheren Listenplatz, eine Stelle als politischer Beamter oder eine herausragende Funktion in der Fraktion erhalte.[34] Wenn zu einem derartigen „Geben und Nehmen" ausgeführt wird, dies gehöre „zu den wesentlichen Funktionsbedingungen eines parlamentarischen Systems"[35], verdeutlicht eine solche Bewertung, wie groß inzwischen die Bereitschaft geworden ist, diese Umstände als „allgemein gültige politische Spielregeln" zu akzeptieren.[36] In ähnlicher Form ist die Regelung in Abs. 4 S. 2 Nr. 2 zu bewerten, wonach eine nach dem Parteiengesetz oder entsprechenden Gesetzen zulässige Spende an die Partei oder an den Mandatsträger selbst kein ungerechtfertigter

---

31 *Fischer* (2015), § 108 e Rn. 40; ähnlich *Michalke* (2014), S. 219.
32 Krit. *Fischer* (2015), § 108 e Rn. 41 f.; *Kubiciel/Hoven* (2014), S. 352.
33 BT-Drucks. 18/476, S. 10.
34 *Fischer* (2015), § 108 e Rn. 44; ähnliche Beispiele nennt auch *Heinrich* (2014), S. 78.
35 *Heinrich* (2014), S. 51, 78.
36 *Arnim* (1997), S. 101 ff., 167 ff., 261 ff.

Vorteil sein soll. Im Hinblick auf § 25 Abs. 2 Nr. 7 PartG und § 4 Abs. 4 der Verhaltensregeln für Mitglieder des Deutschen Bundestages bedeutet dies im Umkehrschluss, dass geldwerte Zuwendungen, die gerade nicht auf die „bestimmten wirtschaftlichen oder politischen Vorteile" bezogen sind, als sogenannte „Landschaftspflege" oder als Gegenleistung für das „offene Ohr" eines Mandatsträgers für die Wünsche des Spenders, insbesondere in Form der nach § 44 a Abs. 2 S. 4 AbgG zulässigen Direktspende, nicht vom Merkmal des „ungerechtfertigten Vorteils" erfasst werden.[37] Diese Möglichkeit der Einflussnahme durch Interessenvertreter ist nicht nur politisch erwünscht, sondern im Hinblick auf Partei- wie auch auf Direktspenden an die Mandatsträger selbst zudem verfassungsrechtlich zulässig.[38] Auch dieses mögliche „Einfallstor" für korruptive Beeinflussungen scheint somit als weitere hinzunehmende Privilegierung von Mandatsträgern nicht zu schließen zu sein.[39]

Eine weitere, im Korruptionsstrafrecht einmalige Privilegierung ergibt sich im Zusammenhang mit der erforderlichen qualifizierten Unrechtsvereinbarung daraus, dass der Tatbestand eine Strafbarkeit nur in solchen Fällen vorsieht, in denen der Mandatsträger die bestimmte Handlung „im Auftrag oder auf Weisung" vorgenommen oder unterlassen hat. D. h., die Gewährung von Vorteilen soll dann nicht strafbar sein, wenn sie für Handlungen erfolgt, die „durch die innere Überzeugung" des Mandatsträgers „motiviert und nicht durch die Vorteilsgewährung beeinflusst sind". Die Grenze zur Strafbarkeit ist erst dann überschritten, wenn der Mandatsträger sich im Sinne einer Kommerzialisierung des Mandats „kaufen lasse", wenn er sich also „den Interessen des Vorteilsgebers" unterwerfe.[40] Es werden somit nicht nur ohnehin weite Bereiche möglicher Beeinflussungen aus dem Anwendungsbereich ausgeklammert, wie alle allgemein für die Mandatsausübung zugewendeten Vorteile („Klimapflege"), die sogenannten „Danke-schön-Zuwendungen" oder alle Vorteile, die den „parlamentarischen Gepflogenheiten" entsprechen, sondern es bleiben zwangsläufig alle Konstellationen straflos, in denen (ungerechtfertigte) Vorteile für solche Handlungen des Mandatsträgers gewährt bzw. angenommen werden, die seinem „Gewissen" oder seiner „inneren Überzeugung" entsprechen.[41] Somit hätte es sich empfohlen, auf die aus-

---

37 *Fischer* (2015), § 108 e Rn. 45 f.
38 BVerfGE 85, 264, 287 ff.; BVerfGE 52, 63, 89; siehe auch m. w. N. *Heinrich* (2014), S. 79.
39 Siehe auch *Kubiciel/Hoven* (2014), S. 353 f., die zum Ergebnis gelangen, dass § 108 Abs. 4 S. 2 StGB „entweder eine Tautologie oder eine empfindliche Strafbarkeitslücke" enthalte. Zu vermuten ist leider Letzteres.
40 BT-Drucks. 18/476, S. 7.
41 Krit. *Fischer* (2015), § 108 e Rn. 30 f.; *Francuski* (2014), S. 229.

drückliche Aufnahme dieser Merkmale in den Tatbestand zu verzichten[42], wodurch sich die Beweisschwierigkeiten in ähnlicher Form wie bei der Bestechlichkeit von Amtsträgern gemäß § 332 StGB auf den engen Kausalzusammenhang, das „do ut des", beschränkt hätten, ob also der Mandatsträger auch ohne den zugewendeten ungerechtfertigten Vorteil sein Mandat im Interesse des Vorteilsgebers ausgeübt hätte.[43]

4. Was ist zu tun? Ausblick und Forderungen

Eng verknüpft mit den unterschiedlichen Erscheinungsformen politischer Korruption ist die Problematik einer mangelnden Kontrolle bzw. eines fehlenden Kontrollwillens[44], da die politisch Verantwortlichen, die über die Schaffung bzw. Verschärfung gesetzlicher Regelungen zur Verfolgung bestimmter strafwürdiger Handlungen in diesem Bereich zu entscheiden haben, von jenen Vorschriften selbst betroffen sind, was im Widerspruch zum Grundsatz „nemo iudex in causa sua" steht (Problematik der sog. „Entscheidung in eigener Sache" und der zwangsläufig gegebenen Gefahr der „Befangenheit durch Selbstbetroffenheit").[45] Insofern steht der Gesetzgeber in einer besonderen Verantwortung, doch ist der strafrechtliche Schutz gegen Auswirkungen politischer Korruption äußerst lückenhaft, und hat bisher der Compliance-Gedanke, z. B. im parlamentarischen Bereich, keine Beachtung gefunden. Dies erweist sich bei bekannt gewordenen korruptiven Handlungen im politischen Bereich als umso verhängnisvoller, da neben den häufig immensen ökonomischen Schäden insbesondere auch ein nachhaltiger (moralischer) Vertrauensverlust in das gesellschaftliche Organisationssystem bei der Bevölkerung die Folge ist. Zu beachten ist hierbei allerdings ebenso, dass im Rahmen der allgemeinen Korruptionsdebatte wohl kaum ein anderer gesellschaftlicher Bereich in ähnlich starkem Maße „moralisch aufgeladen" bewertet wird wie das Feld der politischen Akteure, die eine Vorbildfunktion erfüllen sollen, der sie wahrscheinlich nie gerecht werden können. Es spricht in der Tat viel dafür, dass „weder heute noch in Zukunft große Politik ohne persönliche Netzwerke, Vorteilsgewährung und Patronage gemacht werden

---

42 *Kubiciel/Hoven* (2014), S. 350 f.
43 *Francuski* (2014), S. 229; *Jäckle* (2014), S. 101, der auch auf ausländische Rechtsordnungen verweist.
44 Ausf. *Arnim* (1997), S. 295 ff.; *ders.* (2008), S. 37 f., sowie S. 140 ff. zur Problematik der Diätenerhöhungen durch die Abgeordneten selber.
45 *Arnim* (1997), S. 74 ff.; siehe auch *Hoven* (2013), S. 44.

kann".[46] In ähnlicher Form zeigt sich dies an der Neugestaltung des § 108 e StGB. Bei aller berechtigten Kritik ist davor zu warnen, die Diskussion um die „richtige" Weite des Tatbestandes zu sehr moralisch aufzuladen[47], was aber nicht dazu führen darf, von der auch weiterhin dringend erforderlichen Aufklärung und Sensibilisierung der Mandatsträger hinsichtlich ihres Umganges mit Zuwendungen aller Art im Sinne einer „parlamentarischer Kultur der Lauterkeit" Abstand zu nehmen. Auf diese Weise könnte auch eine Verschärfung der für die jeweiligen Mandatsträger verbindlichen Verhaltensregeln sowie insgesamt eine größere Transparenz erreicht werden (wie dies in den letzten Jahren zumindest ansatzweise im Bereich der Partei- und Direktspenden umgesetzt werden konnte), um somit letztlich zu strengeren Haftungsmaßstäben gelangen zu können.[48]

Literatur

Aaken, A. van (2005): Genügt das deutsche Recht den Anforderungen der VN-Konvention gegen Korruption? ZaöRV 65, S. 407-446.

Adamek, S./Otto, K. (2008): Der gekaufte Staat. Wie Konzernvertreter in deutschen Ministerien sich ihre Gesetze selbst schreiben, 3. Aufl., Köln.

Arnim, H.-H. von (2008): Die Deutschlandakte. Was Politiker und Wirtschaftsbosse unserem Land antun, 4. Aufl., München.

Arnim, H.-H. von (2006): Der gekaufte Abgeordnete – Nebeneinkünfte und Korruptionsproblematik. NVwZ 25, S. 249-254.

Arnim, H.-H. von (1997): Fetter Bauch regiert nicht gern. Die politische Klasse – selbstbezogen und abgehoben, München.

Barton, S. (1994): Der Tatbestand der Abgeordnetenbestechung (§ 108 e StGB). NJW 47, S. 1098-1101.

Braasch, M. (2015): Reichweite der Strafbarkeit politischer Mandatsträger wegen korruptiver Handlungen. Zugleich Anmerkung zur Neuregelung der „Bestechlichkeit und Bestechung von Mandatsträgern". JurisPR-StrafR 9/2015 Anm. 1, 10/2015 Anm. 1, 11/2015 Anm. 1.

Engels, J.-I. (2014): Die Geschichte der Korruption. Von der Frühen Neuzeit bis ins 20. Jahrhundert, Frankfurt am Main.

Eser, A. (2014): Kommentierung der §§ 102-121. In: Schönke, A./Schröder, H. (Hg.): Strafgesetzbuch. Kommentar, 29. Aufl., München.

Fischer, T. (2015): Strafgesetzbuch und Nebengesetze, 62. Aufl., München.

Francuski, R. (2014): Die Neuregelung der Abgeordnetenbestechung (§ 108 e StGB). In: HRRS 15, S. 220-230.

---

46 *Engels* (2014), S. 373.
47 So auch *Fischer* (2015), § 108 e Rn. 24.
48 *Kubiciel/Hoven* (2014), S. 343 f., 354 f. Die Abgrenzung unerwünschter Formen der Einflussnahme von der „Zone des noch politisch Erlaubten" habe im Parteien- und Abgeordnetenrecht und in einem Code of Conduct zu erfolgen.

Fritz, H.-J. (2014): Erweiterung der Abgeordnetenbestechung. NJW-Spezial 67, S. 184.
Gammelin, C./Hamann, G. (2006): Die Strippenzieher. Manager, Minister, Medien – wie Deutschland regiert wird, Berlin.
Heinrich, B. (2014): Stellungnahme zur Erweiterung des Straftatbestands des § 108 e StGB. In: Deutscher Bundestag (Ausschuss für Recht und Verbraucherschutz), Protokoll Nr. 18/7 (Anlagen), S. 53-96.
Hoven, E. (2013): Die Strafbarkeit der Abgeordnetenbestechung. Wege und Ziele einer Reform des § 108 e StGB. ZIS 8, S. 33-44.
Jäckle, W. (2014): Stellungnahme zur Erweiterung des Straftatbestands des § 108 e StGB. In: Deutscher Bundestag (Ausschuss für Recht und Verbraucherschutz), Protokoll Nr. 18/7 (Anlagen), S. 97-104.
Klein, H./Höntzsch, T. (2007): Fliegende Wechsel – die Drehtür kreist. Zwei Jahre danach – Was macht die Ex-Regierung Schröder II heute? LobbyControl – Initiative für Transparenz und Demokratie, Köln, abrufbar unter: www.lobbycontrol.de/document/drehtuerstudie.pdf.
Kubiciel, M. (2014): Politische Korruption: Diskussion in einer Ethikkommission? ZRP 47, S. 48-50.
Kubiciel, M./Hoven, E. (2014): Das Verbot der Mandatsträgerbestechung – Strafgrund und Umfang des neuen § 108 e StGB. NK 26, S. 339-358.
Leyendecker, H. (2003): Die Korruptionsfalle. Wie unser Land im Filz versinkt, 3. Aufl., Hamburg.
Michalke, R. (2014): Der neue § 108 e StGB – „Bestechlichkeit und Bestechung von Mandatsträgern". Compliance-Berater 2, S. 215-220.
Noack, P. (1985): Korruption – die andere Seite der Macht, München.
Schmidt-Hieber, W. (2003): Ämterpatronage in Verwaltung und Justiz. In: Arnim, H.-H. von (Hg.): Korruption. Netzwerke in Politik, Ämtern und Wirtschaft, S. 84-103, München.
Schmidt-Hieber, W. (1989): Strafbarkeit der Ämterpatronage. NJW 42, S. 559-562.
Tillack, H.-M. (2009): Die korrupte Republik. Über die einträgliche Kungelei von Politik, Bürokratie und Wirtschaft, 1. Aufl., Hamburg.

Risikomanagement der Korruption (RiKo) – Erste Ergebnisse der Befragung in KMU und bei Polizeien

Daniela Trunk und Sigrid Hiller

Gliederung

1. Einleitung
1.1 Forschungsrahmen
1.2 Aufbau des Konsortialprojektes
2. Methodik der Befragung unter KMU und Ermittlungsbehörden (WP 2)
2.1 Methodentriangulation
2.2 Quantitative Erhebungen
3. Deskriptive Ergebnisse der quantitativen Erhebung
3.1 Korruption: Risiko für wen?
3.2 Korruptionsprävention in KMU
3.3 Quo vadis: Kooperation im Ermittlungsverfahren?
4. Fazit

1. Einleitung

Im nachfolgenden Vortrag wird ein Ausschnitt aus dem Forschungsprojekt "Risikomanagement der Korruption" (RiKo) vorgestellt. Den Anfang bildet ein Überblick zum Gesamtprojekt. Anschließend konzentrieren sich die Ausführungen auf einen Arbeitsbereich des Projektes, für welchen das Design, die Methode sowie erste Ergebnisse präsentiert werden. Es steht die Befragung der kleinen und mittelständischen Unternehmen und der Ermittlungsbehörden im Blickpunkt. Andere Bereiche des Projektes bleiben außen vor.

1.1 Forschungsrahmen

Das Projekt „Risikomanagement der Korruption" ist ein vom Bundesministerium für Bildung und Forschung gefördertes Konsortialprojekt, welches im Rahmenprogramm „Zivile Sicherheit" der Rubrik Wirtschaftskriminalität zugeordnet ist. Es begann im Mai 2014 und wird bis April 2017 laufen. Insgesamt arbeiten in dem Projekt elf Partner aus Wissenschaft und Praxis, darunter fünf Hochschulen.[1]

---

1 Details können der Homepage entnommen werden (URL: http://riko.jura.uni-halle.de).

Das Projekt „Risikomanagement der Korruption" geht der Frage nach, ob und inwieweit Korruptionsprävention in Deutschland, insbesondere in kleinen und mittelständischen Betrieben (KMU) sowie in kleinen und mittelgroßen Kommunen erfolgt, welche Einschätzung Betroffene und Experten zur Wirksamkeit treffen und darüber hinaus welche Sicht die Bevölkerung auf die zentralen Institutionen der Gesellschaft diesbezüglich haben.

Im Ergebnis sollen Handlungsempfehlungen für Unternehmen und Kommunen im Sinne einer *evidence best practice* vorliegen, die Korruptionspräventionsmaßnahmen sowie geeignete kooperative Präventionsverfahren im Zusammenspiel von KMU, Kommunen und Ermittlungsbehörden vorhalten. Es handelt sich hierbei um Grundlagenforschung, in Teilbereichen des Projektes werden Effektevaluationen im engeren Sinne angestrebt.

1.2 Aufbau des Konsortialprojektes

Das Projekt umfasst insgesamt vier Arbeitspakete (WP), in dem jeweils verschiedene wissenschaftliche und Praxis-Partner zusammen arbeiten. Die einzelnen Arbeitspakete sind inhaltlich eng miteinander verknüpft und greifen wie Zahnräder ineinander.

Das erste Arbeitspaket umfasst eine Bevölkerungsbefragung. In diesem wird u. a. eine CATI-Befragung realisiert, die die Einschätzung zur Korruptionsprävention in der deutschen Bevölkerung erhebt. Der Fokus liegt hier auf der Wahrnehmung und der Bewertung der Präventionsarbeit der KMU und der Kommunen durch die Bevölkerung.

Diese Ergebnisse werden mit den Befunden aus dem zweiten Arbeitspaket gespiegelt, in dem eben diese Akteure – KMU und Kommunen – die von ihnen geleistete Präventionsarbeit erläutern und einschätzen sollen. Daneben wird nach den eignen Erfahrungen mit den Ermittlungsbehörden gefragt. Von Interesse ist, ob und ggf. welche Vorbehalte gegen staatliche Ermittlungsbehörden existieren, und welche Erfahrungen tatsächlich in der Zusammenarbeit mit Ermittlungsbehörden gesammelt wurden.

Risikomanagement der Korruption (RiKo)

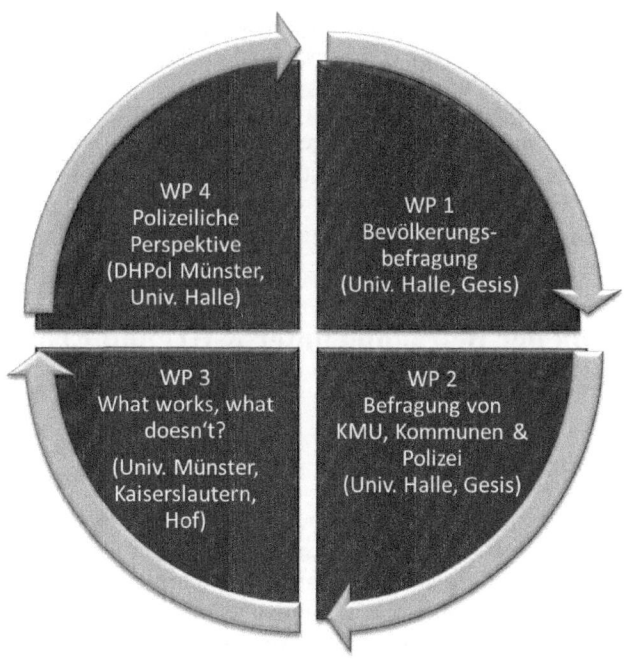

Abbildung 1: RiKo: Übersicht der Arbeitspakete

Die Erfahrungen im Zusammenhang mit Korruptionsfällen und Korruptionsverdachtsfällen sowie die Bewertung der Zusammenarbeit auf präventiver Ebene finden jeweils in der Erhebung unter den KMU, den Kommunen und den Ermittlungsbehörden Berücksichtigung. Die jeweiligen Befunde können miteinander in Zusammenhang gebracht werden.

Arbeitspaket 3 umfasst eine Meta-Analyse zur Frage nach der Wirksamkeit von Antikorruptionsmaßnahmen in KMU und Kommunen. Gestützt auf diese und weitere Befunde aus der Literatur werden Workshops zur Erprobung der für wirksam erachteten Instrumente durchgeführt. Insoweit streben die Projektpartner die Umsetzung eines experimentellen Designs an.

Das letzte Arbeitspaket (WP 4) konzentriert sich auf die Perspektive und den Bedarf der Ermittlungsbehörden. Das Problem der möglichen Verbesserung des Hinweisgeberaufkommens in den einzelnen Bundesländern steht ebenso im Mittelpunkt der Untersuchung wie ein Vergleich der rechtlichen Rahmenbedingungen der deutschen Korruptionsermittlungsstellen der Polizeien in einem internationalen Vergleich. Daneben wird mittels Ermittlungsakten eine Netzwerkanalyse zu Korruptionsnetzwerken durchgeführt.

Im Fokus des heutigen Vortrages steht das Arbeitspaket zwei. Hier soll insbesondere der Frage nachgegangen werden, wie Korruptionspräventionsbemühungen in den kleinen und mittelständischen Unternehmen und – quasi als Spiegel – von den Ermittlungsbehörden bewertet werden. Dies sind erste – vor allem deskriptive – Befunde. Weiterführende Analysen folgen.

2. Methodik der Befragung unter KMU und Ermittlungsbehörden (WP 2)

2.1 Methodentriangulation

Im zweiten Arbeitspaket wird u. a. eine Befragung in Unternehmen, die primär Antikorruptionsbeauftragte adressiert, sowie eine Befragung unter Ermittlungsbehörden umgesetzt. Es kommt ein Mehrmethodenansatz zur Anwendung. Neben den quantitativen Surveys werden zwei weitere qualitative Verfahren eingesetzt. Nach der ersten Auswertung der quantitativen Daten schließen sich Interviews mit Antikorruptionsbeauftragten, die sich zu einer Wiederbefragung bereit erklärt haben, an. Ebenso werden mit ausgewählten Ermittlungsbeamten vertiefende Interviews geführt. Von besonderem Interesse ist, welche Erfahrungen in der Zusammenarbeit der Akteure wechselseitig gesammelt wurden und welche Schlüsse sich hieraus für eine zukünftige Zusammenarbeit im Dienste der Korruptionsprävention ableiten lassen.

Expertenworkshops werden mit ausgewiesenen Kennern des deutschen Mittelstandes und einschlägiger Korruptionsermittlungsverfahren durchgeführt. Sie dienen der Befundinterpretation.

Die nachfolgend vorgestellten Befunde basieren ausschließlich auf der quantitativen Erhebung und sind vorerst rein deskriptiv. Nach Abschluss weiterer Erhebungen und Auswertungen folgen interpretierende, inferenzstatistische Analysen.

2.2 Quantitative Erhebungen

Zu Beginn des Jahres 2015 erfolgte die Erhebung in den KMU und zeitlich leicht nach hinten versetzt die in den Ermittlungsbehörden.

Für die Befragung der KMU wurde eine Zufallsstichprobe aus einer geprüften Unternehmensdatenbank gezogen. Die relevanten Auswahlkriterien waren:

- KMU mit 50 bis 499 Mitarbeitern, unabhängig von einer Branche.
- KMU aus dem privaten Wirtschaftssektor, keine staatlichen, keine gemeinnützigen Institutionen.

Das gezogene Sample umfasst 2500 deutsche KMU. Es bestand die Möglichkeit, entweder online oder mit einem Papierfragebogen teilzunehmen.[2] Nach mehreren Erinnerungswellen[3] liegt der Rücklauf bei ca. 12 %[4]. Nach bisherigen Erfahrungen aus vergleichbaren Studien ist dies durchaus ein positiver Rücklauf.

Bei den Ermittlungsbehörden war das Vorgehen ein anderes. Es wurden Korruptionsfachbereichsleiter aus allen LKÄ und dem BKA mit der Bitte kontaktiert, den Fragebogen selbst auszufüllen und weitere Fragebögen bzw. einen Link an zwei weitere Kollegen weiterzugeben. Diese hatten dann ebenfalls die Möglichkeit, an einer Onlinebefragung teilzunehmen oder den Fragebogen in Papierform zu beantworten. Es kann ein Rücklauf von 82 % verzeichnet werden.

3. Deskriptive Ergebnisse der quantitativen Erhebung

3.1 Korruption: Risiko für wen?

Den Hintergrund für die Frage, für wen die Befragten ein Korruptionsrisiko bzw. für wen sie negative Folgen von Korruption sehen, bilden teilweise Beobachtungen aus eigenen Vorarbeiten, aber auch aus Befunden vorliegen-

---

[2] Es erfolgte ein Random Split. Die erste Einladung wurde in Papier- oder als Online-Variante versandt.
[3] Tailored Design.
[4] N = 286, AAPOR RR1=10,84 % (minimum RR), AAPOR RR6 – 11,53 % (maximum RR).

der Studien[5]. Es wurden insoweit Tendenzen deutlich, dass zum einen Unternehmen das Korruptionsrisiko für sich selbst nicht in gleichem Maße er- bzw. anerkennen wie für Mitbewerber (evtl. in Abhängigkeit von der eigenen Betroffenheit). Infolgedessen wird der Korruptionsprävention daher nur eine untergeordnete Rolle zugedacht. Eine negative Kosten-Nutzen-Analyse wird angenommen.

Zum anderen sehen Unternehmen, auch KMU und nicht nur Großunternehmen, in Ermittlungsbehörden einen Gegenspieler, zuweilen nicht zwingend einen Gegenspieler auf Augenhöhe.[6]

In der Erhebung unter den KMU und unter den Kommunalverwaltungen wurde daher die Frage gestellt: *Für wie problematisch halten Sie die Folgen von Korruption für KMU?* Für Ermittlungsbehörden erfolgte eine Anpassung, da hier die Fremdwahrnehmung im Fokus stand: *Für wie verbreitet halten Sie Korruption in folgenden Institutionen?* Die nachfolgende Grafik zeigt einen Ausschnitt aus den Antwortvorgaben.

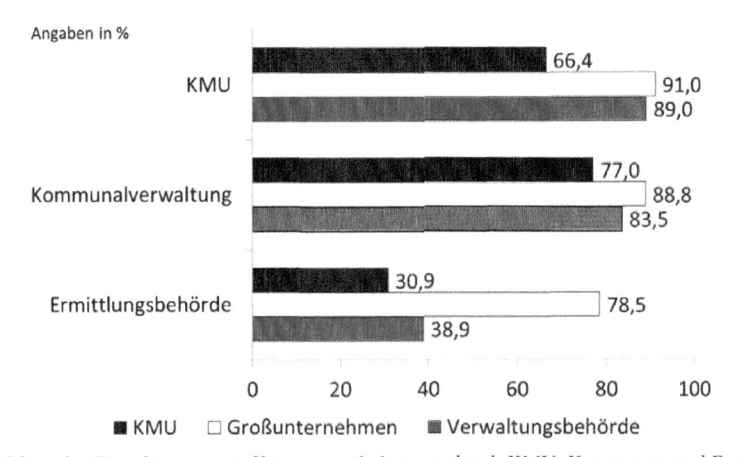

Abbildung 2: Einschätzung zur Korruptionsbelastung durch KMU, Kommunen und Ermittlungsbehörden (Fremd- und Selbsteinschätzung [Punktmuster])

Die y-Achse weist die Institutionen aus, die eine Einschätzung über KMU, Großunternehmen und Verwaltungsbehörden abgegeben haben. Wobei diese

---

5 Vorarbeiten waren qualitative Interviews und die Teilnahme an einschlägigen Workshops. Einschlägige Studienergebnisse finden sich in den regelmäßigen Veröffentlichungen von PricewaterhouseCoopers zur Wirtschaftskriminalität (div. Jahrgänge).
6 *Schmidt* (2012).

jeweils auch für ihren eigenen Bereich eine Bewertung vornahmen. Auf der x-Achse wurden die beiden höchsten Kategorien zusammengefasst und prozentual angegeben: *problematisch* und *sehr problematisch*. Für die Ermittlungsbehörden erfolgte eine Zusammenfassung der Kategorien für *verbreitet* und *sehr verbreitet*.

Die Einschätzung des eigenen Problempotentials fällt für die KMU deutlich positiver aus als bei den Kommunen (jeweils gepunktete Balken). Kommunen schätzen die Situation für sich selbst durchaus kritischer ein. Ein knappes Drittel der befragten Vertreter der Ermittlungsbehörden sieht eine erhebliche Korruptionsbelastung bei den KMU. Im Vergleich zu den Kommunalverwaltungen und den Großunternehmen, bei denen rd. 39 % eine (weite) Verbreitung bei Kommunen und rd. 79 % bei Großunternehmen sehen, fällt das Urteil durchaus positiver aus. Über Gründe kann zum jetzigen Zeitpunkt des Projektes nur spekuliert werden. In den weiteren Untersuchungen wird unter anderem der Frage nachgegangen, welchen Einfluss aktuelle Ermittlungsverfahren sowie Medienberichte auf die Wahrnehmung haben.

Großunternehmen werden von allen Befragten als besonders gefährdet eingestuft. Insbesondere KMU und Kommunalverwaltung halten die Folgen von Korruption für diese für besonders problematisch.

Verwaltungsbehörden werden sehr unterschiedlich bewertet. Bei den Ermittlern meinen vergleichsweise wenige, dass diese (sehr) anfällig für Korruption seien. KMU hingegen beurteilen die Folgen von Korruption für diese jedoch größtenteils als (sehr) problematisch.

3.2 Korruptionsprävention in KMU

Die kleinen und mittelständischen Unternehmen haben für sich die Korruption, das Korruptionsrisiko, als vergleichsweise deutlich geringer eingeschätzt. Mit dieser positiveren Selbstwahrnehmung könnte die Notwendigkeit präventiv gegen Korruption vorzugehen nicht oder zu einem geringerem Maße anerkannt werden.

Innerhalb der kleinen und mittelständischen Unternehmen sind nur wenige Antikorruptionsbeauftragte (AKB) zu finden. Lediglich rd. 35 % der befragten Unternehmen gaben an, einen solchen einzusetzen. Eine Umsetzung von Präventionsinstrumenten erfolgt nur zögerlich. Insoweit ist ein Rückstand im Vergleich zu den Großunternehmen zu verzeichnen, auch wenn eine Abwägung zwischen Korruptionsrisiko und Leistungsfähigkeit der KMU vorgenommen wird. Gleichwohl sind Maßnahmen der Korruptionsprävention, wenn auch auf niedrigem Niveau, bei der Mehrheit der KMU zu finden (vgl. Abbildung 3).

Angaben in %
9,8
32,2
58,0
n=286

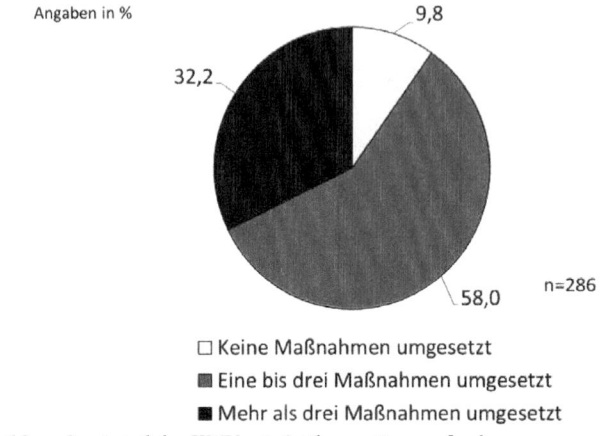

☐ Keine Maßnahmen umgesetzt
■ Eine bis drei Maßnahmen umgesetzt
■ Mehr als drei Maßnahmen umgesetzt

Abbildung 3: Anteil der KMU mit Antikorruptionsmaßnahmen

Die nachfolgende Tabelle gewährt einen Einblick, welche Maßnahmen von den kleinen und mittelständischen Unternehmen vorgehalten werden und welche sie für besonders effektiv halten. Ergänzend wird die Einschätzung der Ermittlungsbehörden berücksichtigt. Es ergibt sich eine weitestgehende Kongruenz.

Mehrheitlich wird das Mehr-Augen-Prinzip als wirksam erachtet, sowohl aus der Perspektive der kleinen und mittelständischen Unternehmen als auch aus der der Ermittlungsbehörden. Im Rang dahinter folgt die Festlegung von Regeln, wie sich Mitarbeiter bei einem Korruptionsverdacht verhalten sollen. Den dritten Platz nimmt aus Sicht der Unternehmen wie auch bei den Ermittlungsbehörden die Durchführung regelmäßiger Fortbildungen zum Thema Korruptionsprävention ein. Allerdings ergibt sich hier ein entscheidender Unterschied. Die befragten Unternehmensvertreter, zumeist Antikorruptionsbeauftragte und Vertreter der Unternehmensleitung, konzentrieren sich an dieser Stelle überwiegend auf die Mitarbeiter denn auf die Führungsebene. Bei den Ermittlungsbehörden rangiert die Fortbildung der Führungskräfte vor der der Mitarbeiter. Es wird deutlich, dass Unternehmensvertreter auf Leitungsebene Maßnahmen der Korruptionsprävention, die sich auf diese selbst beziehen, keine Priorität zuschreiben. Vertreter der Ermittlungsbehörden differenzieren dagegen kaum zwischen den Ebenen eines Unternehmens. Mit rd. 29 % der Befragten nimmt die Schulung von Mitarbeitern den vierten Rang der als wirksam erachteten Maßnahmen ein. Damit liegt diese Maßnahme nur einen Platz hinter der Fortbildung der Führungskräfte (rd. 37 % der Befragten). Letztere Einschätzung deckt sich mit einem ganzheitlichen Präventionsansatz.

Tabelle 1: *Einschätzung der Wirksamkeit umgesetzter Präventionsmaßnahmen durch KMU und Ermittlungsbehörden*

	KMU (n=286)		Ermittlungsbehörden (n=38)	
	Angaben in Prozent	Ranking	Angaben in Prozent	Ranking
Mehr-Augen-Prinzip	25,2	1. Platz	63,2	1. Platz
Festlegung von Regeln, wie sich Mitarbeiter verhalten sollen, wenn sie einen Korruptionsverdacht haben	7,7	2. Platz	52,6	2. Platz
Regelmäßige Fortbildung zum Thema Korruptionsprävention für Mitarbeiter	6,3	3. Platz	28,9	4. Platz
Risikoanalyse zu gefährdeten Bereichen	4,9	4. Platz	28,9	4. Platz
Personalrotation	4,5	5. Platz	13,2	8. Platz
Regelmäßige Fortbildung zum Thema Korruptionsprävention für Führungskräfte	1,4	7. Platz	36,8	3. Platz

3.3 Quo vadis: Kooperation im Ermittlungsverfahren?

Nach der kriminologischen Taxonomie zur Kriminalprävention wohnt auch der tertiären, der repressiven Ebene ein präventives Moment inne.[7] Dieses kann ganz unterschiedlich ausgerichtet sein. Gegenstand der vorliegenden Befragung ist u. a. die Frage nach dem Stellenwert der Aufklärung von Korruptionsverdachtsfällen, unterschieden nach internen und externen Ermittlungen. Darüber hinaus wurde nach konkreten Erfahrungen in der Zusammenarbeit in Ermittlungsverfahren zwischen Unternehmen und Ermittlungsbehörden gefragt.

---

7 Vgl. hierzu u. a. *Kube* (1986); *Dijk/Waard* (1991).

Aufgrund der Befunde eigener Vorarbeiten[8] wurde vermutet, dass im Gegensatz zu Großunternehmen kleine und mittelständische Unternehmen nicht über die Ressourcen verfügen, eigene, interne Ermittlungen zu realisieren. Interne Ermittlungen, die bei Großunternehmen einen bedeutsamen Stellenwert einnehmen, binden personelle und finanzielle Ressourcen und bedürfen teilweise auch eines besonderen Fachwissens, welches im wirtschaftlichen Alltag des Unternehmens nur selten von Relevanz sein kann.

Die vorliegenden Befunde bestätigen dies jedoch nicht. Rund 44 % der befragten Vertreter aus kleinen und mittelständischen Unternehmen messen eigenen Ermittlungen eine höhere Bedeutung zu als externen, also staatlichen (vgl. Abbildung 4).

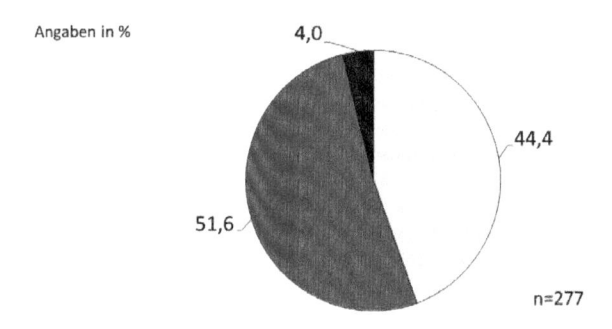

Angaben in %
4,0
44,4
51,6
n=277

☐ Interne Ermittlungen sind wichtiger als externe Ermittlungen.
■ Interne Ermittlungen sind genauso wichtig wie externe Ermittlungen.
■ Interne Ermittlungen sind weniger wichtig als externe Ermittlungen.

Abbildung 4: Bedeutung interner vs. externer Ermittlungen

Dem entspricht auch das Vorgehen der Unternehmen, wen sie im Falle eines Korruptionsverdachtsfalles zu Rate gezogen haben. Weit überwiegend haben die Unternehmen (rd. 67 %) Rechtsanwälte einbezogen. Polizei und Staatsanwaltschaft wurden dagegen nur von jedem fünften KMU kontaktiert.

---

8 Vorarbeiten waren u. a. die Durchführung qualitativer Experteninterviews, Teilnahme an Workshops u. Ä.

Angaben in %

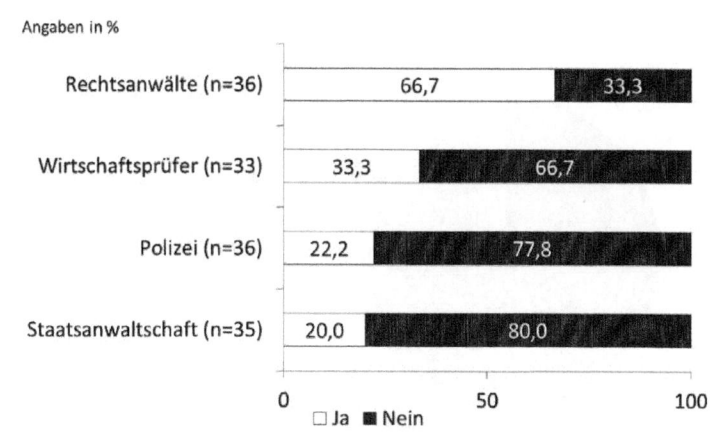

Gruppe	Ja	Nein
Rechtsanwälte (n=36)	66,7	33,3
Wirtschaftsprüfer (n=33)	33,3	66,7
Polizei (n=36)	22,2	77,8
Staatsanwaltschaft (n=35)	20,0	80,0

☐ Ja ■ Nein

Abbildung 5: Wen haben KMU im Falle eines konkreten Korruptionsverdachtsfalles kontaktiert?

Unternehmen scheinen unabhängig von ihrer Größe einer internen Aufklärung und tendenziell ggf. auch einer internen Aufarbeitung bzw. Sanktionierung eines konkreten Korruptionsverdachtfalles den Vorrang zu geben. Es ist zu vermuten, dass dies daraus resultiert, dass interne Verfahren besser in den betriebswirtschaftlichen Ablauf integriert werden können und ein vergleichsweise geringeres Risiko besteht, dass diese publik werden. Insoweit versprechen die später folgenden qualitativen Arbeiten eine Auflösung.

Aus der Perspektive der Ermittler in den Polizeien der Länder und des Bundes könnte sich die Zusammenarbeit mit kleinen und mittelständischen Unternehmen durch die Implementierung von Antikorruptionsbeauftragten in den Unternehmen verändert haben. Die Ermittler wurden u. a. gefragt, für wie wichtig sie eine solche Stelle, einen solchen Ansprechpartner finden. Etwas mehr als die Hälfte (51 %) schätzt diese als eher wichtig bis sehr wichtig ein. Nur ein sehr geringer Anteil (7,3 %) meint, diese seien überhaupt oder eher nicht wichtig.

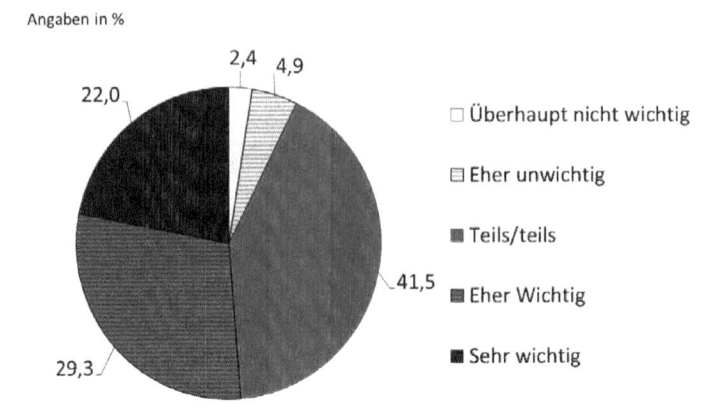

Abbildung 6: Wie wichtig sind aus Sicht der Ermittler Antikorruptionsstellen für die Zusammenarbeit im Ermittlungsverfahren? (n=41)

Wenn es um die Verbesserung der Zusammenarbeit zwischen den KMU und Ermittlungsbehörden geht, rückt die Frage ins Blickfeld, welche Eigenschaften des Gegenübers für den jeweils anderen von Bedeutung sind. Auf diese sollte besonders geachtet werden, ggf. besteht insoweit Optimierungspotential.

Für die Ermittlungsbehörden ist neben der Bereitschaft zur Kooperation die Entscheidungsbefugnis von besonderer Bedeutung, dicht gefolgt von der Kontinuität des Ansprechpartners. Dies ist nachvollziehbar. Für Ermittlungsbeamte ist es von Vorteil, nicht mit einer Vielzahl von Vertretern eines Unternehmens die Verfahrensfragen zu erläutern. Ist bspw. in einem Unternehmen ein Antikorruptionsbeauftragter vorhanden, bei dem die Fäden zusammenlaufen und der interne betriebliche Abstimmungen (auch über verschiedene Abteilungen) moderieren kann, vereinfacht dies die Kommunikation. Sollten dem Antikorruptionsbeauftragten darüber hinaus Entscheidungsbefugnisse zugestanden werden, stiege damit auch die Verlässlichkeit von Absprachen. Es könnte ein Mehr an Transparenz neben der Vereinfachung von Prozessen erreicht werden.

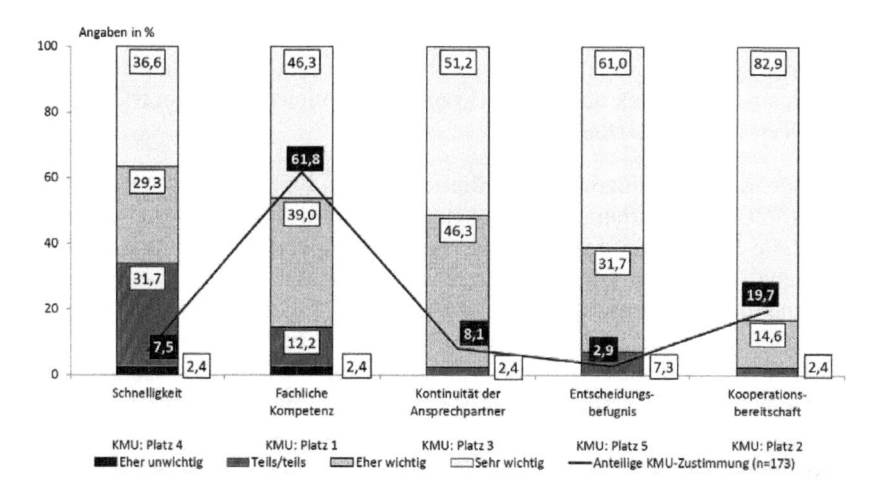

Abbildung 7: Welche Eigenschaften der KMU sind aus Sicht der Ermittler für eine gute Zusammenarbeit von Bedeutung (im Vergleich zu den Kriterien der KMU in Bezug auf die Ermittler)

Wie der Abbildung 7 darüber hinaus zu entnehmen ist, gelten für die Unternehmen andere Kriterien als vorrangig. Hier nimmt die fachliche Kompetenz seitens der Ermittler den höchsten Stellenwert ein. Dies könnte vor allem die Kompetenz in wirtschaftlichen Belangen, bspw. bzgl. Betriebsabläufen, betreffen. Gerade bei Korruptionsfällen im privatwirtschaftlichen Bereich ist dieser Aspekt auch für die strafrechtliche Bewertung von Relevanz. Daneben werden aber auch prozessrechtliche Fragen berührt. Unternehmen könnten ein Interesse daran haben, dass die Ermittlungen so geführt werden, dass betriebliche Abläufe nicht über das notwendige Maß hinaus gestört werden.

4. Fazit

Eher holzschnitzartig konnten erste deskriptive Befunde vorgestellt werden, welche jedoch bereits zum jetzigen Zeitpunkt interessante Einblicke in die Praxis der Korruptionsprävention in kleinen und mittelständischen Unternehmen gewähren.

Das Risiko der Korruption schätzen kleine und mittlere Unternehmen für sich vergleichsweise geringer ein. Dennoch hat die Mehrheit – wenn auch im geringen Umfang – Präventionsmaßnahmen umgesetzt. Es herrschen Standardinstrumente wie das Vier-Augen-System vor. Tendenziell handelt es sich um Maßnahmen, die sich leicht in den betrieblichen Alltag integrieren lassen. Es ist zu konstatieren, dass komplexe, Evidenz basierte Instrumente selten sind. Mit Blick auf eine wirksame Korruptionsprävention ist insoweit eine Verbesserung anzudenken.

Die Mehrheit der Unternehmen präferiert für den Fall eines Antikorruptionsfalles interne Ermittlungen, auch wenn damit (wertvolle) personelle und finanzielle Ressourcen gebunden werden. Die kleinen und mittelständischen Betriebe, die einen konkreten Verdachtsfall hatten, haben folglich auch mehrheitlich Rechtsanwälte und Wirtschaftsprüfer zu Rate gezogen. Insoweit gibt es einen erheblichen Nachholbedarf für die Kontaktierung und Zusammenarbeit mit staatlichen Ermittlungsstellen. Gelingt diese, könnte auch eine komplexe Korruptionsprävention gelingen. Eine Erhöhung des Entdeckungsrisikos und eine umfängliche Aufklärung von Korruptionsfällen sowie eine adäquate Ahndung von Verstößen und Straftaten bergen auch ein präventives Moment in sich.

Literaturverzeichnis

Dijk, J. J. M. van/Waard, J. de. (1991). A two-dimensional typology of crime prevention project; with a bibliography. Criminal Justice Abstracts, 23, 483-503.
Kube, E. (1986). Systematische Kriminalprävention. Wiesbaden: BKA.
PricewaterhouseCoopers (Hg.). Wirtschaftskriminalität (diverse Jahrgänge).
Schmidt, H. (2012). Der Compliance Officer. Partner oder Gegenspieler der Ermittlungsbehörden bei der Bekämpfung von Korruption in Deutschland. Münster: DHPol (Masterarbeit).

Das Projekt „Freundschaft und Gewalt im Jugendalter"[1]

Clemens Kroneberg, André Ernst und Maria Gerth

Gliederung
1. Einleitung
2. Theoretischer Ausgangspunkt und Rahmen
3. Studiendesign und bisherige Erhebungswellen
3.1 Befragung mittels Audio-CASI
3.2 Erhebung vollständiger Jahrgangsnetzwerke
4. Ausblick

1. Einleitung

Das DFG-Projekt „Freundschaft und Gewalt im Jugendalter" ist eine mehrjährige Längsschnittstudie in fünf Städten des Ruhrgebiets, die über 2500 Jugendliche umfasst. Sie zielt auf ein tieferes Verständnis kausaler Mechanismen, die zu jugendlicher Gewaltdelinquenz führen. Im Vergleich zu früheren kriminologischen Panelstudien ermöglichen die in diesem Projekt erhobenen Daten eine besonders umfassende handlungstheoretische Analyse des Zusammenspiels von gewaltlegitimierenden Normen, wahrgenommenen Anreizen, Gelegenheiten, Situationsdefinitionen und Selbstkontrolle sowie eine netzwerkanalytische Betrachtung von Prozessen differentieller Assoziation und sozialer Beeinflussung unter Gleichaltrigen.

In diesem Beitrag stellen wir den theoretischen Rahmen, das Forschungsdesign sowie erste Ergebnisse der Studie vor. Dabei gehen wir auch auf einige methodische Besonderheiten ein, deren Einsatz eine hohe Datenqualität und neue Ana-

---

[1] Wir danken der Deutschen Forschungsgemeinschaft für die finanzielle Förderung (Fördernummer KR 4040/2). Unser Dank gilt zudem den teilnehmenden SchülerInnen und deren Eltern für das entgegengebrachte Vertrauen sowie den SchulleiterInnen und LehrerInnen für ihre Unterstützung der Befragung. Herrn *Reinhard Mokros* und seinen MitarbeiterInnen an der Fachhochschule für öffentliche Verwaltung NRW in Gelsenkirchen danken wir für die großzügige logistische Unterstützung im Befragungszeitraum.

lysepotentiale ermöglicht und die daher von generellem Interesse für kriminologische und soziologische Umfragen sind. Dies gilt insbesondere für die im Projekt entwickelte, frei verfügbare Software für computergestützte Selbstbefragungen mit Audiospuren sowie für die Erhebung vollständiger multidimensionaler Netzwerke in Schuljahrgängen.

2. Theoretischer Ausgangspunkt und Rahmen

Die bisherige kriminologische Forschung hat die Zustimmung zu gewaltlegitimierenden Normen (GLN) und die Einbettung in deviante Peergruppen als zentrale Korrelate von Jugendgewalt identifiziert.[2] Weitgehend unklar ist allerdings, auf welche Weise und unter welchen Bedingungen GLN zu Gewaltdelinquenz führen und inwiefern sich diese Einstellungen im Jugendalter ausbilden, verfestigen und sozial verbreiten. Beide Fragen haben auch eine präventive Bedeutung: Von ihrer Beantwortung hängt ab, inwiefern Präventionsmaßnahmen am effektivsten bei einzelnen Jugendlichen, ihren Familien, ihrer Freundschaftsclique, der weiteren Peer-Gruppe oder etwa dem Schulkontext ansetzen sollten und für welche Jugendliche Mittel der moralischen Einflussnahme, der Abschreckung oder der Veränderung von Gelegenheitsstrukturen wirksamer sind.

Das Projekt „Freundschaft und Gewalt im Jugendalter" verwendet zwei integrative Handlungstheorien, die es ermöglichen, das komplexe Zusammenspiel von gewaltlegitimierenden Normen, wahrgenommenen Anreizen, Gelegenheiten, Situationsdefinitionen und Selbstkontrolle in den Blick zu nehmen: die *Situational Action Theory of Crime Causation* von *Per-Olof Wikström* (kurz: SAT)[3] und das in der Soziologie entwickelte *Modell der Frame-Selektion* von *Hartmut Esser* und *Clemens Kroneberg* (kurz: MFS)[4]. Während die SAT spezifisch auf die Erklärung von Kriminalität bzw. Regelverletzungen zugeschnitten ist, stellt das MFS eine allgemeine Handlungstheorie dar, die ebenfalls bereits auf die Erklärung kriminellen Handelns angewendet wurde.[5]

Beide Theorien gehen davon aus, dass jedem Handeln eine Definition bzw. Rahmung der Situation vorausgeht. Die Situationsdefinition bestimmt mit, welche Handlungsalternativen überhaupt wahrgenommen werden. Haben Akteure

---

2 Siehe etwa *Stewart/Simons* (2010); *Rabold/Baier* (2011); *Naplava* (2005); *Wetzels et al.* (2001).
3 *Wikström* (2006); *Wikström/Treiber* (2009).
4 *Esser* (2001); *Kroneberg* (2005, 2011).
5 Siehe etwa *Eifler* (2009); *Kroneberg/Heintze/Mehlkop* (2010); *Pollich* (2010).

bestimmte Normen stark internalisiert und weist die Situation eindeutig auf die Geltung dieser Normen hin, so wird ihnen spontan gefolgt, ohne andere Alternativen überhaupt in Erwägung zu ziehen. Wenn sich die Akteure dagegen einer unklaren Situation oder widerstreitenden Normen gegenübersehen, kommt es zu einer bewussten Abwägung zwischen kriminellen und nicht-kriminellen Handlungsalternativen, in deren Rahmen die erwarteten Kosten und Nutzen der möglichen Handlungen einbezogen werden. Sowohl die SAT als auch das MFS sind somit Theorien variabler Rationalität, in denen ein spontaner und ein reflektierter Entscheidungsmodus unterschieden werden. Beide Theorien erklären Handeln zudem aus der Interaktion von Akteurs- und Situationsmerkmalen.

Diese integrativen Handlungstheorien ermöglichen eine Reihe von Hypothesen über die Wirkungsweise von GLN und ihr Zusammenspiel mit anderen Einflussfaktoren zu formulieren. Beispielsweise sollten Personen mit stark verankerten GLN auf eine eindeutige Provokation tendenziell spontan mit Gewalt reagieren, ohne die potentiellen Konsequenzen zu beachten.[6] Unter anderen Bedingungen lassen die Theorien erwarten, dass der durch GLN gesteuerte spontane Wahrnehmungs- und Reaktionsprozess unterbrochen wird. So können etwa Beleidigungen, die unter Fremden sofortige gewalttätige Konsequenzen hätten, unter Freunden als „Spiel" abgetan werden.[7] Zudem können Akteure auch Normen verinnerlicht haben, die einen Gewaltverzicht fordern. Für bestimmte Akteure mag daher selbst angesichts einer starken Provokation Gewalt keine Option sein.[8] Andere Akteure mögen sich Normkonflikten gegenüber sehen, die eine spontane Reaktionsweise unmöglich machen. Eine zentrale Rolle bei der Auflösung derartiger Konflikte kommt Neutralisierungen zu, also Möglichkeiten, den Verstoß gegen die eine oder die andere Norm zu rechtfertigen.[9] Zudem kann das Ausmaß der Selbstkontrolle von Akteuren mitentscheidend dafür sein, ob einem bestimmten Handlungsimpuls gefolgt wird oder ob längerfristige Folgen des Handelns und konkurrierende normative Gesichtspunkte reflektierend berücksichtigt werden.

Neben der Frage, durch welche handlungsgenerierenden Mechanismen gewalttätiges Handeln zustande kommt, fokussiert das Projekt auf die Bedeutung der Peer-Gruppe für Gewaltdelinquenz. Der Zusammenhang zwischen kriminellem Verhalten im Freundeskreis und eigenem kriminellen Verhalten ist einer der

---

6 *Anderson* (1999); *Tertilt* (1996).
7 *Tertilt* (1996), S. 213-214.
8 *Wikström/Treiber* (2009).
9 *Kroneberg/Heintze/Mehlkop* (2010).

stärksten und stabilsten Befunde der Kriminologie.[10] Ein methodisches Problem derartiger Befunde besteht darin, dass häufig die Befragten über die Delinquenz ihrer Freunde berichten. Derartige Angaben leiden unter einem „projection bias", der zu einer Überschätzung der Ähnlichkeit zwischen Befragtem und seinen Freunden führt.[11] Ein zweites Problem stellt die fehlende Möglichkeit dar, auf Basis von Querschnittsdaten Einfluss- von Selektionsprozessen zu trennen. Einerseits könnten Jugendliche durch ihre delinquenten Freunde beeinflusst und zu eigener Delinquenz verleitet werden. Andererseits könnten die berichteten Korrelationen darauf zurückgehen, dass delinquente Jugendliche eher Freundschaften mit Gleichgesinnten eingehen. Es bedarf daher Längsschnittdaten sowie direkter Befragungen von Freunden, um Einfluss- und Selektionsprozesse empirisch unterscheiden zu können.[12]

Das Projekt fragt nach der Bedeutung von Freundschaftsnetzwerken für die Handlungswirksamkeit, Genese und Veränderung von GLN im Jugendalter und betrachtet darüber hinaus noch weitere Netzwerkdimensionen, wie etwa das Netzwerk der Gewalttäterschaft und -opferschaft unter SchülerInnen eines Jahrgangs. Ergänzend zur erwiesenen Bedeutung der Sozialisation im Familienkontext wird der Frage nachgegangen, inwiefern sich GLN erst im Jugendalter ausbilden, verfestigen und sozial verbreiten.

Das Projekt fokussiert somit auf ausgewählte Mechanismen, die sich auch in umfassenderen kriminologischen Erklärungsmodellen an zentraler Stelle verorten lassen.[13] Für aussagekräftige Analysen der postulierten handlungs- und netzwerktheoretischen Mechanismen müssen (a) alle relevanten handlungstheoretischen Konstrukte gemessen, (b) die mehrdimensionalen Beziehungen zwischen den Jugendlichen erfasst und (c) diese Determinanten jeweils im Längsschnitt in Form einer Panelerhebung erhoben werden.

Zwar existiert bereits eine Vielzahl nationaler und regionaler Studien zur Erklärung von Kriminalität und Gewalt in Deutschland[14], allerdings erfüllt keine dieser Studien alle formulierten Anforderungen an die Daten. Aufbauend auf den inhaltlichen und methodischen Erkenntnissen bisheriger Studien wurde daher eine eigene Befragung im Schulkontext durchgeführt.

---

10 *Haynie* (2002); *Matsueda/Anderson* (1998); *Pratt/Cullen* (2000); *Warr* (2002).
11 *Bauman/Fisher* (1986); *Jussim/Osgood* (1989); *Kandel* (1996).
12 *Knecht et al.* (2010); *McGloin* (2009); *Sijtsema et al.* (2010); *Weerman* (2011).
13 Vgl. u.a. *Boers et al.* (2010); *Farrington* (2003).
14 Vgl. u.a. *Baier et al.* (2009); *Boers/Reinecke* (2007); *Fuchs et al.* (2009); *Heitmeyer et al.* (2005); *Lösel/Bliesener* (2003); *Mansel* (2001); *Oberwittler et al.* (2001); *Reinecke et al.* (2013); *Sturzbecher* (1997); *Wetzels/Brettfeld* (2011).

3. Studiendesign und bisherige Erhebungswellen

Zielpopulation der ersten Welle der Befragung waren die SchülerInnen aller siebten Klassen der Haupt-, Real- und Gesamtschulen in Gelsenkirchen, Gladbeck, Herten, Marl und Recklinghausen. Diese Städte ergeben ein zusammenhängendes Erhebungsgebiet und erlauben die Realisierung einer großen, sozial heterogen zusammengesetzten Stichprobe mit vergleichsweise hoher Gewaltprävalenz. Angestrebt wurde eine Vollerhebung. Die Wahl der siebten Jahrgangsstufe erfolgte vor dem Hintergrund, dass die Gewaltprävalenz im mittleren Teenageralter ihren Höhepunkt erreicht.[15]

Tabelle 1: Teilnahmequoten

	Welle 1, 2013	Welle 2, 2014	Welle 3, 2015
Schulen im Erhebungsgebiet	45	44	54
Teilnehmende Schulen	39	38	46
SchülerInnen in befragten Schulen	3334	3473	4400
Teilnehmende SchülerInnen	2635	2817	3793

Anmerkungen: Welle 3 inklusive Gymnasien

Drei der vier geplanten Erhebungswellen wurden seit 2013 jeweils im Zeitraum September bis Dezember realisiert. Tabelle 1 gibt einen Überblick über die bisherigen Teilnahmequoten auf Schul- und Individualebene.

2013 nahmen 39 der 45 Schulen im Erhebungsgebiet an der Befragung teil. Dies entspricht 87 Prozent der angefragten Schulen und 123 von 151 Schulklassen im Erhebungsgebiet. Verglichen mit ähnlichen schulbasierten Panelstudien ist dies eine sehr hohe Teilnahmequote. Insgesamt konnten in der ersten Welle 2635 Haupt-, Real- und GesamtschülerInnen in der siebten Jahrgangsstufe befragt werden. Dies entspricht 79 Prozent der SchülerInnen der teilnehmenden Schulen. Auch in der zweiten Welle (86 %) und dritten Welle (85 %) konnte die hohe Teilnahmequote auf Schulebene aufrechterhalten werden. Die hohe Teilnahmequote auf der Ebene der Jugendlichen konnte in Welle 2 (81 %) und Welle 3 (86 %) sogar noch gesteigert werden.

Die Nicht-Berücksichtigung von Gymnasien in den ersten beiden Erhebungswellen erfolgte primär aufgrund des begrenzten Projektbudgets, Gründen der Stichprobenkomposition sowie dem Fokus auf relativ generische Mechanismen, die weitgehend unabhängig von der Schulform sein sollten. Im Rahmen der dritten Welle war es jedoch möglich, erstmalig auch Gymnasien zu berücksichtigen, um etwaige Selektivitätsprobleme abschätzen zu können und ein umfassenderes

---

15 *Boers/Walburg* (2007); *Hirschi/Gottfredson* (1983).

Bild der Situation an Sekundarschulen im Erhebungsgebiet zu erhalten. Vor dem Hintergrund begrenzter Ressourcen sowie der vorherigen Ausschöpfungsquoten auf Stadtebene wurden in drei der fünf Städte – Gelsenkirchen, Herten und Marl – alle Gymnasien zur Teilnahme aufgefordert. 9 der 10 Gymnasien entschieden sich für die Teilnahme an der Befragung. Damit können zukünftige Analysen in diesen drei Städten ein besonders repräsentatives Bild der Entwicklung von Jugendlichen zeichnen und prüfen, ob die untersuchten Zusammenhänge und Prozesse in derselben Weise auch an Gymnasien zu beobachten sind.

3.1 Befragung mittels Audio-CASI

Eine methodische Besonderheit der Studie besteht im Einsatz computergestützter Selbstinterviews mit Tonunterstützung (Audio-CASI). Alle SchülerInnen einer Klasse nahmen simultan an Laptops an der Befragung teil und die gestellten Fragen wurden neben der visuellen Darbietung am Bildschirm auch über Kopfhörer auf Basis aufgenommener Audiospuren vorgelesen. Der Fragebogen wurde im Vorfeld in einem professionellen Tonstudio eingesprochen und den Befragten während der Befragung durch das Programm Frage für Frage vorgelesen.

Die Verwendung von Audio-CASI sollte bei vergleichbaren Kosten eine bessere Datenqualität als Papierfragebögen sicherstellen, u.a. durch die Vermeidung von Filterfehlern, die Hilfestellung bei Leseschwierigkeiten durch die Audio-Spuren[16], die Reduktion sozial erwünschten Antwortverhaltens[17], die höhere Motivation der Befragten durch den Einsatz moderner Medien[18] sowie den Wegfall der Dateneingabe und damit verbundener Eingabefehler.

Mangels verfügbarer, geeigneter Softwarelösungen wurde im Projekt ein Audio-Modul für die kostenlose Befragungssoftware LimeSurvey entwickelt, das zukünftig auch durch andere Forschungsprojekte frei genutzt werden kann.[19]

3.2 Erhebung vollständiger Jahrgangsnetzwerke

Für das netzwerkanalytische Erkenntnisinteresse der Studie wurden in der Befragung sog. vollständige Jahrgangsnetzwerke erhoben. Dabei können die Be-

---

16 *Langhaug et al.* (2011); *Tourangeau/Smith* (1996).
17 *Turner et al.* (1998).
18 *Baier* (2011); *Lucia/Herrmann/Killias* (2007).
19 Siehe *Beier/Schulz* (2015).

fragten alle MitschülerInnen ihres Schuljahrgangs als Netzwerkpartner nominieren, z. B. als Freund, als Opfer eigener oder als Täter erlittener Gewalttaten. Im Vergleich zu Klassennetzwerken ermöglichen Jahrgangsnetzwerke ein vollständigeres Abbild der schulischen Beziehungen zu Gleichaltrigen. Die Schulklassen übergreifenden Beziehungen machen je nach Jahrgang zwischen 11 Prozent und 31 Prozent aller Nominierungen aus. Zur Veranschaulichung dieser erhobenen Daten zeigt Abbildung 1 exemplarisch das „beste Freunde"-Netzwerk eines Jahrgangs.

Neben der Erfassung von Freundschaften (beste Freunde; nicht-/mögen, treffen außerhalb der Schule) und Statusbeziehungen (zugeschriebene Beliebtheit), wurden Gewaltbeziehungen aus Täter- und Opferperspektive (physische und psychische Gewalt) sowie die Reputation als Gewalttäter erhoben. Die Analyse dieser Netzwerkdimensionen und ihres Zusammenhangs erlaubt es unter anderem, den sozialen Nutzen von Gewalt für Jugendliche zu untersuchen. So zeigen erste Auswertungen, dass Gewalttäterschaft deutlich mit zugeschriebenem Status im Jahrgang zusammenhängt. Gewalttäter werden häufiger als besonders beliebt wahrgenommen, obgleich sie nicht häufiger als beste Freunde genannt werden.

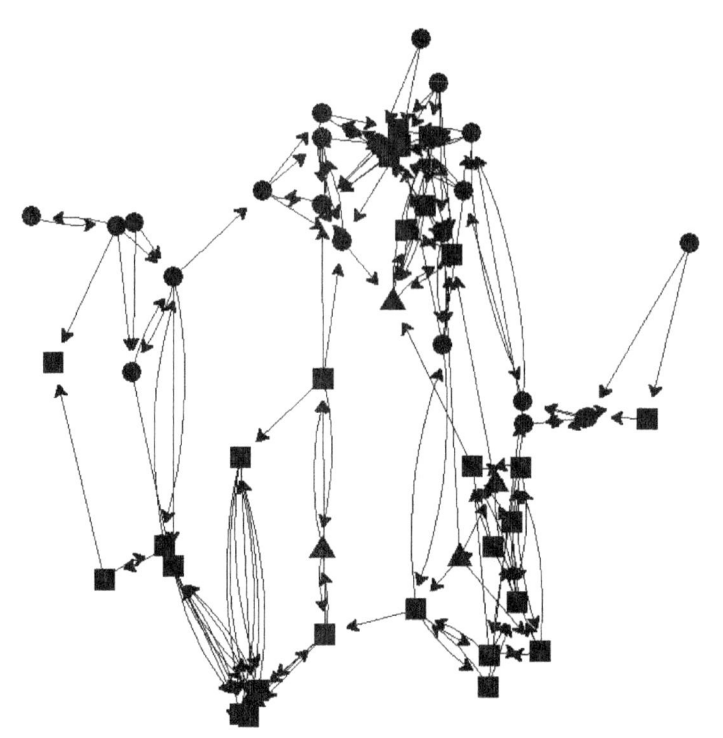

*Abbildung 1: Exemplarisches Jahrgangsnetzwerk auf Basis von Freundschafts-
nominierungen (fünf beste Freunde; Symbole indizieren Klassenzugehörigkeit)*

4. Ausblick

Neben den beschriebenen methodischen Neuerungen zielt die Längsschnittstudie „Freundschaft und Gewalt im Jugendalter" auf ein tieferes Verständnis von Jugendgewalt. Zukünftige Analysen werden sich vor allem den handlungstheoretischen Determinanten von Gewalt und der Bedeutung sozialer Netzwerke zuwenden. Beispielsweise gehen erste Analysen der Frage nach, wie die Verbreitung gewaltlegitimierender Normen (GLN) in Schulklassen ihre handlungsleitende Wirksamkeit bedingt.[20] Dabei besteht eine komplexe Interaktion zwischen der situativen Stärke von Provokationen, den normativen Überzeugungen

---

20 *Beier* (in Begutachtung).

Jugendlicher und Merkmalen des Schulkontexts. In Schulkassen, in denen GLN weit verbreitet sind, scheint es aus Sicht vieler SchülerInnen notwendig zu sein, auf Provokationen gewalttätig zu reagieren, um wiederholte Viktimisierung zu vermeiden. Jugendliche mit stark internalisierten GLN berichten dagegen für starke Provokationen unabhängig von der Verbreitung von GLN hohe Gewaltintentionen. Die Verbreitung von GLN hat aber Auswirkungen auf ihre Gewaltintentionen bei geringfügigen Provokationen: In derartigen Situationen steigt die Gewaltbereitschaft für diese Jugendlichen mit steigender Verbreitung von GLN an. Interpretieren lässt sich dies als Möglichkeit, in Klassenräumen mit stark verbreiteten GLN durch gewalttätige Handlungen Statusgewinne zu erreichen.

Das Projekt stellt somit eine reichhaltige Datenbasis für handlungstheoretische und netzwerkanalytische Erklärungen jugendlichen Gewalthandelns bereit. Besondere Einsichten ermöglicht die Analyse des Zusammenspiels dieser beiden Klassen von Mechanismen: Welche handlungstheoretischen Determinanten stehen im Zentrum von Einfluss- und Selektionsprozessen in der Peergruppe? Wie bedeutsam sind umgekehrt Peer-Netzwerke für die (unterbleibende) Überführung gewaltlegitimierender Normen in tatsächliches Gewaltverhalten? Einsichten in diese Prozesse versprechen nicht zuletzt ein tieferes Verständnis sozialer Unterschiede in der Gewaltbelastung, etwa hinsichtlich des schulischen Umfelds oder anderer Merkmale der sozialen Lage Jugendlicher.

Literatur

Anderson, E. (1999): Code of the Street: Decency, Violence, and the Moral Life of the Inner City. New York: W. W. Norton.

Baier, D./Pfeiffer, C./Simonson, J./Rabold, S. (2009): Jugendliche in Deutschland als Opfer und Täter von Gewalt. Erster Forschungsbericht zum gemeinsamen Forschungsprojekt des Bundesministeriums des Innern und des KFN. Hannover: Kriminologisches Forschungsinstitut Niedersachsen.

Baier, D. (2011): Computergestützte vs. schriftliche Befragung: Ergebnisse eines Schülerbefragungsexperiments. Vortrag auf der Frühjahrstagung 2011 der Sektion Methoden der empirischen Sozialforschung der Deutschen Gesellschaft für Soziologie. Halle (April 2011).

Bauman, K./Fisher, L. (1986): On the Measurement of Friend Behavior in Research on Friend Influence and Selection: Findings from Longitudinal Studies of Adolescent Smoking and Drinking. In: Journal of Youth and Adolescence 15, S. 345-353.

Beier, H., unter Begutachtung: Wie wirken "Subkulturen der Gewalt"? Das Zusammenspiel von Internalisierung und Verbreitung gewaltlegitimierender Normen in der Erklärung von Jugendgewalt.

Beier, H./Schulz, S. (2015): A Free Audio-CASI Module for LimeSurvey. In: Survey Methods: Insights from the Field: http://surveyinsights.org/?p=5889.

Boers, K./Reinecke, J. (2007): Delinquenz im Jugendalter. Erkenntnisse einer Münsteraner Längsschnittstudie. Münster: Waxmann.
Boers, K./Reinecke, J./Seddig, D./Mariotti, L. (2010): Explaining the development of adolescent violent delinquency. In: European Journal of Criminology 7, S. 499-520.
Boers, K./Walburg, C. (2007): Verbreitung und Entwicklung delinquenten und abweichenden Verhaltens unter Jugendlichen. In: K. Boers & J. Reinecke (Hg.), Delinquenz im Jugendalter. Erkenntnisse einer Münsteraner Längsschnittstudie. Münster: Waxmann, S. 79-95.
Eifler, S. (2009): Kriminalität im Alltag: Eine handlungstheoretische Analyse von Gelegenheiten. Wiesbaden: VS Verlag für Sozialwissenschaften.
Esser, H: (2001): Soziologie. Spezielle Grundlagen, Band 6: Sinn und Kultur. Frankfurt a.M.: Campus.
Farrington, D. (2003): Developmental and Life-course Criminology: Key Theoretical and Empirical Issues - The 2002 Sutherland Award address. In: Criminology 41, S. 221-255.
Fuchs, M./Lamnek, S./ Luedtke, J./Baur, N. (2009): Gewalt an Schulen. 1994-1999-2004. Wiesbaden: VS Verlag für Sozialwissenschaften.
Haynie, D. L. (2002): Friendship Networks and Delinquency: The Relative Nature of Peer Delinquency. In: Journal of Quantitative Criminology 18 (2), S. 99-134.
Heitmeyer, W./Möller, R./Babka von Gostomski, C./Brüß, J./Wiebke, G. (2005): Forschungsprojekt Integration, Interaktion sowie die Entwicklung von Feindbildern und Gewaltbereitschaft bei Jugendlichen deutscher und türkischer Herkunft sowie bei Aussiedler-Jugendlichen unter besonderer Berücksichtigung ethnisch- kultureller Konfliktkonstellationen (Längsschnittstudie). Zwischenbericht II (2. Förderphase: 01.11.2002-31.10.2005) an die Deutsche Forschungsgemeinschaft. Bielefeld: Universität Bielefeld.
Hirschi, T./Gottfredson, M. (1983): Age and the Explanation of Crime. In: The American Journal of Sociology 89 (3), S. 552-584.
Jussim, L./Osgood, W. (1989): Influence and Similarity Among Friends: An Integrative Model Applied to Incarcerated Adolescents. In: Social Psychology Quarterly 52, S. 98-112.
Kandel, D. (1996): The Parental and Peer Contexts of Adolescent Deviance: An Algebra of Interpersonal Influences. In: Journal of Drug Issues 26, S. 289-315.
Knecht, A./Snijders, T./Baerveldt, C./Steglich, C./Raub, W. (2010): Friendship and Delinquency: Selection and Influence Processes in Early Adolescence. In: Social Development 19, S. 494-514.
Kroneberg, C. (2005): Die Definition der Situation und die variable Rationalität der Akteure. Ein allgemeines Modell des Handelns. In: Zeitschrift für Soziologie 34, S. 344-363.
Kroneberg, C./Heintze, I./Mehlkop, G. (2010): The Interplay of Moral Norms and Instrumental Incentives in Crime Causation. In: Criminology 48, S. 259-294.
Kroneberg, C. (2011): Die Erklärung sozialen Handelns. Grundlagen und Anwendung einer integrativen Theorie. Wiesbaden: VS Verlag.
Langhaug, L. F./Cheung, Y. B./Pascoe, S. J. S./Chirawu, P./Woelk, G./Hayes, R. J. /Cowan, F.M. (2011): How you ask really matters: randomised comparison of four sexual behaviour questionnaire delivery modes in Zimbabwean youth. In: Sexually Transmitted Infections 87, S. 165-173.
Lösel, F./Bliesener, T. (2003): Aggression und Delinquenz unter Jugendlichen. Neuwied: Luchterhand.
Lucia, S./Herrmann, L./Killias, M. (2007): How important are interview methods and questionnaire designs in research on self-reported juvenile delinquency? An experimental

comparison of internet vs paper-and-pencil questionnaires and different definitions of the reference period. In: Journal of Experimental Criminology 3, S. 39-64.
Mansel, J. (2001): Angst vor Gewalt. Eine Untersuchung zu jugendlichen Opfern und Tätern. Weinheim und München: Juventa.
Matsueda, R.L./Anderson, K. (1998): The Dynamics of Delinquent Peers And Delinquent Behavior. In: Criminology 36 (2), S. 269-308.
McGloin, J. M. (2009): Delinquency Balance: Revisiting Peer Influence. In: Criminology 47, S. 439-472.
Naplava, T. (2005): Jugenddelinquenz im interethnischen Vergleich. Erklärungsmöglichkeiten delinquenten Verhaltens einheimischer und immigrierter Jugendlicher. Bielefeld.
Oberwittler, D./ Blank, T./Köllisch T./Naplava, T. (2001): Soziale Lebenslagen und Delinquenz von Jugendlichen: Ergebnisse der MPI-Schulbefragung 1999 in Freiburg und Köln. Freiburg: Edition iuscrim.
Pollich, D. (2010): Problembelastung und Gewalt. Eine soziologische Analyse des Handelns jugendlicher Intensivtäter. Münster: Waxmann.
Pratt, T./Cullen, F. (2000): The Empirical Status of Gottfredson and Hirschi's General Theory of Crime: Meta-Analysis. In: Criminology 38, S. 932-964.
Rabold, S./Baier, D. (2011): Why are some ethnic groups more violent than others? The role of friendship network's ethnic composition. In: Journal of Interpersonal Violence 26, S. 3127-3156.
Reinecke, J./Stemmler, M./Arnis, M./El-Kayed, N./ Meinert, J./Pöge, A./Schepers,D./Sünkel, Z./Kucur-Uysal, B./Wallner, S. (2013): Entstehung und Entwicklung von Kinder-und Jugenddelinquenz: erste Ergebnisse einer Längsschnittstudie. In: Neue Kriminalpolitik 25, S. 207-228.
Sijtsema, J./Ojanen, T./Veenstra, R./Lindenberg, S./Hawley, P./Little, T. (2010): Forms and Functions of Aggression in Adolescent Friendship Selection and Influence: A Longitudinal Social Network Analysis. In: Social Development 19, S. 515-534.
Stewart, E./Simons, R. (2010): Race, Code of the Street, and Violent Delinquency: A Multilevel Investigation of Neighborhood Street Culture and Individual Norms of Violence. In: Criminology 48, S. 569-605.
Sturzbecher, D. (1997): Jugend und Gewalt in Ostdeutschland. Göttingen: Verlag für Angewandte Psychologie.
Tertilt, H. (1996): Turkish power boys. Ethnographie einer Jugendbande. Frankfurt am Main: Suhrkamp.
Tourangeau, R./Smith, T. (1996): Asking Sensitive Questions. In: Public Opinion Quarterly 60, S. 275-304.
Turner, C./ Ku, L./Rogers, S./Lindberg, L./Pleck, J. /Sonenstein, F. (1998): Adolescent sexual behavior, drug use, and violence: increased reporting with computer survey technology. In: Science 280, S. 867-873.
Warr, M. (2002): Companions in Crime: The Social Aspects of Criminal Conduct. Cambridge: Cambridge University Press.
Weerman, F. (2011): Delinquent Peers in Context: A Longitudinal Network Analysis of Selection and Influence Effects. In: Criminology 49, S. 253-286.
Wetzels, P./Brettfeld, K. (2011): Gewalt und Delinquenz junger Menschen in Bremen 2008–2010. Zweiter und abschließender Bericht über die Ergebnisse der ersten Erhebungswelle in Bremen und Bremerhaven 2008. Hamburg: Universität Hamburg.

Wetzels, P./Enzmann, D./Mecklenburg, E./Pfeiffer, C. (2001): Jugend und Gewalt. Eine repräsentative Dunkelfeldanalyse in München und acht anderen Städten. Baden-Baden: Nomos.

Wikström, P.-O. (2006): Individuals, Settings, and Acts of Crime: Situational Mechanisms and the Explanation of Crime. In: P.-O. Wikström & Robert Sampson (Hg.), The Explanation of Crime. Cambridge: Cambridge University Press, S. 61-108.

Wikström, P.-O./Treiber, K. (2009): Violence as situational action. In: International Journal of Conflict and Violence 3, S. 75-96.

Begleitende Evaluation der Sozialtherapeutischen Abteilung in der Jugendanstalt Neustrelitz

Volker Bieschke

Gliederung:
1. Einleitung
2. Forschungsauftrag
3. Erste Ergebnisse aus der Inhaltsanalyse mit der Methode des Text-Mining
3.1 Datenbasis und Methode
3.2 Sprachvermögen
3.3 Eingangsphase
3.4 Therapeutische Maßnahmen, Berufs- und Schulausbildung
3.5 Verhältnis zu den Mitgefangenen, Beamten und Psychologen
4. Auszüge aus ersten übergreifenden Ergebnissen
5. Thesen
5.1 SothA ist (qualifizierter) Regelvollzug
5.2 Schlussfolgerungen / Empfehlungen

1. Einleitung

Der Beitrag zeigt auszugsweise einige Ergebnisse des Forschungsprojektes „Evaluation der Sozialtherapeutischen Abteilung (SothA) der Jugendanstalt (JA) Neustrelitz", welches im Auftrag des Justizministeriums Mecklenburg-Vorpommern (M-V) durch den kriminologischen Forschungsdienst im Strafvollzug M-V(KFD M-V) durchgeführt wird. In diesem Beitrag geht es um die Auswertung von qualitativen Interviews (N=59), welche mit Experten (N=15) aller dort tätigen Berufsgruppen sowie der Anstaltsleitung und der zuständigen besonderen Vollstreckungsleiterin geführt wurden. Auch die Gefangenen, welche die SothA absolviert (N=24) oder diese Behandlung abgebrochen haben bzw. in den Regelvollzug oder Erwachsenenvollzug verlegt wurden (N=20), befragten wir mittels qualitativer, leitfadengestützter Interviews zu ihren Erfahrungen in der SothA und werteten diese Interviews aus. Für die Interviews kamen 2 verschiedene Leitfäden (für SothA-Absolventen und -Abbrecher und für Experten) zum Einsatz.

Wir hatten uns frühzeitig für einen Mixed-Methods-Ansatz[1] entschieden. Dabei bildete die strukturierende, qualitative Inhaltsanalyse nach *Mayring*[2] die Grundlage. Im Laufe der Untersuchung haben wir die Methodik, unter Nutzung des Baukastenmodells nach *Schreier*[3], auf die Methodik von *Kuckartz* erweitert, um die Vorteile der softwaregestützten Auswertung qualitativer Daten durch CAQDAS (Computer Assisted Qualitative Analysis Software), hier insbesondere MAXQDA nutzen zu können. Um mögliche subjektive Fehlerquellen und Verzerrungen durch den Autor und Leiter der Studie von vorne herein zu vermeiden und so unnötigen Spielraum für spätere Relativierung von Ergebnissen möglichst gering zu halten, entschieden wir uns, die Analyse der Daten an unabhängige, externe Auswerter zu übergeben. Die strukturierende Inhaltsanalyse nach *Mayring* wurde durch 2 postgraduierte Praktikantinnen (M.A.-Soziologie) angewandt. Eine qualitative Inhaltsanalyse nach *Kuckartz/Mayring* wurde durch eine freiberufliche Soziologin und eine Inhaltsanalyse mit Text-Mining auf Basis der Programmiersprache R und erweiternden Modulen durch den Lehrstuhl Soziologie von Herrn Prof. Dr. Papilloud an der Universität Halle vorgenommen.

Das herausragende Ergebnis aller drei Auswertungen ist deren sehr hohe Übereinstimmung in wesentlichen Ausprägungen. Exemplarisch werden in diesem Beitrag auszugsweise erste Ergebnisse der Analyse mit Text-Mining dargestellt[4]. Anschließend sollen erste übergreifende Ergebnisse und schlussfolgernde Thesen skizziert werden.

2. Forschungsauftrag

2008 wurde die sozialtherapeutische Abteilung der Jugendanstalt Neustrelitz in Betrieb genommen. Fast zeitgleich erteilte das Justizministerium gemäß § 97 des seit 2007 geltenden JStVollzG M-V an den Kriminologischen Forschungsdienst im Strafvollzug den Auftrag, diese Abteilung zu evaluieren. Die Effektivität der Behandlungsmaßnahmen der sozialtherapeutischen Einrichtung sollte mittels eines quasi-experimentellen Designs sozialtherapeutisch behandelte und sozialtherapeutisch nicht behandelte Delinquenten miteinander vergleichen, um zu klären, ob durch eine Sozialtherapie die Quote

---

1 *Mayring* (2007).
2 *Mayring* (2008).
3 *Schreier* (2006); *Schreier* (2012).
4 Diese beruhen auf einer schriftlichen Zuarbeit durch die Hallenser Forscher und wurden im Gliederungspunkt 3. im Wesentlichen wörtlich übernommen.

Begleitende Evaluation der SothA in der Jugendanstalt Neustrelitz 367

der Rückfälligen gesenkt werden kann. Jedoch galt es zugleich der Komplexität des Phänomens Kriminalität und den spezifischen Merkmalen von Jugendlichen (Reifephase, erhebliche lebensverändernde Prozesse etc.) gerecht zu werden. Deshalb wurden auch Sozialisations-, Persönlichkeits- sowie Umweltmerkmale – insbesondere aber Auffälligkeiten und Problemlagen – in die Auswertungen einbezogen und im Kontext zum Legalverhalten analysiert. Die zentralen Fragestellungen des Forschungsauftrages sind: Welche wesentlichen charakteristischen Persönlichkeitsmerkmale und Prädiktoren sind für einen positiven Behandlungsverlauf in der Sozialtherapie ausschlaggebend? Welche charakteristischen Persönlichkeitsmerkmale und Prädiktoren sind für einen positiven Legalbewährungsverlauf ausschlaggebend und gibt es einen signifikanten Zusammenhang zwischen erfolgreichem Behandlungsverlauf in der sozialtherapeutischen Abteilung und der Rückfälligkeit von Jugendstrafgefangenen?

Die Evaluation beinhaltet neben den qualitativen Interviews noch eine Aktenanalyse aller Gefangenenpersonalakten und eine Abfrage beim Bundeszentralregister über die Rückfälligkeit nach zwei Jahren nach Haftentlassung. Weiterhin beinhaltet diese auch eine Organisations- und Strukturanalyse inklusive einer Prüfung des Konzeptes der sozialtherapeutischen Abteilung.

3. Erste Ergebnisse aus der Inhaltsanalyse mit der Methode des Text-Mining

3.1 Datenbasis und Methode

Die 59 Interviews untergliedern sich in drei Gruppen: Absolventen der SothA, Abbrecher, d. h. Inhaftierte, welche die SothA begonnen aber nicht beendet haben, sowie Experten, darunter AVD-Beamte und Psychologen. Um die Gruppen vergleichbar zu halten, wurde für die Abbrecher und die Absolventen derselbe Gesprächsleitfaden verwendet. Die Gespräche wurden zwischen Ende 2010 und Mitte 2015 geführt; eine mögliche Verzerrung durch den langen Zeitraum – etwa durch ein sich veränderndes Interviewerverhalten oder sich ändernde Rahmenbedingungen – konnte statistisch nicht festgestellt werden. Um die Interviews auszuwerten, wurde sich für eine Auswahl an Instrumenten aus dem Text-Mining entschieden, wie sie in den Literatur- und Sprachwissenschaften, zunehmend aber auch in anderen Bereichen, wie der Soziologie und den Geschichtswissenschaften verwendet werden. Meist steht hierbei die Auswertung sehr großer Textkorpora im Mittelpunkt. Die Hallenser Forscher konnten allerdings zeigen, dass entsprechende Methoden, sorgfältig ausgewählt und angepasst, auch für die Auswertung einer überschaubaren Anzahl von Interviews sinnvoll anwendbar sind.[5] Sie haben sich für das Bilden der Kategorien mittels eines gängigen Verfahrens im Text-Mining, dem semantischen „Topic-Modelling" entschieden. Die verwendeten Begriffe wurden mittels TF-IDF-Wert bestimmt, ein ebenso geläufiges Verfahren (insbesondere zum Herausstellen von Schlag-wörtern).[6][7] Dieses Vorgehen hat eine zielgerichtete Auswertung der Texte ermöglicht, nicht nur im Hinblick auf die wichtigsten Begriffe und Themen, sondern vor allem auch im Hinblick auf ähnliche Schwerpunktsetzungen innerhalb und zwischen den Gruppen. Die Analyse erfolgte hauptsächlich mit der lizenzfreien Statistiksoftware R und hierfür zur Verfügung stehender Erweiterungen.[8] Auf die methodischen Aspekte wird an anderer Stelle noch ausführlicher einzugehen sein. Hier sollen nun einige Ergebnisse der Analyse vorgestellt werden. Dabei steht vor allem ein Vergleich der Absolventen und der Abbrecher im Mittelpunkt.

Vorab kann festgehalten werden, dass weder die Absolventen, *noch* die Abbrecher die SothA als Institution in Frage stellen. Die Zeit in der SothA wurde überwiegend als vorteilhaft gegenüber einer Unterbringung im Regelvollzug empfunden. In ihren Äußerungen zur SothA, inklusive der geäußerten Kritik, sind sich die Absolventen wie die Abbrecher sehr ähnlich. Entsprechende Problemlagen wirken bei den Abbrechern eher zugespitzt, denn inhaltlich von denen der Absolventen absolut different. Eine erste, doch wesentliche Unterscheidung bezieht sich dann auch auf einen nicht direkt abgefragten Aspekt: Das Sprachvermögen.

3.2 Sprachvermögen

Der inhaltlichen Auswertung der Interviews wurde jeweils eine kurze statistische Analyse vorangestellt, die sich auf das Sprachvermögen der Befragten bezieht.[9] Das geringste Ausdrucksvermögen haben hierbei die Abbrecher gezeigt. Zudem haben sie sich eher knapp zu den Fragen geäußert. Der Befund ist u. a. unter dem Gesichtspunkt bemerkenswert, als dass ein nicht un-

---

5 Vgl. hierzu auch *Yu/Jannasch-Pennell/DiGangi* (2011).
6 Zur Einführung in das Verfahren vgl. u. a. *Blei.* (2012) und *Guo/Diab* (2011).
7 Vgl. *Ito* (2011).
8 Vgl. u. a. *Grün/Hornik* (2011).
9 Hierfür wurde auf den „Readability Test" nach Flesch-Kincaid sowie Einstufungen nach Komplexität und Diversität der Sprache abgestellt.

wesentlicher Teil der Sozialtherapie, insbesondere die psychotherapeutischen Elemente, auf Kommunikation und Kommunikations*bereitschaft* beruht. Das Sprachvermögen rückt damit selbst als möglicher Faktor in den Mittelpunkt, welcher Einfluss auf Erfolg und Misserfolg der SothA haben kann. Es ist nicht auszuschließen, dass die Abbrecher eine zusätzliche Hemmschwelle überwinden müssen, die sich weniger auf den Inhalt, sondern vor allem auch auf das „Wie" dessen bezieht, was den Psychologen und nicht zuletzt der Gruppe der Gleichaltrigen gegenüber zum Ausdruck gebracht werden soll. Die resultierende Verunsicherung führt dann ggf. zu einem weniger proaktivem oder äußerlich abwehrendem Verhalten, welches nicht unbedingt Ausdruck einer „Unreife", Uneinsichtigkeit oder einfach einer „Null-Bock-Einstellung" sein muss. Dieses könnte jedoch leicht als solches fehlinterpretiert werden und – im Sinne einer sich selbst verwirklichenden Prophezeiung – Einfluss auf den weiteren Verlauf der SothA nehmen.[10] Eine differenzierte Beurteilung der persönlichen Grundvoraussetzungen im Zusammenspiel mit dem situativen Setting ist hier unbedingt notwendig. Dies gilt insbesondere für die Eingangsphase, die sich retrospektiv betrachtet, insbesondere für die Abbrecher schwierig gestaltet hat.

3.3 Eingangsphase

Die Abbrecher haben beinahe einheitlich davon berichtet, dass sie quasi über Nacht, ohne ihre Einwilligung und teilweise explizit gegen ihren Willen, sowie ohne jegliche Vorabinformation über Ablauf und Inhalte der SothA in diese verlegt worden seien. Der teilweise konzeptuelle Zwang der SothA scheint sich in diesen Situationen besonders zugespitzt zu haben: Neben einem festgestellten Behandlungsbedarf ist eine entsprechende „Therapiemotivation" nicht Voraussetzung für eine Verlegung, diese könne auch im Verlauf noch „geweckt" werden. Grund: Die Jugendlichen würden die Konsequenzen und den Nutzen der SothA nicht in Gänze überblicken können. Wenngleich dies nicht in Abrede gestellt werden soll, so kann man doch fragen, ob einer angemesseneren Motivationslage – und damit dem Erfolg der Maßnahmen – derart nicht sogar entgegengewirkt wurde. Dafür spricht auch, dass die Absolventen sich überwiegend besser vorbereitet gefühlt und sich dann tatsächlich schneller in die SothA eingefunden haben. Ob sich eine angemessene Übergangsphase, in der auch die Rückverlegung als gleichberechtigte Option gehandhabt und kommuniziert wird, realisieren lässt, hängt freilich auch davon ab, wie damit umgegangen wird, dass die Dauer der Haft oft bereits nicht der entspricht, die für eine SothA notwendig wäre.

---

10 Vgl. *Rißling/Petermann* (2012).

3.4 Therapeutische Maßnahmen, Berufs- und Schulausbildung

Das konzeptuelle Nebeneinander von sozial- und psychotherapeutischen Maßnahmen sowie Berufs- bzw. Schulausbildung stellt die Jugendlichen insgesamt vor eine große Herausforderung und wird oft als Belastung empfunden. Mehrheitlich verstehen die Inhaftierten beider Gruppen die Maßnahmen aber auch als Chance, sich für die Zeit nach der Haft vorzubereiten. Während der Haftzeit werden sie zudem als Ablenkung vom Haftalltag begrüßt. Die Absolventen haben dabei stärker betont, dass die therapeutischen Einheiten bei der Aufarbeitung der Tat sowie der Bewältigung neuer Konfliktsituationen helfen würden. Bezüglich der Gruppensitzungen berichten sie aber auch von Bedenken, wonach das Gesagte die Jugendlichen in der Gruppe prinzipiell angreifbar machen würde. Wichtiger als die Therapie schien in diesem Fall eher die Stellung in der Hafthierarchie. Diese Befürchtungen scheinen in der Gruppe der Abbrecher eher noch eine größere und persistentere Wirksamkeit entfaltet zu haben. In den Einzelsitzungen hätten die Jugendlichen demnach weniger Probleme gehabt sich zu öffnen und sich aktiv an der Therapie zu beteiligen. Deshalb wird diese Therapieform deutlich bevorzugt. Hier sei aber oftmals die – auch von den Experten – als zu dünn empfundene Personaldecke ein Hindernis gewesen. Mit etwas mehr Nachdruck als die Absolventen geben die Abbrecher zudem an, sie hätten einen nicht unwesentlichen Teil der therapeutischen Maßnahmen als unangemessen empfunden. Die Therapie sei demnach starr und wenig individualisiert.

3.5 Verhältnis zu den Mitgefangenen, Beamten und Psychologen

Abbrecher und Absolventen haben die Offenheit und den engeren Bezug zu den Mithäftlingen und den Beamten als einen wesentlichen Vorteil der SothA erlebt. Insbesondere habe sich hierüber ein starkes Zusammengehörigkeitsgefühl und eine belastbarere Vertrauensbasis entwickeln können. Positiv habe sich dies u. a. auch auf das Lösen von Konflikten ausgewirkt, die von den Inhaftierten mehrheitlich ohne Zutun von Gewalt oder Hinzuziehen der Beamten gelöst wurden. Der überwiegende Teil der Absolventen und Abbrecher berichtet dann auch folgerichtig von einem guten Verhältnis zu den Mitgefangen. Die Gefangenen haben sich hierbei auch als eine Art „Schicksalsgemeinschaft" mit einem individuell wie auch in der Gruppe zu bewältigenden (Haft-)Alltag verstanden. Systematisch ausgegrenzt werden hingegen Sexualstraftäter. In der Hafthierarchie stehen diese an unterster Stelle.

Das Verhältnis zu den AVD- und Vertrauensbeamten wird von den Jugendlichen im Schnitt ebenso als eher gut bezeichnet. Der engere Kontakt wird insbesondere auch von den Beamten begrüßt. Die Inhaftierten wissen es insbesondere zu schätzen, wenn sich diese Zeit für informelle Gespräche nehmen und damit „echtes" Interesse zeigen. Kritisiert werden demgegenüber unmotivierte Beamte, die „Dienst nach Vorschrift" leisten würden. Kritisch zu sehen sind Berichte der Absolventen, als auch der Abbrecher, in denen diesen eine willkürliche und teils als herabsetzend empfundene Behandlung seitens einer klar abzugrenzenden Gruppe von Beamten widerfahren sei. Das Verhältnis der Abbrecher zu den Beamten scheint insgesamt etwas ambivalenter, als das der Absolventen zu den Beamten. Im Verhältnis zu den Psychologen manifestiert sich diese Unterscheidung: Auch wenn sich die Kritik an den Psychologen inhaltlich ähnelt, scheinen die Abbrecher wesentlich häufiger Probleme mit diesen gehabt zu haben. Deren Eignung für die Position und deren Interesse für die Inhaftierten wird zum Teil deutlich in Frage gestellt, ihre Maßnahmen und Urteile angezweifelt. Auch hier ist zu bemerken, dass die Inhaftierten (und auch die befragten Experten) tendenziell von Problemen mit denselben Personen berichten.

Insgesamt ist festzuhalten, dass alle interviewten Gruppen – Absolventen, Abbrecher und Experten – den Erfolg der SothA (ob individuell oder als Institution) sehr stark mit Personalien verknüpfen. Insbesondere wird hier auf die Psychologen und seitens der Experten die Leitung der SothA abgestellt. Als Problem wird hier auch die Fluktuation gesehen. So hätten einmal aufgebaute Vertrauensbeziehungen zu Psychologen und Vertrauensbeamten nach deren Weggang nicht oder nicht in der vorigen Qualität mit deren Nachfolgern wieder aufgebaut werden können.

Parallel hierzu spielt Stabilität für die Jugendlichen, auch im Kontakt zu Personen außerhalb der SothA, eine bedeutende Rolle, insbesondere zur Familie. Hier haben viele der Jugendlichen Unterstützung erfahren, aus der heraus ein grundlegendes Maß an Motivation generiert werden konnte. Wichtig ist hier vor allem die Mutter gewesen. Bei den Abbrechern zeigen sich allerdings häufiger Brüche in dieser Beziehung. An die Stelle der Mutter oder des Vaters rückt dann häufig auch die Freundin. Während die konzeptionell vorgesehene Einbindung der Familie somit im Grunde Bestätigung findet, empfinden einige Jugendliche die Definition von „Familie" dann als zu eng.

4. Auszüge aus ersten übergreifenden Ergebnissen

Die bisherigen und deshalb vorläufigen Hauptergebnisse, die hier nur stichwortartig zusammengefasst werden können, sind u. a. die folgenden: Ein überwiegender Teil der derzeit in der SothA tätigen Beamten des AVD erlebt die eigene Tätigkeit auch als therapeutisch orientiert und unterstützend. Sie sind sich neben Ihrer primären Verantwortung für Sicherheit und Ordnung bewusst, dass sie einen wesentlichen Anteil am Gelingen der Therapie haben. Sie schätzen die grundsätzliche Relevanz der Sozialtherapie im Jugendstrafvollzug als bedeutsam ein und demonstrieren eine positive Haltung gegenüber der Sozialtherapie im Allgemeinen. Sie beteiligen sich an der Fortentwicklung und kritischen Überprüfung des vorliegenden Konzeptes. Sowohl von den Fachdiensten als auch vom AVD wird die Bedeutung der Zusammenarbeit der verschiedenen Berufsgruppen für den Behandlungserfolg als hoch eingeschätzt. Die Qualität der Zusammenarbeit wird von beiden Gruppen weitgehend als am Beginn sehr schwierig, aber sich positiv entwickelnd beurteilt. Der Anspruch der Beamten des AVD, eine wichtige Rolle im therapeutischen Geschehen zu spielen, wird auch von den Psychologen/Sozialarbeitern geteilt. Kritisch wird von den Beamten des AVD die Akzeptanz der Sozialtherapie innerhalb der Gesamtanstalt, aber auch gegenüber der Anstaltsleitung und dem Ministerium gesehen. Von vielen Mitarbeitern der SothA wird bei der konkreten Frage nach Schwierigkeiten in der Umsetzung der Sozialtherapie auch die organisatorische Struktur und Einbindung der Abteilungen innerhalb des regulären Vollzugs der JA Neustrelitz gehäuft thematisiert.

Insgesamt zeigen die Interviews, dass das Personal grundsätzlich an die Angemessenheit der Behandlung und die Umsetzbarkeit unter den gegebenen Bedingungen glaubt, ohne dass eine übertrieben optimistische Haltung besteht. Schwierigkeiten und Begrenzungen werden durchaus wahrgenommen und mitgeteilt.

Von den SothA-Teilnehmern wird gehäuft geäußert, dass Aspekte von Angst vor Öffnung vor Andren/Fremden und damit verbundener Stigmatisierung innerhalb der Gefangenengruppe stark ausgeprägt sind. Insgesamt zeichnet sich also eine gewisse Ambivalenz gegenüber der Therapie ab, aber keine grundsätzliche Ablehnung. Die Ergebnisse zum Abteilungsklima zeigen sehr deutlich die Überlegenheit der sozialtherapeutischen Abteilungen gegenüber dem übrigen Jugendstrafvollzug (Regelvollzug). Die Sozialtherapieteilnehmer erleben ihre Abteilungen tatsächlich als behandlungsorientiert. Insgesamt liefern die vorläufigen Ergebnisse neben einer Vielzahl von Kritiken und Problemschilderungen auch erste Hinweise auf das Vorliegen von Rahmenbedingungen, unter denen ein Programmerfolg zu erwarten ist. In der Konsequenz ergeben sich daraus Ansatzpunkte für die Weiterentwicklung der Behandlungsprogramme.

5. Thesen

5.1 SothA ist (qualifizierter) Regelvollzug (8 Thesen)

These 1: SothA beschreibt in ihren unterschiedlichsten Konzepten und Durchführungsvarianten eine Umsetzungsvariante für das, was der Gesetzgeber seit der Strafvollzugsreform Ende der 70er Jahre des letzten Jahrhunderts an Zielen für einen humanen Behandlungsvollzug, dessen Ziel in erster Linie nicht die Übelzufügung ist, sondern die „Befähigung, zukünftig ein Leben ohne erneute Straftaten zu führen", formuliert hat (s. h. StVollzG von 1979 und Mindeststandards für Sozialtherapien).

These 2: Indem man zulässt, dass durch die Hintertür eine von bestimmten politischen Kreisen[11] favorisierte selektive Zuweisung der vorhandenen Ressourcen (Wohngruppenvollzug/Gruppen- und Einzelgespräche, Auseinandersetzung mit der Tat/ Diagnose von Ursachen der Devianz und Straftataufarbeitung, Verantwortungsübernahme, Opferempathie etc.) nur einer bestimmten Gruppe von Gefangenen (SothA) zugestanden wird, besteht die Gefahr, dass es der großen Masse des Regelvollzugs teilweise oder ganz vorenthalten bleibt. Die einfache Formel dieser Vertreter: Es gibt nicht genug Ressourcen für alle. Deshalb muss man schauen, wer wirklich will und diesem solche zukommen lassen. Wer nicht will, muss seine Zeit von vorne herein im Verwahrvollzug (man nennt diesen dann zynisch: „Chancenvollzug"...) „absitzen". Wer aber berechtigt den Justizvollzug zu so einer Form der Selektion? Unser Grundgesetz dürfte wohl eine andere Diktion haben.

---

11 Hier sind jene Vertreter des Strafvollzugssystems gemeint, die in den 90ern Jahren mit einer simplifizierten Ökonomisicrung des Justizvollzuges (Stichwort: KLR, BSC, Produktkataloge, PPP-Projekte etc.) ausschließlich unter Kosten-Gesichtspunkten, das Überstülpen von betriebswirtschaftlichen Steuerungselementen initiiert hatten. Nachdem sich das Primat der Sicherheit der Allgemeinheit gegenüber der Behandlung und Resozialisierung inhaltlich nicht einfach durchsetzen ließ, wurde es nun mit der „Keule" der begrenzten Ressourcen versucht zu begründen. Nach dem Scheitern dieser Politik (s. h. Rückfalluntersuchungen *Jehle* et al.) entdeckten plötzlich ab etwa 2014/2015 dieselben Justizvollzugsstrategen den Behandlungsvollzug „neu" und versuchen dieses Paradigma für sich zu nutzen.

These 3: SothA muss ein Pilotprojekt für den gesamten Regelvollzug sein! Die Übertragung der dort praktizierten, also machbaren Lebensbedingungen und Behandlungsansätze könnte und sollte bei Erfolg auf den übrigen, sogenannten „Regelvollzug" ausgedehnt werden.

These 4: Die Frage, ob die SothA wirkungsvoll und damit auch messbar ist, ist nicht zielführend, wenn man unterstellt, dass menschliche Interaktion, auch die in Zwangskontexten, immer auch Wirkungen entfaltet. SothA muss sich weiterentwickeln können, damit sie ihren Behandlungsauftrag zukünftig noch besser erfüllen kann. Dabei muss Sozialtherapie in erster Linie Therapie und erst in zweiter Linie begleitendes Trainingsprogramm sein und nicht umgekehrt, wie derzeit noch allzu oft. So wie ein Lehrer seinen Erfolg zunächst an den von ihm selbst vergebenen Noten für von ihm selbst entwickelte Leistungsnachweise misst, so kann auch die SothA ihren Erfolg an ihren eigenen Erfolgskriterien messen. Diese muss es aber erstens geben und zweitens müssen sie allen am therapeutischen Bündnis Beteiligten offen und damit zugänglich, klar verständlich und verhandelbar sein.

These 5: Eine Vielfalt von Therapien und Therapeuten, die optional, je nach Bedarf des einzelnen Gefangenen zum Einsatz kommen, würden die Versagens- oder Abbrecherrate deutlich minimieren. Die Motivation von Gefangenen würde im Abbruch-Fall nicht zerstört oder Gefangene entmutigt werden. Abbruch darf nicht als Verweigerung einer Behandlung von der Institution konnotiert werden, sondern ist lediglich als ein gescheiterter Versuch eines konkreten Behandlungsangebotes zu werten, der andere oder Wiederholungen des Gleichen nicht ausschließt.

These 6: Das Prinzip der Zwangstherapie ist zu hinterfragen! Zu hoffen, dass man jemanden zu einer Maßnahme zwingt und dann im Verlauf der Maßnahme eine Bereitschaft und Motivation dafür entstehen könnte, scheint von den Abbrecherzahlen und deren Begründungen in den Interviews nicht gedeckt zu sein. Motivationsschaffung sollte deshalb klar abgegrenzt vor jedweder Therapie und nicht als Bestandteil dieser stattfinden, weil sonst die Gefahr besteht, dass „der Weg zum Ziel wird".

These 7: Solange wir die Ursachen der Devianz des Einzelnen nicht kennen, können wir auch gegen diese keine gezielte Therapie anstrengen. „Blind" zu probieren, was wirken könnte, wird angesichts der erst (zu) spät feststellbaren Erfolge/Misserfolge häufig nicht mehr korrigierbar. Dem Einzelnen und damit auch der Gesellschaft wäre das keine Hilfe mehr, könnte aber im Einzelfall durchaus kontraindiziert sein.[12] Wenn Diagnostik es nicht leisten kann, die Ursachen von Devianz präzise festzustellen, es also auch keine spezifisch, darauf zugeschnittene Therapie geben kann, gibt es für die zukünftige Diagnose nur die Aufgaben, die Potenziale und die Ressourcen auf der einen Seite und die Risiken, die der Einzelne in sich birgt, auf der anderen Seite festzustellen (Stärken-Schwächen-Analyse).

These 8: Die wirkungsvollste Behandlung/Therapie wird sich mit der Arbeit an den Schwächen und zugleich und vorrangig des Ausbaus und der Bestärkung der Ressourcen und protektiven Faktoren (Stichwort: Ressourcenorientierte Behandlung) beschäftigen. Für die therapeutische Behandlung von individuellen Defiziten reicht es nicht aus solche zu erkennen und die Behandlung darauf abzustellen, sondern zuvor muss ihre Relevanz, d. h. ihre Kausalität gegenüber dem normabweichenden Verhalten/ der Kriminalität zweifelsfrei festgestellt worden sein.

5.2 Schlussfolgerungen/Empfehlungen, die sich aus den Interviews herleiten

Wer den gesetzlichen Resozialisierungsauftrag und den Erziehungsauftrag ernst nimmt, muss mit diesen Tätern auch zukünftig in der Sozialtherapie arbeiten. Es gilt eine transparente, bedürfnis- und ressourcenorientierte Arbeit in der Sozialtherapie zu entwickeln. Dazu bedarf es genereller und persönlicher, für jeden einzelnen Gefangenen definierter Erfolgskriterien, einer zugrunde liegenden individuellen Risikoeinschätzung und einer pre-post-Bewertung aller Gefangenen. Die konkrete Behandlungsplanung und detaillierte, messbare Abrechnung dieser Planung auf Grundlage klarer Erfolgskriterien müssen Grundstandards solcher Behandlung in der SothA sein. Viel stärker als bisher sind die Gefangenen als aktive und für sich selbst verantwortliche Akteure in Planung, Durchführung und Ergebnisdefinition von Behandlung einzubeziehen. Da nach neueren Studien Disziplinarstrafen im Wesentlichen ohne Wirkung bleiben[13], sollten die Sanktionen in der SothA statistisch erfasst und auf ihre Wirkung ausgewertet werden. Das aus Sicht der Bediensteten, hier insbesondere des AVD, bestehende 3-Stufensystem für die Gewährung von Aufschlusszeiten etc. sollte dringend überprüft werden. Eine Umkehr von der Konditionierung (Belohnung gegen Wohlverhalten) hin zu einem Vertrauens"vorschuss" sollte dabei intensiv diskutiert werden. Hierbei sollte berücksichtigt werden, dass gemäß einem Vollzugs-

---

12 *Grieger* (2015).
13 *Bachmann/Ernst* (2015).

grundsatz die Bedingungen in der Haft „so weit wie möglich denen außerhalb der Haft angeglichen werden sollen"!

Eine Bereitschaft für Therapie sollte dort, wo nicht oder nicht ausreichend vorhanden, stärker geweckt werden, indem vor der Sozialtherapie nachhaltige Motivation geschaffen und während der Therapie erhalten wird. Eine individuelle Risikoeinschätzung sowie eine Pre-Post-Testdiagnostik in der SothA sollten bei jedem Jugendstrafgefangenen Standard sein. Ebenso eine sich daraus herleitende individuelle Therapieplanung mit individuellen Zielsetzungen. Dies aber wird nur gelingen, wenn zuvor klare Erfolgskriterien mit Mindestzielsetzung und Maximalerfolg gemeinsam mit den Gefangenen erarbeitet werden. In der Fort- und Teambildung sollte das „Menschenbild" der Bediensteten (Ethik/ Moral/ Erziehungsauftrag/ Vollzugsgrundsätze) als permanenter Prozess der kollektiven Rekonstruktion installiert und gepflegt werden. Es sollte überdacht werden, ob Gefangene erst dann in gruppentherapeutische Angebote eingebunden werden, wenn sie durch individuelle Einzeltherapie ausreichend darauf vorbereitet wurden. Ein mehrdimensionales therapeutisches Angebot (nicht nur VT) von verschiedenen Therapeuten ist dringend zu empfehlen. Die Kombination von verschiedenen therapeutischen Methoden ist dabei genauso wie eine alternative Wahlmöglichkeit für die Gefangenen anzuraten. Eine Entlohnung der Therapiestunden, wie in fast 90 % aller SothA in der BRD, halten wir für richtig. Durch den Dienstherrn ist dauerhaft ausreichend therapeutisches Personal bereit zu stellen. Nur so kann die volle Auslastung der vorhandenen Plätze und Ressourcen auch maximal angewandt werden.

Von Seiten der Anstaltsleitung sollte überdacht werden, wie viel „SothA" (Aufschluss/ Lockerungen/ mehr WG-Kultur/ mehr Gespräche mit Gefangenen etc.) der „Regelvollzug" trägt. Dies trifft ebenso auf eine konsequente, weitgefächerte Lockerungspraxis zur kontrollierten Erprobung (vs. vermeintlicher „Vergünstigung") zu. Solange wir von der Menschheitsgeschichte wissen, setzen sich Menschen immer auch schon mit von der jeweiligen sozialen Gemeinschaft abweichenden Verhalten auseinander. So lange wir denken können, wird über die möglichen Ursachen von Devianz/Kriminalität nachgedacht. Alle Versuche, menschliches Verhalten, welches doch ein Ergebnis eines hochkomplexen Zusammenspiels von vielfältigsten Faktoren, wie beispielsweise: Definition, was denn Norm und was Abweichung davon ist, Genetik, Klima, nationale, ethische und soziale Herkunft, Bildung, Erziehung, Religion, Ökonomie, Sozialgefüge, eigene Gewalterfahrung, Gesundheit usw. usf. ist, nur auf die individuellen Defizite des Einzelnen und seine Persönlichkeitsdisposition zurückzuführen, sind zum Scheitern verurteilt und können keine Erhellung bringen, seien sie angesichts der scheinbar an die Normen angepassten Masse auch noch so verleitend.

Literartur

Bachmann, M./Ernst, A. (2015): Disziplinarmaßnahmen im Jugendstrafvollzug, vorgestellt auf der Wissenschaftlichen Jahrestagung der KrimG in Köln.
Blei, D.-M. (2012): Probalistic Topic Models. Surveying a suite of algorithms that offer a solution to managing large document archives. Online unter: https://www.cs.princeton.edu/~blei/papers/Blei2012.pdf (Letzter Zugriff: 13.01.2016).
Grieger, L. (2015): Risikofaktoren für Rückfälligkeit im deutschen Jugendvollzug. Ergebnisse einer prospektiven Längsschnittstudie mit männlichen Erstinhaftierten, Rechtspsychologie (RPsych) 1. Jg.1/2015, S. 5-21.
Grün, B./Hornik, K. (2011): topicmodels: An R Package for Fitting Topic Models. Journal of Statistical Software, 40(13). Online unter: http://www.jstatsoft.org/v40/i13/paper (Letzter Zugriff: 13.01.2016).
Guo, W./Diab, M. (2011): Semantic Topic Models: Combining Word Distributional Statistics and Dictionary Definitions. Online unter: http://www.aclweb.org/ anthology/ D1181051 (Letzter Zugriff: 13.01.2016).
Ito, T. (2011): Statistische und semantische Keyword-Bestimmung: Wortfrequenz, inverse Dokumentenfrequenz, semantisches Netzwerk. Online unter: http://www.doku. info/doku_article_458.html (Letzter Zugriff:12.05.2015).
Mayring, P./Gläser-Zikuda, M. (Hg.) (2008): Die Praxis der Qualitativen Inhaltsanalyse, 2. Auflage. Weinheim: Beltz.
Mayring, P./Huber, G.-L., Gürtler, L./Kiegelmann, M. (Hg.) (2007): Mixed methodology in psychological research. Rotterdam: Sense Publishers.
Schreier, M. (2006): Qualitative Auswertungsverfahren. In: Groeben N./Hurrelmann B. (Hg.): Empirische Unterrichtsforschung in der Literatur- und Lesedidaktik. München, Weinheim: Juventa, S. 421-442.
Schreier, M. (2012): Qualitative content analysis in practice. London: Sage.
Yu, C.-H./Jannasch-Pennell, A./DiGangi, S. (2011): Compatibility between Text Mining and Qualitative Research in the Perspectives of Grounded Theory, Content Analysis, and Reliability.QualitativeReport,16, S. 3.

Yoga im Strafvollzug – Ein Überblick über den Forschungsstand

Maria-Magdalena Koscinski

Gliederung
1. Einleitung
1.1 Was ist Yoga?
1.2 Wirkungen von Yoga allgemein
2. Forschungsstand zu Yoga im Strafvollzug
2.1 Verbreitung von Yoga in nordrhein-westfälischen Justizvollzugsanstalten
2.2 Wirkungen von Yoga auf Inhaftierte
3. Anlage der empirischen Studie „Yoga im Strafvollzug"
3.1 Fragestellung
3.2 Ausblick

1. Einleitung

Yoga im deutschen Strafvollzug ist weit verbreitet. Allein in NRW gibt es in jeder dritten Justizvollzugsanstalt ein Yoga-Angebot. Dennoch gibt es im deutschsprachigen Raum bisher keine wissenschaftliche Studie zu den Wirkungen von Yoga auf Inhaftierte. Einen ersten Beitrag hierzu soll die geplante Studie „Yoga im Strafvollzug" leisten, welche am Ende skizziert wird. Schwerpunkt des vorliegenden Beitrags stellt der Forschungsstand zu den Wirkungen von Yoga auf Inhaftierte dar. Zunächst soll jedoch in gebotener Kürze erläutert werden, was unter „Yoga" im Strafvollzug zu verstehen ist und welche – auch für den Vollzug relevante – Wirkungen von Yoga auf die Allgemeinbevölkerung bekannt sind.

1.1 Was ist Yoga?

Möchte man Yoga im Strafvollzug untersuchen, so stellt sich zunächst einmal die Frage, was Yoga überhaupt ist. Eine einheitliche Definition für den Begriff existiert nicht. Ganz im Gegenteil gehört er zu den „vielschichtigsten Begriffe[n] der indischen Literatur".[1] Während der Begriff in Indien auch als

---

1 *Fuchs* (1990), S. 12.

Name für eines der sechs klassischen, indischen Philosophie-Systeme und als Oberbegriff für eine Reihe praktischer Heilswege verwendet wird[2], stellt er im Westen fast ausschließlich ein System psycho-physischer Übungsmethoden zur Erhaltung und Wiederherstellung von Gesundheit, Wohlbefinden und zum persönlichen Wachstum dar. In diesem Sinne wird die Vielzahl der im Westen verbreiteten Übungen als eine von vier (Haupt-)Yoga-Richtungen unter dem Begriff „Hatha Yoga" („körperlicher Yoga") zusammengefasst. Ihm entspringt eine Vielzahl unterschiedlicher Yoga-Stile, die, wenn auch in unterschiedlichen Gewichtungen, häufig auf folgenden Elementen aufbauen: Körperstellungen, Atemübungen, Achtsamkeits- und Meditationsübungen, Selbststudium bzw. Innenschau sowie ein gesunder Lebensstil.[3] Während Yoga im Westen bisweilen in eine stark kommerzialisierte Neuerscheinung von Aerobic mit entsprechendem Körper- und Fitnesskult zu mutieren scheint, orientieren sich die Gefängnis-Yoga-Programme meist am klassischen Verständnis des Hatha-Yoga wie oben beschrieben. Dementsprechend sollen sich im Folgenden die Ausführungen, wie in der Literatur zu Yoga im Strafvollzug üblich, auch auf dieses Verständnis von Yoga als Einheit von Körper-, Atem- und Meditationsübungen in Achtsamkeit beziehen.[4]

1.2 Wirkungen von Yoga allgemein

Die Wirkungen von Yoga sind bereits in einer Fülle an medizinischen und psychologischen Studien sowohl an der Allgemeinbevölkerung wie auch an klinischen Stichproben erforscht worden. Danach eignet sich Yoga zur Erhaltung oder Wiederherstellung von physischer und psychischer Gesundheit und zum Training physischer und mentaler Kondition sowie zur Förderung emotionaler und persönlicher Kompetenzen. So wurden aus dem Bereich medizinischer Studien etwa eine Senkung des Blutdrucks[5], günstige Auswirkungen auf die Frequenzmodulation der Herzfrequenz[6] sowie des Cholesterin[7]- und Cortisolspiegels[8] berichtet, psychologische Studien zeigen verminderte Aggressivitäts-, Angst- und Neurotizismuswerte[9] sowie Verbesserun-

---

2 Siehe hierzu etwa: *Fuchs* (1990); *Gordon* (2013), S. 1224; *Ebert* (1986).
3 *Schell* (1995), S. 26.
4 Siehe etwa: *Norman* (2015), S. 81; *Bilderbeck/Farias/Brazil* (2014), S. 36.
5 *Kühn* (1996).
6 *Ebert* (1986).
7 *Yang* (2007), S. 487.
8 *Ebert* (1986); *Rocha/Ribeiro/Rocha u. a* (2012), S. 843.
9 *Schell* (1995); *Deshpande/Nagendra/Raghuram* (2008), S. 76.

gen in den Bereichen Stressbewältigung und Lebenszufriedenheit[10], Schlafqualität[11], emotionales Wohlbefinden[12], Selbststeuerung, Eigenverantwortung und kognitive Funktionen wie Aufmerksamkeit und Erinnerungsvermögen[13], womit nur eine Auswahl an erforschten Wirkungen dargestellt wäre. Entsprechend dieser Erkenntnisse hat sich Yoga als Komplementär- oder Alternativtherapie bei der Behandlung so unterschiedlicher Beschwerden und Erkrankungen wie chronische Schmerzen (v. a. Rücken- und Nackenschmerzen)[14], Herz-Kreislauf-Erkrankungen[15], Schlafstörungen[16], ne[17], Depressionen und Angsterkrankungen[18], Diabetes[19] und Asthma[20], bei der Substitutionsbehandlung[21] sowie der Suchttherapie[22] etabliert. Zudem werden Yogakurse als Gesundheitsprävention von den Krankenkassen anerkannt und bezuschusst.

2. Forschungsstand zu Yoga im Strafvollzug

2.1 Verbreitung von Yoga in nordrhein-westfälischen Justizvollzugsanstalten

Zur Verbreitung von Yoga-Angeboten für Inhaftierte sind bisher weder auf Bundes- noch auf Landesebene Zahlen bekannt. Nachdem eine erste bundesweite Abfrage der Autorin zur Einschätzung der zahlenmäßigen Verbreitung und zur Planung der Studie eine weit größere Verbreitung von Yoga-Angeboten in Justizvollzugsanstalten zu Tage förderte als erwartet und eine Beschränkung auf NRW notwendig und zugleich praktikabel schien, erfolgte eine zweite Abfrage in allen nordrhein-westfälischen Justizvollzugsanstalten. Die Ergebnisse lassen sich Abbildung 1 entnehmen.

---

10 *Granath/Ingvarsson/Thiele et al.* (2006), S. 3.
11 *Telles/Singh/Yadav et al.* (2012), S. 245.
12 *Shapiro/Cline* (2004), S. 35.
13 *Gothe/McAuley* (2015), S. 784.
14 *Field* (2011), S. 1; *Kühn* (1996).
15 *Lipton* (2008), S. 34.
16 *Telles/Singh/Yadav et al.* (2012), S. 245.
17 *Field* (2011), S. 1.
18 *Harvard Health Publications* (2009); *Pilkington/Kirkwood/Rampes et al.* (2005), S. 13.
19 *Innes/Vincent* (2007), S. 469.
20 *Gruber/Eber/Zach* (1997), S. 786.
21 *Shaffer/LaSalvia/Stein* (1997), S. 57.
22 *Khanna/Greeson* (2013), S. 244.

NRW im Vergleich zur BRD

| | 33% | 47% | 20% | | 31% | 48% | 21% |

■ Regelmäßiges Angebot   ■ Kein Angebot, aber Interesse   ■ Kein Angebot und kein Interesse

Abbildung 1

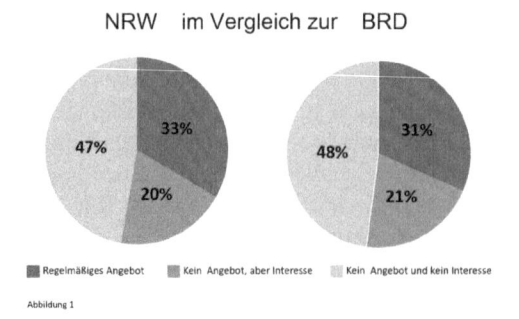

Danach boten von den 36 befragten Anstalten in Nordrhein-Westfalen 12 Anstalten, also ein Drittel, regelmäßig Yoga an. In elf der 12 Fälle handelte es sich um Yoga-Angebote für männliche Gefangene (davon zwei in Jugendstrafanstalten), in einem Fall um ein solches für weibliche Gefangene. Auf diese 12 Anstalten verteilten sich insgesamt 120 Yoga übende Gefangene. Sieben der 120 Gefangenen waren Frauen. Die Gruppengröße in den einzelnen Yoga-Angeboten variiert zwischen fünf und 12 Teilnehmern. Weitere sieben Anstalten (19,4 %) gaben an, Interesse am Aufbau eines Yoga-Angebotes zu haben, wobei das Ausmaß dieses Interesses von einem abstrakt-generellen Interesse bis hin zu konkreten Planungen reichte. Diese Verteilung, also ein Drittel Anstalten mit Yoga-Angebot und ein weiteres Fünftel mit einem Interesse hieran, zeigte sich auch in der bundesweiten Abfrage. Einschränkend ist jedoch zu bemerken, dass von den 209 bundesweit angeschriebenen Anstalten nur 73, also etwa 35 %, geantwortet hatten.

Angesichts dieser weiten Verbreitung mag es verwundern, dass diese Angebote im deutschsprachigen Raum bisher nicht kriminologisch untersucht wurden.

2.2 Wirkungen von Yoga auf Inhaftierte

Obwohl es bisher nur einige wenige wissenschaftliche Studien zu den Wirkungen von Yoga auf Inhaftierte gibt, erschienen erste Publikationen zu dieser Fragestellung bereits in den 1970er-Jahren.[23] Die Experimentalstudie von *Bunk* ist gleichzeitig eine der methodisch anspruchsvollsten Studien zu diesem Thema. *Bunk* erhebt neben psychologischen Variablen wie Kontrollüberzeugung, Angst und Selbstkonzept auch das fremdbeurteilte Verhalten

---

23 *Bunk* (1978); *Abrams/Siegel* (1978).

in Haft, welches operationalisiert wurde durch Disziplinareinträge, negative und positive Akteneinträge sowie Krankheitstage. Besonders an dieser Experimentalstudie ist das aufwendige Forschungsdesign: Neben einer Wartegruppe und einer zweiten Kontrollgruppe, welche kein Interesse an der Maßnahme hatte, gab es drei Untersuchungsgruppen: eine Yoga-Gruppe, eine Meditationsgruppe und eine Yoga-und-Meditationsgruppe, sodass hier einer der wenigen Vergleiche zwischen rein körperlichem Yoga und rein sitzend ausgeübter Meditation ermöglicht wurde. Anders als in den meisten anderen Gefängnis-Yoga-Angeboten wurde hier also die Meditation von den Körperübungen losgelöst und in zwei der drei Untersuchungsgruppen separat betrachtet.[24] Atemübungen erfolgten in beiden Gruppen und in gleicher Qualität und Quantität. Jede dieser fünf Gruppen bestand aus 20 Teilnehmern. Besonders bemerkenswert ist, dass es bei der Pre-Treatment-Messung in Bezug auf die abhängigen Variablen keine Gruppenunterschiede gab zwischen Interessierten (also den drei Untersuchungsgruppen und der Wartegruppe) und Nichtinteressierten (Kontrollgruppe) oder zwischen Abbrechern und solchen, die die Maßnahme abschlossen. Effekte von Drittvariablen aufgrund einer möglichen Selbstselektion wurden hier demnach nicht vorgefunden. Alle drei Untersuchungsgruppen zeigten teils signifikante Verbesserungen in den gemessenen psychologischen Variablen, wobei die Yoga- und Meditations-Gruppe am besten abschnitt, gefolgt von der Yoga-Gruppe. Während alle drei Untersuchungsgruppen im Untersuchungszeitraum signifikante Veränderungen in Richtung internale Kontrollüberzeugung und geringere Werte für Zustandsangst („state anxiety") zeigten, wies die Yoga- und Meditationsgruppe zusätzlich im Vergleich zur Wartegruppe signifikante Verbesserungen in den Variablen Eigenschaftsangst („trait anxiety") und Psychotizismus auf. Im Verhalten zeigten sich insgesamt weniger eindeutige Veränderungen, die Negativeinträge der Kontrollgruppe nahmen jedoch signifikant zu, während die Untersuchungsgruppen eine, wenn auch nicht signifikante, Tendenz zu vermehrten Positivberichten in ihren Akten zeigten. Einschränkend ist zu bemerken, dass der Autor der Studie auch die Rolle des Trainers übernahm, da die geplante Instruktion der Untersuchungsgruppen durch erfahrene und geschulte Gefangene nicht möglich war. Hierdurch erfährt die methodische Qualität Einbußen, wie er selbst kritisch diskutiert.

---

24 Wobei der Autor selbst die in der Studie angewandte Form der Mantra Meditation auf S. 7 auch als Mantra Yoga bezeichnet und diesen neben dem Hatha Yoga als weitere Yoga-Form bzw. Yoga-Technik mit gleichem Ursprung einordnet. Die Bezeichnungen „Yoga" und „Meditation" erfolgten lediglich der Einfachheit halber, s. S. 7, 13.

Das Problem der Personalunion von Studienleiter und Yogalehrer gibt es auch in anderen Studien zu Yoga und Meditation in Haft, so etwa auch bei *Landau & Gross*[25], bei denen diese Tatsache jedoch nicht diskutiert wird. Andere methodische Einschränkungen der Studie werden hingegen thematisiert und zum Teil darauf zurückgeführt, dass das Yoga-Programm ursprünglich nicht als Forschungsprojekt, sondern als ehrenamtliches Freizeitangebot konzipiert war. Es ist jedoch bisher die einzige Studie, die einen Zusammenhang zwischen der Teilnahme an einem Yoga-Kurs und späterer Rückfälligkeit untersucht. Verglichen werden in dieser Studie mit 190 Teilnehmern die Rückfallraten von Gefangenen, die mindestens vier Yoga-Stunden absolviert hatten, mit den Rückfallraten derer, die nicht regelmäßig an dem Yoga-Angebot teilnahmen.[26] Bei einem Katamnesezeitraum von zwei Jahren kann dieser Zugang als fragwürdig betrachtet werden. Gemessen wurden die Rückfallraten anhand von erneuten Inhaftierungen innerhalb von zwei Jahren nach Haftentlassung. Während die Rückfallraten der Vergleichsgruppe mit 25,2 % den üblichen Reinhaftierungsraten im US-Bundesstaat North Carolina innerhalb des gleichen Zeitraums ähnelten, lag die Reinhaftierungsrate bei der Gruppe der regelmäßig Yoga Übenden bei lediglich 8,5 %.

Duncombe und Kollegen untersuchten ein Programm, welches aus Yoga, Meditation und Qi Gong-Elementen bestand und kamen zu dem Ergebnis, dass dieses Programm den Insassen half, die Haftsituation zu bewältigen und zugleich einen resozialisierungsförderlichen Effekt habe, indem die Programmteilnehmer besser für die Wiedereingliederung in die Gesellschaft gewappnet seien.[27] Die quantitative Erhebung von Prä- und Post-Interventionsdaten mithilfe von fünf Selbsteinschätzungsskalen ergab einen signifikanten Rückgang von depressiver Symptomatik, einen signifikanten Anstieg an physisch-psychischem Wohlbefinden und in den Werten einer Skala zu Hoffnung. Verbesserungen hinsichtlich Selbstwert und Mitgefühl überschritten hingegen nicht die Signifikanzschwelle. Ungewöhnlich an dieser Studie ist, dass zwar die Studienteilnahme freiwillig war, die Teilnahme an dem Programm war hingegen für die meisten Teilnehmer obligatorisch. Hierin sehen die Autoren jedoch einen Vorteil, indem unfreiwillige Teilnehmer den härtesten Test für die Effektivität des Programms darstellten.[28]

---

25 *Landau/Gross* (2008), S. 43.
26 Diese Gruppe hatte an mindestens einer, aber weniger als vier Yoga-Stunden insgesamt teilgenommen.
27 *Duncombe/Komorosky/Wong-Kim et al.* (2005), S. 48.
28 *Duncombe/Komorosky/Wong-Kim et al.* (2005), S. 50.

Eine der methodisch aufwändigsten Studien zu Yoga im Strafvollzug veröffentlichten die Psychologin *Amy C. Bilderbeck* der Universität Oxford und ihre Kollegen im Jahr 2013.[29] In ihrer Experimentalstudie untersuchten sie die Effekte eines zehnwöchigen Yogakurses auf Affekt, Stress und psychisches Leiden sowie auf die Verhaltenssteuerung der Teilnehmer. Exekutive Funktionen wurden computergestützt mittels einer „Go/No-Go"-Aufgabe beurteilt, bei der die Teilnehmer entsprechend dem präsentierten Stimulus eine Taste drücken oder dies unterlassen mussten. Mit einer Endstichprobe von 100 Teilnehmern[30] weist diese Studie eine in diesem Themenbereich beachtliche Anzahl von Probanden auf. Untersuchungs- und Kontrollgruppe hatten sich vor dem Programm bezüglich der abhängigen Variablen nicht unterschieden, nach Abschluss des Yoga-Programms wies die Untersuchungsgruppe hingegen im Vergleich zur Kontrollgruppe signifikant höheren positiven Affekt und signifikant niedrigere Wert für Stress und psychisches Leiden auf, während sich in der Kontrollgruppe nur die Werte für psychisches Leiden verbesserten. Hinsichtlich negativen Affekts lag auch bei der Post-Treatment-Messung kein signifikanter Unterschied zwischen den Gruppen vor. Auch bei der kognitiv-behaviouralen Aufgabe schnitten die Untersuchungsprobanden signifikant besser als die Kontrollgruppe ab, indem sie bei gleicher Reaktionszeit eine höhere Anzahl richtiger Antworten gaben. Insgesamt konnte in dieser Studie die positive Auswirkung von Yoga nicht nur auf psychisches Wohlbefinden der Gefangenen, sondern auch auf exekutive Funktionen wie Aufmerksamkeits- und Konzentrationsfähigkeit sowie Verhaltenshemmung nachgewiesen werden.

Walley[31] bezieht in seine überwiegend qualitative Studie, die er im Auftrag des britischen Prison Phoenix Trust (PPT)[32], einer gemeinnützigen Organisation für Yoga und Meditation in britischen Gefängnissen, durchführte, unterschiedliche Quellen mit ein. Er stützt sich jedoch hauptsächlich auf eine Inhaltsanalyse von 127 Briefen, die der PPT innerhalb eines halben Jahres von Gefangenen erhalten hatte. Auf dieser Grundlage kommt er zu dem Ergebnis, dass die Yoga übenden Gefangenen im Verlauf der Zeit ein positiveres Selbstbild und stärkere internale Kontrollüberzeugungen entwickeln, besser mit Wut umgehen können, einen reduzierten Konsum von Tabak, Drogen und Medikamenten aufweisen und zu einer etwas positiveren Sichtweise der menschlichen Natur gelangen. Da man davon ausgehen kann, dass nur be-

---

29 *Bilderbeck/Farias/Brazil et al.* (2013), S. 1438.
30 45 Probanden in der Yogagruppe und 55 in der Wartekontrollgruppe.
31 *Walley* (1998).
32 http://www.theppt.org.uk/ (zuletzt geprüft am 21.12.2015).

sonders Yoga-affine Personen unaufgefordert einen (Dankes-) Brief an den PPT senden werden, muss hier mit deutlichen Verzerrungen gerechnet werden.

Ebenso im Auftrag des PPT verfasste *Mike Nellis* seinen umfangreichen Forschungsbericht „Yoga Teaching in HMP Eastwood Park"[33], der auf Basis von Interviews mit 15 weiblichen Gefangenen und 13 Anstaltsmitarbeitern[34] einen ausführlichen, beispielhaften Einblick in die Entstehung, die Voraussetzungen und die Modalitäten eines solchen Yoga-Angebotes in Haft liefert samt der hierbei häufig auftretenden Hemmnisse. Er kommt zu dem Ergebnis, dass Yoga als Freizeitaktivität mit psychologischem Nutzen gesehen wird. Sowohl die Inhaftierten- als auch die Mitarbeiter-Interviews deuteten an, dass Yoga den Gefangenen helfe, effektiv zu entspannen, wodurch sie mehr von anderen Behandlungs- und Bildungsmaßnahmen profitieren könnten. Die Inhaftierten bezeugten zudem ihre Wertschätzung für das Yoga-Angebot, welches ihnen helfe, mit der Haftumgebung zurechtzukommen und sich psychisch zu stärken.

Auch *Rucker*[35] liefert in ihrer explorativen Studie zu den Wirkungen von Yoga und Meditation auf sieben Männer, deren Tagebücher (Erhebungsinstrument) sie auswertet und mit denen sie Interviews durchführt. Sie bezeichnet dabei die durch das Programm ausgelösten Prozesse als solche von „self-mastery" im Sinne eines Konzepts der vedischen Philosophie von persönlichem Wachstum und Selbsterkenntnis und zeigt deren Kongruenz mit „restorative justice"-Prinzipien auf.

Derezotes[36] hat in seiner qualitativen Evaluationsstudie die Wirkungen von Yoga und Meditation auf die spezielle Population jugendlicher Sexualstraftäter untersucht. Das speziell für die Inhaftierten entwickelte Programm legte neben den Körperstellungen einen besonderen Schwerpunkt auf Atemübungen und (Kurz-)Meditationen zwischen den einzelnen körperlichen Übungen. Die amerikanische Studie ist eine der wenigen, die neben den inhaftierten Programmteilnehmern auch Fremdbeurteilungen mit einbezieht, in diesem Fall die der Eltern und der Sozialarbeiter. Leider sind die Ausführungen hierzu sehr knapp. Hauptquelle der Ergebnisse bleiben damit die Aussagen der Jugendlichen selbst. Hiernach war das Programm bei allen Teilnehmern

---

33 *Nellis* (2002).
34 Die Anstaltsmitarbeiter repräsentierten alle relevanten Anstaltsdienste, inklusive Anstaltsleitung, Seelsorge und der Yogalehrerin.
35 *Rucker* (2005), S. 107.
36 *Derezotes* (2000), S. 97.

beliebt. Ein Grund hierfür sei, dass sie sich durch die Trainer mit Respekt, Fürsorge und Menschlichkeit behandelt fühlten. Weiterhin beobachteten die Teilnehmer an sich eine Reihe von Effekten, die sie auf das Yoga-Programm zurückführten und welche sie sehr schätzten: das Erlernen der Fähigkeit zur Entspannung, welche ihnen etwa beim Einschlafen half, eine verbesserte Impuls- und Selbstkontrolle, verbesserte Konzentrationsfähigkeit in der Schule und eine – teils neu erworbene – Selbstreflexivität, die zu mehr „Selbst-Verständnis", Selbstregulation und -akzeptanz führte.

Unlängst ist die erste Meta-Analyse zu Yoga und Meditation im Gefängnis erschienen. *Auty, Cope & Liebling* untersuchen darin die Effekte von Yoga- und Meditationsprogrammen auf zwei unterschiedliche Ergebnisbereiche, nämlich psychisches Wohlbefinden und Verhaltensfunktionen[37]. In Anerkennung der Tatsache, dass Meditation und Achtsamkeit integrale Bestandteile von klassischem Yoga sind und auch in den meisten modernen Yoga-Stilen praktiziert werden, wurden zur Identifizierung aller Studien zu den Wirkungen von Yoga im Strafvollzug neben „yoga" auch die Suchwörter „meditation", „mindfulness" und „Vipassana" verwendet.

Von den 326 Treffern, die die Datenbankrecherche ergab, wurden letztlich 24 für den systematischen Review und 13 in die Meta-Analyse aufgenommen. Die Meta-Analyse ergab, dass die Teilnehmer eines Gefängnis-Yoga-Programms nach Abschluss einen moderaten Anstieg in ihrem psychischen Wohlbefinden erfuhren.[38] Dabei hatten Programme von geringerer Intensität und längerer Dauer ($d=0.73$) einen größeren Effekt als solche von hoher Intensität und kürzerer Dauer ($d=0.65$). Eine Analyse des Publikationsbias ergab einen leichten Publikationsbias etwa durch selektives Berichten von Ergebnissen. Zudem erlebten die Probanden eine leichte Verbesserung ihrer Verhaltensfunktionen[39]. Auch hier waren ein stärkerer Effekt bei längerfristigen, aber weniger intensiven Programmen und ein minimaler Publikationsbias feststellbar.[40]

Daneben diskutieren die Autoren mögliche Wirkzusammenhänge. Yoga könne direkte Effekte auf rückfallrelevante Faktoren haben, aber auch mittelbar das Rückfallrisiko senken, indem es einen positiven Einfluss auf die

---

37 *Auty/Cope/Liebling* (2015).
38 Die Effektstärke für psychisches Wohlbefinden betrug Cohens $d=0.46$; 95% CI=[0.39, 0.54], siehe S. 12.
39 Die Effektstärke für die Verhaltensvariable lag bei Cohens $d=0.30$; (95% CI=[0.20, 0.40]), S. 14.
40 A. a. O., S. 14.

Motivation und das Engagement der Inhaftierten für andere Behandlungsmaßnahmen habe. Yoga soll sich auch und gerade bei den Gefangenen positiv auf ihr psychisches Wohlbefinden und ihre allgemeine Lebensqualität auswirken, die kein Interesse an herkömmlichen Behandlungsprogrammen im Strafvollzug haben.[41]

Die 24 in den Review aufgenommenen Studien wurden allesamt in den USA, Großbritannien, Indien und Taiwan durchgeführt. Dies entspricht dem Ergebnis eigener Recherchen der Autorin.

Obwohl alle aufgeführten und weitere Studien aufgrund ihrer methodischen Schwächen mit gebotener Vorsicht zu betrachten sind, lassen sich aus dem Forschungsstand zwei Schlussfolgerungen ziehen: Einerseits kann die Frage nach den Wirkungen, zumal nach resozialisierungsrelevanten Effekten, von Yoga im Strafvollzug auch weiterhin nicht zufriedenstellend beantwortet werden[42], weshalb weitere Studien wie die vorliegend geplante geboten erscheinen, zumal keine der bekannten Untersuchungen im deutschsprachigen Raum durchgeführt wurde. Andererseits lassen die, wenn auch nicht unbedingt belastbaren, Ergebnisse der bisherigen Studien eine solche Studie als ein interessantes und wissenschaftlich lohnenswertes Unterfangen erscheinen.

3. Anlage der empirischen Studie „Yoga im Strafvollzug"

3.1 Fragestellung

Die soeben aufgezeigte Forschungslücke soll mit der hier vorgestellten Studie angegangen werden. Die kriminologische Perspektive gibt die Richtung der Fragestellung vor. Die aus dieser Perspektive sich aufdrängende Frage nach einer möglichen, unmittelbar protektiven Wirkung von Yoga auf eine spätere Rückfälligkeit würde jedoch eine Rückfallstudie voraussetzen, die den Rahmen und die Möglichkeiten eines Dissertationsprojekts sowohl zeitlich als auch praktisch übersteigen würde. Die hier vorgestellte Studie verfolgt deshalb das Ziel, mögliche Veränderungen in Einstellungen und anderen psychologischen Merkmalen zu erforschen, die nach heutigem Forschungsstand mit Rückfälligkeit in einem theoretischen und empirischen Zusammenhang stehen, insbesondere solche, die den Prozess des Abstandneh-

---

41 A. a. O., S. 2.
42 Zu dem Schluss kommt auch *Norman* (2015), S. 91.

mens von Kriminalität („desistance") einleiten und unterstützen. Beantwortet werden soll folglich die Frage nach einer (potenziell) resozialisierungsfördernden Wirkung von Yoga im Strafvollzug.

3.2 Ausblick

Um die bisherigen Studien zu dem Thema, überwiegend qualitativ ausgerichtet oder auf einer kleinen Stichprobe beruhend, auf eine zahlenmäßig breitere Basis zu stellen, ist eine Vollerhebung aller männlichen Yoga übenden Inhaftierten in NRW geplant. Ein längsschnittliches Vergleichsgruppendesign mit zwei Erhebungswellen in einem Abstand von sechs Monaten soll mögliche Veränderungen sichtbar machen. Der Fragebogen enthält Skalen zu psychologischen Variablen, darunter Einstellungen und Ergebniserwartungen zu Kriminalität und „desistance", Kontrollüberzeugungen und Neigungen zu Schuld- und Schamempfinden sowie Empathie.

Eine erfolgreiche Studie könnte interessante Erkenntnisse zu diesem neuen Forschungsthema beisteuern.

Literatur

Abrams, A.-I./Siegel, L.-M. (1978): The Transcendental Meditation® Program and Rehabilitation At Folsom State Prison: A Cross-Validation Study. Criminal Justice and Behavior 5, S.3.
Auty, K.-M./Cope, A./Liebling, A. (2015): A Systematic Review and Meta-Analysis of Yoga and Mindfulness Meditation in Prison, Effects on Psychological Well-Being and Behavioural Functioning. International Journal of Offender Therapy and Comparative Criminology.
Bilderbeck, A./Farias, M./Brazil, I.-A.(2014): Psychological and Cognitive benefits of Yoga among UK Prisoners. Prison Service Journal, S. 36.
Bilderbeck, A.-C./Farias, M./Brazil, I.-A./Jakobowitz, S./Wikholm, C. (2013): Participation in a 10-week course of yoga improves behavioural control and decreases psychological distress in a prison population. Journal of Psychiatric Research 47, S. 1438.
Bunk, B.-E.(1978): Effects of Hatha Yoga and Mantra Meditation on the Psychological Health and Behavior of Incarcerated Males. Dissertation Dallas, Texas.
Derezotes, D. (2000): Evaluation of Yoga and Meditation Trainings with Adolescent Sex Offenders. Child and Adolescent Social Work Journal 17, S. 97.
Deshpande, S./Nagendra, H.-R./Raghuram, N. (2008): A randomized control trial of the effect of yoga on verbal aggressiveness in normal healthy volunteers. International Journal of Yoga 1, S. 76.
Duncombe, E./Komorosky, D./Wong-Kim, E./Turner, W. (2005): Free Inside, A Program to Help Inmates Cope with Life in Prison at Maui Community Correctional Center. Californian Journal of Health Promotion 3, S. 48.

Ebert, D. (1986): Physiologische Aspekte des Yoga und der Meditation, Lizenz-Aufl., Stuttgart.
Field, T. (2011): Yoga clinical research review. Complementary Therapies in Clinical Practice 17, S. 1.
Fuchs, C. (1990): Yoga in Deutschland, Rezeption, Organisation, Typologie. Dissertation Stuttgart.
Gordon, T. (2013): Theorizing Yoga as a Mindfulness Skill. Procedia - Social and Behavioral Sciences 84, S. 1224.
Gothe, N.-P./McAuley, E. (2015): Yoga and Cognition: A Meta-Analysis of Chronic and Acute Effects. Psychosomatic medicine 77, S. 784.
Granath, J./Ingvarsson, S./T, U. von/Lundberg, U. (2006): Stress management: a randomized study of cognitive behavioural therapy and yoga. Cognitive behaviour therapy 35, S. 3.
Gruber, W./Eber, E./Zach, M.(1997): Alternativmedizin und Asthma bronchiale. Monatsschrift Kinderheilkunde 145, S. 786.
Harvard Health Publications (2009): Yoga for Anxiety and Depression.
Innes, K.-E./Vincent, H.-K.(2007): The influence of yoga-based programs on risk profiles in adults with type 2 diabetes mellitus: a systematic review. Evidence-based complementary and alternative medicine: eCAM 4, S. 469.
Khanna, S./Greeson, J.-M. (2013): A narrative review of yoga and mindfulness as complementary therapies for addiction. Complementary Therapies in Medicine 21, S. 244.
Kühn, C. (1996): Effektivität von Hatha-Yoga bei Kreuzschmerzen und Hypertonie. Dissertation Berlin.
Landau, S./Gross, J. (2008): Low Reincarceration Rate Associated with Ananda Marga Yoga and Meditation. International Journal of Yoga Therapy 18, S. 43.
Lipton, L. (2008): Using yoga to treat disease, An evidence-based review. Journal of the American Academy of Physician Assistants 21, S. 34.
Nellis, M. (2002): Yoga Teaching in HMP Eastwood Park.
Norman, M. (2015): Prison Yoga as a Correctional Alternative? Physical Culture, Rehabilitation, and Social Control in Canadian Prisons. In: *Joseph, J.-A./Crichlow, W.-E.-A.* (Hg.): Alternative offender rehabilitation and social justice, Arts and physical engagement in criminal justice and community settings, Houndmills, Basingstoke, Hampshire, New York, S. 78–98.
Pilkington, K./Kirkwood, G./Rampes, H./Richardson, J. (2005): Yoga for depression: The research evidence. Journal of Affective Disorders 89, S. 13.
Rocha, K.-K.-F./Ribeiro, A.-M./Rocha, K.-C.-F./Sousa, M.-B.-C./Albuquerque, F.-S./Ribeiro, S./Silva, R- H.(2012): Improvement in physiological and psychological parameters after 6 months of yoga practice. Consciousness and Cognition 21, S. 843.
Rucker, L. (2005): Yoga and restorative justice in prison, An experience of "response-ability to harms". Contemporary Justice Review 8, S. 107.
Schell, F.-J. (1995): Psychologische, kardiovaskuläre und endokrine Wirkungen von Hatha-Yoga-Übungen, Dissertation Köln.
Shaffer, H.-J./LaSalvia, T.-A./Stein, J.-P.: Comparing Hatha yoga with dynamic group psychotherapy for enhancing methadone maintenance treatment: a randomized clinical trial. Altern Ther Health Med 3, S. 57.
Shapiro, D./Cline, K. (2004): Mood Changes Associated with Iyengar Yoga Practices, A Pilot Study. International Journal of Yoga Therapy 14, S. 35.

Telles, S./Singh, N./Yadav, A./Balkrishna, A. (2012): Effect of yoga on different aspects of mental health. Indian J. Physiol. Pharmacol. 56, S. 245.
Walley, M.-R. (1998): An Evaluative Research Study of Prisoners' Experiences of Yoga and Meditation Classes. Oxford.
Yang, K. (2007): A Review of Yoga Programs for Four Leading Risk Factors of Chronic Diseases. Evidence-Based Complementary and Alternative Medicine 4, S. 487.

Phänomen Wohnungseinbruch: Ergebnisse einer Studie in fünf Großstädten

Gina Rosa Wollinger, Arne Dreißigacker und Dirk Baier

Gliederung

1. Einleitung
2. KFN-Studie Wohnungseinbruch
3. Phänomenologie des Wohnungseinbruchs
4. Situation der Opfer
5. Praxis des Strafverfahrens
6. Täter/innen von Wohnungseinbrüchen
7. Prävention von Wohnungseinbrüchen
8. Fazit und Ausblick

1. Einleitung

Seit Jahren verzeichnet die Polizeiliche Kriminalstatistik (PKS) eine Zunahme von Wohnungseinbrüchen in Deutschland: Während im Jahr 2006 106.107 Einbruchstaten registriert wurden, waren es im Jahr 2010 121.347 und im Jahr 2014 bereits 152.123 Fälle. Die Besonderheit dieses Trends wird im Vergleich mit anderen Delikten deutlich: Seit dem Jahr 2006 sind Wohnungseinbrüche um 43,4 % gestiegen, leichte Körperverletzungen hingegen um 4,1 %. Andere Delikte wie beispielsweise Betrugsstraftaten sind in ihrer Entwicklung konstant geblieben oder sogar gesunken, wie es für Diebstahlsdelikte insgesamt der Fall ist.

Anders als die Fallzahl ist die Aufklärungs- und Verurteiltenquote allerdings über die Jahre hinweg gleichbleibend niedrig. Innerhalb Deutschlands zeigen sich dabei große regionale Unterschiede – sowohl in Bezug auf die Einbruchshäufigkeit als auch die Aufklärungsquote. Die Städte Bremerhaven, Berlin und Hannover zählen mit Häufigkeitszahlen (PKS 2014) von 457, 355 bzw. 332 Fälle pro 100.000 Einwohner/innen zu stärker belasteten Großstädten, München und Stuttgart sind mit 101 bzw. 211 Fällen pro 100.000 Einwohner/innen hingegen weniger stark betroffen.

Aufgrund der ansteigenden Entwicklung als auch der großen regionalen Unterschiede initiierte das Kriminologische Forschungsinstitut Niedersachsen e.V. (KFN) 2012 ein umfangreiches Forschungsprojekt zum Thema Wohnungseinbruch.[1] Die leitenden Forschungsfragen waren dabei: Was sind die Merkmale der Tat? Wie ist die Situation der Opfer eines Wohnungseinbruchs? Wie gestaltet sich die Ermittlungs- und Strafverfahrenspraxis im regionalen Vergleich? Wer sind die verurteilten Täter/innen? Wie kann sich der/die Einzelne vor einem Wohnungseinbruch präventiv schützen? Anhand dieser Leitfragen sollen im Folgenden zentrale Ergebnisse der Studie vorgestellt werden.

2. KFN-Studie Wohnungseinbruch

Für die KFN-Studie konnten die oben erwähnten fünf Großstädte zur Teilnahme gewonnen werden. Um in diesen Städten das Phänomen Wohnungseinbruch zu untersuchen, wurden drei verschiedene methodische Zugänge gewählt: Eine Aktenanalyse, eine Opfer- und eine Expertenbefragung.

Die Analyse von Strafverfahrensakten wurde mit dem Ziel durchgeführt, 800 bis 900 Strafakten pro Stadt zu erreichen. Dabei sollten Informationen zur Arbeit der Polizei, der Entscheidungspraxis der Justiz und zu Tatverdächtigen und Tätern/innen generiert werden.

Zwei Stichproben wurden in diesem Zusammenhang gezogen. Die erste Stichprobe basierte auf 2.500 zufällig gezogenen Fällen, die in das PKS-Jahr 2010 eingingen. Hiervon konnten 2.403 in die Auswertungen eingehen.[2] Mit dieser Stichprobe sollten Fragen zur gängigen Praxis der Polizei und Justiz beantwortet werden. Da hierbei aufgrund der niedrigen Aufklärungs- und Verurteilungsquote jedoch nur wenige Fälle mit Tatverdächtigen und Gerichtsverfahren vorlagen, wurden weitere 2.000 Fälle hinzugezogen, welche in der PKS als aufgeklärt geführt wurden. Hiervon erwiesen sich letztlich 1.265 Fälle als für die Auswertungen geeignet.

Des Weiteren wurde eine Opferbefragung durchgeführt, bei der 500 Einbruchsbetroffene pro Stadt erreicht werden sollten. Hierbei lag das Forschungsinteresse auf dem Erleben der Tat, den psychischen Folgen und

---

1 Für die finanzielle Förderung des Projekts bedanken wir uns bei den Städten Bremerhaven und Berlin sowie beim Gesamtverband der Deutschen Versicherungswirtschaft e.V.

2 Gründe, warum Akten nicht berücksichtigt werden konnten, waren einerseits, dass diese nicht zur Auswertung ans KFN übersendet wurden; andererseits gab es fehlerhafte Zuordnungen von polizeilichen und justiziellen Aktenzeichen oder unvollständige Akten.

Reaktionen sowie auf der Beurteilung des Kontakts mit der Polizei. Aus der ersten Zufallsstichprobe im Rahmen der Aktenanalyse konnten 2.299 Adressen geschädigter Haushalte entnommen werden. Diese bildeten die Basis für die Opferbefragung. Insgesamt wurden drei Kontaktversuche unternommen, mit der Bitte, dass dasjenige Haushaltsmitglied, welches als letzte Person im Haushalt Geburtstag hatte, einen Fragebogen ausfüllt. Als monetäres Incentive wurde jedem Fragebogen 5 € beigelegt. Ein besonderes Verfahren wurde bei als unzustellbar zurückgesandten Briefen angewandt. In diesen Fällen wurde das jeweilige Einwohnermeldeamt kontaktiert, um eine aktuelle Adresse zu erhalten. Insgesamt konnten 2.024 Fragebögen zugestellt werden. 1.391 Fragebögen wurden zurückgeschickt, was einer sehr guten Rücklaufquote von 68,7 % entspricht. 1.329 Fragebögen gingen letztendlich in die Auswertung ein.[3]

Die dritte Methode, eine Befragung von Experten/innen bestehend aus Polizisten/innen, Staatsanwälten/innen und Richtern/innen, wird Anfang 2016 erfolgen und ist somit nicht Teil der hier vorgestellten Ergebnisse. Vorgesehen ist dabei, dass in jeder Stadt eine qualitative Gruppendiskussion geführt wird, um ausgewählte Ergebnisse der Aktenanalyse näher zu erörtern und die Perspektive der Praxis in die Ergebnisse zu integrieren.

Die Ergebnisse der Aktenanalyse werden ausführlich bei *Dreißigacker et al.* (2016) vorgestellt, die Ergebnisse der Opferbefragung bei *Wollinger et al.* (2014b). Zu spezifischen Themen finden sich Veröffentlichungen von *Wollinger* (2015: Belastungssyndrome der Opfer), von *Dreißigacker et al.* (2015a: Täter) und von *Dreißigacker et al.* (2015b: Prävention). Die wichtigsten Ergebnisse dieser Veröffentlichungen werden nachfolgend vorgestellt.

3. Phänomenologie des Wohnungseinbruchs

Bei der Untersuchung der Tatmerkmale zeigte sich zunächst, dass in circa einem Drittel der Fälle, die in der PKS als Wohnungseinbruch geführt werden, die Tat nicht vollendet wurde. Weiter konnte festgestellt werden, dass sich die Anzahl der Wohnungseinbrüche nicht gleichmäßig über das Jahr und den Tag verteilt: Die meisten Taten fanden in der sogenannten dunklen

---

3 Häufige Gründe dafür, dass zurückgeschickte Fragebögen von der Auswertung ausgeschlossen wurden, waren unzureichend ausgefüllte Bögen sowie Antworten von anderen Personen (z. B. von dem/der Vermieter/in oder Verwandten).

Jahreszeit von Oktober bis Dezember statt. Die Urlaubszeit im Sommer war dagegen am geringsten belastet. Des Weiteren zeichnete sich ein Schwerpunkt nach Tageszeit in dem Sinne ab, dass die meisten Einbrüche am Tag verübt wurden.

Betroffen waren dabei verstärkt sowohl Erdgeschosswohnungen in Mehrfamilienhäusern als auch Einfamilienhäuser. Als besondere Schwachstellen stellten sich Türen bzw. Fenstertüren und Fenster dar; hier lagen die häufigsten Einbruchsstellen vor. Der durchschnittliche Schaden durch den Verlust gestohlener Gegenstände belief sich bei vollendeten Taten auf 9.032,59 €, wobei der Median bei 2.500 € lag. Monetäre Schäden entstanden jedoch auch durch die Zerstörung an und innerhalb der Wohnung. Hierbei lag der Durchschnittsschaden bezogen auf versuchte und vollendete Taten bei 1.372,80 €. Der Median lag hier bei 500 €.

In 20,1 % der Fälle war das Opfer zur Tatzeit anwesend. Zu einem Kontakt zwischen Opfer und Täter/in kam es jedoch in nur 4,2 % aller Fälle. Gewaltanwendungen von Seiten des/der Täters/in berichteten nur 0,7 %.

Trotz geringer Aufklärungsleistung der Polizei waren die Opfer unabhängig von der jeweiligen Stadt sehr zufrieden mit dieser. Dabei bewerteten sie vor allem den sozialen Umgang der Polizei als sehr gut. Unterschiede zwischen den Städten zeigten sich hingegen in Bezug auf die Häufigkeit und Länge des Polizeikontakts sowie das polizeiliche Vorgehen bei der Spurensuche.

4. Situation der Opfer

Um mehr über die Auswirkung eines Wohnungseinbruchs auf die Opfer zu erfahren, wurden diese zu ihrer psychischen Belastung und ihren Verhaltensreaktionen nach der Tat befragt. Dabei hatten sie die Möglichkeit, bezüglich verschiedener Belastungen anzugeben, in welchem Zeitraum nach der Tat diese auf sie zutrafen. Für die folgende Auswertung wurden zwei Zeiträume unterschieden: innerhalb der ersten acht Wochen nach der Tat und langfristig, d. h. länger als acht Wochen (siehe Abbildung 1). Dabei gaben 28,8 % an, in den ersten acht Wochen Gefühle der Unsicherheit in der gewohnten Umgebung zu spüren; für weitere 46,5 % traf dies langfristig zu. Macht- und hilflos fühlte sich ebenfalls ein bedeutender Anteil der Befragten sowohl kurz- als auch langfristig. Weitere verbreitete Belastungen waren Stress und Anspannung, welche von knapp einem Viertel auch nach einem achtwöchigen Zeitraum bejaht wurden. Zu einem kleineren Anteil wurden Angstgefühle und Schlafstörungen angegeben.

Seltener wurden Gefühle des Ekels und der Erniedrigung berichtet, sowie das Bedürfnis, nicht darüber nachdenken zu wollen, was passiert sei. Des Weiteren wurden zu einem kleinen Anteil das Auftreten von Alpträumen berichtet. Sehr selten fühlten sich Opfer unsicher im Umgang mit anderen Menschen.

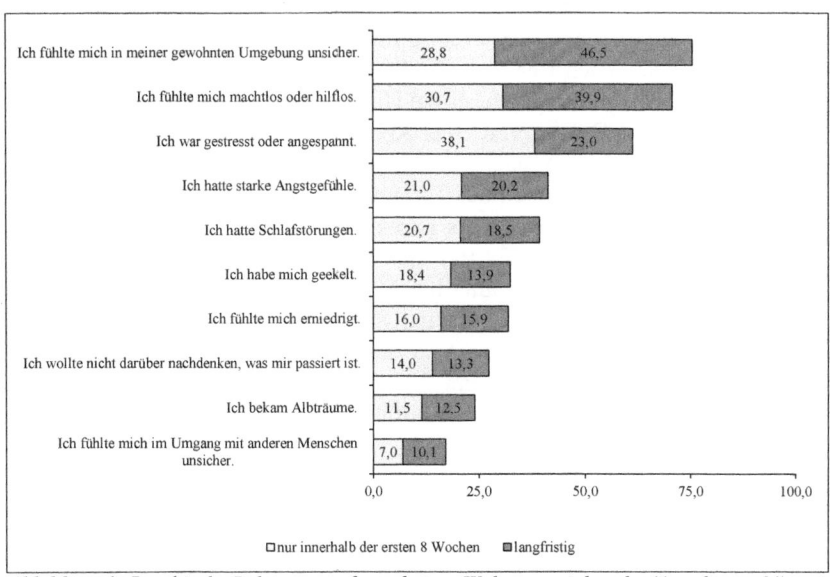

	nur innerhalb der ersten 8 Wochen	langfristig
Ich fühlte mich in meiner gewohnten Umgebung unsicher.	28,8	46,5
Ich fühlte mich machtlos oder hilflos.	30,7	39,9
Ich war gestresst oder angespannt.	38,1	23,0
Ich hatte starke Angstgefühle.	21,0	20,2
Ich hatte Schlafstörungen.	20,7	18,5
Ich habe mich geekelt.	18,4	13,9
Ich fühlte mich erniedrigt.	16,0	15,9
Ich wollte nicht darüber nachdenken, was mir passiert ist.	14,0	13,3
Ich bekam Albträume.	11,5	12,5
Ich fühlte mich im Umgang mit anderen Menschen unsicher.	7,0	10,1

Abbildung 1: Psychische Belastung aufgrund eines Wohnungseinbruchs (Angaben in %)

Ferner zeigten sich Unterschiede der Belastungen nach verschiedenen Personen- und Tatmerkmalen. Frauen waren langfristiger von Angst- und Unsicherheitsgefühlen sowie von Gefühlen der Erniedrigung betroffen als Männer. Jüngere und ältere Befragte gaben eher langfristige Unsicherheitsgefühle an. Weiter ging auch ein stärkerer Eingriffscharakter der Tat (hinsichtlich eines Eindringens vs. Versuchs sowie einer Verwüstung und Zerstörung innerhalb der Wohnung) mit längerer andauernden psychischen Belastungen einher.

Neben der Belastung wurden die Opfer nach ihrem Einsatz von zusätzlicher Sicherheitstechnik sowohl vor als auch nach der Tat gefragt. Dabei zeigte sich, dass nach der Tat viele Betroffene technisch aufrüsteten: Während

72,2 % angaben, vor der Tat keine zusätzliche Sicherheitstechnik zu besitzen, traf dies nach der Tat nur noch auf 36,2 % zu. Dabei wurden nach der Tat Videokameras (37,7 %), neue Tür- (36,5 %) und Fenstersicherungen (22,1 %), Alarmanlagen (8,9 %), Beleuchtungselemente (4,3 %) sowie sonstige Sicherheitstechnik (13,0 %) installiert.

Neben der technischen Nachrüstung kann auch mittels verschiedener Alltagshandlungen versucht werden, einem erneuten Einbruch vorzubeugen. Danach gefragt, inwiefern die Opfer verschiedene Verhaltensweisen vor und nach der Tat zeigten, antwortete ein großer Teil der Befragten, sowohl vor (79,8 %) als auch nach der Tat (93,4 %) immer die Tür abzuschließen.[4] Ebenso verbreitet war die gegenseitige Hilfe in der Nachbarschaft bei längerer Abwesenheit (z. B. während einer Reise): 65,3 % gaben an, dies vor der Tat immer getan zu haben; nach der Tat stieg dieser Anteil auf 77,4 %. Verstärkt achteten die Opfer nach der Tat auf Fremde, die sich in der Wohngegend aufhielten: 33,6 % taten dies immer, wobei weitere 34,5 % angaben, dies häufig zu tun. Vor der Tat traf dies auf 18,9 % immer und auf 22,5 % häufig zu. 22,7 % gaben an, immer bei Abwesenheit Licht brennen zu lassen (vor der Tat waren dies nur 8,0 %) und weitere 26,9 % meinten, dies häufig zu tun (vor der Tat traf dies auf 14,8 % der Befragten zu). Das Radio bei Abwesenheit laufen zu lassen, um Anwesenheit zu simulieren, gaben nur wenige an (4,3 % immer und 6,7 % häufig).

Eine besondere Reaktion auf einen Einbruch ist das Umzugsverhalten. 9,7 % der Betroffenen gaben an, aufgrund des Einbruchs umgezogen zu sein. Weitere 14,8 % der Opfer wären gern aus diesem Grund umgezogen. Frauen, jüngere Betroffene und Mieter/innen (im Gegensatz zu Eigentümer/innen) zogen eher aufgrund der Tat um. Die Umzugsneigung erwies sich als unabhängig vom Tatstadium (vollendet vs. versucht).

5. Praxis des Strafverfahrens

Die Analyse der Strafakten ermöglichte u. a., die Entscheidungspraxis der Staatsanwaltschaft und der Gerichte nachzuzeichnen.

Insgesamt enthielt die Zufallsstichprobe 2.403 Fälle, wovon 15,3 % als aufgeklärt gelten. In den 368 aufgeklärten Fällen wurden 619 Tatverdächtige

---

4 Hierbei wurden die Ergebnisse dahingehend ausgewertet, inwiefern dieses Verhalten immer oder häufig gezeigt wurde.

ermittelt (1,7 Tatverdächtige pro Fall). Zur besseren Darstellung werden im Folgenden die Entscheidungen der Staatsanwaltschaften und Gerichte anhand von 100 Tatverdächtigen verdeutlicht; dahinter stehen 65 aufgeklärte (100/1,7) von entsprechend der niedrigen Aufklärungsquote 425 polizeilich registrierten Fällen. Bei 80 tatverdächtigen Personen stellte bereits die Staatsanwaltschaft das Verfahren wieder ein. Hierfür war bei 65 Tatverdächtigen das Fehlen eines genügenden Anlasses nach § 170 II StPO der Grund. Davon lagen bei 60 sogenannte tatsächliche Gründen vor, d. h. die Polizei konnte den Tatverdacht meist nicht beweiskräftig erhärten. Lediglich bei 20 von 100 Tatverdächtigen wurde das Verfahren durch die Staatsanwaltschaft fortgeführt. Bei einem Großteil davon wurde das Hauptverfahren eröffnet, ein/e Tatverdächtige/r erhielt einen rechtskräftigen Strafbefehl und 14 tatverdächtige Personen wurden rechtskräftig verurteilt. Hinter den 15 sanktionierten Tätern/innen (14 Verurteilungen plus 1 Strafbefehl) stehen 11 der ursprünglich 425 polizeilich registrierten Fälle, was einer Quote von 2,6 % entspricht. Der regionale Vergleich zeigt, dass sich die Aufklärungsquoten (Anteil der registrierten Fälle mit ermittelten Tatverdächtigen) mit einer Spannweite von 9,9 % bis 24,8 % signifikant zwischen den Städten unterscheiden, während der Unterschied bei den Verurteilungsquoten (Anteil der registrierten Fälle mit verurteilten Tätern/innen) mit einer Spannweite von 1,5 % bis 3,6 % statistisch unbedeutend ausfallen. D. h., in Städten mit einer relativ hohen polizeilichen Aufklärungsquote enden statistisch gesehen genauso viele bzw. wenige Fälle des Wohnungseinbruchs mit einer Verurteilung wie in Städten mit einer relativ geringen polizeilichen Aufklärungsquote.

6. Verurteilte Täter/innen von Wohnungseinbrüchen

Aussagen zu Tätern/innen eines Wohnungseinbruchs stehen vor der Schwierigkeit, dass aufgrund niedriger Aufklärungs- und Verurteilungsquoten wenige Täter/innen überführt werden. Ausführungen zu den Tätern/innen sollten sich nur auf verurteilte Täter/innen beziehen, insofern sich bei vielen Tatverdächtigen letztlich der Verdacht nicht erhärten lässt. Die folgenden Angaben beziehen sich deshalb auf Personen in der Gesamtstichprobe, die in Folge des Wohnungseinbruchs ein rechtskräftiges Urteil bzw. einen Strafbefehl erhielten (N=506).

Durchschnittlich waren diese Personen zur Tatzeit 26 Jahre alt, wobei das Alter zwischen 14 und 61 Jahren variierte. 50,0 % waren jünger als 23 Jahre und 50,0 % älter. Die deutliche Mehrheit der Verurteilten (89,9 %) war männlich. 56,6 % wurden in Deutschland geboren. 49,6 % hatten ausschließlich die deutsche Staatsbürgerschaft. Neben staatenlosen und ungeklärten Staatsangehörigkeiten traten 38 verschiedene Nationalitäten auf. Relativ häufig fanden sich türkische, serbische, rumänische und kroatische Staatsangehörige in der Stichprobe. 28,8 % hatten eine osteuropäische Staatsangehörigkeit.[5]

In den Akten fanden sich bei 38,5 % der Verurteilten Hinweise auf Spielsucht, BtM-Abhängigkeit, Alkoholsucht oder Medikamentenabhängigkeit.[6]

Von weiterem Interesse war, inwiefern die Täter/innen allein oder gemeinschaftlich ihre Taten durchführten. Zu den Gemeinschaftstätern/innen wurden Verurteilte gezählt, wenn mindestens eine weitere Person im selben Fall ein Urteil bzw. Strafbefehl erhielt. Dies war bei 45,0 % der Fall.

Unter den Verurteilten fand sich ein relativ großer Anteil von 32,4 %, die in einer Beziehung zu mindestens einem Mitglied des betroffenen Haushaltes standen, d. h. diese Person mindestens vom Sehen oder aus der Nachbarschaft kannten.

Zwei Drittel der verurteilten Personen (66,0 %) lebte in derselben Stadt, in der sie die Tat durchführten. Bei 23,0 % konnte kein fester Wohnsitz polizeilich ermittelt werden.

Die Ergebnisse deuten demnach darauf hin, dass die Gruppe der Einbruchstäter/innen heterogen ist und sich kein dominanter Tätertyp feststellen lässt. So stehen hinter den Einbruchstaten, die zu einer Verurteilung bzw. einem Strafbefehl führten, ganz verschiedene Einzel- oder Gemeinschaftstäter mit oder ohne Suchthintergrund und mit oder ohne eine Beziehung zu Mitgliedern des geschädigten Haushaltes. Gleichwohl lassen sich regionale Unterschiede bei der Zusammensetzung der Täter zwischen den teilnehmenden Städten ausmachen. So unterscheiden sich insbesondere die Anteile von Täterinnen, von nichtdeutschen Tätern/innen, von Tätern/innen mit Hinweisen auf stoffliche und nichtstoffliche Süchte/Abhängigkeiten sowie von Täter/innen ohne festen Wohnsitz signifikant. Da aber aufgrund der geringen Verurteiltenquote nur von einem sehr kleinen Teil der Täter/innen empiri-

---

5 Dazu zählen rumänische, serbische, bulgarische, bosnische, mazedonische, albanische, kroatische, russische, ungarische und polnische Personen.
6 Diese Hinweise resultieren aus polizeilichen Ermittlungsergebnissen, Aussagen der Täter/innen zu Tatmotiven und gerichtlichen Feststellungen innerhalb des Hauptverfahrens.

sche Befunde verfügbar sind, ist es möglich, dass diese Unterschiede zumindest teilweise aus regional unterschiedlich ausgerichteten Ermittlungspraktiken der Polizei resultieren.

7. Prävention von Wohnungseinbrüchen

Um Aussagen zur präventiven Wirksamkeit von verschiedene Präventionsmaßnahmen treffen zu können, wurden mittels der Daten der Opferbefragung Fälle mit und ohne Eindringen des/der Täters/in miteinander verglichen. Drei Bereiche waren dabei von Interesse: Die Teilnahme an Beratungsangeboten, der Einsatz von Sicherheitstechnik und das präventive Verhalten im Alltag.

Bezüglich der Nutzung einer Beratung wurde zunächst erhoben, wann und wo sich die Betroffenen über Einbruchsprävention informierten. Die Ergebnisse zeigen, dass nur eine sehr kleine Gruppe von 4,8 % der Befragten sich (ausschließlich) vor der Tat über mögliche Präventionsmaßnahmen informierte. 33,5 % nahmen nach der Tat und weitere 23,9 % nahmen sowohl vor als auch nach der Tat ein Informationsangebot wahr. Als Beratungsquellen wurden am häufigsten polizeiliche Beratungsstellen und Beratungsangebote von entsprechenden Fachgeschäften angegeben.

Im Zusammenhang mit weiteren möglichen Präventionsmaßnahmen wurde der Einsatz von Sicherheitstechnik vor der Tat erfragt. Die deutliche Mehrheit (72,7 %) gab an, keinerlei zusätzliche Sicherheitstechnik eingebaut zu haben. Diejenigen, die vor der Tat technisch nachgerüstet hatten, sicherten meist ihre Tür (18,7 %) bzw. ihr Fenster (13,3 %) zusätzlich. Beleuchtungselemente innen oder außerhalb der Wohnung wurden auch häufiger genannt (12,9 %).

Ferner unterschieden sich die Befragten auch in ihrem präventiven Verhalten (siehe 3. *Situation der Opfer*). Um die Effektivität dieser Verhaltensweisen näher zu untersuchen, wurden zwei Skalen zu der Praxis, die Wohnung belebt wirken zu lassen[7] und eine längere Abwesenheit zu verbergen[8], gebildet.

---

7 Die Items (1 „nie" bis 4 „immer") hierzu waren: Ich lasse Licht brennen, wenn ich die Wohnung verlasse und Ich stelle Radio/Fernseher ein, wenn ich die Wohnung verlasse (M=1,47; SD=0,67; Cronbachs alpha = 0,44).

8 Die Items (1 „nie" bis 4 „immer") hierzu waren: Bei längerer Abwesenheit bitte ich andere, nach der Wohnung/Briefkasten zu sehen und Ich achte darauf, dass wenige Menschen von längerer Abwesenheit erfahren (M=3,01; SD=0,89; Cronbachs alpha = 0,49).

Zusätzlich wurde die Einschätzung der Befragten zur Nachbarschaft im Sinne des Vorliegens einer präventionsorientierten Nachbarschaft[9] berücksichtigt.

Mittels multivariater Analysen wurden erste Anhaltspunkte im Hinblick auf die präventive Wirksamkeit der genannten Variablen untersucht. Dabei wurden solche Taten, bei denen der Versuch des Eindringens misslang, mit vollendeten Einbrüchen verglichen. Dieses Vorgehen kann insofern nur erste Hinweise auf wirksame Wohnungseinbruchsprävention geben, als keine Angaben von Haushalten, bei denen der/die Täter/in noch nicht zur Tat ansetzte, miteinbezogen werden konnten. Eine präventive Wirkung verschiedener Maßnahmen vor dem Tatansatz kann somit nicht untersucht werden. Zum anderen wurden die Daten retrospektiv erhoben. Ein Einfluss von Erinnerungseffekten ist nicht auszuschließen. Weiter lag eine ungünstige Operationalisierung der Informations- und Beratungsquellen zu den verschiedenen Zeitpunkten vor, insofern die Antwortkategorie „davor und danach" nicht nach der Beratungsquelle aufgelöst werden kann. Aussagen über Inhalt und Qualität der Beratung sowie der Sicherheitstechnik sind ebenfalls nicht möglich.

Im Ergebnis zeigte sich, dass die Beratung von einem Fachgeschäft, zusätzliche Türsicherungen, das Verbergen längerer Abwesenheit und eine präventionsorientierte Nachbarschaft die Chance, dass der/die Täter/in in die Wohnung eindringt, verringert. Weiter scheinen Fenstersicherungen und Alarmanlagen eine sinnvolle Maßnahme zu sein.

8. Ausblick

Im vorliegenden Beitrag wurden die zentralen Ergebnisse der Opferbefragung und der Aktenanalyse dargestellt. Weitere Ergebnisse aus der anstehenden Expertenbefragung werden diese Resultate aus der Sicht der Praxis ergänzen. Dabei sollen vor allem Informationen dazu generiert werden, warum die Staatsanwaltschaft in über der Hälfte der Fälle, in denen die Polizei einen Tatverdächtigen benennt, zu dem Ergebnis kommt, dass die Beweise für eine Anklageerhebung nicht ausreichend seien. Insbesondere sollen die

---

9 Die Items (1 „nie" bis 4 „immer") hierzu waren: Innerhalb der Nachbarschaft achtete man gegenseitig auf die Wohnung bzw. das Haus, wenn jemand verreiste; war man wachsam gegenüber Fremden in der Gegend; sprach man über Wohnungseinbrüche gebildet (M=2,33; SD=0,79; Cronbachs alpha = 0,81).

Interviews die Zusammenarbeit zwischen Polizei und Staatsanwaltschaft sowie damit verbundene Probleme oder Verbesserungsmöglichkeiten beleuchten. Des Weiteren ist von Interesse, wie Polizisten/innen, Staatsanwälte/innen und Richter/innen die Täter/innen des Hellfeldes wahrnehmen und wie sie die ansteigende Entwicklung der letzten Jahre erklären.

Die KFN-Wohnungseinbruchsstudie hat unterschiedliche und vielseitige Aspekte dieses Delikts untersucht. Dennoch ist durch die Ergebnisse auch weiterer Forschungsbedarf offenkundig geworden, dem sich das KFN in Zukunft durch Folgeprojekte widmen will. Konkret sind hierbei zwei Untersuchungen geplant. Zum einen stellt sich weiterhin die Frage der präventiven Wirksamkeit von verschiedenen Verhaltensweisen, Sicherheitstechniken und Strukturmerkmalen (wie z. B. der Wohngegend oder der Nachbarschaft). Hierzu konnten aus der gegenwärtigen Studie aufgrund des Untersuchungsdesigns nur erste Anhaltspunkte gewonnen werden. Ungeklärt ist vor allem, inwiefern Täter/innen schon von dem Versuch, in ein bestimmtes Objekt einzudringen, abgehalten werden können.

Ein zweites Forschungsprojekt soll die besondere Personengruppe der reisenden, insbesondere osteuropäischen Tätern/innen in den Fokus nehmen. Das Projekt will durch qualitative Interviews mit inhaftierten Tätern/innen, die keinen Wohnsitz in Deutschland haben, den Fragen nachgehen, warum diese Täter/innen Deutschland als Tatland wählen, wonach sie innerhalb des Landes die Städte und Wohngegenden aussuchen, wie sie genau vorgehen und was nach der Tat mit der Beute passiert. Hierbei soll vor allem auch untersucht werden, inwiefern Bandenstrukturen vorliegen und wo (in Deutschland oder im Ausland) diese gegebenenfalls gebildet werden.

Literatur

Baier, D./Rabold, S./Bartsch, T./Pfeiffer, C. (2012): Viktimisierungserfahrungen in der Bevölkerung. Wohnungseinbruchsdiebstahl und Körperverletzung im Vergleich. Teil 2: Befunde des KFN-Viktimsurvey 2011. In: Kriminalistik 66 (12), S. 730–738.

Dreißigacker, A./Wollinger, G.-R./Blauert, K./Schmitt, A./Bartsch, T./Baier, D. (2016): Wohnungseinbruch: Polizeiliche Ermittlungspraxis und justizielle Entscheidungen im Erkenntnisverfahren. Ergebnisse einer Aktenanalyse in fünf Großstädten. Hg. v. Kriminologisches Forschungsinstitut Niedersachsen e.V. Hannover (Forschungsbericht, 130).

Dreißigacker, A./Baier, D./Wollinger, G.-R./ Bartsch, T. (2015a): Die Täter des Wohnungseinbruchs: Sind es die „Osteuropäer", die „professionellen Banden" oder die „Drogenabhängigen"? In: Kriminalistik 69 (5), S. 307–311.

Dreißigacker, A./Wollinger, G.-R./Bartsch, T./Baier, D. (2015b): Prävention von Wohnungseinbruch. Was schützt vor einem Einbruch und welche Konsequenzen ziehen Betroffene aus einer solchen Tat? In: Forum Kriminalprävention (2/2015), S. 58–64.

Wollinger, G.-R. (2015): Wohnungseinbruch als traumatisches Ereignis. Ergebnisse einer Betroffenenbefragung zu Einflussfaktoren posttraumatischer Belastungssymptome. In: MschrKrim 98 (4), S. 365–383.

Wollinger, G.-R./Dreißigacker, A/Bartsch, T./Baier, D. (2014a): Wohnungseinbruchdiebstahl. Ergebnisse einer Betroffenenbefragung. In: Forum Kriminalprävention (4/2014), S. 12–18.

Wollinger, G.-R./Dreißigacker, A./Blauert, K./Bartsch, T./Baier, D. (2014b): Wohnungseinbruch: Tat und Folgen. Ergebnisse einer Betroffenenbefragung in fünf Großstädten. Hg. v. Kriminologisches Forschungsinstitut Niedersachsen e.V. Hannover (Forschungsbericht, 124).

Lokale Prävention von Wohnungseinbruch am Beispiel der Städte Stuttgart und Wuppertal

Rita Haverkamp und Meike Hecker

Gliederung

1. Einleitung
2. Der Wohnungseinbruch im Hell- und Dunkelfeld
2.1 Polizeilich registrierte Fälle mit dem Fokus auf Stuttgart und Wuppertal
2.2 Erkenntnisse aus dem Dunkelfeld und Folgen einer Viktimisierung
3. Prävention
4. Einbruchschutz aus Sicht von Polizeibeamten
4.1 Vulnerabilität und Viktimisierungsrisiko
4.2 Polizeiliche Beratung
4.3 Finanzielle Ressourcen und Wirkung der Beratung
5. Fazit

1. Einleitung

Wohnungseinbruchdiebstahl[1] ist ein Delikt, das aufgrund steigender Fallzahlen und geringer Aufklärungsquoten in den letzten Jahren vermehrt wissenschaftliche und öffentliche Aufmerksamkeit erfährt.[2] Das Eindringen in die Privatsphäre der Opfer verbunden mit psychischen Schädigungen sowie die wenig erfolgversprechende strafrechtliche Verfolgung zeigt die Bedeutung von verhaltens- und handlungsbezogenen Strategien zur Vorbeugung dieses Delikts.

Der vorliegende Beitrag gibt Aufschluss über die polizeiliche Wohnungseinbruchsprävention in der Stadt Stuttgart[3] und der Stadt Wuppertal.[4] Im Rah-

---

1 Im Folgenden Wohnungseinbruch.
2 Vgl. nur die Studie des Kriminologischen Forschungsinstituts Niedersachsen (KFN): *Wollinger* (2015); *Dreißigacker et al.* (2015); *Wollinger et al.* (2014).
3 Das Städteranking des Hamburgischen WeltWirtschafts Instituts (HWWI) attestiert Stuttgart (586.000 Einwohner) eine führende wirtschaftliche Stellung, während die Stadt Wuppertal (343.000 Einwohner) einen der hinteren Plätze einnimmt, *Nitt-Drießelmann/Wedemeier* (2015).

men der Fallstudie Kriminalprävention[5] wird dabei der Frage nachgegangen, inwieweit sich die wirtschaftlichen Unterschiede zwischen beiden Städten in ihren Bemühungen um Kriminalprävention widerspiegeln. Als Beispiel für öffentliche und mehr noch private Investitionen in Präventionsmaßnahmen dient der Wohnungseinbruch. Als präventiver Multiplikator fungiert die Polizei insbesondere mit der Einbruchschutzberatung. Hierzu werden Interviewausschnitte von vier Experten der polizeilichen Kriminalprävention beider Städte – als einem kleinen Teil der Fallstudie – vorgestellt und in den Kontext des Hell- und Dunkelfelds des Wohnungseinbruchs sowie seinen Viktimisierungsfolgen gestellt.

2. Der Wohnungseinbruch im Hell- und Dunkelfeld

2.1 Polizeilich registrierte Fälle mit dem Fokus auf Stuttgart und Wuppertal

Die Häufigkeitszahlen von vollendetem und versuchtem Wohnungseinbruch liegen für die Stadt Stuttgart seit 2004 – mit Ausnahme von 2014 – konstant unter dem Bundesdurchschnitt, während die Zahlen für Wuppertal stets darüber sind (Abb. 1). Anders als Stuttgart stimmt die Entwicklung in Wuppertal mit dem ansteigenden bundesweiten Trend nicht überein, da hier im kurzen Zeitraum seit 2011 ein moderater Rückgang zu erkennen ist. Im Ergebnis haben im Jahr 2014 die Häufigkeitszahlen für Wohnungseinbruch in beiden Städten ein ähnliches Niveau um die 200 Fälle pro 100.000 Einwohner erreicht.

---

4 Im Rahmen des BMBF-Verbundprojekts VERSS (Aspekte einer gerechten Verteilung von Sicherheit in der Stadt) arbeiten neben den in Fußnote 5 angeführten Einrichtungen das Internationale Zentrum für Ethik in den Wissenschaften der Universität Tübingen als Konsortialführer und die Katastrophenforschungsstelle der Freien Universität Berlin zusammen. Das Verbundprojekt wird seit Juni 2014 vom Bundesministerium für Bildung und Forschung (Bekanntmachung „Urbane Sicherheit") für drei Jahre finanziell gefördert. Assoziierte Partner sind die Zielstädte Stuttgart und Wuppertal sowie der Deutsche Präventionstag (DPT) und das Deutsch-Europäische Forum für Urbane Sicherheit e.V. (DEFUS).
5 Die Stiftungsprofessur für Kriminalprävention und Risikomanagement der Universität Tübingen und das Institut für Sicherungssysteme der Universität Wuppertal führen die Fallstudie Kriminalprävention durch.

Lokale Prävention von Wohnungseinbruch

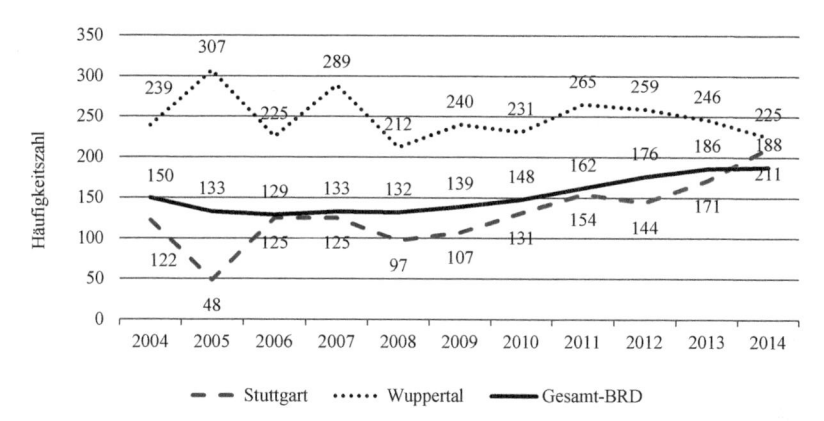

Abbildung 1: Wohnungseinbruch – Bundeskriminalamt (Hrsg.): Polizeiliche Kriminalstatistik Bundesrepublik Deutschland 2005-2015

Als Maßstab für den Erfolg polizeilicher Ermittlungsarbeit wird häufig die Aufklärungsquote der Polizeilichen Kriminalstatistik (PKS) herangezogen. Die Übersicht zu den Aufklärungsquoten für Wohnungseinbruch veranschaulicht die Schwankungsbreite in den ausgewählten Städten (Abb. 2). So fällt in Stuttgart die Aufklärungsquote von 22 % im Jahr 2011 auf 6 % im Jahr 2012, um im darauffolgenden Jahr wieder auf 18 % zu klettern. Insbesondere die Aufklärung von größeren lokalen Einbruchserien mag in diesen Schwankungen zu Buche schlagen. Demgegenüber bewegt sich die Aufklärungsquote in Wuppertal bis auf das Jahr 2006 immer – teilweise deutlich – unter dem deutschlandweiten Durchschnitt.[6] Im Bundesdurchschnitt nivellieren sich die regionalen Schwankungen: Die bis 2010 leicht rückläufige Aufklärungsquote liegt seither konstant bei 16 %. Im Vergleich zur allgemeinen Aufklärungsquote von 54,9 %[7] im Jahr 2014 ist die des Wohnungseinbruchs überaus niedrig.

Die bundesweit niedrigen Aufklärungsquoten hängen mit den Schwierigkeiten bei der Ermittlungsarbeit zusammen: Selten stößt die Polizei auf auswertbare Tatortspuren, Zeugen oder einen stichhaltigen Tatverdacht. Selbst wenn Spuren am Tatort zurückbleiben, kommt es einer Studie in Essen zu-

---

6 Dies weist auf den Zusammenhang hin, der bereits von *Wollinger et al.* (2014, S. 9) im Ländervergleich festgestellt wurde, dass Bundesländer mit tendenziell höheren Häufigkeitszahlen in der PKS auch niedrigere Aufklärungsquoten aufweisen.
7 *Bundeskriminalamt* (2015), S. 28.

folge in weniger als 2 % der 303 untersuchten Fälle zu einer Überführung durch Fingerabdrücke.[8] Diese Hindernisse bei der Tataufklärung sind sicherlich überregional zu beobachten, dennoch lassen sich bei den Aufklärungsquoten, wie auch den Häufigkeitszahlen deutliche regionale Unterschiede im Ländervergleich ausmachen.[9]

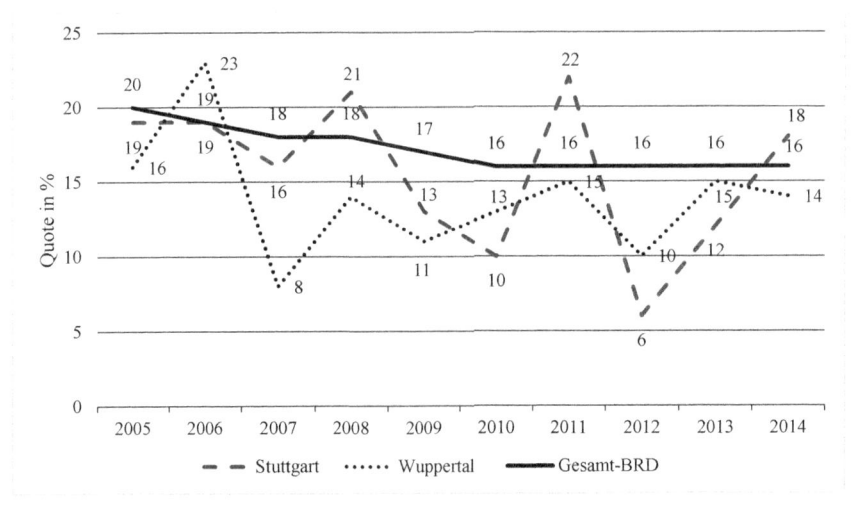

Abbildung 2: Aufklärungsquote Wohnungseinbruch
Bundeskriminalamt (Hg.): Polizeiliche Kriminalstatistik Bundesrepublik Deutschland 2005-2015

2.2 Erkenntnisse aus dem Dunkelfeld und Folgen einer Viktimisierung

Hellfeldanalysen sind der Kritik ausgesetzt, kein Abbild der gesamten Kriminalität liefern zu können, weil die polizeiliche Registrierung überwiegend auf die Anzeigeerstattung angewiesen ist. Aus Dunkelfeldstudien ergibt sich jedoch eine hohe Anzeigebereitschaft beim vollendeten Wohnungseinbruch, sodass die Abweichung zwischen Hell- und Dunkelfeld hier geringer als bei anderen Delikten ausfallen dürfte.

In Niedersachsen wurde erstmals 2013 eine für das Bundesland repräsentative, schriftliche Dunkelfeldbefragung (n=18.940) durchgeführt, nach der 0,9 % Opfer eines vollendeten und 1,6 % Opfer eines versuchten Woh-

---

8 *Kawelovski* (2013), S. 42.
9 *Wollinger et al.* (2014), S. 7 f.

nungseinbruch geworden waren.[10] Dabei war die Anzeigebereitschaft in den vollendeten Fällen mit 84 % deutlich größer als in den versuchten mit 36 %. Beim Viktimisierungssurvey 2012 handelt es sich um eine bundesweit repräsentative Telefonbefragung (n=35.503), der zufolge 0,4 % der Haushalte in den vergangenen zwölf Monaten von einem vollendeten und 1 % von einem versuchten Wohnungseinbruch betroffen waren.[11] Anzeige wurde in 87,5 % der vollendeten und in 57,9 % der versuchten Fälle erstattet.[12] Bezüglich des Bildungsstands weisen dabei Haushalte von Personen mit Hochschulreife das niedrigste, aber Personen mit Hochschulabschluss das höchste Einbruchsrisiko auf. Haushalte von Arbeitslosen sind sowohl im Viktimisierungssurvey als auch der telefonischen WISIND[13]-Kriminalitätsbefragung 2014 (n=12.094) stärker betroffen.[14] Die beiden Studien veranschaulichen auch Unterschiede zwischen den Bundesländern beim Wohnungseinbruch, wobei die Ergebnisse hierzu nicht immer miteinander korrespondieren.[15] Eine weitere Differenz bezieht sich auf die Stadt-Land-Relation: Während sich im Viktimisierungssurvey kein eindeutiges Stadt–Land-Gefälle zeigt,[16] wird nach der WISIND-Kriminalitätsbefragung in urbanen Räumen deutlich häufiger als in ländlicher Umgebung eingebrochen.[17]

Obwohl der Wohnungseinbruch meist nicht mit tätlichen Angriffen einhergeht, gilt dieser nicht nur als Versicherungsfall, sondern als empfindlicher Eingriff in die Intimsphäre, der Opfer verunsichert und ihre Lebensqualität langfristig schmälern kann.[18] Der traumatisierende Charakter dieses Deliktes wird im Rahmen der Studie des KFN aus den Jahren 2013 und 2014 bestätigt.[19] In der Betroffenenbefragung (n=1.329) bewerten Opfer von versuchtem und vollendetem Wohnungseinbruch die Verwüstung des Wohnraumes

---

10 *Gluba* (2015), S. 60.
11 *Birkel et al.* (2014), S. 15.
12 *Birkel et al.* (2014), S. 40.
13 Wirtschaftswissenschaftliches Indikatorensystem zur Messung von Sicherheit und Sicherheitswirtschaft in Deutschland.
14 *Birkel et al.* (2014), S 32; *Entorf/Riekmann* (2015) S. 24.
15 Während im Viktimisierungssurvey Bremen an der Spitze steht, ist es Berlin in der WISIND-Befragung.
16 Bei Kriminalitätsraten liegt im Allgemeinen eine tendenziell stärkere Betroffenheit urbaner gegenüber ländlicher Regionen vor, *Völschow* (2014), S. 15.
17 *Entorf/Riekmann* (2015), S. 22.
18 *Kawelovski* (2014), S. 3.
19 Die emotionalen Auswirkungen eines Wohnungseinbruchs können dabei von verschiedenen Faktoren abhängig sein wie Alter, Geschlecht oder guter nachbarschaftlicher Zusammenhalt, *Wollinger* (2015), S. 379.

als gravierendes Eindringen in ihren persönlichen Schutzraum.[20] Das KFN untersucht Spezifika des Wohnungseinbruchs mittels einer Aktenanalyse und einer Betroffenenbefragung. Jeweils 500 Fälle wurden aus fünf deutschen Städten[21] aus allen im Jahr 2010 polizeilich registrierten Wohnungseinbrüchen zufällig ausgewählt.[22]

3. Prävention

Die steigenden Häufigkeitszahlen verbunden mit den geringen Aufklärungsquoten weisen auf einen Präventionsbedarf gegen Wohnungseinbruch hin. Im bundesweiten Programm „Polizeiliche Kriminalprävention der Länder und des Bundes (ProPK)"[23] sind in der Kampagne K-Einbruch Informationen zur Vorbeugung des Delikts erhältlich.[24] Seit 2014 gewährt die Kreditanstalt für Wiederaufbau unter bestimmten Voraussetzungen eine staatliche Förderung von Einbruchschutzmaßnahmen.[25] Als Informationsquellen zu verhaltensorientierten und sicherungstechnischen Präventionsmaßnahmen gelten das persönliche soziale Netzwerk, Beratungsangebote von Sicherheitsunternehmen oder Versicherern sowie das Internet. Mitunter führt die Eigeninitiative von Bürgern zu selbst organisierten Nachbarschaftsstreifen.[26]

Laut der vorerwähnten Studie des KFN wird das Beratungsangebot der Polizei am häufigsten wahrgenommen.[27] Dies ist sicherlich auch dem Umstand geschuldet, dass die generelle Handlungsanweisung für Polizeibeamte gilt, bei Wohnungseinbruchdiebstählen auf das Beratungsangebot der Polizei aufmerksam zu machen.[28] In der KFN-Studie ließ sich die Wirksamkeit von Einbruchschutzmaßnahmen aufzeigen. Danach konnte Beratung plus Sicherungstechnik einen signifikanten Beitrag dazu leisten, dass es in den untersuchten Fällen zu keinem vollendeten Einbruch kam.[29] Ebenso wurde ein

---

20 *Wollinger* (2015), S. 379 f.
21 Berlin, Bremerhaven, Hannover, München und Stuttgart.
22 *Wollinger et al.* (2014), S. 23.
23 *Salgmann* (2014), S. 24.
24 http://k-einbruch.de/
25 Auf Initiative der Stiftung Deutsches Forum für Kriminalprävention in Kooperation mit dem Bundesministerium für Umwelt, Naturschutz, Bau und Reaktorsicherheit und dem Bundesministerium für Wirtschaft und Energie.
26 *Dreißigacker et al.* (2015), S. 58.
27 *Dreißigacker et al.* (2015), S. 59.
28 *Kawelovski* (2014), S. 119.
29 Anders als im strafrechtlichen Sinne gilt in der Studie ein Wohnungseinbruch dann als erfolglos, wenn das Eindringen in den Wohnraum verhindert wurde.

Effekt verhaltensorientierter Prävention (Verbergen längerer Abwesenheit, präventionsorientierte Nachbarschaft) nachgewiesen. Opfer von Wohnungseinbruch haben zudem nach der Tat ein stärkeres Schutzbedürfnis: Nach der KFN-Studie informierte sich mehr als die Hälfte über Einbruchschutz und etwa zwei Drittel investierten in weitere Sicherungstechnik. In fast allen Fällen wollen die Opfer dadurch ihr Sicherheitsgefühl erhöhen.[30]

Die kostspielige technische Aufrüstung steht allerdings auch in Abhängigkeit von den finanziellen Möglichkeiten des Einzelnen. Es verwundert daher nicht, dass in der KFN-Studie die Hälfte derjenigen Opfer, die nach der Tat keine weitere Sicherung anbrachten, angab, sie sei zu teuer.[31] *Salgmann* (2014, S. 25) sieht daher die Wohnungswirtschaft in der Pflicht, ebenfalls Verantwortung für die Sicherung gerade von Mietobjekten zu übernehmen.[32] Nach der WISIND-Kriminalitätsbefragung ist die Viktimisierungswahrscheinlichkeit von vermögenden Haushalten beim Wohnungseinbruch nicht höher als von weniger begüterten Haushalten. Vielmehr ist die Haushaltsgröße relevant, sodass Alleinstehende weniger betroffen sind als größere Haushalte.[33]

4. Einbruchschutz aus Sicht von Polizeibeamten

Die Polizei Stuttgart legt im jährlichen PKS-Bericht der Stadt offen, in welchem Ausmaß sie berät. Das Aufgabengebiet ist zweigeteilt in Verhaltensprävention sowie mechanische und elektronische Sicherungstechnik. Von insgesamt 1.892 Informationsveranstaltungen im Jahr 2014 betrafen 1.670 den Einbruchschutz. Präventionsstreifen wiesen persönlich auf festgestellte Tatgelegenheiten (gekippte Fenster) hin oder hinterließen eine Information im Briefkasten. 161 Präventionsstände mit Verhaltenstipps gab es auf Wochenmärkten und vor Einkaufszentren. Die Kriminalpolizeiliche Beratungsstelle beriet in 1.318 Fällen, darunter 350 Einbruchsopfer, kostenlos über Sicherungstechnik zum Einbruchschutz in privaten, öffentlichen und gewerblichen Räumlichkeiten. An zwölf Terminen kam ein örtlich flexibles

---

30 *Dreißigacker et al.* (2015), S. 61 f.
31 *Dreißigacker et al.* (2015), S. 60 ff.: Eine größere Zahl der Befragten hielt ihre Wohnung für ausreichend sicher.
32 Gerade die zeitgemäße Normierung von Einbruchsicherung von PKW habe dazu geführt, dass Einbruchsdelikte aus Fahrzeugen schwierig und unrentabel werden, *Salgmann* (2014), S. 23 f.
33 *Entorf/Rieckmann* (2015), S. 23.

Informationsfahrzeug zum Einsatz. Das Theaterprojekt „Der ungebetene Gast" wurde 23 Mal in verschiedenen Stadtteilen aufgeführt.[34] Um Einblicke in die polizeiliche Präventionspraxis zu gewinnen, wurden Interviews mit vier Experten aus Stuttgart und Wuppertal geführt. Im Folgenden wird beispielhaft auf die Interviews rekurriert.

4.1 Vulnerabilität und Viktimisierungsrisiko

Nach Meinung der Experten ist die verletzte Privatsphäre die wichtigste Motivation für die Inanspruchnahme einer sicherheitstechnischen Beratung, denn das unbefugte Eindringen in den eigenen Schutzraum beeinträchtigt in besonderem Maße das Sicherheitsempfinden (Interview Wuppertal 27.05.2015: S. 2). Die englische Redensart „my home is my castle" (Interview Stuttgart 29.04.2015:S. 1) ist in ihren Grundfesten erschüttert, da die Wohnung nicht mehr als sicherer Rückzugsort und Raum der Intimität gilt.

Hinsichtlich des Aufkommens von Wohnungseinbrüchen lassen sich in den beiden Städten Unterschiede beobachten. Während sich laut Expertenmeinung in Wuppertal ein stärkerer räumlicher Schwerpunkt im innerstädtischen Bereich „also da wo wirklich viele Wohnungen sind"[35] (Interview Wuppertal 23.04.2015: S. 5) ausmachen lässt, wechseln die Stadtgebiete mit vermehrten Wohnungseinbrüchen in Stuttgart jährlich (Interview Stuttgart 29.04.2015: S. 2). Bei den Tatobjekten geht es nicht nur um hochklassige Immobilien, sondern vor allem um Mehrfamilienhäuser. Das Verhältnis von Mehrfamilien und Einfamilienhaushalten liege bei 70 zu 30 (Interview Stuttgart 29.04.2015: S. 2).[36] Ein Wuppertaler Experte sieht unabhängig von der Wohnlage Reihenendhäuser aufgrund der Exponiertheit als einfachere Ziele von Wohnungseinbruch an (Interview Wuppertal 23.04.2015: S. 30).

4.2 Polizeiliche Beratung

In Stuttgart und Wuppertal werden alle Einbruchsopfer über das diesbezügliche Beratungsangebot der Polizei informiert und stellen damit die wichtigs-

---

34 Polizeipräsidium Stuttgart (2015), S. 84 f.
35 Die Interviewauszüge wurden zur vereinfachten Lesbarkeit paraphrasiert, die regionale Mundart und Füllwörter ausgelassen.
36 Anders in der niedersächsischen Dunkelfeldbefragung, nach der Wohnungseinbrüche in Niedersachsen hauptsächlich im Winter stattfinden und Ein- und Zweifamilienhäuser betreffen, was mit der Wohnstruktur des Flächenlandes in Zusammenhang stehen kann, *Salgmann* (2014), S. 22 f.

te Zielgruppe dar. In Stuttgart kommen durchschnittlich etwa 30 % der informierten Opfer über alle Bevölkerungsgruppen hinweg auf das Angebot einer Beratung zurück (Interview Stuttgart 29.04.2015: S. 1). Größtes Interesse an einer Beratung bringen einem Wuppertaler Experten zufolge nicht mehr häufig umziehende Personen ab 35 oder 40 Jahren auf. Im höheren Alter nimmt wiederum das Interesse am Einbruchschutz ab: „… es gibt so Alteneinrichtungen, wo die Menschen noch relativ selbstständig sind, da sagt man mir dann in meinem jugendlichen Alter von 50 Jahren, 'ja Jung bis jetzt isses gut gegangen, dann wirds auch weiterhin gut gehen' " (Interview Wuppertal 23.04.2015: S. 25).

Von Bedeutung ist ebenfalls die indirekte Viktimisierung im Rahmen der Nachbarschaft. Ein Experte aus Wuppertal beschreibt die Nachbarschaft als wichtigen Bezugspunkt. Danach ist die Mitbetroffenheit bei einem Einbruch in der näheren Umgebung vom Hören-Sagen oder aus der Presse ausgeprägt (Interview Wuppertal 23.04.2015: S. 13). In Stuttgart fand aufgrund von gehäuften Wohnungseinbrüchen im Jahr 2014 eine Zusammenarbeit mit dem Bezirksrathaus des betroffenen Stadtteils statt, sodass dort eine Informationsveranstaltung zum Thema Einbruchschutz organisiert wurde (Interview Stuttgart 29.04.2015: S. 1). Es erfolgt also eine Rückkopplung zwischen den Bewohnern eines betroffenen Gebietes und der Beratungstätigkeit der Polizei.

Im sozialen nachbarschaftlichen Zusammenwirken sieht ein Wuppertaler Experte einen Lösungsweg für lokale Problemlagen, indem „Nachbarschaftshilfe" gegenseitige Unterstützung und Wachsamkeit untereinander fördert (Interview Wuppertal 23.04.2015: S. 3). Im Rahmen der Stuttgarter Kriminalprävention ist die Polizei angehalten, den nachbarschaftlichen Zusammenhalt voranzubringen: „was wir jetzt relativ neu haben, das ist eine Karte, die man dann Leuten geben kann, dass sie einfach mal die Telefonnummern in ihrer Nachbarschaft austauschen" (Interview Stuttgart 29.04.2015[1]: S. 16). Beim Einbruchschutz bildet also die informelle soziale Kontrolle einen wichtigen Baustein in der verhaltensorientierten Präventionsarbeit.

4.3 Finanzielle Ressourcen und Wirkung der Beratung

Den Experten beider Städte ist bewusst, dass die Einrichtung von Sicherungstechnik finanzielle Mittel voraussetzt und Eigenheimbesitzer die größte Beratungsgruppe stellen (Interview Wuppertal 27.05.2015: S. 3). Laut einem

Stuttgarter Befragten würden insbesondere Mieter belastet, weil sie das Einverständnis des Vermieters einholen und unter Umständen bei einem Auszug einen kostenaufwendigen Rückbau besorgen müssten (Interview Stuttgart 29.04.2015: S. 6f.). Skepsis äußern die Experten beider Städte gegenüber der oben angesprochenen Fördermöglichkeit[37]: „Also da gibt es schon Mittel, aber ich denke alle, für alle Menschen das gleich zu machen im Grad ihrer möglichen Gefährdung oder - oder ist die Frage, ob die Gefährdung wirklich besteht - glaube ich, ist nicht möglich" (Interview Wuppertal 23.04.2015: S. 21).

Eine Evaluation der polizeilichen Beratung und der Einbruchschutzsicherung findet nicht statt, obwohl sich dies die Experten wünschen: „Ich würde das gerne greifbar in Zahlen haben, um die Prävention da auch besser darstellen zu können, aber das fehlt mir immer noch" (Interview Wuppertal 23.04.2015: S. 10). Den Nutzen ihrer Tätigkeit machen die Experten am Anstieg des Versuchsanteils fest: „Wo wir ganz stolz sind, und vielleicht ein kleiner Teil auch wir dazu beigetragen haben, ist, dass der Versuchsanteil stark in den letzten Jahren zugenommen hat" (Interview Stuttgart 29.04.2015: S. 13). Neben der verbesserten objektiven Sicherheit durch Sicherungstechnik wird auch ein positiver Einfluss auf die subjektive Sicherheit durch Wissen konstatiert: „… also ich werte das als Erfolg, dass jemand, der sich beraten lässt etwas mehr an Sicherheit gewinnt, dass er nicht so im Dunklen rumtappt, dass er weiß wie und wo kann ich denn Opfer werden, wie kann ich mich davor schützen?" (Interview Wuppertal 23.04.2015: S. 9).

5. Fazit

In der Fallstudie Kriminalprävention haben die Experteninterviews aus Stuttgart und Wuppertal eine ergänzende Funktion, um die polizeiliche Perspektive beim Einbruchschutz zu veranschaulichen und nachzuvollziehen. Als zielführend erwies sich deshalb die Beschränkung auf vier Interviews mit Polizeibeamten, die Aufschluss über deren Präventionsarbeit gaben. Demgegenüber wird eine im Herbst 2015 in Stuttgart und Wuppertal durchgeführte Bürgerbefragung vertiefte Einblicke in das Sicherheitsempfinden, die Betroffenheit von Wohnungseinbruch und in die Investitionsbereitschaft für Einbruchschutz gewähren.

---

37 Vgl. Fn. 22.

Die steigenden Einbruchsfälle, die niedrige Aufklärungsquote und die Vulnerabilität der Einbruchsopfer lenken die Aufmerksamkeit auf die verhaltens- und sicherungstechnische Prävention von Wohnungseinbruch. Laut der KFN-Studie ist Sicherungstechnik ein probates Vorbeugemittel, da deren Überwindung mehr Aufwand erfordert, in der Folge die weitere Tatausführung aufgegeben wird und die Tat damit im Versuchsstadium bleibt. Ein bekannter Befund ist allerdings, dass die Wahrscheinlichkeit der Opferwerdung nicht vom Haushaltseinkommen abhängt: Einbruchsvorsorge betrifft also alle Bevölkerungsgruppen. Aus der KFN-Studie und den Experteninterviews ergibt sich auch, dass das Interesse für Einbruchsprävention und der Einbau von Sicherungsmaßnahmen von den finanziellen Mitteln, der Wohnsituation (zur Miete oder im Eigenheim) und dem Alter (mittlere Jahrgänge) abhängen. Demgemäß kann sich ein Teil der Bevölkerung eine Einbruchsicherung nicht leisten. Allerdings vermögen kostenneutrale Verhaltensänderungen (Fenster schließen, Nachbarschaftshilfe) die objektive Sicherheit vor Einbruch zu erhöhen, was die befragten Experten in ihrer Präventionsarbeit nachdrücklich unterstützen.

Zu bedenken ist, dass es sich beim Wohnungseinbruch im Unterschied zum Ladendiebstahl oder zur Sachbeschädigung nicht um ein Massendelikt handelt und ein vergleichsweise seltenes Ereignis darstellt.[38] Dennoch darf dessen traumatisierende Wirkung auf die Opfer nicht unterschätzt werden, was sowohl die KFN-Studie als auch die interviewten Experten betonen. Aufgrund der emotionalen Betroffenheit richtet sich die polizeiliche Beratung entsprechend den Experten auf eine Erhöhung der objektiven und der subjektiven Sicherheit. Der beobachtete Fokus auf dem Sicherheitsgefühl wirft indessen die Frage auf, inwiefern dessen Schutz zum Aufgabengebiet der Polizei gehört und welcher Stellenwert ihm zukommen soll.[39]

Literatur:

Bundeskriminalamt (Hg.): Polizeiliche Kriminalstatistik Bundesrepublik Deutschland. Jahrbuch 2005-2014. Wiesbaden: Bundeskriminalamt.
Dreißigacker, A./Wollinger, G. R./Bartsch, T./Baier, D. (2015): Prävention von Wohnungseinbruch. Was schützt vor einem Einbruch und welche Konsequenzen ziehen Betroffene aus einer solchen Tat? Forum Kriminalprävention 2, S. 58–64.

---

38 *Van den Brink/Frerk* (2014), S. 8.
39 *Schewe* (2009), S. 134 ff.

Entorf, H./Rieckmann, J. (2015): Smarte Täter, naive Opfer? Eine Studie zur Typisierung der Opfer von Diebstahl und Wohnungseinbruch. Vierteljahrshefte zur Wirtschaftsforschung 2, S. 11–26.
Kawelovski, F. (2014): Die Bekämpfung des Wohnungseinbruchs. Lehr und Studienbriefe Kriminalistik / Kriminologie, Band 20. Hilden: Verlag Deutsche Polizeiliteratur GmbH.
Kawelovski, F. (2013): Der Wohnungseinbruch (Teil 2) – Probleme der Repression. Forum Kriminalprävention 2, S. 42–46.
Kawelovski, F. (2013a): Der Wohnungseinbruch (Teil 1) – Präventionserkenntnisse und -empfehlungen. Forum Kriminalprävention 1, S. 53–55.
Nitt-Drießelmann, D./Wedemeier, J. (2015): HWWI/Berenberg-Städteranking 2015: Die 30 größten Städte Deutschlands im Vergleich, Hamburg 2015. Online verfügbar unter http://www.hwwi.org/fileadmin/hwwi/Publikationen/Partnerpublikationen/Berenberg/201 5-10-05_Staedteranking_ANSICHT_FINAL.pdf, zuletzt geprüft am 18.12.2015.
Polizeipräsidium Stuttgart (2015): Polizeiliche Kriminalstatistik Stuttgart 2014: Jahresbericht und ausgewählte Kriminalitätsfelder. Stuttgart: Polizeipräsidium Stuttgart.
Salgmann, R. (2014): Mehr als gute polizeiliche Ratschläge. Über die Verantwortung der Kommunen für sicheres Wohnen. Forum Kriminalprävention 4, S. 22–26.
Schewe, C. S. (2009): Das Sicherheitsgefühl und die Polizei. Darf die Polizei das Sicherheitsgefühl schützen? Berlin: Duncker & Humblot.
Van den Brink, H./Frerk, T. (2014): Wohnungseinbruch – Zahlen und Entwicklungen. Ein Überblick auf der Grundlage der Polizeilichen Kriminalstatistik, Forum Kriminalprävention 4, S. 8–10.
Völschow, Y. (2014): Kriminologie ländlicher Räume. Eine mehrperspektivische Regionalanalyse. Wiesbaden: Springer VS.
Wollinger, G. R. (2015): Wohnungseinbruch als traumatisches Ereignis – Ergebnisse einer Betroffenenbefragung zu Einflussfaktoren posttraumatischer Belastungssymptome. Monatsschrift für Kriminologie und Strafrechtsreform 4, S. 365–383.
Wollinger, G. R./Dreißigacker, A./Blauert, K./Bartsch, T./Baier, D. (2014): Wohnungseinbruch: Tat und Folgen. Ergebnisse einer Betroffenenbefragung in fünf Großstädten. Hannover: Kriminologisches Forschungsinstitut Niedersachsen.

Die Praxis der Täuschung – Ein analytisches Modell von Betrugsmaschen

Christian Thiel

Gliederung

1. Einleitung
2. Forschungsstand und -desiderata
3. Analytisches Modell von Betrugspraktiken
3.1 Grundbausteine des Betrugs: (Täuschungs-) Signale
3.2 Choreographie des Betrugs: Skripte
4. Fazit und Ausblick

1. Einleitung

Dem weit verbreiteten und teils hohe Schadenssummen verursachenden Delikt des Betrugs wohnt eine gewisse Faszination inne. Immer wieder wundert man sich im Nachhinein, wie ein Betrug überhaupt möglich war und weshalb Menschen teils lange Zeit auf offensichtliche Schwindel und leere Versprechen hereinfallen. Warum betrügerische Täuschungen trotz ihres meist simplen Grundprinzips eine hohe situative Überzeugungskraft entwickeln, ist eine Frage, die bislang kaum in der Forschung thematisiert wurde. Ein aktuell in Vorbereitung befindliches Forschungsprojekt des Autors widmet sich dieser Frage mittels einer Analyse von typischen „Betrugsmaschen". Diese finden sich in unterschiedlichsten Bereichen und beschreiben einen charakteristischen, quasi „vorchoreographierten" Ablauf, wie eine betrügerische Handlung durchgeführt werden kann. Viele dieser Betrugsmaschen (konkreter: kriminalisierte Praktiken des Täuschens, im Folgenden auch „Betrugspraktiken" genannt) sind alt und werden dennoch immer wieder erfolgreich angewandt. So gibt es das „Hütchenspiel" schon seit der Antike, die „Nigerian Scam Mails" sind nichts anderes als die moderne Version des alten „spanish prisoner"-Tricks des 16. Jahrhunderts und auch das Schneeballsystem, mit dem etwa Bernie Madoff gearbeitet hat, erfreut sich seit mindestens 100 Jahren einer ungebrochenen Beliebtheit. Aufgrund dieser „sozialen Bewährtheit" ist davon auszugehen, dass sich an solchen Betrugspraktiken besonders gut untersuchen lässt, wie Täuschungshandlungen mit dezidert vermögensschädigender Absicht konkret durchgeführt werden und worin ihr Erfolg besteht. Das Forschungsprojekt arbeitet dazu mit einer explorativ angelegten, qualitativen Empirie. Konkret durchgeführt werden hier qualitative Interviews mit Tätern, Opfern und Ermittlern sowie Auswertungen von entsprechenden Strafverfahrensakten. Mittels einer solchen Perspektiven-Triangulation soll die konkrete Durchführung von ausgewählten Betrugspraktiken rekonstruiert werden. Ziel davon ist es unter anderem, die den Betrugspraktiken zugrundeliegenden Prozesse des Aufbaus von Vertrauen und der Fabrikation von Täuschung zu analysieren.

Ausgehend von einer kurzen Darstellung des Forschungsstandes präsentiert der Beitrag einige Überlegungen, die im Zuge der ersten Datenerhebungen und -auswertungen (Interviews mit Betrügern, Betrugsopfern, Polizisten; teilnehmende Beobachtungen in einem Betrugskommissariat) entstanden sind.

2. Forschungsstand und -desiderata

Der internationale kriminologische Forschungsstand zu Betrug ist zwar umfangreich, aber nur wenig kanonisiert und unübersichtlich. Dies mag auch daran liegen, dass das Delikt „Betrug" im Vergleich zu anderen Delikten (wie etwa Gewalt, Drogen oder Jugendkriminalität) eher selten untersucht wird und keinen eigenen Forschungsschwerpunkt bildet[1]. In einer Durchsicht des internationalen Forschungsstandes[2] zeigen sich folgende Schwerpunkte:

Die *kriminalstatistische Forschung* zu „Betrug" verdeutlicht dessen Relevanz – Betrug ist ein häufiges, teils hohe Schadenssummen verursachendes und in Zukunft wahrscheinlich weiter zunehmendes Delikt[3] – sie kann jedoch nicht erklären, was ihn möglich macht und wie er theoretisch konzeptualisiert werden kann[4].

Ätiologische Studien im Bereich der *Täterforschung* haben interessante typische Merkmale und Motive von Betrügern herausgearbeitet, beispielsweise das Zusammentreffen von Gelegenheit, Bedürfnis und Rationalisierung[5],

---

1 *Levinson* (2002), S. 743.
2 ausführlich siehe *Thiel* in Vorbereitung.
3 vgl. dazu *Bundesministerium des Innern* (2014); *Bundeskriminalamt* (2013), S. 203; *Hanslmaier/Kemme/Stoll/Baier* (2014), S. 244.
4 *Levi/Burrows* (2008), S. 298.
5 *Cressey* (1971), S. 30.

mangelhafte Selbstkontrolle[6], Veränderungen in den alltäglichen Mustern der Lebensführung[7] oder anomische Zustände[8]. Aber: Zu verstehen, *warum* jemand betrügt, heißt nicht automatisch zu verstehen, *wie* er dies tut.

Dies gilt auch für die *viktimologische Seite der Betrugsforschung*. Beleuchtet werden hier die (auch juristisch relevante) Mitverantwortung des Opfers[9], ihre Persönlichkeitsstrukturen[10], ihre betrugsbegünstigenden Alltagsroutinen[11], die Beziehungsstrukturen und Interaktionen zwischen Opfern und Tätern[12], ihre (Fehl-) Entscheidungen[13] oder die (psychologischen) Konsequenzen der Straftat[14]. Doch auch damit lässt sich der ‚Erfolg' von Betrug nur bedingt erklären: Betrug ist mehr als das Zusammentreffen eines motivierten Täters und eines passenden vulnerablen Opfers.

Weitere Forschungsschwerpunkte behandeln den Betrug in bestimmten Bereichen und zwar überwiegend in der *Wirtschaft* und im *Computerbereich*[15]. Beide Bereiche sind spannend, doch bei der Forschung zu „Wirtschaftskriminalität" verstellt sich der Blick auf die zugrundeliegenden Täuschungshandlungen durch die Vermischung von Betrug mit anderen Delikten wie Korruption oder Untreue, bei der Forschung im Bereich „Computerkriminalität" durch die starke Fokussierung auf technische Aspekte.

Insgesamt betrachtet offenbart sich also in der Forschung zu Betrug – wie auch aktuelle Literaturreviews[16] betonen – eine deutliche Lücke: Die „Tat" als solche wird nur wenig beachtet. Entsprechend wird immer wieder plädiert, hinter die Fassade des Betrüger zu schauen und den „modus operandi of their misdeeds and the ways in which they establish and exploit trust"[17] zu analysieren. Das vorliegende Forschungsvorhaben greift dieses Forschungsdesiderat auf und befasst sich mit der konkreten „Praxis" des Betrugs. Ziel

---

6 *Holtfreter/Reisig/Pratt* (2008).
7 *Yar* (2009).
8 *Shover/Coffey/Sanders* (2004); für einen Gesamtüberblick siehe *Menard/Morris* (2012).
9 *Kurth* (1984).
10 *Ganzini/McFarland/Bloom* (1990).
11 *Holtfreter et al.* (2008).
12 *Liebel/Grau/Hamm* (2002).
13 *Pressman* (1998).
14 *Deevy/Lucich/Beals* (2011), S. 12.
15 siehe dazu einschlägige Fachzeitschriften wie die Zeitschrift für Fraud, Risk and Compliance, Computer Fraud & Security, Journal of Financial Crime, Journal of Cyber Criminology.
16 *Button/Lewis/Tapley* (2009); *Deevy et al.* (2011); *Levi/Burrows/Fleming/Hopkins* (2007).
17 *Shapiro* (1990), S. 363.

ist jedoch nicht eine rein deskriptive Auflistung verschiedener modi operandi, wie dies in einschlägigen kriminalistischen Publikationen zu finden ist[18]. Nachgegangen werden soll der (auch soziologisch interessanten) Frage, was sich an Betrugspraktiken über elementare soziale Prozesse wie Vertrauen und Täuschung lernen lässt.

3. Analytisches Modell von Betrugspraktiken

Das Forschungsprojekt nimmt dazu eine Reihe verschiedener Betrugspraktiken in den Blick, die bei aller Unterschiedlichkeit folgendermaßen gekennzeichnet sind: Es handelt sich um *Betrug im juristischen Sinne* (entsprechend § 263 StGB), der in Form „*typischer"* Betrugspraktiken[19] durchgeführt wird. Dabei wird weiterhin von Anfang an in betrügerischer Absicht eine Vertrauensbeziehung aufgebaut, es werden also nicht legitim erworbenen Vertrauenspositionen (etwa in Organisationen) ausgenutzt, sondern die quasi „*professionellen"* *Täter* schaffen sich mit ihrem zur ‚Berufsausübung' notwendigen Fachwissen gezielt Tatgelegenheitsstrukturen[20]. Der Betrug erfolgt in allen Fällen an *Privatpersonen* und nicht etwa an staatlichen Institutionen oder privatwirtschaftlichen Organisationen. Die konkret ausgewählten Betrugspraktiken decken eine ganze Reihe typischer Bereiche und Vorgehensweisen ab[21]: Der *Kreditvermittlungsbetrug*[22] ist im Bereich „wertlose Güter und Dienstleistungen" angesiedelt, der *Kapitalanlagebetrug*[23] im Bereich „Investition", der *RIP-Deal*[24] ist ein klassisch inszenierter Schwindel, der aus einer „normalen" wirtschaftlichen Transaktion entwickelt wird, der *Enkeltrick*[25] ein Betrug im Bereich „Beziehung & Vertrauen" und das *Hütchenspiel*[26] ein klassischer Spiel-Betrug.

Die vergleichende Analyse zeigt, dass Betrugspraktiken bei aller Unterschiedlichkeit auf denselben Grundelementen beruhen: (Täuschungs-) *Signale* werden je unterschiedlich in einem *Skript* kombiniert und können so Myriaden verschiedener Schwindelmanöver hervorbringen.

---

18 etwa *Geerds* (1984); *Niggemeyer et al.* (1963).
19 sogenannte „preplanned schemes" (*Levinson* 2002, S. 740).
20 *Dodd* (2000).
21 vgl. dazu die Taxonomie von *Beals/DeLiema/Deevy* (2015).
22 siehe dazu *Knorre/Risch* (2003).
23 siehe dazu *Liebel et al.* (2002).
24 siehe dazu *Bundeskriminalamt* (2002), S. 159.
25 siehe dazu *Reese* (2014).
26 siehe dazu *Reeves/Raiswell/Crane* (2004).

3.1 Grundbausteine des Betrugs: (Täuschungs-) Signale

Signale werden hier verstanden als „any observable feature of an agent that are intentionally displayed for the purpose of altering the probability the receiver assigns to certain state of affairs or 'event'"[27]. Sie beziehen sich nicht nur auf das Verhalten und die Kommunikation von Menschen, sondern auch auf nichtmenschliche Aktanten, wie (Ver-)Kleidung, gefälschte Ausweise und Zertifikate usw. und dienen teils dazu, Vertrauenswürdigkeit zu schaffen. Die von den Betrügern ausgesandeten Signale lassen sich verschiedenen Bereichen zuordnen:

- Im Zuge einer *manipulativen Kommunikation* kommt eine ganze Reihe an sozialpsychologischen Überzeugungstechniken (basierend auf Reziprozität, Commitment, sozialer Bewährtheit, Schuld/Dankbarkeit, Schnelligkeit/Komplexität[28]) zum Zuge. Unter Betrügern kursieren entsprechende Verhaltensregeln[29], teilweise sogar in Form von regelrechten „Lehrbüchern".

- Betrüger können weiterhin als verschiedene Sozialfiguren auftreten, sie imitieren einen bestimmten *Habitus* und erwecken dadurch bei ihren Opfern – oft unbewusst – entsprechende Assoziationen. In „social compliance scams" geben sie sich als Autoritätsfiguren wie Polizisten, Adelige oder Priester aus, in „affinity scams" als jemand, der ihrem Opfer ähnlich ist (hinsichtlich Herkunft, Interessen, Einstellungen, Tätigkeit oder sozialem Umfeld), was häufig zu einem gewissen Grundvertrauen führt.

- Im Kern vieler Betrugsskripte steht ein *situatives Signal*, das als „convincer" funktioniert. Es gibt diverse Varianten hier. Oft wird dem Opfer mittels eines angeblichen Pfands Sicherheit suggeriert – es scheint, es könne nichts verlieren, weil sein eingesetztes Geld oder ein höherer Gegenwert an einem sicheren Ort oder in seiner Verwahrung liegt (wohingegen es längst mittels Taschenspielertricks ausgetauscht wurde). Ähnlich arbeiten diverse Varianten des Vorschussbetrugs, bei dem das Opfer überzeugt wird, es habe Anspruch auf eine hohe Geldsumme, für die aber zunächst diverse Gebühren zu entrichten sind. In anderen Varianten wird dem Opfer wiederholt demonstriert, dass alles so funktioniert, wie es denkt. Entsprechend werden zunächst bei Kapi-

---

27 *Gambetta* (2011), XV.
28 vgl. *Cialdini* (2006).
29 *Maurer* (1999), S. 142.

talanlagebetrügereien Renditen gezahlt, bei Wett- und Spielschwindeln mehrfach Gewinne ermöglicht – bis plötzlich der Verlust des eingesetzten Geldes eintritt.

- Ein wichtiges Element, v. a. bei größeren Betrügereien, ist die „convincing story line", denn „scams are in most cases crimes of persuasion and storytelling"[30]. Diese lässt sich als *Narrativ* betrachten, als eine möglichst plausible Begründung, warum das Opfer sein Geld hergeben soll. Dies kann eine so einmalige wie „sichere" Gewinnchance sein, die nicht selten einen unehrlichen Kern hat, was sie letztlich umso glaubwürdiger macht. So wird beispielsweise dem Opfer erzählt, diverse Manipulationen machten „sichere" Wetten möglich oder man könne sich an einer illegalen und damit lukrativen Transaktion beteiligen. Nicht selten werden dabei auch passende Rationalisierungen mitgeliefert – den Schaden hätten ja nur reiche Buchmacher, anonyme Firmen oder Kriminelle. Generell muss das narrative Signal anschlussfähig an das Wissen des Getäuschten – und damit auch an wahre und reale Sachverhalte – sein. So zeigt *Smith*[31] in seiner Analyse der nigerianischen Scam-Mails auf, dass deren Überzeugungskraft nicht allein auf den versprochenen hohen Geldsummen basiert, sondern auf ihrer Bezugnahme auf weitverbreitete Vorurteile über Afrika.

- Je größer ein Betrug aufgezogen wird, desto wichtiger werden *Requisiten*. Sie untermauern die Täuschung mittels eines greifbaren und gegenständlichen Bezugs zur Realität. Dem Opfer werden entsprechend Urkunden, Zertifikate und Gutachten, Uniformen und Ausweise, Wertgegenstände wie Schmuck, Edelmetall oder Geldbündel, ja sogar ganze Büros, Spielkasinos oder Banken präsentiert. Dies gelingt entweder durch Übernahme oder durch Mimikry. Im ersten Fall würden Betrüger ihr Opfer also im Foyer einer realen Bank abpassen, im zweiten würden sie eine täuschend echte Bank einrichten und mit entsprechenden Lockvögeln bevölkern. Letzteres hat historisch gesehen die Entwicklung von Betrug deutlich beeinflusst. Erst als Ende des 19. Jahrhunderts die Idee des „Stores", also eines komplett gefälschten Börsenmaklerbüros oder Spielkasinos aufkam, wandelte sich der Betrug von den vormals kleinen Straßenschwindeleien und Trickdiebstählen hin zu großen und sorgfältig aufgebauten „Big Cons", bei denen Opfer um hohe Summen erleichtert wurden[32]. Die dazu erforderli-

---

30 *Munton/McLeod* (2011), S. 15.
31 *Smith* (2009).
32 *Maurer* (1999), S. 134.

che Arbeitsteilung, Spezialisierung und Koordination ließ organisierte Betrugsbanden entstehen.

3.2 Choreographie des Betrugs: Skripte

Kaum eines der genannten Signale ist als einzelnes jedoch überzeugend genug um einen erfolgreichen Betrug zu ermöglichen. Erst durch Kombination unterschiedlicher Signale in einem sorgfältig choreographierten Ablauf – einem „Skript" im Sinne einer drehbuchartigen Sequenz von Handlungen – entsteht jene für Betrug typische Suggestibilität, die uns im Nachhinein so verwundert. Betrugspraktiken können nur als komplexe „mehrschichte Täuschungsmanöver"[33] verstanden werden. Je größer nun die Geldsumme ist, die das Opfer einsetzen soll, desto überzeugender muss die Täuschung sein, d. h. desto mehr und aufwendigere Signale werden kombiniert und desto länger und ausgefeilter ist das jeweilige Betrugsskript. Sogenannte „Big Cons"[34] verstricken über Tage, teils sogar Monate ihre Opfer in Täuschungen, um so hohe Geldsumme zu „erwirtschaften". Auch bei weniger großen Betrugsskripten ist der Ablauf sorgfältig geplant und verläuft in unterschiedlichen Phasen, von denen jede seine eigene spezifische Funktion hat, um das Opfer letztlich um sein Geld zu erleichtern[35]. Die einzelnen Phasen legen dabei auch die Rolle des Opfers fest, d. h. sie erzeugen bestimmte Handlungszwänge, damit es sich so verhält, wie die Betrüger beabsichtigen (wobei die jeweilige Grundchoreographie natürlich an das Opfer, die Situation, den Stil der Betrüger etc. angepasst wird). Ein zentraler Aspekt des ganzen Ablaufs ist das koordinierte Handeln der Betrüger. Ein Großteil der Betrugsskripte erfordert mindestens zwei Betrüger in unterschiedlichen Rollen. So hat der „roper" (bei Enkeltrickbanden „Keiler" genannt) die Aufgabe das Opfer zu finden und vorzubereiten, der „inside man" präsentiert die Betrugsnarration und die Lockvögel geben soziale Bestätigung[36]. Während die Betrüger nun (auf der Hinterbühne) eine fein abgestimmte und durchgeplante soziale Dynamik entfalten, befindet sich das Opfer (auf der Vorderbühne) in einer für ihn zufällig entstandenen Situation mit mehreren scheinbar unabhängig voneinander handelnden Akteuren. Daraus resultiert ein Gros der Überzeugungskraft. Folgende grundsätzliche Phasen eines Betrugsskripts lassen sich nun unterscheiden:

---

33 *Goffman* (1980), S. 185 ff.
34 *Maurer* (1999).
35 siehe dazu etwa *Maurer* (1999); *Henderson* (1985); *Sutherland* (1937).
36 *Maurer* (1999), S. 140 ff.

- *Opfersuche und -auswahl*: Ein Betrug ist nur möglich, wenn ein zu der jeweiligen Betrugspraktik passendes Opfer gefunden wird. Ein gewiefter Geschäftsmann wird sich nicht auf den Enkeltrick einlassen, ein biederer Rentner nicht auf einen riskanten Wettschwindel. Geeignete Opfer sind für Betrüger buchstäblich Geld wert. Da diese häufig mehrfach auf denselben oder ähnliche Tricks hereinfallen, werden von Betrügerbanden regelrechte „sucker lists" geführt und die darauf Genannten immer wieder kontaktiert. Es gibt nun diverse Techniken um Opfer zu finden, etwa durch Massenansprache (via E-Mails), durch gezielte Kontaktaufnahme (beispielsweise begeben sich Liebes-Betrüger in sozialen Netzwerken oder Datingportalen auf die Suche) oder indem man sich in jeweils passenden sozialen Milieus (Golfclubs, Investorentreffen, Uhrenmessen) bewegt. Spätestens wenn ein Kontakt entsteht, muss der Betrüger höchst empathisch auf das Opfer eingehen – „He must sense immediately what aspects of his personality will be most appealing to his victim"[37]. Dabei wird – je nach Betrugsskript – eine mal mehr, mal weniger komplexe Beziehung aufgebaut und das Opfer mittels subtiler Hinweise und Zeichen auf die spätere Betrugsnarration vorbereitet.

- *Verstricken in die Täuschung*: Ist der Kontakt hergestellt, erzeugen Betrüger Vertrauen bei ihren Opfern – das Vertrauen kann sich dabei sowohl auf die Person des Betrügers als auch auf die arrangierte Situation als solche beziehen. Dazu werden diverse kommunikative, habituelle, situative, narrative und gegenständliche Signale (s. o.) eingesetzt, teilweise in einer fein abgestimmten, für das Opfer zufällig scheinenden Abfolge. Anschließend wird der Köder ausgelegt und das Opfer dazu gebracht, sein Geld einzusetzen.

- *Abkassieren*: Dies ist ein zentrales Moment in jedem Betrug, schließlich bleibt das Opfer trotz aller Vertrauenssignale meist bis zum Ende misstrauisch. Es gibt diverse Techniken, um ihm den Einsatz eigenen Geldes zu erleichtern: Mal wird suggeriert, es habe schon gewonnen und müsste nur noch einige Gebühren vorab begleichen; mal durfte das Opfer bereits mehrfach gewinnen; mal beteiligen sich die Betrüger an der jeweiligen Investition. Die Täter müssen dabei sorgsam darauf achten, das Opfer nicht aus ihrem Einflussbereich zu lassen. Besonders wenn hohe Geldsummen mobilisiert werden sollen, besteht immer die Gefahr, dass Ehepartner, Bekannte oder Banker das Opfer

---

37 *Maurer* (1999), S. 143.

warnen. Etliche Betrugspraktiken beschränken sich deswegen auf die (wiederholte) Zahlung von kleineren Summen. Teilweise werden sogar Summen unterhalb der Wahrnehmungsschwelle abgezweigt (dies nennt sich „Cramming"). Bei wiederholten Geldforderungen kommt es unweigerlich zu dem Punkt, an dem das Opfer die Zahlung frustriert einstellt. Um dennoch weiteres Geld zu bekommen, greifen Betrüger häufig zur Technik des „Reloadings": Hierbei wird mit dem bisher aufgebauten Rahmen (etwa: „sie haben in der Lotterie gewonnen und jetzt sind nur noch einige Gebühren fällig") gebrochen, indem die Betrüger diesen als Täuschung offenlegen und dadurch einen neuen Rahmen konstituieren, der aber ebenfalls wieder eine Täuschung ist („Hier spricht die Polizei. Sie wurden Opfer eines Gewinnspielbetrugs. Wir können ihnen helfen, ihr Geld zurückzubekommen. Dazu werden jedoch vorab einige Gebühren fällig").

- *Verschleierung*: Betrug beinhaltet in jeder Phase auch Maskierungsprozesse – schließlich muss ein Täuschender nicht nur eine falsche Vorstellung produzieren, sondern auch verbergen, dass er dies tut. In den ständigen Signalspielen im Alltag lauern Menschen misstrauisch auf Täuschungshinweise, die ein Täuschender verschleiern muss[38]. Auch im Betrug ist es essentiell, mittels bestimmter Strategien eine Entlarvung zu vermeiden, vor allem nach erfolgreichem Abkassieren. Das Opfer hat gerade sein Geld verloren und muss „beruhigt" werden (dies wird „cooling the mark out" genannt[39]). Die Betrüger müssen damit zumindest genug Zeit gewinnen, um sich der Situation zu entziehen. Besser noch ist, sicherzustellen, dass das Opfer den Betrug gar nicht zur Anzeige bringt, etwa indem man ihm seine Verstrickung in strafbare Handlungen verdeutlicht oder man am Ende eines Betrugs eine solche inszeniert. Auch das Handeln diverser Kontrollinstanzen (von Polizei bis hin zu Finanzbehörden) muss während und nach erfolgter Tat berücksichtigt werden, etwa durch Verschleierung der Geldflüsse oder Verwischen der Spuren.

4. Fazit und Ausblick

Die eben vorgestellte Heuristik, die bei Betrugspraktiken zum einen typische Täuschungssignale, zum anderen deren Kombination in ebenfalls typischen

---

38 *Westerbarky* (2003).
39 *Goffman* (1952).

skriptförmigen Abläufen unterscheidet, ist natürlich nur ein vorläufiges und sehr grobes theoretisches Konstrukt, das im Laufe weiterer Forschungen auszuarbeiten und empirisch zu prüfen ist. Dennoch eröffnet sich dadurch ein interessanter Blickwinkel auf Betrug, der die bestehenden Forschungen – seien diese aus kriminalstatistischer, aus täter- oder opferbezogener ätiologischer oder aus kritischer Perspektive – bereichern kann: Denn indem man den konkreten Ablauf und das dafür notwendige „how-to-do"-Wissen empirisch erforscht und analytisch-systematisierend aufbereitet, ergeben sich nicht nur interessante allgemeine Erkenntnisse hinsichtlich elementarer sozialer Prozesse wie Vertrauen und Täuschung, sondern auch konkrete Aspekte, die gerade für die Kriminalprävention von Nutzen sind.

Literatur

Beals, M./DeLiema, M./Deevy, M. (2015): Framework for a taxonomy of fraud. Stanford Center on Longevity; FINRA.
Bundeskriminalamt (2002): Jahresbericht Wirtschaftskriminalität 2002, Wiesbaden.
Bundeskriminalamt (2013): Polizeiliche Kriminalstatistik 2012. Wiesbaden.
Bundesministerium des Innern (2014): Polizeiliche Kriminalstatistik 2013, Berlin.
Button, M./Lewis, C./Tapley, J. (2009): Fraud typologies and victims of fraud. Literatur review (National Fraud Authority, U. K., H.g.). Verfügbar unter: https://www.gov.uk/government/uploads/system/uploads/attachment_data/file/118469/fraud-typologies.pdf [22.12.2015].
Cialdini, R.-B. (2006): Die Psychologie des Überzeugens. Bern: Huber.
Cressey, D.-R. (1971/1953). Other people's money. A study in the social psychology of embezzlement Belmont: Wadsworth Pub. Co.
Deevy, M./Lucich, S./Beals, M. (2011): Scams, Schemes, and Swindles: A Review of Consumer Financial Fraud Research (Financial Fraud Research Center, Hg.). Stanford: Stanford Center on Longevity.
Dodd, N. (2000): The psychology of fraud. In: Canter, D.-V./Alison, L.-J. (Hg.): Profiling property crimes. Aldershot: Ashgate.
Gambetta, D. (2011): Codes of the underworld. How criminals communicate. Princeton: Princeton Univ. Press.
Ganzini, L./McFarland, B./Bloom, J. (1990): Victims of Fraud: Comparing Victims of White Collar and Violent Crime. Bulletin of the American Academy of Psychiatry and the Law, 18 (1), S. 55-63.
Geerds, F. (1984): Betrugspraktiken der Schwindler. Über Formen des Schwindels und ihre Konsequenzen für Kriminologie und Kriminalistik. Die Kriminalpolizei: Zeitschrift der Gewerkschaft der Polizei (2), S. 13-25.
Goffman, E. (1952): On Cooling the Mark Out. Some Aspects of Adaptation to Failure. Psychatrie: Journal for the Study of Interpersonal Processes, 15 (4), S. 451-463.
Goffman, E. (1980): Rahmen-Analyse. Ein Versuch über die Organisation von Alltagserfahrungen. Frankfurt am Main: Suhrkamp.

Hanslmaier, M./Kemme, S./Stoll, K./Baier, D. (2014): Kriminalität im Jahr 2020. Erklärung und Prognose registrierter Kriminalität in Zeiten demografischen Wandels. Wiesbaden: Springer.
Henderson, M.-A. (1985): How con games work. Secaucus: Citadel Press.
Holtfreter, K./Reisig, M.-D./Pratt, T.-C. (2008): Low Self-Control, Routine Acitivites, and Fraud Vicitimization. Criminology, 46 (1), S. 189-220.
Knorre, U./Risch, H. (2003): Kreditvermittlungsbetrug. Eine empirische Studie zur Phänomenologie des Kreditvermittlungsbetrugs im Spiegel der allgemeinen wirtschaftlichen Lage. Kriminalistik, 57, S. 714.
Kurth, F.-J. (1984): Das Mitverschulden des Opfers beim Betrug. Frankfurt am Main: Peter Lang.
Levi, M./Burrows, J. (2008): Measuring the impact of fraud in the UK. A Conceptual and Empirical Journey. British Journal of Criminology, 48 (3), S. 293-318.
Levi, M./Burrows, J./Fleming, M.-H./Hopkins, M. (2007): The Nature, Extent and Economic Impact of Fraud in the UK. Report for the Association of Chief Police Officers' Economic Crime Portfolio.
Levinson, D. (2002): *Encyclopedia of crime and punishment*. Thousand Oaks: Sage Publications.
Liebel, H./Grau, J./Hamm, U. (2002): Täter-Opfer-Interaktion bei Kapitalanlagebetrug. Replikationsstudie 2000. Neuwied: Luchterhand.
Maurer, D.-W. (1999/1940): The big con. The story of the confidence man. New York: Anchor Books.
Menard, S./Morris, R.-G. (2012): Integrated Theory and Crimes of Trust. Journal of Quantitative Criminology, 28 (2), S. 365-387.
Munton, J./McLeod, J. (2011): The con. How Scams Work, Why You're Vulnerable and How to Protect Yourself. Lanham u. a.: Rowman & Littlefield.
Niggemeyer, B./Eschenbach, E./Lach, K./Fischer, J./Leichtweiß, R.-R./Schaefer, K. (1963): Modus operandi-System und modus operandi-Technik. Eine kritische Untersuchung anhand von mehr als 1000 Fällen aus der kriminalpolizeilichen Praxis, Wiesbaden.
Pressman, S. (1998): On Financial Frauds and Their Causes: Investor Overconfidence. American Journal of Economics and Sociology, 57 (4), S. 405-421.
Reese, S. (2014): Enkeltrickbetrug - Aktuelle Phänomenologie und Klassifizierbarkeit als Organisierte Kriminalität aus Sicht der Landespolizei Berlin. Kriminalistik, 68 (3), S. 191-195.
Reeves, M./Raiswell, R./Crane, M. (2004): Shell games. Studies in scams, frauds, and deceits (1300-1650). Toronto: Centre for Reformation and Renaissance Studies.
Shapiro, S.-P. (1990): Collaring the Crime, not the Criminal: Reconsidering the Concept of White-Collar Crime. American Sociological Review, 55 (3), S. 346-365.
Shover, N./Coffey, G.-S./Sanders, C.-R. (2004): Dialing for Dollars: Opportunities, Justifications, and Telemarketing Fraud. Qualitative Sociology, 27 (1), S. 59-75.
Smith, A. (2009): Nigerian Scam-Emails and the Charms of Capital. Cultural Studies, 23 (1), S. 27-47.
Sutherland, E.-H. (1937): The professional thief. Chicago: University of Chicago Press.
Wessels, J./Hillenkamp, T. (2010): Strafrecht, besonderer Teil 2. Straftaten gegen Vermögenswerte. Heidelberg: C.F. Müller.
Westerbarky, J. (2003): Maskierung und Beeinflussung. In: Hettlage, R. (Hg.): Verleugnen, Vertuschen, Verdrehen. Leben in der Lügengesellschaft. Konstanz: UVK, S. 199-214.

Yar, M. (2009): The Novelty of "Cybercrime". An Assesment in Light of the Routine Activity Theory. In: Furst, G. (Hg.): Contemporary readings in criminology. Los Angeles: SAGE, S. 47-55.

Der Zigarettenschmuggel, das Recht und die Moral

Susanne Knickmeier

Gliederung

1. Einleitung
2. Der unerlaubte Handel mit Zigaretten
3. Möglichkeiten der Kriminalprävention: Repressive und normative Strategien
4. Einstellungen zur Normkonformität
4.1 Prädiktoren zur Überprüfung der Normkonformität
4.2 Diskussion der Ergebnisse
5. Zusammenfassung

1. Einleitung

Der vorliegende Beitrag beruht auf Ergebnissen des europäischen Kooperationsprojektes FIDUCIA: New European Crimes and Trust-based Policy (2012-2015).[1] Das Projekt warf die Frage nach effektiven Alternativen zu einer im Schwerpunkt strafrechtlichen Regulierung von (grenzüberschreitender) Transaktionskriminalität auf. Unter der Annahme, dass Vertrauen in das Rechtssystem ein Faktor zur Regulierung abweichenden Verhaltens ist, wurde analysiert, ob der Wechsel von einer repressiven Kriminalpolitik hin zu einer Politik der Normkonformität durch Normakzeptanz sowie durch Vertrauen in das Justizsystem und Verfahrensgerechtigkeit möglich und wünschenswert ist.

Im Folgenden wird die Frage nach der Effektivität normativer und repressiver Strategien im Hinblick auf den unerlaubten Handel mit Zigaretten diskutiert. Neben der qualitativen Auswertung vorhandener Literatur und Forschungsergebnisse wurde in sieben europäischen Ländern (Bulgarien, Deutschland, England, Finnland, Italien, Litauen und der Türkei) eine quantitative Befragung durchgeführt.

---

1 Das Projekt Fiducia wurde durch das 7. Forschungsrahmenprogramm der Europäischen Union unter der Grant Agreement Nummer 290563 gefördert. Der vorliegende Beitrag basiert auf einer Fallstudie zum unerlaubten Warenhandel sowie den Ergebnissen einer quantitativen Befragung, die innerhalb des Projektes durchgeführt wurde.

2. Der unerlaubte Handel mit Zigaretten

Tabakprodukte werden seit Jahrhunderten geschmuggelt, wobei der Schmuggel bis heute nichts an seiner Attraktivität verloren hat. Der Zigarettenschmuggel ist eine Straftat ohne sichtbares Opfer – geschädigt sind vor allem der Staat durch fehlende Steuereinnahmen und (mittelbar) die legale Zigarettenindustrie. Zudem bergen etwaige, nicht bekannte Schadstoffe zusätzliche Gesundheitsgefahren. Als treibende Faktoren des unerlaubten Zigarettenhandels werden wirtschaftliche Vorteile, sowohl auf Täter- als auch auf Opferseite, sowie die unterschiedliche Besteuerung von Zigaretten (nicht nur im außereuropäischen Ausland) beschrieben.[2] Zwar gibt es in der Europäischen Union einen einheitlichen europäischen Binnenmarkt, aber die Tabaksteuern sind (noch) nicht harmonisiert. In Deutschland lag der Steueranteil einer Zigarette im Jahr 2015 bei ca. 71 %.[3]

Der unerlaubte Zigarettenhandel ist ein komplexes Phänomen mit einer Vielzahl unerlaubter Aktivitäten verschiedener Täter[4], die sich folgendermaßen unterteilen lassen: (1.) Kleinschmuggler, z. B. Touristen, die Zigaretten über den Eigenbedarf hinaus oder zum Weiterverkauf über Landesgrenzen hinweg mit sich führen. (2.) Schmuggler in Gruppen, die grenzüberschreitend, ohne feste Verbindung zusammenarbeiten. Beziehungen entstehen durch familiäre bzw. freundschaftliche Kontakte oder aufgrund von Geschäftsbeziehungen, wobei oft enge Verbindungen ins Heimatland bestehen.[5] (3.) Organisierte Schmuggler, die hierarchisch strukturiert in sehr gut organisierten und profitablen Netzwerken, z. T. mit Kontakten zur Mafia, zusammenarbeiten.[6] Aktivitäten auf dem unerlaubten Markt können der Schmuggel von Markenprodukten, der Vertrieb von Cheapwhites[7] sowie die Herstellung und der Verkauf gefälschter Zigaretten sein. Das sog. Bootlegging beschreibt den Kauf von Zigaretten in einem Niedrigsteuerland, die über die zulässige Freimenge zum Eigenbedarf hinaus in ein anderes Land,

---

2 Vgl. *Hornsby/Hobbs* (2007), S. 554 ff.; *Wiltshire* u. a. (2001), S. 205; *Stead* u. a. (2013), S. 2214, *Lampe* (2010), S. 36.
3 Vgl. Deutscher Zigarettenverband (2014).
4 Im Folgenden wird aus Gründen der sprachlichen Vereinfachung nur die männliche Form verwendet. Es sind aber stets Personen männlichen und weiblichen Geschlechts gemeint.
5 Vgl. LKA Berlin (2014).
6 Vgl. LKA Berlin (2014); *Melzer* (2010), S. 51; *Griffiths* (2004), S. 186.
7 Cheapwhites sind Zigaretten, die als Marke legal in einem Markt hergestellt und verkauft oder ohne Steuerbanderole exportiert werden. Statt sie dann ihrem legalen Verwendungszweck zuzuführen, werden die Zigaretten ins (EU-)Ausland exportiert und dort unversteuert weiterverkauft.

üblicherweise mit einem höheren Steuersatz, eingeführt werden und/oder die eingeführten Zigaretten werden in einem anderen Land weiterverkauft, ohne die vor Ort fälligen Steuern zu zahlen.[8] Eine Strafbarkeit der Täter wegen Bannbruchs ergibt sich aus § 372 AO, wegen gewerbsmäßigen, gewaltsamen und bandenmäßigen Schmuggels aus § 373 AO. Hinzukommen können weitere Delikte wie die Geldwäsche gem. § 261 StGB oder das Fälschen von Wertzeichen gem. §§ 148, 149 StGB. Die Konsumenten machen sich nicht immer strafbar. Eine Strafbarkeit wegen Steuerhehlerei nach § 374 AO ist erst beim Kauf von mehr als 1000 illegalen Zigaretten gegeben. Wer weniger als 1000 illegale Zigaretten kauft, handelt nach § 37 TabStG ordnungswidrig.

3. Möglichkeiten der Kriminalprävention: Repressive und normative Strategien

Kriminalpolitisch interessant ist die Frage, mit welchen Maßnahmen dem unerlaubten Zigarettenhandel effektiv begegnet und Normkonformität von Tätern und Abnehmern erreicht werden kann. Da das Angebot unerlaubt gehandelter Waren stark von der Nachfrage abhängig ist, sollte die Gruppe der Abnehmer in die Diskussion um wirksame Präventionsstrategien einbezogen werden. Wie kann Rechtstreue von Händlern, Schmugglern oder Käufern illegaler Waren erreicht werden? Kann eine Regulierung des unerlaubten Marktes mit einer Stärkung von Kontrollen sowie der Verschärfung von Gesetzen erfolgreich sein oder müsste auch die öffentliche Akzeptanz rechtlicher Regelungen gefördert werden, um Normkonformität zu erhalten?

Da die überwiegende Mehrheit der Bevölkerung rechtliche und soziale Normen einhält, stellt sich die Frage, welche Faktoren für die Einhaltung von Regeln eine Rolle spielen und welche Maßnahmen Normkonformität fördern können. Um rechtstreues Verhalten zu erreichen, werden vor allem zwei Ansätze diskutiert:

(1.) *Repressive Strategien* stützen sich zur Herstellung von Normkonformität vor allem auf verstärkte Kontrollmaßnahmen, um das Entdeckungsrisiko zu erhöhen, und auf die Verschärfung von (Straf-) Gesetzen, um potentielle Täter durch Strafen abzuschrecken. Für den Fall eines Gesetzesverstoßes wird eine Strafe angedroht, die bei einem Verstoß verhängt und vollstreckt wird. Ein potentieller Straftäter soll dadurch von der Begehung einer Straftat ab-

---

8 Vgl. *Hornsby/Hobbs* (2007), S. 552.

gehalten werden, dass er es als eigenes Interesse ansieht, sich normgemäß zu verhalten, weil er eine Bestrafung vermeiden möchte.[9]

(2.) *Normative Strategien* beziehen sich auf die Überzeugung von der Richtigkeit und Legitimität einer Norm.[10] Sie zielen darauf, dass ein potentieller Täter nicht länger den Willen hat, eine Straftat zu begehen, weil er aus moralischen Gründen dagegen ist. Es wird davon ausgegangen, dass Menschen sich verpflichtet sehen, Rechtsnormen einzuhalten, wenn sie diese als angemessen betrachten.

Nach Ansicht von *Tyler* (1990) lassen sich potentielle Straftäter nicht nur von rationalen Faktoren leiten, sondern beziehen normative Erwägungen ebenfalls ein.[11] Diesem Ansatz folgend wird davon ausgegangen, dass sich Menschen dann normkonform verhalten, wenn sie von einer Norm überzeugt sind, ihre Legitimität akzeptieren und davon ausgehen, das moralisch Richtige zu tun[12]. Dazu gehört das Vertrauen in die Legitimität von Recht, Institutionen und Verfahrensgerechtigkeit. Also das, was vor allem *Tyler* mit der Procedural Justice Theory beschreibt. Wenn Menschen davon ausgehen, dass die Gesetze legitim sind und sie justiziellen Institutionen wie Polizei und Gerichten vertrauen, sind sie geneigter, geltende Normen anzuwenden und mit dem Justizsystem zu kooperieren.[13] Vertrauen in die Legitimität justizieller Institutionen kann durch folgende Vorgehensweisen gefördert werden: (1.) Verfahrensgerechtigkeit, (2.) Verteilungsgerechtigkeit und einem gerechten Verfahrensausgang, (3.) eine bewiesene moralische Anpassung und (4.) durch bewiesene Kompetenzen. Für die Herstellung von Vertrauen in die Legitimität des Strafrechts sind wichtig: die Anerkennung der Legitimität von justiziellen Institutionen, eine (verbesserte) Kongruenz von Recht und Moral, indem die Öffentlichkeit davon überzeugt wird, dass die strafrechtlichen Bestimmungen moralisch gerechtfertigt sind, sowie die Entfernung moralisch tolerierten Verhaltens aus dem Regelungsbereich des Strafrechts.[14] Die moralische Einstellung über „richtig" und „falsch" wird als eine Voraussetzung angesehen, um die Legitimität von rechtlichen Regelungen und damit verbunden das Strafrecht anzuerkennen.[15] Bezug nehmend auf *Piquero* (2005) beeinflussen Ethik und Moral die Entscheidung des Einzel-

---

9 Vgl. *Bottoms* (2001), S. 90, S. 91.
10 Vgl. *Bottoms* (2001), S. 90.
11 Vgl. *Tyler* (1990), S. 3.
12 Vgl. *Bottoms* (2001), S. 91.
13 Vgl. *Tyler* (2003), S. 284.
14 Siehe dazu: *Tyler* (2003), S. 284 ff.
15 Vgl. *Paradise* (1999), S. 249.

nen.[16] Daher ist es wichtig zu vermitteln, was falsch und was richtig ist.[17] Die Vermittlung kann durch Vorbilder vorgenommen werden, durch Öffentlichkeitskampagnen[18] oder Ethikcodes in Unternehmen. Aber auch internationale Konventionen[19], die nicht immer rechtliche Verpflichtungen enthalten, können ein erster Schritt sein, um ein Problem zu beschreiben, die Gesellschaft zu sensibilisieren und dem Konsumenten, potentiellen Tätern, aber auch Wirtschaftsunternehmen eine moralische Ausrichtung zu bieten. Solche Kampagnen dienen nicht nur der Sensibilisierung für ein Problem und der Entwicklung eines Unrechtsbewusstseins, sondern auch der Internalisierung von Normen.

Die Sensibilisierung über das, was moralisch richtig ist, betrifft ein weiteres Problem des unerlaubten Warenhandels: die soziale Akzeptanz, z. B. beim Kauf von unverzollten Zigaretten oder gefälschten Markenprodukten. Nach *Bräuninger/Stiller* (2010) führt ein zunehmender unerlaubter Handel zu einer zunehmenden sozialen Akzeptanz in der Gesellschaft.[20] Die Abnehmer, die den Markt erst ermöglichen, finden sich in allen Gesellschaftsschichten. Nach *Leary* u. a. (1998) ist die soziale Akzeptanz ein wichtiger Bestandteil menschlichen Verhaltens und geeignet, Verhalten zu beeinflussen. Vor allem für diejenigen, die sich für integrierte Mitglieder der Gesellschaft halten, ist es wichtig, von der Gesellschaft auch akzeptiert zu werden.[21] Wird das abweichende Verhalten nun nicht akzeptiert, sondern stigmatisiert, ist davon auszugehen, dass Personen ihre Einstellungen und ihr Verhalten ändern, so dass es zu einer Abnahme der Nachfrage kommen sollte.

Bei der Kriminalprävention spielen normative Erwägungen, die das Vertrauen der Bürger in die Legitimität des (Straf-) Rechts sowie die Legitimität des nationalen Justizsystems fördern, aber auch den potentiellen Täter oder Abnehmer einer unerlaubten Leistung von der Richtigkeit der Norm überzeu-

---

16 Vgl. *Piquero* (2005), S. 58.
17 Vgl. *Paradise* (1999), S. 249.
18 British-American Tobacco (BAT) - zum Beispiel - versucht, mit dem Video „Das ist der Mann" die Öffentlichkeit zu erreichen. Das Video klärt über etwaige Zusammenhänge des unerlaubten Handels mit Kinderarbeit, Menschenhandel und der organisierten Kriminalität auf, um zu verdeutlichen, dass der unerlaubte Zigarettenhandel keinesfalls eine Straftat ohne Opfer ist.
19 Die Europäische Kommission schloss mit bislang vier Zigarettenherstellern Vereinbarungen, in denen sich die Zigarettenhersteller auf einer freiwilligen Basis, aber rechtlich verbindlich, zu einer Änderung ihrer Unternehmenspolitik, einem verantwortlichen Verhalten und zur Kooperation mit Behörden verpflichten.
20 Vgl. *Bräuninger/Stiller*, (2010), S. 20.
21 Vgl. *Leary* u.a. (2001), S. 898.

gen wollen, bislang eine untergeordnete Rolle. Fraglich ist daher, ob und bis zu welchem Umfang das Strafrechtssystem mit einem normativen Element ausgestattet werden kann, so dass die Menschen sich nicht an die rechtlichen Regelungen halten, weil es in ihrem eigenen Interesse ist, sondern weil sie von der Richtigkeit ihres Tuns ausgehen.

4. Einstellungen zur Normkonformität

Im Projekt FIDUCIA wurde eine Erweiterung der Procedural Justice Theory getestet und ihre Anwendbarkeit auf sogenannte neue Formen von Kriminalität, wie z. B. dem unerlaubten Warenhandel, überprüft.[22] Dazu wurden die Ergebnisse einer innerhalb des Projektes durchgeführten quantitativen Befragung[23] unter anderem dahingehend analysiert, inwieweit es beim unerlaubten Zigarettenhandel einen Zusammenhang zwischen moralischen Einstellungen zu einer Norm, Vertrauen in Strafverfolgungsbehörden und Rechtstreue gibt. Die Prüfung der Normkonformität erfolgte durch verschiedene Fragestellungen.[24] Im Folgenden sind die Ergebnisse der deutschen Befragung im Hinblick auf den unerlaubten Warenhandel dargestellt.

4.1 Prädiktoren zur Überprüfung der Normkonformität

(1)   Selbstberichtete Delinquenz

Die Umfrage enthielt zwei Fragestellungen bezüglich selbstberichteter Delinquenz in der Vergangenheit und der Zukunft.

---

22 Die Fallstudie wurde als sogenannte neue Form der Kriminalität bezeichnet, da sie eng mit der Integration, dem technischen Fortschritt und der zunehmenden Mobilität innerhalb der EU zusammenhängt und einer grenzüberschreitenden Reaktion auf supranationaler Ebene bedarf.
23 Die repräsentative Umfrage wurde Ende 2014 Anfang 2015 in sechs europäischen Ländern (Italien, Deutschland, Bulgarien, Litauen, England, Finnland) sowie der Türkei durchgeführt. Dazu wurde ein englischsprachiger Masterfragebogen entwickelt, der in die jeweilige Landessprache übersetzt wurde. In Deutschland wurden Telefoninterviews (Mobil und Festnetz) mit 769 Personen geführt.
24 Für die Berechnung der Ergebnisse ist den Projektpartnern Dr. Jonathan Jackson (London School of Economics) und Dr. Ben Bradford (University of Oxford) zu danken.

Der Zigarettenschmuggel, das Recht und die Moral

(1.1) Begangene Straftaten in der Vergangenheit[25]

Haben Sie in den letzten fünf Jahren geschmuggelte, unverzollte Waren, z. B. Zigaretten und Alkohol gekauft?				
Niemals	Einmal	Zweimal	Drei- oder viermal	Fünfmal oder mehr
89,7 %	5,3 %	1,9 %	1,7 %	1,5 %

(1.2) Denkbare Begehung von Straftaten in der Zukunft

Glauben Sie, dass Sie in Zukunft geschmuggelte, unverzollte Waren, z. B. Zigaretten und Alkohol kaufen?				
Unwahrscheinlich	Eher unwahrscheinlich	Eher wahrscheinlich	wahrscheinlich	Weiß nicht
79,6 %	14 %	2,4 %	4,0 %	0,04 %

(2) Einstellungen zur Legitimität der Polizei

Mehrere Fragestellungen dienten der Überprüfung der:

(2.1) Normativen Übereinstimmungen mit polizeilichem Verhalten und der

(2.2) Moralischen Verpflichtung, polizeilichen Anweisungen Folge zu leisten.

Die Einstellungen zur Legitimität der Polizei, einem der genannten Faktoren zur Förderung von Vertrauen in justizielle Organisationen, kann aufgrund ihres Umfangs an dieser Stelle nicht im Detail dargestellt werden. Zusammenfassend lässt sich feststellen, dass sich ca. 75 % der Befragten, die Kontakt mit der Polizei hatten, von der Polizei fair oder sehr fair behandelt fühlten. Zudem stimmte die Mehrheit der Befragten (ca. 74 %) damit überein, dass die Polizei Entscheidungen treffe, die dem Verständnis der Befragten von richtig und falsch entsprechen. Die moralische Verpflichtung wurde anhand einer Skala von 0 (trifft überhaupt nicht zu) bis 10 (trifft voll und ganz zu) abgefragt. Der Mittelwert lag bei der Frage nach der moralischen Verpflichtung, eine Entscheidung der Polizei als rechtmäßige Behörde zu akzeptieren, bei 7 und bei den Fragen, eine Entscheidung der Polizei zu akzeptieren, selbst wenn der Befragte mit der Entscheidung nicht einverstanden ist oder die Gründe nicht versteht, bei 6.

---

25 Die aufgeführten Daten sind gewichtet. Für den vorliegenden Beitrag wurden sie auf eine Stelle hinter dem Komma gerundet.

(3) Weitere Prädiktoren

Auch wenn es verschiedene Faktoren gibt, um den Hang zur Begehung von Straftaten vorherzusagen, konzentrierten wir uns im Projekt FIDUCIA auf die moralische Bewertung von Straftaten und das Risiko, dass das abweichende Verhalten sanktioniert wird. Die Sorge vor einer Bestrafung ermöglicht Schlüsse auf die Wirksamkeit repressiver Strategien, während mit der moralischen Bewertung von Straftaten Ansätze für normative Strategien erfragt werden.

(3.1.) Moralische Bewertung von Straftaten

Halten Sie den Kauf von unverzollten, geschmuggelten Waren, wie z. B. Zigaretten/Alkohol, für moralisch falsch?				
Nicht falsch	Eher nicht falsch	Eher falsch	Falsch	Keine Angabe
2,4 %	3,2 %	8,2 %	85,9 %	0,3 %

(3.2.) Risiko, dass das Verhalten sanktioniert wird

Für wie wahrscheinlich halten Sie es, dass Sie erwischt und betraft werden, beim Kauf von geschmuggelten, unverzollten Waren, z.B. Zigaretten und Alkohol?				
Unwahrscheinlich	Eher unwahrscheinlich	Eher wahrscheinlich	Wahrscheinlich	Weiß nicht
16,1 %	22,5 %	17,3 %	43,2 %	0,9 %

4.2 Diskussion der Ergebnisse

Erwartungsgemäß gaben über 90 % der deutschen Befragten an, noch nie unverzollte Waren, z. B. Zigaretten oder Alkohol, gekauft zu haben. Denn der Großteil der Bevölkerung hält sich, wie erwähnt, an Regeln. Welchen Einfluss aber haben nun repressive oder normative Strategien?

Die Sorge vor einer Bestrafung, die nur knapp 60 % für wahrscheinlich oder eher wahrscheinlich hielten, zeigt die Beschränkungen repressiver Strategien. Diese spiegelt sich auch in den Hellfeldzahlen wider, auch wenn diese Zahlen wenig über den tatsächlichen Umfang des unerlaubten Handels aussagen. Die Anzahl der in Deutschland sichergestellten Zigaretten[26] betrug in

---

26 Bislang werden Verstöße gegen die Abgabenordnung nicht von der Polizeilichen Kriminalstatistik, die jährlich vom Bundeskriminalamt herausgegeben wird, erfasst (siehe Richtlinien für die Führung der polizeilichen Kriminalstatistik i.d.F. vom 01.01.2014,

den vergangenen drei Jahren jeweils um die 160 Millionen Stück.[27] Repressive Maßnahmen verursachen erhebliche Kosten und scheinen ein Kampf gegen Windmühlen zu sein, da sich die unerlaubten Handlungen ungehindert fortsetzen. Die Täter lassen sich von verstärkten Kontrollen selten abhalten, sondern ändern ihre Strategien. Sie gehen beim unerlaubten Handel mit Waren oft nur ein geringes Risiko ein, können aber hohe Gewinne erzielen. Anhand von Kontrollmaßnahmen kann nur ein kleiner Teil der Transaktionen überwacht werden. Zudem können nur wenige Täter strafrechtlich verfolgt werden, so dass eine geringe Sorge vor einer Entdeckung und Bestrafung besteht. Auch die Abnehmer unerlaubt gehandelter Produkte lassen sich, sofern sie sich strafbar machen, von Kontrollmaßnahmen und verschärften Gesetzen nicht beeindrucken. Denn auch bei ihnen ist die Entdeckungswahrscheinlichkeit sehr gering.

Auf der anderen Seite stimmten um die 80 % der Befragten der Aussage zu, dass man verpflichtet sei, Gesetze zu befolgen. 94 % der Befragten hielten den Kauf von unverzollten Zigaretten/Alkohol für moralisch falsch oder sehr falsch. In einer von PricewaterhouseCoopers (PwC) durchgeführten Studie gaben 66 % der befragten Briten an, dass sie moralische oder ethische Bedenken vom Kauf gefälschter Produkte (z. B. Zigaretten) abhalten würden.[28] Diese Ergebnisse bieten einen Ansatzpunkt für den Einsatz normativer Strategien, die deutlichen machen sollten, dass die Begehung von Straftaten falsch ist und Opfern Schäden zugefügt werden. Auch ist im Hinblick auf die soziale Akzeptanz eine Stigmatisierung des abweichenden Verhaltens notwendig. Denn „nur" ca. 75 % der deutschen Befragten gaben an, dass ihre Freunde es missbilligen würden, wenn sie unverzollte Waren kauften. Wie beschrieben ist die soziale Akzeptanz als ein wichtiger Bestandteil menschlichen Verhaltens geeignet, Verhalten zu beeinflussen, vor allem bei denjenigen, denen es wichtig ist, von der Gesellschaft akzeptiert zu werden.

5. Zusammenfassung

Um Normkonformität zu erreichen, sollte einbezogen werden, dass sich Täter und Konsumenten nicht nur von rationalen, sondern auch normativen Erwägungen leiten lassen. Normkonformität ist verbunden mit den Einstel-

---

Anlage 5). Daher wurde an dieser Stelle auf Zahlen über sichergestellte Zigaretten des Bundesministeriums der Finanzen zurückgegriffen.
27 Vgl. Bundesministerium der Finanzen (2012); (2013); (2014), S. 10.
28 Vgl. PwC (2013), S. 7.

lungen von Menschen im Hinblick auf Vertrauen in das Rechtsystem, Institutionen, Verfahrensgerechtigkeit und die Legitimität von Normen. Vertrauen in die Legitimität justizieller Institutionen, wie der Polizei, ist bei einem Großteil der deutschen Befragten gegeben. Wie oben beschrieben, spielen finanzielle Motive beim unerlaubten Zigarettenhandel eine große Rolle. Schmuggler und Händler wollen Geld verdienen und die Konsumenten Geld sparen. Sie nutzen Neutralisierungstechniken zur Rechtfertigung ihres Verhaltens und fürchten nur zum Teil das Risiko einer Bestrafung. Kriminalpräventiv ist aufgrund der Grenzen repressiver Strategien auch an den Einsatz normativer Strategien zu denken. Diese sollten, um eine Kongruenz von Recht und Moral zu erhalten, vor allem verdeutlichen, dass die Begehung von Straftaten falsch ist und Opfern Schäden zugefügt werden, auch wenn diese beim unerlaubten Zigarettenhandel nicht auf den ersten Blick sichtbar sind.

Literatur

Bottoms, A. (2001): Compliance and Community Penalties. In A. Bottoms (Hg.), *Community Penalties*. Cullompton, Devon: Willan Publication, S. 87-116.
Bräuninger, M./Stiller, S. (2010): Ökonomische Konsequenzen des Konsums von nicht in Deutschland versteuerten Zigaretten. Verfügbar unter: www.zigarettenverband.de/ posdata/page_img/Publikationen/Pressemitteilungen/HWWI_Policy_Paper_1-28.pdf.
Bundesministerium der Finanzen (2014): Die Bundeszollverwaltung – Jahresstatistik 2013. Berlin.
Bundesministerium der Finanzen (2013): Die Bundeszollverwaltung – Jahresstatistik 2012. Berlin.
Bundesministerium der Finanzen (2012): Die Bundeszollverwaltung – Jahresstatistik 2011. Berlin.
Deutscher Zigarettenverband (2014): Zigarettenpreise. Verfügbar unter: www.zigarettenverband.de/de/22/Themen/Zahlen_%26_Fakten/Zigarettenpreise.
Griffiths, H. (2004): Smoking Guns: European Cigarette Smuggling in the 1990's. Global Crime, 6 (2), S. 185-200.
Hornsby, R./Hobbs, D. (2007): A Zone of Ambiguity: The Political Economy of Cigarette Bootlegging. In: British Journal of Criminology, 47 (4), S. 551-571.
Lampe, K. von (2010): Preventing organised crime: the case of contraband cigarettes. In: K. Bullock u. a. (Hg.), Situational prevention of organised crimes. Willan Publication: Cullompton, Devon, S. 35-57.
Landeskriminalamt Berlin (2014): Illegaler Zigarettenhandel. Verfügbar unter: www.berlin.de/polizei/kriminalitaet/zigarettenhandel.html.
Leary, M./Cottrell, C./Phillips, M. (2001): Deconfounding the effects of dominance and social acceptance on self-esteem. In: Journal of Personality and Social Psychology, 81 5, S. 898-909.
Melzer, S. (2010): Counterfeit and Contraband Cigarette Smuggling: Opportunities, Actors, and Guardianship. Dissertation, American University: Washington D.C.

Paradise, P. (1999): Trademark counterfeiting, product piracy, and the billion dollar threat to the U.S. economy. Quorum Books: Westport, Connecticut.

Piquero, N. (2005): Causes and Prevention of Intellectual Property Crime. In: Trends in Organized Crime, 8 (4), S. 40-61.

PricewaterhouseCoopers (2013): Counterfeit goods in the UK - Consumer survey October 2013. Verfügbar unter: www.pwc.co.uk/en_UK/uk/assets/pdf/anti-counterfeiting-consumer-survey-october-2013.pdf.

Stead, M./Jones, L./Docherty, G./Gough, B./Antoniak, M./McNeill, A. (2013): "No-one actually goes to a shop and buys them do they?": attitudes and behaviours regarding illicit tobacco in a multiply disadvantaged community in England. In: Addiction, 108 (12), S. 2212-2219.

Tyler, T. (1990). Why people obey the law. Yale University Press: New Haven.

Tyler, Tom R. (2003). Procedural Justice, Legitimacy, and the Effective Rule of Law. In: Crime and Justice, 30, S. 283-357.

Wiltshire, S./Bancroft, A./Amos, A./Parry, O. (2001). "They're doing people a service"— qualitative study of smoking, smuggling, and social deprivation. In: British Medical Journal, 323 (7306), S. 203-207.

Mehrebenen-Ansatz für internationale Vergleiche am Beispiel des European Sourcebook

Jörg-Martin Jehle

Gliederung

1. Das Projekt „European Sourcebook of Crime and Criminal Justice Statistics"
2. Vergleiche auf den verschiedenen Ebenen
2.1 Input in das kriminalstatistische System, Dunkelfeldstudien
2.2 Unterschiedliche Konzepte der Straftaten, polizeiliche Erfassung
2.3 Staatsanwaltschaftliche Erledigungen als Teil des strafrechtlichen Selektionsprozesses
2.4 Gerichtliche Strafen und Maßnahmen, Bewährungsaufsicht und Strafvollzug
3. Mehrebenen-Ansatz – Selektion
4. Fazit in Thesen

Versuche, Daten nationaler Kriminalstatistiken miteinander zu vergleichen, sind höchst komplizierte Unternehmungen. Deshalb existieren auch nur wenige internationale Studien und Datensammlungen, die hauptsächlich von internationalen Organisationen durchgeführt werden.[1] In den letzten Jahren hat sich vermehrt das europäische statistische Amt (EuroStat) darum bemüht, zur Kriminalität insgesamt und zu einigen Straftatbeständen in allen zur EU gehörigen Ländern Daten zu sammeln, zunächst beschränkt auf die polizeiliche Ebene und seit kurzem auch bezogen auf gerichtliche Aburteilungen.[2] Dabei greift es auf den Ansatz des European Sourcebook (siehe unten 1.) zurück, Standarddefinitionen für die zu erfassenden Delikte vorzugeben, und benutzt hierfür das jüngst entwickelte Instrument der internationalen Straftatenklassifikation der Vereinten Nationen.[3] Freilich fehlt es noch weitgehend an Metadaten, die die nationalen Abweichungen von den Deliktsdefinitionen und die dadurch hervorgerufenen – auch statistischen – Unterschiede erklären. Daher wird hier ausschließlich über die um-

---

1 Vergleiche die Zusammenstellung von *Lewis* (2012).
2 http://ec.europa.eu/eurostat/de/home – Statistics explained/Crime and criminal justice statistics.
3 https://www.unodc.org/ – International Classification of Crime for Statistical Purposes (ICCS).

fassende, alle Ebenen des Kriminaljustizsystems berücksichtigende Daten- und Informationsquelle des European Sourcebook berichtet.[4]

1. Das Projekt „European Sourcebook of Crime and Criminal Justice Statistics"

Der Europarat hat seit 1993 eine wichtige Rolle hinsichtlich der Zusammenstellung internationaler Statistiken auf dem Gebiet der Strafrechtspflege übernommen. Zunächst konzentrierten sich diese Bemühungen auf den Strafvollzug.[5] Der Erfolg auf dem Gebiet des Strafvollzugs hat den Europarat ermutigt, eine Pilotstudie auf den Weg zu bringen, welche die Machbarkeit eines europäischen Quellenbuchs über das gesamte Kriminaljustizsystem untersuchen sollte. Es wurde eine Expertengruppe von Wissenschaftlern aus sieben verschiedenen europäischen Ländern eingesetzt, die durchweg in kriminologischen oder kriminalstatistischen Einrichtungen tätig waren.[6]

Vorbild für das Unterfangen war das Sourcebook of Criminal Justice Statistics, das vom US-amerikanischen Department of Justice seit 1973 herausgeben wird.[7] Allerdings wurde sehr schnell sichtbar, dass das europäische Projekt neue Wege gehen musste, wenn es substanzielle Verbesserungen erzielen möchte.[8] Zunächst ging es darum, sich darauf zu verständigen, welche Art von Delikten und persönlichen Merkmalen, welche speziellen Maßnahmen und sonstigen Polizei- und Justizdaten auf welchen Ebenen des Verfahrens erfasst werden sollten. Dabei zeigte sich rasch, dass es nicht genügte, mit kommentierenden Fußnoten auf Unterschiede in den verschiedenen Ländern hinzuweisen, sondern dass mithilfe präziser Fragen und Standardvorgaben für Delikte und Maßnahmen die nationalen Unterschiede sorgfältig herausgearbeitet und in tabellarischen Übersichten dokumentiert werden müssen, soll das Zahlenwerk überhaupt einer Interpretation zugänglich sein. Zu-

---

4 Längsschnittsuntersuchungen mit den Daten des European Sourcebook sind bereits vielfach erschienen in: European Journal on Criminal Policy and Research (2000), Vol. 8, S. 43-63, 65-75; (2004), Vol. 10, S. 163-186, 123-136; (2012), Vol. 18, S. 83-103, 104-144, 55-82; s. auch *Jehle* (2015).
5 Council of Europe annual penal statistics, zunächst erarbeitet von *Pierre Tournier*, seither von *Aebi, M.-F.* et al. 2003, 2010, 2012, 2013.
6 Für Deutschland war und ist der Autor beteiligt.
7 In Zusammenarbeit mit der University at Albany: www.albany.edu/sourcebook/.
8 Zur Entstehungsgeschichte s. *Killias/Rau* (2000), S. 3-12; sowie *Jehle, J.-M.* (2013a), S. 191-204.

gleich müssen die jeweiligen technischen Prozeduren und statistischen Erfassungsmodalitäten dargelegt werden.

Nach der Vorlage des Modells hat der Europarat 1996 beschlossen, dass eine erweiterte Expertengruppe für alle dem Europarat angehörigen Staaten ein European Sourcebook of Crime and Criminal Justice Statistics (im Folgenden: ESB) erstellen sollte. Die Mitglieder dieser erweiterten Expertengruppe fungieren zugleich als Koordinatoren für die Korrespondenten aus den übrigen nicht vertretenen europäischen Ländern. Durch die Auswahl von kompetenten und engagierten Personen als nationale Korrespondenten und deren Kommunikation mit den regionalen Koordinatoren kann die Qualität und Zuverlässigkeit der übermittelten Daten und Informationen sichergestellt werden; zudem werden die Zahlen Plausibilitätschecks unterzogen, sodass „Ausreißer" korrigiert werden können. Die 1. Auflage eines solchen ESB erfasste die Jahre 1990-1996 und die folgenden Auflagen, die überwiegend mit EU-finanzierten Forschungsprojekten einhergingen[9] und in regelmäßigen 3-4-jährigen Abständen erschienen, können lückenlos die statistischen Daten für die ursprünglich ausgewählten Delikte zwischen 1990 und 2011 darstellen. Seit der vierten Auflage[10] ist der Kreis der berichteten Delikte erheblich erweitert worden und seit der fünften Auflage (2007-2011[11]) können die Sanktionen stärker differenziert, insbesondere die sog. Community Sanctions genauer dargestellt werden. Im Anschluss daran ist eine Folgeerfassung für die Jahre 2011-2016 in Planung.

Über alle fünf Auflagen hinweg wurde indessen die grundlegende Struktur von fünf Abschnitten beibehalten: 1. Taten und Täter auf polizeilicher Ebene, 2. Strafverfolgung und staatsanwaltschaftliche Entscheidungen, 3. Verurteilungen und Strafen bzw. Maßnahmen, 4. Freiheitsentziehung bzw. Strafvollzug und 5. Daten aus Viktimisierungsstudien. Allerdings sind nur für die polizeiliche und gerichtliche Ebene detaillierte deliktbezogene Daten verfügbar; infolgedessen kann man auch den Selektionsprozess in Form eines deliktbezogenen Verlusts der Fälle nur beobachten, indem man die Quantitäten von Taten und Tätern auf polizeilicher Ebene mit den Verurteilungen bzw. verurteilten Personen auf gerichtlicher Ebene vergleicht.

---

9 *Jehle,/Harrendorf* (2010).
10 *Aebi/Aubusson de Cavarlay/Barclay/Gruszczyńska/Harrendorf/Heiskanen/Hysi/Jaquier/ Jehle/Killias/Shostko/Smit/þorisdottir* (2012).
11 *Aebi/Akdeniz/Barclay/Campistol/Caneppele/Gruszczyńska/Harrendorf/Heiskanen/Hysi/ Jehle/Jokinen/Kensey/Killias/Lewis/Savona/Smit/Thorisdottir* (2014).

2. Vergleiche auf den verschiedenen Ebenen

2.1 Input in das kriminalstatistische System, Dunkelfeldstudien

Kriminalstatistiken beschreiben nicht die Kriminalitätswirklichkeit als Ganzes, sondern reflektieren nur, was der Polizei berichtet oder von ihr entdeckt und als Straftaten registriert wird. Der Input in das statistische System hängt stark vom Anzeigeverhalten der Bevölkerung, besonders der Opfer, ab. Die Anzeigequoten werden beeinflusst von der Anzeigemotivation der Opfer und deren Vertrauen in das korrekte und wirksame Handeln von Polizei und Staatsanwaltschaft. Ist dieses gering, wird auch wenig angezeigt und statistisch registriert; so verwundert es nicht, dass manche Staaten, wie z. B. Albanien, eine extrem niedrige Diebstahlsrate haben.[12] Bedauerlicherweise gibt es derzeit keine europaweiten Opferstudien, die mit denselben Methoden, denselben Fragen und dem gleichen Erhebungszeitraum die Opfersituation und das Anzeigeverhalten erfassen.[13] Das von der europäischen Kommission – auf der Grundlage eines Papiers der Expertenkommission für „policy needs"[14] – vorgeschlagene Projekt einer EU Dunkelfeldstudie (EU SASU) ist leider vom europäischen Parlament zunächst abgelehnt worden. Deshalb ist man darauf angewiesen, auf die wenigen internationalen Studien auf diesem Feld zurückzugreifen. Die letzte derartige Studie[15] enthält vergleichbare Daten für 6 Straftatentypen (Körperverletzung und Drohungen, Raub, sexueller Angriff und verschiedene Diebstahlsdelikte) aus 16 europäischen Ländern; sie zeigen deliktbezogen stark variierende Anzeigequoten: vergleichsweise hohe, was den Autodiebstahl angeht, und sehr niedrige in Bezug auf sexuellen Angriff.[16] Was Letzteren betrifft, ist allerdings zu bedenken, dass die den Befragten vorgelegte Tatumschreibung viel weiter reicht als die meisten nationalen Strafbestimmungen. Daher verbietet sich auch ein unmittelbarer Vergleich mit den polizeilichen Statistikdaten.

2.2 Unterschiedliche Konzepte der Straftaten, polizeiliche Erfassung

Eines der größten Probleme im Bereich der vergleichenden Kriminologie liegt darin, dass die Deliktdefinitionen, die auch für die statistische Erfassung benutzt werden, nicht kompatibel sind. Am problematischsten ist es,

---

12 European Sourcebook, Fn. 11, S. 46.
13 *Van Dijk/de Castelbajac* (2015), S. 10–28; sowie *Mischkowitz* (2015), S. 10–28.
14 S. *van Dijk/de Castelbajac* (2015), Fn. 13, S. 21 ff.
15 *van Dijk* et al. (2007).
16 *Gruszczyńska/Heiskanen* (2012), S. 98 ff.

wenn man versucht, Kriminalität als Ganzes darzustellen. Denn welches Verhalten als kriminell definiert ist und wie dies von der Polizei und den Strafverfolgungsbehörden behandelt und wie es schließlich in den betreffenden Statistiken erfasst wird, ist von Land zu Land unterschiedlich. Deshalb kann man nicht einfach das Kriminalitätsniveau zwischen europäischen Ländern vergleichen, und deshalb hat das ESB anfänglich auch auf die Erfassung des Gesamts der Kriminalität verzichtet. Da im Hinblick auf die Arbeitsbelastung von Polizei und Kriminaljustiz freilich auch das Gesamtbild sinnvoll ist, wird ein Standardkonzept vorgegeben; danach soll insbesondere dokumentiert werden, wie das jeweilige Kriminaljustizsystem die Verkehrsdelikte und andere Kleinkriminalität behandelt. Dabei zeigt sich, dass es einige Länder gibt, die bestimmte Bagatelldelikte ganz aus dem Strafrecht ausschließen (zum Beispiel in Polen die sog. wykroczenia) oder sie einem speziellen Verfahren außerhalb des Kriminaljustizsystems zuführen (so zum Beispiel die contraventions in Frankreich[17]). Ähnliches gilt für nicht erhebliche Straftaten von Jugendlichen, die insbesondere in postsozialistischen Ländern außerhalb des Kriminaljustizsystems behandelt werden. Letztlich können diese Unterschiede gut dokumentiert werden, jedoch bedeutet das, dass die einzelnen Länder in unterschiedlichem Maß über Bagatelldelikte berichten.

Die Vergleichbarkeit von statistischen Zahlen kann verbessert werden, wenn man sich auf eine Auswahl bestimmter Delikte bezieht. Das ESB begann mit einer kleinen Gruppe klassischer Delikte, hat dann aber die Reichweite auf 27 Deliktsgruppen und -untergruppen ausgeweitet.[18] Die Methoden zur Verbesserung der Vergleichbarkeit sind im Laufe der Zeit verfeinert worden: Wir haben Standarddefinitionen entwickelt und die Deliktstypen nach bestimmten Merkmalen differenziert, die in oder aus der Kategorie ein- oder ausgeschlossen sein sollten. Auf diese Weise kann für jedes Delikt und für jedes Land dokumentiert werden, in welchem Ausmaß die nationalen Daten der Standarddefinition entsprechen. Die Definitionen, die für die meisten Länder statistisch darstellbar waren, sind Raub, Diebstahl und Drogendelikte. Indessen gibt es größere Probleme der Vergleichbarkeit für den sexuellen Angriff, für Einbruchsdiebstahl und für Betrug.[19]

Aber auch dort, wo die Deliktdefinition zwischen Ländern nicht stark differiert, muss man in Rechnung stellen, dass die Erfassungsmodalitäten stark

---

17 *Jehle* (2008), S. 161-179.
18 *Jehle/Harrendorf* (2010), Fn. 9.
19 *Harrendorf* (2012), S. 23-53.

unterschiedlich sind. Dies lässt sich am Beispiel des Diebstahls in einigen nord- und westeuropäischen Ländern zeigen:

Während die Länder England und Wales, Finnland und Deutschland nahe zusammenliegen, sowohl was die registrierten Taten als auch die Tatverdächtigen pro 100.000 der Wohnbevölkerung betrifft, ragt Schweden deutlich heraus: Zum einen liegen die Raten für die registrierten Taten weit über denen in anderen Ländern; umgekehrt liegen die Raten der Tatverdächtigen am unteren Ende. Die Erklärung liegt wohl darin, dass in Schweden die Registrierung von Taten und Tatverdächtigen zu zwei unterschiedlichen Zeitpunkten erfolgt: die Taten zu Anfang des Verfahrens, wenn sie der Polizei angezeigt werden oder ihr sonst zur Kenntnis gelangen; die Tatverdächtigen, wenn die Polizei die Akte bei hinreichendem Tatverdacht an die Staatsanwaltschaft weitergibt.

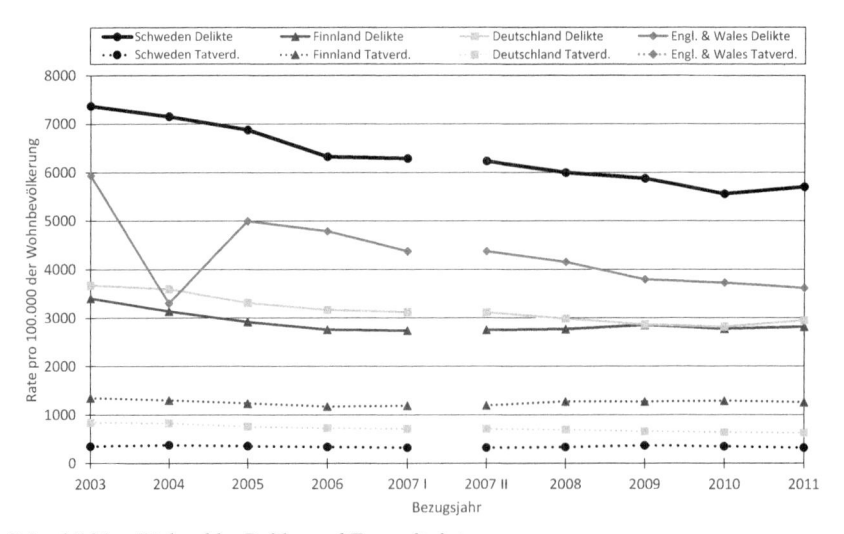

Schaubild 1: Diebstahl – Delikt- und Tatverdächtigenraten
Quelle: European Sourcebook (2010), S. 50, 76 und European Sourcebook (2014), S. 46, 68.

Schaut man indessen den Verlauf zwischen 2007 und 2011 an, zeigen sich ähnliche – nämlich leicht rückläufige Trends. Dieses Beispiel zeigt einmal mehr, dass im internationalen Vergleich Trendanalysen der Vorzug zu geben ist. Denn bleiben die gesetzlichen Bestimmungen und statistischen Erfassungsmodalitäten gleich, kann die Entwicklung der Zahlenverhältnisse als reale Veränderung interpretiert werden.

2.3 Staatsanwaltschaftliche Erledigungen als Teil des strafrechtlichen Selektionsprozesses

Das Phänomen des Fallschwundes von der polizeilichen zur gerichtlichen Ebene ist heute ein allgemein anerkannter Befund.[20] Er kann in jedem Kriminaljustizsystem und für jedes Delikt beobachtet werden. Allerdings findet man von Land zu Land unterschiedliche Formen, wie Entkriminalisierung bzw. Entpönalisierung stattfindet und welche Möglichkeiten der Polizei und der Staatsanwaltschaft eingeräumt sind, Verfahren selbständig zu erledigen. Entsprechend diesen unterschiedlichen staatsanwaltschaftlichen Kompetenzen variiert auch der Input auf der gerichtlichen Ebene sehr stark; deshalb kann man nicht einfach Verurteiltenraten oder entsprechende Niveaus in Europa miteinander vergleichen, ohne diese verschiedenen Erledigungsmöglichkeiten der Staatsanwaltschaft zu berücksichtigen.

Insofern hat das ESB unterschiedliche Kategorien von staatsanwaltschaftlichen Erledigungen entwickelt: Fälle, die vom Gericht entschieden werden, Sanktionen, die von der Staatsanwaltschaft auferlegt werden (oder vom Gericht auf Antrag der Staatsanwaltschaft ohne eine förmliche Hauptverhandlung) und zu einem formalen Schuldspruch führen; bedingte Einstellungen durch die Staatsanwaltschaft verbunden mit einer Auflage und solche ohne Auflagen aus Opportunitätsgründen; schließlich solche wegen mangelnden Tatverdachts oder rechtlicher Prozesshindernisse. Diese Kategorisierung baut auf einer vertiefenden Studie über die Funktion der Staatsanwaltschaft in Europa auf.[21]

Statistische Informationen über diese staatsanwaltschaftlichen Erledigungen können das Ausmaß der Selektion von strafrechtlichen Fällen aufzeigen. Aber infolge der fehlenden Daten in den meisten nationalen Statistiken kann das ESB keine detaillierten deliktbezogenen Daten auf staatsanwaltschaftlicher Ebene präsentieren, deshalb ist hier der wichtige Selektionsprozess nur für die Gesamtkriminalität zu beobachten (s. näher 3.).

2.4 Gerichtliche Strafen und Maßnahmen, Bewährungsaufsicht und Strafvollzug

Anders als auf staatsanwaltschaftlicher Ebene lässt sich auf der gerichtlichen Ebene ein differenziertes Bild der dort behandelten Kriminalität zeichnen,

---

20 *Jehle* (2013b), S. 711–726.
21 *Jehle/Wade* (2006); *Jehle* (2010), S. 379–395.

insbesondere lässt sich nach den verschiedenen Delikten differenzieren. Was die gerichtlich ausgesprochenen Sanktionen angeht, so hat das ESB in den ersten Auflagen vier Kategorien vorgesehen: Geldstrafen, nicht freiheitsentziehende Sanktionen, zur Bewährung ausgesetzte Freiheitsstrafen und unbedingte Freiheitsstrafen. Neben dem bekannten Unterschied zwischen Probation Order entsprechend dem englischen Recht und der Strafaussetzung zur Bewährung nach dem kontinentalen Recht hat sich in den letzten Jahrzehnten allerdings eine Vielfalt von Formen nicht freiheitsentziehender Sanktionen entwickelt, die in der Regel mit Community Sanctions[22] umschrieben werden. Sie haben inzwischen in allen europäischen Ländern beträchtliche Bedeutung erlangt.[23] Deshalb hat das ESB neue Kategorien entwickelt, welche die wichtigsten dieser Formen beschreiben. Um ein Beispiel zu nennen, kann der so genannte Community Service mit einer Art Bewährungsaufsicht verbunden werden, er kann aber auch Bedingung einer Strafaussetzung sein oder eine Bedingung der Einstellung durch die Staatsanwaltschaft; im Bereich des Jugendstrafrechts kann der Community Service darüber hinaus als eigenständige Maßnahme, die nicht kombiniert ist mit einer klassischen Sanktion, auferlegt werden.

Was schließlich die Durchführung von vollstreckbaren Freiheitsstrafen angeht, so existiert europaweit eine lange Tradition von Strafvollzugsstatistiken, welche die Belegung der Vollzugsanstalten und die Insassen dokumentieren; insoweit kann das ESB auf bewährte Erfassungskonzepte des Europarats zurückgreifen.[24] Da vollstreckte Freiheitsstrafen die härteste strafrechtliche Reaktion auf Straftaten darstellen, können ihre Häufigkeit bzw. die Zahl der Strafvollzugsinsassen zugleich als Maß für Punitivität eines nationalen Kriminaljustizsystems herangezogen werden (s. näher u. 3.).

3. Mehrebenen-Ansatz – Selektion

Will man das Kriminaljustizsystem als Ganzes erfassen und die Selektionsprozesse innerhalb dessen untersuchen, sollte man idealerweise die Fälle von der Anzeige bzw. ihrem Bekanntwerden bei der Polizei über die staatsan-

---

22 S. *Europarat*: Empfehlung CM/Rec (2010)1 des Ministerkomitees an die Mitgliedstaaten über die Grundsätze der Bewährungshilfe des Europarats: www.coe.int/t/dghl /standardsetting/prisons/Rec(2010)1 German version.pdf.
23 *Palmowski/Campistol/Jehle/van Kalmthout* (2014), S. 22-125; s. auch *Jehle/Palmowski* (2015), S. 101-115.
24 Council of Europe annual penal statistics (Fn. 5).

waltschaftliche bis hin zur gerichtlichen Ebene verfolgen. Da während des Verlaufs von Strafverfahren verschiedene Vorgänge der Modifizierung von Anklagevorwürfen und der Zusammenführung bzw. Trennung von Strafverfahren passieren können, werden solche Untersuchungen gewöhnlich als Aktenanalysen für eine begrenzte Zahl von Strafverfahren durchgeführt – entweder prospektiv oder häufiger retrospektiv. Indessen können solche Studien nicht generalisiert werden. Ein repräsentatives Bild könnte gewonnen werden, wenn echte Verlaufsstatistiken existieren würden, die es erlauben, strafrechtliche Fälle vom Anfang bis zum endgültigen Ende des Strafverfahrens (einschließlich der Vollstreckung) zu verfolgen. Dies würde voraussetzen, dass alle Daten erfassenden Institutionen in einem nationalen Kriminaljustizsystem eingebunden sind, das dieselben Kategorien verwendet, die gleichen statistischen Regeln anwendet und die Daten in ein kompatibles Datenbanksystem einpflegt. Diese Idealvorstellung liegt z. B. den weitreichenden Vorschlägen, unterbreitet von einer Expertengruppe des Rat für Sozial- und Wirtschaftsdaten[25], zu Grunde. Derzeit kann jedoch kein europäisches Land solche Verlaufsstatistiken präsentieren, auch wenn es einige Ansätze in Richtung auf dieses Ziel gibt, wie z. B. in den Niederlanden oder in Schweden.[26]

Deshalb ist man derzeit an die konventionellen Statistiken gebunden, was bedeutet, dass man den echten Verlauf der Fälle nicht beobachten kann, sondern nur Quantitäten auf den verschiedenen Ebenen des Kriminaljustizsystems miteinander vergleichen und auf diese Weise den Verlust von Ebene zu Ebene einschätzen kann. Für diese Selektionsvorgänge hat sich im internationalen Sprachgebrauch der Ausdruck „attrition" etabliert. In der Regel wird aber nicht die Rate der ausgefilterten Fälle, sondern die der im System verbleibenden Fälle berechnet, also gewissermaßen die „Überlebensrate".

---

25 Vergleiche näher: Optimierung des bestehenden kriminalstatistischen Systems in Deutschland, hrsg. vom *Rat für Sozial- und Wirtschaftsdaten*, erarbeitet von einer Expertengruppe unter Einschluss des Autors, Baden-Baden: Nomos (2009).
26 *Rat für Sozial- und Wirtschaftsdaten* (2009), Fn. 25, S. 141-156.

Tabelle 1[27]: Maßeinheiten für die Selektion

Name	Typ	Ebene	Definition
Tatverdächtigen-Relation (offender ratio)	innerhalb einer Ebene	Polizei	Tatverdächtige bezogen auf registrierte Taten
Anklage-Relation (indictment ratio)	innerhalb einer Ebene	Staatsanwaltschaft	Anklagen bezogen auf alle Erledigungen
Verurteilten-Relation (conviction ratio)	zwischen Ebenen	Gericht vs. Polizei	Verurteilte bezogen auf Tatverdächtige
Punitivitäts-Relation (punitivity ratio)	innerhalb einer Ebene	Gericht	Zu unbedingten Freiheitsstrafen Verurteilte bezogen auf alle Verurteilten

Indikatoren dafür lassen sich auf allen Ebenen des Kriminaljustizsystems finden.[28] Wie die Erhebungen des ESB zeigen, sind vier Selektionsmaße anwendbar, zu denen zugleich in den meisten Ländern die erforderlichen Daten verfügbar sind: Die Relationen innerhalb einer Ebene, nämlich die Tatverdächtigen in Relation zu den polizeilich bekannten Straftaten, die Anklagen in Relation zu allen staatsanwaltschaftlichen Erledigungen sowie die zu unbedingten Freiheitsstrafen Verurteilten in Relation zu allen gerichtlich Verurteilten. Als ebenenübergreifende Relation können schließlich die Verurteilten zu den Tatverdächtigen ins Verhältnis gesetzt werden (s. Tab. 1).

Am Beispiel der ESB-Daten aus der 5. Auflage lässt sich aufzeigen, was mit diesen Maßen ausgedrückt werden kann. Tabelle 2 zeigt die entsprechenden Tatverdächtigen-, Verurteilten- und Punitivitätsrelationen. Anstatt die Daten einzelner Länder aufzuführen, werden die Mediane und Mittelwerte für alle Länder angegeben, die zu den vier Zähleinheiten: polizeilich registrierte Delikte, Tatverdächtige, Verurteilte und Verurteilte zu unbedingten Freiheitsstrafen Daten liefern konnten; und zwar in Bezug auf drei ausgewählte Delikte: Raub[29], sexuelle Nötigung[30] und Diebstahl[31]. Diese Art der Darstel-

---

27 Vgl. Tab. 26 in *Harrendorf/Jehle/Smit* (2014), Fn. 25, S. 139.
28 S. näher *Harrendorf/Jehle/Smit* (2014), Fn. 25, S. 126 ff.
29 Österreich, Kroatien, Tschechische Republik, Finnland, Deutschland, Ungarn, Niederlande, Polen, Slowenien, Schweden, Ukraine.
30 Zusätzlich zu den in Fn. 29 aufgeführten Ländern: Frankreich, Litauen, Portugal und Serbien.

lung ist selbstverständlich auch für alle anderen im ESB erfassten Delikte möglich:

Tabelle 2: *Selektionsmaße für Raub, sexuelle Nötigung und Diebstahl*

		Tatverdächtigen-	Verurteilten-	Punitivitätsrelation
Raub	Median	50 %	63 %	24 %
	Mittelwert	47 %	41 %	23 %
Sex. Nötigung	Median	68 %	50 %	53 %
	Mittelwert	52 %	34 %	70 %
Diebstahl	Median	18 %	39 %	20 %
	Mittelwert	21 %	43 %	16 %

Diese Vorgänge der Selektion innerhalb des Kriminaljustizsystems können am besten veranschaulicht werden, indem man die Raten für Taten, Tatverdächtige und Verurteilte – jeweils bezogen auf 100.000 der Wohnbevölkerung – nebeneinander stellt. Auf diese Weise lässt sich auch vergleichend darstellen, in welchem Maße einzelne Länder oder Ländergruppen im Verlauf des Strafverfahrens Fälle „aussortieren" und ob sich am Ende die Zahlen einander angleichen oder noch stärker auseinander laufen. Dies kann hier am Beispiel von Vergewaltigung, Raub und Drogendelikten gezeigt werden, indem Deutschland neben West- und Nordeuropa (dazu zählen neben Deutschland die Nachbarländer Österreich, Schweiz, Frankreich, Belgien und die Niederlande sowie das Vereinigte Königreich – mit getrennten Statistiken für England und Wales, Schottland, Nordirland –, Irland und die skandinavischen Staaten Dänemark, Norwegen, Schweden, Finnland und Island) sowie Gesamteuropa gestellt wird. Zu den einzelnen Kategorien kann nicht jedes Land stets Zahlen liefern, sodass in den einzelnen Deliktsgruppen die Grundgesamtheit variiert.

---

31 Wie in Fn. 29.

452   Jörg-Martin Jehle

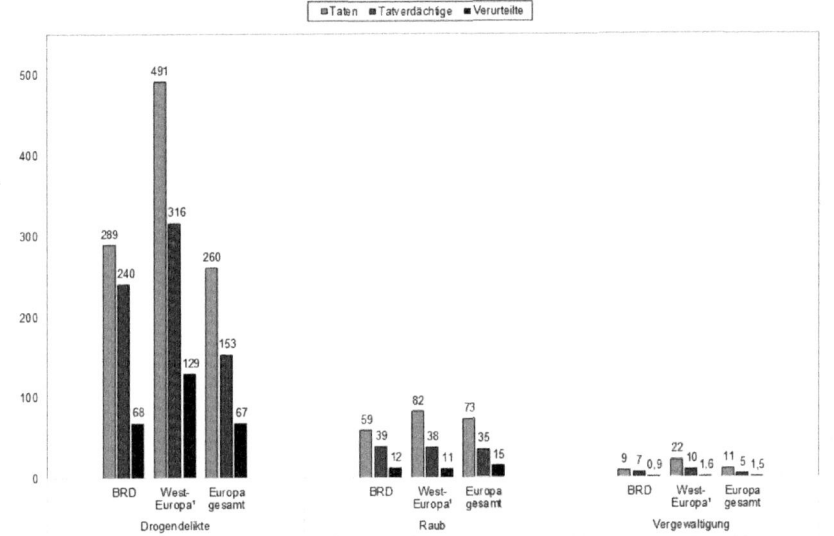

*   Grundzahlen pro 100.000 Wohnbevölkerung aus Sourcebook (2014), Tabellen S. 42, 44, 53; für Tatverdächtige S. 64, 66, 75; für Verurteilte S, 163, 165, 173.
1: West- und Nordeuropa; Durchschnitt aufgrund eigener Berechnungen.

Schaubild 2: Taten – Tatverdächtige – Verurteilte bei Vergewaltigung, Raub und Drogendelikten* 2011

Was den Raub betrifft, nivellieren sich die tatbezogenen unterschiedlichen Werte in Deutschland, West- und Nordeuropa sowie Gesamteuropa, sobald die Ebene der Tatverdächtigen betroffen ist; ähnliche Werte finden sich auch bei den Verurteilten. Der Verurteilungsquotient, d. h. die Zahl der Verurteilten bezogen auf die der Tatverdächtigen, liegt in Deutschland mit 31 % etwa so hoch wie in West- und Nordeuropa (30 %), aber niedriger als in Gesamteuropa (39 %).

Auch bei schweren Formen der sexuellen Nötigung, insbesondere Vergewaltigung, findet von recht unterschiedlichem Ausgangsniveau auf der tatbezogenen Ebene ausgehend bei Tatverdächtigen und Verurteilten eine gewisse Angleichung statt, so dass sich die Werte am Ende mit 0,9 bis 1,6 Verurteilten pro 100 000 einander angenähert haben. Der Quotient von Verurteilten zu Tatverdächtigen fällt in Deutschland und West- und Nordeuropa mit 13 % bzw. 16 % recht ähnlich aus.

Etwas uneinheitlicher ist der Strafverfolgungsvorgang indessen bei den Drogendelikten. Das deutlich unterschiedliche Ausgangsniveau in Form von hohen Kriminalitäts- und Tatverdächtigenraten in West- und Nordeuropa wirkt sich auch auf den nächsten Ebenen aus. Hinzu kommt eine stark unterschiedliche Selektion: In Deutschland ist der Quotient von Verurteilten zu Tatverdächtigen mit 28 % recht niedrig im Verhältnis zu West- und Nordeuropa mit 41 % und Gesamteuropa mit 44 %.

4. Fazit in Thesen

Das „European Sourcebook of Crime and Criminal Justice Statistics" bietet auf allen Ebenen des Kriminaljustizsystems Vergleichszahlen sowie erklärende Metadaten für die meisten europäischen Länder.

Vor einfachen Querschnittsvergleichen auf einer Ebene ist zu warnen: Insbesondere Vergleiche von Kriminalitätsziffern auf polizeilicher Ebene sind irreführend.

Kriminalitätstrends sind ein besseres Maß für Vergleiche – sie ähneln einander in den vergangenen Jahren innerhalb von West- und Nord-Europa.

Ein komplexeres Bild ergibt sich, wenn man die statistischen Größen auf den verschiedenen Ebenen des Kriminaljustizsystems, besonders auf polizeilicher und gerichtlicher Ebene, aufeinander bezieht: Sie beschreiben den Prozess der Selektion und des Fallschwunds im Verlauf des Strafverfahrens.

Diese Bezüge können in Form von Relationen gemessen werden: die Tatverdächtigen-, die Verurteilten- und die Punitivitätsrelation.

Der Fallschwund ist überall in Europa stark. Selbst schwere Taten wie Raub enden mehrheitlich nicht mit einer Verurteilung.

Ein Mehrebenen-Ansatz ist für internationale Kriminaljustizvergleiche notwendig und ertragreich.

Literatur

Aebi, M.-F./Akdeniz, G./Barclay, G./Campistol, C./Caneppele, S./Gruszczyńska, B./Harrendorf, S./Heiskanen, M./Hysi, V./Jehle, J.-M./Jokinen, A./Kensey, A./Killias, M./Lewis, C.-G./Savona, E./Smit, P./Thorisdottir, R. (2014): European Sourcebook of Crime and Criminal Justice Statistics – 2014, 5. Auflage, Helsinki: HEUNI.
Aebi, M.-F./Aubusson de Cavarlay, B./Barclay, G./Gruszczyńska, B./Harrendorf, S./Heiskanen, M./Hysi, V./Jaquier, V./Jehle, J.-M./ Killias, M./Shostko, O./Smit, P./ þoris-

dottir, R. (2010): European Sourcebook of Crime and Criminal Justice Statistics – 2010, 4 Auflage, Den Haag: Boom.
Gruszczyńska, B./Heiskanen, M. (2012): Trends in Police Recorded Offences. European Journal on Criminal Policy and Research, Vol. 18, S. 98 ff.
Harrendorf, S. (2012): Offence definitions in the European Sourcebook of Crime and Criminal Justice Statistics and their influence on data quality and comparability. European Journal on Criminal Policy and Research, Vol. 18, S. 23-53.
Harrendorf, S./Jehle, J.-M./Smit, P. (2014): Attrition. In: Heiskanen, M./Aebi, M.-F./van der Brugge, W./Jehle, J.-M. (Hg.): Recording Community Sanctions and Measures and Assessing Attrition. A Methodological Study on Comparative Data in Europe. Helsinki: HEUNI S. 139, S. 126 ff.
Heiskanen, M./van der Brugge, W./Jehle, J.-M. (Hg.) (2014): Recording Community Sanctions and Measures and Assessing Attrition, Helsinki: HEUNI.
Jehle, J.-M. (2015): Strafrechtspflege in Deutschland, 6. Aufl., S. 67-72.
Jehle, J.-M. (2013): Crime and Criminal Justice in Europe - The Approach of the European Sourcebook. In: A. Kuhn/P. Margot/M. F. Aebi/C. Schwarzenegger/A. Donatsch/D. Jositsch (Hg.): Kriminologie, Kriminalpolitik und Strafrecht aus internationaler Perspektive, Bern, S. 191-204.
Jehle, J.-M. (2013): Selektion in europäischen Kriminaljustizsystemen am Beispiel der Sexualdelikte. In: K. Boers/T. Feltes/J. Kinzig/L. W. Sherman/F. Streng/G. Trüg: Kriminologie - Kriminalpolitik – Strafrecht. Tübingen: J. C. B. Mohr, S. 711–726.
Jehle, J.-M. (2010): Deliktsbezogene Strafverfolgung und Diversion in Europa. In: R. Bloy/M. Böse/T. Hillenkamp/C. Momsen/T. Rackow (Hg.): Gerechte Strafe und legitimes Strafrecht, Festschrift für Manfred Maiwald zum 75. Geburtstag. Schriften zum Strafrecht, Heft 210. Berlin: Duncker & Humblot, S. 379-395.
Jehle, J.-M. (2008): The Public Prosecutor as Key Player: Prosecutorial case-ending decisions. European Journal on Criminal Policy and Research, Vol. 14, S. 161-179.
Jehle, J.-M./Harrendorf, S. (2010): Defining and Registering Criminal Offences and Measures: Standards for a European Comparison. Göttingen: Universitätsverlag Göttingen.
Jehle, J.-M./Palmowski, N. (2015): Soziale Dienste in der Justiz im europäischen Vergleich. Bewährungshilfe, Zeitschrift für Soziales, Strafrecht und Kriminalpolitik. Forum-Verlag Godesberg, S. 101-115.
Jehle, J.-M./Wade, M. (2006): Coping with Overloaded Criminal Justice Systems. Berlin [u.a.]: Springer.
Killias, M./Rau, W. (2000): The European Sourcebook of Crime and Criminal Justice Statistics: A new tool in assessing crime and policy issues in comparative and empirical perspective. European Journal on Criminal Policy and Research 8, S. 3-12.
Lewis, C. (2012): Crime and Justice Statistics Collected by International Agencies. European Journal on Criminal Policy and Research, Vol. 18, S. 5-21.
Mischkowitz, R. (2015): Betrachtungen zur Geschichte der Dunkelfeldforschung in Deutschland. In: Guzy, N./Birkel, C./Mischkowitz, R. (Hg.): Viktimisierungsbefragungen in Deutschland, Band 1, Wiesbaden, S. 10–28.
Palmowski, N./Campistol, C./Jehle, J.-M./van Kalmthout, A. (2014): Community Sanctions and Measures and Probation Agencies. In: Heiskanen, M./ Aebi, M.-F./ van der Brugge, W./ Jehle, J.-M. (Hg.): Recording Community Sanctions and Measures and Assessing Attrition. Helsinki: Hakapaino Oy, S. 22-125.

Rat für Sozial- und Wirtschaftsdaten (Hg.) (2009): Optimierung des bestehenden kriminalstatistischen Systems in Deutschland. Baden-Baden: Nomos.

Van Dijk, J./de Castelbajac, M. (2015): The hedgehog and the fox; the history of victimisation surveys from a Trans-Atlantic perspective. In: Guzy, N./ Birkel, C./ Mischkowitz, R. (Hg.): Viktimisierungsbefragungen in Deutschland, Band 1, Wiesbaden, S. 10–28.

Van Dijk, J./ van Kesteren, J. / Smit, P. (2007): Criminal victimization in international Perspective. Den Haag: Boom.

Legalbewährung nach strafrechtlichen Sanktionen – Bestandsaufnahme und Sonderauswertungen

Sabine Hohmann-Fricke

Gliederung
1. Einleitung
2. Konzeption der Legalbewährungsuntersuchung
3. Ersttäterkohorte
3.1 Deliktarten
3.2 Sanktionierungspraxis
3.3 Rückfälligkeit
4. Bewährungshilfe
5. Zusammenfassung

1. Einleitung

Das Projekt „Legalbewährung nach strafrechtlichen Sanktionen" wird seit beinahe neun Jahren am Lehrstuhl von Prof. *Jehle* in Kooperation mit dem Max Planck Institut für ausländisches und internationales Strafrecht in Freiburg (MPI) und dem Bundeszentralregister (BZR) im Auftrag des BMJV durchgeführt. Zwei umfassende Berichte wurden in den Jahren 2010[1] und 2013[2] veröffentlicht. Ein weiterer wird 2016[3] folgen. Daneben sind zahlreiche Einzelveröffentlichungen zu bestimmten Täter- und Deliktgruppen und Sanktionen erschienen.[4] In diesem Aufsatz sollen ebenfalls einige Sonderauswertungen vorgestellt werden. Dazu gehören erste Auswertungen zu einer Ersttäterkohorte aus dem Bezugsjahr 2004 sowie Auswertungen zum Legalbewährungsverhalten von Personen, die der Aufsicht eines Bewährungshelfers unterstellt wurden. Anlass für diese „Bestandsaufnahme" ist, dass das Projekt nun beinahe abgeschlossen ist: Die dritte von drei geplanten

---

1 *Jehle* u.a. (2010).
2 *Jehle* u.a. (2013).
3 *Jehle* u.a. (2016).
4 Z.B. *Jehle/Hohmann-Fricke* (2004), *Harrendorf* (2006), *Jehle/Hohmann-Fricke* (2006), *Weigelt* (2009), *Köhler* (2012), *Hohmann-Fricke* (2014), *Hohmann-Fricke/Jehle /Palmowski* (2014), *Reiff* (2015).

Erhebungswellen, die vom BMJV gefördert wurden, ist erfolgt, die Daten sind zum größten Teil aufbereitet und die Auswertungen für den Abschlussbericht, der voraussichtlich im Juni 2016 erscheinen wird, sind im Gang. Zeit zusammenzufassen und die Bedeutung der Rückfallstudie zu diskutieren; das Potenzial der Legalbewährungsuntersuchung zu beleuchten.

2. Konzeption[5] der Legalbewährungsuntersuchung

Die Intention der Legalbewährungsuntersuchung ist die Evaluation der Rückfälligkeit aller in einem bestimmten Bezugsjahr sanktionierten oder entlassenen Personen. Grundlage hierfür bilden die Daten des BZR. Diese Daten werden vom BZR nach bestimmten Vorgaben erhoben, am MPI in maschinenlesbare Werte umgewandelt und vollständig anonymisiert an die Abteilung für Kriminologie, Jugendstrafrecht und Strafvollzug der Georg August Universität Göttingen weitergegeben. Hier erfolgen dann die definitive Auswahl der für ein bestimmtes Bezugsjahr relevanten Fälle, die Kategorisierung von Merkmalen und die Auswertungen für den Bericht zur Legalbewährungsuntersuchung.

Bei der Auswahl der relevanten Fälle werden alle in einem bestimmten Jahr (hier z.B. das Bezugsjahr 2004) sanktionierten oder in Freiheit entlassenen Personen ermittelt, um deren Rückfallverhalten zu evaluieren. Da insbesondere die Legalbewährung von Personen überprüft werden soll, die sich in Freiheit befinden, gibt es entsprechend den unterschiedlichen Sanktionsformen unterschiedliche Anknüpfungspunkte (vgl. Abbildung 1): Bei allen ambulanten Sanktionen wie Geldstrafen, jugendrichterlichen Maßnahmen und Diversionsentscheidungen, aber auch bei bedingter Freiheits- und Jugendstrafe wird bei der Entscheidung angeknüpft, d. h. mit dem Entscheidungsdatum beginnt der Beobachtungszeitraum. Bei vollstreckten Freiheits- und Jugendstrafen sowie bei stationären Maßregeln der Besserung und Sicherung hingegen beginnt der Beobachtungszeitraum am Ende des Vollzugs. Der Eintritt in den Beobachtungszeitraum wird hier entweder durch eine Strafrestaussetzung, eine vorzeitige Entlassung oder Entlassung nach Vollverbüßung markiert.

---

5 Vgl. ausführlich *Jehle* u.a. (2013), S. 11 ff.

Legalbewährung nach strafrechtlichen Sanktionen

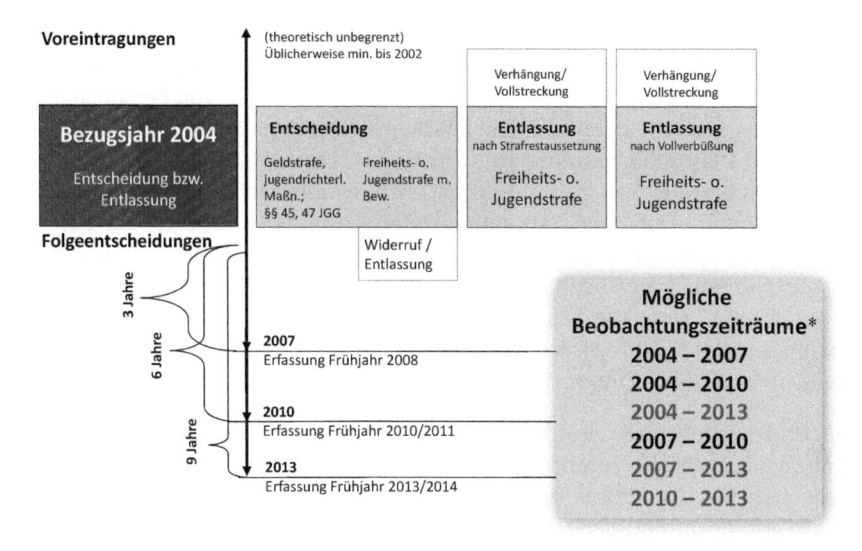

Abbildung 1: Struktur der Legalbewährungsuntersuchung
Ergebnisse zu den schwarz gekennzeichneten Beobachtungszeiträumen liegen bereits in Berichtsform vor.

Für die auf diese Weise ausgewählten Personen kann der Verlauf der kriminellen Karriere sowohl retrospektiv als auch (quasi) prospektiv evaluiert werden: Retrospektiv lässt sich zurückverfolgen, wie viele und welche Art von Voreintragungen für eine Person vorliegen. Quasi prospektiv lässt sich die strafrechtliche Entwicklung in den Folgejahren erfassen. Für jede Person wird dabei individuell zunächst ein dreijähriger Beobachtungszeitraum berechnet. Jeder neue Registereintrag, dem eine Tat zugrunde liegt, die nach dem Eintritt in den Beobachtungszeitraum stattgefunden hat, wird als Rückfall gewertet.[6] Für das Bezugsjahr 2004 heißt das, dass alle Personen mit einer Bezugsentscheidung bis zum Ende des Jahres 2007 weiterverfolgt werden können. Nach diesem Vorbild wurden bisher drei Erhebungswellen durchgeführt. Die Daten liegen für die Bezugsjahre 2004, 2007 und 2010 vor.[7]

---

[6] Der – zunächst – dreijährige Beobachtungszeitraum wurde gewählt, um eine möglichst tilgungsfreie Erfassung von Fällen zu gewährleisten.

[7] Die Ergebnisse für die Jahre 2004 und 2007 wurden bereits in Berichtsform vorgelegt (*Jehle* u.a. 2010, 2013), die Ergebnisse für das Bezugsjahr 2010 werden 2016 erscheinen.

Das Absammelkonzept der deutschen Rückfalluntersuchung erlaubt aber auch die Verknüpfung von Daten der verschiedenen Erhebungswellen, so dass es z. B. möglich wird, das Legalbewährungsverhalten von Personen, die eine Bezugsentscheidung im Jahr 2004 aufweisen, über den üblichen dreijährigen Beobachtungszeitraum hinaus weiterzuverfolgen. Nach der 2. Erhebungswelle 2010/2011 eröffnet sich so ein sechsjähriger Beobachtungszeitraum, nach der 3. Absammelwelle 2013/2014 werden es für Personen, die im Jahr 2004 verurteilt oder aus der Haft bzw. Unterbringung entlassen wurden, sogar neun Jahre sein. Durch die Verknüpfung ist es also möglich, die kriminelle Karriere einer Person tilgungsfrei über lange Zeiträume zu verfolgen. Tatsächlich bietet dieser Datensatz damit sogar Möglichkeiten, die über direkte Auswertungen des BZR hinausgehen.[8]

Im Prinzip stehen für die Auswertung zu den ausgewählten Personen und Entscheidungen alle Informationen zur Verfügung, die im BZR dokumentiert sind: Für die Person selbst liegen nur relativ wenige Daten vor. Neben dem Geschlecht und der Nationalität werden vor allem auch Geburtsmonat bzw. -jahr genutzt, um verschiedene Altersberechnungen durchzuführen (z. B. das Alter zum Zeitpunkt der Tat, der Verurteilung oder Entlassung oder das Alter bei der ersten Registrierung etc.). Recht ausführliche Daten liegen dagegen zur Entscheidung selbst vor: Für die Hauptsanktion werden weitere Informationen zur Verfügung gestellt, wie die Dauer von Freiheits- und Jugendstrafen oder aber die Höhe von Geldstrafen. Insbesondere bei Freiheits- und Jugendstrafen sind auch Daten zur Vollstreckung (wie z. B. das Datum eines Strafrestaussetzungsbeschlusses, des Endes der Vollstreckung oder des Straferlasses) vorhanden. Auch weitere Maßnahmen, wie Maßregeln der Besserung und Sicherung, Fahrverbot und Entziehung der Fahrerlaubnis oder die Unterstellung unter Führungs- und Bewährungsaufsicht, sind – häufig mit Informationen über die Dauer – zugänglich. Im Jugendstrafrecht sind die Diversionsentscheidungen erfassbar; auch Auflagen und Weisungen lassen sich differenzieren. Zudem können die einer Verurteilung zugrunde liegenden Delikte und das jeweils letzte Tatdatum genutzt werden. Auf der Ebene der Vor- und Folgeentscheidungen liegen uns die o. g. Informationen zur Entscheidung ebenfalls vor. Für die Legalbewährungsuntersuchung werden die Informationen aber stark zusammengefasst, so dass im Bericht zur Legalbewährung nur noch Zeitpunkt der Tat, die An-

---

8 Da die Daten letztendlich vollständig anonymisiert werden, wird natürlich der Schutzgedanke, der den BZR-Tilgungsvorschriften zugrunde liegt, für die einzelnen Personen gewahrt.

zahl von Vor- und Folgeentscheidungen, die Art der Sanktion sowie die Art des Delikts Verwendung finden.

Auch wenn natürlich einschränkend angemerkt werden muss, dass z. T. wichtige sozio-ökonomische Informationen zur Person ebenso fehlen wie bestimmte Vollstreckungsdaten (z. B. zur Vollstreckung einer Geldstrafe als Ersatzfreiheitsstrafe bzw. als gemeinnützige Arbeit oder zur Vollstreckung des Jugendarrests), lässt sich mit Hilfe dieser Merkmale dennoch umfassend über die Rückfallraten in Abhängigkeit von Sanktion, Delikt, Vorstrafen, Alter, Nationalität und Geschlecht der Sanktionierten informieren.

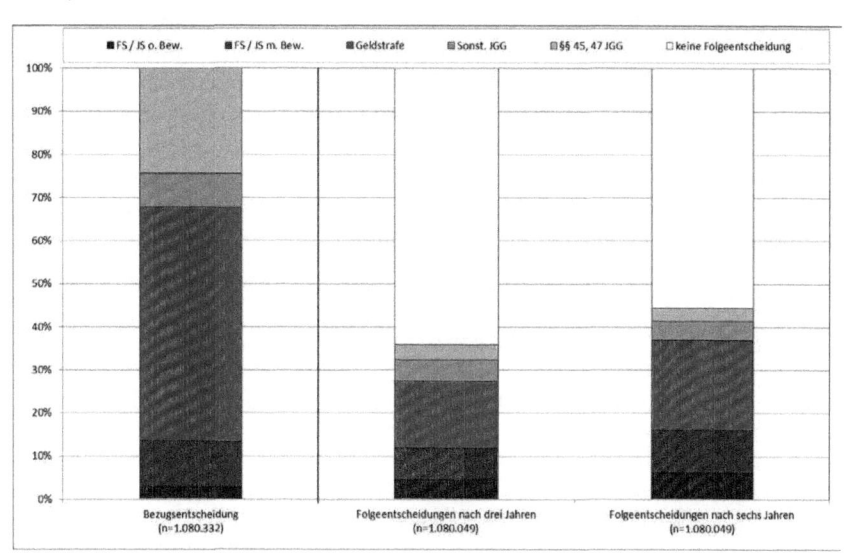

Abbildung 2: Bezugs- und Folgeentscheidungen nach drei und sechs Jahren für den Bezugsjahrgang 2004[9]

Am Beispiel des Bezugsjahres 2004 (vgl. Abbildung 2) lassen sich die Ergebnisse grob wie folgt zusammenfassen: Nur eine sehr kleine Minderheit von ca. 3 % wurde mit einer stationären Freiheits- oder Jugendstrafe belegt, ca. 11 % mit einer Freiheits- oder Jugendstrafe mit Bewährung. Die große Mehrheit von Personen wird mit Geldstrafen oder nach Jugendstrafrecht mit Zuchtmittel und Erziehungsmaßregeln belegt (ca. 63 %), in 23 % aller Fälle handelt es sich um Diversionsentscheidung. Verfolgt man diese Personen in einem dreijährigen Beobachtungszeitraum, kann gezeigt werden, dass nur

---

9 *Jehle* u.a. (2013), S. 157.

etwa jeder Dritte (34 %) strafrechtlich Sanktionierte bzw. aus der Haft Entlassene erneut mit einer Straftat im BZR registriert wird. Eine neue strafrechtliche Reaktion führt nur in ca. 4 % aller Fälle zu einer vollstreckten Freiheitsentziehung, überwiegend aber zu milderen Sanktionen.

Diese und weitere Auswertungen auf Bundesebene werden in den Berichten zur Legalbewährung nach strafrechtlichen Sanktionen veröffentlicht und dokumentieren so für die verschiedenen Basisjahre Umfang und Art der Rückfallkriminalität in Deutschland unter Berücksichtigung der genannten Faktoren und stellen so wichtige Basisraten zur Verfügung. Darüber hinaus lassen weitere Auswertungen für bestimmte Täter- und Deliktgruppen oder den Rückfall nach bestimmten strafrechtlichen Sanktionen vornehmen. Die BZR-Daten bieten hierbei – wie am Beispiel einer jugendlichen Ersttäterkohorte (s. Abschnitt 3) zu zeigen sein wird – durch die sekundäranalytische Herangehensweise einen sehr forschungsökonomischen Zugang zu Längsschnittdaten oder bieten sogar – wie in den Beispielauswertungen zur Rückfälligkeit von Bewährungshilfeprobanden (s. Abschnitt 4) – Informationen, die über bisher vorhandenes Datenmaterial hinausgehen.

3. Beispiel: Ersttäterkohorte

Für die hier vorzustellenden Auswertungen, wurde eine Ersttäterkohorte 14- und 15-jähriger Personen aus dem Bezugsjahr 2004 ausgewählt. Diese Täter, die im Jahr 2004 erstmals zumeist mit einer ambulanten Sanktion im Erziehungsregister erfasst werden, können mit den Daten der Legalbewährungsuntersuchung bisher über sechs, später über neun Jahre hinweg, verfolgt werden.

3.1 Deliktarten

Zunächst eine kurze Übersicht: Anhand der Daten für das Bezugsjahr 2004 lassen sich 100.929 14- bis 15-jährige Ersttäter[10] ermitteln (vgl. Abbildung 3). Diese Täter kommen besonders häufig aufgrund von einfachem Diebstahl (n=43.848) mit der Justiz in Berührung. Häufig sind auch Körperverletzungsdelikte (n=8.833 für einfache und n=7.681 für schwere und ge-

---

10 Unter den insgesamt 120.929 14- und 15-Jährigen gibt es aber bereits solche mit Voreintragungen: Es weisen 12 % bereits eine, 3 % bereits zwei und etwas weniger als 2 % bereits drei und mehr Voreintragungen auf.

fährliche Körperverletzung) sowie Fahren ohne Fahrerlaubnis (n=13.559) – insbesondere in der hier dunkelgrau dargestellten Gruppe der 15-jährigen.[11]

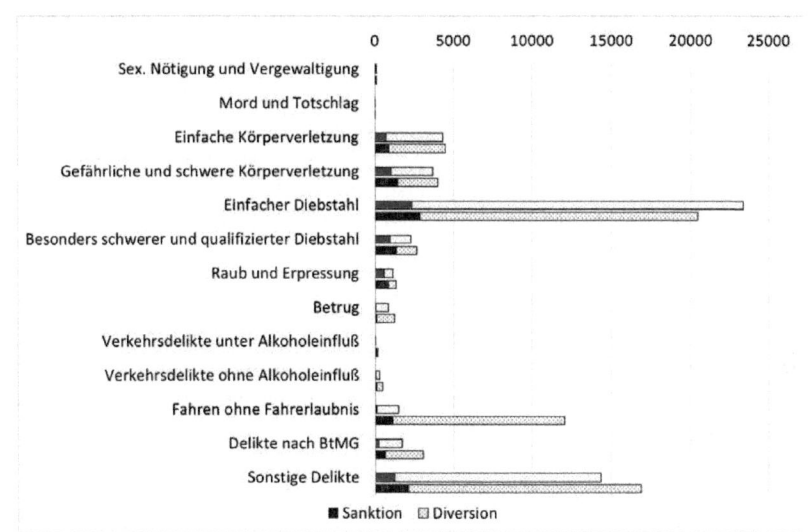

Abbildung 3: Delikthäufigkeiten bei 14- (hellgrau) und 15-jährigen (dunkelgrau) Ersttätern im Bezugsjahr 2004

3.2 Sanktionierungspraxis

Da neben dem eigentlichen BZR im Erziehungsregister alle Diversionsentscheidungen erfasst werden, lässt sich eine vollständige Darstellung aller in einem bestimmten Bezugsjahr justiziell behandelten 14- bis 15-Jährigen gewinnen.[12] Über die reine Häufigkeit hinaus sind somit detaillierte Aussagen zur Sanktionierungs- bzw. Diversionspraxis bei 14- und 15-jährigen Ersttätern möglich. So lässt sich zeigen, dass es sich bei der großen Mehrzahl von Einträgen bei 14- bis 15-jährigen Ersttätern um Diversionsentscheidungen handelt (der Anteil von Diversionsentscheidungen ist in Abbildung 3 gemustert dargestellt): Die Diversionsraten sind insbesondere bei eher leichten Delikten (einfache Körperverletzung, einfacher Diebstahl, Betrug und BtMG-Delikten) sehr hoch: Hier wird nur ca. einer von zehn jugendlichen Ersttätern verurteilt. Niedriger liegen die Diversionsraten nach

---

11 Ausgewertet wurde hier jeweils nur das schwerste einer Entscheidung zugrunde liegende Delikt.
12 Die Anzahl von Fällen, die in dieser Tätergruppe nach §§ 153, 153a StPO eingestellt werden, dürfte in dieser Gruppe sehr gering sein.

schwerer und gefährlicher Körperverletzung, schwerem und qualifiziertem Diebstahl oder Raub und Erpressung. Aber auch bei diesen Delikten wird noch mindestens die Hälfte aller Fälle nach JGG eingestellt.

Mit diesen Auswertungsmöglichkeiten geht die Legalbewährungsuntersuchung noch über die der Strafverfolgungsstatistik hinaus, da letztere ausschließlich die Einstellungen nach JGG erfasst, in denen ein Jugendrichter beteiligt ist (§§ 45 III, 47 JGG). Je nach Deliktgruppe beträgt der Anteil von Fällen, die so nicht erfasst werden – also von Einstellungen durch die Staatsanwaltschaft nach §§ 45 I, II JGG – zwischen 77 % (Betrug) und 20 % (sexueller Nötigung und Vergewaltigung).

Die Diversionspraxis bei 14- bis 15-jährigen Ersttätern ist also je nach der zugrunde liegenden Tat sehr unterschiedlich. Anhand der BZR-Daten lässt sich auch zeigen, dass sie darüber hinaus nicht bundeseinheitlich ist. Differenziert man nach Bundesländern, dann ergibt sich eine beachtliche Schwankungsbreite der Diversionspraxis, die sich mit unterschiedlicher Bevölkerungs- und Sozialstruktur sowie unterschiedlichen Strafzumessungspraktiken erklären lassen dürfte. Insbesondere bei den Delikten mit geringeren bundesdurchschnittlichen Diversionsraten ergeben sich doch recht deutliche Unterschiede: Während z. B. im Bundesdurchschnitt jeder 2. Fall von Raub und Erpressung bei 14- bis 15-jährigen Tätern aus dem Bezugsjahr 2004 durch Diversion eingestellt wird, wird dies in den Bundesländern recht uneinheitlich gehandhabt: In dem Bundesland mit maximaler Diversionsrate nach Raub und Erpressung wird nur einer von 10 Tätern verurteilt; in dem Bundesland mit minimaler Diversionsrate dagegen 8 von 10.

Diversionsentscheidungen, die – wie die Daten belegen – im Jugendstrafrecht eine wichtige Rolle spielen können, kann also mit den BZR-Daten vollständig und differenziert abgebildet werden; insofern stellt die Legalbewährungsuntersuchung aufgrund von Registerdaten eine einzigartige Datenquelle dar. Dieser Vorteil der BZR-Daten, einen weithin vollständigen Überblick über alle strafjustiziellen Reaktionen geben zu können, zeigt sich aber nur bei den Jugendlichen, bei denen Einstellungen anderer Art keine bzw. eine untergeordnete Rolle spielen, denn im BZR werden weitere Einstellungsarten, wie die Einstellungen nach §§ 153, 153a StPO, nicht eingetragen.

3.3 Rückfälligkeit

Im Durchschnitt wird etwa jeder zweite 14- bis 15-jährige Ersttäter in den nächsten 6 Jahren, also bis zum 20. bzw. 21. Lebensjahr, zumindest einmal erneut straffällig bzw. erhält einen neuen Registereintrag. Allerdings kommt es in ca. 20 % aller Fälle in 6 Jahren nur zu einer Folgeentscheidung. In 7 % aller Fälle finden sich zwei und in 10 % drei erneute Eintragungen zwischen dem 14. bzw. 15. Lebensjahr und dem 20. bzw. 21. Lebensjahr. Nur ein sehr kleiner Teil (ca. 12 %) aller 14- bis 15-jährigen Ersttäter wird in den nächsten 6 Jahren mehr als 3-mal erneut erfasst. Es findet sich also nur ein kleiner Teil jugendlicher Mehrfachtäter. Insbesondere nach einfachen Diebstählen ist für viele Ersttäter (56 %) innerhalb der nächsten 6 Jahre kein weiterer Eintrag im BZR zu finden. Dagegen weisen Gewaltdelikte (inkl. Raub) und schwere/ qualifizierte Diebstähle aber einen deutlich höheren Anteil an wiederregistrierten Personen auf. Hier ist auch der Anteil von Personen, die im weiteren Verlauf mehr als dreimal registriert werden, sehr hoch.

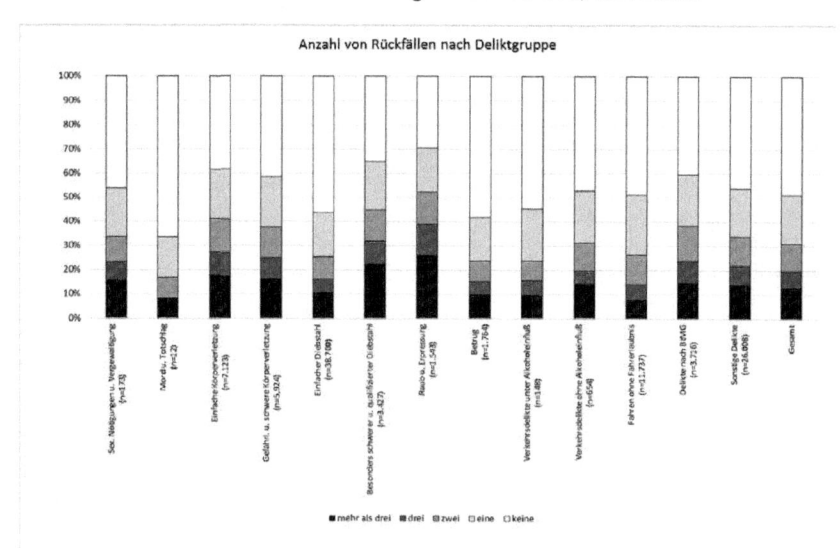

Abbildung 4.: Anzahl von Rückfällen bei 14- bis 15-jährigen Ersttäter im 6-jährigen Beobachtungszeitraum

Mit der nächsten Welle der Rückfalluntersuchung wird es sogar möglich sein, die Gruppe der Ersttäter im Bezugsjahr 2004 über einen 9-jährigen Beobachtungszeitraum hinweg zu evaluieren. Dies ist besonders in Hinblick auf die jugendlichen Täter entscheidend, die im 6-jährigen Beobachtungszeitraum keine neuen Straftaten begangen haben. Denn die hier ausgewählte Tätergruppe würde – sofern keine neuen Eintragungen im BZR vorliegen – beim Erreichen des 24. Lebensjahres[13] – also im Jahr 2010 – getilgt. Damit würde bei einer retrospektiven Betrachtung die Gruppe der jugendlichen Ersttäter, die sich legal bewähren, unterschätzt. Zum anderen würden diese Personen, sollten sie später noch einmal straffällig werden, als nicht vorbelastet gelten. Die Verknüpfung verschiedener Absammelwellen macht es aber möglich, unsere Ersttäterkohorte aus dem Jahr 2004 auch über diesen Zeitpunkt hinweg ohne Verluste weiter zu verfolgen und damit zu prüfen, in welchem Umfang für die registrierten 14- bis 15-jährigen Personen die Straffälligkeit eine einmalige Episode bleibt.

4. Beispiel: Bewährungsaufsicht

Ein weiteres Beispiel für den Erkenntnisgewinn der sekundäranalytischen Auswertung von BZR-Daten bietet die Analyse der Legalbewährung von Probanden, die der Bewährungshilfe unterstellt werden.

Bis zum Jahr 2011 wurden diese Daten im Rahmen der Bewährungshilfestatistik erhoben bzw. veröffentlicht. Erklärtes Ziel war hier, „die Strukturen der Entscheidungspraxis der Strafgerichte in Bezug auf die Bewährungsunterstellung sowie den Erfolg von Bewährungsunterstellungen als präventive Maßnahme"[14] zu evaluieren. Mittlerweile erscheint keine bundesweite Statistik mehr, die sich dem widmet. Die Daten der Legalbewährungsuntersuchung können hier sowohl bzgl. der Evaluation der Unterstellungspraxis als auch bzgl. der Erfolgsmessung von Bewährungsunterstellungen eine Alternative bieten. So lassen sich Aussagen zur Entscheidungspraxis der Strafgerichte bezüglich der Bewährungsunterstellung treffen, da die Eintragung der Bewährungsunterstellung verpflichtend ist. Unter Berücksichtigung der Merkmale Alter, Geschlecht, Deliktart der Bezugsentscheidung und/oder Bundesland können differenzierte Aussagen zur Unterstellungspraxis gemacht werden. In dieser Hinsicht könnte die Rückfalluntersuchung die mittlerweile eingestellte Bewährungshilfestatistik ersetzen. Bezüglich der Aussagen zum Erfolg von Bewährungshilfe kann die Rückfalluntersuchung aufgrund ihres spezifischen quasi-prospektiven Designs sogar über die Perspektiven der Bewährungshilfestatistik hinausgehen. Um die Gemeinsamkei-

---
13 § 63 BZRG.
14 *Bewährungshilfe* (2004), Fachserie 10 Reihe 5. Hrsg. vom Statistischen Bundesamt Wiesbaden 2006, Vorbemerkungen.

ten und Unterschiede zwischen den beiden statistischen Ansätzen klarzumachen, wird hier ein direkter Vergleich zwischen den Informationen aus der Bewährungshilfestatistik und denen der Rückfalluntersuchung für das Bezugsjahr 2004 vorgenommen.

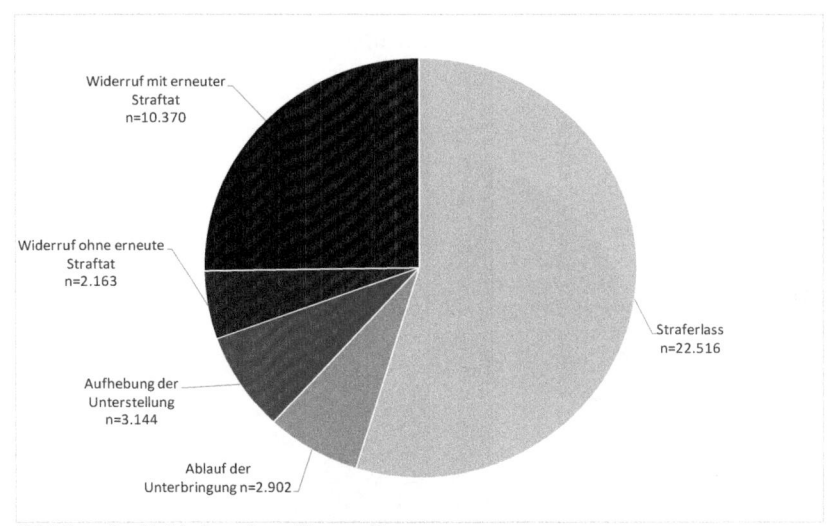

Abbildung 5: Erfolg beendeter Unterstellungen (n=41.095, 2004, Bewährungshilfestatistik)[15]

Abbildung 5 zeigt zunächst einen Auszug aus der Bewährungshilfestatistik: Für das Jahr 2004 werden 41.095 beendeten Unterstellungen dokumentiert. In der großen Mehrheit der Fälle endet die Bewährungsunterstellung erfolgreich, d. h. durch Straferlass (55 %) bzw. Aufhebung oder Ablauf der Unterstellung (15 %). Nur in rund einem Drittel aller Fälle wurde die Bewährung widerrufen, in 25 % aller Fälle ist eine erneute Straftat die Ursache für den Widerruf.

Im Unterschied zur Bewährungshilfestatistik knüpft die Legalbewährungsuntersuchung nicht an die Zahl der beendeten Unterstellungen an, sondern an die Zahl der im Jahr 2004 angeordneten Unterstellungen. D. h. ein Fall wird erfasst, wenn im Rahmen einer Straf- oder Strafrestaussetzung Bewährungshilfe angeordnet wird, und wird ab diesem Zeitpunkt quasi prospektiv mind. drei lang Jahre beobachtet. Trotz der unterschiedlichen Anknüpfungs-

---

15 *Bewährungshilfestatistik* (2004), Tabelle 1.

punkte finden sich ähnliche Fallzahlen:[16] Nach den Daten der Rückfalluntersuchung erfolgten im Jahr 2004 insgesamt 36.626 Unterstellungen. Davon gingen 26.114 mit einer Strafaussetzung zur Bewährung einher; 6.468 Unterstellungen erfolgten im Zuge der Strafrestaussetzung einer unbedingten Freiheitsstrafe und 4.044 im Zuge der Strafrestaussetzung einer ursprünglich bedingten, später aber widerrufenen und vollstreckten Freiheitsstrafe.

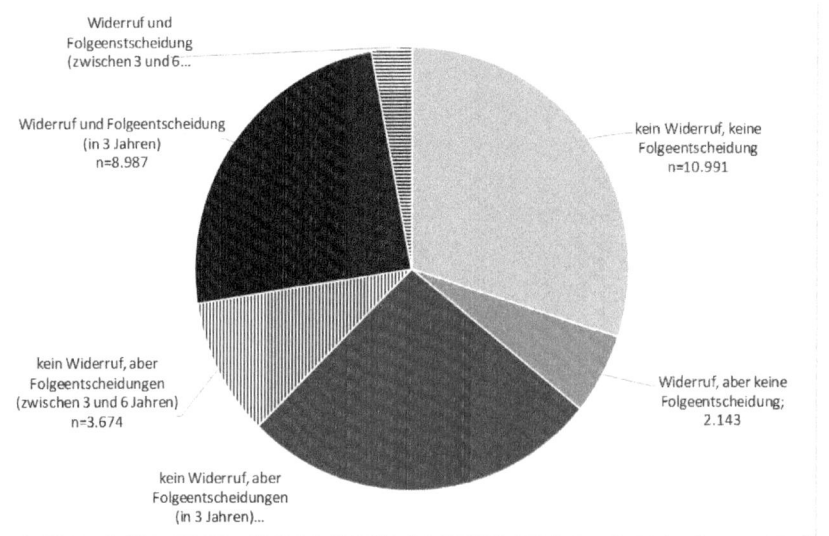

Abbildung 6: Erfolg beendeter Unterstellungen (n=36.626, 2004, Rückfalluntersuchung)[17]

Betrachten wir die Legalbewährung (vgl. Abbildung 6) von Personen, die im Zuge der Straf- oder Strafrestaussetzung im Bezugsjahr 2004 der Aufsicht eines Bewährungshelfers unterstellt wurden, zeigt sich auf den ersten Blick, dass deutlich mehr Probanden der Bewährungshilfe erneute Straftaten begehen, als anhand der Daten der Bewährungshilfestatistik zu vermuten war. Ähnlich wie in der Bewährungshilfestatistik ist nach einer Beobachtungszeit von drei Jahren auch nach den Ergebnissen der Rückfalluntersuchung in ca.

---

16 Hauptursache für die Abweichungen sind vermutlich Doppelerfassungen von Personen in der Bewährungshilfestatistik. Die Bewährungshilfestatistik ist insofern eine Verfahrensstatistik. Die Rückfalluntersuchung ist jedoch personenorientiert. Auch eine Person, die in mehreren Verfahren der Aufsicht eines Bewährungshelfers unterstellt wurde, wird nur einmal „gezählt".

17 Sonderauswertung der Daten zur Legalbewährungsuntersuchung für den Bezugsjahrgang 2004, *Jehle* u.a. (2010).

28 % aller Fälle ein Widerruf der Unterstellung aufgrund einer erneuten Straftat und in 6 % ein Widerruf ohne erneute Straftat zu verzeichnen. Allerdings erfolgt in 37 % aller Fälle eine neue Straftat, die nicht zu einem Widerruf der Bewährung führt. Hierbei handelt es sich vermutlich zum einen um leichtere Straftaten und zum anderen um Rückfälle, die nach Ablauf der Unterstellungszeit passiert sind. Insgesamt ergibt sich damit für Bewährungshilfeprobanden eine Rückfallrate von 52 % innerhalb der nächsten drei Jahre (vgl. Abbildung 7). Durch die Verlängerung des Beobachtungszeitraums lässt sich das Rückfallverhalten von Bewährungshilfeprobanden bis zu sechs Jahre untersuchen. Laut den Auswertungen der Legalbewährungsuntersuchung bleiben nach sechs Jahren letztlich nur 35 % der Bewährungshilfeprobanden ohne neuerliche Straftat übrig, wobei freilich zu betonen ist, dass die Mehrzahl dieser neuen Straftaten nicht zu einer vollstreckten Freiheitsstrafe führt.[18] Diese Rückfälle können in der Bewährungshilfestatistik natürlich nicht erfasst werden, dokumentieren aber dennoch das Rückfallpotential von Personen, die der Aufsicht eines Bewährungshelfers unterstellt werden. Dass die Bewährungshilfeunterstellten schlechter abschneiden als die übrigen Bewährungsprobanden ist Folge davon, dass die Gerichte die schwierigen Fälle der Bewährungshilfe unterstellen.[19]

Möchte man den Erfolg der Bewährungsaufsicht differenzierter betrachten, können auch kürzere Rückfallzeiträume bzw. einzelne Abschnitte des Beobachtungszeitraums ausgewählt werden, in denen z. B. die Bewährungszeit endet (vgl. Abbildung 8).

Wie aus den vorherigen Ausführungen deutlich wird, ist es möglich, mit den Daten des BZR (die für die Legalbewährungsuntersuchung aufbereitet werden) die Informationen, die bis 2011 durch die Bewährungshilfestatistik zur Verfügung gestellt wurden, ohne zusätzlichen Erhebungsaufwand weiterhin zugänglich zu machen. Darüber hinaus ist es möglich, die tatsächlichen Rückfälle zu erfassen.

---

18 *Jehle* u.a. (2013), S. 183.
19 *Jehle* (2012).

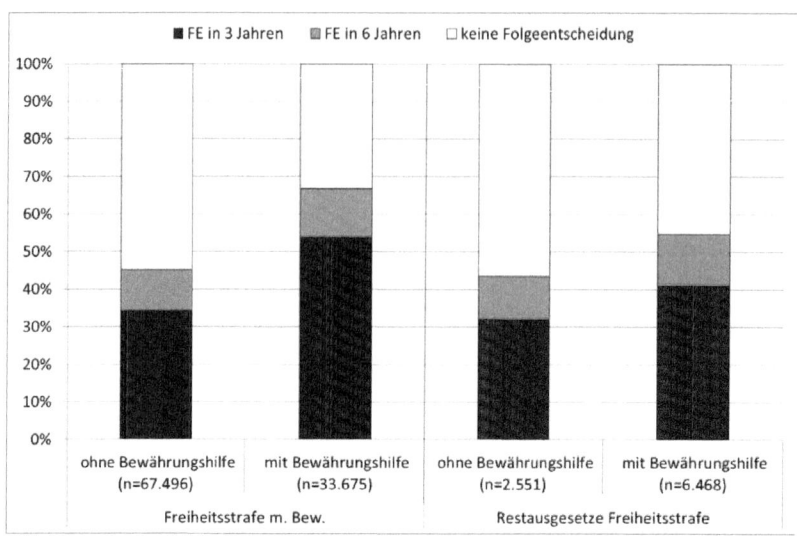

Abbildung 7: Rückfälligkeit in den ersten 3 und in den zweiten 3 Jahren nach (rest)ausgesetzten Freiheitsstrafen mit und ohne Bewährungshelfer[20]

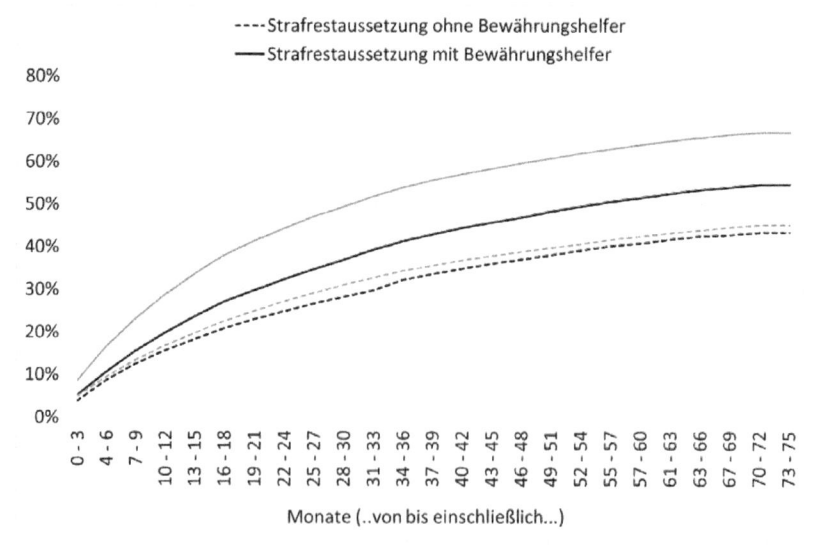

Abbildung 8: Kumulierte Rückfallraten nach Straf(rest)aussetzung mit und ohne Bewährungshelfer[21]

---

20 StVS (2013), S. 188.
21 Sonderauswertung zu *Jehle* u.a. (2013), S. 189.

5. Zusammenfassung

Die Legalbewährungsuntersuchung zeichnet für bestimmte Basisjahre ein umfassendes Bild der Strafzumessungspraxis und der Rückfälligkeit in Deutschland nach. Auch wenn Aussagen über die Sanktionierungspraxis gegenüber Heranwachsenden[22] und Erwachsenen aufgrund der fehlenden Informationen zu §§ 153, 153a StPO nur eingeschränkt möglich sind, kann doch die Diversionspraxis nach §§ 45, 47 JGG vollständig erfasst werden. Das vorliegende Datenmaterial kann also nicht nur für Rückfalluntersuchungen verwendet werden. Es lässt sich auch für die Darstellung der Strafzumessungspraxis des jeweiligen Bezugsjahres nutzen: So kann z.b. das, was nach der Einstellung der Bewährungshilfestatistik fehlt, ergänzt werden.

In der Hauptsache aber soll und kann die Legalbewährungsuntersuchung Rückfallraten für einzelne Täter- und Deliktgruppen ermitteln, die als Basisraten für spezielle empirische Untersuchungen herangezogen werden können. Auswertungen zu Einzelfragestellungen sind sowohl auf Bundesebene und auch auf regionaler Ebene möglich. Durch regelmäßige Erfassung dreijähriger Rückfallraten lassen sich dabei auch die Entwicklungen der Rückfallraten nachzeichnen, um z. B. die Auswirkungen von Veränderungen der Sanktionierungspraxis, wie sie durch die Einführung neuer Sanktionsformen (z. B. „Warnschussarrest") entstehen, zu überprüfen.

Darüber hinaus bietet die Legalbewährungsuntersuchung durch ihr spezifisches Design die Möglichkeit, Daten verschiedener Absammelwellen miteinander zu verknüpfen und so Beobachtungszeiträume von aktuell neun Jahren zu berücksichtigen. Dies ist insbesondere bei der genaueren Untersuchung bestimmter Tätergruppen (z. B. Sexualstraftäter, Ersttäterkohorten) relevant, wo andere Ansätze aufgrund der z. T. geringen Fallzahlen bzw. der Tilgungsregelungen des BZR nur begrenzte Informationen bzgl. der Rückfälligkeit gewährleisten können.

Literaturverzeichnis

Bewährungshilfe 2004, Fachserie 10 Reihe 5. Hg. vom Statistischen Bundesamt Wiesbaden (2006).

Harrendorf, S. (2007): Rückfälligkeit und kriminelle Karrieren von Gewalttätern, Ergebnisse einer bundesweiten Rückfalluntersuchung. Göttinger Studien zu den Kriminalwissenschaften, Band 1, Universitätsverlag: Göttingen.

---

22 *Jehle/Palmowski* (2014).

Hohmann-Fricke, S. (2014): Strafwirkungen und Rückfall, Lässt sich mit Hilfe prozesserzeugter Daten der Strafrechtspflege der spezialpräventive Anspruch des Strafrechts prüfen? erschienen in: Georg-August-Universität eDiss.
Hohmann-Fricke, S./Jehle,J.-M/Palmowski N. (2014): Rückfallkriminalität nach jugendstrafrechtlichen Entscheidungen. In: Recht der Jugend und des Bildungswesens (RdJB), S. 313-327.
Jehle, J.-M. (2012): Bundesweite Rückfalluntersuchung und Bewährungsstrafen, in: Bewährungshilfe, Zeitschrift für Soziales. Strafrecht. Kriminalpolitik 59, Nr 1, S. 5 16.
Jehle, J.-M./Albrecht, H.-J./Hohmann- Fricke,S./Tetal C. (2010): Legalbewährung nach strafrechtlichen Sanktionen. Eine bundesweite Rückfalluntersuchung 2004-2007; herausgegeben vom Bundesministerium der Justiz.
Jehle, J.-M./Albrecht, H.-J./Hohmann- Fricke, S./Tetal C. (2013): Legalbewährung nach strafrechtlichen Sanktionen. Eine bundesweite Rückfalluntersuchung 2007 - 2010 und 2004 - 2010; herausgegeben vom Bundesministerium der Justiz.
Jehle, J.-M./Albrecht, H.-J./Hohmann- Fricke, S./Tetal C. (in Vorbereitung): Legalbewährung nach strafrechtlichen Sanktionen. Eine bundesweite Rückfalluntersuchung 2010-2013, 2007 - 2013 und 2004 – 2013.
Jehle J.-M./Hohmann Fricke S. (2004): Rückfälligkeit exhibitionistischer Straftäter. In: Elz J./ Jehle, J.-M/Körber H.L. (Hg.) Exhibitionisten – Täter, Taten, Rückfall, Schriftenreihe der Kriminologischen Zentralstelle, Band 43, Wiesbaden.
Jehle J.-M./Hohmann Fricke S. (2006): Junge Verkehrstäter – Erscheinungsformen und Rückfälligkeit. In: ZJJ-Zeitschrift für Jugendkriminalität und Jugendstrafrecht 17, S. 286-294.
Jehle J.-M./Palmowski, N. (2014): Noch einmal: Werden Heranwachsende nach Jugendstrafrecht härter sanktioniert? In: Kriminologie ist Gesellschaftswissenschaft, Festschrift für Christian Pfeiffer zum 70. Geburtstag, Baden-Baden, S. 323-336.
Köhler T. (2012): Straffällige Frauen, Eine Untersuchung der Strafzumessung und Rückfälligkeit. Göttinger Studien zu den Kriminalwissenschaften, Band 22, Universitätsverlag: Göttingen.
Reiff A. (2015): Straßenverkehrsdelinquenz in Deutschland, Eine empirische Untersuchung zu Deliktformen, Sanktionierung und Rückfälligkeit. Göttinger Studien zu den Kriminalwissenschaften, Band 26, Universitätsverlag: Göttingen.
Weigelt, E. (2009): Bewähren sich Bewährungsstrafen?, Eine empirische Untersuchung der Praxis und des Erfolgs der Strafaussetzung von Freiheits- und Jugendstrafen. Göttinger Studien zu den Kriminalwissenschaften, Band 6, Universitätsverlag: Göttingen.

Die produktive Krise der Sicherungsverwahrung und ihre Folgen aus empirischer Sicht

Axel Dessecker

Gliederung

1. Die neueste Krise der Sicherungsverwahrung
2. Sicherungsverwahrung und vorgelagerte Freiheitsstrafe
3. Schluss

1. Die neueste Krise der Sicherungsverwahrung

Moderne Gesellschaften sind durch ständige Umbrüche gekennzeichnet. Das dürfte ein Grund dafür sein, dass Krisendiagnosen allgegenwärtig sind. Es liegt offensichtlich nahe, sie auf Kriminalitätsphänomene oder auf den Zustand der Wissenschaft zu beziehen, die sich mit ihnen beschäftigt.[1]

Wenn man im Deutschen von „Krise" spricht, ist das vor allem in Publikumsmedien häufig mit einer etwas alarmistischen Konnotation verbunden. Vielleicht ist es in der wissenschaftlichen Diskussion hilfreich, ein neutraleres Begriffsverständnis zu wählen. Hält man sich an eine Definition aus *Grimms* Wörterbuch, so ist eine Krise nichts anderes als „die entscheidung in einem zustande, in dem altes und neues, krankheit und gesundheit u.ä. mit einander streiten",[2] also eine entscheidende Phase, durch die ein Übergangsprozess gekennzeichnet ist. Wenn man eine Krise konstatiert, ist das noch kein Grund zur Besorgnis. Eine Krise kann damit sehr produktiv sein.

Die Sicherungsverwahrung gibt es als Sanktion des deutschen Kriminalrechts bekanntlich seit 1933. Doch ist ihre „Begründung und Zielsetzung (…) seit der Jahrhundertwende im wesentlichen unverändert", wie *Günther Kaiser* (1990) in einem Vortrag mit dem Titel „Befinden sich die kriminalrechtlichen Maßregeln in der Krise?" schreibt. Diese Stabilität des Maßregelrechts ist seither immer wieder bestätigt worden.[3]

---

1 *Albrecht et al.* (2012); *Groenemeyer* (2007); *Melossi* (2008), S. 199 ff.
2 *Grimm/Grimm* (1873).
3 *Dessecker* (2004), S. 162 ff.; *Germann* (2015), S. 126 ff.

Das Neue ist also sicher nicht die Krisendiagnostik im Sanktionenrecht.[4] Festzustellen ist in den letzten Jahren aber ein vollkommen neues Verständnis der Sicherungsverwahrung unter dem Einfluss der Menschenrechte. Seit 2009 hat der Europäische Gerichtshof für Menschenrechte mehrfach entschieden, dass bestimmte Formen der Sicherungsverwahrung gegen die Europäische Menschenrechtskonvention verstoßen. Dabei ging es um die nachträgliche Ausdehnung der ersten Sicherungsverwahrung über die frühere Begrenzung auf zehn Jahre hinaus und um die nachträgliche Anordnung der Sicherungsverwahrung. In der Leitentscheidung im Fall M. ./. Deutschland wurde zudem ausdrücklich festgehalten, dass die Sicherungsverwahrung – ungeachtet der innerstaatlichen Dogmatik des Kriminalrechts – eine Strafe im Sinne des Rückwirkungsverbots nach Art. 7 I der Menschen- rechtskonvention darstellt.[5]

Demgegenüber hat das Bundesverfassungsgericht an der überkommenen kriminalrechtlichen Differenzierung von Strafen und Maßregeln festgehalten. Zwar wurden 2011 vom Bundesverfassungsgericht die meisten Vorschriften über die Sicherungsverwahrung für verfassungswidrig erklärt. Dabei stützte sich das Gericht jedoch ausschließlich auf das mit diesem Urteil ausdifferenzierte Gebot eines hinreichenden „Abstands" zur Freiheitsstrafe und ihrem Vollzug, mit dem die Forderung nach einem neuen, „freiheitsorientierten und therapiegerichteten Gesamtkonzept" verbunden wird.[6] Die gesetzgeberischen Folgerungen aus der menschenrechts- und verfassungsgerichtlichen Rechtsprechung wurden mit einem Rahmengesetz des Bundes und stärker ausdifferenzierten Vollzugsgesetzen der Länder gezogen. Das Gesetz zur bundesrechtlichen Umsetzung des Abstandsgebotes im Recht der Sicherungsverwahrung[7] hat mit § 66c StGB vor allem eine vollzugsrechtliche Regelung in den Allgemeinen Teil des Strafrechts eingeführt. In erster Linie enthält sie Grundsätze über die Einrichtungen der Sicherungsverwahrung. So wird zusammen mit dem Grundsatz der Individualisierung und Intensivierung der Behandlung ein neues Vollzugsziel der Sicherungsverwahrung formuliert: Ziel aller Maßnahmen ist eine Minderung der Gefährlichkeit, die eine Entlassung auf Bewährung oder eine Erledigung der Maßregel ermöglicht (§ 66c I Nr. 1 b StGB). Damit ist die alte Vorschrift

---

4 Siehe bereits frühere Beiträge von *Dreher* (1957), *Jescheck* (1979) und *Schultz* (1985).
5 EGMR, Kammerurteil vom 17. Dezember 2009 – 19359/04 (= EuGRZ 2010, 25).
6 BVerfG, Urteil vom 4. Mai 2011 – 2 BvR 2333/08 u.a. (= BVerfGE 128, 326); dazu etwa *Dessecker* (2011); *Drenkhahn/Morgenstern* (2012); *Höffler/Kaspar* (2012).
7 Gesetz vom 5. Dezember 2012 (BGBl. I 2425).

des § 129 StVollzG, wonach „der Sicherungsverwahrte (…) zum Schutz der Allgemeinheit sicher untergebracht" wurde, gegenstandslos geworden.

Das Landesrecht enthält einen allgemeinen Rechtsanspruch der Untergebrachten auf die Durchführung von Behandlungsmaßnahmen. Darin stimmen die Landesgesetze grundsätzlich überein. Sie unterscheiden sich danach, wie konkret dieser Anspruch formuliert wird, in welchem Zusammenhang er gesetzlich geregelt wird und auf welche Ziele sich die Maßnahmen beziehen. Hessen (§ 4 I HSVVollzG), Niedersachsen (§ 4 I Nds. SVVollzG) und Nordrhein-Westfalen (§ 2 II SVVollzG) fassen den Anspruchsgegenstand verbal etwas weiter, indem sie auch „Betreuungsmaßnahmen" einbeziehen. Was konkret erforderlich ist, kann nur im Einzelfall beurteilt werden.

Das aus dem Strafvollzugsrecht bekannte Angleichungsgebot (§ 3 I StVollzG) reicht bei der Unterbringung in der Sicherungsverwahrung trotz fast identischer Formulierung weiter als im Vollzug der Freiheitsstrafe. Da die Unterbringung ein Sonderopfer darstellt und die Bedingungen einer grundsätzlich geschlossenen Einrichtung, die Sicherheitsbelange zu berücksichtigen hat, schon als solche notwendig eine erhebliche Belastung darstellen, müssen Gestaltungsspielräume weiter ausgenutzt werden als im Strafvollzug. Die Unterbringung in der Sicherungsverwahrung muss in einer Weise durchgeführt werden, dass die Untergebrachten so wenig wie möglich belastet werden. Hier geht es etwa um ein differenziertes Beschäftigungs- und Freizeitangebot, aber auch um erleichterte Außenkontakte.

Hinzu kommt das Minimierungsgebot, das geeignete vollzugsöffnende Maßnahmen, Entlassungsvorbereitungen und die Ermöglichung einer nachsorgenden Betreuung in Freiheit fordert. Der Begriff der vollzugsöffnenden Maßnahmen, der in den Vollzugsgesetzen der Länder unterschiedlich gebraucht wird, umfasst neben der Unterbringung im offenen Vollzug ein breites Spektrum von Vollzugslockerungen bis hin zu einem längeren Entlassungsurlaub.

Schon das Bundesverfassungsgericht hat entschieden, dass einige dieser Grundsätze nicht erst im Vollzug der Sicherungsverwahrung gelten, sondern schon davor im Strafvollzug, wenn die Sicherungsverwahrung angeordnet (wofür § 66 StGB mehrere Tatbestände enthält) oder vorbehalten (insbesondere nach § 66a StGB) ist. Die strafvollzugsrechtliche Rahmenregelung dafür enthält § 66c II StGB, dessen Wortlaut insbesondere Behandlungsmaßnahmen und Vollzugsziel betont. Ein Behandlungsanspruch besteht damit bereits in der Strafhaft. Das sich aus dem jeweiligen Landesrecht ergebende Vollzugsziel des Strafvollzugs wird dadurch spezifiziert, dass die Sicherungsverwahrung möglichst entbehrlich gemacht werden soll.

Dagegen verweist § 66c II StGB nicht ausdrücklich auf die besonderen Anforderungen zur Gewährung vollzugsöffnender Maßnahmen in der Sicherungsverwahrung. Vollzugsformen mit verminderten Sicherungsvorkehrungen bieten jedoch auch in diesem Zusammenhang wichtige Behandlungsmöglichkeiten, weil nicht nur Angebote hinter den Mauern genutzt werden können. Darüber dürfte in der vollzugsrechtlichen Literatur im Grundsatz Einigkeit bestehen,[8] während sich in der Rechtsprechung noch keine einheitliche Linie durchgesetzt hat.[9]

Alles Nähere regelt ohnehin das Landesrecht, das sich in Einzelheiten durchaus unterscheidet. So bestimmt § 112c NJVollzG für Niedersachsen, dass die allgemeinen Vorschriften für den Strafvollzug (für Lockerungen: §§ 13 ff. NJVollzG) entsprechend gelten. In Hessen existiert dagegen eine Vorschrift, die „besondere Umstände" allein deshalb fordert, weil eine freiheitsentziehende Maßregel „angeordnet und noch nicht vollzogen" ist (§ 13 V Nr. 2 HStVollzG). Hier geht es wegen der Regelungen über die Vollstreckungsreihenfolge (§ 67 StGB), nach der die Freiheitsstrafe zwingend vor einer Sicherungsverwahrung, in der Regel jedoch nicht vor einer psychiatrischen Unterbringung zu verbüßen ist, vor allem um Fälle angeordneter Sicherungsverwahrung. Dagegen wird der bloße Vorbehalt der Sicherungsverwahrung, dem eine ähnliche Funktion zukommt, von dem Wortlaut der Vorschrift nicht erfasst.

2. Sicherungsverwahrung und vorgelagerte Freiheitsstrafe

Gegenstand eines seit 2014 laufenden Forschungsprojekts der KrimZ sind jährliche Erhebungen zum Vollzug der Sicherungsverwahrung und der vorgelagerten Freiheitsstrafe, die Basisdaten zu einer Evaluation des neugestalteten Maßregelvollzugs liefern sollen. Im Folgenden werden einige Ausschnitte der bisherigen Ergebnisse vorgestellt.

---

8 *Bartsch* (2013), S. 203 f.; *Jehle* (2014), Rn. 21 zu § 66c; *Kinzig* (2014), Rn. 12.
9 Lockerungsfreundlich z. B. OLG Hamm 30.9.2014 – 1 Vollz (Ws) 367/14, NStZ 2015, 110; OLG Nürnberg 2.3.2015 – 1 Ws 49/15 (Juris); LG Marburg 13.9.2013 – 7 StVK 109/12 (Juris).

Tabelle 1: Gefangenenpopulation, Untergebrachte und Gefangene mit angeordneter oder vorbehaltener Sicherungsverwahrung am 31. März 2014

	Männer	Frauen	Summe	%
Untergebrachte in SV*	509	1	510	*0,9*
Gefangene mit vorgemerkter SV*	608	3	611	*1,1*
Strafgefangene und Sicherungsverwahrte insgesamt**	51.419	3.096	54.515	*100*

* *KrimZ-Studie*
** *Strafvollzugsstatistik*

Wie Tabelle 1 zeigt, befinden sich bundesweit über 500 Personen in Sicherungsverwahrung. Die Gruppe der Gefangenen mit angeordneter oder vorbehaltener Sicherungsverwahrung ist rund 1/5 größer. Das war auch schon in den letzten Jahren so[10] und lässt erwarten, dass die Zahlen der Untergebrachten weiter zunehmen werden, wenn nicht von der Unterbringung vermehrt abgesehen wird oder sich zumindest die Aufenthaltsdauer verkürzt. Hier handelt es sich ausnahmslos um Gefangene, die nach allgemeinem Strafrecht verurteilt wurden. Die Jugendstrafe spielt in diesem Zusammenhang gegenwärtig keine Rolle, und die nach einer Entscheidung des Bundesverfassungsgerichts bedeutungslos gewordene Therapieunterbringung[11] wurde in das Forschungsvorhaben von vornherein nicht einbezogen. Der Vergleich zur Gefängnispopulation insgesamt zeigt, dass wir es immer noch mit relativ kleinen Gruppen zu tun haben.

---

10 *Ansorge* (2013) und (2014).
11 Das Therapieunterbringungsgesetz (ThUG) ist infolge BVerfG 11.7.2013 – 2 BvR 2302/11 u.a., BVerfGE 134, 33 obsolet geworden (*Ullenbruch* 2014).

Tabelle 2: Unterbringung der Sicherungsverwahrten am 31. März 2014 nach Einrichtungen

	Männer	Frauen	Summe	%
zuständige SV-Einrichtung	415	1	416	*81,6*
offener Vollzug	7	0	7	*1,4*
Sozialtherapie außerhalb SV	64	0	64	*12,5*
sonstige	20	0	20	*3,9*
unbekannt	3	0	3	
Summe	509	1	510	*100*

Aus dem Abstandsgebot und den neuen Vollzugsgesetzen folgt, dass es innerhalb des Vollzugs besondere Einrichtungen für die Sicherungsverwahrung geben muss. Dort befinden sich über 80 % der Untergebrachten (Tabelle 2). Keine Überraschung angesichts einer Häufung ungünstiger Gefährlichkeitsprognosen bei diesen Verurteilten ist es, dass nur eine kleine Minderheit im offenen Vollzug ist – wahrscheinlich typischerweise zur Entlassungsvorbereitung. Die wesentliche Alternative zu den Regeleinrichtungen für die Sicherungsverwahrung ist jedenfalls in manchen Bundesländern die Sozialtherapie innerhalb des Strafvollzugs. Was die Nutzung durch Untergebrachte betrifft, existieren regional unterschiedliche Modelle. In welchem Ausmaß sozialtherapeutische Kapazitäten in die Einrichtungen für die Sicherungsverwahrung verlagert oder dort neu aufgebaut werden, wird sich erst mit der Zeit herausstellen.

Jenseits solcher einrichtungsbezogener Überblicksdaten wird jährlich eine Gesamterhebung mit einigen fallbezogenen Daten durchgeführt. Die Datenblätter werden in den Vollzugseinrichtungen durch die Fachdienste ausgefüllt und danach pseudonymisiert. Die Fallzahlen für 2014 liegen etwas unter den jeweiligen Gesamtzahlen in Tabelle 1, weil auf die Erhebung in einem Land wegen zu langer Verzögerung verzichtet wurde und einige übermittelte Datensätze unvollständig waren. Diese Ausfälle bleiben aber in engen Grenzen, so dass umfangreichere Auswertungen lohnen.

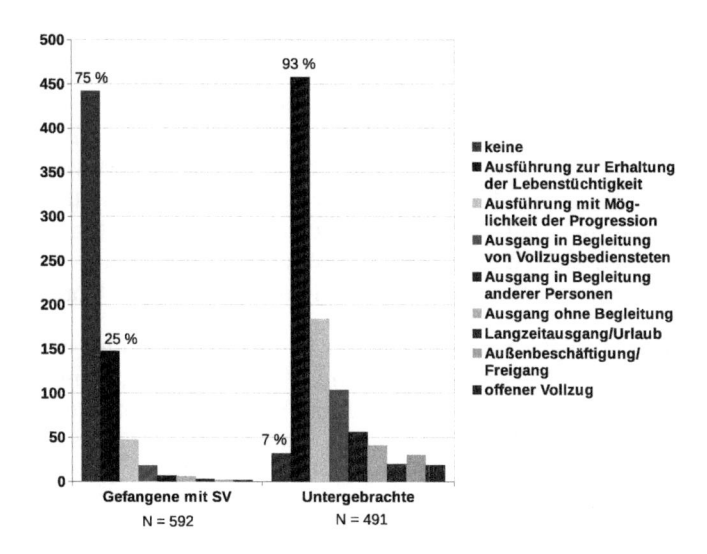

Abbildung 1: *Eignung für vollzugsöffnende Maßnahmen: Gefangene mit angeordneter oder vorbehaltener Sicherungsverwahrung und Untergebrachte (Mehrfachnennungen)*

Zunächst ein Blick auf vollzugsöffnende Maßnahmen, die nach der verfassungsgerichtlichen Rechtsprechung und nach § 66c StGB eine sehr wichtige Rolle spielen. Ausgangspunkt ist eine Eignungsbeurteilung durch die Fachdienste, wobei möglichst das gesamte Spektrum möglicher Lockerungen dargestellt werden soll. Wie Abbildung 1 zeigt, kommen die Lockerungsstufen mit intensiven Kontrollen erwartungsgemäß häufiger vor als diejenigen mit einer weiten Öffnung des Vollzugs. Da sich die Gefangenen mit angeordneter und vorbehaltener Sicherungsverwahrung kaum unterscheiden, werden sie in einer Kategorie zusammengefasst.

Bei den Gefangenen mit vorgemerkter Sicherungsverwahrung steht die Frage im Vordergrund, ob überhaupt eine Lockerung für geeignet erachtet wird. Rund drei Viertel dieser Gefangenen werden zum Stichtag als vollkommen ungeeignet eingestuft. Die Annahme liegt nahe, dass dieser hohe Anteil teilweise schlicht auf eine erst kurze Haftdauer zurückgehen wird. In der Tat lässt sich zeigen, dass bei einer Inhaftierungsdauer bis zu fünf Jahren 84 % der Gefangenen als ungeeignet eingestuft wurden; bei einer Haftdauer zwischen fünf und zehn Jahren waren es aber immer noch 55 % und damit mehr als die Hälfte. Die Haftdauer erklärt also nicht alle diese Einstufungen.

Angesichts der extrem schiefen Verteilung könnte man auch vermuten, dass der Strafvollzug im Frühjahr 2014 mancherorts noch von der Tradition schlichter Verwahrung potentieller Untergebrachter geprägt ist. Die Übergangsphase der Vollzugspraxis war zu diesem Zeitpunkt (und ist wohl bis heute) noch nicht abgeschlossen. Wie im ersten Abschnitt bereits angesprochen, stellen manche Vollzugsgesetze der Länder in Fällen vorgemerkter Sicherungsverwahrung höhere Hürden für vollzugsöffnende Maßnahmen auf als sonst – obwohl die Unterbringung nach dem Vollzugsziel ja gerade vermieden werden soll. Wie sich die Lockerungseinstufungen zwischen den Bundesländern unterscheiden, werden weitere Auswertungen klären.

Die Abbildung zeigt weiter, dass es mit Beginn der Sicherungsverwahrung offenbar zu einer Verschiebung kommt. Alle Lockerungsformen werden häufiger in Betracht gezogen als noch im Vollzug der vorgelagerten Freiheitsstrafe. Aber auch hier dominiert die geringstmögliche Lockerungsstufe – die Ausführung zur Vermeidung von Haftschäden, die das Bundesverfassungsgericht bei unbefristeter Freiheitsentziehung aus humanitären Gründen gefordert hat.

Die Eignung für vollzugsöffnende Maßnahmen bedeutet nicht in jedem Fall ihre Durchführung (Tabelle 3). Das gilt im Vollzug der Freiheitsstrafe wie in der Sicherungsverwahrung, vor allem für personalintensive Maßnahmen wie Ausführungen. Gerade die relativ seltenen weitgehenden Vollzugsöffnungen werden teilweise im Fall der Eignung auch immer oder fast immer durchgeführt.

Für das Auseinanderklaffen von Eignung und Durchführung kann es viele Gründe geben, die sich anhand der Erhebung zumindest ansatzweise werden aufklären lassen. Der Erhebungsbogen unterscheidet danach, ob eine Maßnahme durchgeführt wurde, ob es Beanstandungen gab und ob die Eignung der Verurteilten deshalb oder aus anderen Gründen widerrufen wurde. Das sind Detailauswertungen, die noch ausstehen.

Die produktive Krise der Sicherungsverwahrung 481

Tabelle 3: Vollzugsöffnende Maßnahmen: Eignung und Durchführung nach Status (Mehrfachnennungen)

	Gefangene mit SV		Untergebrachte	
	Eignung	Durchführung	Eignung	Durchführung
Ausführung: Lebenstüchtigkeit	148	110	458	358
Ausführung: Progression	47	29	184	142
Ausgang mit Bediensteten	18	12	104	77
Ausgang mit anderen Personen	7	5	56	31
Ausgang ohne Begleitung	6	6	41	37
Langzeitausgang / Urlaub	≤ 5	≤ 5	20	13
Außenbeschäftigung / Freigang	≤ 5	≤ 5	30	13
offener Vollzug	≤ 5	≤ 5	19	13

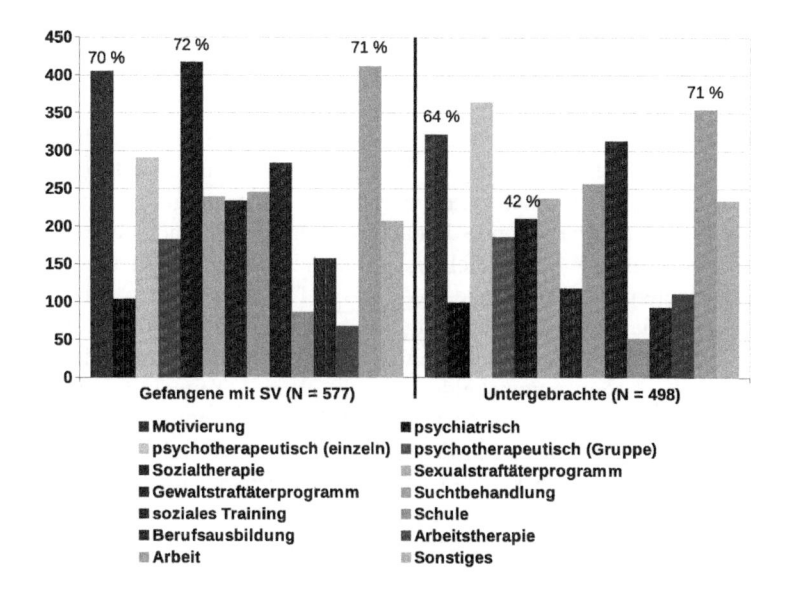

Abbildung 2: Behandlungsbedarf: Gefangene mit angeordneter oder vorbehaltener Sicherungsverwahrung und Untergebrachte (Mehrfachnennungen)

Die Behandlungspraxis bildet ein weiteres Thema der Untersuchung. Auch hier geht es um Beurteilungen durch die Fachdienste, und der Vergleich bezieht sich wieder auf die beiden Gruppen der Gefangenen mit vorgemerkter Sicherungsverwahrung und der Untergebrachten im Vollzug der Sicherungsverwahrung. Der im Rahmen der individuellen Vollzugsplanung festgestellte Behandlungsbedarf (Abbildung 2) ist offensichtlich vielfältig. Doch erscheinen die Unterschiede der Vollzugsarten auf den ersten Blick nicht groß.

In beiden Gruppen geht es sehr häufig um Maßnahmen zur Motivierung oder Therapievorbereitung. Das reflektiert die Tatsache, dass die Sicherungsverwahrung in der Regel eine lange Kriminalitätskarriere und lange Vollzugsaufenthalte voraussetzt. Man kann davon ausgehen, dass frühere Behandlungsversuche, soweit sie stattgefunden haben, bei dieser Klientel weitgehend erfolglos geblieben sind. Traditionell von großer Bedeutung im Vollzug ist Arbeit, und sie wandelt sich zu einer Behandlungsmaßnahme. In den meisten Ländern besteht im Vollzug der Sicherungsverwahrung keine Arbeitspflicht, und selbst für den Strafvollzug wurde die Arbeitspflicht mittlerweile von einigen Landesgesetzen abgeschafft.[12] Schließlich spielt die Sozialtherapie als paradigmatische Maßnahme eines Behandlungsvollzugs auch hier eine wichtige Rolle – bei den Gefangenen mit vorgemerkter Sicherungsverwahrung noch mehr als in der Unterbringung selbst.

Auch zwischen Behandlungsbedarf und -teilnahme ist eine deutliche Diskrepanz zu beobachten (Tabelle 4). Das gilt für alle Einzelmaßnahmen und für den Vollzug der Freiheitsstrafe wie für die Unterbringung in der Sicherungsverwahrung. Die Gründe können vielfältig sein und sowohl in der Sphäre des Vollzugs liegen (fehlende Behandlungsangebote) als auch bei den Verurteilten selbst (fehlende Motivation). Das alles kann in der Untersuchung, über die hier berichtet wird, nur mit begrenzten Mitteln und ausschließlich aus der Perspektive der Vollzugseinrichtungen ermittelt werden. Der Erhebungsbogen unterscheidet danach, ob eine Teilnahme geplant ist, noch läuft oder bereits beendet ist; ob eine Teilnahme am Fehlen eines Angebots oder fehlender Motivation gescheitert ist; inwieweit die Ziele einer laufenden oder bereits beendeten Maßnahme erreicht wurden und wie die Verurteilten durch die Fachdienste allgemein im Hinblick auf Behandlungsmotivation oder Rückfallgefahr beurteilt werden.

---

12 *Dessecker* (2013), S. 317 f.; *Nestler* (2015), Rn. 79 ff.

Tabelle 4: Behandlungsbedarf und -teilnahme nach Status (Mehrfachnennungen)

	Gefangene mit SV		Untergebrachte	
	Bedarf	Teilnahme	Bedarf	Teilnahme
Motivierung	405	301	321	210
Psychiatrie	103	69	99	59
Psychotherapie (einzeln)	291	140	364	217
Psychotherapie (Gruppe)	183	53	186	53
Sozialtherapie	417	179	210	105
Sexualstraftäterprogramm	239	67	237	91
Gewaltstraftäterprogramm	234	55	118	26
Suchtbehandlung	245	89	256	92
soziales Training	284	103	313	102
Schule	86	30	52	16
Berufsausbildung	157	42	93	27
Arbeitstherapie	68	35	111	52
Arbeit	412	347	354	262
Sonstiges	207	121	234	149

3. Schluss

Als vorläufiges Ergebnis lässt sich zweierlei festhalten: Die Vollzugspraxis der Sicherungsverwahrung und der vorgelagerten Freiheitsstrafe befindet sich in einer Übergangsphase zwischen schlichter Sicherung und einem „freiheitsorientierten und therapiegerichteten Vollzug", wie ihn das Bundesverfassungsgericht fordert. Das wird von den bisherigen Resultaten der Untersuchung reflektiert. Was in diesem Rahmen vorgestellt werden konnte, ist jedoch nicht mehr als ein früher Einblick. Ein ausführlicher Forschungsbericht soll im Lauf des Jahres 2016 vorgelegt werden.[13]

---

[13] http://www.krimz.de/

Literatur

Albrecht, H.-J./Quensel, S./Sessar, K. (2012): Freiburger Memorandum zur Lage der Kriminologie in Deutschland. Monatsschrift für Kriminologie und Strafrechtsreform 95, S. 385-389.

Ansorge, N. (2013): Sicherungsverwahrung in Zahlen: Daten zur Gruppe der Untergebrachten und der Strafgefangenen mit angeordneter oder vorbehaltener Maßregel. Kriminalpädagogische Praxis 49, S. 38–46.

Ansorge, N. (2014): Bericht über die 5. Erhebung zur länderübergreifenden Bestandsaufnahme der Situation des Vollzugs der Sicherungsverwahrung: Erhebung zum Stichtag 31.03.2013. Hannover: Niedersächsisches Justizministerium.

Bartsch, T. (2013): Verfassungsgerichtlicher Anspruch und gesetzliche Wirklichkeit: zur Umsetzung bundesverfassungsgerichtlicher Vorgaben zur Sicherungsverwahrung durch das Zweite Gesetz zur Schaffung und Änderung hessischer Vollzugsgesetze. Neue Kriminalpolitik 25, S. 195–206.

Dessecker, A. (2004): Gefährlichkeit und Verhältnismäßigkeit: eine Untersuchung zum Maßregelrecht. Berlin: Duncker & Humblot.

Dessecker, A. (2011): Die Sicherungsverwahrung in der Rechtsprechung des Bundesverfassungsgerichts. Zeitschrift für Internationale Strafrechtsdogmatik 6, S. 706–713.

Dessecker, A. (2013): Das neue Recht des Vollzugs der Sicherungsverwahrung: ein erster Überblick. Bewährungshilfe 60, S. 309–322.

Dreher, E. (1957): Liegt die Sicherungsverwahrung im Sterben? Deutsche Richterzeitung 35, S. 51–55.

Drenkhahn, K./Morgenstern, C. (2012): Dabei soll es uns auf den Namen nicht ankommen: der Streit um die Sicherungsverwahrung. Zeitschrift für die gesamte Strafrechtswissenschaft 124, S. 132–203.

Germann, U. (2015): Kampf dem Verbrechen: Kriminalpolitik und Strafrechtsreform in der Schweiz 1870-1950. Zürich: Chronos.

Grimm, J./Grimm, W. (1873): Krise. In: Grimm, J./Grimm, W. (Hg.): Deutsches Wörterbuch. Trier: Kompetenzzentrum für elektronische Erschließungs- und Publikationsverfahren in den Geisteswissenschaften (1998). Zugriff unter http://www.woerterbuchnetz.de/DWB?lemma=krise.

Groenemeyer, A. (2007): Gibt es eigentlich noch abweichendes Verhalten? Krisendiagnosen in Soziologie und Kriminologie. Kriminologisches Journal 39, S. 162–184.

Höffler, K./Kaspar, J. (2012): Warum das Abstandsgebot die Probleme der Sicherungsverwahrung nicht lösen kann: zugleich ein Beitrag zu den Aporien der Zweispurigkeit des strafrechtlichen Sanktionensystems. Zeitschrift für die gesamte Strafrechtswissenschaft 124, S. 87–131.

Jehle, J.-M. (2014): Vorbemerkungen und Kommentierung zu §§ 66–68g StGB. In: Satzger, H./Schluckebier, W./Widmaier, G. (Hg.): Kommentar zum Strafgesetzbuch, 2. Aufl. Köln: Heymann.

Jescheck, H.-H. (1979): Die Krise der Kriminalpolitik. Zeitschrift für die gesamte Strafrechtswissenschaft 91, S. 1037–1064.

Kaiser, G. (1990): Befinden sich die kriminalrechtlichen Maßregeln in der Krise? Heidelberg: C.F. Müller.

Kinzig, J. (2014): Kommentierung zu § 66c StGB. In: Schönke, A./Schröder, H. (Hg.): Strafgesetzbuch: Kommentar, 29. Aufl. München: Beck.

Melossi, D. (2008): Controlling crime, controlling society: thinking about crime in Europe and America. Cambridge: Polity Press.
Nestler, N. (2015): Arbeit, Bildung. In: Laubenthal, K./Nestler, N./Neubacher, F./Verrel, T. (Hg): Strafvollzugsgesetze, 12. Aufl. München: Beck, S. 405-559.
Schultz, H. (1985): Krise der Kriminalpolitik? In: Vogler, T. (Hg.): Festschrift für Hans-Heinrich Jescheck zum 70. Geburtstag. Berlin: Duncker & Humblot, S. 791–812.
Ullenbruch, T. (2014): Walter H. ist frei, das ThUG ist tot: raffinierte Entsorgung eines europa-völkerrechtlichen Spaltpilzes in letzter Sekunde? Zugleich Nekrolog auf den jüngsten historischen Irrläufer zur deutschen Sicherungsverwahrung und Appell an die Gesetzgeber der Gegenwart und Zukunft. Strafverteidiger 34, S. 174–184.

Die „Kronzeugenregelung" in der Rechtswirklichkeit – erste empirische Erkenntnisse aus einem Forschungsprojekt zur Aufklärungs- und Präventionshilfe gemäß § 46b StGB

Johannes Kaspar und Stephan Christoph

Gliederung

1. Einleitung
2. Hauptkritikpunkte
3. Erste Ergebnisse
3.1 Anlage der Studie
3.2 Erkenntnisse aus der Praktikerbefragung
3.2.1 Praxisbewährung
3.2.2 Einschätzung der Glaubhaftigkeit
3.2.3 Auswirkung auf das Rechtsempfinden
3.2.4 Reformvorschläge
3.3 Daten aus der Urteilsanalyse
4. Zwischenfazit

1. Einleitung

In unserem Beitrag soll es um Ergebnisse einer empirischen Untersuchung zur „Kronzeugenregelung" in § 46b StGB gehen. Der von uns verwendete Begriff des „Kronzeugen" ist eingebürgert für den Fall eines Zeugen, der Informationen über andere Täter liefert, um dadurch Vorteile im Rahmen eines gegen ihn selbst geführten Strafverfahrens zu erlangen. Im Gesetz findet er sich allerdings nicht. Dort ist vielmehr neutraler und treffender von „Aufklärungs- und Präventionshilfe" die Rede. Die entsprechende Vorschrift in § 46b StGB wurde im Jahre 2009 eingeführt[1] und zeichnet sich im Vergleich zu ihren Vorläuferregelungen durch einen recht großen Anwendungsbereich aus.[2] Sie wurde vom Gesetzgeber zwar explizit mit Blick auf besonders problematische Deliktsbereiche wie Terrorismus, Organisierte Kriminalität und Wirtschaftsdelinquenz eingeführt, in denen man besondere Ermitt-

---

[1] 43. Gesetz zur Änderung des Strafgesetzbuches – Strafzumessung bei Aufklärungs- und Präventionshilfe, BGBl. 2009 I, S. 2288; BT-Drs. 16/6268.

[2] Siehe dazu nur *Kaspar/Wengenroth* (2010) sowie zur Rechtslage nach der 2013 erfolgten Reform *Christoph* (2014).

lungsprobleme aufgrund abgeschotteter Strukturen sah. Dennoch ist die Norm nicht auf diese Deliktsbereiche beschränkt. Sie eröffnet dem potenziellen Kronzeugen die Möglichkeit, sich eine Strafrahmenmilderung oder sogar ein Absehen von Strafe zu verdienen, wenn er Informationen zu einer Straftat aus dem umfassenden Katalog von § 100a Abs. 2 StPO liefert. Eine wichtige Voraussetzung für die Anwendung der Norm ist neben einem ausreichend erheblichen Beitrag zur Aufklärung oder Prävention einer Straftat, dass der Kronzeuge sein Wissen rechtzeitig offenbart, d. h. noch vor der Entscheidung über die Eröffnung des Hauptverfahrens (§ 46b Abs. 3 StGB).

2. Hauptkritikpunkte

Nicht nur die Regelung in § 46b StGB, sondern auch die Figur des Kronzeugen insgesamt waren und sind seit jeher von vielfältiger Kritik begleitet.[3] Der Kronzeuge wird als zweifelhafte, jedenfalls ambivalente Figur wahrgenommen. Einerseits trägt er mit seinen Informationen zu einer effektiven Strafverfolgung bei, idealerweise auch in Gebieten, in denen ansonsten aufgrund von Ermittlungsproblemen bis hin zum teilweise angenommenen „Ermittlungsnotstand" Strafverfolgung unterbleiben würde. Zugleich wird er aber als zwielichtige Figur und Denunziant bzw. Verräter dargestellt, mit dem der Staat nicht kooperieren sollte. Darüber hinaus werden Konflikte mit allgemeinen Grundsätzen der Strafzumessung gesehen. So wird vorgebracht, dass die Privilegierung des Kronzeugen möglicherweise zu einer schuldunangemessen niedrigen Strafe bzw. sogar zu einem nicht angebrachten Absehen von Strafe führen könne. Während dieses Argument auf eine objektive Schuldangemessenheit abzielt, wird ergänzend oft noch vorgebracht, dass die Strafmilderung für den Kronzeugen der Bevölkerung nicht vermittelbar sei und deren Vertrauen in die Rechtsordnung erschüttere. Das war auch bei der bereits nach wenigen Jahren erfolgten Reform von § 46b StGB im Jahre 2013 relevant, in deren Rahmen das ursprünglich nicht vorgesehene Erfordernis eines Zusammenhangs zwischen Kronzeugen- und Aufklärungstat (sog. Konnexität) eingeführt wurde.[4] Gerade die Strafmilderungsmöglichkeit bei fehlender Konnexität sei mit dem Gerechtigkeitsempfinden der Allgemeinheit nicht vereinbar.

---

[3] Vgl. zum Folgenden die Nachweise bei *Kaspar/Wengenroth* (2010); siehe auch *Frahm* (2014); *Hardinghaus* (2015).
[4] Siehe dazu *Christoph* (2014); *Peglau* (2013).

Als praktisches Problem wird u. a. auf die sog. Vorleistungspflicht des Kronzeugen hingewiesen, die sich aus der bereits erwähnten Präklusionsvorschrift in § 46b Abs. 3 StGB ergibt. Der Kronzeuge muss zu einem recht frühen Zeitpunkt Informationen liefern, ohne hinreichende Sicherheit zu haben, dass das später zur Entscheidung berufene Gericht seine Bemühungen durch Anwendung des (auf Rechtsfolgenseite als Ermessensvorschrift ausgestalteten) § 46b StGB honorieren wird. Schließlich wird als Kritikpunkt eingewandt, dass den Aussagen eines Kronzeugen generell nicht zu trauen sei und dass hier die Gefahr von Falschbelastungen und einer Irreführung der Justiz bestehe. Diese Kritikpunkte sind ernst zu nehmen, allerdings ist daran zu erinnern, dass sie allesamt ohne ausreichendes Erfahrungswissen über die tatsächliche Anwendungspraxis des § 46b StGB vorgebracht wurden. Die Norm, die erst seit einigen Jahren im Gesetz ist, bedarf daher dringend der empirischen Erforschung. All dies war Anlass zur Konzipierung unserer Augsburger Studie zu § 46b StGB, die hier mit ersten Ergebnissen vorgestellt werden soll.

3. Erste Ergebnisse

Die Kritik gegen den Kronzeugen ist vielschichtig. Eine Evaluation des § 46b StGB muss daher breit ansetzen, um das Phänomen adäquat untersuchen und mögliche Fehlentwicklungen in der Praxis aufdecken zu können. Dementsprechend setzt sich die Augsburger Studie aus mehreren Teilelementen zusammen.

3.1 Anlage der Studie

Den Kern der Untersuchung bildet eine bundesweit angelegte Befragung von Richtern[5], Staatsanwälten, Polizisten und Strafverteidigern. Vorbild für das hierfür konzipierte Erhebungsinstrument war ein Fragebogen, der bereits in einer Vorgängerstudie zum ehemaligen Kronzeugengesetz (KronzG) Verwendung fand.[6] Der Bogen wurde über die Justiz- und Innenministerien des Bundes und der Länder sowie über den E-Mail-Verteiler des Deutschen Anwaltvereins an die betreffenden Praktiker weitergeleitet. Mit der E-Mail wurde das Erhebungsinstrument als pdf-Version zum Ausdrucken und Aus-

---

5 Das umfasst auch Richterinnen. Hier wie im Folgenden wird aus Gründen der Lesbarkeit nur die männliche Form verwendet.
6 Vgl. *Mehrens* (2001); *Mühlhoff/Mehrens* (1999); *Mühlhoff/Pfeiffer* (2000).

füllen in Papierform übersandt; zugleich enthielt die Nachricht einen Link zur Internetversion des Bogens, der über die Seite www.soscisurvey.de programmiert und bereitgestellt wurde.

Daneben wurden mehr als 900 Studierende der Rechtswissenschaften an den Universitäten Augsburg, Göttingen und Leipzig bezüglich ihrer Einstellung zur vorliegenden Thematik befragt. Hierdurch sollten Erkenntnisse über die Vereinbarkeit von Kronzeugenregelungen mit dem Rechtsempfinden der Bevölkerung gewonnen werden. Inspiriert wurde dieser Teil der Studie unter anderem durch die von *Streng* durchgeführten Studierendenbefragungen zu kriminalitäts- und berufsbezogenen Einstellungen junger Juristen.[7]

Eine Urteilsanalyse von Verfahren, in denen § 46b StGB zur Anwendung kam, sowie qualitative Interviews mit Praktikern, die bereits mit Kronzeugen in Berührung kamen, runden die Studie ab.

Die Darstellung auch nur eines wesentlichen Teils der Ergebnisse aus allen Untersuchungsteilen würde den Rahmen dieses Beitrags sprengen, weshalb lediglich ausgewählte Erkenntnisse aus der Expertenbefragung und erste Eindrücke aus der Urteilsanalyse vermittelt werden sollen.

3.2 Zur Expertenbefragung

Bei der Praktikerbefragung konnten nach Mitteilung der entsprechenden Dienststellen sowie des DAV 7.233 Personen erreicht werden. Insgesamt gingen 482 Online-Datensätze und 43 Papierbögen ein, was einer unbereinigten Rücklaufquote von 7,3 % entspricht. Leider konnten 138 Online-Datenreihen nicht für eine Auswertung herangezogen werden. Meistens wurden in diesen Fällen die Fragebögen aufgrund eines vorzeitigen Bearbeitungsabbruchs nur unzureichend ausgefüllt. Insgesamt liegen den Auswertungen daher die Daten aus 387 Fragebögen zugrunde, was einer bereinigten Rücklaufquote von 5,4 % entspricht.

3.2.1 Praxisbewährung

Zunächst sollten die Teilnehmer die Bewährung des § 46b StGB in der bisherigen Praxis einschätzen. Bezogen auf die Gesamtstichprobe trauten sich viele Beteiligte hierzu keine Meinung zu, weshalb die Frage häufig mit „weiß nicht" beantwortet wurde. Dies mag daher rühren, dass der 2009 ein-

---

7 Vgl. *Streng* (2014).

geführte § 46b StGB noch eine relativ junge und unbekannte Vorschrift ist. Daneben gibt es aber auch Hinweise darauf, dass von der Regelung ohnehin zurückhaltend Gebrauch gemacht wird, so dass vielen Befragten aus diesem Grund die nötigen Erfahrungen fehlen dürften.

Betrachtet man die Angaben der Teilnehmer, die bereits mit der Regelung befasst waren, so ergibt sich ein deutlicheres und durchaus differenziertes Bild. Positiv äußern sich Polizei und Staatsanwaltschaft, bei denen jeweils etwa zwei Drittel der Teilnehmer der Aufklärungs- und Präventionshilfe die Praxisbewährung zusprachen. Eine tendenziell ablehnende Haltung nimmt demgegenüber die Strafverteidigung ein, während sich bei den Richtern ein recht ausgewogenes Meinungsbild ergab.

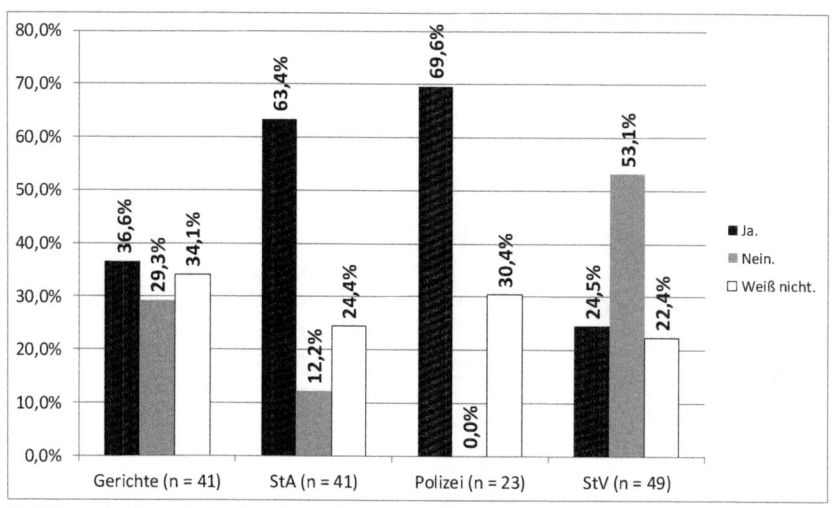

Abbildung 1: Hat sich § 46b StGB in der Praxis bewährt? (nur Teilnehmer „mit Erfahrung")

Die berufsgruppenspezifischen Unterschiede bei der Einschätzung der Praxisbewährung zeigten sich bereits im Rahmen der oben genannten früheren Studie zum KronzG. Die Vertreter der Strafverfolgungsbehörden als maßgebliche Profiteure dieses Ermittlungsinstruments äußerten sich auch hier tendenziell positiv, während die Verteidiger, für deren Arbeit die Aufklärungs- und Präventionshilfe gewichtige Nachteile mit sich bringen kann[8], sich zum Teil deutlich ablehnend hinsichtlich des praktischen Nutzens posi-

---

8 Vgl. *Malek* (2010), S. 202 ff.

tionierten.[9] Dementsprechend verwundert es auch nicht, dass sich vor allem Strafverteidiger, die bislang lediglich den vom Kronzeugen belasteten Täter zu ihrem Mandantenkreis zählen konnten, kritisch zu § 46b StGB äußern.[10]

3.2.2 Einschätzung der Glaubhaftigkeit

Die Teilnehmenden wurden nicht nur zu praktischen Erfahrungen befragt. Zusätzlich wurde auch deren allgemeine Einstellung zum Thema ermittelt. Unter anderem wurden sie mit der These konfrontiert, die Einlassungen von Kronzeugen seien nicht glaubhaft. Diese Aussage bewerteten die Praktiker mit großer Mehrheit als nicht oder eher nicht zutreffend, wobei die Strafverteidiger sich wiederum kritischer positionierten und mehrheitlich die These als (eher) zutreffend erachteten.

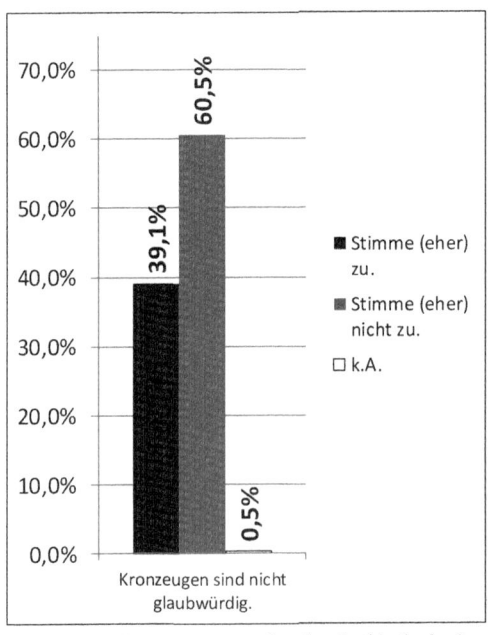

Abbildung 2: Die Aussagen von Kronzeugen sind nicht glaubhaft, da diese hauptsächlich im eigenen Interesse handeln. (n = 387)

Befragte, die Erfahrungen mit Kronzeugen gesammelt haben, wurden im Verlauf der Untersuchung nach der tatsächlichen Häufigkeit von Falschbe-

---

9 *Mühlhoff/Mehrens* (1999), S. 23.
10 Siehe näher zu den Ergebnissen der Strafverteidigerbefragung *Kaspar/Christoph* (2016).

lastungen oder Täuschungen gegenüber Strafverfolgungsbehörden gefragt. Mehr als zwei Drittel gaben an, dass nachweislich unwahre Angaben des Beschuldigten in der Absicht, sich Vorteile nach § 46b StGB zu „erschleichen" selten, eher selten oder nie vorgekommen sind. Lediglich jeder Achte meint, entsprechende Missbrauchsversuche kämen immer, häufig oder eher häufig vor.

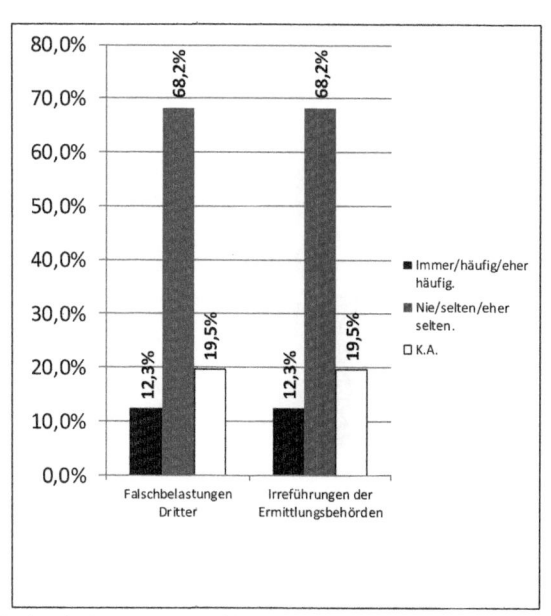

[Balkendiagramm: Falschbelastungen Dritter — 12,3% Immer/häufig/eher häufig; 68,2% Nie/selten/eher selten; 19,5% K.A. Irreführungen der Ermittlungsbehörden — 12,3%; 68,2%; 19,5%]

Abbildung 3: Wie häufig hat ein Beschuldigter, um in den Genuss des § 46b StGB zu kommen, nachweislich andere Personen falsch belastet bzw. die Strafverfolgungsbehörden auf andere Weise irregeführt? (Personen „mit Erfahrung"; n = 154)

Insgesamt lässt sich – auch unter Heranziehung der in der Studie gemachten Anmerkungen durch die Teilnehmer – feststellen, dass das Falschbelastungsrisiko durch den Kronzeugen erkannt und ernstgenommen wird, dass aber die Zahl der tatsächlichen Missbrauchsfälle überschaubar zu sein scheint. Dies deutet darauf hin, dass in der Praxis eine gewisse Sensibilität und Grundskepsis im Umgang mit Einlassungen von Kronzeugen vorhanden ist. Hierdurch werden Fehlurteile oder die Gewährung unverdienter Sanktionsvorteile nicht völlig verhindert werden können, doch trägt die hieraus resultierende zurückhaltende Behandlung drittbelastender Aussagen zur Eindämmung bestehender Gefahren bei.

3.2.3 Auswirkung auf das Rechtsempfinden

Die Beteiligten wurden zudem gefragt, ob die Privilegierung des Kronzeugen ihrer Ansicht nach zu einer Beeinträchtigung des Rechtsempfindens der Bevölkerung führt. Auch diese Befürchtung wurde – außer von den Strafverteidigern – mehrheitlich nicht geteilt.

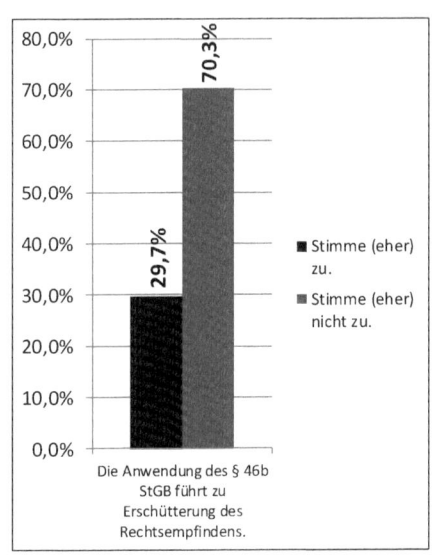

Abbildung 4: Die Privilegierung des Kronzeugen führt zu einer Erschütterung des Rechtsbewusstseins in der Bevölkerung. (n = 387)

Der Verweis auf das Rechtsbewusstsein ist heikel, insbesondere weil sich positive oder negative Effekte hierauf kaum empirisch verifizieren lassen. Dennoch wurde versucht, die These vom Widerstreit zwischen Rechtsempfinden und Kronzeugenregelung zu überprüfen. Hierzu wurden Studierenden kleine Fälle an die Hand gegeben, in denen ein kriminelles Geschehen dargestellt wurde, für das die Teilnehmenden ein Strafmaß festlegen sollten. Im Anschluss wurde zum jeweiligen Ausgangsfall eine Aufklärungs- oder Präventionshilfe durch den Täter geschildert. Die Befragten sollten danach entscheiden, ob an der zuvor verhängten Strafe festzuhalten oder dem Täter ein Strafrabatt zu gewähren ist. Die ermittelten Strafnachlässe wurden mit den Milderungsraten verglichen, die im Rahmen der Expertenbefragung von den Praktikern mitgeteilt wurden. Bedenkliche Abweichungen der beiderseits gewährten Milderungsraten lassen sich nach derzeitigem Stand der Auswertungen nicht erkennen. So gewährten beispielsweise sowohl Richter als auch

Studierende durchschnittlich Strafmilderungen in Höhe von ungefähr 30 %, wobei bei den Gerichten der Großteil der Angaben sich im Bereich zwischen 20 und 40 % bewegt, während die Studierenden (alle Fälle zusammengenommen) zumeist Milderungsquoten zwischen 15 und 40 % als angemessen erachteten. Somit scheint die derzeitige Sanktionspraxis nicht völlig an der Sanktionseinstellung der Bevölkerung vorbei zu gehen. Freilich wird dieser Befund dadurch relativiert, dass es sich nicht um eine für die Gesamtbevölkerung repräsentative Erhebung handelt. Zudem ist darauf hinzuweisen, dass der Milderungsumfang bei den Studierenden je nach Art der zugrundeliegenden Tat sowie nach dem Ausmaß der geleisteten Ermittlungshilfe variiert. Die Befragung widerlegt die These von der Erschütterung des Rechtsempfindens also nicht, doch sollte sie zu einer differenzierteren Debatte in diesem Bereich Anlass geben.

3.2.4 Reformvorschläge

Die Einführung des § 46b StGB wurde von erheblichen Bedenken begleitet, weshalb bei der Ermittlung des Reformbedarfs die Vermutung nahe lag, dass die Mehrheit der Befragten sich für eine Abschaffung der Norm aussprechen würde. Diese Erwartung hat sich bei der Vorgängerstudie zum KronzG nicht bestätigt. Hier hatte sich trotz gewichtiger Kritikpunkte eine große Mehrheit der Beteiligten gegen die ersatzlose Streichung der Art. 4, 5 KronzG ausgesprochen.[11] Ein ähnliches, wenn auch nicht so deutliches Bild ergab eine Expertenbefragung zu § 46b StGB durch *Frahm* aus dem Jahr 2012. Hier sprachen sich zwar lediglich die Strafverteidiger mehrheitlich für eine Streichung der Kronzeugenregelung aus, doch war auch der Anteil der Richter und Staatsanwälte, die entsprechend votierten, beachtlich.[12]

Die Resultate der vorliegenden Erhebung entsprechen tendenziell den Werten der erstgenannten Studie. Anders als bei den beiden vorgenannten Untersuchungen wurde hier allerdings die Frage nach einer Streichung von der nach einer Beibehaltung oder Modifizierung der Norm getrennt. Insgesamt zeigt sich jedenfalls, dass eine ersatzlose Abschaffung des § 46b StGB von Gerichten, Staatsanwaltschaften und Polizei überwiegend abgelehnt wird und dass sich sogar die Verteidiger interessanterweise eher gegen eine Entfernung des § 46b aus dem StGB aussprechen.

---

11 *Mühlhoff/Mehrens* (1999), S. 47.
12 *Frahm* (2014), S. 333 f.

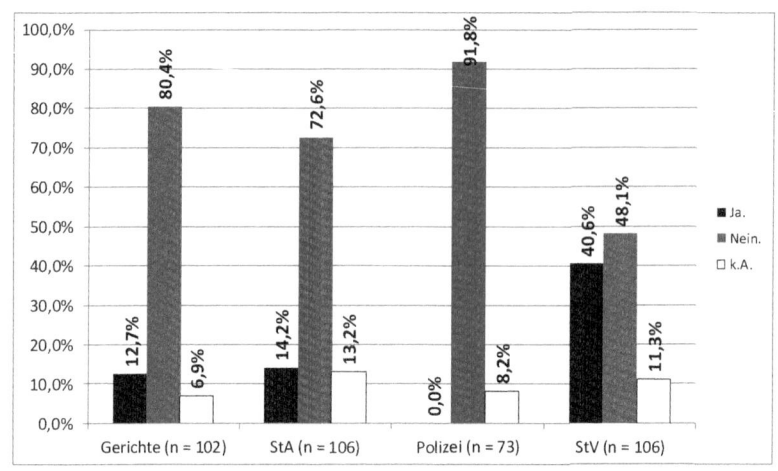

Abbildung 5: Sind Sie der Ansicht, dass die Regelung des § 46b StGB ersatzlos gestrichen werden sollte?

Gleichzeitig besteht nach ganz überwiegender Ansicht Reformbedarf. Obgleich eine Streichung des § 46b StGB mehrheitlich abgelehnt wurde, sprach sich ein beträchtlicher Teil der Befragten zugleich gegen eine unveränderte Beibehaltung der Vorschrift aus.

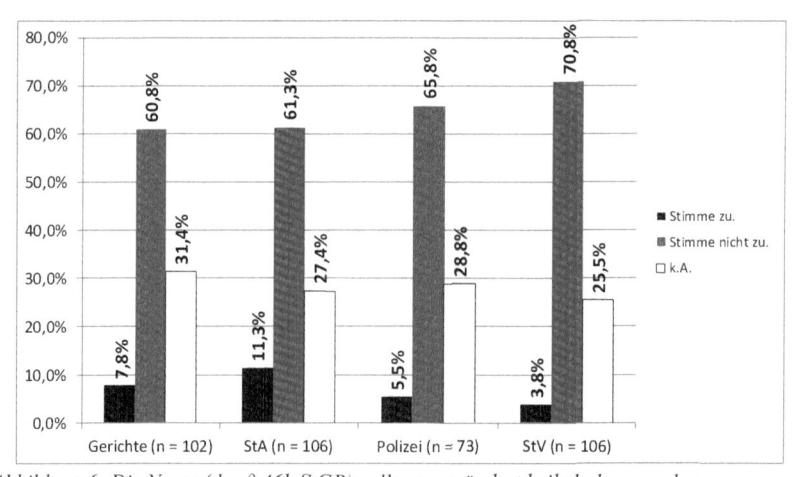

Abbildung 6: Die Norm (des § 46b StGB) sollte unverändert beibehalten werden.

Den Teilnehmenden wurden Reformvorschläge unterbreitet, zu denen sie Stellung beziehen sollten. Große Zustimmung fand in allen Berufsgruppen

Die „Kronzeugenregelung" in der Rechtswirklichkeit

der Vorschlag zur Schaffung einer Wiederaufnahmemöglichkeit zulasten des Kronzeugen, sollten sich dessen Auskünfte im Nachhinein als fehlerhaft erweisen. Entsprechende Vorschläge, meist in Verbindung mit der gerichtlichen Festlegung einer sog. Verwirkungsstrafe, wurden bereits mehrfach diskutiert[13], jedoch vom Gesetzgeber im Zuge der Einführung des § 46b StGB ausdrücklich verworfen.[14]

Vertreter der Gerichte sprachen sich zudem für eine schärfere Sanktionierung von Falschaussagen durch den Kronzeugen aus. Dem stimmte auch die Staatsanwaltschaft mehrheitlich zu, die sich zudem – ebenso wie die Beamten der Polizei – eine Ausgestaltung des § 46b StGB als allgemeine Strafzumessungsnorm vorstellen kann. Polizei und Strafverteidigung begrüßen darüber hinaus Vorschläge, welche die Praktikabilität der Norm und Verhandlungssicherheit bei der Anwendung des § 46b StGB steigern, wozu etwa die Erarbeitung interner Verfahrensrichtlinien zählt.

3.3 Daten aus der Urteilsanalyse

Die Ergebnisse der Expertenbefragung vermitteln einen allgemeinen Eindruck von der derzeitigen Kronzeugenpraxis. Um die Anwendung des § 46b StGB in der Rechtswirklichkeit noch besser untersuchen zu können, sind Fallstudien jedoch unentbehrlich. Bislang konnten 45 Urteile und Strafbefehle einer ersten Auswertung unterzogen werden.

Hierbei handelt es sich ausschließlich um Fälle der Aufklärungshilfe; die Präventionshilfe scheint also in der Praxis kaum eine Rolle zu spielen. Das Strafmaß des Kronzeugen (inklusive der Milderung nach § 46b StGB) lag bei durchschnittlich 2,4 Jahren. Regelmäßig lassen sich die Taten der Ermittlungsgehilfen dem Bereich der mittelschweren Kriminalität zuordnen.

Ursprünglich wurde § 46b StGB vom Gesetzgeber insbesondere für eine bessere Aufklärung und Verhinderung von Delikten im Bereich der organisierten Kriminalität, der Wirtschaftskriminalität und des Terrorismus eingeführt, da vor allem hier aufgrund erhöhter Abschottungstendenzen der Rückgriff auf Insiderwissen als besonders notwendig erachtet wurde.[15] Tatsächlich aber scheint die Vorschrift vor allem außerhalb der genannten Kriminalitätsfelder Anwendung zu finden. Nur 27 % der Verfahren ließen sich der

---

13 Siehe *Frahm* (2014), S. 259 ff.; *Hardinghaus* (2015), S.204 ff.
14 BT-Drs. 16/6268, S. 21.
15 Vgl. BT-Drs. 16/6268, S. 1.

organisierten Kriminalität[16] zurechnen, weitere 9 % der Wirtschaftskriminalität. Hierbei ist natürlich zu beachten, dass bislang nur ein kleiner Teil der einschlägigen Verfahren einer Auswertung unterzogen worden ist. Dies ändert freilich nichts am Befund, dass § 46b StGB auch und gerade außerhalb der vom Gesetzgeber als Hauptanwendungsfelder identifizierten Kriminalitätsbereiche eine Rolle spielt.

Zudem zeigt sich, dass die Aufklärungshilfe offenbar hauptsächlich bei Vermögensdelikten Verwendung findet. So verwirklichten die Kronzeugen häufig Straftaten des 20. (Raub und Erpressung) und des 22. Abschnitts des StGB (Betrug und Untreue). Daneben spielten auch Diebstähle und Unterschlagungen sowie sog. Anschlussdelikte (z.B. Hehlerei) eine wichtige Rolle. Die vom Kronzeugen offenbarten Delikte entstammen sehr häufig den gleichen Deliktskreisen; dementsprechend wiesen in der weit überwiegenden Mehrheit der Verfahren Kronzeugen- und Offenbarungstat einen Zusammenhang zueinander auf, so dass das seit 2013 erforderliche Konnexitätserfordernis in nahezu allen Fällen erfüllt war. In vier von zehn Fällen konnte der Aufklärungsgehilfe den Verfolgungsbehörden Informationen über mehrere bis dato unbekannte Straftaten oder Straftäter liefern. In einem weiteren Viertel der Verfahren betrafen seine Angaben zumindest einen unbekannten Täter oder eine noch unbekannte Tat. Dies sowie die Ergebnisse der Expertenbefragung deuten darauf hin, dass der Einsatz des Kronzeugen in einer erheblichen Anzahl von Verfahren zu einer wesentlichen Förderung der Ermittlungstätigkeit beigetragen hat.

Als weiteres wichtiges Ergebnis der bisherigen Urteilsanalysen lässt sich feststellen, dass es den Prototypen „des Kronzeugen" nicht gibt. Das häufig in der Literatur vermittelte Bild vom berechnend agierenden, verschlagen kalkulierenden Bandenchef hat sich nicht bestätigt. Im Gegenteil zeichnen sich viele Aufklärungsgehilfen gerade durch eine vergleichsweise schwache Position im kriminellen Gesamtgeschehen aus. Aufgrund der Vielfalt der unterschiedlichen Erscheinungsformen wird eine Kategorisierung der unterschiedlichen Kronzeugentypen erschwert. Dennoch zeigt sich, dass der Wille zur Kooperation häufig bei Personen anzutreffen ist, die eine gewisse innere Distanz zu den in Frage stehenden Taten aufweisen. Das kann daran liegen, dass sie keine nennenswerten Vorteile aus der Tat ziehen konnten, dass sie eher unfreiwillig in das Tatgeschehen hineingezogen wurden, sich spontan zur Tatbegehung entschlossen hatten oder dass sie hierarchisch im Vergleich zu den anderen Beteiligten auf vergleichsweise niedriger Stufe standen. Na-

---

16 Zugrunde gelegt wurde die Definition gemäß Nr. 2.1 RiStBV Anl. E.

türlich gab es ebenso Verfahren, in denen der Hauptinitiator der Tat sich über seine Komplizen äußerte, doch scheinen sich vielfach gerade die schwachen Glieder in der Kette für eine Heranziehung als Ermittlungsgehilfen zu eignen, da man diese aufgrund der ohnehin bestehenden Distanziertheit zur Tat offenbar leichter aus bestehenden Strukturen herausbrechen und auf die Seite der Strafverfolgungsbehörden ziehen kann.

4. Fazit

Bei der noch laufenden Evaluierung des § 46b StGB deutet einiges darauf hin, dass die Vorschrift bislang besonnen angewendet wird. Der relativ zurückhaltende Einsatz der Norm mag auch damit zu tun haben, dass in vielen Fällen die Aufklärungs- und Präventionshilfe noch immer über die allgemeine Strafzumessung oder über bestehende Einstellungsmöglichkeiten gewürdigt wird. Der Ruf nach einer Nachbesserung der Vorschrift ist deutlich zu vernehmen. Insbesondere sollte der Gesetzgeber über weitere flankierende Regelungen nachdenken, welche die Handhabung und die Vorhersehbarkeit der Norm, aber auch die Kontrollmöglichkeiten mit Blick auf die bestehenden Missbrauchsrisiken weiter verbessern. Schließlich fordern die Untersuchungsergebnisse dazu auf, die Figur des Kronzeugen differenzierter zu betrachten und von gängigen Stereotypen Abstand zu nehmen. Viele Horrorszenarien, die bei der Einführung des § 46b StGB heraufbeschworen wurden und viele Sorgen, die in diesem Zusammenhang geäußert wurden, haben sich nicht bestätigen lassen oder müssen zumindest relativiert werden. Gleichwohl muss ausdrücklich darauf hingewiesen werden, dass es sich hierbei um eine Momentaufnahme handelt. Sie macht eine zukünftige beständige und insbesondere methodisch einheitliche Evaluierung der Kronzeugenpraxis selbstverständlich nicht entbehrlich.

Literaturverzeichnis

Christoph, S. (2014): Die „nicht mehr ganz so große" Kronzeugenregelung. Kritische Vierteljahresschrift, 97(2), S. 82–95.
Frahm, L. N. (2014): Die allgemeine Kronzeugenregelung. Dogmatische Probleme und Rechtspraxis des § 46b StGB. Berlin: Duncker & Humblot.
Hardinghaus, A. (2015): Strafzumessung bei Aufklärungs- und Präventionshilfe. Der Kronzeuge im deutschen Strafrecht unter besonderer Berücksichtigung von § 46b StGB. München: Utz.

Kaspar, J./Christoph, S. (2016): Kronzeugenregelung und Strafverteidigung. Ergebnisse einer Befragung von Strafverteidigerinnen und Strafverteidigern zur Aufklärungs- und Präventionshilfe gemäß § 46b StGB. Strafverteidiger (im Erscheinen).

Kaspar, J./Wengenroth, L. (2010): Die neue „Kronzeugenregelung" in § 46b StGB: Voraussetzungen, Kritikpunkte und straftheoretische Bedeutung. Goltdammer's Archiv 157(8), S. 453–471.

Malek, K. (2010): Die neue Kronzeugenregelung und ihre Auswirkungen auf die Praxis der Strafverteidigung. Strafverteidiger 43(4), S. 200-206.

Mehrens, S. (2001): Die Kronzeugenregelung als Instrument zur Bekämpfung organisierter Kriminalität. Ein Beitrag zur deutsch-italienischen Strafprozeßvergleichung. Freiburg i. Br.: edition iuscrim.

Mühlhoff, U./Mehrens, S. (1999): Das Kronzeugengesetz im Urteil der Praxis. Baden-Baden: Nomos.

Mühlhoff, U./Pfeiffer, C. (2000): Der Kronzeuge – Sündenfall des Rechtsstaats oder unverzichtbares Mittel der Strafverfolgung? Strafverteidiger 33(4), S. 121–127.

Peglau, J. (2013): Neues zur „Kronzeugenregelung" – Beschränkung auf Zusammenhangstaten. Neue Juristische Wochenschrift 66(27), S. 1910-1913.

Streng, F. (2014): Kriminalitätswahrnehmung und Punitivität im Wandel: Kriminalitäts- und berufsbezogene Einstellungen junger Juristen - Befragungen von 1989 bis 2012. Heidelberg u.a.: Kriminalistik.

Der Freispruch als eine Unbekannte des Kriminaljustizsystems – erste empirische Ergebnisse

Maximilian Haffner und Bernadette Schaffer

Gliederung
1. Einleitung
2. Methodik
3. Ergebnisse der Auswertung der Strafvollzugsstatistik
4. Erste Ergebnisse der Aktenanalyse: Freispruchtypen
5. Zusammenfassung

1. Einleitung

Das Phänomen des Freispruchs ist – wie der Titel schon erkennen lässt – ein in der Wissenschaft bisher vernachlässigter Aspekt des Kriminaljustizsystems.[1] Der Freispruch eines Angeklagten ist zwar ein vergleichsweise seltenes Vorkommnis, gleichwohl ist er – wie der Artikel zeigen wird – in seinen absoluten Zahlen doch beachtlich. Die hohe Belastung der Betroffenen, aber insbesondere der geringe Forschungsstand zum Thema Freispruch, gebietet es, dieses Themenfeld weiter zu erforschen.

Ziel des Projekts „Freispruch – Eine Unbekannte des Kriminaljustizsystems" ist die Fallanalyse von Freisprüchen in Strafverfahren, denen Untersuchungshaft vorangegangen ist, sowie eine statistische Analyse der gesamten Freisprüche. Es soll eruiert werden, um welche Art von Fällen es sich handelt und ob sie typische Muster aufweisen. Darüber hinaus untersucht das interdisziplinäre Team die Ursachen und potenzielle Fehlerquellen. Das Projekt soll auch ermitteln, ob die Freisprüche nach Untersuchungshaft *Ausdruck eines funktionierenden Strafrechtssystems oder eher korrekturbedürftige Unfälle* der Strafjustiz sind.

---

1 Vgl. *Kinzig* (2013), S 727 ff.; *Kinzig/Vester* (2015).

Das DFG-geförderte Projekt läuft seit Oktober 2014 am Institut für Kriminologie der Universität Tübingen und wird nach derzeitiger Planung Ende 2016 abgeschlossen.

2. Methodik

Methodisch ist das Projekt in drei Teile gegliedert: die Auswertung der Strafverfolgungsstatistik, die Aktenanalyse von Freisprüchen nach Untersuchungshaft sowie die Durchführung von Experteninterviews.

Die Auswertung der Strafverfolgungsstatistik erfolgt über ausgewählte Jahrgänge zwischen den Jahren 1995 und 2013.[2] Mithilfe dieser Datensätze werden vor allem folgende Aspekte berechnet: die Entwicklung der absoluten Zahlen sowie des relativen Anteils von Freisprüchen (mit und ohne vorangegangene Untersuchungshaft), Unterschiede zwischen den einzelnen Deliktsgruppen, die regionale Verteilung auf die einzelnen Bundesländer sowie – soweit vorhanden – die biografischen Daten der Freigesprochenen.

Den zweiten Teil des Projekts stellt die Aktenanalyse der Freisprüche nach Untersuchungshaft dar, wobei eine bundesweite Vollerhebung aller Freisprüche des Jahres 2013 angestrebt wird. Die Erhebung erfolgt mittels eines Analyserasters, welches durch eine qualitative Kurzzusammenfassung des jeweiligen Falles ergänzt wird. Im Fokus der Aktenanalyse stehen die soziodemografischen Merkmale der Freigesprochenen, Informationen zur Tat sowie der Ablauf des Ermittlungs- und Hauptverfahrens. Zusätzlich wird eine Zufallsstichprobe an Akten von ca. fünfzig eingestellten Verfahren erhoben, um zu eruieren, ob sich hierunter möglicherweise verkappte Freisprüche befinden.

Im dritten und letzten Teil werden insgesamt dreißig Experteninterviews mit je zehn Richtern, Anwälten und Verteidigern geführt. Im Mittelpunkt der Befragung sollen dabei keine konkreten Einzelfälle stehen, sondern vielmehr die Interviewten als Experten ihres Feldes befragt werden.

Zentrale Fragen der Interviews sind die Arbeits- und Verfahrensweise der Prozessbeteiligten, aber auch ihr Selbstverständnis und eventuelle Handlungszwänge, die das Justizsystem mit sich bringt.

---

2 Im Einzelnen: 1995, 2000, 2005, 2010, 2012, 2013.

3. Ergebnisse der Auswertung der Strafvollzugsstatistik

Mithilfe der elektronischen Version der verschiedenen Untersuchungsjahrgänge der Strafverfolgungsstatistik ist es möglich, detailliertere Berechnungen zu dem Phänomen des Freispruchs anzustellen, als es mit der gedruckten Version der Fall wäre. Für die folgenden Längsschnitt- sowie Querschnittsanalysen sind jedoch zugunsten der Vergleichbarkeit der Jahrgänge zwei Einschränkungen zu berücksichtigen: Die Daten beziehen sich auf die Untersuchungsjahrgänge zwischen 2000 und 2013, da im Jahr 1995 noch fünf Bundesländer in der elektronischen Version fehlten. Zudem werden nur 14 Bundesländer – ohne Mecklenburg-Vorpommern und Sachsen-Anhalt – in die Analyse einbezogen, da diese Bundesländer erst seit 2005 bzw. 2010 in den elektronischen Datensätzen vorhanden sind.

Die Freispruchquote wurde in Relation zu allen in der Strafverfolgungsstatistik enthaltenen Personen gebildet. Neben den Abgeurteilten, die sich aus Angeklagten zusammensetzen, „gegen die Strafbefehle erlassen wurden bzw. Strafverfahren nach Eröffnung des Hauptverfahrens durch Urteil oder Einstellungsbeschluss rechtskräftig abgeschlossen worden sind"[3], enthält die Strafverfolgungsstatistik auch Personen, „die eine Verwarnung mit Strafvorbehalt erhalten haben (§ 59 StGB), bei denen die Verhängung der Jugendstrafe ausgesetzt worden ist (§ 27 JGG) oder bei denen der Staatsanwalt mit Zustimmung des Jugendrichters von der Verfolgung abgesehen hat (§ 45 Abs. 3 JGG)."[4]

Exemplarisch waren dies für das Jahr 2013 (mit oben erwähnten Einschränkungen) 907.593 Personen.

Schaubild 1 zeigt, dass das Aufkommen von Freisprüchen im Untersuchungszeitraum bemerkenswert konstant ist. Schwankungen lassen sich nur auf sehr geringem Niveau ausmachen: Die absoluten Zahlen der Freisprüche sind nach einem leichten Anstieg bis 2010 auf einen Tiefstwert in 2013 gesunken. Die Freispruchquote ist bis 2010 leicht gestiegen, hat sich jedoch seitdem auf einem Level von ca. 3 % eingependelt.

---

3 *Statistisches Bundesamt* (2015), S. 13.
4 *Statistisches Bundesamt* (2015), S. 420.

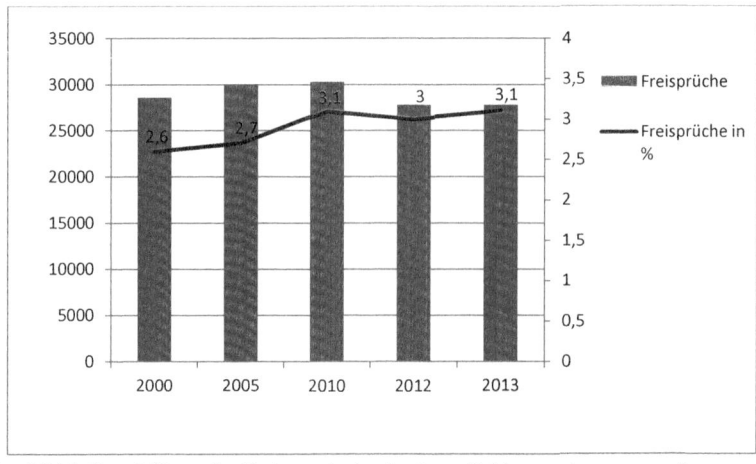

Schaubild 1: Entwicklung der Freisprüche in absoluten Zahlen sowie prozentual

Anders als bei den Freisprüchen im Gesamten sind die Freisprüche nach Untersuchungshaft (Schaubild 2) numerisch wie prozentual gestiegen. Wenngleich auch hier der Anstieg auf einem sehr geringen Niveau verbleibt, ist festzustellen, dass die absoluten Zahlen zwischen 2000 und 2013 um 46 Freisprüche gestiegen sind, prozentual um 0,7 %.

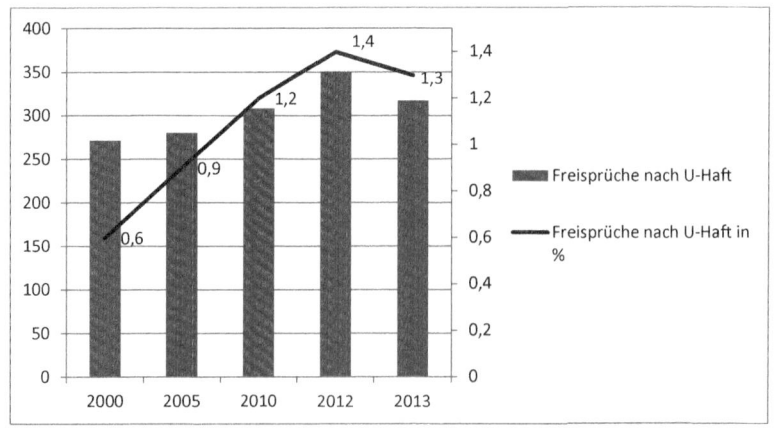

Schaubild 2: Entwicklung der Freisprüche nach Untersuchungshaft in absoluten Zahlen sowie prozentual

Zu den biografischen Daten der Freigesprochenen hält die Strafverfolgungsstatistik nur wenige Informationen bereit. Es können jedoch zumindest Aussagen über das Geschlecht, die Nationalität (binäre Variable: Deutsch/keine Angabe und Nichtdeutsch) und das Alter (jenseits des Jugendalters allerdings nur in Fünfjahreszeiträumen erfasst) getroffen werden.

Die Gruppe der Freigesprochenen setzt sich aus mehr männlichen als weiblichen Personen zusammen. Durchschnittlich sind die Freigesprochenen Mitte dreißig und gute drei viertel sind deutscher Herkunft. Die Zusammensetzung dieser Gruppe verändert sich über die Jahre hinweg nicht wesentlich. Ebenso wenig ändert sich die Gruppe der Freigesprochenen *nach Untersuchungshaft* in ihren biografischen Merkmalen, sie unterscheidet sich jedoch von den insgesamt Freigesprochenen: Der Anteil der Männer ist höher und bei der Herkunft der ehemals Inhaftierten herrscht ein ausgewogenes Verhältnis. Der Anteil Nichtdeutscher ist hier also deutlich höher als bei den Freisprüchen insgesamt.

Vergleicht man die Gruppe der insgesamt Freigesprochenen mit den in der Strafverfolgungsstatistik erfassten Personen lassen sich keine wesentlichen Geschlechterunterschiede finden: Im Jahr 2013 wurden 3,2 % aller männlichen erfassten Personen freigesprochen und 2,6 % aller weiblichen. Dieses Verhältnis ist über die Jahre hinweg nahezu unverändert geblieben.

Ähnliches gilt für die Freisprüche *nach Untersuchungshaft*, wobei hier die Quote praktisch ausgeglichen ist: 2013 wurden 1,3 % der männlichen Untersuchungshäftlinge freigesprochen und 1,2 % der weiblichen.

Eine nahezu ähnliche Verteilung ergibt sich auch für die Differenzierung nach der Staatsangehörigkeit (deutsch/keine Angabe und nicht deutsch): Im Jahr 2013 wurden 3,1 % aller deutschen erfassten Personen freigesprochen, 2,9 % aller Nichtdeutschen. Auch hier bleibt das Verhältnis über die Jahre hinweg gleich. Bezogen auf die Freigesprochenen *nach Untersuchungshaft* ergibt sich ein ähnliches Verhältnis: 2013 wurden 1,2 % aller Deutschen, die in Untersuchungshaft saßen, freigesprochen und 1,3 % aller Nichtdeutschen.

Die *Straftaten,* hinsichtlich derer die Angeklagten freigesprochen wurden, variieren in den meisten Fällen kaum zwischen den Jahren. Bei der Verteilung der Delikte innerhalb der gesamten Freisprüche sind dabei jedoch die „Straftaten im Straßenverkehr" auszunehmen. Diese verzeichnen einen starken Rückgang (2000: 14,5 % – 2013: 9,8 %). Ein starker Anstieg ist hingegen bei „Straftaten gegen die Person" zu verzeichnen (2000: 21,9 % – 2013: 32,3 %).

Für das Jahr 2013 stellt sich die Zusammensetzung der Delikte der Freigesprochenen wie folgt dar: Den Großteil machen „Straftaten gegen die Person" mit 32,3 % aus, gefolgt von „anderen Vermögens- und Eigentumsdelikten"[5] mit 22,5 %. „Diebstahl und Unterschlagung" machen mit 16,6 % einen weiteren beträchtlichen Teil aus. Dahingegen stellen „gemeingefährliche Straftaten einschließlich Umweltstraftaten"[6] (0,7 %) sowie Sexualstraftaten (2,7 %) innerhalb der Gruppe der Freigesprochenen insgesamt nur einen geringen Anteil.

Vergleicht man die Freispruchquoten zwischen den jeweiligen Hauptdeliktsgruppen, liegen Sexualdelikte und Raubstraftaten weit vorn: 9,0 % der wegen Sexualstraftaten in der Statistik erfassten Personen und 8,4 % der wegen Raubtaten erfassten Personen wurden freigesprochen. Dagegen sind Freisprüche bei „Straftaten im Straßenverkehr" (1,6 %) und „Straftaten nach anderen Bundes- und Landesgesetzen"[7] (1,8 %) deutlich seltener.

Die Verteilung der Delikte bei Freisprüchen *nach Untersuchungshaft* ist für das Jahr 2013 in Tabelle 1 dargestellt. Es lässt sich erkennen, dass auch hier die „Straftaten gegen die Person" einen großen Raum einnehmen. Darauf folgen in dieser speziellen Teilgruppe – und im Unterschied zu den allgemeinen Freisprüchen – die Deliktsgruppen „Raub und Erpressung" sowie „Straftaten gegen die sexuelle Selbstbestimmung".

Betrachtet man auch hier wiederum die Freispruchquoten nach Untersuchungshaft zwischen den jeweiligen Deliktsgruppen, zeigt sich ebenfalls, dass Personen, die aufgrund von Sexualstraftaten inhaftiert sind, im Vergleich zu anderen Delikten öfter freigesprochen wurden (5,9 %). Bei „Diebstahl und Unterschlagung" (0,6 %) sowie bei „anderen Vermögens- und Eigentumsdelikten" (0,8 %) sind beispielsweise seltener Freisprüche zu erwarten.

---

5 U.a. Betrug und Urkundendelikte.
6 U.a. Brandstiftung.
7 U.a. Straftaten nach BtMG.

Tabelle 1: Verteilung der Delikte bei Freisprüchen nach Untersuchungshaft

Delikte	Häufigkeit	Prozent
Straftaten gegen den Staat, die öffentliche Ordnung und im Amt	3	0,9
Straftaten gegen die sexuelle Selbstbestimmung	53	16,7
Andere Straftaten gegen die Person, außer im Straßenverkehr	79	24,9
Diebstahl und Unterschlagung	50	15,8
Raub und Erpressung, räuberischer Angriff auf Kraftfahrer	60	18,9
Andere Vermögens- und Eigentumsdelikte: Urkundendelikte	24	7,6
Gemeingefährliche einschl. Umweltstraftaten	8	2,5
Straftaten nach anderen Bundes- und Landesgesetzen	40	12,6
Gesamt	317	100

4. Erste Ergebnisse der Aktenanalyse: Freispruchtypen

Der erste Auswertungsschritt nach der Datenerhebung bestand darin, die Freisprüche zu kategorisieren. Für die Kategorisierung sind die erstellten qualitativen Kurzzusammenfassungen herangezogen worden. Bisher kann auf 95 Freisprüche für die Auswertung zurückgegriffen werden.

Die größten Schwierigkeiten bereiteten bei der Typisierung die Freisprüche, bei denen sich die wesentliche Wendung des Falles erst in der Hauptverhandlung ergab und es sich um ein Verfahren handelte, das nicht (nach § 273 II StPO) ausführlich zu protokollieren war. In diesen Fällen konnte der mögliche Wendepunkt nur noch aus dem Urteil gefolgert werden. Diese waren jedoch teilweise in der Akte nicht auffindbar oder ohne Urteilsgründe abgeheftet. Infolgedessen entfiel die Erkenntnis, warum in den jeweiligen Fällen aus einem hinreichenden Tatverdacht ein Freispruch wurde.

Verschärft wurde diese Problematik in den Fällen, in denen § 267 V 2 StPO entsprechend ein abgekürztes Urteil geschrieben wurde. Hier war nicht mehr ersichtlich, aus welchem Grund der Tatverdacht wegfiel und ein Freispruch erfolgte.

Zuerst wurde zwischen Freisprüchen aus rechtlichen Gründen und solchen aus tatsächlichen Gründen unterschieden. Hierbei überwog die Zahl der Freisprüche aus tatsächlichen Gründen (86 %). Dieses Ergebnis überraschte wenig. Das Tatgeschehen ließ sich regelmäßig nur bis zu einem bestimmten Grad ermitteln. Häufig blieben Lücken und Unklarheiten zurück. So musste das Gericht aus tatsächlichen Gründen freisprechen, wenn es einen rechtlichen Grund für einen Freispruch nicht ausschließen konnte. So wurde zum Beispiel aus einem Freispruch wegen sicher vorliegender Notwehr (Freispruch aus rechtlichen Gründen) schnell ein Freispruch aus tatsächlichen Gründen, weil Notwehr nicht ausgeschlossen werden konnte und das Gericht keine Möglichkeit hatte, den Sachverhalt weiter zu ermitteln.

Freisprüche aus rechtlichen Gründen

In Fällen, in denen der Sachverhalt ausreichend ermittelt werden konnte (Freisprüche aus rechtlichen Gründen), ließen sich bisher vier Typen ausmachen: der Freispruch wegen erwiesen gerechtfertigter oder entschuldigter Taten, der Freispruch wegen Verbots der Doppelbestrafung, der Freispruch wegen Verjährung und der Freispruch wegen Schuldunfähigkeit. In die Gruppe der Freisprüche aus rechtlichen Gründen gehören 13 (14 %) der Fälle.

Freisprüche aus tatsächlichen Gründen

Die *Freisprüche aus tatsächlichen Gründen* wurden bisher in drei Typen unterteilt. Im Rahmen der tatsächlichen Gründe wurde zur Abgrenzung im Wesentlichen auf die Verdachtslage abgestellt. Es stellte sich für die Einteilung folglich die Frage, wann welche Beweise vorlagen und wie diese Beweise bewertet und berücksichtigt wurden.

Der *erste Typus* zeichnet sich durch eine schlechte Verdachtslage aus, die sich während des Verfahrens nicht beziehungsweise nur unwesentlich verändert. Somit lagen in diesen Fällen von Anfang an die wesentlichen Entlastungs- und Belastungsbeweise vor. Es scheint, als würde in diesen Verfahren der hinreichende Tatverdacht optimistisch angenommen, in der Hoffnung, dass im Laufe des Verfahrens noch weitere Beweise auftauchen. Dem ersten Typus konnten bisher 32 Freisprüche zugeordnet werden (34 %).

Der *zweite Typus* zeichnet sich dadurch aus, dass sich noch vor der Anklage die anfänglich gute Verdachtslage zugunsten des Beschuldigten verschiebt, gleichwohl aber durch die Staatsanwaltschaft Anklage erhoben wird. Hier lag der Beweis, der zum Freispruch führte, schon zum Zeitpunkt der Anklageerhebung vor. Die Staatsanwaltschaft hielt ihn jedoch für nicht überzeugend. Auf den zweiten Typus entfielen 11 der 95 Freisprüche (12 %). Auffällig ist, dass in 5 von 11 Fällen dem Beschuldigten vorgeworfen wurde, eine Tat gegen die sexuelle Selbstbestimmung begangen zu haben.

Der *dritte Typus* umfasst die Fälle, in denen es erst im Laufe der Hauptverhandlung zur Wende in der Verdachtslage kommt. Dies ist insbesondere der Fall, wenn die Glaubwürdigkeit eines Zeugen durch ein Glaubwürdigkeitsgutachten oder den Richter anders bewertet wurde als durch die Staatsanwaltschaft. In anderen Fällen fielen in der Hauptverhandlung Belastungszeugen weg oder es kamen Entlastungszeugen hinzu. Auf diese dritte Kategorie entfallen bisher 39 Freisprüche. Dies sind 41 % der bis jetzt untersuchten Freisprüche.

5. Zusammenfassung

Obwohl es sich – verglichen mit allen Aburteilungen – um ein seltenes Phänomen handelt, sind die absoluten Zahlen der Freigesprochenen beachtlich. Die Quote der gesamten Freisprüche hat sich im Untersuchungszeitraum nicht wesentlich verändert und befindet sich seit 2010 auf einem gleichbleibend stabilen Niveau. Die absoluten sowie prozentualen Zahlen des Freispruchs nach Untersuchungshaft sind jedoch bis 2012 gestiegen, wenngleich in sehr geringem Maße. Was hierfür ursächlich gemacht werden kann, bleibt noch zu klären.

Die Freisprüche aus rechtlichem Grund sind nach normativen Gründen typisiert. Die Typisierung der Freisprüche aus tatsächlichem Grund basiert auf der Entwicklung der Verdachtslage.

Der erste Typus bildet die Fälle ab, in denen die Verdachtslage von Anfang bis Ende schlecht bleibt. Der zweite Typus umfasst Fälle, in denen sich eine anfänglich gute Verdachtslage noch vor der Anklage auflöst, gleichwohl aber Anklage erhoben wird. Mit dem dritten Typus werden die Fälle zusammengefasst, in denen sich der Grund für den Freispruch erst in der Hauptverhandlung offenbart. Dabei zeigt sich, dass zumindest in fast der Hälfte der Fälle der Freispruch für die Beteiligten vor der Hauptverhandlung nicht erkennbar war. Dieser Typus spricht somit für ein funktionierendes Strafrechtssystem. Ob der erste oder zweite Typus als Versagen oder Fehler des Strafrechtssystems zu bewerten ist, werden die Experteninterviews zeigen.

6. Literaturverzeichnis

Kinzig, J. (2013): Der Freispruch – eine Unbekannte des Kriminaljustizsystems. In: *Boers, K.; Feltes, T.; Kinzig, J.; Sherman, L.; Streng, F.; Trüg, G.* (Hg.): Kriminologie – Kriminalpolitik – Strafrecht. Festschrift für Hans-Jürgen Kerner zum 70. Geburtstag. Tübingen: Mohr Siebeck, S. 727-745.

Kinzig, J./Vester, T. (2015): Der Freispruch – Ein statistischer Überblick zu einem zwar seltenen, aber (nicht nur für den Beschuldigten) bedeutsamen Verfahrensausgang. In: StV – Strafverteidiger. 35, 4, S. 261-264.

Statistisches Bundesamt (Hg.) (2015): Rechtspflege. Strafverfolgung 2013. Fachserie 10, Reihe 3. Wiesbaden, online verfügbar unter: https://www.destatis.de/DE/Publikationen/Thematisch/Rechtspflege/StrafverfolgungVollzug/Strafverfolgung2100300137004.pdf?__blob=publicationFile, zuletzt geprüft am 04.12.2015.

Gleiches Recht für alle? – Eine empirische Analyse lokaler Unterschiede in der Sanktionspraxis in der Bundesrepublik Deutschland

Volker Grundies

Gliederung

1. Einleitung
2. Daten
3. Methode und Ergebnisse
4. Erklärungsansätze
5. Zusammenfassung

1. Einleitung

Schon für die 20er Jahre des letzten Jahrhunderts stellte *Exner* (1931) deutliche Differenzen in der Sanktionspraxis zwischen verschiedenen OLG-Bezirken fest. Er kommentierte dies zusammenfassend damit, dass es hier nicht um rationales, sondern um traditionales Handeln ginge. Auch neuere Aktenuntersuchungen zur Sanktionierung konstatierten immer wieder unterschiedliche Sanktionspraxen in den einzelnen Gerichtsbezirken, insbesondere bei Jugendlichen, aber auch bei Erwachsenen.[1] In diesem Zusammenhang wurde der schon seit den 1970er Jahren in der amerikanischen Sanktionsforschung (s. z. B. *Eisenstein et al.* 1999) verwendete Begriff „lokale Justizkul-

---

1 In der Untersuchung von *Langer* (1994, S. 270 ff., 314 ff) zum einfachen Diebstahl zeigten sich entlang der drei untersuchten Gerichtsbezirke jeweils differierende, zum Teil signifikante Ergebnisse.
Albrecht (1994) stellte, auch nach Kontrolle der für die Strafzumessung wesentlichen Variablen, zwischen den fünf untersuchten Gerichtsbezirken noch regionale Differenzen fest. Über die drei untersuchten Delikte (Raub, Vergewaltigung und schwerer Diebstahl) ergeben diese Abweichungen aber kein eindeutiges Bild. Damit können diese Unterschiede nicht direkt als eine generell ausgeprägte, differierende Punitivität interpretiert werden, wenn sie dem auch nicht unbedingt widersprechen.
Hupfeld (1999) konstatierte bei JGG-Entscheidungen zum einfachen Diebstahl in einer multivariaten Analyse systematische regionale und richterbezogene Sanktionsdisparitäten, die zu einem erheblichen Teil auf Unterschiede im Umgang mit Mehrfachauffälligen zurückzuführen sind.

tur" auch in die deutsche Kriminologie eingeführt (*Langer* 1994). Allerdings mag es offen bleiben, ob dieser weitreichende Begriff, der auf der Existenz einer berufsspezifischen „Community" basiert, die neben den Staatsanwälten und Richtern auch die Verteidiger, sowie ggf. auch weitere politische Gruppierungen, umfasst und ein (ggf. auch negativ konnotiertes) Zugehörigkeitsgefühl etc. voraussetzt, auch auf das ganz anders gelagerte deutsche Rechtssystem sinnvoll anwendbar ist. Möglicherweise reicht hier als Erklärung die Existenz organisationsbezogener Anpassungsmechanismen, wie sie in nahezu jeder Organisation existieren, aus. So stellte *Albrecht* (1983) an Hand einer Befragung von Richtern fest, dass Richter unter einem starken Konformitätsdruck stünden, die „richtige" Entscheidung zu treffen, wobei „richtig" vor allem bedeutet, dem Gleichheitsgrundsatz gerecht zu werden, d. h. im Rahmen des Üblichen zu entscheiden. Dabei orientieren sich die Richter nach ihren Angaben an den Anträgen der Staatsanwaltschaft, den Entscheidungen ihrer Kollegen sowie an den ihnen vorliegenden Strafregistern. Diese Orientierung dürfte sich aber hauptsächlich auf die nähere Umgebung beziehen, da Entscheide aus entfernten Regionen, abgesehen von öffentlich diskutierten Einzelfällen, kaum in größerer Zahl zur Kenntnis kommen werden. Damit sind lokale Tradierungen der Sanktionspraxis denkbar.

Hier geht es aber nicht darum, sich mit diesen theoretischen Vorstellungen auseinander zu setzten, sondern es wird zuerst geklärt, ob es tatsächlich lokal differierende Sanktionspraxen in der Bundesrepublik gibt und wie groß solche lokalen Differenzen ggf. ausfallen.

2. Daten

Grundlage dieser Untersuchung sind Daten des Bundeszentralregisters (BZR), die im Rahmen der in Göttingen und Freiburg durchgeführten Legalbewährungsstudie (*Jehle et al.* 2013) am MPI verfügbar sind. Analysiert wurden sämtliche Erledigungen nach dem StGB (nicht JGG) aus den Jahren 2004 und 2007. Hierbei wurden alle Erledigungen ignoriert, deren schwerstes Delikt den Straßenverkehr oder das Asyl- bzw. Ausländergesetz betraf. Die Daten beinhalten zu den jeweiligen Erledigungen folgende Informationen: Alter, Geschlecht und Nationalität des Abgeurteilten, das (die) verübte(n) Delikt(e), die verhängte Strafe, sowie die im BZR noch gespeicherte Legalbiografie.

Zu den verübten Delikten ist anzumerken, dass diese Information aus dem Feld „angewandte Normen" gewonnen wurde, in das alle die Entscheidung betreffende Normen eingetragen sein sollten. Dies bedeutet, dass anhand der Paragrafen zwar die Art der ins Urteil eingehenden Delikte zu erkennen ist, aber nicht ihre Anzahl. Diesbezüglich kann nur die Nennung mehrerer Normen (z. B. Körperverletzung und Beleidigung) bzw. die Angabe von Tateinheit und Tatmehrheit einen Anhaltspunkt liefern. Gleichfalls sind keine Angaben zur Schadenshöhe oder anderen Tatumständen verfügbar. Zur Legalbiografie gehören jeweils alle im BZR noch nicht gelöschten Vorregistrierungen der Abgeurteilten. Dies sind die wesentlichen Informationen, die auch den Richtern bei der Entscheidungsfindung vorliegen.

Insgesamt liegen aus diesen beiden Jahren gut eine Million Entscheidungen vor. Schwere Delikte sind dabei selten. Als Anhaltspunkt hierfür mag der bei knapp über 2 % liegende Anteil der an Landgerichten getroffenen Entscheidungen dienen. Die mittlere Dauer der Strafen liegt bei 120 Tagen (Median 50 Tage). In die folgenden Betrachtungen geht nur die abstrakte Dauer der Strafe ein, d. h. bei Geldstrafen die Anzahl der verhängten Tagessätze bzw. bei Freiheitsstrafen ihre Dauer, ohne dass eine Aussetzung zur Bewährung weiter berücksichtigt wird. Diese Reduzierung auf die abstrakte Strafdauer ist sowohl systematisch vertretbar (§ 43 StGB Entsprechung von Geld- und Freiheitsstrafe) wie auch empirisch angemessen (vgl. *Oswald* 1994; *Langer* 1994 und *Grundies/Light* 2014).

Es stellt sich hier die Frage, ob für eine Analyse die naheliegende Skala der Strafdauer in Tagen angemessen ist. Entscheidend in diesem Zusammenhang ist, welche Bedeutung einer bestimmten Differenz, z. B. 30 Tage, an jedem Punkt der Skala zukommt. Ist, insbesondere aus psychologischer Sicht, der Unterschied zwischen einer Strafe von einem Monat und einer von zwei Monaten der gleiche wie der zwischen einer Strafe von 25 oder 26 Monaten? Im ersten Fall verdoppelt sich die Strafe, im zweiten Fall verlängert sie sich gerade um etwa 4 %. Eine relative Betrachtung – die durch Logarithmieren der Werte ermöglicht wird – kommt der intuitiven Einschätzung eher nahe als die lineare Zeiteinteilung. Einer bestimmten Zeitdifferenz kommt dadurch bei einer kurzen Zeitspanne eine größere Bedeutung zu, als wenn sie auf eine lange Zeitspanne bezogen wird. Diese legt auch eine Betrachtung der im StGB angegebenen Strafrahmen nahe[2] sowie die Untersu-

---

2 So steigen beispielsweise die Untergrenzen der schwersten Strafrahmen von 1 über 2, 3, 5 bis 10 Jahre nicht linear an, wohl aber annähernd die Logarithmen dieser Werte (0; 0,7; 1,1; 1,6; 2,3).

chungen zur Strafhärte von *Oswald* (1994) und *Langer* (1994) (vgl. auch *Grundies/Light* 2014). Während die Originalverteilung der Strafdauern sehr linksschief (L-förmig) ist, ist die Verteilung der logarithmierten Strafdauer fast symmetrisch (s. Abbildung 1).

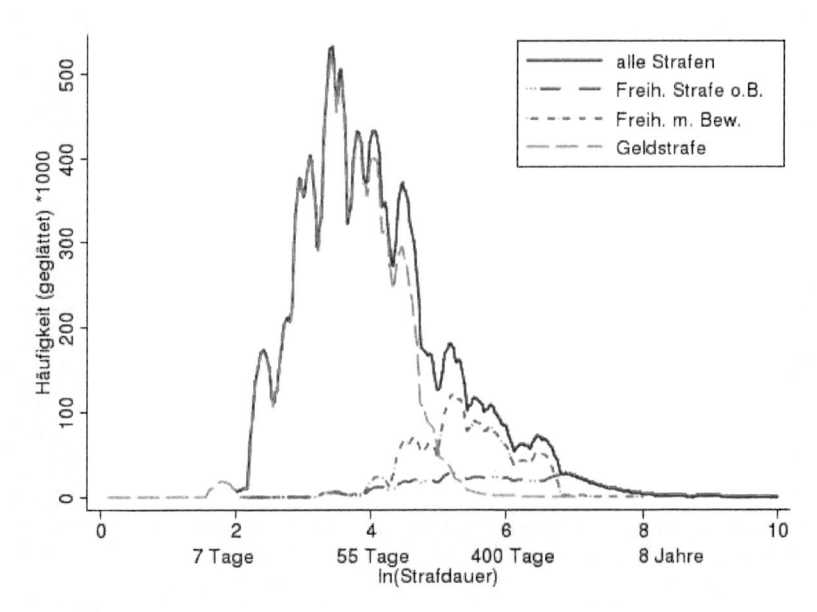

Abbildung 1: Logarithmische Verteilung der Strafdauern

3. Methode und Ergebnisse

Diese Untersuchung zielt darauf ab, lokale Differenzen in der Sanktionspraxis zu erfassen. Es handelt sich dabei um sekundäre Effekte, die sicherlich von wesentlich geringerer Bedeutung sind als der Einfluss der primär die Strafzumessung bestimmenden Größen, wie das Unrecht der Tat oder auch ggf. vorliegende Vorstrafen. Mithin um Effekte zweiter Ordnung. Aus diesem Grunde ist es wichtig, vorab die Varianz der Einzelfälle, verursacht durch das spezifische Delikt und die Persönlichkeit des Angeklagten, weitestmöglich zu reduzieren bzw. zu kontrollieren, u. a. auch, damit sich differierendes Fallaufkommen in den Gerichtsbezirken nicht auf das Ergebnis auswirkt. Dies wird durch eine lineare Regression erreicht, in die die hier

Gleiches Recht für alle? 515

aufgelisteten Variablen eingehen, die allesamt signifikante und substanzielle Beiträge zu Erklärung der Sanktionsdauer leisten:

- Deliktsschwere (Strafrahmen des schwersten Delikts, 18 Kategorien)
- Deliktsart (schwerstes Delikt, 28 Kategorien)
- drei Indikatoren für mehrere Delikte
- drei Variablen zur Erfassung der Legalbiographie:
    - Ln (Summe der Dauer verhängter Freiheitsstrafen)
    - Ln (Summe der Dauer verhängter Geldstrafen)
    - Anzahl von Freiheitsstrafen ohne Bewährung (bis maximal 5)
- Alter, Geschlecht & Nationalität
- AG vs. LG (auch bei gleichem Delikt werden schwerere Fälle vor den Landgerichten verhandelt, dies wird mit dieser Variable berücksichtigt)

Ein Modell, das diese Variablen enthält, d. h. sowohl die verfügbaren Angaben zur verurteilten Tat wie auch die Legalbiografie des Angeklagten, erklärt 61 % der Varianz der verhängten Sanktionen.

Um die Unterschiede zwischen den Gerichtsbezirken zu erfassen, wird die verbleibende Varianz durch eine Mehrebenenanalyse dahingehend analysiert, welcher Anteil an Varianz der Basisebene der einzelnen Entscheidungen und welcher Anteil der übergeordneten Ebene den einzelnen Gerichtsbezirken zugeschrieben werden kann. Dieser Anteil wird methodisch durch die Einführung eines „random intercepts" auf der Ebene der Gerichtsbezirke realisiert. Damit wird die durch das ausführliche Modell zur Sanktionshärte nicht erklärbare verbleibende Varianz aufgeteilt in die durch Gemeinsamkeiten innerhalb der Gerichtsbezirke erklärbare Varianz und die Varianz, die weiterhin den einzelnen Entscheidungen als Restvarianz zugeordnet bleibt.

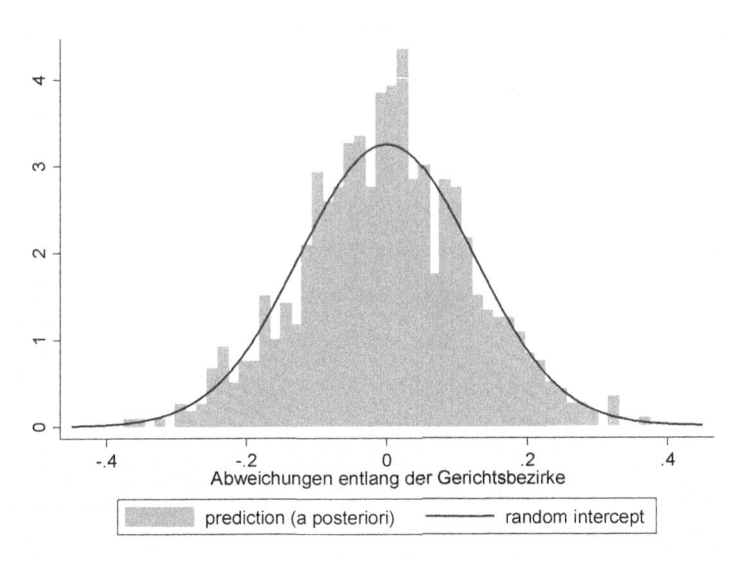

Abbildung 2: Verteilung der Parameter der einzelnen Gerichtsbezirke

Anzumerken ist hier, dass durch das zusätzlich in die Regression eingeführte random intercept nur global der Anteil der auf der Ebene der Gerichtsbezirke liegende Anteil der Restvarianz bestimmt wird. Einzelne Werte für die Gerichtsbezirke werden dabei nicht ermittelt. Dies ist aber im Nachhinein möglich. Abbildung 2 zeigt sowohl die in der Mehrebenenanalyse angenommene Form und bestimmte Breite des random intercepts wie auch die Verteilung der in einem zweiten Schritt (Bayes prediction[3]) bestimmten konkreten Werte für die einzelnen Gerichtsbezirke. Die hier aufgeführten Parameter, die sich auf die logarithmierte Strafdauer beziehen, sind in Abbildung 3 in prozentuale Abweichungen vom bundesweiten Durchschnitt umgerechnet. Diese Transformation ist nicht ganz symmetrisch (zur Null), was hier zu etwas größeren positiven Abweichungen führt.

---

3 Bei der Bayes prediction werden die für die jeweiligen Gerichtsbezirke unter Verwendung des Hauptteils der Regression gewonnenen Mittelwerte der Residuen mit der ermittelten Verteilung des random intercepts gefaltet. Dadurch werden die Mittelwerte der Residuen etwas zur Mitte hin verschoben und zwar umso stärker je weiter außen sie liegen und je größer ihr jeweiliger Fehler ist. Dadurch erhält man gerade für Gerichtsbezirke mit geringen Fallzahlen wesentlich stabilere Ergebnisse, als wenn man direkt die gemittelten Residuen verwenden würde. Die Bayes predictions werden in der Statistik als best linear unbiased predictor angesehen (dazu und zu multi-level Modellen allgemein *Rabe-Hesketh/Skrondal* 2005, S. 111).

Gleiches Recht für alle? 517

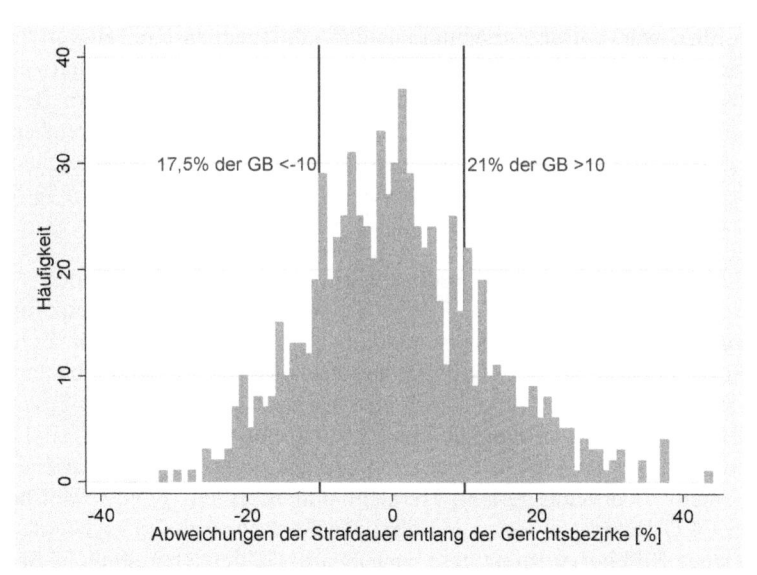

Abbildung 3: Verteilung der prozentualen Abweichungen einzelner Gerichtsbezirke von der mittleren Strafdauer im Bundesgebiet

In 17,5 % der Gerichtsbezirke werden im Mittel um mindestens 10 % kürzere Strafe verhängt als im Bundesdurchschnitt. Umgekehrt werden in 21 % der Gerichtsbezirke um mindestens 10 % längere Strafen verhängt. Es sind aber, wie Abbildung 3 zeigt, auch deutlich größere Abweichungen möglich. Im Mittel differieren zwei zufällig ausgewählte Gerichtsbezirke um 15 % in der Dauer der verhängten Strafen (bei gleichem Delikt und Legalbiografie).

Wären dies nur Abweichungen zwischen einzelnen Entscheidungen, so wären sie kaum erwähnenswert. Es handelt sich aber um systematische Unterschiede zwischen den Gerichtsbezirken, und sie sind auch nicht mehr oder weniger zufällig über die Gerichtsbezirke verteilt, sondern es zeigen sich geografische Muster. Dies ist in Abbildung 4 zu sehen, in der die Werte der einzelnen Gerichtsbezirke (Abweichungen des Gerichtsbezirks von der bundesdurchschnittlichen Sanktionshärte) auf eine Kreiskarte der BRD projiziert sind. Dabei werden die ca. 800 Gerichtsbezirke, je nach Lage des Gerichtssitzes, den ca. 400 Stadt- und Landkreisen zugeordnet, wobei in Kauf genommen wird, dass die Grenzen der Gerichtsbezirke meist nicht deckungsgleich mit den Kreisgrenzen sind. Lagen mehrere Gerichtsbezirke in einem Kreis, so wurden die Werte mit der Anzahl der Verurteilungen gewichtet und gemittelt. Für einige wenige Kreise (N=6), denen kein Gerichtsbezirk zugeordnet war, wurde ein Mittel aus den umliegenden Kreisen verwendet. Es wurde eine Kreiskarte aus dem Jahr 2004 verwendet, die zeitlich vor den meist zusammenfassenden Kreisreformen in einigen ostdeutschen Bundesländern datiert. Dies hat zur Folge, dass dort ein räumlich differenzierteres Bild gezeigt werden kann. Die Grenzwerte der Kolorierung entsprechen folgenden kumulierten Prozentwerten der Verteilung: 5 % (-16), 15 % (-10), 25 % (-5), 50 % (1), 75 % (7), 85 % (14), 95 % (22).

In Baden-Württemberg (insbesondere Baden) und großen Teilen Norddeutschlands dominieren helle Flächen, d. h. es wird eher mild sanktioniert. Dagegen tendiert Bayern (insbesondere im Süden) und Süd-Hessen zu härteren Strafen. Generell ist zu beobachten, dass in benachbarten Gebieten eher eine ähnliche Sanktionspraxis vorliegt, falls nicht gerade eine Landesgrenze die Gebiete trennt. Dies kann durchaus strukturelle Gründe haben, sind doch mehre Amtsgerichte jeweils einem Landgericht zugeordnet und diese wiederum einem Oberlandesgericht. Herrscht nun in einem Landgerichtsbezirk (bzw. OLG-Bezirk) jeweils eine ähnliche Sanktionspraxis, so könnte dies eben jenes Bild hervorrufen, dass benachbarte Gebiete eher ähnliche Sanktionspraxen haben. Der Steuerungsprozess liefe dann wohl hauptsächlich über die Revisionspraxis der übergeordneten Gerichte, an die sich die untergeordneten Gerichte anpassen.

Um dies zu klären, werden zusätzlich zu den Ebenen der Einzelfälle und der Gerichtsbezirke noch die beiden übergeordneten Ebenen der Landgerichtsbezirke und der OLG-Bezirke mit in das Modell aufgenommen. Damit kann die bisher der Ebene der Gerichtsbezirke zugeordnete Varianz auf diese drei obersten Ebenen aufgeteilt werden.

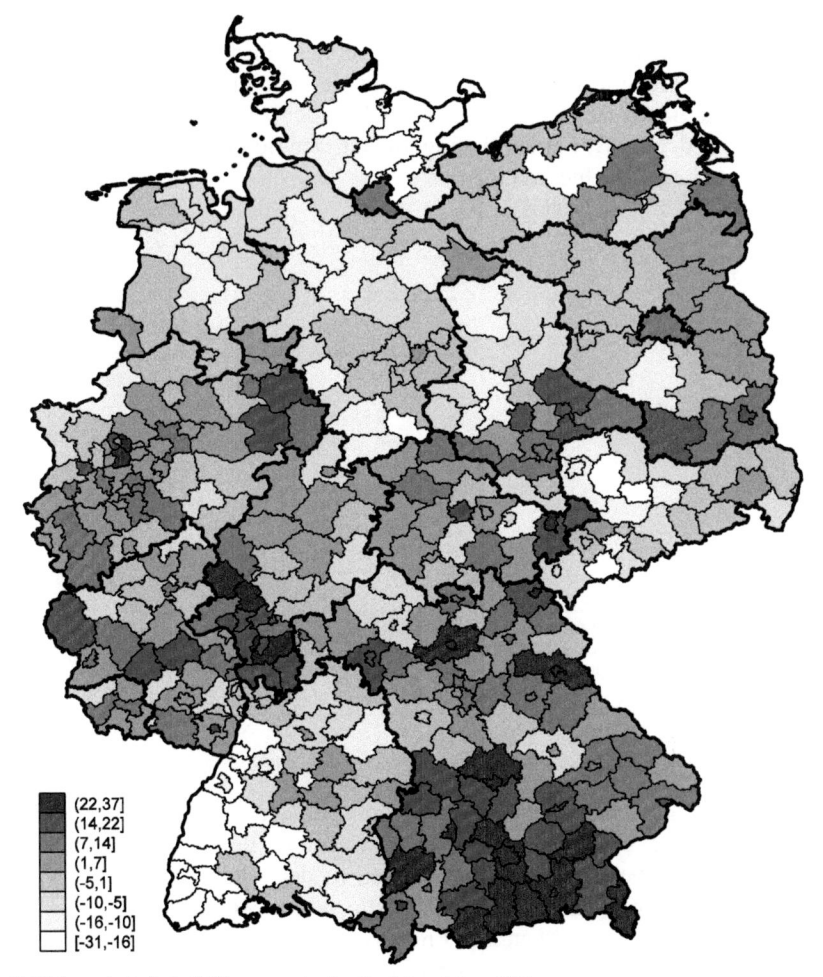

Abbildung 4: Lokale Differenzen in der Sanktionshärte [%]

Tatsächlich verteilen sich die lokalen Differenzen nahezu gleichmäßig auf diese drei Ebenen. 32 % der Varianz liegt zwischen den OLG-Bezirken, d. h. hauptsächlich den Bundesländern. Weitere 27 % kann innerhalb der OLG-Bezirke zwischen den Landgerichtsbezirken verortet werden. Die verbleibenden 41 % sind zwischen den einzelnen Gerichtsbezirken innerhalb der Landgerichtsbezirke zu lokalisieren. Dies ist in Abbildung 5 dargestellt.

Mit einer durchgezogenen Linie ist hier jeweils der Bereich von ± einer Standardabweichung markiert, d. h. der Bereich, in dem etwa 2/3 der entsprechenden Bezirke liegen, vorausgesetzt sie gehören zu dem selben übergeordneten Bezirk. Zusätzlich ist gestrichelt der zusammengefasste Effekt dargestellt, d. h. z. B. bei den Landgerichten der Bereich in den bundesweit ca. 2/3 der Landgerichte fallen.

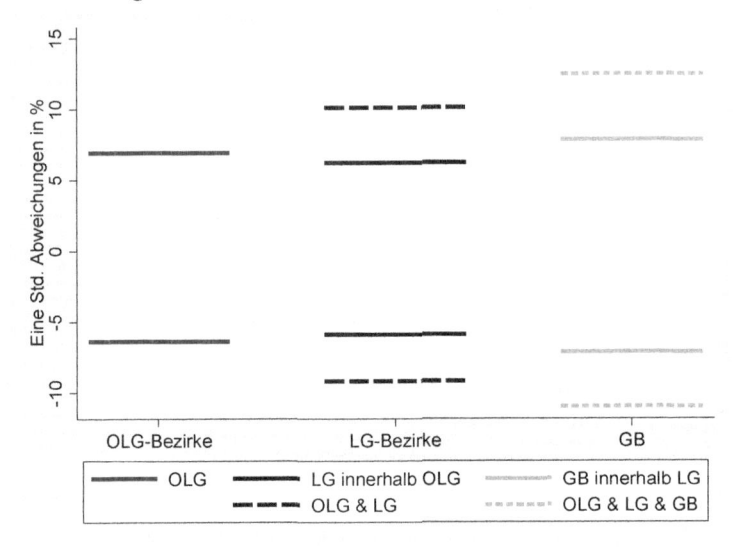

Abbildung 5: Aufspaltung auf die drei Ebenen: OLG-, LG- und AG-Bezirke

Damit bestätigt sich bezüglich der Sanktionspraxis der Einfluss der Oberlandesgerichte auf die Landgerichte und wiederum deren Einfluss auf die Amtsgerichte. Die regionalen Differenzen in der Sanktionspraxis spiegeln somit die hierarchische Struktur der Justiz wider, wobei die Unterschiede zwischen den OLG-Bezirken ihre Entsprechung wohl großteils in der jeweiligen bundeslandspezifischen Justizpolitik finden dürften. So sind in Niedersachsen (3 OLG), NRW (3 OLG), Rheinland-Pfalz (2 OLG) und mit Einschränkungen auch in Baden-Württemberg (2 OLG) die Differenzen in der Sanktionspraxis relativ gering, allerdings kann in Bayern (3 OLG) der Unterschied zwischen der Sanktionspraxis im OLG-Bezirk München gegenüber den OLG-Bezirken Nürnberg und Bamberg kaum durch eine landesspezifische Justizpolitik erklärt werden (vgl. Abbildung 6).

Diese obigen Berechnungen basieren auf einer zusammenfassenden Analyse aller verurteilten Delikte (außer Straßenverkehrs-, Asyl- und Ausländervergehen). Daraus ergibt sich aber die Frage, ob die angegebenen lokalen Differenzen so auf alle Delikte zutreffen oder ob im Extremfall z. B. nur bei Diebstahl eine solch unterschiedliche Sanktionspraxis vorherrscht und auf das Gesamtergebnis durchschlägt. Hierzu sei angemerkt, dass Analysen, die sich auf einzelne Deliktskategorien beschränken (z. B. Raub, Diebstahl & Unterschlagung, Sexualdelikte oder auch die oben nicht analysierten Straßenverkehrsdelikte), zu sehr ähnlichen Ergebnissen hinsichtlich der lokal differierenden Sanktionspraxis kommen, wenngleich es im Detail auch Abweichungen gibt. Die lokalen Unterschiede scheinen auf einer unterschiedlichen ‚allgemeinen Punitivität' zu basieren, die nicht deliktsspezifisch ausgeprägt ist.

4. Erklärungsansätze

Die hier betrachtete Sanktionspraxis steht am Ende verschiedener vorgelagerter Entscheidungsprozesse, die insgesamt als die gesellschaftliche Reaktion auf kriminelles Verhalten beschrieben werden kann. Hier sei nur die Erfassung seitens der Polizei als auch die Einstellungspraxis der Staatsanwaltschaften und Gerichte erwähnt. Bezüglich der Staatsanwaltschaft konstatiert *Langer* (1994), dass diese mittels der von ihnen geforderten Strafen zumindest im Bereich der minderschweren Fälle einen großen Einfluss auf die ausgesprochenen Strafen hätten. Auch die Einstellungspraxis, die wie die Sanktionspraxis im justizellen System selbst erfolgt, könnte in einem engen Zusammenhang mit der Sanktionspraxis stehen. Darauf weist *Heinz* (2011) hin, der die entlang der Bundesländer (bzw. OLG-Bezirke) stark differierende Einstellungspraxis der Staatsanwaltschaften und Gerichte aufzeigt. Vorstellbar wäre, dass dort, wo großzügiger eingestellt wird, nur noch schwerere Fälle übrig bleiben, die auch entsprechend längere Strafen nach sich ziehen.

Direkt verfügbar sind die StA-Statistiken auf OLG-Ebene. Abbildung 6 vergleicht die Anklagerate – als zusammenfassende Größe bezüglich der Einstellungen – mit den Differenzen in der mittleren Länge der ausgesprochenen Sanktionen. Es besteht kein Zusammenhang (Korrelation) zwischen der Anklagerate und der Sanktionspraxis.

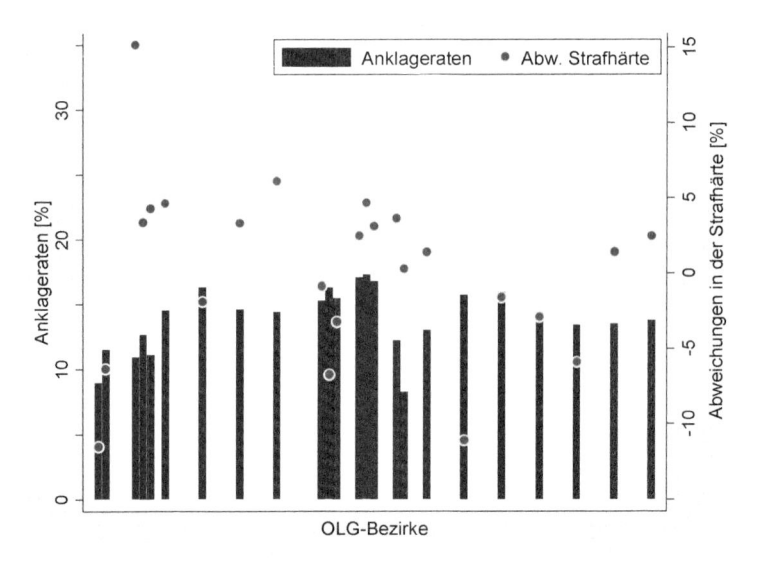

Abbildung 6: Vergleich der Anklageraten mit den Abweichungen in der Strafhärte entlang der OLG-Bezirke

Dies ist beispielhaft an Baden-Württemberg (die ersten beiden OLG-Bezirke) und Bayern (die nächsten drei OLG-Bezirke) zu sehen. Während die Anklageraten in etwa gleich sind, differiert die mittlere Sanktionsdauer zwischen den beiden Bundesländern erheblich. Auch eine multivariate Analyse mit Einstellungen nach § 170 Abs. 2 StPO und anderen Einstellungsarten mit und ohne Auflage sowie dem Anteil der Strafbefehle ergab keinen Zusammenhang mit den lokalen Differenzen in der Sanktionshärte. Somit kann hier, unerwarteter Weise, nur festgestellt werden, dass die beiden Entscheidungsprozesse, d. h. die Frage der Verfahrenseinstellung und die Sanktionierung selbst, völlig entkoppelt sind.

Aus den weiter oben präsentierten Ergebnissen kann vermutet werden, dass sich die Sanktionspraxis in den einzelnen Gerichtsbezirken im Spannungsfeld lokaler Tradition einerseits und kriminalpolitischen Vorgaben (vermittelt durch die Oberlandesgerichte und Landesgerichte) anderseits einjustiert. Es stellt sich aber die Frage, ob andere gesellschaftliche Gegebenheiten soziokultureller oder wirtschaftlicher Art Einfluss haben. Deshalb wurde der Einfluss sozialstruktureller Maße auf die Sanktionspraxis untersucht. Einige dieser Kennwerte (auf der Ebene der Landkreise erhoben) korrelieren bivariat mit der Sanktionspraxis. Zu nennen wären hier beispielhaft die Einwohnerdichte (r=0,21), der Anteil von Personen mit Einkommen über 125.000 € (0,20), der Anteil von Personen mit Hochschulabschluss (-0,13), die durchschnittlichen Baulandpreise (0,25) sowie der Anteil Ausländer (0,21).

Um die Anzahl der Variablen noch übersichtlich zu halten und die bei sozialstrukturellen Angaben hohe gegenseitige Abhängigkeit zu reduzieren, wurden diese Angaben mit Hilfe einer Faktorenanalyse in zwei Faktoren zusammengefasst. Der erste polarisiert u. a. zwischen dem Anteil von Personen mit Hochschulabschluss einerseits (-) und den durchschnittlichen Baulandpreisen, dem Anteil von Personen mit hohem Einkommen sowie der Einwohnerdichte andererseits (+). Der zweite Faktor reicht von dem Anteil großer Wohnungen einerseits hin zu diversen Arbeitslosenraten anderseits. Beide Faktoren korrespondieren mit einer (härteren) Sanktionspraxis.

Führt man diese beiden Faktoren in das Modell ein, so reduziert sich die Varianz auf der Ebene der Landgerichtsbezirke um ca. 18 %. Die Varianzen auf der OLG- und AG-Ebene werden nicht tangiert. Fraglich in diesem Zusammenhang ist allerdings, ob es sich dabei um einen ursächlichen Zusammenhang handelt oder um einen ökologischen Fehlschluss. Selbst auf der Makro-Ebene bleibt der Zusammenhang widersprüchlich. So zeigen beispielsweise die Baulandpreise und der damit stark korrelierende (r=0,55) Anteil der Personen mit hohem Einkommen tatsächlich mit hohen Werten in Südbayern und Südhessen ein ähnliches räumliches Muster wie die Sanktionspraxis, doch gilt dies keineswegs durchgehend. In Nordbaden, dem Stuttgarter Raum und in der Grenzregion in der Nähe von Basel werden gleichfalls hohe Werte ausgewiesen, die hier aber mit einer sehr zurückhaltenden Sanktionspraxis einhergehen. Weiter zeigen die Faktoren meist extreme Ost-West Unterschiede (z. B. Arbeitslosigkeit, Ausländeranteil, höhere Einkommen oder Bildung [im Osten hoch]), die die Frage aufwerfen, ob aus ihnen sinnvolle bundeseinheitliche Skalen gebildet werden können.

Im Sinn der These, dass die Sanktionspraxen sich lokal tradieren, ist die Frage der zeitlichen Stabilität zu klären. Die Differenz von gerade mal drei Jahren zwischen den beiden erfassten Zeitpunkten lässt aber hier keine weiter reichende Aussage zu. Hier sei deshalb nur erwähnt, dass die Ergebnisse der diesbezüglich durchgeführten Analysen zumindest nicht der Annahme einer zeitlichen Stabilität der Sanktionspraxis widersprechen.

5. Zusammenfassung

Hier wurde der Frage nachgegangen, inwieweit es in den verschiedenen Regionen der Bundesrepublik unterschiedliche Sanktionspraxen bezüglich der abstrakten Dauer der Strafen gibt. Damit widmete sich die Untersuchung einem Effekt zweiter Ordnung, d. h. einem Effekt, der relativ zu den die Sanktion bestimmenden gesetzlichen Grundlagen, wie z. B. der Art des verübten Delikts und der Legalbiographie, von untergeordneter Bedeutung sein sollte. Anderseits kann man angesichts der Ermessensspielräume, die das Gesetz einräumt, solch lokal differierende Sanktionspraxen vermuten, die gleichwohl im lokalen Bereich den Grundsatz der Gleichbehandlung nicht verletzen dürften.

Führt man in ein Regressionsmodell, das an Hand des verübten Delikts und der Legalbiographie des Verurteilten 61 % der Varianz der verhängten Strafdauern erklärt, die Gerichtsbezirke als zusätzliche Ebene ein, so kann 3 % der Restvarianz innerhalb der Gerichtsbezirke lokalisiert werden. Dies ist für einen Effekt zweiter Ordnung ein substanzieller Beitrag. So unterscheiden sich zwei zufällig ausgewählte Gerichtsbezirke um 15 % in der Dauer der verhängten Strafen (bei gleichem Delikt und Legalbiographie). Dies sind systematische Unterschiede, die nicht auf Einzelfälle rückführbar sind.

Es zeigen sich dabei deutliche geographische Muster in der Sanktionspraxis. So werden, um ein Extrem zu nennen, in Oberbayern um ca. 25 % längere Strafen verhängt als in Baden (wiederum bei gleichem Delikt und Legalbiographie). Dieses geographische Muster lässt sich größtenteils durch die den einzelnen Gerichtsbezirken übergeordneten Ebenen der Land- und Oberlandgerichtsbezirke und damit der Organisationstruktur bzw. den Revisionsinstanzen erklären. Die Varianz teilt sich zu annähernd gleichen Teilen auf die drei Ebenen der OLG-Bezirke, der Landgerichtsbezirke und der einzelnen (Amts-)Gerichtsbezirke auf.

Wenn man diese Ergebnisse in einen justizorganisatorischen oder gar sozialstrukturellen Zusammenhang stellt, d. h. nach anderen Ursachen als der einer reinen Tradierung sucht, so zeigt sich wenig Greifbares. Beispielsweise besteht kein Zusammenhang zwischen der Einstellungspraxis und der Sanktionspraxis auf der Ebene der Oberlandgerichtsbezirke. Auch sozialstrukturelle Differenzen zwischen den Gerichtsbezirken, wie man sie aus den verfügbaren Kreisstatistiken gewinnen kann, können die unterschiedliche Sanktionspraxis nicht befriedigend erklären. Zusammenfassend stützt dies die Annahme einer Tradierung lokaler 'Gerichtskulturen' oder zumindest lokaler Taxen.

Literatur

Albrecht, H.-J. (1983): Gleichmäßigkeit und Ungleichmäßigkeit der Strafzumessung. In: Kerner, H.-J./Kury, H./Sessar, K. (Hg.): Deutsche Forschungen zur Kriminalitätsentstehung und Kriminalitätskontrolle. Köln: Heymans, S. 1297-1332.
Albrecht, H-J. (1994): Strafzumessung bei schwerer Kriminalität. Berlin.
Eisenstein, J./Flemming, R.-B./Nardulli, P.-F. (1999): The Contours of Justice. Communities and their Courts. Boston: University Press of America.
Exner, F. (1931): Studien über die Strafzumesssungspraxis der deutschen Gerichte. Leipzig: Wiegant.
Grundies, V./Light, M.-T. (2014): Die Sanktionierung der ‚Anderen' in der Bundesrepublik. In: Niggli, M.-A./Marty, L. (Hg.): Risiken der Sicherheitsgesellschaft Sicherheit, Risiko & Kriminalpolitik. Mönchengladbach: Forum Verlag Godesberg, S. 225-39.
Heinz, W. (2011): Gleiches Recht - ungleiche Handhabung! Die Sanktionierungspraxis in Baden-Württemberg im Ländervergleich. http://wwwkiuni-konstanzde/kis/. 2011:80
Hupfeld, J. (1999): Richter und gerichtsbezogene Sanktionsdisparitäten in der deutschen Jugendstrafrechtspflege. In: MschrKrim. 82, S. 342-350.
Jehle, J.-M./Albrecht, H.-J./Hohmann-Fricke, S./Tetal, C. (2013): Legalbewährung nach strafrechtlichen Sanktionen. Eine bundesweite Rückfalluntersuchung 2007 bis 2010 und 2004 bis 2010: Bundesministerium der Justiz.
Langer, W. (1994): Staatsanwälte und Richter. Justitielles Entscheidungsverhalten zwischen Sachzwang und lokaler Justizkultur. Stuttgart: Enke.
Oswald, M.-E. (1994): Psychologie des richterlichen Strafens. Stuttgart: Enke.
Rabe-Hesketh, S./Skrondal, A. (2012): Multilevel and Longitudinal Modeling Using Stata. Volume I: Continuous Responses (3. edition): stata press.

Der Sinn von Strafe – Aushandlungsprozesse zwischen Rechtspflegern und Sozialarbeitern aus professionssoziologischer Sicht

Nicole Bögelein

Gliederung

1. Einleitung und Fragestellung
2. Professionssoziologische Grundlagen
3. Methode und Daten
4. Ergebnisse
4.1 Redeanteile
4.2 Bezeichnungen für die Verurteilten
4.3 Rechtspfleger: Strafe als Folge einer Straftat
4.4 Sozialarbeiter: Strafe als Folge einer Biografie
4.5 Unterschiede und Gemeinsamkeiten
5. Ergebnisse und Fazit

1. Einleitung und Fragestellung[1]

Die Forschung interessiert sich hinsichtlich Strafen einerseits dafür, wie sie zustande kommen, etwa wie die Strafhöhe nach verschiedenen Merkmalen iert[2], andererseits für Ausgestaltung und Folgen der Freiheitsstrafe. Die Mechanismen aber, die in der Vollstreckung einer Geldstrafe ablaufen, werden vernachlässigt. Vermutlich nicht zuletzt wegen eines geringen Problembewusstseins, könnte man doch annehmen, es handele sich um einen rein „technischen" Vorgang ohne weitere Interpretationsvorgänge – das ist jedoch nicht immer der Fall. Ist eine Geldstrafe nämlich einmal gerichtlich festgelegt, so gibt es durchaus eine Phase mit einem gewissen Entscheidungsspielraum. Die Rechtspfleger[3] in den Staatsanwaltschaften vollstrecken die Geldstrafe[4] und ordnen zu einem Zeitpunkt[5] die Ersatzfreiheitsstrafe (EFS) an[6], welche jedoch nach Möglichkeit

---

1 Ich bedanke mich für Anmerkungen zum Text bei *Verena Boxberg*, *André Ernst* und *Jana Meier*.
2 Vgl. *Grundies/Light* (2014).
3 Wegen der Lesbarkeit verwendet dieser Text einheitlich das männliche Geschlecht, es sind alle Geschlechter gemeint.
4 Siehe § 451 StPO; § 31 RPflG.
5 Vgl. *Bögelein/Ernst/Neubacher* (2014a), S. 79 ff.

zu vermeiden ist. Daher können sie Sozialarbeiter des ambulanten Sozialen Dienstes (ASD) damit beauftragen, die Verurteilten bei der Haftvermeidung zu unterstützen. In Nordrhein-Westfalen konnten die Rechtspfleger – unterschiedlich nach Landgerichtsbezirk – entscheiden[7], ob sie Fälle an Sozialarbeiter abgeben, um die ersatzweise Inhaftierung zu vermeiden.[8] An diesem Punkt müssen die Rechtspfleger ihre Idee von Strafe reflektieren. Zudem erfolgt dann eine Zusammenarbeit zweier ganz unterschiedlicher Berufsgruppen: Sozialarbeiter und Rechtspfleger. Der vorliegende Text geht der Frage nach, ob im direkten Austausch dieser beiden Gruppen Strafsichten zutage treten, die sich nach Profession unterscheiden. Lässt sich erkennen, dass die Berufsgruppen der Strafe unterschiedliche Funktionen zuschreiben? Und wenn ja, wer erhält dann in einem Gespräch die Deutungshoheit?

Die gesellschaftliche Idee von Strafe wandelt sich beständig. Die punitive Wende bezeichnet einen Wandel weg vom wohlfahrtsstaatlichen Strafen hin zu einer Kultur der Kontrolle[9] mit stärkerer Punitivität, d.h. „eine akzentuierte Strafhaltung; der Begriff fokussiert das Befürworten hoher Strafen".[10] Im Zuge dieser Wende ist eine „schwindende Glaubwürdigkeit von Sozialstaatsexperten" zu beobachten.[11] Allerdings verlieren nicht alle Experten und Fachkräfte an Glaubwürdigkeit, es sind „vor allem diejenigen sozialen Gruppen die am deutlichsten mit dem sozialen Grundprinzip verbunden sind (Bewährungshelfer, Sozialarbeiter (…)), während diejenigen, die mit der neuen ökonomischen Rationalität assoziiert werden (Rechnungsprüfer, Buchhalter (…)), an Einfluss gewinnen".[12] Während der wohlfahrtsstaatliche Ansatz von Strafe hinterfragte, wie man Personen unterstützen kann, lautet die alles vereinende Frage der ökonomischen Ansätze von Strafe: Was bringt etwas? Diesen entgegenstehenden Denkmustern von Strafe folgend ist zu vermuten, dass Rechtspfleger ihren Aufgaben entsprechend eher buchhalterisch, also ökonomisch denken, Sozialarbeiter hingegen eher verständnisvoll pädagogisch. Dieser Annahme geht vorliegender Text am Gegenstand der Geldstrafe bzw. Ersatzfreiheitsstrafe (EFS) nach. Eine EFS ist laut Strafvollstreckungsordnung die gewöhnliche Folge einer nicht entrichteten

---

6 Überblick zum Ablauf der Geldstrafenvollstreckung siehe *Bögelein* (2016), S. 81.
7 Das Vorgehen hat sich seit der Datenerhebung 2012 etwas verändert. Es geht hier aber nicht um die Vorgehensweise, sondern den Vergleich der involvierten Berufsgruppen.
8 Die Abgabezeitpunkte waren unterschiedlich, vgl. *Bögelein/Ernst/Neubacher* (2014a), S. 71 ff.
9 Vgl. *Garland* (2001).
10 *Streng* (2014), S. 2.
11 *Garland* (2008), S. 337
12 *Garland* (2008), S. 338, FN 129

Geldstrafe.[13] Nur wenn und soweit die Vollstreckung der Geldstrafe unterbleibt[14] oder freie Arbeit[15] geleistet wird, wird sie nicht vollstreckt. Die Haftvermeidung ist dabei arbeitsintensiv, es zeigt v. a. sozialarbeiterische Unterstützung Erfolg.[16] Eine EFS trifft vor allem diejenigen, die weder über Geld verfügen, noch mit Unterstützung rechnen können, nämlich benachteiligte Gruppen.[17]

2 Professionssoziologische Grundlagen

Berufe sind das Produkt gesellschaftlicher Arbeitsteilung, mit deren Fortschreiten sich standardisierte Berufsbilder entwickelt haben. Als Beruf bezeichnet man eine dauerhafte, standardisierte, auf Spezialisierung der Fähigkeiten beruhende Form der Bereitstellung von Arbeitsvermögen.[18] Die Arbeitsteilung in Form von Berufen bringt eine gewisse Schließung und Monopolisierung mit sich. Mit der beruflichen Spezialisierung kommt es zu spezifischen Denk- und Wissensordnungen, die den Einzelnen durchaus entlasten.

Die Akademisierung macht einen Beruf zur Profession, indem sich Fachtermini, Normen, Ethikkodex sowie die Ablehnung einer Laienkontrolle herausbilden – klassische Professionen sind Mediziner und Juristen.[19] Die Bezeichnung professionell meint in diesem Zusammenhang nicht Könnerschaft, sondern eine bestimmte Wissensbasis.[20] Die interaktionistische Professionssoziologie bezeichnet es als professionelle Paradoxie, dass Professionelle mit Fehlern und Unsicherheiten umgehen müssen, weil sie auf unsicherer empirischer Basis Aussagen über Fallentwicklungen treffen müssen. Dabei müssen sie allgemeines Wissen auf einen konkreten Fall anwenden und den richtigen Moment zwischen Warten und Handeln abpassen – die EFS-Vermeidung ist ein solcher Zeitpunkt.

---

13 Vgl. hier und folgend § 49 StVollstO.
14 Nach § 459d StPO; siehe auch § 459e Absatz 4 StPO.
15 Im Sinne des Art. 293 EGStGB.
16 *Kähler* (2002).
17 Vgl. *Müller-Foti et al.* (1999); *Dolde* (1999); *Dubielcyk* (2002); *Bögelein/Ernst/Neubacher* (2014b); *Wilde* (2015).
18 Vgl. hier und folgend *Kalkowski* (2010).
19 Streng genommen sind Rechtspfleger und ggf. Sozialarbeiter wohl als sog. Semiprofessionals zu bezeichnen, die kürzere Ausbildungszeiten haben und über weniger Eigenkontrolle verfügen. Das ist jedoch hier nicht weiter von Belang.
20 *Kalkowski* (2010), S. 5

Rechtspfleger erhalten eine juristische Ausbildung an einer Fachhochschule für Rechtspflege oder öffentliche Verwaltung. Sie arbeiten als Beamte in den Staatsanwaltschaften und das Rechtspflegegesetz regelt ihre Aufgaben. In der Geldstrafenvollstreckung sollen sie mit Nachdruck und Beschleunigung vollstrecken[21], also keine mutwilligen Verzögerungen zulassen. Rechtspfleger sind Regeldurchsetzer; sie müssen verhängte Strafen ohne moralischen Eifer durchsetzen.[22] Becker hält es für charakteristisch für das Berufsbild, dass Mitarbeiter in Strafverfolgung und -vollstreckung „dazu neigen, gegenüber der menschlichen Natur einen pessimistischen Standpunkt einzunehmen. (…) Sie sind skeptisch gegenüber Bemühungen um Besserung von Gesetzesbrechern."[23] Die Arbeit der Rechtspfleger besteht im wesentlichen aus der Bearbeitung von Akten, der Kontakt mit Verurteilten erfolgt meist schriftlich, seltener telefonisch – persönlicher Kontakt ist die Ausnahme. Ihr Interesse am Fall ergibt sich aus dem Auftrag der zügigen und nachhaltigen Vollstreckung.

Auch *Sozialarbeiter* studieren an einer Fachhochschule[24], Sozialarbeiter beim ambulanten Sozialen Dienst (ASD) arbeiten in der Regel nach kurzer Zeit in einem Angestelltenverhältnis als Beamte. Ihre Arbeit unterscheidet sich von derjenigen der Rechtspfleger hinsichtlich der Interaktion mit den Verurteilten, da sie regelmäßig persönlichen Kontakt haben. Die Profession Soziale Arbeit ist damit beauftragt, der Gesellschaft zu helfen, „indem sie unmittelbar den sozialen Zusammenhalt fördert, (…) gesellschaftliche Veränderungsbedarfe anmahnt, zu deren Umsetzung beiträgt und Teilhabe aller BürgerInnen ermöglicht und unterstützt."[25] Die Straffälligenhilfe soll einerseits persönliche Hilfen bieten und andererseits eine Rückfallprävention leisten.[26] Oft findet Straffälligenhilfe in einem Spannungsfeld von Kontrolle und Hilfe statt, das man als doppeltes Mandat bezeichnet. *Lutz* hält die „normative Haltung zum doppelten Mandat" für bedeutsam für das Arbeitsverständnis.[27] Der Umgang damit sei geprägt von einem schlechten Gewissen, das sich jedoch möglicherweise auflöse, weil Sozialarbeiter punitiver würden.[28] Die Arbeit der Fachkräfte der Sozialen Arbeit wird davon beeinflusst, wie sie Kontroll- und Sanktionselemente in der Praxis einsetzen und

---

21 § 2 Abs. 1 StVollstrO.
22 *Becker* (1973), S 144.
23 *Becker* (1973), S. 142.
24 Vereinzelt kann man Soziale Arbeit auch an einer Universität studieren.
25 Kommentar zur Definition von Sozialer Arbeit; siehe Berufsverband für Soziale Arbeit, abgerufen unter: http://www.dbsh.de/beruf.html (zuletzt geprüft am 29.12.2015).
26 *Cornel* (2014), S. 33.
27 *Lutz* (2012), S. 158.
28 Vgl. auch *Dollinger* (2010), S. 6.

begründen. Dabei spielen Gesellschaftsdiagnosen sowie das Adressatinnenbild[29], etwa ob die Befragten von einer bedrohlichen Klientel oder einer bedrohten Klientel ausgehen, eine Rolle.[30]

Aufgrund der genannten Charakteristika der jeweiligen Profession sind folgende Sichtweisen zu vermuten:

(1) Rechtspfleger vertreten eine ökonomische Strafsicht. Diese äußert sich u.a. in der Überzeugung, dass
- derjenige, der eine staatliche Strafe erhält, diese verdient.
- die Strafvollstreckung der Sicherung von Recht und Ordnung dient.
- ausschließlich der Abschluss der Vollstreckung interessiert.

(2) Sozialarbeiter folgen einer wohlfahrtsstaatlichen Idee von Strafe. Diese äußert sich u.a. in der Überzeugung, dass
- derjenige, der eine staatliche Strafe erhält, der Unterstützung bedarf.
- die Strafvollstreckung – trotz des doppelten Mandats – auf Unterstützung fokussieren soll.
- über das Vollstreckungsende hinaus die Folgen der Strafe erwägt werden.

3. Methode und Daten

Die Untersuchung erfolgt als Sekundärauswertung von Daten aus dem Projekt „Vermeidung von Ersatzfreiheitsstrafen – Evaluierung justizieller Haftvermeidungsprojekte in Nordrhein-Westfalen".[31] Die sechs jeweils zweistündigen Gruppendiskussionen fanden in verschiedenen Landgerichtsbezirken im Herbst 2012 in den Räumen der Staatsanwaltschaften statt. Daran nahmen jeweils drei Rechtspfleger (in einer Diskussion zwei) und drei Sozialarbeiter sowie in zwei Diskussionen jeweils ein Mitarbeiter eines freien Trägers teil.[32] Somit stehen die Sichtweisen von 17 Rechtspflegern und 18 Sozialarbeitern zur Verfügung (insgesamt 35 Personen).

---

29 *Lutz* (2012), S. 159.
30 *Dollinger* (2010), S. 8.
31 Der Untersuchungskontext und die Ergebnisse der Studie sind beschrieben in *Bögelein/ Ernst/Neubacher* (2014a).
32 Zur Erhebung siehe *Bögelein/Ernst/Neubacher* (2014a), S. 65 ff. Mitarbeiter des freien Trägers wurden nicht in der Auswertung betrachtet, da sie nur an zwei Diskussionen teilnahmen und eine andere Stellung innehaben. Es waren 18 Sozialarbeiter ohne freie Träger.

Gruppendiskussionen ermöglichen eine Form alltäglicher Interaktion und die Teilnehmer verwenden weitgehend Sprechweise, Sprache und Inhalt der Alltagskommunikation. Durch gegenseitiges Aufeinander-Bezugnehmen entsteht ein kommunikativer Kontext, der den Sinngehalt der einzelnen Aussagen verdeutlicht.[33] Die Auswertung erfolgte nach der Dokumentarischen Methode. Diese beruht darauf, dass Handelnde Ereignisse nicht isoliert betrachten und interpretieren, sondern sie in einen Handlungsverlauf einbinden, nämlich als Rückbezug zu vorherigen Ereignissen und als Ankündigung künftiger Ereignisse.[34] Ziel der Methode ist es, in angemessener Weise Zugang zu fremden Erfahrungsräumen und Weltsichten zu erhalten.[35] Gegenstand der Analyse sind geteilte Erfahrungen, die sich in gemeinsamen Handlungen metaphorisch und atheoretisch entfalten.

Zunächst erfolgte eine Sicherung des thematischen und formalen Verlaufs; dazu wurden die drei Diskursmerkmale Proposition, Elaboration und Konklusion rekonstruiert und anschließend eine formulierende und eine reflektierende Interpretation vorgenommen.[36] Die weiteren Analysen erfolgten computergestützt mit Maxqda; dabei wurden sowohl äußere Merkmale der Diskussionen (Redeanteile, Sprecher etc.) als auch inhaltliche Aspekte codiert.

4. Ergebnisse

Der Ergebnisteil beschreibt zunächst verwendete Worte und Redeanteile.[37] Anschließend werden professionsspezifische Unterschiede und Gemeinsamkeiten aufgezeigt.

4.1 Redeanteile

Die computergestützte Auswertung bietet Visualisierungsmöglichkeiten; interessant sind die Redeanteile der befragten Gruppen. Die Transkripte wurden nach Sprechergruppe codiert (Rechtspfleger, Sozialarbeiter oder freier Träger). Es zeigt sich, dass die Rechtspfleger in fünf von sechs Gesprächen die größeren

---

33 Ausgangspunkt ist nicht subjektive Intention, sondern die interaktive Prozessstruktur; es wird die professionstypische Selektivität in der Themenbehandlung herausgearbeitet.
34 Vlg. *Lamnek* (2010), S. 411 ff.
35 *Lamnek* (2010), S. 412.
36 *Przyborski* (2004), S. 40 ff.
37 Vgl. *Przyborski* (2004), S. 27 ff.

Der Sinn von Strafe 533

Redeanteile hatten, in vier von fünf dieser Fälle war der Abstand deutlich.[38] Nur in einer Diskussion haben die Sozialarbeiter den größten Redeanteil, wobei dies an einer Person[39] liegt. Die Verteilung der Redeanteile zeigt, dass den Rechtspflegern das größere Rederecht eingeräumt wird. Dies kann einerseits von der Örtlichkeit der Gespräche in den Räumlichkeiten der Staatsanwaltschaften beeinflusst sein, ist aber auch inhaltlich relevant, wie sich zeigen wird.

4.2 Bezeichnungen für die Verurteilten

Weitergehend zeigt eine wortbasierte Inhaltsanalyse[40], welche Begriffe die Diskussionsteilnehmer verwenden, wenn sie von den Verurteilten sprechen. Dabei zeigt sich die Nutzung der Begriffe entsprechend der Vorgaben des jeweiligen Arbeitsumfelds. Während die Rechtspfleger stets von Verurteilten sprechen, benutzen die Sozialarbeiter diesen Begriff selten.[41] Die Sozialarbeiter sprechen hautsächlich von Klienten/Klientel, selten von Probanden[42], nur ein Rechtspfleger greift diesen Begriff auf. Weiterhin taucht der Begriff Kunde auf[43], er wird in drei von sechs Diskussionen verwendet, dabei aber nur einmal von einem Rechtspfleger, ansonsten von den Sozialarbeitern. Da dieser Begriff Einzug in den Sozialstaat im Rahmen des New Public Management erhält und verwendet wird, um eine Aktivierung anzuzeigen, könnte es sinntragend sein, wenn der Begriff hier auftaucht.

4.3 Rechtspfleger: Strafe als Folge einer Straftat

Rechtspfleger konstruieren den Sinn der Strafe retrospektiv, sie betonen wiederholt, dass jeder Verurteilte eine Strafe als Folge einer Straftat erhält:

„Ich verstehe nicht, warum wir ihm so sehr hinterherlaufen. Er begeht Straftaten!" Rechtspfleger

Wer fähig ist, eine Straftat zu begehen, muss auch fähig sein, eine Ersatzfreiheitsstrafe zu vermeiden. Die Rechtspfleger betonen die Mitwirkungspflicht der

---

38 Die Bilddateien können bei der Autorin angefordert werden.
39 Der langjährig erfahrene Sozialarbeiter erntete ein hohes Maß an Respekt und hatte oft das letzte Wort zu einer Thematik.
40 *Kuckartz* (2012), S. 162 f.
41 Rechtspfleger benutzen den Begriff 99 Mal über die sechs Gruppendiskussionen hinweg, Sozialarbeiter lediglich sieben Mal.
42 74 Mal Klienten im Verlauf der Diskussionen, Proband zwölf Mal.
43 Sechs Nennungen insgesamt.

Verurteilten, ersatzweise inhaftiert werden aus ihrer Sicht nur diejenigen, die mutwillig die Zusammenarbeit verweigern. Da Recht und Ordnung aufrechtzuerhalten sind, muss die Strafvollstreckung Konsequenz zeigen:

„Dass die Strafverfolger und die Strafvollstrecker auf allen Vieren den Verurteilten zu Kreuze kriechen, das geht auch nicht, wir machen uns lächerlich."
Rechtspfleger

Der Sinn von Strafe ist es aus Sicht der Rechtspfleger, die richtigen Gegenanreize zu schaffen. Sie gehen von einem einfachen Reiz-Reaktions-Modell aus und betonen, dass eine Strafe und deren Vollstreckung wehtun muss, glauben also im Wesentlichen an Abschreckung durch Strafe. Gegenüber den Sozialarbeitern äußern die Rechtspfleger wiederholt den Vorwurf, sie seien stellenweise zu weich und den nichtzahlenden Verurteilten sei nur mit Härte beizukommen. Kommen die Sozialarbeiter auf andere Defizite der Verurteilten zu sprechen, so verweisen die Rechtspfleger erneut auf die begangenen Straftaten.

4.4 Sozialarbeiter: Strafe als Folge einer Biografie

Die Sozialarbeiter fragen nicht zuerst nach der Straftat, sondern nach deren Ursache. Sie interessieren sich für die Gründe für eine schleppende Straftilgung und sehen diese in verschiedenen Problemen der Betroffenen. Die Verurteilten beschreiben sie als

„Menschen, die mit ihren Lebensbewältigungstechniken nicht so gut ausgestattet sind, (…) die Probleme haben, sich überhaupt im Alltag zu bewegen."
Sozialarbeiter

Die Sozialarbeiter kontextualisieren Straftat und Strafe in der jeweiligen Biografie. Sie beschreiben das Leben der Verurteilten als „einstürzendes Kartenhaus", die Personen seien mit ihrem Leben bereits überfordert, sodass eine Strafe die Situation weiter verschärfe. Ausbleibende Straftilgung sehen sie auch als Folge dieser Überforderung. Zudem vergleichen sie Strafe mit anderen Formen von Erziehung und folgen keiner Abschreckungsidee, Lernen und Veränderungen benötigten Zeit.

4.5 Unterschiede und Gemeinsamkeiten

Der Haupt*unterschied* zwischen den Professionen besteht hinsichtlich der Frage, wie die Pflichtanteile in der Strafvollstreckung gelagert sind. Rechtspfleger se-

Der Sinn von Strafe 535

hen eine starke Mitwirkungspflicht der Verurteilten. Die Sozialarbeiter hingegen betonen die staatliche Aufgabe zu unterstützen. Im Verlauf der Diskussionen kommen von beiden Seiten auch andere Äußerungen, die jeweils eher in die thesenartige Vermutung über die Haltung der anderen Profession passen; diese stellen jedoch nicht den Kern der gemeinsamen Weltsicht der jeweiligen Profession dar.

Neben den Unterschieden stimmen beide Professionen in zwei Dingen überein. Beide Professionen hegen eine kritische Grundsicht auf die EFS, die nach Meinung beider keine Gerechtigkeit schafft: Die Vertreter beider Berufsgruppen sind sich darin einig, dass die Geldstrafe Personen mit wenig Geld härter trifft. Zweitens gehen beide davon aus, dass die Strafe die Falschen treffe, nämlich die kleinen Straftäter und nicht die großen. Eine weitere *Gemeinsamkeit* besteht darin, dass die Sozialarbeiter durchaus zustimmen, dass man mit Verurteilten nicht nur verständnisvoll interagieren könne. Ein gewisses Maß an Eigenmotivation halten beide Berufsgruppen für wichtig.

In vielen Gesprächspassagen überlassen die Sozialarbeiter den Rechtspflegern die Deutungshoheit über den Sinn der Strafe und den Gang der Strafvollstreckung und stimmen zu, wenn es um die Unzuverlässigkeit der Verurteilten und deren mangelnde Mitarbeit geht.

5. Ergebnisse und Fazit

Der Befund zu den in Abschnitt 2 genannten Überlegungen ist uneinheitlich: In einem idealtypischen Vergleich vertreten Rechtspfleger zwar eher die ökonomische, Sozialarbeiter hingegen eher die Sicht des wohlfahrtsstaatlichen Strafregimes. Dabei gibt es aber Überschneidungen in beide Richtungen, jedoch tritt vor allem im Rahmen von Überlegungen der Vollstreckungszügigkeit die Übernahme des ökonomischen Denkens durch die Sozialarbeiter deutlicher hervor. In den Diskussionen müssen die Sozialarbeiter ihr Aufgabenverständnis zumindest gegen die ökonomische Sichtweise abgrenzen, oder sie ziehen es gänzlich daraus. Sie sind sich ihrer Rolle in der Strafvollstreckung, einen reibungslosen Ablauf sicherzustellen, bewusst, thematisieren diesen wiederholt und dahinter treten teils die Klienten bzw. Verurteilten zurück. Besonders deutlich wird das in einer Gruppendiskussion, bei der der Konflikt zwischen ökonomischer und wohlfahrtsstaatlicher Strafüberlegung offen zutage tritt. Dort gelingt es den Sozialarbeitern nur punktuell, einen Gegenhorizont zur erledigungsorientierten Sicht der Rechtspfleger zu bilden und sich über die Verunsicherung der Verurteilten und deren Problemlagen zu äußern. Die Deutungshoheit bleibt bei den Rechtspflegern, deren dahinterliegende Annahmen über die Strafvollstreckung überlegen erscheinen. Die technische Sicht erhält die Oberhand trotz der wissenschaftlichen Erkenntnisse (siehe oben), wonach die Betroffenen in desolaten Lebenslagen sind und der persönlichen Einblicke, die die Sozialarbeiter erhalten. Diese bringen sie zwar punktuell ein, es gelingt aber nur selten, eine Einigung der Gruppe dahingehend zu erzielen. Die Diskussionen drehen sich hauptsächlich darum, wie der Strafvollstreckung genüge getan werden kann. Das Verfahren, das auf Kostenersparnis aus ist, fordert seinen Tribut, beide Professionen einigen sich darauf, dass Strafvollstreckung einen gewissen Druck braucht. Auch der Bezug der Verurteilten auf ein ökonomisches soziales Deutungsmuster lässt sich übrigens beobachten.[44] In allen Gruppendiskussionen weisen die zu Beginn formulierten Überlegungen hinsichtlich der Unterschiede eher diejenigen Sozialarbeiter auf, die durch langjährige Berufserfahrung ein gewisses Standing haben, sodass sie ihre – bei den meisten Rechtspflegern – unpopuläre Sichtweise elaborieren können. Während zwar auch die Rechtspfleger – nicht der These entsprechend – an vielen Stellen Verständnis für die Verurteilten zeigen, etwa kommen sie auf mangelnde Gerechtigkeit der Strafform der EFS zu sprechen, bleibt am Ende der meisten Diskursbewegungen stehen, dass die Verurteilten etwas leisten müssen. An diesem Punkt der Strafvollstreckung lässt sich auf Basis der genannten Ergebnisse Folgendes vermuten: Im Spannungsfeld aus Hilfe und Kontrolle reagieren beide Professionen damit, ihre Berufshaltung den Erfordernissen der technischen Abläufe anzupassen.

Literatur

Becker, H. S. (1973): Außenseiter. Zur Soziologie abweichenden Verhaltens. Frankfurt (am Main): S. Fischer.
Bögelein, N. (2016): Deutungsmuster von Strafe. Eine strafsoziologische Betrachtung am Beispiel der Geldstrafe. Springer VS: Wiesbaden.
Bögelein, N./Ernst A./Neubacher, F. (2014b): Wie kann die Vermeidung von Ersatzfreiheitsstrafen gelingen? In: Bewährungshilfe, Heft 3, S. 282-294.
Bögelein, N./Ernst A./Neubacher, F. (2014a): Vermeidung von Ersatzfreiheitsstrafen. Evaluierung justizieller Haftvermeidungsprojekte in Nordrhein-Westfalen. Nomos: Baden-Baden.
Cornel, H. (2014): Geschichte des Strafens und der Straffälligenhilfe. In: AK HochschullehrerInnen Kriminologie (Hg.): Kriminologie und Soziale Arbeit. Ein Lehrbuch. Weinheim: Beltz Juventa, S. 31–47.

---

44 *Bögelein* (2016).

Dolde, G. (1999): Zum Vollzug von Ersatzfreiheitsstrafen. In: W. Feuerhelm/H.-D. Schwind/M. Bock (Hg.): Festschrift für Alexander Böhm zum 70. Geburtstag. Berlin: Walter de Gryuter, S. 581–596.
Dollinger, B. (2010): Wie punitiv ist die Soziale Arbeit? In: Sozial Extra 34 (7-8), S. 6–10.
Dubielczyk, R. (2002): Prävalenz psychischer Störungen bei Ersatzfreiheitsstrafern. Freie Universität: Berlin.
Garland, D. (2008): Kultur der Kontrolle. Verbrechensbekämpfung und soziale Ordnung in der Gegenwart. Frankfurt a. M. u.a.: Campus.
Grundies, V./Light, M. (2014): Die Sanktionierung der "Anderen" in der Bundesrepublik. In: Risiken der Sicherheitsgesellschaft, S. 225-239
Kalkowski, P. (2010): Arbeitspapier zur Klärung der Begriffe „Beruflichkeit und Professionalisierung" in der Fokusgruppe 1: „Beruflichkeit und Professionalisierung" im Rahmen des BMBF-Förderprogramms „Dienstleistungsqualität durch professionelle Arbeit". Göttingen.
Kähler, A. (2002): Tilgung uneinbringlicher Geldstrafen durch gemeinnützige Arbeit. Praktische Möglichkeiten der Haftvermeidung – untersucht und erörtert am Beispiel des Praxisprojektes "Gemeinnützige Arbeit" beim Caritasverband Geldern-Kevelaer e.V. Münster: Lit Verlag.
Kuckartz (2012): Qualitative Inhaltsanalyse. Methoden, Praxis, Computerunterstützung. Weinheim: Beltz Juventa.
Lutz, T. (2012) Straf- und Sanktionsmentalität in der Sozialen Arbeit. Soziale Arbeit zwischen Hilfe und Kontrolle: neue Qualitäten im alten Spannungsfeld? In: ZJJ, 2/2012, S. 157-162.
Müller-Foti, G./Robertz, F. J./Schildbach, S./Wickenhäuser, R. (2007): Punishing the disoriented? Medical and criminological implications of incarcerating patients with mental disorders for failing to pay a fine. In: International Journal of Prisoner Health 3 (2), S. 87-97.
Przyborski, A. (2004): Gesprächsanalyse und dokumentarische Methode. Qualitative Auswertung von Gesprächen und anderen Diskursen. Wiesbaden: VS Verlag.
Streng, F. (2014): Kriminalitätswahrnehmung und Punitivität im Wandel. Kriminalitäts- und berufsbezogene Einstellungen junger Juristen. Kriminalistik: Heidelberg.
Wilde, F. (2015): Die Geldstrafe – ein unsoziales Rechtsinstitut? In: Monatsschrift für Kriminologie und Strafrechtsreform 98 (4), S. 348–364.

Opioid-Erhaltungstherapie („Drogensubstitution") im Strafvollzug zwischen Therapie und zusätzlicher Strafe – Unterschiedliche Zugänge in Österreich, Deutschland und der Schweiz

Alois Birklbauer

Gliederung
1. Einleitung
2. Fragestellung der Untersuchung
3. Vergleichbare Rechtslage in Österreich, Deutschland und der Schweiz
3.1 Generelle Strafbarkeit von Suchtmittelmissbrauch
3.2 Anerkennung der Substitutionstherapie
4. Wesentliche Ergebnisse der Datenerhebung
4.1 Anteil suchtmittelabhängiger Gefangener
4.2 Reaktion im Strafvollzug auf die Opioidabhängigkeit
4.3 Behandlungsbeginn und Substitutionsmittel
4.4 Praxis der Substitutionsbehandlung in Deutschland
4.5 Praxis der Substitutionsbehandlung in der Schweiz
5. Aussagen aus den Interviews
6. Zusammenfassung

1. Einleitung

Die Gesundheitsversorgung im Strafvollzug ist trotz Geltung des Äquivalenzprinzips, nach dem Strafgefangenen dieselbe Gesundheitsversorgung wie Menschen in Freiheit zuteilwerden soll, eingeschränkt. Es fehlt an der freien Arztwahl. Der Gefangene soll zwar auf der einen Seite durch das Verbot einer Zwangsbehandlung geschützt werden, auf der anderen Seite kann er aber als Folge der „Therapiefreiheit des Arztes" eine medizinische Entscheidung nicht bzw. nur sehr eingeschränkt im Rechtsweg überprüfen lassen. Insofern ist davon auszugehen, dass ethische Grundeinstellungen und persönliche Werthaltungen medizinische Entscheidungen wesentlich mitprägen können.

Dass der Suchtbereich insbesondere im Hinblick auf medizinische und therapeutische Interventionen von ethischen Einstellungen der Akteure mitbeeinflusst sein kann, ergibt sich bereits daraus, dass ganz allgemein die Grenzen zwischen dem „Verständnis für die Suchtkrankheit" und dem „Vorwurf der dahinterstehenden Schwäche" fließend sind. Der Strafvollzug, dem eine Verurteilung zu einer tat- und schuldangemessenen Strafe zugrunde liegt, verführt vor diesem Hintergrund dazu, den Vorwurfsaspekt jedenfalls nicht gänzlich auszublenden. Darüber hinaus könnte der „begrenzte Drogenmarkt im Gefängnis" dazu verleiten, den Gefangenen dazu zu bewegen, die „Abstinenz in einer geschützten Umgebung auszuprobieren". Diese These könnte durch die Tatsache eines späten Behandlungsbeginns bzw. überhaupt durch eine primär abstinenzorientierte Behandlung gestützt werden.

Da Abstinenz ein harter Weg ist, den zahlreiche Suchtkranke nicht schaffen, könnte in einer gleichsam „aufgezwungenen Abstinenz" auch ein Disziplinierungsmittel gesehen werden. Dies wird im Strafvollzug noch dadurch begünstigt, dass die Verweigerung einer vom Gefangenen gewünschten (anderen) Behandlung rechtlich nicht durchgesetzt werden kann. Um der Frage, inwieweit der Zugang zu einer Substitutionsbehandlung im Strafvollzug als Disziplinierungsmittel eingesetzt wird, nachgehen zu können, wurde im Zuge der hier besprochenen Studie unter anderem versucht, die Einstellungen der Akteure im Strafvollzug zur Substitutionsbehandlung mit verschiedenen objektiven Gegebenheiten in Beziehung zu setzen.[1] Insofern war es Ziel der empirischen Erhebung, *ob und inwieweit eine opioidgestützte Behandlung im Gefängnis* überhaupt erfolgt, *unter welchen Bedingungen sie gewährt* wird und wie sie *nach der Haftentlassung fortgesetzt* werden kann. Dazu sollten primär Daten in Österreich erhoben und mittels Experteninterviews hinterfragt werden. Ergänzend sollte versucht werden, mit Hilfe von Daten aus Deutschland und der Schweiz ein breiteres Bild zu zeichnen. Auf Grund der dortigen Regionalisierung des Strafvollzugs war geplant, die Studie auf drei Schweizer Kantone bzw. drei deutsche Bundesländer zu beschränken. Die rechtsvergleichenden Erhebungen gestalteten sich jedoch schwierig, zumal von Österreich aus schwer an die entsprechenden Daten zu gelangen war und auch die Suche nach Kooperationspartnern in der Schweiz bzw. in

---

1 Die Studie zum Thema „Opiodgestützte Behandlung im Gefängnis und nach Haftentlassung" wurde seitens der Abteilung Praxis für Strafrechtswissenschaften und Medizinstrafrecht der Johannes Kepler Universität Linz in den Jahren 2012 bis 2014 durchgeführt und durch ein Grant der Firma Reckitt Benckiser Pharmaceuticals Ltd unterstützt. Auf die Ergebnisse der Studie gab es durch diese Unterstützung keinerlei inhaltlichen Einfluss.

Deutschland nur bedingt Erfolg hatte.[2] Schon vorweg verfestigte sich durch Gespräche mit möglichen Kooperationspartnern der Eindruck, dass der Strafvollzug als „geschlossenes System" durch die für eine Untersuchung erforderlichen Bewilligungen systematisch versucht, sich einer Beforschung von außen zu verschließen. Für Österreich ist es – nicht zuletzt auf Grund guter Kontakte zu Entscheidungsträgern im Strafvollzug – schließlich gelungen, die empirischen Daten weitgehend zu erheben, um die gestellten Forschungsfragen beantworten zu können.

2. Fragestellung der Untersuchung

Die Fragestellung der Untersuchung bezog sich für den österreichischen Teil zunächst auf die *Entwicklung des Anteils substanzabhängiger Gefangener* in den Jahren 2001 bis 2011. Dabei wurde die Zahl der wegen eines Suchtmitteldelikts einsitzenden Gefangenen der allgemeinen Gefangenenzahl gegenübergestellt.

Waren diese Daten aus den offiziellen Statistiken noch relativ leicht zu erheben, so mussten wir für den weiteren Gang der Untersuchung feststellen, dass der *Anteil der Gefangenen in einer opioidgestützten Substitutionsbehandlung* und die *Art dieser Behandlung* nicht systematisch aufgezeichnet wurden. Folglich haben wir mittels standardisiertem Fragebogen versucht, einen Überblick über die in ein Programm aufgenommenen Gefangenen sowie die Kriterien für die Auswahl und die Art ihrer Behandlung zu erhalten. Erhoben wurden dabei auch der *Zeitpunkt der Behandlung im Strafvollzug* und die *Fortsetzung der Behandlung nach der Entlassung*.

Ergänzend zu den Fragebögen wurde schließlich eine *Befragung der Leiterinnen und Leiter der Vollzugsanstalten* sowie des dort tätigen *medizinischen Personals* mittels standardisierten Interviews über die Praxis der opioidgestützten Substitutionsbehandlung durchgeführt. Diese Interviews wurden aufgezeichnet, transkribiert und einer systematischen Bewertung unterzogen.

Es ist hier nicht der Platz, die Ergebnisse der Studie umfassend darzustellen. Der Fokus soll im Folgenden darauf gerichtet sein, ob bzw. inwieweit der Zugang zu medizinischen Therapien im Strafvollzug anderen als medizini-

---

2 Für die Schweiz konnte schließlich Prof. *Marcel Niggli* (Fribourg) als Kooperationspartner gewonnen werden, dessen Mitarbeiter jedoch bei der Datenerhebung auch auf erhebliche Schwierigkeiten stießen. Für Deutschland beschränkten sich die Untersuchungen auf veröffentlichte Quellen.

schen Erwägungen folgt und vor diesem Hintergrund auch als Disziplinierungsmittel eingesetzt werden kann. Dabei soll zunächst auf die Rechtslage in den jeweiligen Ländern eingegangen werden (3.) und daran anschließend auf die wesentlichen Ergebnisse der Datenerhebung (4.). Die dort dargestellten Ergebnisse sollen mit einzelnen Antworten aus Experteninterviews in Beziehung gesetzt werden (5.), bevor abschließend die zentralen Ergebnisse des Beitrags zusammengefasst werden (6.).

3. Vergleichbare Rechtslage in Österreich, Deutschland und der Schweiz

3.1 Generelle Strafbarkeit von Suchtmittelmissbrauch

Die der Untersuchung zu Grunde gelegte *Rechtslage* in den Ländern Österreich, Deutschland und der Schweiz war im Großen und Ganzen *vergleichbar*. Dies zeigt sich zum einen darin, dass in allen drei Ländern ein hoher Grad an gesetzlicher *Determinierung jener Substanzen* besteht, die unter das Suchtmittelstrafrecht[3] (in Deutschland und der Schweiz Betäubungsmittelstrafrecht genannt[4]) fallen. Auch herrscht in allen drei Ländern das Prinzip *höherer Strafen bei größerer Suchtmittelmenge*. Während dies in Österreich einen eigenen Qualifikationstatbestand bildet (§§ 28, 28 a, 31, 31 a SMG), wird dies in Deutschland und der Schweiz der Beurteilung durch die Rechtsprechung überlassen. Weiters gibt es in allen drei Ländern Qualifikationen bei *Jugendgefährdung, Gewerbsmäßigkeit oder bandenmäßiger Begehung* (vgl. §§ 27 ff. SMG; §§ 29 ff. dBtMG; Art. 19 ff. schwBetmG).

Lediglich in *Österreich* ist eine klare gesetzliche *Privilegierung der (eigenen) Beschaffungskriminalität* in dem Sinne vorgesehen, dass teilweise niedrigere Strafdrohungen normiert sind und ein erleichterter Zugang zur diversionellen Verfahrenserledigung (Verfahrenseinstellung unter bestimmten Bedingungen) besteht (vgl. z. B. §§ 27 Abs. 5, 28 Abs. 4; 28 a Abs. 3 SMG). Interessant ist, dass lediglich in der *Schweiz* der *Konsum solcher Substanzen*

---

3 Für Österreich Bundesgesetz über Suchtgifte, psychotrope Stoffe und Drogenausgangsstoffe (Suchtmittelgesetz; SMG), BGBl I 1997/112 und darauf basierende Verordnungen.
4 Für Deutschland siehe das Gesetz über den Verkehr mit Betäubungsmitteln (Betäubungsmittelgesetz; BtMG) in der Fassung der Bekanntmachung vom 1. März 1994, BGBl I S 358; für die Schweiz das Bundesgesetz über die Betäubungsmittel und die psychotropen Stoffe (Betäubungsmittelgesetz; BetmG), SR 812.121.

ausdrücklich kriminalisiert ist (Art. 19 a schwBetmG). Es ist jedoch davon auszugehen, dass dies nicht unbedingt eine Verschärfung darstellt, weil beispielsweise in Österreich der Besitz mit Strafe bedroht ist (§§ 27 ff. SMG) und ein Konsum ohne vorherigen Besitz kaum denkbar ist. Die „Straffreiheit für Konsum" ist in Österreich somit bloß scheinbar.

In allen drei Ländern ist im Wesentlichen der Grundsatz *„Therapie statt Strafe"* anerkannt. Österreich geht in dem Sinne am weitesten, weil es hier auch den Grundsatz „Therapie statt Strafverfahren" gibt, also gar kein Strafverfahren eingeleitet wird, wenn eine entsprechende Reaktion (Intervention) der Gesundheitsbehörden erfolgt (vgl. § 13 SMG). In der Schweiz gibt es dazu Ansätze (vgl. Art. 19 a Ziff 3 schwBetmG), während solche in Deutschland generell fehlen.

3.2. Anerkennung der Substitutionstherapie

Vergleicht man die Rechtslagen von Österreich, Deutschland und der Schweiz, so fällt auf, dass im Hinblick auf die Ersatztherapie *sehr detaillierte Regelungen in Österreich* (§§ 23 a ff. SV[5]) und in *Deutschland* bestehen (siehe neben dem dBtMG auch die Betäubungsmittelverschreibungsverordnung [BtMVV[6]] sowie die Richtlinie der Bundesärztekammer zur Durchführung der substitutionsgestützten Behandlung Opiatabhängiger [BÄK-RL[7]]). In der Schweiz gibt es dagegen keine entsprechenden gesetzlichen Vorgaben, nicht zuletzt durch die kantonale Zuständigkeit für den Strafvollzug und das Gesundheitswesen.

Die *„Substitutionstherapie"* ist in Österreich ausdrücklich begrenzt auf den *Ersatz von Opioiden durch Anwendung bei opiatabhängigen Patienten.* Ähnliches gilt für Deutschland. In der Schweiz existiert keine derartige Begrenzung.

Weiters fällt auf, dass *„Abstinenz"* in Österreich nur eines von mehreren gleichwertigen Zielen ist (vgl. § 23 a Abs. 1 SV). Gleiches gilt für die

---

5 Suchtgiftverordnung; BGBl II 1997/374.
6 Verordnung über das Verschreiben, die Abgabe und den Nachweis des Verbleibs von Betäubungsmitteln, Betäubungsmittel-Verschreibungsverordnung vom 20. Januar 1998; BGBl I S 74, 80.
7 Diese Richtlinie wurde auf Grundlage des § 5 Abs. 11 dBtMVV von der deutschen Bundesärztekammer erlassen.

Schweiz (vgl. Art. 8 Abs. 1 schwBetmSV[8]), während in Deutschland eine Priorität der Betäubungsmittelabstinenz normiert ist, inklusive schwererem Zugang zu einer Substitutionsbehandlung durch das Erfordernis einer bereits länger dauernden Abhängigkeit (vgl. § 5 Abs. 1 dBtMVV).

Zu den im Rahmen der Behandlung verwendeten *Substitutionsmitteln* fällt auf, dass in Österreich Methadon und Buprenorphin als „Mittel erster Wahl" vorgesehen sind; retardierte Morphine dürfen nur bei „Unverträglichkeit" eingesetzt werden (vgl. § 23 c SV). Dabei ist die Unverträglichkeit kein medizinischer Begriff, sondern letztlich ein Wertungskriterium, dessen Ausfüllung den Medizinerinnen und Medizinern überlassen ist. In Deutschland stehen retardierte Morphine nicht zur Substitutionsbehandlung zur Verfügung. Von den zulässigen Mitteln sind dort Methadon, Buprenorphin und Levomethadon die Mittel erster Wahl (vgl. § 5 Abs. 4 S 2 dBtMVV). In der Schweiz gibt es keine bundesweite Regelung für ein Mittel erster Wahl bzw. für die Substitutionsbehandlung überhaupt. Im Unterschied zu Österreich ist in Deutschland und der Schweiz die Substitutionsbehandlung mit Diamorphin („ärztliche Heroinabgabe") zulässig, wobei in Deutschland gegenüber der Schweiz besonders strenge Voraussetzungen einzuhalten sind (vgl. § 5 Abs. 9 a bis 9 d dBtMVV bzw. Art. 10 ff. schwBetmSV).

4. Wesentliche Ergebnisse der Datenerhebung

4.1 Anteil suchtmittelabhängiger Gefangener

In Österreich gibt es keine offiziellen Statistiken darüber, wie hoch der Anteil an substanzabhängigen Insassen im Strafvollzug ist. Im Zuge des durchgeführten Forschungsprojekts wurde an Hand der ausgesendeten Fragebögen der Anteil der suchtsubstanzabhängigen Insassen in einer konservativen, einer mittleren und einer progressiven Variante hochgerechnet. Demzufolge ergab sich ein *Anteil an substanzabhängigen Insassen* von 34-46%. Geht man vom Mittelwert aus, so konnten *4 von 10 Insassen als substanzabhängig* ausgemacht werden.[9]

Substanzabhängigkeit ist aber nicht gleichzusetzen mit Abhängigkeit von Opioiden. Hier waren die entsprechenden Anteile geringer. Nach unserer

---

8 Verordnung über Betäubungsmittelsucht und andere suchtbedingte Störungen (Betäubungsmittelsuchtverordnung, BetmSV) vom 25. Mai 2011, SR 812.121.6.
9 Zu den einzelnen Untersuchungsergebnissen siehe auch *Birklbauer/Leitgöb* (2013).

Schätzung lagen sie zwischen 15 und 23 %. Demnach war nach der mittleren Variante im Untersuchungszeitraum *jeder fünfte Gefängnisinsasse in Österreich opioidabhängig*.

Für *Österreich* fiel weiters auf, dass bei den *gerichtlichen Verurteilungen* wegen Verstößen gegen das Suchtmittelgesetz *überdurchschnittlich oft eine Freiheitsstrafe* verhängt wurde. Bewegte sich der Anteil der Freiheitsstrafen an allen Strafen (Geld- und Freiheitsstrafe) bei allgemeiner Kriminalität zwischen 55 und 63 %, waren die Werte bei Verurteilungen wegen eines Suchtmitteldeliktes im Durchschnitt um etwa 10 % höher. Dies könnte zum einen dadurch erklärt werden, dass die Gerichte bei Suchtmitteldelikten tendenziell strenger urteilen, zum anderen auch damit zusammenhängen, dass die finanziellen Verhältnisse von Suchtmitteltätern nicht besonders rosig waren, wodurch sich die Gerichte gleichsam aus sozialen Gründen bei der Verhängung der Geldstrafe in Zurückhaltung übten und die Freiheitsstrafe, deren Vollzug für eine Probezeit ausgesetzt werden kann, priorisierten.

4.2 Reaktion im Strafvollzug auf die Opioidabhängigkeit

Generell kann auf eine Opioidabhängigkeit sowohl mit einer Entzugsbehandlung als auch mit einer Substitutionsbehandlung reagiert werden. Im österreichischen Strafvollzug ist die Substitutionstherapie Teil der „Entwöhnungsbehandlung" (vgl. § 68 a StVG[10]). Da in Deutschland der Strafvollzug in die Kompetenz der Länder und in der Schweiz in jene der Kantone fällt, ist dort die rechtliche Regelung für Reaktionen auf eine Opioidabhängigkeit schwerer feststellbar. In der Schweiz gibt es so genannte Konkordate, im Zuge derer sich mehrere Kantone zwecks Durchführung des Strafvollzugs zusammenschließen. In diesen Konkordaten gibt es jedoch keine Detailregelungen über die medizinische Behandlung oder auch die Substitutionstherapie im Strafvollzug.

Setzt man die von den österreichischen Vollzugsanstalten angegebenen Behandlungen in Relation zum Anteil der opioidabhängigen Insassen, so fällt – je nach berechneter Variante – auf, dass bei weitem *nicht alle opioidabhängigen Insassen entsprechend medizinisch betreut* wurden. Der Wert der Betreuung lag – je nach Variante – zwischen 57 und 89 %. Somit wurden nach

---

10 Bundesgesetz vom 26. März 1969 über den Vollzug der Freiheitsstrafen und der mit Freiheitsentziehung verbundenen vorbeugenden Maßnahmen (Strafvollzugsgesetz; StVG), BGBl 1969/144.

der mittleren Variante 3 von 10 Insassen mit einem Opioidabhängigkeitsproblem im Strafvollzug nicht entsprechend behandelt, was bedenklich ist.

Zuständig für die ordnungsgemäße medizinische Behandlung ist in Österreich formal der Anstaltsleiter, der jedoch in seiner Entscheidung von der medizinischen Expertise des Anstaltsarztes abhängt. Ähnliches gilt für Deutschland. Für die Schweiz ist kein derartiges Prozedere feststellbar. Eine *rechtliche Durchsetzungsmöglichkeit* einer bestimmten *Art der Behandlung* gibt es weder in Österreich noch in Deutschland. Auf dem Rechtsweg erreicht werden kann allenfalls, dass irgendeine medizinische Behandlung gesetzt wird, nicht jedoch deren konkrete Ausgestaltung. Darauf hat der Strafgefangene keinen Rechtsanspruch.

4.3 Behandlungsbeginn und Substitutionsmittel

Für den österreichischen Strafvollzug war feststellbar, dass knapp 80 % aller Substitutionsbehandlungen solche waren, die bereits *vor der Haft begonnen* wurden, während in der Haft nur selten (in etwa 1 von 5 Fällen) eine neue Substitutionsbehandlung begonnen wurde. Wirft man einen Blick auf die verwendeten *Substitutionsmittel*, so erfolgte bei mehr als der Hälfte eine Behandlung mit Methadon (52 %). 14 % der Therapien entfielen auf Buprenorphin und 26 % auf retardierte Morphine. Insofern wurde damit der erwähnten Priorisierung von Methadon und Buprenorphin als Mittel erster Wahl (vgl. § 23 c SV) durchaus entsprochen, wenngleich damit keine Aussage getroffen werden kann, ob diese priorisierte Mittelverwendung auch ausschließlich medizinischen Erwägungen gefolgt ist. Mit Blick auf das Methadon kann jedoch gesagt werden, dass dessen Anteil bei im Strafvollzug behandelten Suchtkranken im untersuchten Zeitraum steigend war.

4.4 Praxis der Substitutionsbehandlung in Deutschland

Für Deutschland lässt sich feststellen, dass im Untersuchungszeitraum generell, also unabhängig vom Strafvollzug, von einer regional unterschiedlichen Bereitschaft ausgegangen werden konnte, Substitutionsbehandlungen durchzuführen. So wurden beispielsweise im Bundesland Hessen 113 Personen pro 100.000 Einwohner substituiert, während es in Bayern nur 63 pro 100.000 Einwohner waren.[11] Dies lässt sich sicherlich nicht durch eine unterschiedliche Suchtpraxis in den genannten Bundesländern erklären. Diese

---

11 *Bundesinstitut für Arzneimittel und Medizinprodukte* (2013).

regional unterschiedliche Bereitschaft für Substitutionsbehandlungen setzte sich auch im Strafvollzug fort. Diese differenzierte nicht nur von Land zu Land, sondern auch anstaltsweise.[12]

Erleichtert wurde diese regionale Diskrepanz durch die – rechtskonforme – Priorisierung der Entzugstherapie mit dem Ziel der Abstinenz (vgl. § 5 Abs. 1 dBtMVV). Darüber hinaus herrschte laut Fachkreisen eine relativ kritische Einstellung in den Vollzugsanstalten gegenüber einer längerfristigen Substitutionstherapie mit erheblichen faktischen Einschränkungen für die Substitutionstherapie generell durch unzureichende Therapieplätze.[13] Insofern kann auch für Deutschland als Fazit gezogen werden, dass ein *großer Entscheidungsspielraum* auf Grund der vorhandenen Rechtsnormen und unzureichender Therapieplätze die Möglichkeit eröffnen, den Zugang zu Therapien aus unterschiedlichen Gründen zu steuern, mitunter auch die Untersagung einer Therapie als Disziplinierungsmittel einzusetzen.

4.5 Praxis der Substitutionsbehandlung in der Schweiz

Für die Schweiz gilt, dass es trotz sehr begrenzter rechtlicher Regelung in diesem Bereich im Unterschied zu Deutschland keine Priorisierung der Entzugstherapie auf gesetzlicher Ebene gibt, sondern die Substitutionsbehandlung Vorrang hat (vgl. Art. 8 Abs. 1 schwBetmSV). Dass jedoch in der Praxis kaum mit einer Substitutionsbehandlung während der Haft begonnen wurde und der Anteil substitutionsbehandelter Inhaftierter gering war,[14] kann als Indiz für eine sehr zurückhaltende Anwendung gesehen werden.

Weiters fiel auf, dass trotz fehlender gesetzlicher Regelung für ein Mittel erster Wahl in mehr als der Hälfte der Fälle mit Methadon substituiert wurde. Ob dies aus rein ökonomischen Gründen erfolgte, ließ sich mangels Bereitschaft der handelnden Akteure, darüber Auskunft zu geben, nicht feststellen. Insofern kann auch für die Schweiz als Fazit festgehalten werden, dass der große faktische Entscheidungsspielraum die Möglichkeit eröffnete, Therapien in diesem Bereich auch als Disziplinierungsmittel einzusetzen.

---

12 Vgl. *Riekenbrauck/Keppler* (2009).
13 Vgl. *Deutsche Gesellschaft für Suchtmedizin e. V.* (2013).
14 Diese Erkenntnisse wurden aus standardisierten Fragebögen gewonnen, die an die Gefängnisleitungen von Strafanstalten in den Kantonen Bern, Freiburg (Fribourg) und Aargau gesendet und (mehr oder minder vollständig ausgefüllt) retourniert wurden.

5. Aussagen aus den Interviews

Um allfällige Motive hinter der konkreten Ausgestaltung von Substitutionsbehandlungen jenseits veröffentlichter Daten und beantworteter Fragebögen zu erfahren, war es auch Ziel der Untersuchung, dies durch Experteninterviews zu erheben. Diese Interviews wurden für Österreich mit den behandelnden Medizinerinnen und Medizinern in mehr als der Hälfte aller Justizanstalten geführt.[15]

Dabei wurde offenbar, dass trotz fehlender gesetzlicher Priorisierung (vgl. § 23 c SV) auch in Österreich der *Abstinenzgedanke Vorrang* zu haben scheint. Dahin ging beispielsweise die Aussage: „In der Haft sollen sie wegkommen vom Gift und nicht eines dazubekommen". Manche Ärzte unterstellten den Gefangenen sogar, ins Gefängnis zu gehen, um sich substituieren zu lassen. So äußerte beispielsweise ein Mediziner: „Es besteht natürlich auch die Befürchtung, dass die Menschen in die Vollzugsanstalt hereinkommen, damit sie hier substituiert werden können".

In manchen Justizanstalten wurde auch das Ziel verfolgt, eine in der Freiheit begonnene Substitution mit retardierten Morphinen, welche letztlich von vielen Abhängigen eher gewünscht wird als eine Behandlung mit Methadon, im Gefängnis umzustellen. Dahinter schienen nicht bloß medizinische Überlegungen zu stehen, sondern eine – aus welchen Gründen auch immer - generelle Priorisierung von Methadon. Dies kam etwa in der Aussage eines Arztes zum Ausdruck: „Draußen haben die Leute sehr wohl Substidol (ein retardiertes Morphin) bekommen, die haben aber vor Haftantritt gewusst, dass dies in Haft nicht möglich ist und das war dann nie ein Problem, die haben dann freiwillig umgestellt, da sie gewusst haben, solange sie in Haft sind, bekommen sie nur Methadon". Für ein anderes Gefängnis wurde die Aussage getroffen: „Bei uns wird versucht, alle auf Methadon umzustellen, wenn sie in die Anstalt kommen".

Dass die *generelle Priorisierung von Methadon* nicht primär in den medizinischen Gesichtspunkten lag, sondern in *Sicherheitsüberlegungen*, äußerten auch manche Anstaltsärzte, indem sie etwa sagten: „Also die Risikofaktoren, die das Substidol birgt, die hat das Methadon eben nicht und das ist halt auch eine spezifische Vollzugsproblematik". Ein anderer Arzt meinte: „Wir sehen es halt schon gerade beim Substidol, das einen großen Handelswert hat. Das birgt natürlich ein gewisses Sicherheitsrisiko".

---

15 Siehe auch dazu *Birklbauer/Leitgöb* (2013), S. 231 ff.

Neben Sicherheitsüberlegungen schienen auch *ökonomische Überlegungen* für die Priorisierung von Methadon bedeutsam zu sein. So äußerte beispielsweise ein Arzt: „Methadon kann relativ leicht hergestellt werden und ist auch preislich entsprechend gelagert; es ist deutlich günstiger als Substidol". Ein anderer Arzt meinte sogar: „Die dafür erforderlichen Grundsubstanzen werden in großen Mengen angekauft und dann wird das Produkt selbst mit Maschinen für die Anstalten aufbereitet".

Fasst man diese Äußerungen aus den Interviews zusammen, so ergibt sich zwangsläufig, dass die Entscheidung, Strafgefangene zu substituieren, zwar von Medizinerinnen und Medizinern getroffen wird, dahinter aber keineswegs nur medizinische Gesichtspunkten stehen. Vor diesem Hintergrund und dem damit verbundenen Ermessen ist es auch möglich, die Art der Substitutionsbehandlung als „Disziplinierungsmittel" einzusetzen, wenngleich Sicherheitsüberlegungen und ökonomische Aspekte eher geäußert werden. Hier gibt es freilich auch einen „Filter", denn Sicherheitsaspekte oder wirtschaftliche Überlegungen sind von der Gesellschaft eher akzeptiert als Disziplinierungsgesichtspunkte. Seitens der behandlungsbedürftigen Insassen ändert dies freilich wenig. Sie werden eine – aus welchen Gründen auch immer – von ihren Wünschen abweichende Behandlung als Folge der Strafe und damit als zusätzliche Sanktion empfinden.

6. Zusammenfassung

Für alle drei Länder Österreich, Deutschland und Schweiz lässt sich feststellen, dass die Substitutionstherapie im Strafvollzug unterschiedlich ausgestaltet ist, was nur zum Teil mit der unterschiedlichen Rechtslage erklärt werden kann, insbesondere mit der unterschiedlichen Priorisierung der Abstinenz. Eine wesentliche Ursache für die großen Unterschiede könnte das große Ausmaß an Entscheidungsbefugnis bei den einzelnen Anstalten und deren Akteuren sein, die fehlende Durchsetzbarkeit medizinischer Behandlungen durch die Gefangenen sowie das überwiegende Fehlen überregionaler Steuerungsinstrumente. Um das festzustellen, bedürfte es eingehender Forschung. Hier stößt das (universitäre) Interesse jedoch an seine Grenzen, weil sich das System des Strafvollzugs nur ungern „in die Karten schauen lässt", wenn es um Bereiche geht, in denen ethische Einstellungen und persönliche Überzeugungen sichtbar werden (könnten). Doch gerade dies macht den Handlungsbedarf letztlich augenscheinlich.

Literatur

Birklbauer, A./Leitgöb, H. (2013): Behandlung von Suchtmittelabhängigkeit im österreichischen Strafvollzug. Zwischenbericht einer empirischen Studie, Journal für Strafrecht (JSt), S. 231 ff.

Bundesinstitut für Arzneimittel und Medizinprodukte (BfArM) (2013): Bericht zum Substitutionsregister, Januar 2013: http://www.franktempel.de/uploads/media/Subst_Bericht_ 2010.pdf; abgefragt am 19.1.2016.

Deutsche Gesellschaft für Suchtmedizin e. V. (2013): 25 Jahre Substitutionsbehandlung in Deutschland - eine Bestandsaufnahme: http://www.dgsuchtmedizin.de/fileadmin/ documents/Vorstandsnews/25_Jahre_Substititutionsbehandlung_in_Deutschland_-_eine_Bestandsaufnahme__DGS__Juni_2013_.pdf; abgefragt am 19.01.2016.

Riekenbrauck, W./Keppler, K. (2009): § 56 Rz. 10. In: Schwind, H.-D./Böhm, A./Jehle, J.-M./Laubenthal, K. (Hg.): Strafvollzugsgesetz, Aufl.5. Berlin: De Gruyter Recht.

Das „schärfste Schwert" des Jugendstrafvollzuges: verfassungswidrig?

Mario Bachmann und André Ernst

Gliederung

1. Einleitung
2. Eine Bestandsaufnahme
2.1 Sind Disziplinarmaßnahmen wirksam?
2.2 Wie überraschend sind die empirischen Befunde zur Wirksamkeit?
2.3 Wie häufig werden Disziplinarmaßnahmen angeordnet?
3. Handlungsempfehlungen

1. Einleitung

Häufig ist in den letzten Jahren von einer Krise der Kriminologie in Deutschland die Rede. So wird u. a. befürchtet, dass die wissenschaftliche Ausbildung und Forschung durch die Streichung von Lehrstühlen bzw. Personal noch weiter ins Hintertreffen gerät.[1] Eine solche Entwicklung ist natürlich nicht hinzunehmen, und zwar allein schon deshalb, weil kriminologische Erkenntnisse nach der Rechtsprechung des Bundesverfassungsgerichts eine grundgesetzlich abgesicherte Funktion haben.[2] Ein zentraler Prüfungsmaßstab des Bundesverfassungsgerichts ist nämlich der im Grundgesetz verankerte Grundsatz der Verhältnismäßigkeit, der u. a. verlangt, dass alle staatlichen Eingriffe in Grundrechte – z. B. durch die Androhung und Verhängung von Strafen – zur Erreichung ihres jeweiligen Zwecks geeignet, erforderlich und angemessen sein müssen. Was aber etwa zur Kriminalprävention geeignet und erforderlich ist, ist vorwiegend eine empirisch geprägte Frage. Dies soll nicht missverstanden werden: Es geht nicht darum, dass die Kriminologie mit ihren Erkenntnissen im Sinne einer Hilfswissenschaft wie ein „hechelndes Hündchen" irgendwem hinterherläuft. Es geht hier lediglich darum, die grundsätzliche verfassungsrechtliche Bedeutung kriminologischer Forschung zu betonen und vor allem auch hervorzuheben, dass alle kriminalpolitischen Akteure verpflichtet sind, deren Erkenntnisse zu beachten.

---

1 Ausführlich hierzu *Albrecht/Quensel/Sessar* (2012).
2 Vgl. *BVerfGE* 116, 69 (90).

Täten sie das in hinreichendem Maße, würde es z. B. kein Politiker für einen nennenswerten Beitrag zum besseren Schutz von Polizisten halten, dass die Höchststrafe für den Widerstand gegen Vollstreckungsbeamte im Jahr 2011 von zwei auf drei Jahre angehoben worden ist.[3] Deshalb wäre es wünschenswert, wenn zumindest die Juristinnen und Juristen in der kriminologischen Zunft noch stärker und häufiger auf die angedeuteten verfassungsrechtlichen Zusammenhänge aufmerksam machen würden, damit diese stärker ins allgemeine Bewusstsein rücken.

Im vorliegenden Zusammenhang ist es jedenfalls konsequent und zu begrüßen, dass das Bundesverfassungsgericht in seinem Urteil zur Notwendigkeit eines Jugendstrafvollzugsgesetzes vom 31.5.2006 betont hat, dass der Gesetzgeber bei der Ausgestaltung des Vollzuges vorhandene Erkenntnisquellen ausschöpfen und sich am Stand der wissenschaftlichen Erkenntnisse orientieren muss.[4] Vielfach sind diese Erkenntnisse jedoch noch gar nicht in hinreichendem Maß vorhanden. So ist es überraschend, dass die Problematik der Disziplinarmaßnahmen im Jugendstrafvollzug noch so gut wie gar nicht erforscht ist, obwohl – nicht zuletzt mit Blick auf den Arrest – massive Grundrechtseingriffe im Raum stehen. Bekanntermaßen handelt es sich hierbei in allen Bundesländern neben den sogenannten erzieherischen und den sonstigen Maßnahmen zur einvernehmlichen Konfliktregelung um die schärfste Reaktion, mit der Haftanstalten auf Pflichtverletzungen von Jugendstrafgefangenen reagieren können.

2. Eine Bestandsaufnahme

2.1 Sind Disziplinarmaßnahmen wirksam?

Das Bundesverfassungsgericht hat Disziplinarmaßnahmen in seiner bereits erwähnten Entscheidung aus dem Jahr 2006 als unerlässlich für die Aufrechterhaltung eines geordneten, am Erziehungsgedanken ausgerichteten Vollzuges bezeichnet.[5] Hieraus ergibt sich die Frage, inwieweit die in Rede stehenden Maßnahmen einen Beitrag zur Erfüllung dieses Zwecks leisten, d. h. tatsächlich zur Reduzierung von Pflichtverstößen Jugendstrafgefangener führen können.

---

3 Näher hierzu *Bachmann/Goeck* (2013), S. 47 ff.
4 Vgl. *BVerfGE* 116, 69 (90).
5 Vgl. *BVerfGE* 116, 69 (93).

Insoweit ist der Forschungsstand schnell zusammengefasst. Erwähnenswert sind lediglich eine Sekundäranalyse von Dunkelfelddaten sowie zwei Hellfelduntersuchungen, die sich jedoch nicht schwerpunktmäßig mit der Frage der Wirkung beschäftigen. Bei letzteren handelt es sich zum einen um eine Studie des Kriminologisches Dienstes (KrimD) Nordrhein-Westfalen aus 2006, und zwar genauer um eine Aktenanalyse, der alle im Jahr 2005 in den nordrhein-westfälischen Haftanstalten gemeldeten Gewalttaten zu Grunde liegen. Die unter der Leitung von *Wolfgang Wirth* durchgeführte Untersuchung gelangt zu dem Ergebnis, dass in rund 90 % aller Fälle Disziplinarmaßnahmen verhängt wurden.[6] Hinsichtlich deren Wirkung konnte der KrimD nur vermuten, dass die disziplinarische Ahndung von Gewalttätigkeiten wegen ihrer uneinheitlichen Handhabung keine spezialpräventiven Wirkungen haben könne. Als Grund für die Uneinheitlichkeit verweist er auf das zum Untersuchungszeitpunkt noch zu verzeichnende Fehlen einer eigenständigen gesetzlichen Grundlage.

Die zweite Hellfeldstudie ist ebenfalls eine Aktenanalyse und wurde im sächsischen Jugendstrafvollzug von *Hinz* und *Hartenstein* durchgeführt.[7] Datengrundlage sind hier alle 118 bekannt gewordenen Gewaltvorfälle zwischen Oktober 2007 und Juni 2009 in der JSA Regis-Breitingen und der JVA Chemnitz. *Hinz* und *Hartenstein* gelangten u. a. zu dem Ergebnis, dass Inhaftierte vor allem in den ersten Monaten ihrer Haftzeit viktimisiert werden, Täter und Opfer auffallend häufig bereits zuvor durch aggressives Verhalten aufgefallen sind und letztere zu einem Viertel vor der Tat „gemobbt" worden waren.[8] Die Autoren ziehen daraus u.a. den Schluss, dass den Inhaftierten für die Bearbeitung von Konflikten wirkungsvolle Alternativen zur Anwendung von Gewalt angeboten werden müssten. Probleme dürften nicht einfach versteckt oder unterdrückt werden.[9] Hieraus lässt sich aber letztlich nicht mehr als die Vermutung entnehmen, dass Disziplinarmaßnahmen – jedenfalls im Zusammenhang mit Gewalttaten – von den Autoren nicht als wirksam angesehen werden.

Die von den Verfassern dieses Beitrages durchgeführte und bereits erwähnte Sekundärdatenanalyse, bei der es sich um die bisher einzige einschlägige Dunkelfeldstudie handelt, konzentriert sich zwar nur auf eine einzige Pflichtverletzung. Dabei handelt es sich aber um eine der denkbar schwers-

---

6 *Wirth* (2007).
7 *Hinz/Hartenstein* (2010).
8 *Hinz/Hartenstein* (2010), S. 179.
9 *Hinz/Hartenstein* (2010), S. 181.

ten, und zwar um Gewalthandlungen zwischen Inhaftierten. Die zugrunde liegenden Daten sind das Ergebnis einer Befragung von männlichen Jugendstrafgefangenen, die im Zeitraum von Mai 2011 bis Februar 2012 in den Jugendhaftanstalten Weimar/Ichtershausen, Herford und Heinsberg durchgeführt wurde.[10] Die Strafgefangenen wurden im Abstand von drei Monaten bis zu vier Mal u. a. zu ihren Gewalt- und Disziplinierungserfahrungen befragt. Die Ergebnisse der Studie legen nahe, dass Disziplinarmaßnahmen keinen Einfluss auf Gewalthandlungen der Inhaftierten haben. Konkret zeigen die Analysen, dass nahezu alle mit einer Disziplinarmaßnahme sanktionierten Gewalttäter erneut einschlägig in Erscheinung traten.[11]

Aus den drei beschriebenen Untersuchungen lässt sich somit der Schluss ziehen, dass das vom Gesetzgeber intendierte Ziel der Vermeidung von Pflichtverletzungen durch Disziplinarmaßnahmen in der Praxis wohl verfehlt wird. Nach derzeitigem Stand spricht deshalb alles dafür, dass die vorgenannten Sanktionen ungeeignet im Sinne des Verhältnismäßigkeitsgrundsatzes und damit verfassungswidrig sind.

2.2 Wie überraschend sind die empirischen Befunde zur Wirksamkeit?

Die soeben dargestellten Befunde überraschen wenig. Sie stehen mit den etablierten Erklärungsansätzen[12] zu Gewalthandlungen im Jugendstrafvollzug im Einklang. Nach der *Deprivationstheorie* handelt es sich bei Gewalthandlungen um eine Reaktion auf Unterschiede zwischen dem Leben in Freiheit und den Entbehrungen innerhalb des Strafvollzuges (Verlust von Freiheit, von materiellen und immateriellen Gütern, von heterosexuellen Beziehungen sowie von Autonomie und Sicherheit).[13] Sind derartige Verluste tatsächlich mitverantwortlich für Regelverstöße durch Gewalthandlungen, können die meisten der in den Disziplinarkatalogen der Länder vorgesehenen Maßnahmen aber von vornherein nicht im hier verstandenen Sinne wirksam sein, weil sie gar nicht auf die Ursachen der Gewalthandlungen abzielen, sondern vielmehr zu einer Verstärkung der Deprivationen führen. Dies zeigt sich etwa mit Blick auf die Beschränkung von Einkaufsmöglichkeiten: Wenn die Annahme, dass die eingeschränkte Verfügbarkeit von materiellen Gütern zu einem gesteigerten Gewaltpotenzial oder gar zu vermehrten Ge-

---

10 Näher zur Anlage der Studie *Neubacher et al.* (2011).
11 *Bachmann/Ernst* (2015), S.10 ff.
12 Näher zu Gewalt im Jugendstrafvollzug u. a. *Ernst* (2015).
13 *Sykes* (1958); für einen Vergleich von Deprivations- und Importationstheorie siehe u. a. *Lahm* (2008).

walthandlungen führt, tatsächlich zutrifft, könnte die vorgenannte Disziplinarmaßnahme diese Problematik letztlich nur verstärken. Unabhängig davon erweist sich die Beschränkung von Einkaufsmöglichkeiten auch deshalb als problematisch, weil dadurch für den betroffenen Inhaftierten ein erheblicher Anreiz geschaffen wird, den Mangel an materiellen Gütern durch Zuflucht in die illegale Tauschökonomie auszugleichen. Die Beteiligung an dieser stellt jedoch wiederum eine eigenständige Pflichtverletzung dar und ist darüber hinaus mitverantwortlich für gewalttätige Auseinandersetzungen unter den Akteuren dieser Form von Ökonomie.[14]

Während im deprivationstheoretischen Rahmen die Ursachen von Gewalt gewissermaßen als „hausgemacht" erscheinen, verweisen die *Importationstheorien* darauf, dass Inhaftierte bestimmte Handlungsneigungen mit in den Vollzug einbringen und in diesem ausleben.[15] Vor dem Hintergrund des gesetzlich verankerten Erziehungsdankens des Jugendstrafvollzugs ist aber fraglich, ob die in den Disziplinarkatalogen vorgesehenen Maßnahmen überhaupt geeignet sein können, dem Inhaftierten Verhaltensalternativen aufzuzeigen, um zukünftige Pflichtverletzungen zu verhindern. Letztlich kann eine solche Wirkung nur darauf beruhen, dass der betroffene Gefangene zu der Einsicht gelangt, sein Verhalten zukünftig zu ändern, um den repressiven Folgen der Disziplinarmaßnahmen zu entgehen. Mehr als diesen abschreckenden Effekt können die in Rede stehenden Sanktionen, die keine Unterstützung in einem positiven Sinn bieten, letztlich nicht haben.

Vor dem Hintergrund dieser – gewiss recht holzschnittartigen Betrachtung – dürfte deutlich geworden sein, dass die (wenigen) bisher vorliegenden Befunde zur Wirkung von Disziplinarmaßnahmen ohne Weiteres in Einklang mit theoretischen Annahmen zu bringen sind.

2.3 Wie häufig werden Disziplinarmaßnahmen angeordnet?

Das bisher eher düstere Bild erschiene in einem etwas helleren Licht, wenn sich zumindest die Feststellung treffen ließe, dass Disziplinarmaßnahmen in der Vollzugspraxis keine große Bedeutung zukommt. Um dies beurteilen zu können, muss ein Blick auf die statistisch erfasste Häufigkeit von Disziplinarmaßnahmen geworfen werden, was allerdings nicht ohne Weiteres möglich ist. Bis 1997 wurde die Häufigkeit der Anordnung von Disziplinarmaßnahmen zwar auf Bundesebene statistisch erfasst und veröffentlicht. Aus

---

14 *Hochstetler/DeLisi* (2005).
15 *Irwin/Cressey* (1962).

Gründen der Verwaltungsvereinfachung wurde die bundesweite Erhebung aber Mitte der 1990er-Jahre eingestellt. Im letzten Jahr dieser Registrierung – 1996 – entfielen auf einen Jugendstrafgefangenen etwa 1,4 Disziplinarmaßnahmen und damit ungefähr dreimal so viele wie im Erwachsenenvollzug.[16]

Im Frühjahr 2014 erfolgte daher seitens der Verfasser eine entsprechende Anfrage an die zuständigen Landesministerien.[17] Diese wurden gebeten, die jeweilige Gesamtzahl der verhängten Disziplinarmaßnahmen im Jugendstrafvollzug für die Jahre 2008 bis 2013 mitzuteilen. Bemerkenswerterweise konnten zahlreiche Ministerien trotz ihrer Funktion als Aufsichtsbehörden keine entsprechenden Daten übermitteln. Während Hamburg – als einziges Bundesland – auch auf nochmalige Nachfrage nicht antwortete, teilten Bayern, Brandenburg, Bremen und Hessen immerhin mit, dass die Bereitstellung der gewünschten Zahlen einen unverhältnismäßig großen Erhebungsaufwand für die einzelnen Anstalten erfordern würde. Dies ist insoweit bedenklich, als sich daraus ergibt, dass offenbar auf Ebene der Aufsichtsbehörden keine systematische Erfassung und damit Kontrolle der Disziplinarpraxis möglich ist.

Letztlich liegen von zehn Ländern statistische Daten vor (*s. Abbildung 1*), die sich – mit Ausnahme von Mecklenburg-Vorpommern – jeweils nur auf die (zahlenmäßig weit dominierenden) männlichen Jugendstrafgefangenen beziehen.[18] Aus den Zahlen wird zunächst deutlich, dass der bis 1997 geltende Befund, wonach sich große Unterschiede zwischen den Bundesländern und den einzelnen Jahren zeigen, nach wie vor Gültigkeit besitzt. So entfallen auf Rheinland-Pfalz im Mittel auf einen Gefangenen fast viermal so viele Disziplinarmaßnahmen wie z. B. in Thüringen, obwohl in den Jugendstrafvollzugsgesetzen beider Länder sowohl dieselben Anordnungsvoraussetzungen als auch ein identischer Sanktionskatalog vorgesehen sind. Vergleichsweise wenige disziplinarische Ahndungen sind neben dem letztgenannten Bundesland auch in Baden-Württemberg und Berlin zu verzeichnen. Hier sind die entsprechenden Werte im Durchschnitt nur rund halb so hoch wie diejenigen von Mecklenburg-Vorpommern, Niedersachsen oder vom Saarland.

---

16 Vgl. *Bachmann/Ernst* (2015), S. 4 m.w.N.
17 Vgl. hier und im Folgenden *Bachmann/Ernst* (2015), S. 4 ff.
18 Die Daten für Schleswig-Holstein beziehen sich nur auf die JA Schleswig und sind daher nicht repräsentativ für das gesamte Bundesland.

Abbildung 1: Anzahl der verhängten Disziplinarmaßnahmen je Jugendstrafgefangenem zwischen 2008 und 2013 in verschiedenen Bundesländern
BW = Baden-Württemberg; **B** = Berlin; **MV** = Mecklenburg-Vorpommern; **Nds** = Niedersachsen; **NRW** = Nordrhein-Westfalen; **RP** = Rheinland-Pfalz; **SL** = Saarland; **SN** = Sachsen; **SH** = Schleswig-Holstein (s. Fn. 18); **TH** = Thüringen

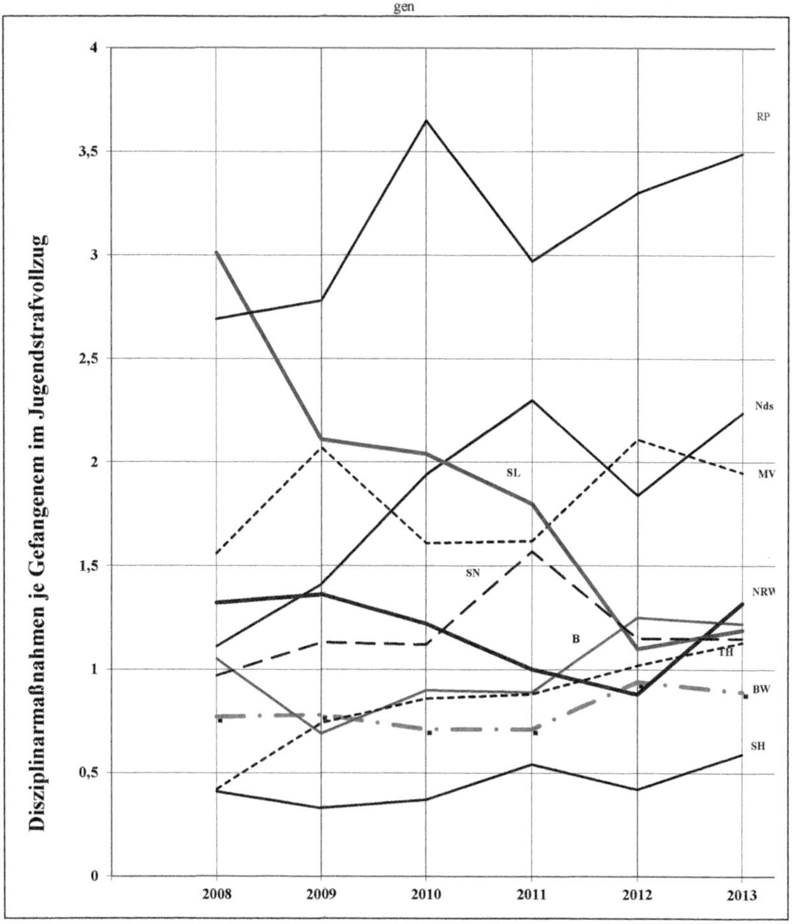

Ursächlich für die großen Unterschiede zwischen den Ländern dürften u. a. unterschiedliche Vollzugsstile und Konfliktbewältigungsstrategien sein. Besonders deutlich zeigt sich dies z. B. im Saarland, das mit der JSA Ottweiler über lediglich eine Jugendstrafvollzugseinrichtung verfügt. Hinsichtlich des hier zu beobachtenden deutlichen Rückgangs der Anordnung von Disziplinarmaßnahmen wurde im Rahmen der Arbeitstagung für Mitarbeiterinnen und Mitarbeiter aus dem Jugendstrafvollzug, die im Oktober 2015 in Wittlich stattfand, die Vermutung geäußert, dass dies maßgeblich mit einem Anstaltsleiterwechsel in der vorgenannten Haftanstalt in Zusammenhang steht. Auch die sich innerhalb ein- und desselben Bundeslandes zwischen den Haftanstalten (s. Tabelle 1) zeigenden Disziplinierungsunterschiede dürften vor allem mit der jeweiligen Anstaltssituation in Zusammenhang stehen.[19]

Tabelle 1: *Reaktionen auf Pflichtverstöße je Jugendstrafgefangenem in den Justizvollzugsanstalten Heinsberg und Herford*

	2010	2011	2012	2013
JVA Heinsberg				
Disziplinarmaßnahmen	1,17	1,20	0,88	0,81
JVA Herford				
Disziplinarmaßnahmen	1,85	1,70	1,61	2,70

3. Handlungsempfehlungen

Aus den bisherigen Ausführungen ergeben sich abschließend folgende Empfehlungen an Wissenschaft und Praxis:

(a) Dass in den meisten Bundesländern nur eine anstaltsinterne Registrierung der verhängten Disziplinarmaßnahmen, aber keine routinemäßige Erfassung auf Landesebene erfolgt, ist allein schon mit Blick auf die effektive Wahrnehmung der Aufsichtsfunktion durch das jeweils zuständige Landesministerium nicht hinnehmbar. Dies sollte geändert werden. Ferner ist die Wiedereinführung einer turnusmäßigen Veröffentlichung der verhängten Disziplinarmaßnahmen wünschenswert.

(b) Im Rahmen der Wirksamkeitsforschung sollten die Disziplinarmaßnahmen zukünftig nicht nur als Gesamtheit, sondern auch jeweils für sich in den Blick genommen werden. Dies gilt insbesondere für den Arrest als gravierendste Sanktion. Dessen Wirksamkeit ist schon theoretisch fraglich, seine Abschaffung in Brandenburg und Sachsen daher nachvollziehbar.

---

19 Vgl. hierzu *Bachmann/Ernst* (2015), S. 7 f.

(c) Die vergleichsweise geringen Anwendungshäufigkeiten von Disziplinarmaßnahmen in manchen Bundesländern bzw. Haftanstalten könnten u. a. darauf zurückzuführen sein, dass Sanktionierungen womöglich in großem Umfang auf informellem oder apokryphem Weg erfolgen. Entsprechende Zusammenhänge sollten deswegen näher erforscht werden, und zwar einschließlich der Frage, inwieweit von einem solchem Vorgehen von Vollzugsmitarbeitern eine negative Vorbildwirkung für die Gefangenen ausgeht.

(d) Schließlich wirft der Weg vom Pflichtverstoß zur Entscheidung über die Reaktion darauf, zahlreiche bisher nicht hinreichend untersuchte Fragen auf: Wovon hängt es ab, ob der zuständige Vollzugsmitarbeiter ein Disziplinarverfahren initiiert, eine sonstige Maßnahme für sinnvoll erachtet oder womöglich „ein Auge zudrückt"? Welche individuellen Spielräume existieren hier? Welche Einflussfaktoren wirken im Rahmen des förmlichen Disziplinarverfahrens – wo gibt es gegebenenfalls Defizite?

Literatur

Albrecht, H.-J./Quensel, S./Sessar, K. (2012): Freiburger Memorandum, abrufbar unter https://www.mpicc.de/apps/press/data/freiburger_memorandum_kriminologie_de_12.pdf.
Bachmann, M. /Ernst, A. (2015): Disziplinarmaßnahmen im Jugendstrafvollzug. In: Monatsschrift für Kriminologie und Strafrechtsreform 98(1), S. 1-15.
Bachmann, M. /Goeck, F. (2013): Ein Blick in den Abgrund? – Strafrecht auf dem Prüfstand von Verfassung und Kriminologie, in: B. Brunhöber, K. Höffler, J. Kasper, T. Reinbacher und M. Vormbaum (Hrsg.), Strafrecht und Verfassung. Nomos: Baden-Baden, S. 37-56.
Ernst, A. (2015): Gewalt im Jugendstrafvollzug. In: M. Schweder (Hrsg.): Handbuch Jugendstrafvollzug. Beltz Juventa: Weinheim, S. 437-451.
Hinz, S./Hartenstein, S. (2010): Jugendgewalt im Strafvollzug – Eine retrospektive Untersuchung im Sächsischen Jugendstrafvollzug. In: Zeitschrift für Jugendkriminalrecht und Jugendhilfe 21(2), S. 176-182.
Hochstetler, A. /DeLisi, M. (2005): Importation, deprivation, and varieties of serving time: An integrated-lifestyle-exposure model of prison offending. In: Journal of Criminal Justice 33, S. 257-266.
Irwin, J. /Cressey, D. (1962): Thieves, convicts, and the inmate culture. In: Social Problems 10, S. 142-155.
Lahm, K. (2008): Inmate-on-Inmate Assault. In: Criminal Justice and Behavior 35, S. 120-137.
Neubacher, F. /Oelsner, J. /Boxberg, V. /Schmidt, H. (2011): Gewalt und Suizid im Strafvollzug – Ein längsschnittliches DFG-Projekt im thüringischen und nordrhein-westfälischen Jugendstrafvollzug. In: Bewährungshilfe 58(2), S. 133-146.
Sykes, G. (1958): The society of captives. Princeton, NJ: Princeton University Press.
Wirth, W. (2007): Gewalt unter Gefangenen. In: Bewährungshilfe 54(2), S. 185-206.

Arten und Anordnungshäufigkeit von Disziplinarsanktionen im Schweizer Straf- und Massnahmenvollzug

Anna Isenhardt, Charlotte Gisler und Ueli Hostettler

Gliederung
1. Einleitung
2. Datengrundlage und Analysestrategie
3. Rechtliche Regelung des Disziplinarwesens
3.1 Analyse der kantonalen Reglemente
3.2 Analyse der Hausordnungen und Disziplinarreglemente
4. Anwendungshäufigkeit einzelner Disziplinarsanktionen
5. Zusammenfassung

1. Einleitung

In der Schweiz ist bisher wenig bekannt über die konkrete Ausgestaltung des Disziplinarwesens im Justizvollzug. Der Grund dafür ist einerseits in der föderalen Struktur des Landes und der damit verbundenen kantonalen Zuständigkeit für den Straf- und Massnahmenvollzug zu sehen.[1] Andererseits haben die einzelnen Anstalten in ihren Hausordnungen spezifische Regelungen zum Disziplinarwesen. Seit seiner Revision im Jahr 2007 enthält zwar auch das Strafgesetzbuch einige wenige Vorgaben, die konkrete Umsetzung und insbesondere die Regelung dessen, welche Verhaltensweisen disziplinarisch geahndet werden, obliegt jedoch den Kantonen bzw. den Anstalten.

Im Zentrum der bisherigen Forschung in der Schweiz standen vor allem Fragen der normativen Ausgestaltung des Disziplinarwesens. Insgesamt ist dem Thema aber wenig Aufmerksamkeit geschenkt worden, obschon z.B. die Zusammenhänge zwischen dem Wohlbefinden von Gefangenen und Mitarbeitenden und Regelverstössen in der internationalen Forschung gut belegt

---

1 Für weitere Informationen zum Straf- und Massnahmenvollzugs in der Schweiz siehe *Baechtold/Weber/Hostettler* (2016).

sind.² Eine der wenigen Ausnahmen ist die Studie von Fricker.³ Er beschäftigte sich jedoch hauptsächlich mit Arrest und der normativen und tatsächlichen Ausgestaltung dieser spezifischen Sanktion. Obwohl er Anstalten aus allen Landesteilen einbezogen hat, war seine Stichprobe wenig systematisch und nicht repräsentativ für eine gesamtschweizerische Sicht.

Ziel des Projekts, auf dem dieser Beitrag beruht, ist die Erweiterung der bisherigen Forschung.⁴ Auf Grundlage einer Analyse der kantonalen Reglemente und Hausordnungen geht der vorliegende Beitrag zunächst der Frage nach, welche Arten von Disziplinarsanktionen in den Anstalten angewandt werden, wobei insbesondere Unterschiede und Gemeinsamkeiten aufgedeckt werden sollen. Anhand der drei Beispiele Störung des Arbeitsbetriebs, Konsum, Besitz und Einfuhr von Suchtmitteln sowie Flucht wird zudem erörtert, inwieweit vergleichbare Verstösse unterschiedlich sanktioniert werden.

Des Weiteren wird der Frage nachgegangen, welche Sanktionen wann und wie häufig angeordnet wurden.⁵ Dazu erfolgt zunächst eine Beschreibung der Anordnungshäufigkeit verschiedener Sanktionen ganz allgemein. Anschliessend wird die Sanktionierungspraxis für die drei oben erwähnten Beispiele von Verstössen, Störung des Arbeitsbetriebs, Konsum, Besitz und Einfuhr von Suchtmitteln sowie Flucht dargestellt.

2. Datengrundlage und Analysestrategie

Insgesamt konnten in das Forschungsprojekt 23 Anstalten einbezogen werden. In einer dieser Anstalten liessen sich jedoch die Art und Häufigkeit von Disziplinarverstössen und Disziplinarsanktionen nicht erheben, da es den Verantwortlichen nicht möglich war, Informationen zu Verstössen und Sanktionen zur Verfügung zu stellen. Insgesamt konnten, mit Ausnahme des

---

2 *Sykes* (1958); *Toch* (1992); *O'Donnell/Edgar* (1999); *Wolff/Shi* (2011); *Boudoukha/Altintas/Rusinek/Fantini-Hauwel/Hautekeete* (2013); *Bourbonnais/Jauvin/Dussault/Vézina* (2007); *Isenhardt/Hostettler/Young* (2014).
3 *Fricker* (2004).
4 Der vorliegende Beitrag ist im Rahmen des vom Schweizerischen Nationalfonds geförderten Projekts „Sicherheit im Freiheitsentzug" (2013-2016; http://p3.snf.ch/Project-143207) entstanden. Dieses Projekt beschäftigt sich neben der Untersuchung der formellen Reaktionen auf Disziplinarverstösse auch mit deren Ursachen und Folgen und insbesondere auch mit der Rolle des Personals und Interaktionen zwischen Gefangenen und Angestellten.
5 Für eine detaillierte Darstellung der verschiedenen Arten der begangenen Regelverstösse siehe *Isenhardt* accepted.

Kantons Genf, wo leider keine der beiden angefragten Anstalten zur Teilnahme bereit war, aus allen Anstalten der übrigen Kantone Angaben erhoben und einbezogen werden.

Zusätzlich wurden aus 18 Anstalten die Hausordnungen analysiert. Nicht berücksichtigt wurden zwei Anstalten, die mittlerweile geschlossen sind sowie eine Anstalt, aus der auch nach mehrmaligem Nachfragen keine Hausordnung zur Verfügung gestellt wurde.

Aus zwei weiteren Anstalten, die beide aus dem Kanton Waadt stammen, wurde ebenfalls keine Hausordnung analysiert. Grund dafür ist, dass der Kanton über ein zentrales Reglement, welches für alle Anstalten gleichermassen gilt, verfügt und das Disziplinarwesen somit ausschliesslich auf Ebene des Kantons geregelt wird. Einige Anstalten verfügen zusätzlich zu den Hausordnungen über separate, teils ergänzende Disziplinarreglemente. In diesem Fall, wurden beide Dokumente analysiert.

Neben den Hausordnungen wurden für die Analyse des normativen Rahmens auch die kantonalen Reglemente einbezogen. Die Auswertung beruht somit auf folgenden Dokumenten und Datenquellen: (a) der Analyse der kantonalen Reglemente (alle 26 Kantone), (b) einer Analyse der Hausordnungen (18 Anstalten) sowie (c) der Erhebung der Art und Häufigkeit von Disziplinarsanktionen (22 Anstalten).

Der Fokus der Analyse lag auf dem Straf- und Massnahmenvollzug. Die so einbezogenen Anstalten werden entweder als offene oder als geschlossene Institutionen geführt, wobei offene Anstalten häufig auch über geschlossene Abteilungen verfügen und umgekehrt. Nicht in die Stichprobe aufgenommen wurden Gefängnisse, die Untersuchungshaft oder den Vollzug von kurzen Haftstrafen durchführen, Anstalten zur Ausschaffungshaft und Wohnheime für das Arbeitsexternat.

Die Verstösse und Sanktionen wurden jeweils in ihrer Gesamtheit für die Jahre 2011 bis 2013 erhoben, wobei detaillierte Informationen pro Gefangenem für die Jahre 2011 und 2012 vorliegen, während für 2013 die Angaben zu Art und Häufigkeit nur aggregiert auf Ebene der Anstalt erhoben wurden.

3. Rechtliche Regelung des Disziplinarwesens

Die Anwendbarkeit des Disziplinarrechts in den Schweizer Anstalten des Straf- und Massnahmenvollzugs begründet sich auf ein so genanntes Sonderstatusverhältnis.[6] Dieses entsteht dadurch, dass sich die Gefangenen während der Zeit der Inhaftierung in einem besonders engen Verhältnis zum Staat oder einer seiner öffentlichen Anstalten befinden. Welche schuldhaften Handlungen der Gefangenen als Disziplinarverstösse angesehen werden, in welcher Form diese sanktioniert werden und wie das Disziplinarverfahren abläuft, ist in der Schweiz auf unterschiedlichen Ebenen geregelt (siehe Graphik 1).

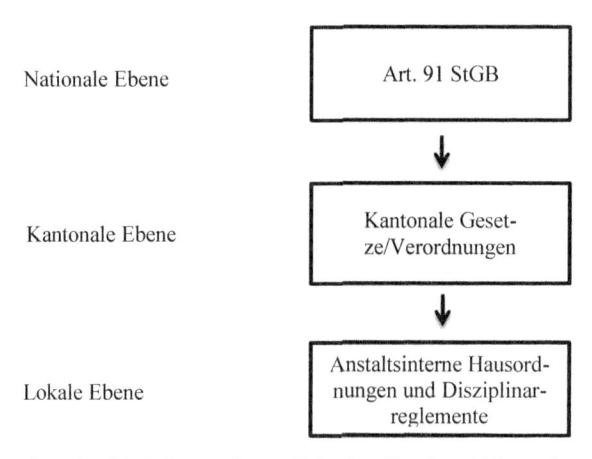

Nationale Ebene	Art. 91 StGB
Kantonale Ebene	Kantonale Gesetze/Verordnungen
Lokale Ebene	Anstaltsinterne Hausordnungen und Disziplinarreglemente

Graphik 1: Regelung des Disziplinarrechts im Schweizer Straf- und Massnahmenvollzug

Auf der obersten Ebene enthält das schweizerische Strafgesetzbuch einige grundlegende Regeln zum Disziplinarwesen. Konkrete Disziplinarverstösse werden jedoch nicht angesprochen, sondern lediglich die Möglichkeit, dass gegen Gefangene, welche in schuldhafter Weise gegen Strafvollzugsvorschriften oder den Vollzugsplan verstossen, Disziplinarsanktionen verhängt werden können.[7] Die Disziplinarsanktionen sind hingegen abschliessend geregelt.[8] Demnach sind mögliche Sanktionen: (a) der Verweis, (b) der zeitweise Entzug oder die Beschränkung der Verfügung über Geldmittel, der Freizeitbeschäftigung oder der Aussenkontakte, (c) die Busse sowie (d) der

---
6 *Brägger* (2003).
7 Art. 91 Abs. 1 StGB.
8 Art. 91 Abs. 2 StGB.

Arrest als zusätzliche Freiheitsbeschränkung.[9] Weitere Aspekte müssen auf kantonaler Ebene geregelt werden, wozu Art. 91 Abs. 3 StGB die Kantone explizit verpflichtet. Insbesondere welches Verhalten auf Seiten der Gefangenen diszipliniert wird und wie die Strafzumessung erfolgt, muss somit in den kantonalen Reglementen festgehalten werden. Auf einer dritten Ebene enthalten bei den meisten Anstalten die Hausordnungen ergänzende Regelungen.

Die drei schweizerischen Strafvollzugskonkordate, zu denen sich die Kantone zur Sicherstellung der Anstaltsinfrastruktur und deren Betrieb zusammengeschlossen haben, spielen für das Disziplinarwesen keine Rolle. So gibt es auf dieser Eben denn auch keine Empfehlungen zum Disziplinarwesen.[10]

3.1 Analyse der kantonalen Reglemente

Bereits vor der Revision des Schweizer Strafgesetzbuchs im Jahr 2007 und der damit verbundenen Verpflichtung zur Regelung des Disziplinarwesens, verfügten die Kantone über Gesetze und Verordnungen, mit denen sie den Vollzug von Strafen- und Massnahmen und auch das Disziplinarwesen regelten. Im Vergleich zu einer von Baechtold[11] im Jahr 2003 durchgeführten Studie, hatten in der Folge im Jahr 2015 mehr Kantone das Disziplinarwesen auf Gesetzesebene und nicht mehr nur auf Verordnungsebene geregelt. Vor der Revision und heute war und ist das Disziplinarwesen jedoch in den meisten Kantonen ausschliesslich auf Ebene einer Verordnung geregelt.[12]

Die Analyse der kantonalen Reglemente zeigte einige Unterschiede, aber auch viele Gemeinsamkeiten. In der Regel enthalten sie Bestimmungen darüber, wer die Disziplinargewalt hat. Dies ist meist die Direktorin oder der Direktor. Sie oder er kann diese Gewalt an weitere Mitglieder der Führungs-

---

9 *Ebd.*
10 Für weitere Informationen zu den Konkordaten siehe http://www.prison.ch/de/justizvollzug-schweiz/justizvollzug-was-ist-das/pflichten-und-kompetenzen-der-kantone/strafvollzugskonkordate.
11 *Baechtold* (2004).
12 Laut *Baechtold* (2004) hatten im Jahr 2003 ein Kanton das Disziplinarwesen auf Gesetzesebene geregelt, zwei Kantone auf Gesetzesebene mit zusätzlichen Konkretisierungen auf Verordnungsebene und 22 ausschliesslich auf Verordnungsebene. 2015 regelten vier Kantone das Disziplinarwesen im Rahmen ihrer Straf- und Massnahmenvollzugsgesetze, 14 Kantone regeln es innerhalb einer Verordnung und sieben im Rahmen eines Gesetzes und einer Verordnung. Zu beiden Untersuchungszeitpunkten verfügte der Kanton Uri in seinem Reglement über keinerlei Regelungen zum Disziplinarwesen. Der Kanton betreibt jedoch auch keine eigenen Anstalten.

ebene übertragen. Erfolgt ein Disziplinarverstoss zu Lasten der Anstaltsleitung, so geht in den meisten Kantonen die Disziplinargewalt an die kantonalen Ämter des Justizvollzugs über. Diese sind laut den analysierten kantonalen Reglementen in den meisten Kantonen auch gleichzeitig für Beschwerden gegen eine ausgesprochene Disziplinierung zuständig.

In einigen Kantonen wird bereits auf kantonaler Ebene geregelt, wie ein Disziplinarverfahren abzulaufen hat, in anderen erfolgt dies erst auf Ebene der Hausordnungen. Mit zwei Ausnahmen ist in allen Reglementen hingegen eine Auflistung von Verhaltensweisen, welche prinzipiell disziplinarisch geahndet werden können, enthalten. Zuoberst auf der Liste der Disziplinartatbestände stehen in der Regel Flucht und alle Handlungen zur Fluchtvorbereitung sowie Arbeitsverweigerung und die Störungen des Arbeitsbetriebs. Diese werden gefolgt von Drohungen und Angriffen gegenüber dem Personal der Vollzugseinrichtung und Mitgefangenen sowie Beleidigung des Personals und die Widersetzlichkeit gegenüber dessen Anordnungen.

Eine weitere grosse Gruppe von Verstössen steht in Zusammenhang mit dem Konsum von Suchtmitteln, worunter der Besitz, Konsum, Handel und die Einfuhr von illegalen Drogen, Alkohol und nicht genehmigten Medikamenten sowie die Verweigerung und Verfälschung von Urintests und Atemkontrollen (was in der Regel als Konsum gewertet wird) fallen. Weitere Tatbestände stehen im Zusammenhang mit dem Missbrauch von Urlauben und Ausgängen. Fehlverhalten in dieser Kategorie kann sein: Verspätete Rückkehr, Nichteinhalten von Auflagen, wie Alkoholverboten, Kontaktsperren, von eventuellen Terminen oder die Begehung von Straftaten. Darüber hinaus werden häufig der Besitz von verbotenen Gegenständen, Diebstahl von Eigentum der Anstalt oder von Mitgefangenen, Sachbeschädigung und unerlaubte Kontakte mit Mitgefangenen und Personen ausserhalb der Anstalt erwähnt.

Neben Auflistungen von Disziplinartatbeständen sind teilweise Informationen zum Vollzug einzelner Disziplinarsanktionen, in der Regel in Bezug auf Arrest in den Reglementen enthalten. Zudem ist die Arresthöchstdauer geregelt. Versuch, Anstiftung und Gehilfenschaft werden meist ebenfalls sanktioniert und je nach Art und Schwere des Verstosses kommt es zusätzlich zu einer strafrechtlichen Verfolgung.

3.2 Analyse der Hausordnungen und Disziplinarreglemente

Was die kantonalen Gesetze und Verordnungen hingegen meist nicht enthalten, sind Regelungen dazu, welches Verhalten wie sanktioniert werden soll, wie der Strafrahmen ausgestaltet ist und wie die Strafzumessung erfolgt. Dies ist in den Hausordnungen und Disziplinarreglementen der einzelnen Anstalten geregelt. Zusätzlich zu den in den kantonalen Reglementen genannten Verstössen werden in vielen Anstalten weitere Verstösse gegen allgemeine Anstaltsregeln, z.b. Rauchverbote, sowie allgemeine Regeln des Zusammenlebens, z.b. anständiges Benehmen, faires Verhalten während dem Sport, usw. erwähnt.

Von den 18 analysierten Dokumenten enthielten 16 konkrete Regelungen, welche Sanktionen einzelnen Verstössen zuordneten. Die übrigen zwei enthielten lediglich Verweise auf nationale und kantonale Vorschriften. Insgesamt zeigte sich, dass der Differenzierungsgrad der Strafrahmen und Zumessungsregeln sehr unterschiedlich war. Er reichte von einer lediglich sehr groben Auflistung von Verstössen, mit eher grossen Strafrahmen, hin zu eher kleinteiligen Ausführungen, unter Einbezug von wiederholten Verstössen.

Wie Tabelle 1 zeigt, werden nicht alle der in Art. 91 StGB erwähnten Sanktionen in allen Hausordnungen erwähnt und damit auch nicht in allen Anstalten gleichermassen angewandt. Zusätzlich zu den in Art. 91 StGB angesprochenen Sanktionen sind in 6 Anstalten zusätzlich Verwarnungen aufgeführt. In drei Viertel der Anstalten werden Verweise ausgesprochen und in etwa zwei Dritteln der Entzug von Privilegien, wie Freizeitbeschränkungen, der Beschränkung der Mediennutzung und der Beschränkung von Geldmitteln. Bussen kennen die Hälfte der untersuchten Anstalten. Die Spannweite der erwähnten Höchstgrenzen ist sehr gross. So können in einer Anstalt theoretisch Bussen bis zu CHF 1'000 ausgesprochen werden. Urlaubskürzungen oder -sperren kommen bei neun Anstalten zur Anwendung, wobei diese Sanktion häufiger im offenen Vollzug verwandt wird, da hier häufiger Urlaub gewährt wird. Einfacher Arrest, also der Einschluss in der eigenen Zelle sowie scharfer Arrest, als zusätzliche Freiheitsbeschränkung in einer speziellen Arrestzelle, werden in fast allen Anstalten angewandt. 11 Anstalten nennen zudem Arresthöchstgrenzen. Diese variieren wiederum und reichen von sieben bis 21 Tagen. Rückversetzungen in eine niedrigere Vollzugsstufe, z.B. von einer offenen in eine geschlossene Abteilung oder von einer offenen in eine geschlossene Anstalt, werden in vier der untersuchten Hausordnungen erwähnt. Alle Anstalten wenden zudem Kombinationen verschiedener Sanktionen zur Ahndung einzelner Verstösse an.

Tabelle 1: Analyse der Hausordnungen – erwähnte Sanktionen (Nennungen und Anteile)

Sanktionen	Anzahl	Prozent
Verwarnung	6	37,5
Verweis	12	75,0
Busse	8	50,0
Entzug von Privilegien	11	68,7
Beschränkung Mediennutzung	6	37,5
Beschränkung Freizeit	9	56,2
Beschränkung Geldmittel	6	37,5
Beschränkung Besuchsrecht	7	43,7
Urlaubskürzung/Urlaubssperre	9	56,2
Arrest einfach	14	87,5
Arrest scharf	15	93,7
Höchstgrenzen genannt	11	68,7
7 Tage	1	
10 Tage	4	
20 Tage	2	
21 Tage	4	
Rückversetzung	4	25,0
Andere	9	56,2

n=16

Der Strafrahmen und die Strafzumessung sind in den untersuchten Anstalten recht unterschiedlich. Beispiele für Sanktionen für verspätetes Ausrücken zur Arbeit reichen von einem Verweis über eine Busse zwischen CHF 10 und CHF 50 hin zu einem Tag einfachem Arrest. In Bezug auf Einfuhr, Besitz und Konsum von Suchtmitteln lassen sich ebenfalls einige Unterschiede finden. Einige Anstalten unterscheiden zudem zwischen weichen und harten Drogen, andere wiederum nicht. Beispiele für Sanktionierungen bei weichen Drogen sind Urlaubssperre, Besuchssperre, Arrest bis zu vier Tagen und Bussen zwischen CHF 20 und CHF 100. Bei Fluchten ab Anstalt werden die verschiedenen möglichen Sanktionen hingegen deutlich homogener angewendet. In allen Anstalten wird Arrest verhängt, wobei die Dauer zwischen sechs und 14 Tagen schwankt. Teilweise werden zusätzlich Urlaubssperren und Rückversetzungen in Kombination mit Arrest angewandt.

4. Anwendungshäufigkeit einzelner Disziplinarsanktionen

Insgesamt wurden im Jahr 2011 248 Disziplinarsanktionen pro 100 Gefangene verhängt. 2012 waren es 240; 2013 - 255. In den meisten Fällen wurde lediglich eine Sanktion pro Verstoss angewandt. Im Jahr 2011 wurde in acht Fällen von einer Sanktion abgesehen, im Jahr 2012 in keinem Fall und 2013 in fünf.

Bei Betrachtung der Zahlen in Graphik 2 wird deutlich, dass in den untersuchten Jahren insbesondere scharfer Arrest, der Entzug von Privilegien und einfacher Arrest angewandt wurden. Die viertgrösste Häufigkeit hatten Bussen gefolgt von Verweisen. Beschränkungen des Besuchsrechts spielten hingegen eine untergeordnete Rolle. Ebenso wie Rückversetzungen und die Möglichkeit, einfachen und scharfen Arrest auf Bewährung auszusprechen.

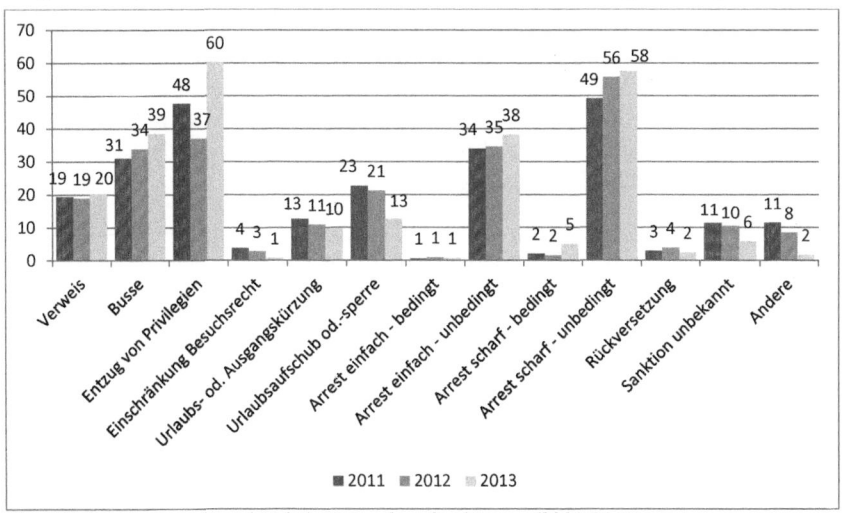

Graphik 2: Anwendungshäufigkeit einzelner Sanktionen (2011-2013)
Angaben pro 100 Gefangene, N(2011)=5743, N(2012)=5557, N(2013)=6126

Im Vergleich zu 2011 und 2012 wurden im Jahr 2013 deutlich mehr Privilegien entzogen. Die Verhängung von Bussen sowie von einfachem und scharfem Arrest hat von 2011 auf 2013 kontinuierlich zugenommen. Urlaubs- und Ausgangskürzungen sowie Urlaubssperren sind hingegen 2013 weniger häufig verhängt worden als im Jahr 2012 und 2011.

Tabelle 2 kann entnommen werden, welche Sanktionen in der Praxis bei den drei ausgewählten Arten von Verstössen angewandt wurden. Innerhalb der Kategorie Arbeit werden Störungen des Arbeitsbetriebs, unerlaubtes Verlassen des Arbeitsplatzes, Arbeitsverweigerung und verspätetes Ausrücken zusammengefasst. In der Praxis wurden dafür insbesondere vier verschiedene Sanktionen ausgesprochen. Am häufigsten erfolgte die Sanktionierung durch einen Entzug von Privilegien gefolgt von einfachem Arrest. Bei ungefähr einem Sechstel der Fälle wurde ein Verweis ausgesprochen. In etwa einem Siebtel war ein scharfer Arrest die Sanktion. Bei Sanktionierungen des Konsums, Besitzes oder Handels mit Suchtmitteln war die Anwendung von Sanktionen noch heterogener. Dies hängt sicherlich auch damit zusammen, dass die Kategorie Suchtmittel eine Vielzahl verschiedener Verstösse umfasst, die jeweils unterschiedlich sanktioniert werden. Am häufigsten wurden Urlaubssperren und Urlaubskürzungen angeordnet. In einem Fünftel der Fälle wurde durch einen einfachen Arrest sanktioniert, in einem Sechstel durch eine Busse und in rund einem Siebtel der Fälle durch einen scharfen Arrest oder Entzug von Privilegien. Bei einer Flucht, als besonders schwerwiegendes Delikt, wird in der Regel scharfer Arrest verhängt. Alle weiteren Sanktionen, wie z.B. Urlaubssperre, Entzug von Privilegien oder Rückversetzungen, werden meist begleitend angeordnet.

Tabelle 2: Anwendungshäufigkeit einzelner Sanktionen bei Störungen des Arbeitsbetriebs, Suchtmitteln und Fluchten (2011-2012, Angaben in Prozent)

Sanktion	Arbeit	Suchtmittel	Flucht
Verweis	15,4	4,9	0,0
Busse	3,6	15,5	0,0
Entzug von Privilegien	36,4	13,7	1,7
Beschränkung Besuchsrecht	0,6	0,1	0,0
Urlaubskürzung/Urlaubssperre	4,0	22,7	8,3
Arrest einfach – bedingt	0,4	0,1	0,0
Arrest einfach – unbedingt	23,9	17,5	6,2
Arrest scharf – bedingt	0,3	0,4	0,0
Arrest scharf - unbedingt	13,5	14,8	71,6
Rückversetzung	0,6	0,9	10,1
Andere	1,3	9,4	2,1
N	1754	3397	338

5. Zusammenfassung

Der vorliegende Beitrag geht auf Basis einer Inhaltsanalyse kantonaler und anstaltsinterner Reglemente der Frage nach, welche Verhaltensweisen auf

Seiten der Gefangenen im Schweizer Straf- und Massnahmenvollzug sanktioniert werden und welche Disziplinarsanktionen dabei ausgesprochen werden können. Zudem beschäftigt er sich mit der Anwendungshäufigkeit einzelner Disziplinarsanktionen, welche ebenfalls bei den Anstalten erhoben wurde.

Das Disziplinarwesen im Vollzug ist in der Schweiz auf drei Ebenen geregelt. Die oberste bildet Art. 91 StGB. Dieser enthält in Bezug auf die möglichen Disziplinarsanktionen eine abschliessende Liste. Die Definition dessen, welches Verhalten auf Seiten der Gefangenen als Disziplinarverstoss gewertet wird, obliegt hingegen den Kantonen. Die Analyse der kantonalen Gesetze und Verordnungen ergab insgesamt mehr Gemeinsamkeiten als Unterschiede. Bis auf zwei Ausnahmen enthalten alle Reglemente Listen mit möglichen Disziplinarverstössen. Ebenso sind meist Bestimmungen darüber enthalten, durch wen die Disziplinargewalt ausgeübt wird. Aussagen zum Ablauf des Disziplinarverfahrens sowie zur Ausgestaltung einzelner Sanktionen machen hingegen nur wenige kantonale Reglemente.

Die dritte Ebene bilden die lokalen Hausordnungen und Disziplinarreglemente. Im Ergebnis zeigte sich, dass diese sowohl in Bezug auf einzelne Sanktionen als auch auf die Strafzumessung und Strafrahmen sehr heterogen sind. Nicht alle Anstalten wenden alle der in Art. 91 StGB aufgelisteten Sanktionen an. Scharfer und auch einfacher Arrest waren jedoch in fast allen Hausordnungen oder Disziplinarreglementen als mögliche Sanktion genannt. Bei Arrest waren die erwähnten Höchstgrenzen für die Dauer der ausgesprochenen Arreststrafen wiederum sehr verschieden. Bussen wurden nur in etwa der Hälfte der Anstalten angewandt. Darüber hinaus zeigte der Vergleich der Strafrahmen für ausgewählte Disziplinarverstösse, dass auch für gleiche Verstösse je nach Anstalt sehr verschiedene Strafrahmen vorgesehen wurden.

Bezüglich der tatsächlichen Anordnung der in den Hausordnungen angesprochenen Sanktionen wurde deutlich, dass insbesondere scharfer und einfacher Arrest sowie der Entzug von Privilegien und Bussen zur Sanktionierung eingesetzt wurden. Beschränkungen des Besuchsrechts und Rückversetzungen in eine niedrigere Vollzugsstufe spielten hingegen eine untergeordnete Rolle. Wie die Analyse der Hausordnungen zeigte, sind sie im Vergleich zu den übrigen Sanktionen jedoch auch in deutlich weniger Anstalten überhaupt als Sanktion vorgesehen.

Einige Sanktionen wurden im Jahr 2013 häufiger angewandt als im Jahr 2011. Besonders deutlich wird dies bei der Anordnung des Entzugs von Privilegien. Ein Grund dafür könnte sein, dass in einer grossen Anstalt das Disziplinarreglement geändert wurde und 2013 im Vergleich zu den Vorjahren erstmals auch Zuspätkommen zur Arbeit sanktioniert wurde. Dies erfolgte durch den Entzug von Privilegien.

Innerhalb der Kategorie Arbeit wurde am häufigsten durch einen Entzug von Privilegien sanktioniert, am zweithäufigsten durch Einschluss in die eigene Zelle, wobei die Analyse der Hausordnungen gezeigt hat, dass beide Sanktionen häufig kombiniert werden. Wird ein Gefangener oder eine Gefangene in der Zelle eingeschlossen, so wird in den meisten Anstalten gleichzeitig das Fernsehgerät entzogen. Verweise wurden ebenfalls häufig bei Verstössen aus der Kategorie Arbeit angeordnet. Hier zeigte die Analyse der Hausordnungen, dass ein solcher insbesondere ausgesprochen wurde, wenn es sich um einen eher leichteren Verstoss handelte, z.B. ein Zuspätkommen, oder wenn zum ersten Mal ein Disziplinarverstoss begangen wurde. In anderen Anstalten wird hingegen bereits eine erste Arbeitsverweigerung durch scharfen Arrest sanktioniert.

Beim schwersten Verstoss, der Flucht, wird hingegen deutlich weniger heterogen sanktioniert. Ein möglicher Grund hierfür ist, dass die Fluchtumstände zwar unterschiedlich sein können, eine Flucht jedoch eine Flucht bleibt, während die Zahl der Facetten, bei den anderen Arten von Verstössen deutlich grösser ist.

Die vorliegende Analyse hat in erster Linie einen explorativen Charakter. Zu prüfen bleibt zukünftig, inwieweit sich die gefundenen Unterschiede durch unterschiedliche Sicherheitsstufen und Vollzugsformen erklären lassen. Auf den ersten Blick scheint dies jedoch zumindest nicht die alleinige Ursache zu sein. Ebenso müssen lokale Gegebenheiten bei der Interpretation besser berücksichtigt werden. Dazu ist jedoch weitere Forschung nötig. Im föderalen Kontext der Schweiz ist diese aber als schwieriges Unterfangen zu erachten, da die Daten zumeist in den Anstalten z. T. aus den einzelnen Insassenakten erhoben werden müssen. Eine schweizweite einheitlichere Erfassung wäre ein erster Schritt in die Richtung einer (mindestens kantonal) zentralisierten, systematischen und langfristigen Erfassung von Disziplinarverstössen und -sanktionen. Auf diese system- und führungsrelevante Datengrundlage könnte auch die Forschung zurückgreifen.

Literatur

Baechtold, A./Weber, J./Hostettler U. (2016): Strafvollzug. Straf- und Massnahmenvollzug an Erwachsenen in der Schweiz (3. vollständig überarbeitete und ergänzte Auflage). Bern: Stämpfli Verlag.

Baechtold, A. (2004): Disziplinarrecht. Inventar des kantonalen Strafvollstreckungs- und Strafvollzugsrechts. Bern: Universität Bern, Institut für Strafrecht und Kriminologie.

Boudoukha, A. H./Altintas, E./Rusinek, S./Fantini-Hauwel, C./Hautekeete, M. (2013): Inmates-to-staff assaults, PTSD and burnout: Profiles of risk and vulnerability. Journal of Interpersonal Violence, 28(11), S. 2332–2350.

Bourbonnais, R./Jauvin, N./Dussault, J./Vézina, M. (2007): Psychosocial work environment, interpersonal violence at work and mental health among correctional officers. International Journal of Law and Psychiatry, 30, S. 355–368.

Brügger, B. F. (2003): Überblick über das Disziplinarrecht in schweizerischen Freiheitsentzug. Schweizerische Zeitschrift für Kriminologie, 2(1), S. 25–34.

Fricker, C. (2004): Disziplinar- und besondere Sicherheitsmassnahmen: Normative und tatsächliche Ausgestaltung im straf- sowie strafverfahrensrechtlichen Freiheitsentzug der Schweiz. Bern: Haupt Verlag.

Isenhardt, A. (accepted): Disziplinarverstösse im schweizerischen Straf- und Massnahmenvollzug. Ergebnisse einer Erhebung zur Situation in den Anstalten. Schweizerische Zeitschrift für Kriminologie, 15(2), 2016.

Isenhardt, A./Hostettler, U./Young, C. (2014): Arbeiten im schweizerischen Justizvollzug. Ergebnisse einer Befragung zur Situation des Personals. KJS. Bern: Stämpfli.

O'Donnel, I./Edgar, K. (1999). Fear in Prison. Prison Journal, 79(1), S. 90–99.

Sykes, G. M. (1958): The Society of Captives. A Study of a Maximum Security Prison. Princeton: Princeton Univ. Press.

Toch, H. (1992): Living in Prison: The Ecology of Survival (2. Auflage). Washington, DC, Hyattsville, MD: American Psychological Association.

Wolff, N./Shi, J. (2011): Patterns of Victimization and Feelings of Safety Inside Prison: The Experience of Male and Female Inmates. Crime and Delinquency, 57(1), S. 29–55.

Zur Erforschung des sexuellen Missbrauchs an Minderjährigen im Rahmen der katholischen Kirche

Dieter Dölling, Dieter Hermann, Barbara Horten, Britta Bannenberg, Harald Dreßing, Andreas Kruse, Hans Joachim Salize und Eric Schmitt

Gliederung

1. Einleitung
2. Die Teilprojekte
3. Die Metaanalyse
3.1 Methodische Vorgehensweise
3.2 Vorläufige Ergebnisse

1. Einleitung

In dem vorliegenden Beitrag wird über ein Forschungsprojekt über den sexuellen Missbrauch an Minderjährigen im Kontext der katholischen Kirche berichtet. Das Projekt wird von einem Forschungskonsortium durchgeführt, das aus folgenden Personen besteht: Prof. Dr. Harald Dreßing und Prof. Dr. Hans Joachim Salize, Zentralinstitut für Seelische Gesundheit, Mannheim, Prof. Dr. Dr. h.c. Andreas Kruse und Prof. Dr. Eric Schmitt, Institut für Gerontologie der Universität Heidelberg, Prof. Dr. Dieter Dölling und Prof. Dr. Dieter Hermann, Institut für Kriminologie der Universität Heidelberg, und Prof. Dr. Britta Bannenberg, Lehrstuhl für Kriminologie, Jugendstrafrecht und Strafvollzug der Universität Gießen. Das Forschungsprojekt wurde im Jahr 2013 von der Deutschen Bischofskonferenz ausgeschrieben, nachdem ein erstes Forschungsvorhaben über die Thematik abgebrochen worden war. In einem Bewerbungsverfahren erhielt das genannte Forschungskonsortium den Zuschlag für das Projekt. Die Durchführung des Projekts beruht auf einem von den 27 (Erz-)Diözesen in Deutschland und dem Verband der Diözesen Deutschlands mit dem Forschungskonsortium abgeschlossenen Vertrag. Das Projekt läuft vom 01.07.2014 bis zum 31.12.2017. Ziel des Projektes ist es, den Umfang des sexuellen Missbrauchs an Minderjährigen in der katholischen Kirche einzuschätzen, Strukturen und Dynamiken, die entsprechende Taten begünstigten, zu ermitteln und auf der Grundlage der erhobenen Befunde einen Beitrag zur Prävention solcher Delikte zu leisten. Hierbei sollen die Erfahrungen und Sichtweisen der von den Taten betroffenen Opfer in besonderer Weise berücksichtigt werden. Das Vorhaben ist in sechs Teilprojekte gegliedert, die im Folgenden dargestellt werden. Anschließend wird näher auf ein Teilprojekt eingegangen.

2. Die Teilprojekte

Im Teilprojekt 1 wird die Aktenführung der katholischen Kirche im Hinblick auf Fälle des sexuellen Missbrauchs an Minderjährigen erfasst. Es wird also ermittelt, welches potentiell problemrelevante Datenmaterial vorhanden ist und welche Praktiken der Datenerhebung und Datenerhaltung in Vergangenheit und Gegenwart zu verzeichnen sind. Erfasst wird auch, welche quantitativen Befunde über Missbrauchsfälle in den Diözesen bereits vorliegen. Zur Ermittlung der Datenerfassungs- und Datenerhaltungspraktiken wurde ein umfangreicher Fragebogen an die Diözesen verschickt. Alle Diözesen haben den Fragebogen ausgefüllt und zurückgesandt. Außerdem werden Gespräche mit in den Diözesen für die Aktenführung verantwortlichen Personen geführt. Auf den Befunden von Teilprojekt 1 baut Teilprojekt 6 auf. In diesem Projekt findet eine quantitative Auswertung der Personalakten der Diözesen (einschließlich der Geheimarchive) statt. Die Auswertung erfolgt anhand eines vom Forschungsteam entwickelten Erhebungsbogens. Ein Datenschutzkonzept für dieses Teilprojekt wurde mit den Diözesen vereinbart.

Im Teilprojekt 2 werden qualitative biografische Interviews mit Opfern und Tätern von sexuellen Missbrauchsdelikten im Kontext der katholischen Kirche geführt. Es soll in diesem Teilprojekt erhoben werden, wie Opfer und Täter die Taten, ihre Entstehungsbedingungen und Folgen wahrnehmen und welche Bedeutung den Taten in ihrer Biografie zukommt.

Gegenstand des Teilprojekts 3 ist ein Vergleich von sexuellen Missbrauchsdelikten an Minderjährigen im Rahmen der katholischen Kirche und in anderen Institutionen, z. B. Schulen oder Sportvereinen. Der Vergleich soll durch eine Analyse von Strafakten über Missbrauchsdelikte in der katholischen Kirche und in anderen Institutionen anhand eines Aktenerhebungsbogens erfolgen. Es soll ermittelt werden, ob Missbrauchsdelikte im Kontext der katholischen Kirche Besonderheiten im Vergleich zu Missbrauchstaten in anderen Institutionen aufweisen.

In dem Teilprojekt 4 soll untersucht werden, welche Hinweise für eine wirksame Prävention sich aus den Aktenanalysen und Interviews ergeben. Diese Hinweise sollen mit vorhandenen Präventionsprogrammen abgeglichen werden. Die Befunde sollen in einem Workshop mit den Präventionsbeauftragten der katholischen Kirche erörtert werden.

Das Teilprojekt 5 ist eine Metaanalyse der bereits vorhandenen empirischen Untersuchungen über sexuelle Missbrauchsdelikte in der katholischen Kirche und in anderen Institutionen. Dieses Projekt wird im Folgenden näher dargestellt.

3. Die Metaanalyse

Die Metaanalyse soll zunächst einen Überblick über die bisherigen empirischen Befunde zu Umfang und Art sexueller Missbrauchstaten an Minderjährigen in Institutionen geben. Außerdem soll untersucht werden, ob aufgrund der bisherigen Studienergebnisse Faktoren identifiziert werden können, die im Kontext der Institutionen missbrauchsbegünstigend wirken. Hierbei setzt sich die Metaanalyse methodenkritisch mit den Studienergebnissen auseinander. Es wird gefragt, inwieweit die bisherigen Befunde von den Untersuchungsbedingungen und den verwendeten Methoden abhängig sind.

3.1 Methodische Vorgehensweise

In der Metaanalyse werden wissenschaftliche Arbeiten und Untersuchungsberichte analysiert, die sexuelle Übergriffe an Minderjährigen im Kontext von Institution zum Gegenstand haben. Als „minderjährig" werden Personen unter achtzehn Jahren angesehen. Neben kirchlichen Einrichtungen (katholische, evangelische Kirche und Einrichtungen sonstiger Glaubensgemeinschaften) umfasst die Untersuchung Institutionen wie Kindergärten, Schulen, Internate, Heime, Jugendzentren, Vereine, Krankenhäuser und Strafvollzugsanstalten.

Die Auswahl der Primärstudien erfolgte anhand der folgenden kriminologischen, wirtschafts- und sozialwissenschaftlichen, psychologischen und medizinischen Datenbanken: KrimDok, PSYNDEX, PsycINFO, PsychARTICLES, PubMed, Sociological Abstracts, Social Services Abstracts, SSRN, WISO-net, IBSS, ISI, Ingenta Connect und Scientific Literature Digital

Library. Zur Studienauswahl wurde eine Stichwortliste, die 94 Suchbegriffe in deutscher und englischer Sprache umfasste, erstellt. Außerdem wurden im Schneeballverfahren weitere Studien ermittelt. In einem Filterungsprozess wurden die gefundenen Untersuchungen im Hinblick auf ihre Relevanz überprüft. So wurden thematisch nicht einschlägige Untersuchungen sowie rein theoretische Studien und solche, die im Zuge des Auswahlverfahrens zweifach erfasst wurden, von der Metaanalyse ausgeschlossen.

Als Erhebungsinstrument wurde ein standardisierter Erhebungsbogen verwendet, der eine systematische, quantitative Erfassung der relevanten Studienergebnisse ermöglicht. Der Fragebogen besteht aus fünf Datensätzen. Während im ersten Datensatz Angaben zur Publikation und zum Autor erhoben werden, enthält der zweite Datensatz Angaben zur jeweiligen Studie, u. a. zu Grundgesamtheit und Stichprobe, Fragestellung, Untersuchungsgegenstand und methodischer Vorgehensweise. Der dritte Datensatz hat Angaben zur Beschreibung und Erklärung des delinquenten Verhaltens sowie zu den Reaktionen der beteiligten Institutionen und des Staates auf die Tat zum Gegenstand. Evaluationsstudien über präventive Maßnahmen werden im vierten Datensatz erfasst, eine Erhebung von bi- und multivariaten Befunden erfolgt im fünften Datensatz. Einen Überblick über den Aufbau der Datensätze enthält Tabelle 1.

Tabelle 1: Aufbau des Erhebungsbogens

Datensatz 1	Datensatz 2	Datensatz 3	Datensatz 4	Datensatz 5
Angaben zur Publikation und zum Autor	Angaben zur jeweiligen Studie	Angaben zur Beschreibung und Erklärung der Delinquenz und der Reaktion	Angaben zu Präventionsmaßnahmen und deren Evaluation	Angaben zu bi- und multivariaten Befunden

3.2 Vorläufige Ergebnisse

Die vorläufigen Ergebnisse beziehen sich auf die Untersuchungen über die katholische Kirche. Es wurden bisher 33 Studien über den sexuellen Missbrauch an Minderjährigen im Kontext der katholischen Kirche identifiziert. Die Mehrheit der untersuchten Studien wurde von der katholischen Kirche initiiert (68,8 %), ein geringerer Anteil der Untersuchungen wurde auf Initiative einer Forschungseinrichtung durchgeführt (31,3 %). Ein Zusammenhang zwischen dem Initiator der Studie und der Fragestellung lässt sich insofern feststellen, als nur die Untersuchungen im Auftrag der katholischen Kirche auch die Reaktionen auf die Missbrauchstaten durch die Institution und seitens des Staates (in Form strafrechtlicher Sanktionen) betrachten. Die Fragestellungen zu Taten, Tätern, Opfern sowie zu den Folgen des Missbrauchs sind unter Berücksichtigung des Initiators der Studie gleichverteilt.

Häufigster Publikationstyp der Studien ist ein Untersuchungsbericht (60,6 %), als Zeitschriftenaufsatz wurden 27,3 % der Studien veröffentlicht. 9,1 % der Studien wurden als Monographie und 3,0 % in einem Sammelband publiziert. Bei den Untersuchungsberichten handelt es sich insbesondere um Berichte, die von Rechtsanwälten im Auftrag der katholischen Kirche erstellt wurden. Studien im Auftrag der katholischen Kirche sind zu 90 % Untersuchungsberichte, Studien auf Initiative von Forschungseinrichtungen werden zu 100 % in Monographien, Zeitschriftenaufsätzen und Sammelbänden veröffentlicht.

Die Fachdisziplin der Autoren besteht zu 33,3 % in der Kombination Psychologie, Psychiatrie und Medizin, gefolgt von der Rechtswissenschaft als alleiniger Disziplin (30,3 %). 12,1 % der Studien wurden von Autoren in der Kombination Kriminologie, Sozialwissenschaften, Rechtswissenschaft und Psychologie verfasst, während die Kombination Sozialwissenschaften und Psychologie in 9,1 % der Untersuchungen auftritt. Die Kombination Rechtswissenschaft/Erziehungswissenschaft ist mit 6,1 % am seltensten. Insgesamt sind die Sozialwissenschaften und die Kriminologie im Vergleich zu Autoren aus der Rechtswissenschaft vergleichsweise selten vertreten.

Der überwiegende Teil der Studien wurde zwischen den Jahren 2010 und 2015 veröffentlicht (60,6 %). Während sich zu Beginn der 90er Jahre bis 2002 die publizierten Studien auf Kanada und den amerikanischen Raum konzentrierten, trat die Thematik des sexuellen Missbrauchs in Irland im Jahr 2003 mit Bekanntwerden der Missbrauchstaten innerhalb kirchlicher Institutionen in den Fokus der Wissenschaft. Wie Abbildung 1 zeigt, liegt der Schwerpunkt der irischen Untersuchungen zum sexuellen Missbrauch im Kontext katholischer Einrichtungen in der Jahresspanne 2003 bis 2011. In Deutschland richtet sich das Forschungsinteresse erst ab 2010 im Zuge der öffentlichen Offenbarung ehemaliger Schüler des katholischen Canisius-Kollegs sowie durch Bekanntwerden sexueller Grenzverletzungen an Schülern der Odenwaldschule auf die Untersuchung der Missbrauchstaten im institutionellen Kontext (vgl. Abbildung 1).

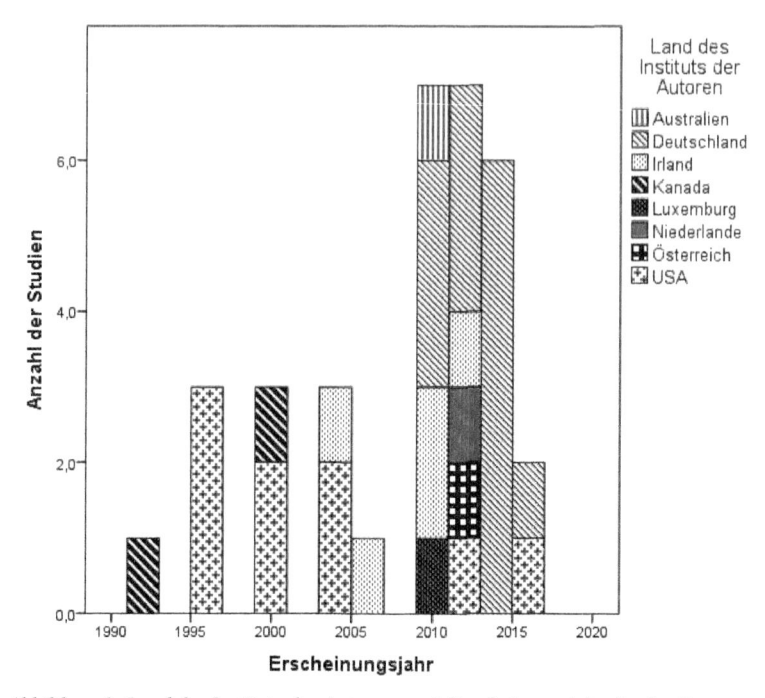

Abbildung 1: Land des Instituts der Autoren nach Erscheinungsjahr der Studie

Es besteht ein Zusammenhang zwischen der Dauer des untersuchten Zeitraums in Jahren und dem Erscheinungsjahr der Studie. Je aktueller die Studie ist, desto größer ist der Untersuchungszeitraum. Während sich in den bis 1999 veröffentlichten Studien die durchschnittliche Dauer des Untersuchungszeitraums auf sieben Jahre erstreckt, wird im Jahr 2014 der längste Untersuchungszeitraum von 90 Jahren erreicht. Abbildung 2 verdeutlicht diesen Zusammenhang.

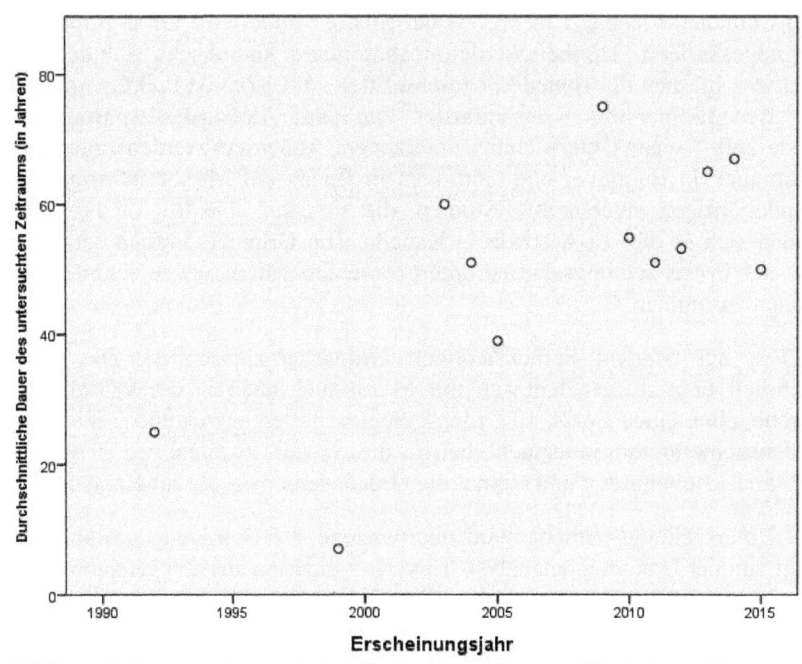

Abbildung:2: Zusammenhang zwischen Untersuchungsdauer und Erscheinungsjahr

Grundgesamtheit der Studien sind am häufigsten die Missbrauchsfälle in einem bestimmten Land (57,1 %). Besonders in klinischen Studien ist dies der Fall, da diese Studien oftmals zur Gewinnung der Daten auf stationäre Behandlungszentren und Kliniken für Betroffene und Täter zurückgreifen, die sich im gesamten Land befinden. Außerdem umfassen Befragungen einzelne Länder. Ein Beispiel ist eine Studie der Deutschen Bischofskonferenz, der eine deutschlandweite telefonische Befragung von Opfern und Tatzeugen zugrunde liegt[1]. Die zweithäufigste Art der Grundgesamtheit besteht in einzelnen Diözesen (19,0 %), z. B. den irischen Diözesen Cloyne[2], Dublin[3] und Ferns[4]. In Deutschland beziehen sich vor allem die Untersuchungsberichte auf ausgewählte Diözesen, z. B. Augsburg[5], Freiburg[6], Rottenburg-Stuttgart[7]

---

1 *Zimmer et al.* (2014).
2 *Murphy/Mangan/O'Neill* (2011).
3 *Murphy/Mangan/O'Neill* (2010).
4 *Murphy/Buckley/Joyce* (2005).
5 *Kocherscheidt* (2013).
6 *Musella* (2014).
7 *Grübel* (2012).

und München-Freising[8]. In 16,7 % der Studien bildet eine Organisation die Grundgesamtheit. Hierbei werden insbesondere katholische Schulen wie z. B. das Internat der Benediktinerabtei Ettal[9], das Konvikt und Gymnasium des Benediktinerstifts Kremsmünster[10] und das Aloisiuskolleg Bonn-Bad Godesberg[11] einer Untersuchung unterzogen. Außerdem werden Jugendeinrichtungen in Hannover und Göttingen in Bezug auf Missbrauchs-taten an Minderjährigen untersucht[12]. Studien, die sich auf eine Region beziehen, finden sich in den USA sowie in Kanada. Die Grundgesamtheit setzt sich hier aus in Behandlungszentren untergebrachten Tätern aus bestimmten Regionen zusammen[13].

11,7 % der Studien berücksichtigen Ordensgemeinschaften. Die große Mehrheit befasst sich demnach mit Missbrauchstaten in der katholischen Kirche, ohne einen Bezug zu Ordensgemeinschaften herzustellen. Wird eine Ordensgemeinschaft untersucht, betrifft dies jeweils zweimal den Benediktiner- und Jesuitenorden und einmal die Ordensgemeinschaft der Kapuziner.

Als Untersuchungsmethode wird überwiegend die Befragung gewählt, gefolgt von der Dokumentenanalyse. Eine Kombination aus den genannten Untersuchungsmethoden wird als dritthäufigste Methode angewendet. Klinische Studien mit psychologischen und psychiatrischen Untersuchungsmethoden sind selten zu verzeichnen. Eine Befragung in Verbindung mit einer Sekundärdatenanalyse erfolgt in einer Studie (vgl. Abbildung 3).

Die Untersuchung der Missbrauchstaten geschieht in 44,2 % der Studien mit quantitativen Erhebungsverfahren. Qualitative Erhebungsverfahren finden in 34,9 % der Untersuchungen Anwendung. Der Anteil der Studien mit teils quantitativen und teils qualitativen Datenerhebungsverfahren beträgt 20,9 %.

Wird eine Befragung angewendet, lässt sich die ausgewählte Befragungsmethode in der Mehrheit der Studien (55,2 %) keinem gängigen Verfahren wie standardisiertes Interview, Leitfadeninterview, narratives Interview, problembezogenes Interview oder Experteninterview zuordnen. Die fehlende Anwendung in der empirischen Forschung anerkannter Methoden schlägt sich in den Untersuchungsbefunden nieder. So finden sich lückenhafte empi-

---

8 *Westphal/Spilker/Wastl* (2010).
9 *Keupp et al.* (2013).
10 *Keupp et al.* (2015).
11 *Zinsmeister/Ladenburger/Mitlacher* (2011).
12 *Raue* (2010).
13 *Calkins et al.* (2015); *Langevin/Curnoe/Bain* (2000).

rische Befunde bei der Darstellung soziodemographischer Angaben zu Tätern und Opfern sowie in den Angaben zur Tat.

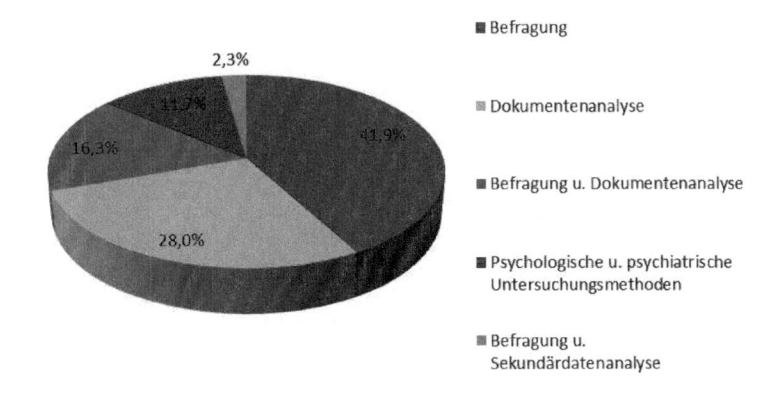

Abbildung 3: Verteilung der Untersuchungsmethoden

Bei 33,3 % der Befragungen wurde eine standardisierte Befragungsmethode verwendet. Die Verteilung der qualitativen Befragungsmethoden gliedert sich in folgende prozentuale Anteile auf: Leitfadeninterview (13,3 %), teilnarratives Leitfadeninterview (3,0 %), problemzentriertes Interview (3,0 %). Die übrigen qualitativen Befragungen lassen sich keiner sozialwissenschaftlich anerkannten Methode zuordnen.

Bei den Befragungen werden in nahezu gleichem Anteil Interviews mit Tätern und mit Opfern geführt, in einigen Studien werden darüber hinaus Zeugen der Tat sowie Mitarbeiter der Institution befragt. Bevölkerungsumfragen sind selten zu verzeichnen (siehe Tabelle 2).

Tabelle 2: Befragte Personen

Wer wurde befragt?*	Anzahl der Studien	Prozent
Täter	14	21,9 %
Opfer	21	32,8 %
Mitarbeiter der Institution	10	15,6 %
Tatzeugen	11	17,2 %
Bevölkerung	2	3,1 %
Sonstige	6	9,4 %

*Mehrfachnennung möglich

Bei Betrachtung der untersuchten Dokumente wird ersichtlich, dass mehrheitlich Kirchenakten, zumeist in Form von Personalakten, zur Untersuchung herangezogen werden. Dokumente wie E-Mail-Verkehr, Forumsdiskussionen, Medienberichte, Jahresberichte der untersuchten Einrichtung, Hausordnungen sowie Notizen seitens der kirchlichen Institution wurden mit der Kategorie „Sonstige" erfasst und bilden die zweithäufigste Kategorie der untersuchten Dokumente. Psychologische und psychiatrische Gutachten sind die dritthäufigste Dokumentenart. Daten einer Telefonhotline werden in einer Studie in Form einer Dokumentenanalyse ausgewertet. Über alle Studien verteilt wurden insgesamt 14.082 Dokumente zum sexuellen Missbrauch innerhalb der katholischen Kirche untersucht. In Tabelle 3 wird die Verteilung veranschaulicht.

Tabelle 3: Untersuchte Dokumente

Art der Dokumente*	Anzahl der Studien	Anzahl der Dokumente in der Grundgesamtheit	Anzahl analysierter Dokumente
Kirchenakten	6	123.383	9.399
Strafakten	1	1	1
Psychologisch/psychiatrische Gutachten	6	4.492	2.044
Daten einer Telefonhotline	1	952	499
Sonstige	5	3.436	2.139
Gesamtsumme		132.264	14.082

*Mehrfachnennung möglich

Die Auswahl der Dokumente erfolgte in 62,0 % der Studien durch die zu untersuchende Institution selbst, in 23,8 % der Untersuchungen nahm die Forschungseinrichtung die Auswahl der Dokumente vor. In einigen Studien liegen zu dieser und den folgenden Variablen keine Angaben vor. Bei der Durchführung der Analyse ergibt sich ein abweichendes Bild: Die Mehrheit der Untersuchungen (90,5 %) wurde von externen Forschungseinrichtungen durchgeführt, nur in 4,8 % der Untersuchungen analysierte die Institution die Dokumente selbst.

Nach den bisherigen empirischen Befunden waren 89 % der Täter männlich. Die Spannweite des Anteils männlicher Täter in den einzelnen Studien erstreckt sich von 54 % bis zu 100 %. Altersangaben zum Täter liegen – ebenso wie zum Opfer – nur in 24,2 % der Studien vor. Zum Zeitpunkt des ersten sexuellen Übergriffs beträgt bei einer Standardabweichung von 7,5 das durchschnittliche Alter der Täter 43,5 Jahre. Der jüngste Täter war 15 Jahre alt, der älteste 90 Jahre.

Während im familiären Kontext überproportional häufig weibliche Kinder und Jugendliche Opfer sexuellen Missbrauchs werden, sind im Kontext der katholischen Kirche überwiegend männliche Opfer zu verzeichnen. Der Anteil männlicher Kinder und Jugendlicher beträgt in der Metaanalyse 72,0 %, der Anteil der weiblichen Opfer 20,4 %. Das mittlere Alter der Opfer beläuft sich auf 11,8 Jahre (Standardabweichung = 4,2) und erstreckt sich vom Kleinkindalter bis 25 Jahre.

Neben deskriptiven Befunden enthalten einige Studien Ausführungen über Ursachen des sexuellen Missbrauchs im Kontext der katholischen Kirche. Hierbei kann zwischen individuellen und institutionellen Ursachen unterschieden werden. Als individuelle Ursachen werden neben emotionaler und sexueller Unreife des Täters eine stark ausgeprägte narzisstische Seite des Täters sowie das Streben nach Macht genannt. Als institutionelle Ursachen werden Mängel bei der Eignungsbewertung der Priesteranwärter und in der Priesterausbildung, insbesondere im Umgang mit dem Nähe-Distanz-Verhältnis und im Umgang mit pubertierenden Jugendlichen, eine fehlende Sensibilisierung gegenüber der Thematik des sexuellen Missbrauchs innerhalb der kirchlichen Institution und mangelnde Fort- und Weiterbildungsangebote für Priester im Umgang mit der Missbrauchsproblematik angeführt.

Literatur

Calkins, C./Fargo, J./Jeglic, E./Terry, K. (2015): Blessed be the Children: A Case-Control Study of Sexual Abusers in the Catholic Church. Behavioral Sciences and the Law, Vol. 33, S. 530-594.

Grübel, M. (2012): Bericht der Kommission sexueller Missbrauch. Oktober 2002 bis 31. Dezember 2013. Die dokumentierten Vorgänge reichen zurück bis 1945. Online verfügbar unter: http://www.drs.de/fileadmin/drs/documents/rat_und_hilfe/hilfe_bei_missbrauch/20131231_bericht_ksm.pdf (zuletzt abgerufen am 20.10.2015).

Keupp, H./Straus, F./Mosser, P./Gmür, W./Hackenschmied, G. (2013): Sexueller Missbrauch, psychische und körperliche Gewalt im Internat der Benediktinerabtei Ettal. Individuelle Folgen und organisatorisch-strukturelle Hintergründe. Online verfügbar unter: http://www.ipp-muenchen.de/files/ipp_ettalbericht_2013.pdf (zuletzt abgerufen am 21.10.2015).

Keupp, H./Straus, F./Mosser, P./Hackenschmied, G./Gmür, W. (2015): Schweigen. Aufdeckung. Aufarbeitung. Sexualisierte, psychische und physische Gewalt in Konvikt und Gymnasium des Benediktinerstifts Kremsmünster. Online verfügbar unter: http://www.ipp-muenchen.de/files/bericht_kremsmuenster_ipp_issn_1614-3159_nr-11.pdf (zuletzt abgerufen am 21.10.2015).

Kocherscheidt, O. (2013): Arbeitsbericht des diözesanen Beauftragten für die Prüfung von Vorwürfen sexuellen Missbrauchs und körperlicher Gewalt an Minderjährigen durch Geistliche und Mitarbeiter im Dienst des Bistums Augsburg für die Jahre 2010 bis 2012. Online verfügbar unter: http://www.bistum-augsburg.de/index.php/bistum/Raete-Kommissionen/Missbrauch/Bericht (zuletzt abgerufen am 20.10.2015).

Langevin, R./Curnoe, S./Bain, J. (2000): A Study of Clerics who commit Sexual Offenses: Are they different from other Sex Offenders? Child Abuse & Neglect, Vol. 24, No. 4, S. 535-545.

Murphy, F.-C./Buckley, H./Joyce, L. (2005): The Ferns Report. Presented to the Minister for Health and Children. October 2005. Online verfügbar unter: http://www.bishop-accountability.org/ferns/ (zuletzt abgerufen am 21.10.2015).

Murphy, Y./Mangan, I./O'Neill, H. (2010): Commission of Investigation Report into the Catholic Archdiocecse of Dublin. July 2009. Online verfügbar unter: http://www.justice.ie/en/JELR/Pages/PB09000504 (zuletzt abgerufen am 21.10.2015).

Murphy, Y./Mangan, I./O'Neill, H. (2011): Commission of Investigation. Report into the Catholic Diocese of Cloyne. December 2010. Online verfügbar unter: http://www.justice.ie/en/JELR/Cloyne_Rpt_Intro.pdf/Files/Cloyne_Rpt_Intro.pdf (zuletzt abgerufen am 21.10.2015).

Musella, A. (2014): Auswertung der Vorwürfe des sexuellen Missbrauchs und der körperlichen Gewalt in der Erzdiözese Freiburg von 1942 bis 31. Mai 2013. Unveröffentlichte Publikation.

Raue, U. (2010): Bericht über Fälle sexuellen Missbrauchs an Schulen und anderen Einrichtungen des Jesuitenordens – 27. Mai 2010. Online verfügbar unter: https://www.jesuiten.org/fileadmin/Redaktion/Downloads/Bericht_27_05_2010_aktuell.pdf (zuletzt abgerufen am 20.10.2015).

Westphal, M./Spilker, K.-H./Wastl, U. (2010): Sexuelle und sonstige körperliche Übergriffe durch Priester, Diakone und sonstige pastorale Mitarbeiter im Verantwortungsbereich der Erzdiözese München und Freising in der Zeit von 1945 bis 2009. Bestandsaufnahme - Bewertung - Konsequenz. Vom 02.12.2010. Online verfügbar unter: http://www.bishopaccountabilty.org/reports/2010_12_02_Westpfahl_Munich_and_Freising_Key_Points.pdf (zuletzt abgerufen am 20.10.2015).

Zimmer, A./Lappenhsen-Lengler, D./Weber, M./Götzinger, K. (2014): Sexueller Kindesmissbrauch in kirchlichen Institutionen – Zeugnisse, Hinweise, Prävention. Ergebnisse der Auswertung der Hotline der Deutschen Bischofskonferenz für Opfer sexuellen Missbrauchs. München: Juventa Verlag.

Zinsmeister, J./Ladenburger, P./Mitlacher, I. (2011): Schwere Grenzverletzungen zum Nachteil von Kindern und Jugendlichen im Aloisiuskolleg Bonn - Bad Godesberg. Abschlussbericht zur Untersuchung im Auftrag der Deutschen Provinz der Jesuiten. Online verfügbar unter: https://www.jesuiten.org/fileadmin/Redaktion/Downloads/Abschlussbericht_AKO_Zinsmeister.pdf (zuletzt abgerufen am 21.10.2015).

Vom Krisenthema zum kriminologischen Erfolgsmodell? – Aktuelle empirische Erkenntnisse zur Rückfälligkeit von Sexualstraftätern

Martin Rettenberger

Gliederung
1. Einleitung: Wie rückfallgefährdet sind Sexualstraftäter?
2. Ziel und Methodik der vorliegenden Untersuchung
2.1 Datenerhebung und -auswertung
2.2 Beschreibung der Stichprobe
3. Ergebnisse: Aktuelle Rückfallzahlen bei Sexualstraftätern
4. Vordelinquenz und Rückfälligkeit
5. Alter und Rückfälligkeit
6. Interpretation der Ergebnisse

1. Einleitung: Wie rückfallgefährdet sind Sexualstraftäter?

Im Jahre 1989 veröffentlichten *Furby*, *Weinrott* und *Blackshaw*[1] eine Studie zur Rückfälligkeit von Sexualstraftätern, in der sie erstmals den Versuch einer systematischen statistischen Untersuchung des bisherigen Forschungsstandes in Form einer Meta-Analyse unternahmen. Die Autoren identifizierten 55 Einzeluntersuchungen, von denen die meisten allerdings methodisch zu schwach waren, um sie im Rahmen einer Meta-Analyse gemeinsam auszuwerten. So variierten beispielsweise die Nachbeobachtungszeiträume zwischen wenigen Wochen und mehr als 30 Jahren, zudem waren die Analysezeitpunkte der identifizierten Originaluntersuchungen äußerst heterogen (die Datenerhebung ging bis in die 1920er Jahre zurück) und umfasste unterschiedliche Länder und Jurisdiktionen. Die methodische Problematik zeigte sich auch darin, dass manche Untersuchungen homosexuelle Personen als Sexualstraftäter und die chirurgische Kastration als Behandlungsform aufführten. Aus den genannten Gründen mag es kaum überraschen, dass die berichteten Rückfallraten zwischen 0 % und über 70 % variierten und somit kaum interpretierbar waren. Dementsprechend folgerten die Autoren „de-

---

1 *Furby/Weinrott/Blackshaw* (1989).

spite the relatively large number of studies on sex offender recidivism, we know very little about it" (S. 27).

Etwa zehn Jahre später veröffentlichten *Hanson* und *Bussière*[2] die bis heute am häufigsten zitierte Studie zur Rückfälligkeit von Sexualstraftätern, in der insgesamt 61 unabhängige empirische Untersuchungen berücksichtigt wurden, die nach zuvor festgelegten Kriterien die methodischen Mindestanforderungen erfüllten (46 davon aus Nordamerika, 10 aus Großbritannien, je zwei aus Australien und Dänemark, eine Studie aus Norwegen; $N=28.972$). Der durchschnittliche Nachbeobachtungszeitraum lag zwischen vier und fünf Jahren, der Median des Publikationsdatums dieser Untersuchungen war 1989, so dass von einer Zunahme der Forschungsbemühungen in der davor liegenden Dekade ausgegangen werden konnte. Die Ergebnisse ergaben für die Gesamtstichprobe eine allgemeine Rückfallrate von 36,3 %, im Hinblick auf nicht-sexuelle Gewaltrezidive von 12,2 % und bezüglich der sexuell motivierten Rückfälligkeit von 13,4 %, wobei pädosexuelle Täter im Vergleich zu Vergewaltigungstätern durchgehend niedrigere Rückfallraten aufwiesen.

Untersuchungen aus dem deutschsprachigen Raum wurden weder in den genannten Übersichtsarbeiten noch in später veröffentlichten internationalen Meta-Analysen berücksichtigt. Dies lag und liegt zum einen an methodischen Problemen, da beispielsweise selektiv nur bestimmte Stichproben untersucht wurden[3] oder die Rückfallraten nur schwer in meta-analytische Untersuchungsdesigns integrierbar waren[4]. Zum anderen lag ein ganz pragmatischer Grund darin, dass Untersuchungen aus den deutschsprachigen Ländern bisher in der Regel nicht englischsprachig veröffentlicht wurden.

2. Ziel und Methodik der vorliegenden Untersuchung

Um die eben dargestellten methodischen Probleme der bisher publizierten Arbeiten zu vermeiden, wurden in der vorliegenden Untersuchung[5] Daten einer repräsentativen Stichprobe verwendet, indem alle in Österreich zwischen 2001 und 2010 aus dem Strafvollzug entlassenen Sexualstraftäter in die Analysen einbezogen wurden. Die Datensätze wurden der Datenbank der

---

2 *Hanson/Bussière* (1998).
3 *Berner/Bolterauer* (1995).
4 *Jehle/Heinz/Sutterer* (2003).
5 Die im Folgenden dargestellten empirischen Ergebnisse basieren auf der Publikation von *Rettenberger/Briken/Turner/Eher* (2015).

Vom Krisenthema zum kriminologischen Erfolgsmodell?

Begutachtungs- und Evaluationsstelle für Gewalt- und Sexualstraftäter (BEST; Generaldirektion, Bundesministerium für Justiz)[6] entnommen, die seit ihrer Gründung im Jahre 2001 systematisch kriminologische und klinisch-forensische Daten zu allen in Österreich zu einer teil- oder unbedingt ausgesprochenen Freiheitsstrafe verurteilten Sexualstraftätern[7] sammelt und für wissenschaftliche Auswertungen aufbereitet. Somit war es unter Verwendung eines prospektiv-längsschnittlichen Forschungsdesigns auch möglich, differentielle Effekte im Hinblick auf unterschiedliche Subgruppen von Sexualstraftätern und unterschiedliche Rückfallkriterien zu untersuchen. Zudem wurde der Einfluss der kriminologisch relevanten Moderator-Variablen Alter zum Zeitpunkt der Entlassung sowie das Ausmaß der kriminellen Vorbelastung auf die Rückfallwahrscheinlichkeit geprüft.

2.1 Datenerhebung und -auswertung

Die Rückfälligkeit wurde anhand von neuerlichen Eintragungen in das Strafregisterverzeichnis der Republik Österreich (Strafregisteramt, Bundesministerium für Inneres) gemessen, eine Datenquelle, die vergleichbar ist mit den in Deutschland üblicherweise verwendeten Bundeszentralregisterauszügen (BZR-Auszüge). Dabei wurden vier Rückfallkriterien unterschieden:

- die allgemeine Rückfälligkeit (d. h. jede neuerliche rechtskräftige Verurteilung aufgrund irgendeines Straftatbestandes; keine Einschränkung des Deliktbereichs),
- die gewalttätige Rückfälligkeit (d. h. jede neuerliche rechtskräftige Verurteilung aufgrund eines nicht-sexuell motivierten Gewaltdelikts sowie eines sexuell motivierten Hands-on Delikts[8]),
- die sexuell motivierte Rückfälligkeit (d. h. jede neuerliche rechtskräftige Verurteilung aufgrund eines sexuell motivierten Hands-on und/oder Hands-off Delikts) und

---

6 Weitere Informationen zu den Aufgaben der BEST können beispielsweise E- *her/Matthes/Schilling/Haubner-MacLean/Rettenberger* (2012) entnommen werden.
7 Aus diesem Grunde sind ausschließlich zu einer bedingt ausgesprochenen Bewährungsstrafe verurteilte Sexualstraftäter nicht in der Datenbank enthalten und waren deshalb auch nicht Gegenstand der vorliegenden Untersuchung.
8 Als Hands-on Delikte gelten im Bereich der Sexualdelinquenzforschung solche Tathandlungen, bei denen es bei Deliktbegehung zwischen Täter und Opfer zu körperlichem Kontakt kam (z. B. bei Vergewaltigung oder sexuellem Missbrauch von Kindern), während Hands-off Delikte ohne direkten körperlichen Kontakt begangen werden (z. B. bei exhibitionistischen oder kinderpornografischen Tathandlungen).

- die sexuell motivierte Hands-on Rückfälligkeit (d. h. jede neuerliche rechtskräftige Verurteilung aufgrund eines sexuell motivierten Hands-on Delikts ohne Beachtung möglicher Hands-off Delikte).

Die Rückfallraten der Gesamt- und der verschiedenen Substichproben wurden anhand von Survival-Analysen berechnet. Die Zusammenhänge zwischen potentiellen Prädiktoren (Alter, Vorstrafenbelastung) und Rückfälligkeit wurden anhand der aus den *Receiver Operating Characteristic*-(ROC)-Kurven ableitbaren Kennzahlen der *Area Under the Curve* (AUC) quantifiziert[9].

2.2 Beschreibung der Stichprobe

Die Stichprobe bestand aus N=1.115 ausschließlich männlichen[10] Sexualstraftätern, deren Daten zwischen 2001 und 2009 an der BEST erfasst und registriert wurden und die bis zum Stichtag am 14. September 2011 zumindest 30 Monate entlassen waren. Der Nachbeobachtungszeitraum der Stichprobe betrug somit mindestens 2,5 Jahre und lag durchschnittlich bei M=6,39 Jahren (SD=1,70; Spannweite=2,52-10,45). Die Gesamtstichprobe bestand zu 48,2 % (n=537) aus pädosexuellen Tätern[11], zu 47,7 % (n=532) aus Vergewaltigungstätern[12] und zu 4,1 % (n=46) aus straffällig gewordenen Personen, die anderen Deliktgruppen (z. B. sexuell assoziierte Tötungsdelikte, sexuell motivierte Eigentumsdelikte oder ausschließlich Hands-off-Delikte) zugeordnet wurden. Das durchschnittliche Alter zum Zeitpunkt der Entlassung aus der Strafhaft betrug M=40,75 Jahre (SD=13,12; Spannweite=15,83-83,74). Knapp die Mehrheit der Gesamtstichprobe war bis zum aktuellen Delikt strafrechtlich nicht Erscheinung getreten: 51,7 % wies keinen vorherigen Eintrag im Strafregister auf, etwa zwei Drittel (68,3 %) hatte keinen Eintrag aufgrund eines vorangegangenen Gewaltdelikts; zuvor aufgrund von Sexualdelikten verurteilt waren 11,7 % (88,3 % wiesen keine früheren Verurteilungen aufgrund von Sexualdelikten auf).

---

9 Für weitere Details inklusive komplexerer (multivariater) Analysen und zusätzlicher Effektstärke-Kennwerte siehe *Rettenberger/Briken/Turner/Eher* (2015).
10 Die in der Stichprobe befindlichen drei weiblichen Sexualstraftäter wurden aus Gründen der Stichprobenhomogenität aus den weiteren Analysen ausgeschlossen; *Sandler/Freeman* (2009).
11 Sexuell motivierte Hands-on-Delikte, bei denen die Opfer jünger als 14 Jahre waren.
12 Sexuell motivierte Hands-on-Delikte, bei denen die Opfer älter als 14 Jahre waren, wobei sexuell assoziierte Tötungsdelikte ausgenommen waren.

3. Ergebnisse: Aktuelle Rückfallzahlen bei Sexualstraftätern

Aus Platzgründen werden im Folgenden ausschließlich die Rückfallraten für 5-jährige Nachbeobachtungszeiträume dargestellt[13], da dieser Zeitraum üblicherweise auch in früheren empirischen Untersuchungen[14] herangezogen wurde. Tabelle 1 zeigt die Rückfallraten für die unterschiedlichen Rückfallkriterien sowohl für die Gesamtstichprobe (N=1.115) als auch für die beiden Subgruppen der pädosexuellen Täter (n=537) und der Vergewaltigungstäter (n=532).

Tabelle 1: Rückfallraten für jeweils 5-jährige Nachbeobachtungszeiträume

	Gesamtstichprobe (N=1.115)	Pädosexuelle Täter (n=537)	Vergewaltigungstäter (n=532)
Allgemeine Rückfälligkeit	31 % (n=716)	23 % (n=378)	38 % (n=312)
Gewalttätige Rückfälligkeit	17 % (n=839)	10 % (n=434)	24 % (n=372)
Sexuelle Rückfälligkeit	6 % (n=921)	8 % (n=440)	4 % (n=443)
Sexuelle Hands-on Rückfälligkeit	4 % (n=934)	5 % (n=451)	4 % (n=445)

Anmerkung: In Klammern sind jeweils die Stichprobengrößen der zu diesem Zeitpunkt „überlebenden" Personen; die Abweichungen von der Gesamtstichprobe ergeben sich daraus, dass jede rückfällige Personen gestrichen wird und nur jeweils ein bestimmter Anteil den geforderten 5-jährigen Nachbeobachtungszeitraum aufwies.

4. Vordelinquenz und Rückfälligkeit

Im nächsten Schritt wurde überprüft, inwieweit die kriminelle Vorbelastung von Sexualstraftätern mit der Rückfallwahrscheinlichkeit im Zusammenhang steht. Frühere Untersuchungen[15] bei unterschiedlichen Populationen (ehemals) straffällig gewordener Personen lieferten regelmäßig Belege für Thorndikes berühmten Ausspruch „The best predictor of future behavior is past behavior"[16] und legten die Annahme eines engen Zusammenhangs auch

---

13 Für kürzere und längere Nachbeobachtungszeiträume siehe *Rettenberger/Briken/Turner/ Eher* (2015).
14 *Hanson/Bussière* (1998).
15 So unter anderem *Andrews/Bonta* (2006); *Hanson/Bussière* (1998); *Quinsey/Harris/ Rice/Cormier* (2006).
16 *Thorndike* (1911).

in der vorliegenden Stichprobe nahe. Wie bereits dargestellt, wiesen bezogen auf die Gesamtstichprobe (N=1.115) etwa 12 % (n=131) zumindest eine sexuell motivierte Vorstrafe auf, während 88 % (n=984) bis zur aktuellen Verurteilung keine sexuell motivierte Vorstrafe hatten. Ein Vergleich dieser Ersttäter mit den zuvor genannten einschlägig vorbestraften Personen ergab, dass bei einem 5-jährigen Nachbeobachtungszeitraum die sexuell motivierte Rückfallrate der Ersttäter mit 5 % deutlich unter der Rückfallrate von 13 % lag, die bei den bereits zuvor einschlägig in Erscheinung getretenen Personen gemessen wurde. Im Hinblick auf die gewalttätige Rückfälligkeit war die Differenz etwas kleiner, da hier 19 % für die Ersttäter und 23 % für die einschlägig vorbestraften Personen registriert wurden. Die Anzahl der Vorstrafen (ohne Einschränkung auf bestimmte Tatbestände oder Deliktbereiche) erwies sich darüber hinaus als stabiler und verlässlicher Prädiktor für Rückfälligkeit: Für die Vorhersage neuerlicher Sexualdelikte nach der Entlassung aus der Strafhaft betrug der AUC-Wert=.67 (p<.001) und für die Vorhersage allgemeiner Gewaltrezidive AUC=.69 (p<.001). Diese als moderat einzustufende Effektstärke[17] ist vergleichbar mit den Effektstärken, die in der Vergangenheit üblicherweise für standardisierte Prognoseinstrumente gefunden werden[18].

5. Alter und Rückfälligkeit

Der Einfluss des Alters auf die Kriminalitätsaktivität ist einer der meist replizierten Ergebnisse der Kriminologie, sodass heute von einem stabilen Alterseffekt im Sinne einer altersassoziierten Reduktion von Kriminalitätsraten bzw. delinquenter Aktivität ausgegangen werden kann: Je älter eine Person, desto niedriger ist die Wahrscheinlichkeit, dass sie kriminelle Handlungen begehen wird.[19] Auch im Hinblick auf Rückfallraten von Sexualstraftätern wurde eine altersbedingte Reduktion dahingehend beschrieben, dass ältere Sexualstraftäter nach Entlassung im Vergleich zu jüngeren Personen niedrigere Rückfallraten aufweisen würden, wobei dieser Effekt seit jeher

---

17 *Rice/Harris* (2005).
18 Für einen Überblick z.B. *Rettenberger/von Franqué* (2013); darüber hinaus liegen mittlerweile allerdings auch eine Reihe von Studien vor, die für elaboriertere Instrumente deutlich höhere Effektstärken aufzeigen.
19 In diesem Zusammenhang sei beispielhaft verwiesen auf die als klassisch geltenden Arbeiten von *Hirschi/Gottfredson* (1983); *Sampson/Laub* (2003).

kritisch diskutiert wurde und die Befundlage insgesamt als wenig eindeutig beschrieben werden muss[20].

Um den Zusammenhang zwischen Alter zum Zeitpunkt der Entlassung und Rückfälligkeit im Rahmen der vorliegenden Studie zu untersuchen, wurde zunächst der Versuch unternommen, die Gesamtstichprobe zu homogenisieren, indem die Personen aus den weiteren Analysen ausgeschlossen wurden, deren Nachbeobachtungszeitraum weniger als fünf Jahre betrug. So verblieb eine reduzierte Stichprobe (n=836), deren methodischer Vorteil darin bestand, dass jede Person einen exakten 5-jährigen Nachbeobachtungszeitraum aufwies.[21] Im nächsten Schritt wurde die Gesamtstichprobe in vier Altersgruppen eingeteilt, je nach dem Alter zum Zeitpunkt der Entlassung aus dem Justizvollzug (jünger als 25 Jahre, zwischen 25 und 39 Jahre alt, zwischen 40 und 59 Jahre alt und 60 Jahre oder älter).[22] In Tabelle 2 sind die Rückfallraten bezogen auf die gewalttätige und sexuell motivierte Rückfälligkeit separat für die vier genannten Altersgruppen dargestellt. Neben der Gesamtstichprobe (n=836) wurden die Rückfallraten auch getrennt für die Subgruppe der pädosexuellen (n=414) sowie der Vergewaltigungstäter (n=388) erfasst. Der durch den Alterseffekt nahegelegte lineare Rückgang der Rückfälligkeit zeigte sich lediglich für die Gewaltrezidive, nicht aber für die Sexualrezidive. Bei der sexuell motivierten Rückfälligkeit ergab sich ein kurvilinearer Zusammenhang, der am besten mittels einer bimodalen Funktion beschrieben werden kann: Nach einem anfänglichen Rückgang zwischen der ersten und zweiten Altersgruppe erfolgt ein neuerlicher Anstieg der Rückfallraten, dem wiederum ein deutlicher Rückgang bei der letzten Altersgruppe folgt.

---

20 Allgemein dazu z.B. *Helmus/Thornton/Hanson/Babchishin* (2012); *Rettenberger/ Haubner-MacLean/Eher* (2013); kritisch z.B. *Rice/Harris* (2014); *Wendt/Kröber* (2009).
21 Für weitere Details siehe *Rettenberger/Briken/Turner/Eher* (2015); für eine vergleichbare methodische Diskussion auch *Helmus/Thornton/Hanson/Babchishin* (2012).
22 Vergleichbare Einteilungen finden sich auch in anderen internationalen Arbeiten zum Thema, z.B. *Helmus/Thornton/Hanson/Babchishin* (2012); *Thornton* (2006).

Tabelle 2: *Gewalttätige und sexuelle Rückfälligkeit für unterschiedliche Altersgruppen bei einem festgelegten 5-jährigen Nachbeobachtungszeitraum*

	Rückfallraten in %			
	< 25 Jahre	25-39 Jahre	40-59 Jahre	> 60 Jahre
Gesamtstichprobe (n=836)				
Gewaltrezidive	38 (n=39)	20 (n=64)	12 (n=40)	5 (n=4)
Sexualrezidive	7 (n=7)	4 (n=14)	9 (n=28)	4 (n=3)
Pädosexuelle Täter (n=414)				
Gewaltrezidive	15 (n=4)	12 (n=16)	11 (n=21)	6 (n=4)
Sexualrezidive	7 (n=2)	5 (n=6)	11 (n=21)	5 (n=3)
Vergewaltigungstäter (n=388)				
Gewaltrezidive	46 (n=33)	24 (n=45)	16 (n=19)	0 (n=0)
Sexualrezidive	7 (n=5)	4 (n=7)	6 (n=7)	0 (n=0)

Anmerkung: Die Einteilung der Altersgruppen basierte auf dem Alter zum Zeitpunkt der Entlassung aus dem Justizvollzug. In Klammern die jeweilige absolute Anzahl an rückfälligen Personen pro Zelle.

6. Interpretation der Ergebnisse

Die hier vorgestellten aktuellen empirischen Erkenntnisse zur Rückfälligkeit von Sexualstraftätern bestätigen weitgehend die Ergebnisse internationaler Rückfallforschung: Die einschlägigen Rückfallraten sind niedrig (6 % Wiederverurteilungsrate bei sexuell motivierter Rückfälligkeit innerhalb eines 5-jährigen Nachbeobachtungszeitraums) und liegen in der vorliegenden Untersuchung sogar noch unterhalb der Zahlen, die im internationalen Kontext diskutiert werden[23]. Die sexuell motivierte Rückfälligkeit liegt bei pädosexuellen Tätern tendenziell höher als bei Vergewaltigungstätern, wobei bei den Rückfalldelikten die sogenannten Hands-off-Deliktgruppen – und hier wahrscheinlich insbesondere die Kinderpornografiedelikte – eine zunehmend relevantere Rolle zu spielen scheinen. Bei Vergewaltigungstätern ist hingegen die allgemeine und gewalttätige Rückfälligkeit von größerer Relevanz. Dieses Ergebnismuster könnte darauf zurückzuführen sein, dass für beide Deliktgruppen unterschiedliche Deliktmechanismen entscheidend sind: Während für pädosexuelle Täter insbesondere sexualitätsbezogene Defizite und Probleme im Vordergrund stehen, bestehen die maßgeblichen tat-

---

23 Für einen Überblick z.B. *Helmus/Hanson/Thornton/Babchishin/Harris* (2012).

konstituierenden Faktoren bei Vergewaltigungsdelikten in einer gesteigerten allgemeinen Aggressivität und Impulsivität[24].

Basierend auf dieser Annahme kann die Hypothese abgeleitet werden, dass der fehlende altersassoziierte Rückgang der Rückfallraten bezüglich der sexuell motivierten Rückfälligkeit auf entwicklungspsychologisch eher stabile sexualitätsbezogene Konstrukte zurückzuführen ist, während die deutliche Rückgang der gewalttätigen Rückfälligkeit mit entsprechenden Rückgängen im Bereich der allgemeinen (und nicht nur speziell sexuellen) Impulsivität und Aggressivität korrespondiert. In diesem Zusammenhang ist erwähnenswert, dass in einer Studie aus Großbritannien, in der ebenfalls auf eine repräsentative Sexualstraftäterstichprobe aus dem Strafvollzug zurückgegriffen werden konnte, vergleichbare Ergebnisse berichtet wurden.[25]

Während das Alter folglich keinem eindeutigen linearen Trend folgt, ist der Zusammenhang zwischen strafrechtlicher Vorbelastung und Rückfalldelinquenz eindeutig und stabil linear: Je mehr (einschlägige) Vorstrafen, desto ungünstiger ist die Legalprognose, wobei die Stärke des Zusammenhangs vergleichbar mit den Effektstärken ist, die in der Vergangenheit für standardisierte Prognoseinstrumente berichtet wurden.[26]

Die Ergebnisse der vorliegenden Studie stehen im Einklang mit dem international mehrfach nachgewiesenen Phänomen insgesamt sinkender Kriminalitäts- und Rückfallraten: Seit etwa den 1990er Jahren zeigt sich zumindest in den westlichen Ländern im Bereich der Gewalt- und Sexualdelinquenz sowohl bei den Kriminalitäts- als auch bei den Rückfallraten ein substantieller Rückgang, wobei die Gründe hierfür nach wie vor nicht vollständig geklärt sind[27]. Unter anderem werden die folgenden Aspekte im Rahmen der internationalen Diskussionen um die Einordnung des Gesamtphänomens als mögliche Gründe für den Rückgang der Kriminalitäts- und Rückfallzahlen diskutiert:

- Gesamtgesellschaftliche Veränderungen relevanter Einflussgrößen (z. B. geringere Armut, verbesserte Bildungsmöglichkeiten, veränderte Einkommensverteilung, gestiegene Gesundheitsindizes)

---

24 *Eher/Neuwirth/Frühwald/Frottier* (2003); *Prentky/Lee/Knight/Cerce* (1997); *Rettenberger/Briken/Turner/Eher* (2015).
25 *Thornton* (2006).
26 *Rettenberger/von Franqué* (2013).
27 *Finkelhor/Jones* (2006); *Helmus/Hanson/Thornton/Babchishin/Harris* (2012); *Tonry* (2014).

- Verbesserung der Behandlungs- und Betreuungslage (im Hinblick auf kriminalitätsspezifische Einrichtungen etwa im Bereich der forensischen Nachsorge, aber auch allgemeiner im Bereich der ambulanten und stationären Versorgung von Patienten mit psychischen Störungen)
- Verbesserung und deutlicher Ausbau der intramuralen Behandlungsmöglichkeiten
- Globaler Anstieg der Selbstkontrolle
- Verbesserung der medikamentösen Behandlungsoptionen, insbesondere im Bereich der psychischen Störungen
- Demographische Entwicklung im Sinne einer zunehmend älteren und damit weniger kriminalitätsaffinen Bevölkerung
- Effekt des sogenannten „Youth Oversight": Aufgrund der demografischen Entwicklung gibt es in Relation immer mehr ältere Menschen bei zunehmend weniger jüngeren Personen, sodass die (informelle) soziale Kontrolle stärker ausgeprägt ist
- Abschreckungseffekte durch eine zunehmend repressive Kriminalpolitik in den letzten zwei Jahrzehnten
- Eine höhere Sensibilität in der Bevölkerung führt zu einer Zunahme an informeller sozialer Kontrolle
- Durch die neuen Technologien (insbesondere das Internet) und sozialen Medien gibt es heute mehr Möglichkeiten, auf weniger gravierende Delinquenzbereiche auszuweichen und/oder delinquenzassoziierte Defizite besser zu kompensieren

In diesem Zusammenhang ist die Frage zu stellen, welche Rolle und Relevanz die Kriminologie und benachbarte Wissenschaftsdisziplinen wie die Rechtspsychologie oder die Forensische Psychiatrie bei dieser als ausgesprochen positiv einzustufenden Entwicklung einnehmen. In Anbetracht der bedeutenden Fortschritte, die im Bereich der Evaluations- und Implementationsforschung, der Kriminalprognose und Präventionsforschung sowie der Entwicklungspsychologie und -kriminologie zu verzeichnen sind, liegt sicherlich die Annahme nahe, dass die wissenschaftliche Beschäftigung mit Kriminalität(-sgründen) und die Beforschung von Möglichkeiten einer wirksamen Interventionspraxis zu einer nachhaltigen und substantiellen Reduzierung von Kriminalitäts- und Rückfallraten beitrugen und hoffentlich in Zukunft weiter beitragen werden.

Bei der Interpretation der Ergebnisse der genannten Studie ist einschränkend zu berücksichtigen, dass die dargestellten Rückfallraten eine systematische Unterschätzung des tatsächlichen Ausmaßes der Rückfalldelinquenz darstellen. Mit dem Rückfallkriterium der Wiederverurteilung (eine erneute rechtskräftige Verurteilung nach Entlassung aus dem Strafvollzug) wurde das konservativste Rückfallkriterium gewählt, sodass davon ausgegangen werden muss, dass eine unbestimmte Zahl an Rückfällen nicht erfasst wurde.[28] Darüber hinaus wurden die Substichproben in den höheren Nachbeobachtungszeiträumen relativ klein, so dass verlässliche Aussagen über Langzeitverläufe von beispielsweise zehn Jahren und mehr daraus nicht ableitbar sind. Zuletzt sei darauf hingewiesen, dass bestimmte in der öffentlichen Diskussion oftmals besonders im Fokus stehende Subgruppen von straffällig gewordenen Personen in der dargestellten Studie nicht berücksichtigt wurden: So waren beispielsweise weder Maßregelvollzugspatienten noch weibliche Sexualstraftäter in der Stichprobe enthalten.

Literaturverzeichnis

Andrews, D. A./Bonta, J. (2006): The psychology of criminal conduct. Cincinnati: Anderson Publishing.

Berner, W./Bolterauer, J. (1995): 5-Jahres-Verläufe von 46 aus dem therapeutischen Strafvollzug entlassenen Sexualdelinquenten. Recht & Psychiatrie, 13, S. 114-118.

Eher, R./Matthes, A./Schilling, F./Haubner-MacLean, T./Rettenberger, M. (2012): Dynamic risk assessment in sexual offenders using STABLE-2000 and the STABLE-2007: An investigation of predictive and incremental validity. Sexual Abuse: A Journal of Research and Treatment, 24, S. 5-28.

Eher, R./Neuwirth, W./Frühwald, S./Frottier, P. (2003): Sexualization and lifestyle impulsivity: Clinically valid discriminators in sexual offenders. International Journal of Offender Therapy and Comparative Criminology, 47, S. 452-467.

Finkelhor, D./Jones, L. (2006): Why have child maltreatment and child victimization declined? Journal of Social Issues, 62, S. 685-716.

Furby, L./Weinrott, M. R./Blackshaw, L. (1989): Sex offender recidivism: A review. Psychological Bulletin, 105, S. 3-30.

Hanson, R. K./Bussière, M. T. (1998): Predicting relapse: A meta-analysis of sexual offender recidivism studies. Journal of Consulting and Clinical Psychology, 66, 348-362.

Helmus, L./Hanson, R. K./Thornton, D./Babchishin, K. M./Harris, A. J. R. (2012): Absolute recidivism rates predicted by Static-99R and Static-2002R sex offender risk assessment tools vary across samples: A meta-analysis. Criminal Justice and Behavior, 39, S. 1148-1171.

Helmus, L./Thornton, D./Hanson, R. K./Babchishin, K. M. (2012): Improving the predictive accuracy of Static-99 and Static-2002 with older sex offenders: Revised age weights. Sexual Abuse: A Journal of Research and Treatment, 24, 64-101.

---

28 *Rice/Harris/Lang/Cormier* (2006).

Hirschi, T./Gottfredson, M. R. (1983): Age and the explanation of crime. American Journal of Sociology, 89, S. 552-584.
Jehle, J. M./Heinz, W./Sutterer, P. (2003): Legalbewährung nach strafrechtlichen Sanktionen: Eine kommentierte Rückfallstatistik. Mönchengladbach: Forum Verlag Godesberg.
Prentky, R. A./Lee, A. F. S./Knight, R. A./Cerce, D. (1997): Recidivism rates among child molesters and rapists: A methodological analysis. Law and Human Behavior, 21, S. 635-659.
Quinsey, V. L./Harris, G. T./Rice, M. E./Cormier, C. (2006): Violent offenders: Appraising and managing risk. Washington: American Psychological Association.
Rettenberger, M./Briken, P./Turner, D./Eher, R. (2015): Sexual offender recidivism among a population-based prison sample. International Journal of Offender Therapy and Comparative Criminology, 59, S. 424-444.
Rettenberger, M./Haubner-MacLean, T./Eher, R. (2013): The contribution of age to the Static-99 risk assessment in a population-based prison sample of sexual offenders. Criminal Justice and Behavior, 40, S. 1413-1433.
Rettenberger, M./von Franquè, F. (2013): Handbuch kriminalprognostischer Verfahren. Göttingen: Hogrefe.
Rice, M. E./Harris, G. T. (2005): Comparing effect sizes in follow-up studies: ROC area, Cohen's d, and r. Law and Human Behavior, 29, S. 615-620.
Rice, M. E./Harris, G. T. (2014): What does it mean when age is related to recidivism among sex offenders? Law and Human Behavior, 38, 151-161.
Rice, M. E./Harris, G. T./Lang, C./Cormier, C. (2006): Violent sex offenses: How are they best measured from official records? Law and Human Behavior, 30, 525-541.
Sampson, R. J./Laub, J. H. (2003): Life-course desisters? Trajectories of crime among delinquent boys followed to age 70. Criminology, 41, S. 555-592.
Sandler, J. C./Freeman, N. J. (2009): Female sex offender recidivism: A large-scale empirical analysis. Sexual Abuse: A Journal of Research and Treatment, 21, S. 455-473.
Thorndike, E. L. (1911): Animal intelligence. New York: MacMillan.
Thornton, D. (2006): Age and sexual recidivism: A variable connection. Sexual Abuse: A Journal of Research and Treatment, 18, S. 123-135.
Tonry, M. (2014): Why crime rates fall, and why they don't. Chicago: University of Chicago.
Wendt, F./Kröber, H.-L. (2009): Ältere Pädophile: Kein Rückgang der Delinquenz. Forensische Psychiatrie, Psychologie, Kriminologie, 3, S. 221-229.

III. Laudationes

Verleihung der Beccaria-Medaille an Professor em. Dr. Klaus Sessar, M. A., Hamburg

Hans-Jürgen Kerner

Meine sehr geehrten Damen und Herren, liebe Teilnehmerinnen und Teilnehmer der Fachtagung unserer Gesellschaft sowie der heutigen festlichen Abendveranstaltung, lieber *Klaus Sessar*, liebe *Frau Sessar-Karpp*:

Die Beccaria-Medaille wird seit 1964 verliehen.[1] Die Kriminologische Gesellschaft setzt damit eine von der Deutschen Kriminologischen Gesellschaft begründete Tradition fort. Die Medaille wird gemäß dem Statut vergeben an Personen, die sich durch hervorragende Leistungen in Forschung oder Lehre auf dem Gesamtgebiet der Kriminologie ausgezeichnet haben. Das historische Vermächtnis von *Cesare Beccaria* als einer der Väter der Kriminologie wird im Statut nicht explizit genannt: Humanisierung und Rationalisierung der Kriminalpolitik, Abschaffung von grausamen Strafen und insbesondere der Todesstrafe, Humanisierung der Bestrafung und der Strafvollstreckung. Im ursprünglichen Statut war die Formulierung zu finden, die Medaille könne auch „für besonders erfolgreiche Tätigkeit bei der Verbrechensverhütung, Verbrechensaufklärung oder der Resozialisierung von Straffälligen" vergeben werden. Auch wenn im neuen Statut mit seiner Konzentration auf wissenschaftliche Leistungen diese Variante folgerichtig gestrichen ist, gilt für mich, dass bei Wissenschaftler(innen), die schon aufgrund ihrer Forschung bzw. Lehre preiswürdig sind, praktische bzw. praxisorientierte sowie auf Reformen abzielende Leistungen mit in die Abwägung eingehen dürfen.

Mit dem von mir zu würdigenden Preisträger, *Prof. Dr. Klaus Sessar*, verbindet mich seit Jahrzehnten ein wissenschaftliches und freundschaftliches Verhältnis. Er hat Politik und Praxis durchgehend in den Blick genommen, darüber auch viele Forschungen betrieben, und dann je nach den Befunden auf kleine Veränderungsmöglichkeiten hingewiesen, größere Wandlungen angeregt bis angemahnt, jedoch im besonderen Fall auch mit grundlegender Kritik nicht gespart. Damit steht er in der von Beccaria wesentlich mit be-

---

1 Siehe dazu auf der KrimG-Homepage: http://www.krimg.de/drupal/node/5.

gründeten aufklärerischen Orientierung, wonach Staaten und Gesellschaften eben nicht nur Probleme bearbeiten, sondern auch immer wieder genuin erzeugen, und somit einem ständigen Kontroll- und Reformbedarf unterliegen. Lassen Sie mich im Folgenden Person und Werk in großen Strichen beschreiben bzw. kennzeichnend würdigen.

(1) *Klaus Sessar* wurde am 5. August 1937 in Berlin geboren. Er wuchs zunächst im Elternhaus in Petershagen nahe Berlin auf. Als die russische Armee immer näherkam, floh die Familie im Februar 1945 nach Cuxhaven, zog im selben Jahr nach Neustadt an der Weinstraße und wurde dort sesshaft. Klaus Sessar besuchte dort das „Naturwissenschaftliche und Neusprachliche Gymnasium". Nach dem Abitur im März 1957 leistete er seinen einjährigen Wehrdienst in Gießen und Munster ab. Er studierte vom WS 1958/59 bis zum WS 1963/63 Jura in München und Freiburg i. Br., wo er 1963 das Erste juristische Staatsexamen ablegte. Die Referendarzeit absolvierte er im OLG-Bezirk Baden, mit auswärtiger Station bei der Staatsanwaltschaft Berlin im Jahr 1964. Knapp vor dem im Dezember 1967 abgelegten Zweiten juristischen Staatsexamen erschloss er sich während einer vierwöchigen Studienreise nach Israel v. a. die Städte Tel Aviv, Jerusalem, Haifa und Ber Sheva. Zudem konnte er Besuche und Begegnungen in Institutionen realisieren, beispielsweise in der Knesseth, beim Obersten Gericht, in der Anwaltskammer, im Weizmann Institut und an der Juristischen Fakultät der Hebräischen Universität in Jerusalem.

(2) Bald danach wurde *Klaus Sessar* Wissenschaftlicher Referent am Max-Planck-Institut für ausländisches und internationales Strafrecht in Freiburg i. Br. und war dort für das Referat „Frankreich und frankophones Afrika" zuständig. Er beteiligte sich an dem strafrechtsvergleichenden Forschungsprojekt über „Die Untersuchungshaft im deutschen, ausländischen und internationalen Recht" (1968-1970); ihm oblagen u. a. Interviews mit französischen Untersuchungsrichtern in Aix-en-Provence und in Straßburg. Im Februar 1970 erhielt er für seinen Einsatz als Mit-Vorsitzender der Freiburger „Bürgeraktion zum Schutz der Demokratie e. V." den Theodor-Heuß-Preis in München, aus der Hand von *Hildegard Hamm-Brücher*, Außenminister *Walter Scheel* und Bundeskanzler *Willy Brandt*. Bald darauf fand die Hochzeit mit *Elfriede Seßar-Karpp* statt, aus der zwei Kinder entsprossen sind, 1974 die Tochter *Julia* und 1977 der Sohn *Björn*.

(3) Im Herbst 1970 ging es auf große Reise nach Québec in Kanada. Auf Einladung des Direktors, *Prof. Denis Szabó*, und mithilfe eines Stipendiums der Ford Foundation, konnte *Klaus Sessar* am Institut de Criminologie der

Beccaria Medaille an Prof. em. Dr. Klaus Sessar, M.A.

Universität Montréal einen sechsmonatigen Forschungsaufenthalt verbringen. Die dortigen Erfahrungen ganz allgemein, und spezifisch zu dem Thema des institutionellen Umgangs mit delinquenten Jugendlichen während der Hospitation in Boscoville, einer berühmten Sozialtherapeutischen Anstalt für männliche Jugendliche, haben erkennbar seine spätere Wende zur Kriminologie mit geebnet.

(4) Was danach kam, förderte, wie er auch selbst im rückblickenden Gespräch hervorhebt, ganz entscheidend seine Hinwendung zur Kriminologie und insbesondere zur Viktimologie. Auch mithilfe eines MPG-Stipendiums konnte er ab September 1971 ein rund anderthalbjähriges, mit dem Master of Arts abgeschlossenes, Studium der Soziologie am College of Liberal Arts der Boston University/USA betreiben. Über seinen Supervisor *Stephen Schafer*, einen der „großen Alten" der frühen Viktimologie, bekam er einen genuinen und auch seine späteren eigenen Forschungen prägenden Zugang zu Opferfragen. Als spätere Früchte (auch) dieser Erfahrungen dürfen stellvertretend für Mehr gelten: Der Sammelband „Das Verbrechensopfer. Ein Reader zur Kriminologie" (1979). Das Buch zu einem BKA-Forschungsprojekt über „Polizeibeamte als Opfer vorsätzlicher Tötung" (1980). Und schließlich 1992, als Frucht eines großen Forschungsprojektes an der Universität Hamburg, das Buch über „Wiedergutmachen oder strafen. Einstellungen in der Bevölkerung und in der Justiz", mit dem ein starker Impuls für die nachmalige Einführung des Täter-Opfer-Ausgleichs sowie der Schadenswiedergutmachung ins Strafrecht gesetzt wurde.

(5) Im Januar 1973 ging es von Boston zurück nach Freiburg. *Klaus Sessar* wurde einer der ersten Wissenschaftlichen Mitarbeiter in der am MPI neu eingerichteten „Forschungsgruppe Kriminologie" unter der Leitung von *Günther Kaiser*, der aus Tübingen gekommen war. Die neue Position bot eine große Chance, das in Boston erworbene sozialwissenschaftliche Wissen fruchtbringend einzusetzen. In einem von ihm mit federführend betriebenen und von der DFG geförderten Drittmittelprojekt wurden in dieser Art erstmalig für Deutschland bundesweit ausgreifende Aktenanalysen, Dokumentenanalysen und Interviews in acht bundesdeutschen Staatsanwaltschaften zu „Struktur und Funktion der Staatsanwaltschaft" durchgeführt. Zentrales Ergebnis dieser Forschung war das bei Duncker & Humblot 1978 erschienene Werk mit dem programmatischen Titel „Die Staatsanwaltschaft im Prozess strafrechtlicher Sozialkontrolle" (Ko-Autoren *Blankenburg* und *Steffen*). Die damit angesprochenen und (auch außerhalb der Staatsanwaltschaft) mit den Dynamiken der Sozialkontrolle verbundenen Fragen der „Gesellschaftlichen Konstruktion der Wirklichkeit" (gem. *Berger* und *Luckmann*) gerieten als-

bald in den engeren wissenschaftlichen Fokus *Klaus Sessars*: Mit Hilfe eines Stipendiums der DFG konnte er sich ganz seinem Habilitationsvorhaben widmen, das zugleich ein von ihm geleitetes MPI-Forschungsprojekt über „Rechtliche und soziale Prozesse einer Definition der Tötungskriminalität" war, bezogen auf eine Totalerhebung von in Baden-Württemberg zwischen 1970 und 1971 polizeilich ermittelten und als solche kategorisierten Fällen vorsätzlicher Tötung. Im Februar 1980 wurde er, u. a. mit einer Habilitations-Schrift zu den Ergebnissen und Folgerungen dieses Projekts, an der Rechtswissenschaftlichen Fakultät der Universität Freiburg habilitiert und erhielt zugleich als Privatdozent die Venia Legendi für Kriminologie, Jugendstrafrecht, Strafvollzug und Kriminalpolitik.

(6) Gleich im Anschluss daran lehrte *Klaus Sessar* als Dozent für Kriminologie für Polizeistudierende an der Landespolizeischule Freiburg. Außerdem wirkte er als Dozent in einer vom Justizministerium Baden-Württemberg beauftragten landesweit ambulanten Fortbildungsreihe für Gerichtshelfer und Bewährungshelfer zu dem Thema „Integration des Opfers in die Sozialarbeit". Im WS 1980/81 übernahm er eine viersemestrige Lehrstuhlvertretung am Fachbereich Rechtswissenschaft der Universität Hamburg für die Gebiete Kriminologie, Jugendstrafrecht und Strafvollzug, in direkter Folge meines eigenen Weggangs von Hamburg nach Heidelberg. Neben Bewerbungen auf eine C4-Professur in Trier und eine C3-Professur in Mannheim bewarb er sich folgerichtig auch auf den frei gewordenen Lehrstuhl in Hamburg, verbunden mit der Position des Direktors des in Deutschland eine Alleinstellung einnehmenden „Seminars für Jugendrecht und Jugendhilfe". Einen parallelen Ruf nach Mannheim ablehnend nahm *Klaus Sessar* den Ruf nach Hamburg an, und konnte so zum WS 1982/83 nahtlos von der Lehrstuhlvertretung in die Professur und die Direktorenstelle wechseln, welche er über 20 Jahre hinweg bis zum Eintritt in den Ruhestand am 1. Oktober 2002 ausfüllte. Die Anliegen der DVJJ förderte er ab 1984 als Leiter der Regionalgruppe Nord (Hamburg, Berlin, Schleswig-Holstein). Wissenschaftlich und privat blieb er Hamburg dann noch gut drei Jahre länger eng verbunden, bis er mit seiner Familie im Sommer 2005 in seine wissenschaftliche Heimatstadt Freiburg zurückkehrte.

(7) In die Hamburger Zeit fallen sehr beachtliche, und auch europäische sowie internationale Aufmerksamkeit erlangende, Reihen von Forschungsprojekten, Konferenzen, Praxisprojekten und Lehrprojekten. Aus der *Forschung* seien besonders, weil auch seine nachhaltigen Anliegen schön charakterisierend, die folgenden empirischen Studien hervorgehoben:

- Die vergleichende Analyse jugendstrafrechtlicher Verfahren an den Jugendstaatsanwaltschaften Braunschweig, Hamburg, Köln und vor allem Lübeck unter dem Gesichtspunkt der „Diversion" (als Erweiterung des bis dato unterschiedlich geläufigen und praktizierten sog. formlosen Erziehungsverfahrens nach § 45 JGG) in den Jahren 1982-1985.

- Zwischen 1984 und 1985 das bereits erwähnte Projekt zur „Akzeptanz der Wiedergutmachung im und anstelle von Strafrecht"[2] mit vergleichenden Befragungen einer Stichprobe von Hamburger Bürgern, einer Totalerhebung der Hamburger Justiz, sowie wiederum Stichproben von Hamburger Jurastudenten und Gerichtsreferendaren. Dabei wurden mit Bürgerinnen und Bürgern, die sich im Rahmen der anonymen Befragung als Opfer von Straftaten bezeichnet und dabei mit Brief zu einem persönlichen qualitativen Interview bereit erklärt hatten, vertiefende Gespräche durchgeführt. Das hier vereinfachend wie etwas verkürzend skizzierte Zentralergebnis war, dass Hamburger Bürgerinnen und Bürger, auch im Falle eigener Viktimisierung, sich eine Konfliktlösung durch Opfer-Täter-Ausgleich bzw. Schadenswiedergutmachung als Alternative von Strafverfahren und Bestrafung vorstellen konnten, und dies unterhalb der Schwelle von Schwerkriminalität sogar in ausschließlicher Weise.

- Alsbald nach der Wiedervereinigung: Zwischen 1991 und 1995 das „deutsch-deutsche" DFG-Projekt über „Sozialer Umbruch und Kriminalität auf dem Gebiet der DDR mit Ausblick auf Deutschland als Ganzes". In diesem Projekt wurden repräsentative Bevölkerungsumfragen in Ost und West (Täterbefragungen, Opferbefragungen, Verhaltens- und Einstellungsdimensionen) kombiniert mit qualitativen Befragungen ausgewählter Lehrer, Rechtsanwälte, Polizisten Staatsanwälte und Richter überwiegend aus den Neuen Bundesländern durchgeführt. Es war, schon in sich wagemutig sowie anschließend in der Durchführung stets anregend und mitunter aufregend, als Gemeinschaftsprojekt angelegt, nämlich des Seminars für Jugendrecht und Jugendhilfe der Universität Hamburg (*Klaus Sessar*); des Instituts für Kriminologie der Universität Tübingen (*Klaus Boers, Hans-Jürgen Kerner*); und der Kriminologischen Forschungsstelle an der Rechtswissenschaftlichen Fakultät der Humboldt-Universität zu Berlin (*Uwe Ewald, Günter Gutsche, Gunhild Korfes, Erwin Lautsch, Knut Thiel*).

---

2 Neben *Klaus Sessar* im Team: *Klaus Boers, Andreas Beurskens, Christiane Dassel, Johannes Frisch, Otmar Hagemann, Hans-Joachim Hauschildt.*

- Mit Blick auf die in den Neuen Bundesländern anfänglich extrem hohe, unter anderem über die Medienberichterstattung hinaus auch in Umfragen zutage tretende, erst nach und nach sich den „westdeutschen" Dimensionen angleichende, Kriminalitätsfurcht: Zwischen 1995 und 1996 das Forschungsprojekt über „Sicherheitspartnerschaften im Land Brandenburg", mit Interviews mit Bürgern, Bürgermeistern, sowie mit Revierpolizisten in mehreren Kommunen des Landes (*Klaus Sessar, Gunhild Korfes, Martin Holler*).

- Die bereits dargelegte wesentliche Ost-West-Dimension nach dem Fall des Eisernen Vorhangs und der Berliner Mauer kam schließlich auf europäischer Ebene voll zum Tragen mit einem von *Klaus Sessar* konzipierten und von der Europäischen Kommission geförderten „Europäischen Städteprojekt". Es betraf „Insecurities in European Cities. Crime-Related Fears within the Context of New Anxieties and Community-Based Crime Prevention (InSec)". Beteiligt waren Teams aus Amsterdam, Budapest, Hamburg, Krakau und Wien[3]. Repräsentative Bevölkerungsumfragen in Stadtvierteln wurden kombiniert mit qualitativen Interviews mit ausgewählten Probanden aus der Befragung, sowie mit Dokumentenanalysen.

- Ergänzend, die stete Aktivität über den Eintritt des Ruhestandes hinaus dokumentierend, sei *Klaus Sessars* Mitwirkung im europäischen Forschungsprojekt CRIMPREV = „Assessing Deviance, Crime and Prevention in Europe" (2006–2009, Gesamtleitung René Levy, Paris) herausgegriffen. Er war dabei besonders im sog. Work Package 4 zum Thema „Perception of Crime and Insecurity" tätig (zusammen mit Adam Crawford, Leeds, und André Lemaître, Liège), unter Einschluss von Seminaren in Hamburg, Esslingen, Ljubljana, Liège, Porto und Leeds.

(8) Aus dem Bereich *wissenschaftlicher Veranstaltungen und Konferenzen* seien besonders, weil u. a. *Klaus Sessars* europäisches und internationales Engagement verdeutlichend, die folgenden hervorgehoben:

- Die Organisation und Leitung des 10. Internationalen Kongresses für Kriminologie in Hamburg im September 1988, zum Thema „Perspectives in Criminology: Challenges of Crime, and Strategies of Action" zusammen mit mir als Vertreter der International Society for Criminology (Paris) sowie *Uta Krüger*, *Fritz Sack* und *Bernd Villmow*.

---

3 In Amsterdam *Irene Sagel-Grande* und *Manuela Du Bois-Reymond*. In Budapest *Ferenc Irk* und *Tünde Barabás*. In Hamburg *Klaus Sessar*, *Martin Weinrich*, *Ingrid Breckner*, *Heike Herrmann* und *Wolfgang Keller*. In Krakau *Krzysztof Krajewski* und *Janina Czapska*. In Wien *Wolfgang Stangl* und *Gerhard Hanak*.

Beccaria Medaille an Prof. em. Dr. Klaus Sessar, M.A.

- Die Organisation und Leitung, zusammen mit mir und *Monika Becker*, einer Kriminologischen Sommerakademie in Erfurt im August 1994 für (angehende) Kriminologinnen und Kriminologen aus dem ehemaligen Ostblock, und mit Referenten aus Deutschland, Finnland, Kanada, Ungarn und den USA.

- Die Organisation und Leitung, zusammen mit *Ferenc Irk*, eines ungarisch-deutschen Symposiums in Budapest im August 1995 über „Sozialer Umbruch und Kriminalität in Mittel- und Osteuropa", mit Referenten aus Deutschland, Estland, Litauen, Österreich, Polen, Rumänien, der Slowakei, Tschechien und Ungarn.

- Die Organisation und Leitung, zusammen mit *Dmitry Schostakov*, *Yakov Gilinskiy* und *Valentin Golbert*, einer internationalen Tagung zur „Kommunalen Kriminalprävention" in St. Petersburg im Oktober 1997. Die Referenten kamen aus Deutschland, Estland, Kanada, Polen, den Niederlanden, Russland, Tschechien und den USA.

Und auch hier als erstes ergänzendes Beispiel für nach dem Eintritt in den Ruhestand fortlaufende Aktivitäten: Im Frühjahr 2005 die Organisation und Leitung, zusammen mit Peter Wetzels, der Hamburger Tagung über „Herrschaft und Verbrechen. Die Konstruktion von Feindbildern als Leitmotiv moderner Kriminal- und Sicherheitspolitik?" Als zweites Beispiel die Organisation und Leitung, zusammen mit *Hans-Jörg Albrecht* und *Stephan Quensel*, der Tagung in Freiburg im Juni 2012 „Zur Lage der Kriminologie in Deutschland". Als drittes Beispiel die Organisation und Leitung der 34. Kriminologischen Studienwoche im März 2014 über „Restorative Justice – Formen alternativer Reaktionen auf strafbares Verhalten" am Institut für Kriminologische Sozialforschung der Universität Hamburg.

(9) Aus dem Bereich *praxisnaher Projekte* seien beispielhaft hervorgehoben, weil *Klaus Sessars* Einsatz für einen humanen und sozialen Umgang von Behörden und gesellschaftlichen Gruppen mit „Abweichung" und „Abweichenden" verdeutlichend:

- Mitglied des Anstaltsbeirates der Sozialtherapeutischen Anstalt Hamburg Altengamme von 1984-2004.

- Mitglied der „Unabhängigen Kommission zur Feststellung von Verbesserungsmöglichkeiten im Hamburger Strafvollzug" [Berkhahn-Kommission], 1985-1986.

- Mitglied des Beirates der Opferhilfe e. V. Hamburg, durchgehend seit 1987.

- Mitglied der Reformkommission „Fortentwicklung der Sozialen Dienste in Schleswig-Holstein", 1991-1993.
- Mitglied im Beirat des Arbeitskreises der Opferhilfen in Deutschland e. V. (AdO), von 1993 durchgehend bis heute.
- Mitglied der Kommission zur Untersuchung der Sicherheitslage in der Hamburger Strafanstalt Fuhlsbüttel am Hasenberge, Januar bis April 1995.
- Mitglied der Hamburger Enquête-Kommission zu „Jugendkriminalität und ihre gesellschaftlichen Ursachen", 1998-2000.

(10) Aus den *Lehrprojekten* bzw. besonderen Veranstaltungen zur Förderung des u. a. europäischen Gedankenaustauschs und Kooperation unter Lehrenden und Studierenden seien beispielhaft hervorgehoben:

- Mitwirkung bei der Gründung der internationalen Kurse in „Victimology, Victim Assistance and Criminal Justice" am Inter-University Centre Dubrovnik im Mai 1984, zusammen u. a. mit *Gerd F. Kirchhoff*, *Paul Friday* und *Paul Separovic*. [Später bis 2015 verantwortlich fortgeführt von *Elmar G.-M. Weitekamp*].
- Deutsch-Niederländisches Seminar für Jurastudenten aus Hamburg und Leiden (1984, zusammen mit *Dieter Schaffmeister*).
- Fachbereichsbeauftragter des Fachbereichs Rechtswissenschaften der Universität Hamburg für das Erasmus-Austauchprogramm im Rahmen des EU-Sokrates-Programms, mit Treffen in Berlin, Bilbao, Bordeaux und Hamburg, 1989-2002.
- Deutsch-deutsches Seminar zu kriminologischen und kriminalpolitischen Problemen in der DDR und der BRD für Jurastudent/inn/en der Universität Hamburg sowie der Humboldt-Universität Berlin (1990 mit *Horst Luther*).
- Zwei deutsch-russische Seminare mit Jurastudent/inn/en der Universität Hamburg und der Staatlichen Universität St. Petersburg (1995 und 1997, mit *Dmitry Schestakov*).
- Zweisemestriges Kriminologisches Seminar über „Verbrechen und Nationalsozialismus" in Hamburg, Auschwitz und Kreisau (1998-1999, mit *Gunhild Korfes* und *Julia Kaufmann*).

Schließlich, in die aktuelle Gegenwart weisend: 2013, 2014, 2015 und ebenfalls 2016: Dozent im Weiterbildenden Masterstudiengang Kriminologie am

Beccaria Medaille an Prof. em. Dr. Klaus Sessar, M.A.

Institut für Kriminologische Sozialforschung der Universität Hamburg, mit Zuständigkeit für das Modul „Alternative Reaktionen".

Mit Blick auf diese vielfältigen Aktivitäten war und ist es eher nicht erstaunlich, aber doch bemerkenswert zu sehen, wie *Klaus Sessar* darüber hinaus in Wissenschaft, Praxis, Rechtspolitik und Kriminalpolitik stetig und intensiv aktiv geworden und bis heute geblieben ist: auf lokaler, regionaler und überregionaler deutscher Ebene, auf europäischer Ebene, einschließlich Europarat, und auch auf internationaler Ebene, einschließlich der UNO. In über 25 Ländern hat er Vorträge gehalten, Panels oder ganze Tagungen organisiert, Moderatorenaufgaben übernommen, Forschungen durchgeführt, eigene Forschungsprojekte vorgestellt und an internationalen Fortbildungsveranstaltungen mitgewirkt.

(11) Auf weitere Einzelheiten einzugehen würde den Rahmen dieses Beitrages reichlich sprengen. So will ich statt dessen versuchen, die *Klaus Sessar* vertraute und von ihm geschätzte Vita Contemplativa des Gelehrten (im zurückgezogenen Denken und Schreiben), und die darüber hinausgreifende bzw. sie wechselseitig befruchtende Vita Activa, in Ergänzung zum bisher Gesagten in einer Art strukturierten Skizze dergestalt in Augenschein treten zu lassen, dass ich erst Staaten und überstaatliche Institutionen, sodann die (wissenschaftlichen, praxisbezogenen bzw. politikbezogenen) „Objektbereiche" seines Schaffens qualitativ und gewichtend benenne. Ich halte mich, ohne den Anspruch auf verlässliche Objektivität und Vollständigkeit, an das aus Lebenslauf, Schriftenverzeichnis und Zweiergesprächen ersichtlich gewordene Oeuvre, und bin mir ziemlich sicher, dass daneben, um bei der kriminologischen Begrifflichkeit zu bleiben, noch ein merkliches Dunkelfeld existiert.

(12) Die grenzüberschreitenden internationalen Verbindungen *Klaus Sessars* waren von Beginn seiner wissenschaftlichen Karriere an eng geknüpft, und sind es bis heute geblieben. In Europa stehen stetig die Nachbarländer Frankreich, Österreich und die Schweiz an der Spitze. In Westeuropa fallen daneben ins Auge, alphabetisch sortiert: Belgien, England, Finnland, Italien, die Niederlande, Portugal, Schweden und Spanien. Schon vor dem Fall des Eisernen Vorhanges, aber ganz intensiv danach, ist *Klaus Sessar* neben den Kolleginnen und Kollegen der (damaligen) DDR auf die Kolleginnen und Kollegen in Mittel- und Osteuropa zugegangen, um sich mit ihnen auf einen gemeinsamen Weg zu einer gemeineuropäisch engagierten wissenschaftlichen Kriminologie sowie rationalen und humanen Kriminalpolitik zu begeben. Aus den Dokumenten wird eine Spitzenposition von Polen und Ungarn

deutlich. Daneben fallen ins Auge: Österreich, die Schweiz, Polen, Ungarn, Frankreich, Israel, Belarus, Kroatien, Russland, USA, Kanada Tschechien, Aserbeidschan, der Iran und Slowenien. Bezüglich anderer Kontinente stehen für den Norden Amerikas die USA und Kanada, für den Nahen Osten der Staat Israel an der Spitze. Daneben fallen ins Auge: Australien, China und Japan. Staatenübergreifend sind Aktivitäten beim Europarat sowie bei der UNO und deren regionalen Institutionen zu nennen. In allerjüngster Zeit, d. h. im Mai 2015, hat *Klaus Sessar* zudem die aktuellen Entwicklungen in der Weltpolitik genutzt, um Verbindungen zum Iran, die er in der MPI-Zeit hatte knüpfen können, wieder „aktiv positiv" zu reaktivieren und Neuerungen mit anzuregen.

(13) Das umfangreiche Werkverzeichnis mit stetem „Zufluss" an Neuem bis – derzeit für mich einsehbar – Sommer 2015 zeigt einerseits die Vielfalt der von ihm behandelten Themen auf, und doch andererseits überwiegend eine gegenseitige Verknüpfung im Sinne großer Linien dessen, was ihn im Verlauf seiner Tätigkeiten auf lange Strecken intensiv „bewegte" bzw. bis heute noch bewegt. Darunter finden sich, Kollegen wie mich immer äußerst anregend, und hin und wieder auch (etwa bei der Frage einer „täterorientierten" Kriminologie") produktiv-provokativ „aufregend", Schriften zur Erkenntnistheorie bei kriminologischen Forschungen, Schriften zu Möglichkeiten und Begrenzungen methodologischer und methodischer Art, Schriften zum Konstrukt-Charakter des Kriminalitätsbegriffes, zur „Erzeugung" von Kriminalität im Rahmen schon juristischer, dann aber erst recht konstruktivistischer und etikettierungstheoretischer Ansätze, schließlich Schriften zum Verhältnis der Kriminologie (besonders) zur Viktimologie und zum Strafrecht, letzteres intensiv und wiederholt bis zuletzt von ihm als dringendes Petitum zur umfassenden Eigenständigkeit vertieft. Ich hebe dazu zwei Publikationen hervor: Erstens seinen Beitrag in dem zu seinen Ehren veranstalteten wissenschaftlichen Symposium aus Anlass seines 70. Geburtstags im Jahr 2012 mit dem Titel „Die Verwissenschaftlichung der Kriminologie. Und welche Folgen dies für das Strafrecht und andere gesellschaftliche Funktionssysteme – und für die Kriminologie selbst – hat".[4] Zweitens seinen Beitrag zur Gedächtnisschrift für Michael Walter unter dem Titel „Die Kriminologie auf der Suche nach sich selbst. Einige weitere Überlegungen dazu".[5]

---

4 In: *Boers, K.* (Hg.) (2012): Kriminologische Perspektiven. Münster u. a., Waxmann, S. 11-32.
5 In: *Neubacher, F./Kubink, M.* (Hg.) (2015): Kriminologie – Jugendkriminalrecht – Strafvollzug. Gedächtnisschrift für Michael Walter. Berlin: Duncker & Humblot, S. 229-242.

(14) Darauf kann und will ich, mit Blick auf den Anlass dieser Laudatio, jedoch nicht näher eingehen. Vielmehr will ich die Themen mit engem Bezug zu demjenigen hervorheben, was *Cesare Beccaria* und die ihm in der Orientierung folgenden Politikgestalter, Praktiker und Reformer bewegte und bewegt: Das stete Mühen um die Schaffung bzw. Wiederherstellung einer rational gesteuerten und human ausgerichteten Rechtspolitik und spezifisch Kriminalpolitik oder Strafrechtsreformpolitik (einschließlich seiner Rand- und Nachbargebiete).

- Das stete Mühen um eine rational gesteuerte und humane „Praxis" in der Umsetzung der politischen bzw. gesetzlichen Vorgaben in den für die formale Sozialkontrolle und spezifisch die Innere Sicherheit wie die Strafverfolgung und Aburteilung und Vollstreckung zuständigen Institutionen.

- Das stete Mühen um Aufklärung der Zusammenhänge von „Verbrechen und Strafe" bzw. „Strafe und Verbrechen", insbesondere die wissenschaftlich solide Begründung des Zweifels daran, dass nur durch „Härte" die entscheidende Besserung (jedenfalls Abschreckung) von Abweichenden/ Delinquenten/ Straftätern bzw. „Kriminellen" gelingen könne, mit der Folgeproblematik, dass umgekehrt gerade bei harten Strafen (und namentlich jungen Delinquenten) ein „perniziöser Zirkel" in Gang kommen kann, nämlich – mit deutschen Schlagworten pointiert – am Anfang der „Kreislauf von Verbrechen und Strafe" und am ungünstigsten Ende ein „Drehtürvollzug".

- Das stete Mühen, auf Vorbeugung und Kriminalprävention mehr zu setzen als auf offene Repression, dabei aber stets darauf zu achten, dass sich auch hinter präventiv ausgegebenen Ideen und Konzepten und Vorkehrungen stark repressive Komponenten verbergen können.

- Das stete Mühen, Opfer von Straftaten ernst zu nehmen, sie daher in ihren rechtlichen Positionen zu stärken, insbesondere bei sozialen Leistungen (Opferhilfe und Opferentschädigung) und im Strafverfahren (Opferrechte im Sinne einer Subjektstellung im Verfahren), was ihn an der Nebenklage im Jugendstrafverfahren zweifeln lässt.

- Das stete Mühen, mit Nutzen für Opfer und Täter, nicht nur Alternativen zur Freiheitsstrafe (auch Jugendstrafe), sondern auch zur Strafe überhaupt einzuführen und auszubauen, mit der Kern-Orientierung an Konfliktausgleich und Wiedergutmachung.

- Das stete Bemühen, die Menschen in ihren Sorgen um die Sicherheit in Staat und Gesellschaft, aber noch mehr um ihre eigene Sicherheit und die ihrer Lieben (als potenzielle oder reale Opfer) ernst zu nehmen, jedoch zugleich möglichst viel Aufklärung zu leisten über Umstände, die geeignet sind, zur Verminderung von Furcht und Punitivität beizutragen, schließlich gesellschaftlichen/ politischen Kampagnen, welche dergleichen zu funktionalisieren beabsichtigen, das Wasser abzugraben.

- In den Notationen im Lebenslauf und im Werkverzeichnis drückt sich solches in einer (für mich „ausgezählten", aber hier bewusst qualitativ ausgedrückten) Rangfolge extensiver und zugleich intensiver „Befassung" des zu Ehrenden wie folgt aus:
  - Konfliktausgleich und auf Wiedergutmachung ausgerichtete Kriminaljustiz (Titel und Themenworte v. a.: Schadenswiedergutmachung, Restitution, Konfliktregelung, Täter-Opfer-Ausgleich, Mediation, Restorative Justice).
  - Strafen, Bestrafung und Alternativen (Titel und Themenworte v. a.: Diversion, Freiheitsstrafe, Jugendstrafe, Sozialtherapie, informelle Reaktionen, Absehen von der Verfolgung).
  - Kriminalpolitische Bestrebungen und Kriminalitätskontrolle, einschließlich vorbeugender Maßnahmen und Programme (Titel und Themenworte v. a.: Entkriminalisierung, Strafrechtsreform, rationale Kriminalpolitik und Gesetzgebung, Kommunale Kriminalprävention, Urbane Sicherheit, Medieneinflüsse).
  - Instanzen und Verfahren der formellen Sozialkontrolle (Titel und Themenworte: an oberster Stelle die Staatsanwaltschaft bzw. Jugendstaatsanwaltschaft, sodann, hier in einer Art Verfahrensablauf geordnet, v. a. (Jugend-)Polizei, Jugendhilfe und Jugendgerichtshilfe, Gerichtshilfe, Strafverteidiger bzw. Rechtsanwälte, (Jugend)Gerichte und Vollstreckungsgerichte, Bewährungshilfe, (Jugend)Strafvollzug, Entlassenenhilfe und Straffälligenhilfe).
  - Dunkelfelderfassung und Einstellungsmessungen (Titel und Themenworte: Täter- und Opferbefragungen, dabei insbesondere Kriminalitätsfurcht, (Un)Sicherheitsgefühle im öffentlichen Raum und zuhause, Sicherheitsvorkehrungen und kommunale Ergänzungsprogramme wie z. B. Sicherheitspartnerschaften, Punitivität, Folgen des sozialen Wandels bzw. Sozialen Umbruchs).
  - Delikte, die besonders hoch furchtbesetzt sind (Tötungsdelikte).

- Bevölkerungsgruppen oder -teile, deren Sein und Handeln regelmäßig mit besonderer Aufmerksamkeit und Sorge bis Argwohn beobachtet bzw. diskutiert wird (Jugendliche und Heranwachsende, Ausländer).

- In der Gesamtschau dieses Lebenswerkes von *Klaus Sessar* und dessen, was ihn selbst bewegt und dann motiviert hat, auch andere zu bewegen, mit Blick auf Aufklärung, mit Blick auf Abbau von Repression und Herrschaft, mit Blick auf Stärkung von Demokratie und Miteinander, mit Blick auf Abbau von Strafen und Ausbau von wiedergutmachenden und dem Individualfrieden wie dem Sozialfrieden wie dem Rechtsfrieden dienlichen Konfliktregelungsalternativen, kommt man aus sachlicher Überzeugung – und mit einem starken Einschlag persönlicher Sympathie – zu dem Schluss: *Klaus*, Du hast die Beccaria-Medaille wahrlich verdient!

Eulogy for Professor John Hagan, Ph.D.

Wilhelm Heitmeyer

Dear colleagues, it is a great honor and great pleasure for me, to present a eulogy to *John Hagan*. And – dear *John* – it is a great honor, that I can do it for you.

I.

John Hagan is a person with a long and outstanding scientific career. Today, I will be able to mention just a mere handful of details from his 45-page résumé. Otherwise we would need so much time that the wine would be warm and the beer flat.

John Hagan has been John MacArthur Professor of Sociology and Law at Northwestern University since 1999. He is Co-Director and Research Professor at the Center on Law and Globalization of the American Bar Foundation. Earlier, from 1997 till 2004, he was Professor of Law and Sociology at the University of Toronto and now emeritus till yet.

From his long list of Awards and Honorary Appointments, I would like to pick out the Stockholm Prize in Criminology in 2009. I don't know which of the awards he is most proud of himself – but I'm sure he will tell me afterwards.

Out of his equally long list of professional contributions, I would highlight his Presidency of the American Society of Criminology in 1990–1991, and his role as Inaugural and Continuing Editor of the Annual Review of Law and Social Science since 2005. But those are just two of nearly one hundred contributions in an enormous range of positions and roles over time.

And when it comes to Research Experience and Publications since 1973...
– I simply had to decide to give up.

II.

John Hagan's research work was initially driven by his interest in explaining the relationship between crime and inequality. Throughout his career he has become increasingly interested in international criminal law and the criminology of genocide and war. His most recent book, *Iraq and the Crimes of Aggressive War* is the third in a trilogy, following *Justice in the Balkans* and *Darfur and the Crime of Genocide*. Bob Sampson was quite right to ask:

"Why has the field of criminology ignored genocide for so long? The answer to this question has important implications for theories of crime and international policy alike."

John Hagan took up the challenge, and was especially motivated to overcome criminology's neglect of international crimes against humanity and war crimes more broadly, including what he has recently argued was America's war of aggression in Iraq.

John Hagan already outlined these topics himself in his presentation this afternoon, which included an argument that recent theoretical work explaining domestic criminality can be elaborated and generalized to explain crimes in international war zones such as Iraq.

It would be wonderful if German criminology were keen to emulate *John Hagan*, even just a little, as that might help to liberate it from its national – in other words provincial – blinkers. The level of international publication activity by German criminologists is, as we know, deplorable… if a non-criminologist such as myself may be permitted such an observation. One central reason for this state of affairs is no doubt the way sociological criminology finds itself caught in the clutches of the law faculties. Seeing as there is unlikely to be any change in this situation of provincial captivity, you had better make the best of it.

III.

If you permit, I would like to relate two personal encounters with *John* during the preparation of the *International Handbook of Violence Research*. This was a huge and audacious undertaking around the year 2000, which we had cooked up in Bielefeld. We planned German and English editions with 81 authors from ten countries on 62 topics. In the end the English version had 1300 pages.

For the task of bringing the *Handbook* into being, *John Hagan* was my first choice as partner and co-editor. This marked the beginning of one of the toughest phases of my professional career, because simply reaching him occasionally on the phone at home – back then that was still in Toronto – drove me to distraction. He was simply much much too busy. By comparison, writing a funding application for the German Research Foundation is child's play. Now that I have battled my way through his 45-page Vita I know why he was so hard to get hold of...

A second incident springs to mind. Meeting *John* at the annual conference of the ASA, the American Sociological Association. It was 2001 I think, at Anaheim near Los Angeles, and we had arranged to discuss the structure of the *Handbook*. In Bielefeld we had prepared a concept and a table of contents with all the international contributors, as I just mentioned. I was convinced of our concept, with a strictly disciplinary sequence of contributions, and optimistic about the next steps.

John glanced over the paper, and it was not long before he passed his verdict: The American authors were way too far down the list.

I was completely perplexed, and thought straight away: That is the typical superiority of the scientific US-boys. Of course I did not say that to *John*. Instead I flew back to Bielefeld with depressive moments. We reworked the entire concept, and completely reshuffled the list of contributors. And it did the *Handbook* a world of good. A little academic nationalism can be helpful sometimes. Just a little, and only sometimes.

IV.

So, to come to a conclusion:
- Congratulations on an outstanding scientific career, *John*,
- Thank you for your scientific commitment to explaining the very worst of human behavior,
- And finally, I am personally grateful to have had the opportunity to collaborate with you – despite it being so difficult to get you on the phone. And when you look over the River Rhine from your hotel room tonight, maybe you'll have time to think about the idea of publishing a new edition of our *International Handbook of Violence Research*.

Dear *John*, congratulations on receiving this Beccaria gold medal from the Criminological Society. If anyone deserves it, it is you.

Verzeichnis der Autorinnen und Autoren

Amting, Beatrice, B.A., Parkstraße 9, 49080 Osnabrück

Bachmann, Mario, Dr., Institut für Kriminologie, Universität zu Köln, Albertus-Magnus-Platz, 50923 Köln

Baier, Dirk, Dr., ZHAW Soziale Arbeit, Pfingstweidstrasse 96, 8005 Zürich, Schweiz

Bannenberg, Britta, Prof. Dr., Lehrstuhl für Kriminologie, Jugendstrafrecht und Strafvollzug, Universität Gießen, Licher Straße 64, 35394 Gießen

Bartsch, Tillmann, Jun.-Prof. Dr., Institut für Kriminologie, Universität Tübingen, Sand 7, 72076 Tübingen

Bieschke, Volker, Kriminologischer Forschungsdienst im Strafvollzug, Fachhochschule für öffentliche Verwaltung, Polizei und Rechtspflege des Landes Mecklenburg-Vorpommern, Goldberger Straße 12-13, 18273 Güstrow

Birklbauer, Alois, Prof. Dr., Institut für Strafrechtswissenschaften, Universität Linz, Altenberger Straße 69, 4040 Linz, Österreich

Bögelein, Nicole, Dr., Institut für Kriminologie, Universität zu Köln, Albertus-Magnus-Platz, 50923 Köln

Braasch, Matthias, Dr., Hochschule für Wirtschaft und Recht Berlin, Campus Lichtenberg, Alt-Friedrichsfelde 60, 10315 Berlin

Bräuchle, Anne, Institut für Kriminologie, Universität Tübingen, Sand 7, 72076 Tübingen

Christoph, Stephan, Lehrstuhl für Strafrecht, Strafprozessrecht, Kriminologie und Sanktionsrecht, Universität Augsburg, Universitätsstraße 24, 86159 Augsburg

Dessecker, Axel, Prof. Dr., Kriminologische Zentralstelle (KrimZ), Viktoriastraße 35, 65189 Wiesbaden

Dölling, Dieter, Prof. Dr., Institut für Kriminologie, Universität Heidelberg, Friedrich-Ebert-Anlage 6-10, 69117 Heidelberg

Dreißigacker, Arne, Dipl.-Soz., Kriminologisches Forschungsinstitut Niedersachsen e. V., Lützerodestraße 9, 30161 Hannover

Drenkhahn, Kirstin, Jun.-Prof. Dr., Freie Universität Berlin, Fachbereich Rechtswissenschaft, Van't-Hoff-Str. 8, 14195 Berlin

Dreßing, Harald, Prof. Dr., Forensische Psychiatrie, Zentralinstitut für Seelische Gesundheit, J 5, 68159 Mannheim

Dünckel, Frauke, Lehrstuhl für Bevölkerungsschutz, Katastrophenhilfe und Objektsicherheit, Bergische Universität Wuppertal, Lise-Meitner-Straße 11-13, 42119 Wuppertal

Ernst, André, Dipl.-Soz., Institut für Soziologie und Sozialpsychologie, Universität zu Köln, Greinstraße 2, 50923 Köln

Fährmann, Jan, Freie Universität Berlin, Fachbereich Rechtswissenschaft, Juniorprofessur für Strafrecht und Kriminologie, Van't-Hoff-Straße 8, 14195 Berlin

Gernbeck, Ursula, Lehrstuhl für Strafrecht und Kriminologie, Universität Göttingen, Blauer Turm / MZG, 37073 Göttingen

Gerth, Maria, M.A., Institut für Soziologie und Sozialpsychologie, Universität Köln, Greinstraße 2, 50923 Köln

Gisler, Charlotte, B.A., Institut für Strafrecht und Kriminologie, Universität Bern, Schanzeneckstrasse 1, 3001 Bern, Schweiz

Grundies, Volker, Dr., Max-Planck-Institut für ausländisches und internationales Strafrecht, Günterstalstraße 73, 79100 Freiburg i. Br.

Haffner, Maximilian, Dipl.-Jur., Institut für Kriminologie, Universität Tübingen, Sand 7, 72076 Tübingen

Hagan, John, Professor, Ph.D., Department of Sociology, Northwestern University, 1810 Chicago Avenue, Evanston, USA

Hanson, Anna, Department of Sociology, Northwestern University, 1810 Chicago Avenue, Evanston, USA

Haverkamp, Rita, Prof. Dr., Stiftungsprofessur für Kriminalprävention und Risikomanagement, Universität Tübingen, Keplerstraße 2, 72074 Tübingen

Hecker, Meike, M.A., Stiftungsprofessur für Kriminalprävention und Risikomanagement, Universität Tübingen, Keplerstraße 2, 72074 Tübingen

Heitmeyer, Wilhelm, Prof. Dr., Senior Research Professor im Institut für interdisziplinäre Gewaltforschung, Universität Bielefeld, Postfach 10 01 31, 33501 Bielefeld

Hellmann, Deborah F., Dr., Institut für Psychologie, Universität Osnabrück, Seminarstraße 20, 49074 Osnabrück

Hermann, Dieter, Prof. Dr., Institut für Kriminologie, Universität Heidelberg, Friedrich-Ebert-Anlage 6-10, 69117 Heidelberg

Heyde, Judith von der, M.A., Institut für Erziehungswissenschaft, Universität Osnabrück, Heger-Tor-Wall 9, 49074 Osnabrück

Hiller, Sigrid, M.A., Universität Halle-Wittenberg, Juristische und Wirtschaftswissenschaftliche Fakultät (RiKo-Projekt), Friedemann-Bach-Platz 6, 06108 Halle

Höffler, Katrin, Prof. Dr., Lehrstuhl für Strafrecht und Kriminologie, Universität Göttingen, Blauer Turm / MZG, 37073 Göttingen

Hohmann-Fricke, Sabine, Dr., Institut für Kriminalwissenschaften, Universität Göttingen, Platz der Göttinger Sieben 6, 37073 Göttingen

Höpfel, Frank, Prof. Dr., Institut für Strafrecht und Kriminologie, Universität Wien, Schenkenstraße 4, 1010 Wien, Österreich

Horten, Barbara, M.A., Institut für Kriminologie, Universität Heidelberg, Friedrich-Ebert-Anlage 6-10, 69117 Heidelberg

Hostettler, Ueli, Prof. Dr., Institut für Strafrecht und Kriminologie, Universität Bern, Schanzeneckstrasse 1, 3001 Bern, Schweiz

Isenhardt, Anna, M.A., Institut für Strafrecht und Kriminologie, Universität Bern, Schanzeneckstrasse 1, 3001 Bern, Schweiz

Jahn, Sarah J., Dr., Centrum für Religionswissenschaftliche Studien, Ruhr-Universität Bochum, Universitätsstraße 90a, 44789 Bochum

Jehle, Jörg-Martin, Prof. Dr. Dr. h.c., Institut für Kriminalwissenschaften, Universität Göttingen, Platz der Göttinger Sieben 6, 37073 Göttingen

Kaiser, Joshua, Department of Sociology, Northwestern University, 1810 Chicago Avenue, Evanston, USA

Kaspar, Johannes, Prof. Dr., Institut für Strafrecht, Universität Augsburg, Universitätsstraße 24, 86159 Augsburg,

Kerner, Hans-Jürgen, Prof. em. Dr., Institut für Kriminologie, Universität Tübingen, Sand 7, 72076 Tübingen

Kinzig, Jörg, Prof. Dr., Institut für Kriminologie, Universität Tübingen, Sand 7, 72076 Tübingen

Knickmeier, Susanne, M.A., Max-Planck-Institut für ausländisches und internationales Strafrecht, Günterstalstraße 73, 79100 Freiburg i. Br.

Kölbel, Ralf, Prof. Dr., Juristische Fakultät, Ludwig-Maximilians-Universität München, Geschwister-Scholl-Platz 1, 80539 München

Koscinski, Maria-Magdalena, Dipl.-Jur., Institut für Kriminologie, Universität zu Köln, Albertus-Magnus-Platz, 50923 Köln

Kroneberg, Clemens, Prof. Dr., Institut für Soziologie und Sozialpsychologie, Universität zu Köln, Greinstraße 2, 50939 Köln

Kruse, Andreas, Prof. Dr. Dr. h.c., Institut für Gerontologie, Universität Heidelberg, Bergheimer Straße 20, 69115 Heidelberg

Kutschaty, Thomas, Justizminister des Landes Nordrhein-Westfalen, Justizministerium des Landes Nordrhein-Westfalen, Martin-Luther-Platz 40, 40212 Düsseldorf

Linssen, Ruth, Prof. Dr., Fachbereich Sozialwesen, Fachhochschule Münster, Hüfferstraße 27, 48149 Münster

Lukas, Tim, Dr., Institut für Sicherungssysteme, Bergische Universität Wuppertal, Gaußstraße 20, 42119 Wuppertal

Maas, Heiko, Bundesminister der Justiz und für Verbraucherschutz, Bundesministerium der Justiz und für Verbraucherschutz, 11015 Berlin

Meier, Bernd-Dieter, Prof. Dr., Lehrstuhl Strafrecht, Strafprozessrecht und Kriminologie, Königsworther Platz 1, 30167 Hannover

Meier, Jana, Dipl.-Soz., M.A., Institut für Kriminologie, Universität zu Köln, Albertus-Magnus-Platz, 50923 Köln

Meyer, Maike, M.A., Institut für Politikwissenschaft, Universität Münster, Scharnhorststraße 100, 48151 Münster

Moldenhauer, Stephanie, Dipl.-Soz., Institut für Erziehungswissenschaft, Universität Paderborn, Warburger Straße 100, 33095 Paderborn

Morgenstern, Christine, Dr., RSF, Lehrstuhl für Kriminologie, Ernst-Moritz-Arndt-Universität Greifswald, Domstraße 20, 17487 Greifswald

Neubacher, Frank, Prof. Dr., M.A., Institut für Kriminologie, Universität zu Köln, Albertus-Magnus-Platz, 50923 Köln

Pauli, Roman, M.A., Soziologie der Politik, Bergische Universität Wuppertal, Gaußstraße 20, 42119 Wuppertal

Pruin, Ineke, Prof. Dr., Institut für Strafrecht und Kriminologie, Universität Bern, Schanzeneckstrasse 1, 3001 Bern, Schweiz

Rau, Matthias, Dipl.-Soz., Fachbereich Rechts- und Wirtschaftswissenschaften, Universität Mainz, Jakob-Welder-Weg 9, 55128 Mainz

Rettenberger, Martin, Dr., Kriminologische Zentralstelle (KrimZ), Viktoriastraße 35, 65189 Wiesbaden

Salize, Hans Joachim, Prof. Dr., Arbeitsgruppe Versorgungsforschung, Zentralinstitut für Seelische Gesundheit, J 5, 68159 Mannheim

Schaffer, Bernadette, M.A., Institut für Kriminologie, Universität Tübingen, Sand 7, 72076 Tübingen

Scherer, Hendrik, Eisenbahnstraße 14, 49074 Osnabrück

Schmitt, Eric, Prof. Dr., Institut für Gerontologie, Universität Heidelberg, Bergheimer Straße 20, 69115 Heidelberg,

Sensburg, Patrick Ernst, Prof. Dr., Fachhochschule für öffentliche Verwaltung Nordrhein-Westfalen, Abteilung Münster, Nevinghoff 8/10, 48147 Münster

Sessar, Klaus, Prof. em. Dr., M.A., Institut für Kriminalwissenschaften, Universität Hamburg, Schlüterstraße 28, 20146 Hamburg

Starcke, Jan, M.A., Lehrstuhl für Bevölkerungsschutz, Katastrophenhilfe und Objektsicherheit, Bergische Universität Wuppertal, Lise-Meitner-Straße 11-13, 42119 Wuppertal

Thiel, Christian, Dr., SOWI - Professur für Politische Soziologie der Nicht-OECD-Welt, Universität der Bundeswehr München, Werner-Heisenberg-Weg 39, 85579 Neubiberg

Trunk, Daniela, Dr., Martin-Luther-Universität Halle-Wittenberg, Juristische und Wirtschaftswissenschaftliche Fakultät (RiKo-Projekt), Friedemann-Bach-Platz 6, 06108 Halle

Walburg, Christian, Dr., Institut für Kriminalwissenschaften, Abt. IV, Universität Münster, Bispinghof 24/25, 48143 Münster

Wegel, Melanie, Dr., Dept. Soziale Arbeit, Züricher Hochschule für Angewandte Wissenschaften, Pfingstweidstrasse 96, 8037 Zürich, Schweiz

Wollinger, Gina Rosa, M.A., Kriminologisches Forschungsinstitut Niedersachsen e. V., Lützerodestraße 9, 30161 Hannover

Neue Kriminologische Schriftenreihe
der Kriminologischen Gesellschaft e.V. (KrimG)

Die Kriminologische Gesellschaft (KrimG, vormals NKG), wissenschaftliche Vereinigung deutscher, österreichischer und schweizerischer Kriminologen, hat sich 1990 konstituiert und als ihr Publikationsorgan die Neue Kriminologische Schriftenreihe begründet. In ihr erscheinen die Bände über die regelmäßigen Fachtagungen der KrimG; sie steht ebenso offen für Bände zu aktuellen oder grundsätzlichen kriminologischen Themen oder für Monographien, deren Themenstellung dem Programm der KrimG entspricht. Nach § 2 ihrer Satzung fördert die KrimG „die erfahrungswissenschaftliche Erforschung der Kriminalität, des Straftäters und des Verbrechensopfers sowie der staatlichen und gesellschaftlichen Reaktionen". Für Publikationen auf diesem Gebiet will die vorliegende Schriftenreihe ein Forum bilden.

Gesellschaft und Schriftenreihe sind zwar „neu", knüpfen jedoch an längere, bis in die 20er Jahre zurückreichende Traditionen an. Die Kriminologische Gesellschaft ist hervorgegangen aus dem Zusammenschluss der Gesellschaft für die gesamte Kriminologie und der Deutschen Kriminologischen Gesellschaft. Als Kriminalbiologische Gesellschaft unter maßgeblicher Führung von Österreichern und Deutschen gegründet, entfaltete die Gesellschaft für die gesamte Kriminologie bereits von 1927 bis 1937 und dann, nach einer Unterbrechung, ab 1951 Aktivitäten in Deutschland, Österreich, später auch in der Schweiz. Im Zentrum des Interesses stand zunächst die Täterpersönlichkeit; und der Akzent lag auf psychiatrisch-psychologischen Fragestellungen. Mit der Gründung der Deutschen Kriminologischen Gesellschaft im Jahre 1959 wurde eine Akzentverschiebung und die Einbeziehung auch soziologischer Sichtweisen beabsichtigt; vor allem kamen kriminalistische Aspekte stärker zum Tragen. Es zeigte sich indessen im Laufe der Jahre, dass die Programmatik beider Gesellschaften keineswegs entgegengesetzt war, vielmehr einander in ihrer Ausrichtung weitgehend ähnelte, was sich auch durch die Umbenennung der (ehemals) Kriminalbiologischen Gesellschaft in Gesellschaft für die gesamte Kriminologie und durch eine Reihe von Doppelmitgliedschaften dokumentierte. Nach langjährigen Bemühungen um einen Zusammenschluß hat sich die gemeinsame Gesellschaft auf einer Fachtagung in Frankfurt im Jahre 1990 konstituiert.

Im Kriminalistik Verlag, Heidelberg, erschienene Bände:

Band 101:
Politisch-gesellschaftlicher Umbruch, Kriminalität, Strafrechtspflege
Hrsg. von Günther Kaiser und Jörg-Martin Jehle
1993, 129 S.
ISBN 3-7832-1892-6

Band 102/I:
Kriminologische Opferforschung I
Grundlagen, Opfer und Strafrechtspflege, Opfer von Machtmißbrauch.
Neue Perspektiven und Erkenntnisse.
Hrsg. von Günther Kaiser und Jörg-Martin Jehle
1994, 213 S.
ISBN 3-7832-0794-0

Band 102/II:
Kriminologische Opferforschung II
Verbrechensfurcht und Opferwerdung.
Individualopfer und Verarbeitung von Opfererfahrungen.
Neue Perspektiven und Erkenntnisse.
Hrsg. von Günther Kaiser und Jörg-Martin Jehle
1995, 246 S.
ISBN 3-7832-0894-7

Band 103:
Organisierte Kriminalität
Lagebilder und Erscheinungsformen.
Bekämpfung und rechtliche Bewältigung.
Hrsg. von Christoph Mayerhofer und Jörg-Martin Jehle
1996, 306 S.
ISBN 3-7832-0596-4

Band 104:
Kriminalität, Prävention und Kontrolle
Neue Wege der Kriminalpolitik und Kriminalprävention.
Sozialer Umbruch, Lebenslagen und Kriminalität.
Täterpersönlichkeit und Prognose, sexuelle Abweichungen.
Besondere Erscheinungsformen und ihre Kontrolle.
Kriminalpolitik in einem neuen Bundesland.
Hrsg. von Dieter Rössner und Jörg-Martin Jehle
1999, 406 S.
ISBN 3-7832-0299-X

Bestellanschrift:
NKG-Geschäftsstelle, Institut für Kriminologie, Auf dem Sand 6/7, D-72076 Tübingen

Im Forum Verlag Godesberg GmbH, Mönchengladbach erschienene Bände:

Band 105:
Beccaria als Wegbereiter der Kriminologie
Verleihung der Beccaria-Medaille durch die Neue Kriminologische Gesellschaft.
Zugleich Dokumentation zur Verleihung der Beccaria-Medaillen 1997 und 1999 an Marvin E. Wolfgang, Esther Giménez-Salinas i Colomer, Elisabeth Müller-Luckmann, Aglaia Tsitsoura und Wolfgang Rau
Hrsg. von Dieter Rössner und Jörg-Martin Jehle
2000, X, 82 S.
ISBN 3-930982-57-9

Band 106:
Täterbehandlung und neue Sanktionsformen
Kriminalpolitische Konzepte in Europa.
Hrsg. von Jörg-Martin Jehle
2000, XVIII, 496 S.
ISBN 3-930982-58-7

Band 107:
Raum und Kriminalität
Sicherheit der Stadt, Migrationsprobleme.
Hrsg. von Jörg-Martin Jehle
2001, XVIII, 353 S.
ISBN 3-930982-59-5

Band 108:
Kriminologie zwischen Grundlagenwissenschaften und Praxis
Ideengeschichte der Kriminologie im 20. Jahrhundert
Verhaltenswissenschaftliche Grundlagen der Kriminologie
Soziale und kulturelle Grundlagen der Kriminologie
Auswirkungen der empirischen Kriminalwissenschaften auf Polizei und Justiz
Zentrale Themen der angewandten Kriminologie
Hrsg. von Volker Dittmann und Jörg-Martin Jehle
2003, X, 426 S.
ISBN 3-930982-87-0

Band 109:
Angewandte Kriminologie zwischen Freiheit und Sicherheit
Neue Wege der Haftvermeidung, Kriminalprävention,
Persönlichkeitsstörungen, Restorative Justice, Wissenschaftstransfer
Hrsg. von Heinz Schöch und Jörg-Martin Jehle
2004, 638 S.
ISBN 3-936999-06-6

Band 110:
Kriminologie und wissensbasierte Kriminalpolitik
Entwicklungs- und Evaluationsforschung
Hrsg. von Friedrich Lösel, Doris Bender und Jörg-Martin Jehle
2007, 688 S.
ISBN 978-3-936999-33-4

Band 111:
Drogen – Sucht – Kriminalität
Bekämpfung der suchtassoziierten Kriminalität
Diagnose und Begutachtung von Abhängigen
Substitution und Intervention
Therapie im strafrechtlichen Rahmen
Aktuelle kriminologische Themen
Hrsg. von Reinhard Haller und Jörg-Martin Jehle
2009, 380 S.
ISBN 978-3-936999-63-1

Band 112:
Wirtschaftskriminalität
Wirtschaftskriminalität und Strafrechtspraxis
Wirtschaftskriminalität aus Sicht der Unternehmen
Wirtschaftskriminologie und Wirtschaftsstraftäter
Spezielle Bereiche
Hrsg. von Britta Bannenberg und Jörg-Martin Jehle
2010, 292 S.
ISBN 978-3-936999-80-8 (Printausgabe)

Die Online-Ausgabe steht zum kostenlosen Download zur Verfügung auf:
http://www.krimg.de/drupal/

ISBN 978-3-936999-81-5 (Online-Ausgabe/PDF-Dokument)

Band 113:
Gewaltdelinquenz
Lange Freiheitsentziehung
Delinquenzverläufe
Hrsg. von Britta Bannenberg und Jörg-Martin Jehle
2011, 520 S.
ISBN 978-3-936999-93-8 (Printausgabe)

Die Online-Ausgabe steht zum kostenlosen Download zur Verfügung auf:
http://www.krimg.de/drupal/

ISBN 978-3-936999-94-5 (Online-Ausgabe/PDF-Dokument)

Band 114:
Täter – Taten – Opfer
Grundlagenfragen und aktuelle Probleme der Kriminalität und ihrer Kontrolle
Hrsg. von Dieter Dölling und Jörg-Martin Jehle
2013, 857 S.
ISBN 978-3-942865-10-4 (Printausgabe)
Die Online-Ausgabe steht zum kostenlosen Download zur Verfügung auf:
http://www.krimg.de/drupal/
ISBN 978-3-942865-11-1 (Online-Ausgabe/PDF-Dokument)

Band 115:
Risiken der Sicherheitsgesellschaft
Sicherheit, Risiko & Kriminalpolitik
Hrsg. von Marcel Alexander Niggli und Lukas Marty
2014, 540 S.
ISBN 978-3-942865-32-6 (Printausgabe)
Die Online-Ausgabe steht zum kostenlosen Download zur Verfügung auf:
http://www.krimg.de/drupal/
ISBN 978-3-942865-33-3 (Online-Ausgabe/PDF-Dokument)

Band 116:
Krise – Kriminalität – Kriminologie
Hrsg. von Frank Neubacher und Nicole Bögelein
2016, 644 S.
ISBN 978-3-942865-65-4 (Printausgabe)
Die Online-Ausgabe steht zum kostenlosen Download zur Verfügung auf:
http://www.krimg.de/drupal/
ISBN 978-3-942865-66-1 (Online-Ausgabe/PDF-Dokument)

Erhältlich im Buchhandel und direkt beim Verlag:
Forum Verlag Godesberg GmbH, Dammer Straße 136-138, D 41066 Mönchengladbach
Fon: +49(0)2161 206669, Fax: +49(0)2161 2778771
E-Mail: contact@forumvg.de